돈의 탄생

돈의 탄생

먀오옌보 지음 | 홍민경 옮김

돈의 기원부터 비트코인까지
5,000년 화폐의 역사

현대
지성

머리말

역사가 시작된 이래 인류의 모든 경제활동은 본질적으로 '거래'였다. 거래는 곧 화폐와 상품이 교환되는 과정이었다(물론 화폐 출현 전에는 물물교환 형식이었다). 인류의 경제활동이 활발해질수록 거래의 양과 품목은 계속 증가했고, 거래의 수준이 높아질수록 화폐는 경제활동의 모든 영역에 깊숙이 파고들었다. 따라서 화폐는 인류의 생존 욕구와 경제활동의 산물이라 할 수 있다. 상품유통의 산물인 화폐는 물물교환에서 시작된다. 하지만 이 과정에서 가치척도가 다르고 유통수단이 부족해 불편함이 드러났고, 이것이 화폐 탄생의 원인이 되었다. 국가가 생긴 이후 각 나라는 자국 화폐를 발행하기 시작한다. 요컨대, 화폐는 인류 생존을 위한 필수품이자 경제 발전을 위한 필연적 산물이다.

화폐의 탄생은 인류 문명사에서 지극히 중대한 일이다. 화폐는 문자·언어·법률 등 다른 문명적 성과와 마찬가지로 인류가 문명사회를 향해 걸어가고 있다는 사실을 보여주는 지표 가운데 하나다. 또한 화폐는 인류의 경제적 삶을 원시·단일·폐쇄·침체에서 문명·풍요·개방·번영을 향해 나아가도록 하는 출발점이기도 하다.

화폐는 다른 모든 상품과 직접 교환이 가능한 상품 가치의 상징물이면서 문명사회에서 절대 없어서는 안 될 필수품이 되었다. 실질적으로 화폐는 부의 상징이자 표현 양식이기도 하다. 수천 년의 우여곡절과 파란만장한 발전 과정을 거치면서 인류는 점점 한 가지 진리에 다가섰다. 그것은 인류가 어떤 사회 단계로 발전하든 화폐는 항상 그 사회의 존재·안정·발전을 가늠하는 척도라는 사실이다. 특히 문명사회에서 화폐가 존재하지 않는 사회는 상상조차 할 수 없다. 다만 역사적인 시간과 공간에 따라 존재 형태나 표현 방식이 다를 뿐이다.

중국도 수천 년 동안 문명을 발전시켜오면서 무수한 기적을 만들어냈다. 패폐·도폐·환전·동전·철전·황금·백은부터 지폐에 이르기까지 인류가 창조한 모든 종류의 화폐가 19세기 중국 근대 이전에 이미 출현했고 활용되었다. 세상에 존재하는 사물은 무엇이든 탄생-발전-멸망의 과정을 거치는데, 화폐도 다르지 않다. 화폐의 역사는 바로 인간의 본성과 국가의 흥망성쇠를 반영하는 살아있는 교과서라고 할 수 있다.

네덜란드와 영국은 영토가 작지만 불굴의 투지와 근성을 바탕으로 세상을 선도하는 금융 혁신을 이루고 한 시대를 제패한 식민 제국이 되었다. 두 나라는 군사력뿐 아니라 금융제도가 한 국가를 강성하게 만드는 데 얼마나 중요한 요소인지 여실히 보여준다. 이 요소는 선진적인 정치제도와 긴밀하게 엮일 때 비로소 시너지 효과를 일으킬 수 있다.

제2차세계대전으로 유럽은 전무후무한 재난 속으로 끌려 들어갔지만, 도리어 미국은 이 시기를 기회로 새롭게 급부상했다. '브레튼우즈체제'를 구축한 미국은 국제통화 무대에서 파운드의 주도적 지위를 무너뜨리는 데 온 힘을 쏟았고, 달러 독주 시대를 여는 동시에 금본위제를 폐지하는 두 번째 단계(1933년 입법을 통해 미국 국민이 사사로이 금을 보유할 수 없도록 만든 것이 첫 번째 단계임)를 완수했다. 이때부터 금(金)은 화폐의 역할을 독자적으로 담당할 수 없게 되었고, 달러의 부속품이자 꼭두각시로 전락한 채 명목상 기능을 담당할 뿐이었다.

1944년 브레튼우즈체제 구성 직후, 세계 인구와 토지 대비 고작 6퍼센트의 점유율을 보였던 미국은 서방 세계 GDP 총액에서는 3분의 2, 대외무역은 3분의 1, 철강 제련 총량의 60퍼센트, 자동차 생산 총량의 84퍼센트를 점했다. 미국의 공식 금 보유량은 2만 톤을 넘어 당시 전 세계 금 보유량의 59퍼센트를 차지했다. 2만 톤의 금 덕분에 달러는 전대미문의 초특급 지위를 얻게 되었다. 달러와 금이 연동되어 있고 전 세계의 금 자원을 장악한 이상, 미국은 언제라도 달러와 금의 연계를 끊고 달러를 '세계 통화'로 만들 수 있었다. 마침내 그날은 브레튼우즈체제가 만들어진 지 거의 30년이 지난 1971년에 찾아왔다. 이때부터 달러는 세계 통화의 권좌에 우뚝 올라섰다. 이는 미국이 제1차세계대전이 종식된 이후 늘 꿈꿔오던 목표이기도 했다.

　　이로써 미국은 금본위제와 금 화폐를 폐지하는 마지막 단계(세 번째 단계)를 마무리 지었다. 실제로 미국은 브레튼우즈체제를 일방적으로 폐지했다. 다시 말해, 미국은 달러와 금의 35:1 태환 비율을 폐지하고 자신의 금고 문을 닫았다. 달러는 금을 대신해 각국의 기축통화가 되었고, 당시 저당 잡히는 데 사용되었던 대량의 금도 모두 미국에 묶힌 채 극소량만 다시 국외로 반출했다. 지금까지도 미국은 세계에서 금 보유량이 가장 많은 나라로 알려져 있다. 미국이 보유한 금 8,100톤과 미국이 실질적으로 통제하는 국제통화기금(IMF)의 보유 황금 3,000톤을 모두 합치면 미국 수중의 금은 총 1만 톤 이상이 된다. 이쯤에서 한 가지 의문이 든다. 과연 미국은 금이라는 유물을 역사에서 진짜 몰아냈을까? 왜 지금까지도 미국은 화폐로서 가치가 없는 금을 이렇게나 많이 손에 쥐고 있는 것일까?

　　1944년 브레튼우즈체제가 만들어지던 그날부터 달러 패권 체제가 본격화했다고는 말할 수 없지만, 브레튼우즈체제 창설은 국제통화체제의 신기원을 여는 시작점이라고 할 수 있다. 그 후 달러는 역사상 가장 강한 화폐가 되어 세계 제패를 향해 성큼 발을 내디딜 수 있었다. 더불어 세계의 구도와 발전 방향에도 엄청난 변화가 일어났다.

그러나 1971년 브레튼우즈체제가 해체되고 세계무역기구(WTO) 등 국제무역 조직에 참여하는 나라가 많아지면서 미국은 이 국제기구들을 통제하기 점점 어려워졌다. 심지어 미국은 이 기구들이 자국의 이익을 위협하기 시작했다고 판단해 새로운 국제무역 시스템으로 대체하고자 했다. 그래서 미국은 2015년 10월 '환태평양경제동반자협정(TPP)'이라는 새 시스템을 제안했다. TPP 협정 내용의 수준은 투자, 서비스, 노동력, 친환경 등 여러 분야에서 WTO를 훨씬 앞질렀다. TPP의 자유무역 틀 안에서는 기존의 관세가 모두 철폐되지만 WTO에는 이런 내용이 전혀 없다. 따라서 TPP는 WTO를 단번에 대체할 수 있는 대안으로서 의미가 크다. 물론 미국이 국가의 이익을 지키기 위해 또 하나의 무기를 꺼내 들었다고 보는 관점도 있다. 당연히 이 협정은 1944년 브레튼우즈체제와 마찬가지로 미국의 이익 보장에 초점이 맞춰져 있다. 다만 근본적인 목적은 구축이나 재건이 아니라 미국의 패주 지위를 계속 지켜나가는 것이다.

그런데 TPP가 출범한 지 1년이 지났을 무렵, 새로 당선된 도널드 트럼프 미국 대통령은 부임 첫날 2016년 11월 24일에 TPP 탈퇴를 선언했다. 당시 대부분의 사람은 이러한 미국의 움직임을 한동안 이해할 수 없었다. 설마 미국이 중국과 함께 주도하는 새로운 무역 시스템을 모색하기 위해서였을까? 그것은 아니었다. 트럼프의 TPP 탈퇴는 실질적으로 미국 내 세계화에 반대하는 목소리를 반영하는 것이었다. 미국이 주도해온 지난 몇십 년간의 세계화 과정에서 확실히 미국은 세계무역 글로벌 운동의 수혜자였다. 그러나 세계화의 돌풍 속에서 세계 신흥 경제국들이 급부상하면서, 장기적인 관점에서 볼 때 세계화 운동으로 가장 큰 손해를 보는 나라가 미국이라는 사실을 깨닫기 시작한 것이다. 가장 두드러진 결과로 현재 미국이 세계경제 총량 중 차지하는 비중이 기존의 33퍼센트에서 24퍼센트 내외로 하락했고, 이 10퍼센트 정도의 하락분이 전부 신흥 경제국의 주머니로 들어갔다. TPP는 바로 미국이 세계화를 지속한 결과물이다.

한편, 신흥 경제국들은 미국이 주도해온 세계화 과정에서 무한한 잇속을 챙기고 급부상할 기회를 얻었다. 이들은 이른바 '상생' 개념을 통해 선진국으로부터 대량의 자금과 기술을 얻고, 이를 기반으로 자국의 발전을 촉진해 선진국의 발목을 조금씩 잡고 있다. 그래서 미국인들은 세계화 운동이 없었다면 미국의 국제적 지위와 영향력이 이렇게까지 큰 타격을 입지 않으리라 본 것이다.

미국의 TPP 탈퇴는 트럼프가 대선에서 힐러리를 꺾을 수 있었던 가장 중요한 요인이었다. 그 덕에 트럼프는 백인 노동자를 주축으로 한 유권자들의 강력한 지지를 등에 업고 백악관에 입성했고, 세계화 정책을 고수하던 힐러리를 미국 정치권력의 중심에서 밀어낼 수 있었다. 트럼프가 취임 첫날에 서둘러 TPP 탈퇴를 결정한 것은 그의 대선 공약 중 가장 쉽게 지킬 수 있는 약속을 이행한 것이기도 했다. 그가 부임할 당시 TPP는 아직 정식으로 가동되지 않았고, 미국 의회에서 이 안을 공식적으로 통과시킨 것도 아니었다. 따라서 미국이 이 시스템에서 완전히 탈퇴하더라도 저항을 최소화할 수 있었다. 미국은 더 이상 세계무역 규칙을 창도할 생각이 없었고 기존 국제무역체제에서도 역주행했다. 자국의 이익 보호에 그 목적이 있었다. 즉, 이때부터 미국은 더 이상 남의 일에 신경 쓰지 않고 오로지 자기 일을 처리하는 데 모든 정력을 쏟아부었다. 이것이야말로 트럼프가 돌연 TPP 탈퇴를 선언한 실질적이고 근본적인 이유였다.

1920년대 출범한 소련은 20세기 세계 정치·경제의 판도를 완전히 뒤바꿔놓았다. 강성한 소련은 1950년대 세계 사회주의 운동의 새바람을 불러일으켰고, 사회주의 국가들은 하루아침에 세계 선두로 우뚝 올라섰다. 당시 많은 나라가 사회주의 정치체제를 이상적인 국가 체제로 인정했으며, 사회주의 세계는 자본주의 세계와 사투를 벌이기 시작했다. 그러나 소련의 국력이 날로 쇠약해지고, 특히 동유럽의 격변과 소련의 붕괴가 이어지면서 사회주의는 하룻밤 사이에 벼랑 끝으로 추락하고 말았다. 소련이 해체된 이유는 여러 가지가 있겠지만, 루블의 흥망사가 소련의 흥망성쇠와 맥을 같이한다. 소련은 루블화의 강세를 등에 업어 일어섰고 루블화의 쇠락과 더불어 무너져 내렸다. 이 대목은 우리가 깊이 생각해볼 만한 역사적 문제다.

유럽의 통화연맹 구축은 뿌리 깊은 사상적 원천이 유사했고 현실적 기반이 있었기 때문에 가능했다. 시대적 특징과 기회를 잘 포착하고 민중과 사회 엘리트층의 에너지와 역량을 충분히 발휘한다면 통화연맹은 물론 유럽합중국의 꿈도 머지않아 실현될 것이다.

화폐가 탄생한 뒤 상품 생산과 교환이 발전하면서 화폐의 형식도 실물화폐나 금속화폐에서 신용화폐나 전자화폐로 변천해갔다. 화폐 재료도 다양한 실물에서 금속으로 통일되고, 다시 지폐로 변화했다가, 전자화폐와 디지털 화폐로 발전하는 과정이다. 화폐의 형태 변화는 화폐 사용 방식에도 변화를 가져왔다. 물물교환부터 육중한 금속화폐, 가볍고 휴대하기 편한 지폐, 플라스틱 카드 등에 이르기까지 화폐 형태가 끊임없이 바뀌면서 인류의 거래 행위도 갈수록 단순하고 빠르게 변화했다. 상품 생산과 교환이 끊임없이 발전한다는 전제가 없으면 화폐 형태도 다양해지지 않는다.

종이 화폐(신용화폐)는 금을 기반으로 하지 않고 금과는 아무런 관련이 없지만 본위화폐의 기능을 모두 수행할 수 있다. 종이 화폐는 사회적으로 공인된 상품의 가치 부호이지 일반 등가물은 아니다. 전통 화폐 이론은 금은이나 그것의 파생 형식을 주로 연구했다. 그러나 제2차 세계대전 이후 70년 동안 금과 은은 점차 화폐 기능을 상실했고, 이를 대신한 것은 본위화폐와의 태환이 보증되지 않은 지폐, 즉 불환지폐였다. 종이 화폐 발행에 대한 강력한 규제가 없는 탓에 각국 정부는 통화 정책으로 공전의 자유를 얻어 경제활동에 간여했고, 이는 시시때때로

과도한 인플레이션과 반짝 호황을 일으켰다. 우리는 이와 관련된 이해득실을 돌아볼 필요가 있다.

종이 화폐의 출현은 화폐 발전사에서 한차례 중대한 변혁이었다. 종이 화폐는 금의 '황금시대'를 끝내고 처음으로 본위화폐의 지위까지 올라가며 모든 상품의 세계에서 활약하기 시작했다. 동시에 종이 화폐는 화폐의 '황금' 시대를 끝내고 처음으로 가치 없는 기호로 가치를 대신했다. 역사를 돌이켜보면 인류 최초의 거래 방식은 물물교환이었고, 나중에 조개껍질을 화폐로 삼았다가 점차 구리, 금, 은, 종이로 변화를 거듭해왔다. 세상 만물은 무엇이든 발생-발전-소멸 주기를 거치기 마련인 것처럼, 역사적 관점에서 보면 종이 화폐의 소멸도 어느 정도 정해진 운명이고 하나의 추세일 수밖에 없다. 어쩌면 앞으로도 지폐를 대신해 더 편리한 화폐가 생겨날지 모른다. 우리가 지금 사용하고 있는 전자화폐도 그중 하나고, 이보다 앞선 디지털 화폐나 다른 무언가가 화폐의 역할을 하게 될 것이다. 아마도 이 흐름은 사람들 의지로는 바뀌지 않을 것이다.

현대사회에서 화폐는 하나의 부호가 되어가는데, 부호의 가치는 화폐 발행자들이 쥐고 있으며, 이들은 화폐 발행량을 통제해 우리 수중의 부를 통제한다. 간단히 말해서 화폐의 발행량이 많을수록 지폐는 평가절하되고 똑같은 가치의 지폐로 살 수 있는 물건이 줄어들면서 통화 팽창이 시작된다. 반대로 화폐의 발행량이 적으면 화폐가 상대적으로 평가절상해 똑같은 가치의 지폐로 살 수 있는 물건이 많아진다. 그러나 상인은 상대적으로 버는 돈이 적어 손해를 보게 된다. 만약 화폐 발행자가 발행량을 제대로 파악하지 못하면 인플레이션이나 디플레이션이 나타날 수 있고 경제 불안이 증폭돼 세계경제질서가 무너질 수 있다. 이는 금속화폐를 버리고 신용화폐를 선택한 인류가 맞이할 필연적인 결과다.

세계 통화는 민감한 국제정치 이슈다. 앞으로 세계 통화의 형태와 기본 메커니즘에 대한 다양한 시나리오가 존재한다. 그중 하나는 비교적 보수적인 발상으로 이미 'SDR' 바스켓에 가입한 달러, 유로, 파운드, 엔, 위안 등의 기존 세계 통화를 주축으로 각국의 금은 총보유량을 본위로 삼는 새로운 세계 단일 통화다. 이 통화의 발행량은 여전히 현재 세계에서 유통되는 각종 화폐의 총발행량을 기준으로 삼아야 하고, 통화의 발행권과 감독권은 세계중앙은행에 속해야 한다. 세계 단일 통화의 정치적 토대는 세계정부와 세계의회이며, 그 이용 대상은 지구상에 사는 전체 인류라 할 수 있다. 세계 단일 통화는 최첨단 위조 방지 과학기술이 들어간 특수 재질을 이용해 그 안에 각종 액면가를 표시하는 실물화폐와 전자화폐, 디지털 화폐 형태로 만들어진다. 사람들은 세계중앙은행과 다른 법정 기구들이 발행한 각종 세계화폐를 가지고 다니며 세계 어디서나 자유롭게 지불·결제·결산 처리를 할 수 있다. 이 과정에서 환율을 고민할 필요도 없다. 특히 디지털 화폐를 사용할 경우 현금을 가지고 다니는 불편함이 줄어들고 은행 체크카드처럼 잔액을 고민할 필요도 없다.

또 다른 하나는 비교적 급진적인 발상인데 오늘날 사람들이 들고 다니는 지폐와 같은 형태의 세계 통화는 더 이상 존재하지 않고 전자화폐와 디지털 화폐로 대체된다. 특수 재질로 만든 범용 카드를 가볍게 대기만 하면 지불·결제·결산 처리를 할 수 있고, 카드를 긁는 등 불필요한 동작도 전혀 필요하지 않다. 그때가 되면 슈퍼마켓이나 상점에 계산대가 사라지고 상품 계산기에 일련의 숫자만 입력하면 거래 과정은 끝난다.

그럼에도 금과 은은 세계 통화 무대에서 완전히 사라질 수 없다. 세계 단일 통화의 본위이기 때문이다. 다만 이전과 다른 점은 금은이나 다른 자원들이 본위통화의 기능을 공동으로 담당하고 있다는 것뿐이다. 공업과 수공업에 필요한 일정량의 금은을 제외하고 세계 각국이 비축한 금은은 모두 세계중앙은행과 금고에 모인다. 이것이야말로 세계 단일 통화의 수호신 역할을 하게 된다. 세계중앙은행은 세계 단일 통화가 통화팽창 위기에 처하면 금은을 이용해 이미 발행한 세계 단일 통화를 매입하거나 회수해 보유 통화량을 줄이고, 위기가 지나간 뒤에 다시 화폐를 풀어 금은을 회수해 일정량의 금은을 유지하는 역할을 한다.

　오늘날 세계는 금과 은을 글로벌 금융 위기를 피할 수 있는 피난처이자 강력한 무기로 점차 인식하고 있다. 앞으로는 금과 은이 달러의 독주를 막고, 금은본위제가 달러본위제를 대신할지도 모른다. 이제 금과 은이 다시 깨어나고 있다. 화폐의 왕으로 귀환한 금과 은은 인류를 위해 더 큰 공헌을 할 것이다.

차례

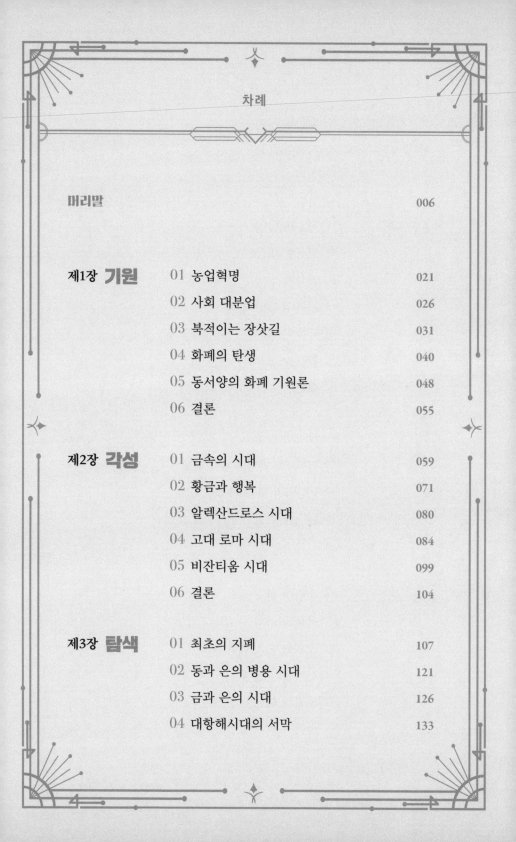

제 1 장

기원

01

농업혁명

기원전 9000년경 지구의 마지막 빙하기가 끝나면서 기후는 점차 따뜻해졌다. 기후변화에 따라 인류도 수렵·채집시대에서 벗어나 정착 생활을 하며 농사를 짓는 농업시대로 들어섰다. 역사적으로 이러한 전환기를 '농업혁명'이라고 부른다. 이때를 기점으로 인류는 구석기시대에서 신석기시대로 넘어갔다. 이 시기의 가장 중요한 특징은 새로운 도구의 발명과 토기 제작이다. 인류는 농사에 적합하도록 이전보다 훨씬 날카롭게 갈아 만든 돌낫, 긴 자루 톱니 낫, 맷돌, 절굿공이 등의 노동 도구를 발명했을 뿐 아니라 곡식과 물을 담을 수 있는 토기도 만들었다. 토기를 이용하기 시작하면서 논밭에 물을 대는 일이 훨씬 수월해졌고, 곡식을 저장하고 물을 길어 올리고 음식을 조리할 수 있게 되었다. 토기의 출현은 식사 방식을 개선하고 음식의 종류를 늘리는 데 중요한 역할을 했다. 19세기 미국의 민족학자이자 문화인류학자인 루이스 헨리 모건(Lewis Henry Morgan, 1818년~1881년)은 인류의 진화 과정에서 토기 제작 기술의 출현이 생활을 개선하고 가사 노동을 편리하게 만드는 데 중요한 역할을 했다고 높이 평가했다.

새로운 시대의 또 다른 중대한 기술 발전은 실을 뽑아 옷감을 만드는 기술의 발명을 통해 이루어졌다. 방직 기술은 입고 사는 문제를 해결했을 뿐 아니라 어업 경제의 발전에도 크게 이바지했다. 인류는 방직 기술을 이용해 더 좋고 더 많은 그물을 만들 수 있었다.

생산도구가 발전하자 인류의 생산방식과 생활방식에도 혁명적인 변화가 일어났다. 이 변화는 원시 농업과 원시 목축업이 각각 채집경제와 수렵경제로부터 분리되어 나오면서 시작되었다.

인류는 오랜 세월 채집 활동을 통해 식물의 특성과 성장 법칙 및 재배 방법을 점차 터득하며 원시 농업의 기틀을 다져왔다. 세계적으로 농업의 발상지는 주로 서아시아와 북아프리카, 동아시아와 남아시아, 중앙아메리카 세 지역으로 분류된다. 농업혁명은 서아시아의 두 강 유역에서 최초로 발생했다. 이 두 강은 터키 아르메니아고원의 토로스산맥에서 발원한 티그리스강과 유프라테스강을 가리킨다. 두 강 유역의 중하류 지역에는 평탄한 지세가 펼쳐져 있는데, 고대 그리스인들은 이곳을 '두 강 사이'를 뜻하는 '메소포타미아(Mesopotamia)'라고 불렀다. 봄철에 눈이 녹아 두 강이 정기적으로 범람하면 강에서 흘러내려온 토사가 퇴적했다. 메소포타미아는 이렇게 형성된 충적평야로 토지가 비옥해 재배업에 적합했다.

바로 이곳에서 초기 형태의 농업 촌락 유적이 발견되었다. 최초로 발견된 곳은 이라크 북부에 있는 자위 케미(Zawi Chemi) 유적지인데, 형성 시기는 기원전 9000년경으로 추정된다. 이 유적지에서 돌을 갈아 만든 절구, 절굿공이, 맷돌 등이 출토되었다. 기원전 8000년경에 형성된 팔레스타인 요르단강의 강변 나투프(Natuf) 유적지에서 출토된 도구도 돌을 갈아 만든 낫과 호미, 곡식을 으깨는 절구와 절굿공이 등이었다. 기원전 9000년~기원전 7000년경 이라크 북부 자그로스(Zagros)산 기슭에 있던 자르모(Jarmo) 유적지에서는 불에 구워 말린 진흙으로 만든 25채의 집터 침전물에서 많은 양의 보리, 밀, 기타 농작물의 씨앗이 나

돈의 탄생

왔다.

동아시아와 남아시아 지역은 벼, 좁쌀, 면화 농업의 발상지다. 태국과 중국 저장(浙江)의 허무두(河姆渡) 유적지에서 기원전 5000년경의 것으로 추정되는 볍씨와 호미, 삽 등 마광(磨光)석기가 출토되었다. 이는 세계 최초로 발견된 재배 볍씨의 흔적이기도 하다. 이외에도 중국 시안(西安)의 반포(半坡), 허난(河南)의 페이리강(裴李崗)과 하베이(河北)의 츠산(磁山) 유적지에서 모두 기원전 6000년경의 것으로 추정되는 불에 탄 낟알과 돌로 만든 절구, 낫, 칼, 호미, 삽 등의 도구가 발견되었다. 벼의 낟알도 중국에서 최초로 기원했다는 사실을 설명해준다. 지리적으로 남아시아에 있는 인도는 목화를 최초로 재배한 목화의 고향이다.

중앙아메리카는 옥수수, 감자, 고구마 등 다양한 작물의 고향이다. 일찍이 기원전 5000년경에 멕시코에 거주하던 인디언들은 옥수수, 호박, 고추, 감자, 고구마 등을 재배하기 시작했다. 페루에 살던 인디언들은 기원전 3000년경에 콩과 오이를 재배했다.

신석기시대에는 좀 더 뾰족하고 날카로운 포획용 도구가 만들어지면서 인류가 사냥할 수 있는 동물의 수가 증가했다. 인류는 사냥한 동물을 한꺼번에 다 먹을 수 없자 남은 동물을 키우기 시작했는데, 그 대상은 주로 온순한 동물이었다. 중석기시대에는 개와 면양을 길렀고, 신석기시대에는 그동안 순한 동물을 키운 경험을 바탕으로 돼지, 소, 말, 나귀, 낙타 등 대형동물을 길들여 가축으로 키웠다. 이때부터 원시 목축업이 생겨났다. 두 강 유역에서 발견된 기원전 9000년경의 유적에서 동물 뼈가 대량으로 출토되었고, 집에서 기르던 면양의 뼈는 물론 태어난 지 일 년 남짓한 새끼 숫양의 뼈도 발견되었다. 기원전 8000년에 속하는 간지 다레(Ganj Dareh) 유적지에서 발견된 동물 뼈 중 90퍼센트가 산양의 뼈였다.

기원전 8500년경에 형성된 이라크 북부 카림 샤히르(Karim Shahir) 유적지에서는 돼지 뼈가 대량으로 출토되었다. 이곳은 세계적으로 유명한 최초의 양돈업 유적지이기도 하다. 중국 저장의 허무두, 산시(陝西)의 반파 등 유적지에서도 돼지, 닭, 개, 양, 물소의 유해가 나왔다. 이 유적들은 모두 신석기시대에 가축을 사육하는 일이 아주 흔했다는 사실을 보여준다.

농업과 목축업이 발달하면서 인류는 처음으로 자연 산물에 온전히 의존하던 상황에서 벗어나 사료를 먹여 키운 가축을 통해 고기와 젖, 가죽을 얻었고, 가축의 노동력을 이용해 쟁기를 끌고 물건을 수송할 수 있었다. 이처럼 농업과 목축업의 탄생 및 발전은 서로 긴밀하게 연결되어 있다. 농업과 목축업은 모두 인류의 성장과 발전을 촉진하는 역할을 했다.

한편 농업과 목축업의 발전은 새로운 노동 도구와 노동 방법을 발명하고 창조해내는 인류의 잠재력을 깨우기도 했다. 더불어 최초의 수학·의학·천문학 등이 출현했는데, 이런 과학기술 지식의 출현과 발달이 다시 농업과 경제의 발전을 대대적으로 촉진했다. 고대 두 강 유역에 살던 사람들은 인류 역사상 최초의 농서인 『농인역서(農人歷書)』를 편찬했다. 이 책에서 늙은 농부는 아들에게 관개용수를 절약하는 법, 가축이 밭을 짓밟지 않게 하는 법, 논에 찾아드는 새를 쫓아내는 법, 제때 작물을 수확하는 법 등 농경 기술을 꼼꼼히 알려주고 있다. 당시 사람들은 이미 도랑을 파고 제방을 만들어 논밭에 물을 대는 법을 알고 있었다. 고대 바빌로니아에서 사람들은 거대한 수로를 만들고, 댐과 제방과 기타 건축물을 지었다. 당시 관개 기술이 비교적 발달해 국가 소유의 관개망을 전국적으로 이용했다. 국가의 중요한 책임 중 하나는 관개망을 유지·보수하고 새로운 관개수로를 만들고 기타 공공 공사를 진행하는 것이었다. 각 지역의 관개망은 모두 현지의 부락 공동체가 관리했다. 이 무렵 부락 공동체는 고대 농업사회의 토대를 이루고 있었다.

중국은 기원전 3000년경에 이미 부계씨족사회로 진입했고, 금속시대로 이어지는 과도기를 맞이했다. 씨족사회 후반에 공공씨(共工氏) 부

돈의 탄생

족이 제방을 쌓아 강물의 범람을 막는 방법을 찾아내고, 뒤를 이어 곤(鯀)과 우(禹)가 홍수를 다스렸다는 전설이 내려온다. 주족(周族) 부락의 수장 설(契)과 동이(東夷) 부락의 대비(大費)가 각각 경작과 목축에 능해 세상에 널리 이름을 알렸고, 백익(伯益)이 우물과 같은 농목업 시설을 발명하기도 했다. 하대(夏代)에 이르러 '음력'과 『하소정(夏小正)』(중국 선진[先秦]에서 집필된 기후 관련 저서─옮긴이)이 나왔다. 음력의 출현은 당시 농업기술이 상당히 높은 수준에 도달했다는 사실을 보여준다. 중국 양쯔강(揚子江) 중하류 지역에서 발견된 허무두 유적지에서 약 6,000점에 달하는 각종 물품이 출토되었다. 그 안에는 생활용품, 생산도구, 작은 장난감, 장식품 등이 포함되어 있는데, 지금으로부터 약 7,000년 전의 것으로 추정된다. 출토된 대량의 유적과 유물을 통해 약 6,000~7,000년 전에 이미 촌락 형태의 농업사회로 진입한 허무두인이 농업을 중심으로 목축업을 병행하면서 정착 생활을 했다는 것을 알 수 있다.

농업혁명을 통해 인류의 생활 방식은 구석기시대의 이주 생활에서 신석기시대의 정착 생활로 점차 전환되었다. 정착 생활 방식이 자리 잡으면서 씨족사회를 형성했고, 나아가 사회적 분업과 물물교환이 생기면서 도시와 국가의 출현을 위한 경제·사회적 토대가 마련되었다. 농업혁명은 인류 문명의 발생을 촉진했다. 인류의 경제·사회 발전사를 공부하려면 반드시 상고시대에 발생해 수천 년 동안 이어져 내려온 농업혁명부터 살펴봐야 한다.

02

사회 대분업

위에서 말한 농업혁명이 인류에 미친 가장 큰 영향은 인류가 이미 기본 생존에 필요한 식량을 생산하고, 나아가 노동과 기술의 발전을 통해 더 많은 잉여 식량과 제품을 생산하게 되었다는 것이다. 특히 금속 기구를 사용하기 시작하면서 호미로 땅을 갈던 원시적 농업에서 소에 쟁기를 걸어 밭을 가는 농업으로 대체되었고, 이를 통해 농업 생산도 전문적으로 발전할 수 있었다. 이런 이유로 농업 생산에 적합한 지역에 거주하는 각 부락은 농업을 중심으로 하는 농업 부락을 형성했다. 이와 함께 목축업에 적합한 지역의 부락은 목축업 위주의 목축 부락을 만들었다. 농업 부락과 목축 부락의 전문적인 생산력은 농업과 목축업이 각각 독립적이면서도 상호 의존적인 양대 생산 부문이 되는 데 일조했다. 이것이 인류 역사상 나타난 '제1차 사회 대분업'인 농업과 목축업의 분리다. 엥겔스의 말을 빌리자면, 유목부락이 나머지 야만인 무리에서 분리되어 나온 것이라 할 수 있다.

사회 대분업의 가장 큰 결과는 인류가 생산한 제품이 처음으로 노동력을 유지하는 데 필요한 양을 넘어섰다는 것이다. 잉여 제품이 생겼을 뿐만 아니라 농업 부락과 목축 부락 사이에 제품이 교환되기 시작했다. 특히 목축 부락에서 생산된 제품이 농업 부락의 제품보다 상대적으로 많았다. 그래서 목축 부락은 잉여 육류 및 유제품이나 잉여 모피를 자신들에게 부족하거나 얻기 힘든 제품으로 교환했다. 예를 들어 육류나 모피 등을 농업 부락에서 생산되는 곡물과 맞바꾸었다. 이런 식으로 물건과 물건을 교환하는 행위는 자신의 장점을 이용해 필요한 물품을 손에 넣는 일이었다. 이런 교환 형태는 사회의 생산력이 높아지면서 점점 일상화되었다. 이 흐름을 따라 인류의 삶도 다채로워지고 생활수준과 삶의 질도 한 단계 높아졌다. 이것은 인류가 좀 더 성숙한 문명 세계를 향해 이미 나아가고 있다는 지표이기도 했다. 이때부터 인류는 대자연의 혜택에 의지하던 수동적인 원시생활에서 벗어나기 시작했다.

농업과 목축업의 발전은 수공업의 발전을 촉진했다. 실제로 신석기시대에 물이나 물건을 담는 데 쓰는 도기를 만들면서 인류는 이미 수공업 시대를 열었다. 도기의 제조는 원시 수공업의 시발점이라고 할 수 있다. 그러나 인류가 진정한 의미의 수공업 시대로 접어든 것은 광석 제련과 금속가공 기술을 사용하면서부터였다. 기원전 4000년경부터 기원전 3000년경까지 서남아시아, 이집트, 중국, 남유럽, 중유럽에서 앞다투어 구리를 제련하기 시작했다. 인류가 구리를 이용해 만든 최초의 물건은 고리, 팔찌, 목걸이와 같은 장신구였다. 그러다가 나중에야 구리로 그릇과 무기도 만들 수 있다는 사실을 차츰 알게 되었다. 기원전 3000년 중반에 이르러 인류는 청동을 제련하는 법을 배웠다. 최초로 청동을 사용한 곳은 두 강 유역과 인더스강 유역이었고, 기원전 2000년대에 이르러 이집트, 중국, 기타 일부 지역에서도 청동기를 사용하기 시작했다. 동과 주석의 합금인 청동은 단조가 쉽고, 순동보다 경도가 높을 뿐만 아니라 용해점이 낮다. 청동기시대에도 청동기는 석기와 병존했다. 예를 들어, 아메리카의 인디언은 구리 도끼와 구리 끌을 만들 수 있었지만, 여전히 돌칼과 돌도끼 같은 석기를 사용했다. 이처럼 석기는 기나긴 역사 속에서 서서히 사라져갔을 뿐 청동기의 출현과 동시에 사라져버린 것은 아니었다. 인류의 발전 과정에서 이러한 관성적 사고방식과 행동방식은 늘 존재했다.

야철 기술은 기원전 1000년경에 서아시아에서 처음 출현했고, 이후 남아시아, 북아프리카, 동남유럽 등지에서 연이어 나타났다. 철은 구리보다 훨씬 단단할 뿐 아니라 값이 저렴해 출현과 동시에 석기와 청동기를 빠르게 대체했다.

앞서 말한 청동기와 철기 말고도 인류의 원시 수공업은 도자기 제조, 가죽 제조, 기름 짜기, 술 빚기, 배 만들기 등 갈수록 복잡하고 전문적으로 변했다. 특히 배나 술처럼 비교적 복잡한 과정과 기술이 필요한 분야는 이미 한 사람의 힘으로 완성할 수 있는 범주를 넘어서면서 '수공업'이라고 불리는 하나의 독립적인 업종을 탄생시켰다. 이때부터 수공업과 농업이 분리되었는데, 이것이 바로 '제2차 사회 대분업'이다.

제2차 사회 대분업의 직접적인 결과는 교환을 목적으로 하는 상품의 생산이었다. 이 시기의 교환 행위는 이전보다 훨씬 복잡해져 다른 부락은 물론이고 자기 부락 내부로도 깊숙이 파고들었다. 한 부락 안에서도 서로 다른 노동에 종사하는 집단이 생겨났기 때문이다. 수공업 기술을 가진 사람은 전문적인 수공업자로 자리를 잡았고, 기술이 없는 사람은 계속 농업이나 목축업에 종사했다. 그래서 부락 내부에서도 수공업자가 자신이 만든 수공 제품을 곡물, 옷 등 생활용품과 교환했다. 농업이나 목축업에 종사하는 사람들은 양식, 모피, 육류 등을 도자기, 술, 장식품 등과 맞바꾸었다. 이때 수공업자와 다른 생산자 사이의 교환은 온전히 일대일로 이루어질 뿐, 중간에 중개인이 끼어 있지 않았다. 자신의 생활과 생산을 위해 절실히 필요한 것을 물물교환하는 자발적인 행위였으므로 이윤이나 차익도 존재하지 않았다.

하지만 모든 교환이 순조롭게 진행되는 것은 아니었다. 서로의 수요가 다르다 보니 필요한 물건과 교환하는 일은 직접 생산할 때보다 더 많은 난관이 뒤따랐다.

예를 들어, 도자기를 만드는 장인이 그릇을 생산했는데 그것을 필요로 하는 부락 주민이 아무도 없다고 가정해보자. 엎친 데 덮친 격으로 집에 먹을 것마저 거의 다 떨어졌다. 이 상태면 식구들이 입에 풀칠하고 살아야 할지도 모른다. 어쩔 수 없이 도자기 장인은 급한 불을 끄기 위해 자기가 만든 그릇을 짊어지고 다른 부락으로 찾아갔다. 도착해보니 다행히 남은 식량이 있었다. 하지만 다른 부락 사람들은 당장 도자기 그릇보다 삼베가 더 필요했다. 도자기 장인은 하는 수 없이 모든 것을 운에 맡긴 채 또 다른 부락으로 향했다. 다행히 그 부락에 사는 사람들은 도자기 그릇이 필요하던 차였다. 하지만 그들에게는 삼베만 있을 뿐 여분의 식량이 없었다. 낙담한 도자기 장인의 머릿속에 불현듯 기막힌 생각이 떠올랐다. 앞서 들렀던 부락에서 삼베가 필요하다는 말을 기억해냈다. 그는 곧바로 그릇을 삼베와 맞바꾼 뒤, 곡식은 남아돌지만 삼베가 필요한 부락으로 다시 찾아갔다. 그러고는 마침내 자신에게 절실히 필요했던 곡식을 구할 수 있었다. 기원전 3000년대 고대 이집트 왕국 시절의 벽화에도 질항아리를 물고기와 바꾸거나 파 한 다발을 부채와 교환하는 등 물물교환하는 장면이 묘사되어 있다.

사회가 복잡해지고 사회적 분업이 강화될수록 인류의 자급자족도 한계에 부딪혔고, 그럴수록 더 광범위한 교류와 소통이 필요했다. 게다가 부락마다 수요를 뛰어넘는 여분 생산물이 생겨나기 시작했고, 이런 상황이 그곳의 여분 생산물을 필요로 하는 다른 부락이나 개인의 수요와 맞바꾸고자 하는 수공업자들의 생각을 부추겼다. 이들은 부락 간의 물물교환으로 욕망을 채우면서 상업의 서막을 열어나갔다.

그러나 앞서 말한 물물교환 행위는 아직 상업 행위라고 할 수 없었다. 진정한 상업은 생산자와 수요자가 직접 만나 제품을 교환하는 것에 그치지 않는다. 교환이 빈번해지고 교환 지역이 끊임없이 확대되어 생산자와 판매자가 직접 만날 수 없게 되었을 때, 전문적으로 매매에 종사하며 교환을 조직적으로 추진할 수 있는 사람들이 생산 업종에서 떨어져 나와야 한다. 이런 식의 매입과 매도를 통해 교환 행위에 전문적으로 종사해야 비로소 상업 행위라고 할 수 있다. 상업이 출현하면서 제품 생산에 종사하지 않지만 제품 교환에 종사하는 계층, 즉 상인의 존재가 만들어졌다. 상인의 출현은 '제3차 사회 대분업'을 의미했다.

제3차 사회 대분업으로 인류는 물물교환의 원시적 형태에서 점차 벗어날 수 있었다. 사회 대분업의 협력 모델이 계속 정비되고 발전하면서 각 업종에서 만들어낸 사회적 부의 수량과 종류도 전보다 훨씬 증가했다. 이쯤 되자 인류는 제품의 교환 행위를 위해 더 편리하고 빠른 방법과 매개체가 필요하다는 사실을 깨닫게 되었다.

03

북적이는 장삿길

기원전 5000년경 고대 티그리스강과 유프라테스강 유역의 주민은 도자기 만드는 기술을 지니고 있었다. 이들이 만든 도자기 제품은 당시 사람들이 일상에서 주로 사용하는 술잔, 기름통, 난로, 등잔 등이었다. 도자기 제조업은 두 강 유역의 중요한 수공업 분야 중 하나였다. 도자기 제조 외에도 두 강 유역의 주민들은 일찌감치 유리를 만들 수 있었고, 그중에는 알록달록한 유리 제품도 포함되어 있었다. 이들은 청동 제련 기술도 발명해 2톤 가까이 되는 청동 주물을 제작했을 뿐 아니라 도끼, 톱, 칼, 검 등 도구와 무기도 만들었다. 그러나 두 강 유역에는 구리 광산 자원이 부족했기 때문에 무역이나 전쟁을 통해 다른 지역으로부터 구리 광석을 들여와야 했다. 아르메니아 산간 지방에 사는 사람들은 철을 제련했다. 최초의 철광석은 우주 공간에서 날아온 운석일 가능성이 크다. 청동기가 철기로 점차 대체되었고, 석기는 두 강 유역에서 점차 모습을 감추었다.

두 강 유역은 도자기 외에 방직품 생산지로도 유명하다. 이곳 사람들은 방직품을 자신들에게 부족한 금속 광산물이나 목재와 교환했고,

이들이 만든 아마와 양모 방직품은 서아시아 등지로 멀리 팔려 나갔다.

기원전 19세기에 세워진 고대 바빌로니아왕국의 수공업도 매우 발달했다. 이 시기에 이미 수공업자를 고용해 상품을 대량 생산하는 공방이 등장하기 시작했다. 고대 바빌론의 수공업은 방직, 벽돌 제작, 가죽 공예, 보석 공예 등 수십 개의 영역으로 분류되었고, 각 업종에 고용된 사람들은 매일 보수를 받으며 일했다. 바빌론의 상업과 무역은 상당히 발달했다. 국내 무역에서는 주로 도시와 농촌 사이에 서로에게 필요한 농목축업 제품인 식품, 유류, 양피 등을 교환했다. 대외무역에서는 주로 곡물, 유류, 대추, 직물, 가죽, 항아리, 그릇 등을 수출하고, 금, 은, 구리, 돌, 목재, 소금, 노예, 향료, 염료, 각종 사치품 등을 들여왔다. 왕실과 사원에서 대량 무역을 독점했는데, 이들의 상업대리인을 '다무카', 그의 조수를 '사마루'라고 불렀다. 상업대리인들은 나라의 세금을 관리하고 고리대금업에 종사했다. 당시 바빌론, 니푸르, 칼사 등은 모두 두 강 유역의 중요한 상업 중심지였다.

기원전 16세기 고대 이집트의 수공업과 상업도 비교적 높은 수준으로 발달했다. 이집트인은 돌을 가공해 도구, 기구, 무기, 예술품을 만들었다. 특히 돌을 쌓아 만든 피라미드와 신전은 고대 이집트의 건축 기술이 얼마나 앞섰는지 여실히 보여준다. 고대 이집트인은 납, 구리, 금, 철 등 금속 원료를 이용한 수공예 기술이 높은 수준에 도달해 있었다. 이미 목재를 가공하는 도구 세트를 발명해 가장 선진적인 목선을 제작하기도 했다. 고대 이집트인이 제작한 아마 제품의 씨실과 날실은 1제곱센티미터당 63×74개의 밀도를 가지고 있고, 와식(臥式) 방직기와 두 사람이 조작하는 입식(立式) 방직기를 사용해 폭이 넓은 천을 짤 수 있었다. 고대 이집트에는 이미 수공업 작업장과 공장이 있었고, 각 공장에서 고용한 사람의 수가 20명 이상일 정도로 분업이 비교적 세분화되었다. 수공업 생산에 종사하는 사람은 이집트의 자유인이거나 노예였다.

사회적 분업이 갈수록 발달하면서 고대 이집트 각 지방 간 무역, 이집트 남부와 북부의 무역, 이집트와 다른 국가의 무역도 가속화되었다. 이집트와 이웃 나라의 무역은 해상뿐 아니라 육로를 통해서도 진행되었다. 이집트인은 주로 금속, 상아, 금제품, 목재, 방직물 등을 수입하고, 소맥, 삼베, 고급 도자기 등을 수출했다. 당시 고대 이집트의 해외무역은 동아프리카 일대를 아울렀다. 동쪽으로는 아랍해와 페르시아만, 북쪽으로는 지중해 연안, 남쪽으로는 누비아, 북쪽으로는 팔레스타인까지 이어졌다. 고대 이집트인은 증빙서류를 사용해 주문을 주고받는 서면계약을 만들어냈다.

중국의 상업은 신농씨(神農氏)가 황제가 되던 시기에 시작되었는데, 그 근거가 『주역계사(周易繫辭)』에 기록되어 있다. 이 책의 내용을 보면, "포희씨(庖犧氏)가 몰락하고 신농씨가 일어났는데 땅을 경작하는 이로움으로 천하를 다스리니 어찌 두루 이로움을 취하지 않았겠는가. 한낮에 시장을 열어 천하의 백성이 모여들고 천하의 물건이 거래되니 각자 필요한 것을 얻을 수 있었다."라고 쓰여 있다. 복희씨 시대에 중국에는 성읍이 있었는데, 이곳을 한 나라로 삼았다. 사람들은 성읍에 거주하며 그 주위를 담으로 둘러치고 '성(城)'이라 불렀다. 성 안에서 재물을 모아 거래하고 이를 시장이라고 지칭했다. 이때부터 성(城)과 시(市)가 결합해 '성시(城市)', 즉 도시의 개념이 탄생했다. 도시에서 사람들은 여분 생산물을 저장해두었다가 필요한 사람이 나타나면 자신이 필요한 것과 맞바꾸었다. 이런 거래 방식을 통해 자신에게 없는 것을 구할 수 있었고, 이때부터 좌상과 행상이 등장했다.

복희 시대의 역사는 고고학상의 전앙소 문화와 대체로 엇비슷하며, 지금으로부터 약 7,000~5,000년 전에 해당한다. 복희 시대에는 원시목축업이 크게 발전했고 원시 농업도 등장했다. 그 당시에 발명된 것들은 앙소 문화 시기 원시 문명의 굴곡진 반응이었다. 복희는 역사 시기의 문화적 상징이자 문화적 기호이며, 복희의 전설은 특정한 문화적 의미를 지니고 있다. 복희는 중국 민족이 우러러보는 인문의 시조이자 삼황(三皇)의 으뜸이다.

지금으로부터 약 4,500년 전 황제 시기가 도래했을 때 사회적 분업이 체계화되기 시작했다. 이 시기에 황제는 교통을 이롭게 하려고 마차를 만들고, 이수(隷首)는 계산을 이롭게 하려고 도량을 제정하고, 창힐(倉頡)은 교류를 이롭게 하려고 문자를 만들고, 누조(縲祖)는 방직을 이롭게 하려고 양잠을 보급하고, 호조(胡曹)는 복식을 이롭게 하려고 옷을 만들고, 적장(赤將)은 일용품을 이롭게 하려고 가구를 제작하고, 공고(共鼓)와 화적(貨狄)은 운수를 이롭게 하려고 배를 만들었다. 그야말로 다방면에 걸친 대발명이 이루어진 셈이다. 당시의 발명은 모두 상업 발전과 번영이라는 기본 목표를 향해 나아갔다.

역사 발전의 관점에서 볼 때 황제 시기부터 중국의 첫 번째 계급 통치 국가 정권인 하대(夏代)에 이르기까지 400여 년 동안 중국의 사회경제 형태는 거대한 변화를 겪었다. 이런 변화에서 가장 눈에 띄는 점은 중국이 이미 단순한 농경 사회에서 상공과 농경이 함께 발전하는 새로운 사회로 접어들었다는 것이다. 거대한 변화를 일으킨 근본적인 동인은 상공업의 발흥이었다. 상공업이 발흥하지 않았다면 인류는 원시적 농경 사회에서 상공과 농경이 함께 발전하는 문명사회로 신입할 수 없었을 것이다. 심지어 하대의 건립도 상공업의 발전과 밀접한 관계가 있다.

『회남자(淮南子)』에서는 이렇게 말한다. "요임금이 천하를 다스릴 때 물가에 사는 자들은 물고기를 잡게 했고, 산에 사는 자들은 나무를 하게 했고, 계곡에 사는 자들은 목축업을 하게 했고, 육지에 사는 자들은 농사를 짓게 했다. 땅은 그 일에 맞게 쓰고 일은 그 환경에 맞춰서 하게 했으니, 연못이나 늪지대에서는 그물을 짜게 했고, 언덕의 비탈진 곳에서는 밭을 갈게 했다. 이렇게 해서 얻은 것은 필요한 것과 바꾸도록 했다."

요나라 시대에 사회적 분업이 점차 규모 있게 변화하고, 각 업종 간에 서로 필요한 상품을 교환하는 일이 흔해졌다. 사람들은 자신이 잘 만드는 제품을 자신이 만들 수 없는 상품과 바꾸었다. 다시 말해, 각자의 재능을 이용해 원하는 바를 얻은 것이다.

요의 후계자인 순(舜)은 동방에 거주하면서 일찍이 직접 밭을 갈고 물고기를 잡고 도자기를 만들며 지냈다. 순은 동이(東夷, 지금의 산둥)의 여러 부락으로 가서 분쟁을 해결했다. 그의 중재를 통해 동이의 모든 부락이 침범과 분쟁에서 벗어나 단결할 수 있었다. 이처럼 순은 생산한 토기의 품질이 떨어지거나 나쁜 물건을 좋은 물건처럼 속여 파는 문제를 해결해 사람들의 추앙을 받았다. 그는 각 부락을 연합해 대부락을 형성하고 스스로 추장이 되었을 뿐 아니라 도성을 건축했다. 자체 제작한 도자기 등 수공업 제품을 곳곳에 팔며 다른 부락과 거래했고, 나중에는 제품 교환을 편리하게 하려고 아예 부락의 중심(도성)을 부하(負夏, 지금의 허난성) 동부 푸양(濮陽) 근처로 옮겼다.

이때 부락 우두머리가 종종 부락을 대표해 밖으로 나가 교환 활동을 했고, 순은 특히 그런 방면으로 일가견이 있었다. 더 많고 더 좋은 제품을 교환해 부락의 수요를 채우기 위해 자기 부락의 잉여 제품을 돈구(頓丘, 지금의 허난성 칭펑현 서남쪽)까지 운반해서 교환했다. 순은 제품을 비교적 많이 생산하는 지역에서 제품을 들여왔고, 이 제품을 물품이 부족한 지역으로 가져가 유리한 입지에서 더 많은 제품과 교환했다. 이 물품은 농수산물을 비롯해 수공업으로 제조한 각종 가정용 일상용품과 도자기 등이었다. 순 본인도 뛰어난 능력을 지닌 도기 장인이었다. 그는 도자기 제작 기술을 발전시켜 더 완벽한 도자기를 만들었고, 도자기를 생산하지 않는 돈구 등지로 운반해 더 많은 현지 상품과 교환했다. 심지어 제품을 먼저 가져간 뒤 다른 제품으로 상환할 수도 있었다. 이 것이 바로 '외상 판매'와 '외상 구매'의 모태다. 외상 거래가 생기면서 '빚'의 개념도 나타났다.

순은 해주에서 도자기나 농수산물 등을 팔고 생필품인 소금을 사들였다. 요의 계승자로 추대된 순은 부락의 중심을 염전이 있는 포주(蒲州, 지금의 산시성 융지현)로 옮기고 소금 생산을 대대적으로 늘렸다. 순은 오현금(五弦琴)을 만들어 연주를 즐기기도 했는데, 그가 연주한 「남풍의 시」에는 이런 대목이 나온다. "남풍이 불어오니 우리 백성의 노여움을 풀어줄 만하네. 남풍이 불 때는 우리 백성의 재물도 넘쳐나겠구나."

도자기와 일상용품을 잘 만들던 순은 수공업의 발전을 매우 중시했다. 순의 지시를 받아 먹줄 등 목공 도구를 발명한 교수(巧倕)는 목공의 시조라 불릴 만큼 혁혁한 공을 세웠다. 순 시대에는 칠기를 제작해 물물교환에 이용하기도 했다.

순은 황제 시기에 만들어진 도량형도 정비했다. 그는 제위에 오른 뒤 '도량형(度量衡)'을 '동률(同律)'로 만들기 위해 규칙을 반포했다. 다시 말해, 긴 자, 곡두, 저울추를 통일한다고 선포했다.

순은 수해(水害)를 다스리기 위해 천하의 통치권을 아들에게 물려주지 않고, 치수 방면으로 천부적 재능을 가진 우(禹)에게 맡겼다. 우의 부친 곤(鯀)은 치수에 실패해 우산(羽山)으로 귀양을 갔지만, 우는 부친의 불명예를 회복하기 위해 전력을 다했다. 그는 13년 동안 외지를 떠돌며 온갖 시련과 고초 속에서 구주(九州)가 서로 통하는 아홉 개의 길을 내고, 제방을 쌓아 아홉 개의 댐을 만들었다. 아홉 개의 산에 길을 뚫는 토목공사를 시작해 동서남북의 화물이 구주를 통해 사방으로 순조롭게 유통되도록 했다. 『사기(史記)』의 기록을 보면, 당시 제주(濟州)의 칠기, 누에, 금수, 청주(靑州)의 소금, 갈포(葛布, 칡껍질로 만든 직물), 해산물, 서주(徐州)의 꿩, 오동나무, 검은 비단, 양주(揚州)의 대나무, 새털, 귤, 형주(荊州)의 비단, 진주, 상아, 예주(豫州)의 비단, 삼베, 반석, 양주(梁州)의 은, 가죽, 담요, 옹주(雍州)의 옥, 보석, 모피가 아홉 개 길을 통해 천하의 중심인 기주(冀州)로 운반되었다.

우는 '남는 것으로 부족한 것을 채우는' 경제정책도 수립해 구주가 서로 함께 나누며 부족한 것을 보충하고 어려움을 해소하도록 했다. 그럼으로써 사해가 하나 되고, 천하가 평안하고, 구족이 화목하고, 창고가 가득 찬 '화하(華夏)의 태평성세' 시대가 열렸다. 다채롭고 광범위하다는 의미의 '화하'는 이때부터 중화민족의 통칭이 되었다. 광범위하고 위대한 업적에 힘입어 우는 '선양'의 전통을 깨고 천하의 통치권을 자기 아들 계(啓)에게 세습했다. 이로써 과거의 '공천하(公天下)'에서 벗어나 중국 역사상 첫 번째 '가천하(家天下)', 즉 하왕조가 들어섰다. 하왕조는 제1대부터 제17대에 이르는 왕을 배출하며 470여 년을 이어 나갔다 (기원전 2070년~기원전 1600년경).

하대의 제품 교환은 이전보다 다소 발전했고, 제품 교환에 전문적으로 종사하는 사람이 생겨났다. 이 시기에 주로 씨족 부락 간에 진행된 교환은 귀족이 주도해 자신의 부를 늘리는 수단으로 삼았다. 상(商)왕조 사람들의 조상인 왕해(王亥)는 하(夏)나라 때 소달구지에 비단을 싣고 직접 다른 부락으로 가서 무역을 하고 다른 중개인의 손은 빌리지 않았다. 하나라 시대에 부락에서 물건의 교환을 주도한 사람은 사무를 진두지휘하며 판매·운송·교환에 대량의 노예를 동원한 수령과 그 관리인이었다. 이때까지만 해도 제품 교환에 전문적으로 종사하는 '자유 상인'이 등장하지 않았고, 그런 일에 전문적으로 종사하는 업종인 상업도 존재하지 않았다. 중국에서 상인과 상업이 출현한 시기는 비교적 늦은 때인 노예사회 중기(상나라 시대 이후) 정도였다. 이것은 중국 상업 역사의 뚜렷한 특징 중 하나다.

일찍이 하나라 시대에 장거리 판매를 하는 행상이 등장했다. 전설에 따르면 상왕 탕(湯)의 제11대 조상 상토(相土)가 마차를 발명했고, 제7대 조상 왕해가 달구지를 발명했다고 한다.

『시경(詩經)』「상송(商頌)」의 기록을 보면, "상토는 위세가 당당하여 멀리 해외까지 평정하였다."라고 쓰여 있다. 다시 말해서 상나라의 조상이 이미 먼 지역까지 나가 무역 활동을 했다는 것을 알 수 있다. 왕해는 직접 멀리까지 가서 장사했고, 황하 유역에서 역(易)씨 부락과 매매를 했다. 훗날 그는 무역 분쟁 때문에 역씨 부락의 군주에게 살해당했고, 그의 아들 상갑미(上甲微)가 부친의 원수를 갚기 위해 군대를 일으켜 역씨 부락을 무너뜨렸다. 이를 계기로 상나라 세력도 크게 강화되었다. 이때부터 상나라 사람은 왕해의 전통을 이어받아 주변의 작은 나라나 부락을 앞다투어 찾아다니며 장사했다. 왕해와 상나라의 토템 숭배도 서로 긴밀히 연결되어 있다. 왕해의 '해' 자는 돼지 해(亥)와 새 조(鳥) 자에서 나온 것으로 당시 토템 문화를 엿볼 수 있다. 이를 통해 초기 상나라 사람들이 새를 토템으로 삼았다는 사실과 후대 상인들의 마음속에 자리 잡은 왕해의 지위를 미루어 짐작할 수 있다.

왕해는 상나라의 대표적인 왕이다. 그가 활동한 지역은 남박(南亳)을 중심으로 하는 하남 상구(商丘) 일대였다. 이때 농업과 목축업은 상당히 발전한 상태였고 상업도 번성하기 시작했다. 왕해가 유역(有易)이라는 마을에서 크게 환영받았다는 기록에서 알 수 있듯이, 그는 중국 최초의 상인이었다. '상업(商業)'이라는 이름은 상나라 사람이 경영한 업종이라는 데서 기원했고, 상구는 중국 상업의 발원지였다. 왕해는 중국 상인의 시조 중 한 명인 셈이다.

위에서 인용한 『시경(詩經)』의 기록에서 '해외'의 범주를 두고 누군가는 지금의 동해와 발해를 제외한 곳이라 말하고, 또 누군가는 뇌택(雷澤)과 거야택(巨野澤)을 가리킨다고 주장한다. 그러나 '해외'의 범주가 어찌 됐든 일찍이 하나라 시대에 상인들이 장사한 발자취가 이미 '바다 안팎'에 두루 다다랐다는 사실만큼은 의심의 여지가 없어 보인다.

하나라 시대에는 원시 도시도 이미 출현했다. 제품의 교환이 확대되면서 교환 장소인 '시(市)'도 자연스럽게 생겨났다. 노예의 주인들은 모여 사는 곳에 성곽을 짓고 도랑을 만들었으며, 성안에 귀족의 거주지와 궁전 건축물도 세웠다. 이는 폭도의 공격으로부터 안전한 공간을 만들고자 하는 본능에서 시작되었다. 이때 하읍(夏邑), 안읍(安邑), 양성(陽城), 양적(陽翟), 짐심(斟尋), 추구(帚邱), 짐관(斟灌) 등 성벽으로 둘러싸인 원시 도시(보루)가 출현했다. 하대 이전의 황하 중하류에도 작은 성이 곳곳에 만들어졌지만, 크기와 기능은 단지 성루에 국한되었을 뿐 도시의 규모는 아니었다.

　토템과 상업은 인류의 활동을 더욱 풍성하게 만들고 새로운 생활 방식과 향락을 가져다주는 동시에 제품의 가치를 가늠하는 단위로 삼을 화폐의 탄생을 앞당겼다.

04

화폐의 탄생

물물교환은 삶을 풍요롭게 만들었지만 이에 못지않게 많은 어려움과 불편함을 안겨주었다.

우선 물물교환 과정에서 물건의 가치를 계산하는 것이 지나치게 복잡했다. 거래에서 하나의 상품을 다양한 상품으로 교환할 수 있었다. 예를 들어, 양 한 마리를 쌀 40근이나 철 한 조각과 교환할 수 있었고, 가죽 한 장을 양 5분의 1이나 도끼 한 자루의 가치로 매겼다. 그런데 이런 계산은 번거로울 뿐만 아니라 정확도도 떨어져 불편할 수밖에 없었다. 이런 불편함은 점차 제품 교환 속도에도 영향을 미쳤고 제품의 질도 떨어뜨렸다.

물물교환은 거래의 실패를 초래하기도 쉬웠다. 예컨대 양과 도끼의 단순한 등가교환이라면 별로 문제가 될 것이 없다. 하지만 현실적으로 내가 가진 물건을 상대가 늘 필요로 하는 것은 아니므로 거래의 우여곡절이 따를 수밖에 없다. 앞서 언급한 도공도 도자기를 곡물과 교환하려 했지만 도자기를 원하는 사람을 찾을 수 없었다. 어렵사리 도자기를 필요로 하는 사람을 만나도 정작 그는 도공에게 필요한 곡물을 가지고 있지 않았다. 이처럼 물물교환은 수많은 우여곡절을 거치고도 원하는 것을 얻을 수 없는 상황으로 이어지기 쉽다. 사회 발전이 빠르고 복잡해지면 상품의 교환 과정도 점점 복잡해지고 물물교환은 태생적인 한계를 드러낼 수밖에 없다. 무엇보다 물물교환은 분쟁을 일으키기 쉽다. 만족스러운 물품으로 바꾸지 못했거나 쌍방이 교환하고자 하는 물품의 가치를 두고 이견을 보이면 거래의 실패와 분쟁으로 이어진다.

물물교환은 결코 편리한 수단은 아니지만 그럼에도 기나긴 역사를 거쳐 왔다. 인류가 물물교환을 행한 기간은 화폐를 사용한 기간보다 훨씬 길었다. 이처럼 오랜 세월 물물교환을 통해 거래해오면서 사람들은 한 가지 사실을 깨달았다. 대다수 사람이 선호하는 물건을 만들고 자신에게 필요한 물건과 교환할 수 있어야 비로소 거래 성공률이 높아지고 물건의 직접적 교환으로 발생하게 되는 갈등과 분쟁을 해결할 수 있다는 것이다. 계속되는 선별 과정을 거쳐 사람들은 수많은 상품 가운데 교환이 빈번하고 선호도가 높은 제품에 주목했고, 이런 제품을 이용해 모든 상품의 가치를 표현했다. 이것이 '일반 등가물'이다. 일정 지역 안에서 사람들은 상대적으로 주목받는 상품을 일반 등가물로 선정해 다른 모든 상품과 직접 교환할 수 있도록 했고, 그 결과 원래의 물물교환은 일반 등가물을 매개로 하는 상품교환으로 바뀌었다.

여기서 명확히 해야 할 문제는 일반 등가물과 화폐 사이의 관계다. 일반 등가물과 (훗날 사람들이 말하는) 화폐의 본질을 말하자면, 사실 두 가지는 실질적으로 전혀 구분되지 않는다. 다만, 일반 등가물은 그다지 안정적이지 않아 독립적인 지위를 얻지 못했다. 사실 복잡한 사회경제 안에서 두 가지를 엄격히 구분하는 일은 어렵다. 이 때문에 인류의 역사에서 고정적으로 일반 등가물의 역할을 한 것이 바로 화폐라 할 수 있다.

상품 가치의 형식은 일반적 가치 형식 단계로 발전했고, 여러 종류의 상품이 일반 등가물의 역할을 담당했다. 예를 들어 가축, 가죽, 포목,

양식, 소금, 조개 등이 이에 해당한다. 고대 이집트에서는 물물교환 시대에 낫을 이용해 곡물과 방직품 등을 교환할 수 있었다. 상품의 교환이 갈수록 빈번해지고 발전하면서 곡물이 일반 등가물의 기능을 수행하는 것으로 정해졌고, 나중에는 구리 조각이 그 역할을 대신했다. 광활한 영토를 지닌 고대 중국은 각 지역의 불균형한 경제 발전 때문에 일반 등가물이 다원적이었다. 부계사회로부터 하·상나라에 이르기까지 이미 수많은 상품이 일반 등가물의 역할을 했다. 가령 조개껍데기, 옥, 칼, 삽, 활, 화살, 가죽, 소, 말 등이 모두 각기 다른 지역에서 일반 등가물로 사용된 적이 있었다. 그러나 어떤 물품은 계산이 불편했고, 유통 과정에서 훼손되거나 지나치게 무거워 점차 사용되지 않았다. 그중 조개껍데기만 지속적으로 사용되었고, 상나라 시대에 중요한 일반 등가물인 화폐의 형식으로 발전할 수 있었다. 그 이유는 다음과 같다.

첫째, 조개껍데기는 형태가 화려하고 광택이 흘러 사람들의 장식품으로 손색이 없었다. 한때는 아름다움의 상징이었고 사악한 기운을 물리치며 행운을 가져다주는 물건으로 여겨지기도 했다.

둘째, 바다에서만 나오는 조개껍데기를 육지 주민들은 교환을 통해서만 손에 넣을 수 있었다. 중화민족의 발원지인 중원(中原) 지역만 해도 바다에서 나오는 조개껍데기를 얻기 힘들기 때문에 수집하고 감상하는 데 충분한 가치가 있었다.

셋째, 조개껍데기는 하나하나 계산하기가 쉬웠고 견고하고 마모가 잘 되지 않아 휴대하기 편했다.

따라서 세계적으로 수많은 민족의 역사를 돌아봐도 조개를 일반 등가물의 형태로 사용한 흔적을 흔히 발견할 수 있다. 그들이 사용한 조개의 종류는 매우 다양했는데, 가장 많이 사용한 조개는 '돈개오지(Monetaria moneta)'였다.

지금으로부터 3,800년 전에 등장한 것으로 추정되는 중국의 이리두(二里头) 유적지 무덤에서도 이미 조개가 발견되었다. 『염철론(鹽鐵

論)』「착폐(錯幣)」 편을 보면, "시대에 따라 화
폐도 바뀌니 하나라 이후에는 검은색 조개
껍데기를 화폐로 삼았다."라고 적혀 있다. 이
내용만 봐도 하나라 시대에 조개를 화폐로
삼았다는 사실을 알 수 있다.

　　실제로 중국은 순 시대에 이미 가장 원
시적인 화폐 형태가 탄생했다. 화폐 형태
의 탄생은 제품의 대량 교환이 가져온 결과
였다. 교환이 많아지면서 물품의 귀천 개념
도 점차 형성되었고, 교환가치의 형식은 이미 원래의 물물교환에서 일
반 등가물의 단계로 발전했다. 당시의 일반 등가물(화폐)은 주로 조개였
다. 마가요(馬家窯) 유적과 마창(馬廠) 유적, 제가(齊家) 문화 말기 유적과
용산(龍山) 문화 유적에서 조개 및 모조 골패, 석패, 방패 등이 대량으로
발견되었고, 이 조개와 모조품들은 이미 장식품이 아니라 화폐로 사용
되었다. 조개는 바닷가에서 자라는 생물로, 그것을 꿰어 만든 장식품은
부와 지위를 상징하기도 했다. 조개는 가볍고 쉽게 얻을 수 없고(바다에
서 인접한 곳에서만 얻을 수 있음) 비교적 단단해서, 파손되지 않고 부피가
작아 이동이 편하고 장식품으로 손색이 없기 때문에 인도양과 태평양
연안의 인도, 미얀마, 방글라데시, 태국 등에서도 조개를 화폐로 사용했
다. 천연 조개는 중국의 황제와 요·순시대(신석기시대 말기)에 상품교환
에 사용된 중국 최초의 화폐였다.

　　조개 외에 주옥도 화폐로 사용되었다. 주옥은 원래 가치가 귀한 고
급 장식품으로 개인의 소비 수량이 한정되어 있고, 먹을 수 없고, 부피
가 작아 휴대하기가 간편했다. 하지만 그 이상의 사용가치가 없어 일정
수량이 모이면 다른 물건으로 교환하기 위해 화폐로 사용하는 편이 나
왔다. 이런 화폐를 '상폐(上幣)' 또는 '대폐(大幣)'로 불렀고, 상류층 사이
에서만 유통되었다. 반면, 조개는 일반 등가물로 광범위하게 사용하기

에 적합했다.

화폐의 출현은 상업의 발전을 크게 촉진했는데, 이때부터 사람들은 물물교환이라는 방식 대신 화폐를 제품 교환의 매개체로 삼았다. 조개는 크기와 색에 따라 대략 가치가 정해지고 그 가치에 맞춰 필요한 제품으로 바꿀 수 있었다. 이때부터 사람들은 자신에게 필요한 제품을 얻기 위해 힘들게 사방으로 돌아다니지 않아도 되었다.

하나라 시대에 들어서면서 이미 형태를 갖춘 화폐가 생겨났다. 하대의 화폐는 검은 조개였고, 상나라 상족(商族)과 남방 민족과의 교환을 통해 조개의 출처가 점차 늘어났다. 하나라에서는 보통 검은색 조개를 선별하거나 조개를 채색해 사용했다. 포폐(布幣), 도폐(刀幣)가 출현한 것은 상나라 시대 이후였다.

상나라 시대에 이르러 화폐의 형태가 더 확실해졌다. 상나라 무덤에 시신과 함께 묻혀 있던 대량의 조개가 발견되기도 했다. 심지어 수천 개의 조개가 발견되는 경우도 있었다. 상왕 무정(武丁)의 부인 중 한 명인 부호(婦好)의 묘에 부장한 조개의 수는 무려 6,600여 개나 될 정도였다. 상나라 시대 무덤에서 출토된 조개 화폐는 작은 구멍이 한 개 또는 두 개가 뚫려 있거나 큰 구멍이 뚫려 있기도 하고 등이 닳아 있기도 했다. 이런 현상은 조개 화폐가 지닌 가치와 관련 있는 것으로 보인다.

복사(卜辭, 은[殷]나라 시대에 점을 본 시간·원인·결과 등을 수골[獸骨]이나 귀갑[龜甲]에 새겨놓은 기록—옮긴이)와 상나라 시대 청동기에 쓰인 명문(銘文)에는 취패(取貝), 역패(易貝), 상패(賞貝), 수패(囚貝), 망패(亡貝) 등의 기록이 남아 있다. 여기서 말하는 '역패', 즉 '사패(賜貝)'는 상을 하사하는 것을 의미한다. 아랫사람이 공을 세우거나 그의 집안에 초상이 났을 때 상급자가 하사하던 조개 화폐를 가리킨다.

조개는 개수로 계산하는 것 외에 '붕(朋)' 단위로도 사용되었다. 복사를 보면 개수로 계산한 100개, 600개 등의 표현이 나오고, 붕으로 계산한 2붕, 5붕, 7붕, 8붕, 10붕, 30붕, 50붕, 70붕 등도 등장한다. 1붕의

돈의 탄생

조개 개수는 보통 10개다.

중국 상나라 시대에는 해패(海貝) 외에도 석패(石貝), 골패(骨貝), 방패(蚌貝), 옥패(玉貝), 동패(銅貝) 등이 있었다. 그중 동패는 중국 최초의 주조 화폐일 가능성이 있다. 기타 각종 재질의 조개도 장식품이라기보다 화폐의 형태를 띠고 있었다. 심지어 바다 조개가 아닌 다른 재질을 가진 조개의 가치는 바다

▶ 중국 최초의 주화인 상나라의 동패

조개보다 훨씬 높았을 것이다. 이런 조개는 가공 과정을 거치기 때문이다. 누군가는 이를 모조 조개라고 불렀는데, 그 가치는 천연 조개보다 당연히 높을 수밖에 없었다. 이 중에는 동패의 가치가 가장 높았을 것이다. 게다가 청동은 무게를 재서 가치를 확인하는 칭량(秤量)화폐가 분명했다.

한자가 만들어진 시기는 조개가 화폐인 시기이기도 했다. 그래서 한자 중 가치나 부의 의미를 지닌 글자에 '조개(貝)'가 많이 따라붙었다. 예를 들어, 재(財), 자(資), 대(貸), 귀(貴), 천(賤), 상(賞), 사(賜), 증(贈), 매(買), 매(賣), 보(寶), 가(價), 무(貿), 비(費), 관(貫), 진(賑), 공(貢), 하(賀), 저(貯), 사(賒), 임(賃), 영(贏), 잠(賺), 배(賠), 속(贖), 빈(貧), 탐(貪), 도(賭), 회(賄), 뇌(賂), 적(賊), 장(臟), 폄(貶) 등의 글자가 이에 해당한다.

이런 기록으로 볼 때 중국은 적어도 하나라 시대(기원전 2070년~기원전 1600년)와 상나라 시대(기원전 1600년~기원전 1046년)에 이미 고정적인 화폐 형태가 생겨났고, 나라에서 직접 화폐를 발행하는 시기로 접어들었다. 기원전 2000년부터 기원전 1000년 사이에 중국에는 이미 국가에서 발행하는 화폐가 탄생했고, 국가의 화폐제도도 이 시기에 만들어지기 시작했다.

세계적으로 볼 때 화폐제도와 관련된 최초의 기록은 기원전 18세기 초반부터 중반까지 고대 바빌로니아왕국의 함무라비가 세운 바빌론 왕조 기간에 등장한다. 함무라비는 재위 기간(기원전 1792년~기원전 1750년)에 사건을 심리하고 판결하기 위해 각국의 기존 법률 및 법령을 폐지하고 전국적으로 통일된 성문 법전인 '함무라비법전'을 제정하라고 명했다. '함무라비법전'은 인류 역사상 최초의 성문 법전으로, 함무라비가 즉위한 지 30년째 되던 해(기원전 1762년)에 반포되었다. 이 법전은 서두, 본문, 결론 세 부분으로 나뉘고, 282개의 법조문이 총 49단락, 3,500줄, 8,000여 자에 달하는 문장으로 구성되어 있다.

　　이 법전의 조항을 보면 계약과 손해배상에 관한 내용을 담고 있다. 예를 들어 법전 제196조부터 제199조까지의 규정에 따르면 평민이 귀족의 눈을 쳐서 빠지게 하면 똑같이 평민의 눈을 빼고, 평민이 귀족의 뼈를 부러뜨리면 평민의 뼈도 부러뜨리도록 했다. 귀족이 평민 노예의 눈이나 뼈를 다치게 하면 노예 몸값의 2분의 1을 그 주인이 물어주어야 한다. 법전 제214조~제217조와 제221조~제223조의 규정에 따르면 의사가 안과 수술을 해서 병을 치료했는데 환자가 귀족이면 은 10세켈(Sheqel)을 받고, 환자가 자유인(왕실 토지의 예속인 또는 외지인)이면 5세켈을 받는다. 환자가 노예라면 그 주인에게 은 2세켈을 받는다. 만약 의사가 귀족의 부러진 뼈나 상처를 치료했다면 5세켈을 받고, 환자가 자유민이라면 3세켈을 받는다. 환자가 누군가의 노예라면 그 주인에게 은 2세켈을 받는다.

　　여기서 말하는 세켈은 은의 계량단위다. 법전에서 타인의 신체에 상해를 입힌 행위에 대해 배상해야 하는 은의 액수가 명문으로 규정된 것만 봐도 당시 은이 이미 바빌로니아왕국의 법정화폐였다는 사실을 알 수 있다. 세켈은 바빌로니아왕국의 화폐인 은의 계량단위이고, 그 성격은 오늘날의 달러, 유로, 런민비(人民幣)의 위안(元)에 상당했다. 이처럼 적어도 기원전 18세기, 즉 지금으로부터 약 3,700년 전에 인류는

▶ 고대 서아시아 함무라비 시대의 은화

이미 법정화폐를 발명했고, 화폐의 계량단위를 명확히 정했다. 다만 당시의 화폐인 은에 대한 계량은 은의 길이와 중량으로만 계산했는데, 이는 지금과 비교했을 때 무게를 가늠하는 기준과 방식만 다를 뿐이다.

고대 이집트왕조에서는 구리와 백은을 화폐로 사용했다. 기록에 따르면, 기원전 27세기 고대 왕조 시대에 귀중품을 교환할 때 금고리나 동고리를 사용했다. 이는 이집트에서 최초로 금속을 상품교환의 매개물로 삼았다는 역사적 기록이기도 하다. 다만 당시 백은의 양이 비교적 적어 가격이 금보다 훨씬 비쌌고, 이런 교환 형식은 여전히 물물교환의 범위를 벗어나지 못했다. 또한 지금으로부터 4,800년 전에 고대 이집트에서 화폐를 발명했고 심지어 법정화폐가 출현했다는 사실을 증명할 만한 충분한 증거도 아직 없다. 기원전 11세기 이집트 제21왕조(기원전 672년~기원전 525년)에 이르러서야 백은은 비로소 주요 교환 매개물이 되었고, 이때부터 나라에서 화폐를 주조하기 시작했다는 기록이 역사적으로 명시되어 있다.

요컨대, 세계적으로 볼 때 고대 중국과 고대 서아시아는 인류가 최초로 화폐를 사용한 지역이고, 적어도 기원전 18세기부터 국가에서 발행하는 통일된 화폐가 생겨나기 시작했다고 말할 수 있다.

05

동서양의 화폐 기원론

동양의 화폐 기원론

고대 중국을 돌아보면 화폐의 기원론을 두고 다양한 관점이 존재해왔다. 그 내용을 종합해보면 다음의 몇 가지 가설로 나눌 수 있다.

① 백성 구제설

지금으로부터 약 2,500년 전인 기원전 6세기 주경왕(周景王) 21년(기원전 524년), 서주(西周)의 경사(卿士) 단기(單旗)가 주경왕의 화폐 주조를 반대하며 이렇게 말했다. "예로부터 천재지변이 일어났을 때 선왕이 화폐를 만들어 물건의 가치를 가늠하고 백성을 구제하는 데 이용하였습니다."

『관자(管子)』에서는 백성을 어떻게 구제했는지 좀 더 구체적으로 설명하고 있다. 『관자(管子)』「산권수(山權數)」에서 이르길, "상나라 탕임금이 다스릴 때 7년 동안 가뭄이 들고, 하나라 우 임금이 다스릴 때 5년 동안 큰 홍수가 나서 백성이 먹을 것이 없어 자식을 파는 사람마저 생겨났다. 탕 임금은 장산(庄山)의 금속으로 화폐를 주조해 백성 가운데 먹을 것이 없는 이들을 구제했다."라고 했다. 이것이 단기가 말한 '백성 구제'에 관한 구체적인 내용이다. 그렇지만 역사적으로 볼 때 우·탕 시대까지 화폐 주조가 여전히 이루어지지 않았고, 중국 최초의 주화는 서주 시기(기원전 1122년~기원전 771년)에 만들어졌다. 당시에 이미 삽 모양의 원시적 주화가 있었는데, 훗날 그것을 '원시포(原始布)'라고 불렀다. 중국 원시 주화와 관련된 구체적인 내용은 다음 장에서 자세히 다룰 예정이다. 그래서 『관자』에서 우·탕 시기에 주화로 '백성을 구제'했다는 내용은 역사적 사실과 부합하지 않는다. 화폐가 구황에서 비롯되었다는 이론은 근거가 충분하지 않은 셈이다.

② 상품유통설

중국 고대에는 화폐가 상품의 유통 과정에서 생겨났다고 믿는 사람들이 많았다. 사마천(司馬遷)은 "농업, 공업, 상업의 상호 교역이 이루어지면, 귀(龜), 패(貝), 금(金), 전(錢), 도(刀), 포(布) 등과 같은 화폐가 바로 흥기한다."라고 말했다. 그는 화폐가 상품의 유통 과정에서 저절로 생겨나며 선왕이 창조한 것이 결코 아니라고 생각했다. 심지어 하대에 이미 주화가 나왔다고 믿었다. 이때는 고신씨(高辛氏) 이전 시대다. 고신씨는 중국 상고시대 오제(五帝) 중 한 명인 제곡(帝嚳, 기원전 2480년~기원전 2345년경, 성은 희, 이름은 준)이고 요(堯)의 부친이라고 전해진다. 그는 중국에 주화가 등장하는 시기를 1,000여 년 앞당겼다.

그러나 이는 단지 사마천의 주장일 뿐 공인된 사실은 결코 아니다. 사마천 외에도 남송(南宋)의 엽적(葉適, 1150년~1223년, 자는 정칙, 호는 수심거사, 온주 영가 출신, 남송의 유명한 사상가·문학가·평론가)은 이런 말을 했다. "화폐의 탄생은 상인들이 사방으로 왕래하면서부터 시작되었다. 물건은 혼자 움직일 수 없으니 금전이 그것을 대신했다." 엽적은 화폐가 상품의 유통에 미치는 영향력으로부터 화폐 탄생의 원인을 유추해냈다. 그의 관점은 사마천의 생각과 흡사하며 상품유통설로 귀결될 수 있다.

③ 물물교환의 한계설

이런 관점을 가진 대표적 인물은 북송(北宋)의 이구(李覯, 1009년~1059년, 자는 태백, 호는 우강 선생, 북송 시기의 철학자·사상가·교육자·개혁가)와 명대(明代)의 구준(丘濬, 1420년~1495년, 자는 중심, 경산, 호는 심암, 명나라 정치가이자 사상가)이다. 그의 말에 따르면, "옛날에는 신농씨가 대낮에 시장을 열어 백성들이 한곳에 모여 서로에게 필요한 물건을 교환할 수 있게 했다. 그렇지만 물건 가치의 경중을 따질 기준이 없었으니 훗날 성인들이 화폐를 만들어 그것을 다스렸다." 이구는 화폐의 기원을 물물교환의 가치척도 부재 문제의 해결이라고 규정했다.

그러나 구준의 생각은 달랐다. 구준은 "대낮에 시장을 열어 백성들이 필요한 물건을 거래하도록 했지만 필요한 물건이 모두 있는 것이 아니므로 화폐를 만들기 시작했다."라고 말했다. 그는 성인들이 화폐를 만들었다는 설을 부인했고, 화폐가 물물교환 과정에서 부족한 유통수단의 어려움을 해결하기 위해 생겨났다고 생각했다. 하지만 두 사람 모두 물물교환의 어려움이 화폐 탄생의 이유로 여겼다. 정리하자면, 화폐는 물물교환에서 기원하고 그 탄생의 직접적 원인은 물물교환 과정에서 가치척도와 유통수단의 부재 등의 문제라고 보았다.

서양의 화폐 기원론

① 물물교환의 불편함을 해소하기 위한 교환 매개체의 등장

아리스토텔레스는 화폐 이론에 관해 최초로 전문적인 설명을 제시한 인물이다. 그는 화폐가 거래의 필요성 때문에 만들어졌다고 생각했다. 물물교환의 불편함을 해소하기 위해 사람들은 한 가지 상품을 교환의 매개물로 삼는 방법을 선택했다는 것이다. 그는 화폐의 기원에 관한 고찰을 통해, 거래는 자연스럽게 발전하는 것이고 생산이 발전하면서 교환의 내용과 범위도 끊임없이 확대했다고 보았다. 이런 간단한 물물교환은 발전하는 인류의 생활에 갈수록 부합하지 못했고, 이 과정에서 화폐가 자연스럽게 생겨났다. 운송과 구매 과정에서 인류는 유용하면서도 휴대하기 편한 화물을 부족한 물건을 구매하기 위한 중개 화물로 삼고자 했다. 철, 은 등의 금속이 이런 요구에 맞았고, 다른 화물의 가치를 나타낼 수 있는 화폐가 되었다. 이 때문에 화폐는 가치의 공통 척도이자 교환의 매개물이라 할 수 있다. 아리스토텔레스는 화폐의 가치는 법으로 규정해놓았으니 법에 근거해 화폐를 폐지할 수도 있다고 생각했다. 화폐는 자연히 발생하는 것이 아니라 사람들의 합의나 국가의 입법을 통해 정해진다고 본 것이다. 아리스토텔레스의 화폐에 관한 관점은 화폐 명목론과 화폐 국정론의 맹아다.

② 물물교환 거래 과정의 효율을 높일 수 있는 매개체의 등장

당대 오스트리아학파 경제학의 대표 주자 중 한 명인 머레이 로스바드는 화폐가 탄생하기 전에 물물교환의 무역이 이미 출현했다고 여겼다. 사람들은 자신이 가장 잘 만드는 물품을 생산한 뒤 잉여생산물을 물물교환에 사용했다. 사람들은 교환을 통해 자신에게 더 필요한 물건을 손에 넣었고, 이때 형성된 시장은 자발적인 거래의 장소이자 서로에게 이익이 되는 교환의 장소였다. 그렇지만 물물교환은 거래와 생산의 규모를 제한하는 심각한 결함을 지니고 있었다. 여기서 말하는 제한은 다음과 같다.

첫째, 물물교환이 시작되기 전에 갑은 먼저 을을 찾아야 하고, 때마침 을도 갑의 수중에 있는 제품이 필요해야 한다. 예를 들어, 달걀을 가진 사람이 신발을 사고 싶다면 반드시 신발을 만드는 사람을 찾아내

야 한다. 그리고 이 사람도 때맞춰 달걀이 필요해야 거래가 성사된다. 만약 신발을 만드는 사람이 달걀을 살 생각이 없다면 달걀을 가진 사람은 어떻게 해야 신발을 얻을 수 있을까? 이로부터 물물교환의 틀 안에서 수요의 이중 교합은 거래가 성사될 수 있는 관건이라는 사실을 알 수 있다.

둘째, 물품의 불가분성도 물물교환의 또 다른 난제 중 하나다. 버터, 달걀, 어류 등의 상품을 교환하는 일이라면 문제가 될 것이 없지만 종류와 용도가 완전히 다른 상품 간의 교환이라면 어떻게 해야 할까? 집처럼 나눌 수 없는 상품의 매매는 어떻게 해결해야 하는지도 물물교환의 난제가 되었다. 만약 집처럼 몸집이 큰 물건이 시장에서 매매가 안 된다면 사람들은 집을 대량으로 생산할 리 없고, 그러면 생산 규모도 제약을 받을 수밖에 없다.

셋째, 물물교환제도의 틀 안에서 기업의 업무와 정산은 어떻게 진행해야 할까? 기업은 모든 거래의 수입, 이윤, 손실을 반드시 명확히 계산해야 한다. 그러나 물물교환을 진행하면 손익계산은 거의 불가능하다. 이 때문에 물물교환은 현대 산업 경제의 발전에 걸림돌이 되고 원시 촌락 경제에나 적합하다.

물물교환이 가져오는 장애와 한계 앞에서 사람들은 이런 문제를 극복하기 위해 끊임없이 상상력과 창의력을 총동원했다. 그 결과 거래 과정에서 높은 효율을 낼 수 있는 화폐를 발명하게 되었다.

머레이 로스바드는 이런 결론을 냈다. 자유 시장에서 시장 참여자가 모종의 적합한 상품을 선택해 거래 매개물로 삼은 뒤부터 이런 매개물이 점점 광범위하게 각종 거래에 사용되기 시작하고, 그 과정에서 화폐가 탄생하게 되었다. 이 때문에 화폐는 국가의 명령 또는 전체 국민의 승인을 거친 사회적 계약을 통해 만들어지는 것이 아니라, 오로지 자유 시장의 과정을 거쳐서 탄생해야 한다.

돈의 탄생

③ 마르크스 관점의 분석

마르크스는 화폐의 기원을 상품의 가치 형식이 발전한 결과라고 여겼다. 그는 "경제학자는 물물교환의 확대 과정에서 맞닥뜨리는 외적 어려움 속에서 화폐의 기원을 찾는 데 익숙하지만, 이런 어려움은 교환 가치의 발전과 일반적인 노동으로서의 사회 노동의 발전으로부터 만들어진다는 사실을 망각하고 있다."라고 말했다.

마르크스의 생각에 따르면 가치 형식의 발전은 네 단계를 거친다.

첫 번째 단계는 '간단한 가치 형식'이다. 이는 상품의 가치가 간단하게 또는 우연히 그것과 서로 교환되는 또 다른 상품의 사용가치에 드러나는 것을 의미한다.

두 번째 단계는 '총합 또는 확대의 가치 형식'이다. 이는 상품의 가치가 그것과 서로 교환되는 일련의 상품에 드러나는 것으로 간단한 가치 형식의 총합, 아니면 간단한 가치 형식의 확대라고 할 수 있다.

세 번째 단계는 '일반적 가치 형식'이다. 이는 모든 상품의 가치가 상품으로부터 분리되어 일반 등가물을 맡은 모종의 상품에 드러나는 것을 가리킨다.

네 번째 단계는 '화폐 형식'이다. 모종의 상품과 기타 상품을 분리해 고정적으로 일반 등가물 작용을 일으킬 때 이 상품은 화폐 상품이 되는데, 이러한 가치 형식이 바로 화폐 형식이다.

여기서 마르크스는 물물교환이 직면한 외적 어려움의 원인이 교환 가치의 발전과 일반적인 노동으로서의 사회 노동의 발전에서부터 비롯된다고 말하고 있을 뿐이다. 마르크스도 물물교환이 맞닥뜨리는 어려움 때문에 교환 매개물인 화폐가 출현했다는 관점을 확실히 부인하지는 않았다. 그는 상품 가치 형식의 발전 단계를 설명하면서 화폐를 명확히 정의했다. 이 정의에 따르면, 모종의 상품과 기타 상품을 분리하고 고정적으로 일반 등가물 작용을 일으키는 상품이 화폐 상품이고, 이런 가치의 표현형식이 화폐 형식이다. 또한, 화폐의 탄생 과정은 간단한 가치 형식 → 총합 또는 확대의 가치 형식 → 일반적 가치 형식 → 화폐 형식으로 이어진다. 다만 마르크스는 화폐의 기원 문제를 명확히 거론하지 않았다. 게다가 물물교환이 직면한 외적 어려움의 원인에 관한 견해도 물물교환의 존재와 물물교환에 존재하는 어려움을 인정하는 인식 위에 세워졌다. 한마디로 그는 앞사람들의 연구를 기반으로 물물교환이 직면한 난관과 화폐 탄생의 과정을 한 단계 더 나아가 논증했을 뿐이다.

동서양 화폐 기원론 비교

동서양 화폐의 기원론을 개괄하면서, 우리는 물물교환에 존재하는 어려움, 불편함, 결함이 화폐 탄생을 초래했다는 견해를 발견했고 동서양 학자의 인식이 비교적 일치한다는 사실을 알았다. 논의의 방법과 깊이는 다소 다르지만 일반적 인식 수준은 크게 다르지 않고 결론도 기본적으로 비슷하다. 즉, 화폐는 상품유통의 산물이며 물물교환에서 기원한다는 것이다. 화폐 탄생의 직접적 원인은 물물교환 과정에서 존재하는 가치척도와 유통수단의 부족으로 빚어진 어려움, 불편함, 결함이라고 할 수 있다.

06

결론

유사 이래 인류의 모든 경제활동의 본질은 일련의 거래로부터 만들어졌고, 거래의 발생은 화폐와 상품(화폐가 출현하기 전에는 물물교환의 표현형식)을 맞바꾸는 과정이었다. 이 때문에 인류의 경제활동이 복잡해지고 거래 상품의 구조 변화와 거래 수량 및 품목의 증가로 거래의 질이 높아지면서 화폐는 경제활동의 모든 영역에 깊이 뿌리를 내렸다. 즉, 상품의 거래가 끊임없이 이루어지면서 화폐의 수요도 커졌다. 따라서 화폐는 인류의 생존 수요와 경제활동의 산물이라 할 수 있다. 화폐는 제품 유통의 산물이며, 물물교환에서 기원한다. 화폐가 탄생한 직접적인 원인은 물물교환 과정에 나타난 가치척도와 유통수단의 부족, 그리고 이로 말미암은 불편함이다. 국가가 생긴 뒤로 국가에서 일괄적으로 발행하는 화폐가 출현했다. 화폐는 인류 생존의 필수품이자 경제활동 발전의 필연적 산물이다.

화폐의 탄생은 인류 문명사의 극히 중대한 사안이다. 문자, 언어, 법률 등 문명의 다른 성과와 마찬가지로 인류가 문명사회로 나아가는데 지표가 된다. 화폐의 등장은 인류의 경제생활을 단순하고 원시적이고 폐쇄적인 상황에서 벗어나 풍부하고 개방적이고 활발한 거래를 만드는 기점이 되었다.

상품 가치를 대신하는 수단인 화폐는 다른 모든 상품과 직접 교환할 수 있게 되었다. 이때부터 화폐는 인류의 생활 속으로 걸어 들어가 문명사회 속에서 없어서는 안 될 필수품으로 자리 잡았다. 실제로 화폐는 부의 상징이자 표현형식이 되었다.

화폐의 탄생은 인류 사회가 더 찬란한 이정표를 향해 나아가는 것을 보여준다. 화폐의 탄생은 인류의 진화·발전사에서 대체할 수 없는 영구적인 이정표다. 수천 년의 우여곡절과 파란만장한 발전 과정을 거친 뒤에 인류는 한 가지 진리를 점차 깨닫게 되었다. 어떤 사회 단계로 발전하든 화폐는 사회의 존재·안정·연속의 상징이자 이정표라는 진리 말이다.

화폐가 존재하지 않는 사회는 상상할 수 없다. 특히 현대 문명사회에서는 더욱 그렇다. 다만 역사적 시간과 공간에 따라 화폐의 존재 형태와 표현방식이 다를 뿐이다.

제 2 장

각성

01

금속의 시대

금속은 인류의 생산이나 생활과 떼어놓을 수 없는 요소로, 적게는 일상용품에서 크게는 국방 과학기술까지 두루 중요한 역할을 발휘한다. 금속화폐는 경제 발전사와 화폐의 역사에서 긴밀하게 연결된 대체 불가능할 만큼 중요한 역사적 역할과 지위를 지니고 있다. 금속화폐 탄생의 전제 조건은 인류가 금속을 주조·제련하는 기술을 반드시 장악하고 있어야 한다는 것이다.

인류가 사용한 적이 있는 금속화폐는 주로 구리, 철, 금, 은 등이다. 최초로 사용된 금속화폐는 구리 주화였다. 중국 최초의 구리 제품은 산시(陝西)성 린퉁(林潼)현 장자이(姜寨) 유적에서 출토된 황동 조각 한 점과 황동 조각을 말아서 만든 관 모양의 물건이다. 등장 시기는 기원전 4700년 전후로 추정된다. 간쑤(甘肅) 둥샹(東鄕)의 린자(林家) 마을에서 마자요 문화에 속하는 청동 칼 한 점이 발견되었다. 이 칼은 보존 상태가 완벽한 중국 최초의 청동기로, 등장 시기는 기원전 3000년 정도로 추정된다. 중국에서 최초로 사용한 금속화폐는 동전인데, 이를 가장 먼저 사용한 때는 서주 시기(기원전 1122년~기원전 771년)다.

▶ 청동 조각의 정면(왼쪽)과 후면(오른쪽)

칭량화폐(秤量貨幣)였던 서주 시기의 청동은 대부분 구리 덩어리 모양으로 등장했다. 이 구리 조각은 청동 덩어리(처음 제련한 구리는 모두 덩어리 형태이고 금속조각도 마찬가지였다)를 쪼개서 만들어 크기와 모양이 일정하지 않았다. 청동의 성분은 구리와 납, 미량의 주석으로 이루어져 있었다. 1970년대~1980년대에 산시성 부펑(扶風), 린퉁 두 현에서 보라색의 동그란 구리 덩어리 세 개가 연이어 출토되었다. 무게는 4.65킬로그램과 5킬로그램이고, 지름은 20~31센티미터 정도였다. 칭량화폐로 쓰이던 구리 조각 외에도 서주에서 이미 삽 모양의 원시 구리 주화가 등장했고, 후세에는 그것을 '원시포(原始布)', '포폐(布幣)'라고 불렀다.

춘추전국시대에 이르러 구리 주화가 이미 광범위하게 사용되었고, 모양에 따라 포폐, 도폐, 환전(圜錢), 의비전(蟻鼻錢, 개미코돈), 창 모양을 본뜬 소형 구리 주화 등으로 나뉘었다.

포폐도 돈으로 불렸지만 서주 시기와 그 전에 화폐로 사용하던 '포폐'와는 전혀 달랐다. 춘추전국시대의 포폐는 주로 구리를 재료로 주조한 금속화폐였다. 포폐는 머리 모양에 따라 공수포(空首布)와 평수포(平首布) 두 종류로 나뉜다. 공수포는 크기가 균일하지 않은데 무게가 많이 나가는 것은 40그램 이상, 적게 나가는 것은 20그램 이하로 대부분 30그램 내외다. 공수포에는 주로 문자, 숫자, 간지(干支), 지명 등이 새겨져 있다. 평수포는 근(釿)을 단위로 삼으며 세 개의 등급, 즉 두 근, 한 근, 반 근으로 나뉜다. 두 근은 22~30그램, 한 근은 약 15그램, 반 근은

▶ (왼쪽부터) 중국 춘추전국시대의 포폐, 도폐, 환전, 의비전

7~8그램 정도다. 100근은 1,400~1,500그램이다.

도폐는 제(齊)나라, 연(燕)나라, 조(趙)나라의 구리로 만든 주화로 작은 칼에서 발전했다. 그중 연나라의 칼은 크기가 다른데, 큰 것의 길이는 135~150밀리미터이고 무게는 17.6~19.5그램 정도다. 조나라의 칼은 길이가 약 140밀리미터이고 무게가 9~14그램이다.

환전은 원형 안에 둥근 구멍 또는 네모난 구멍이 나 있고 지름이 44~46.5밀리미터이며 무게는 14.8~18.5그램이다.

의비전의 속칭은 '귀신 얼굴 돈'이다. 조개 화폐에서 유래된 의비전은 구리 조개라고도 불린다. 이 돈은 주로 초나라 화폐로 사용되었는데, 조개 정도의 크기에 앞면은 볼록하고 뒷면은 평평하며 위나 아래에 구멍이 뚫려 있다. 화폐 겉면에는 음문(陰文)으로 군(君), 행(行), 금(金) 등의 문자가 새겨져 있다.

황금의 화폐성에 대한 인식과 황금 화폐의 보편적 사용은 전국시대 이후부터 시작되었다. 황금의 화폐성에 관해서는 중국 고전 문헌에도 어느 정도 기록되어 있다. 예를 들어 『관자(管子)』「국축(國蓄)」에서 선왕이 "주옥을 상급 화폐로 삼고, 황금을 중급 화폐로 삼고, 칼과 포목을 하급 화폐로 삼았다."라고 했고, 『사기(史記)』「평준서(平準書)」에는 "우하(虞夏) 시대의 화폐는 금을 세 등급으로 나누었는데, 어떤 것은 황

(黃), 어떤 것은 백(白), 어떤 것은 적(赤)이었다."라고 기록되어 있다. 『한서(漢書)』「식화지(食貨志)」에는 "강태공(姜太公)이 주(周)나라를 위해 구부환법(九府圜法)을 만들었고, 그중 황금은 사방이 1촌이고 무게가 1근이다."라고 기록했다. 이런 기록들로부터 황금이 적어도 서주 시기에 이미 화폐로 사용되었다는 사실을 알 수 있다.

그러나 황금을 대량으로 사용한 것은 전국시대 이후부터다. 가장 유력한 증거는 맹자가 열국을 주유(周遊)할 때 각국에서 선물로 올리는 황금을 여러 차례 거절하거나 받았다는 기록이다. 예를 들어 맹자가 제(齊)나라에 갔을 때 제왕이 황금 100일(鎰, 중량 단위)을 선물로 주었으나 거절했다. 하지만 송(宋)나라와 설(薛)나라 왕이 각각 선물한 황금 70일과 50일은 모두 받았다. 맹자의 제자가 이를 이상히 여겨 왜 각 나라 군주의 선물을 받을 때 차별을 두느냐고 물었다. 그러자 맹자는 재물을 받는 것도 원칙이 있어야 한다고 말했다. 설나라 왕이 선물한 금을 받은 것은 누군가 자신을 모해하려 한다는 것을 알기에 군비를 마련해 자신을 방어하기 위해서였다고 대답했다. 이것만 봐도 당시 황금이 물품을 구매하는 데 사용되었다는 사실을 알 수 있다. 『관자(管子)』「승마(乘馬)」에 이르기를, "황금은 재원을 측정하는 척도로 황금의 가치와 작용을 명확히 판별할 줄 알면 사치와 검소를 알 수 있다."라고 했다.

어느 중국학자의 통계에 따르면, 전국시대 초부터 진나라가 6국을 멸하기까지 약 240년의 역사를 기록하고 있는 『전국책(全國策)』에서 황금을 화폐로 사용한 기록이 53회나 나온다(중복 횟수 제외). 그래서 어떤 학자는 춘추전국시대에 금은 이미 가치척도, 유통수단, 지불수단 등의 기능을 가지고 있었다고 결론 내리기도 했다. 비록 저장 수단에 관해서는 사료에 명확히 언급되어 있지 않지만, 이 또한 포함되어 있었을 것으로 추정한다.

그러나 춘추전국시대에 금의 가치는 은보다 낮았다. 금 생산량이 은 생산량보다 훨씬 많았기 때문이다. 그래서 금의 초기 가치는 은보다 낮았고, 청동 외에 또 다른 중요한 금속화폐가 될 수 있는 여건이 만들어졌다.

금은 강 속에서 채취하든 충적층에 묻힌 것을 캐내든 가장 단순한 노동으로 쉽게 얻을 수 있는 광물이다. 반면 은을 채굴하려면 비교적 고도의 기술이 필요했다. 이런 이유로 은은 희귀한 광물이 아닌데도 불구하고 처음에는 금보다 가치가 상대적으로 높았다. 마르크스도 말했듯이, 고대 아시아에서 금과 은의 가치 비율은 6:1 또는 8:1이었다.

중국 화폐 발전사를 돌아보면 진시황이 진나라를 세운 이후 2,200여 년 동안 금을 화폐로 삼는 현상이 점점 드물어졌고, 대신 동전과 철전이 갈수록 활발하게 유통되었다. 명대 중엽에 '은을 금지하는 정책'이 폐지된 이후 은은 비로소 하룻밤 사이에 중국의 주류 화폐가 될 수 있었다. 이와 더불어 당시 세계의 경제와 무역에서 핵심 역할을 하던 중국의 영향을 받아 은을 화폐본위로 삼는 국가도 점점 많아졌다. 19세기 중엽 영국에서 금본위를 확립하기 전까지 은은 세계의 주류 무역화폐였고 400년 가까이 국제무역을 주도했다.

세계 최초의 금속화폐도 중국과 마찬가지로 동전과 금은이 주를 이루었다. 세계 최초로 금속을 교환 매개물로 삼은 나라는 고대 이집트였는데, 구체적인 시기는 기원전 2686년~기원전 2181년경인 고대 왕국 시대였다. 당시 귀중품은 모두 대신(大臣)이 선단을 이끌고 가까운 이웃 나라로 가서 직접 거래했다. 귀중품을 매매하는 데 매개물로 일정한 품질의 금환과 은환을 사용했다. 이것이 세계 최초로 금속을 매개물로 삼은 거래 행위였다. 그러나 당시에 은을 사용해 교역하는 경우는 비교적 드물었다. 은 가격이 금 가격보다 비쌌기 때문이다. 이런 현상은 중국 선진시대에 금과 은을 채굴하던 기술 수준과 관련 있다. 당시의 금 채굴 기술은 은 채굴 기술보다 훨씬 간단해 금의 희소성에도 불구하고 금값이 은값보다 쌀 수밖에 없었다. 기원전 1085년~기원전 954년의 고대 이집트 제21왕조에 이르러 은이 주요 교환 매개물이 되었다. 이때부터 국가에서 화폐를 주조하기 시작했고, 부유한 상인과 승려가 고리대금업에 종사하며 부를 축적했다.

서아시아 지역에서 기원전 1894년에 세워진 고대 바빌로니아왕국은 이미 은을 화폐로 삼아 대량으로 유통하기 시작했다. 제6대 국왕 함무라비의 통치 시기(기원전 1792년~기원전 1750년)에 타인의 신체에 상해를 입히면 법에 따라 피해자에게 일정량의 은을 배상해야 했다. 이것만 봐도 당시 은이 바빌로니아왕국의 법정화폐였다는 사실을 알 수 있다. 이미 은을 계량하는 단위인 미나와 세켈도 존재했다. 한 가지 분명한 사실은 일찍이 기원전 18세기 바빌로니아왕국에서 정량의 은괴가 일반 교환의 매개물, 즉 화폐가 되었다는 것이다.

발칸반도 남부, 에게해 양안에서 발원한 고대 그리스는 유럽 문명의 근원이다. 고대 그리스의 화폐는 기원전 7세기 소아시아 서해안에서 탄생했다. 고대 그리스는 세계 최초로 화폐가 출현한 문명 지역 중 하나다. 고대 그리스 화폐의 최초 형태는 합금이고, 청동 화폐는 비교적 늦은 시기에 등장해 그 대용으로 많이 사용되었다. 기원전 6세기 리디아왕국 시기에 이르러 크로이소스 국왕이 금화와 은화를 주조했다. 크로이소스의 화폐도 세계 최초의 화폐가 되었다. 고대 그리스 최초의 동전은 기원전 5세기 시칠리아에서 탄생했다.

고대 그리스의 화폐는 틀을 이용해 만드는 전형적인 화폐였다. 주조하는 사람은 음각과 양각으로 된 금형 사이에 재료를 넣고 무거운 망치로 압력을 가해 화폐를 찍어냈다. 당시 고대 그리스는 다양한 도량형 단위를 사용했고, 이것도 화폐제 단위에 영향을 미쳤다. 통계에 따르면, 고대 그리스에는 16종의 화폐제가 있었다. 그중 가장 광범위하게 사용된 것은 유보이아(Euboea)-아티카(Attika) 화폐제였다. 고대 그리스 화폐의 기본 액면가는 드라크마(drachma)와 오볼(obol)로 계산했다. 드라크마와 오볼은 각각 여섯 개의 쇠꼬챙이와 한 개의 쇠꼬챙이를 가리켰다. 이는 초기 그리스 사회에서 금속화폐가 유통화폐가 되었다는 사실을

▶ 기원전 5세기 그리스 은화

반영한다. 두 화폐단위의 계산 기준에 따르면 6오볼은 1드라크마에 해당한다. 당시에는 표준 중량 단위인 스타테르(Stater)도 있었다. 고대 그리스 금화의 무게 단위는 대부분 스타테르를 사용했고, 은화의 중량 단위는 스타테르와 4드라크마를 많이 사용했다. 이는 고대 그리스 군인의 월급이 금화 1스타테르, 주급이 금화 4드라크마인 것과 관련 있다.

고대 그리스 화폐의 문양은 대부분 그 나라에서 숭배하는 동물 토템이나 신상, 문장 도안 등을 많이 사용했다. 아테네는 그 지역의 주신(主神)인 아테나를 화폐의 앞면 도안으로 삼았고, 뒷면에는 아테나의 상징 동물인 부엉이를 넣었다. 알렉산드로스제국이 채택한 화폐 도안은 황실에서 전해져 내려오는 시조 헤라클레스였다. 일부 도시국가는 건국신화 속에 등장하는 전설을 화폐의 주요 도안으로 삼았는데, 그중 코린트에서 사용한 것은 페가수스였다. 페가수스를 길들인 인물이 코린트 국왕의 아들 벨레로폰이었기 때문이다.

고대 그리스 화폐에 새겨놓은 명문의 내용도 다채롭다. 기원전 7세기 말 무렵부터 고대 그리스 화폐에는 명문이 자주 등장했다. 이미 알려진 최초의 화폐 명문은 리디아 왕의 이름이었다. 기원전 510년 아테네의 마지막 참주(僭主, 왕위를 찬탈한 사람)를 끌어내릴 때부터 기원전 323년 알렉산드로스대왕이 사망할 때까지 고대 그리스의 화폐 명문은 화폐를 발행한 도시국가의 국민 전체, 통치자, 동맹, 황실의 이름을 많이 사용했다.

고대 그리스 화폐의 주조법과 도안 설계는 이후 각 시대의 화폐 주조에도 깊은 영향을 미쳤다. 고대 그리스 화폐 이후에 나온 고대 로마 화폐, 중세기 화폐 및 근현대에 제작된 화폐는 모두 고대 그리스 화폐에서 유래되었다. 그래서 고대 그리스 화폐는 서양 수집가들의 보물창고 속 진귀한 물품이기도 했다.

이탈리아반도에 있는 고대 로마의 화폐는 금, 은, 청동, 적동 동전이었고, 제작 방식은 주물 방식과 압력을 가해 만드는 방식으로 나뉘었다. 고대 로마 화폐의 기본 단위는 아스(As)였다. 아스는 본래 계량단위로 12온스, 즉 1파운드에 해당된다. 1아스의 돈은 327.45그램의 대형 구리 동전이었으며, 통화팽창 때문에 기원전에 이미 통화량이 절반으로 줄어들었다. 이후로 점점 작고 얇게 변했고, 지금은 '한 푼의 값어치도 없는' 돈의 의미로 전락했다.

고대 로마 은화의 단위는 데나리우스(Denalius)이고, 지금 동유럽과 중유럽의 일부 국가에서 사용하는 화폐단위가 이 단어를 어원으로 한다. 1데나리우스는 16아스에 해당된다. 기원후 214년에는 카라칼라 황제가 안토니니아누스(Antoninanus)를 주조했는데, 이는 2데나리우스에 해당하고, 정면 문양 머리에 바늘 모양의 고리 장식을 늘 달고 있었다. 데나리우스와 안토니니아누스 은화는 평가절하되면서 색이 점차 형편없어졌고, 후반에는 은도금 구리 화폐로 변했다. 나중에는 순동 화폐로 대체되어 폴리스(Follis)로 불렸다.

고대 로마 금화의 단위는 아우레우스(Aureus)다. 1아우레우스는 25데나리우스와 같고, 무게는 1/30파운드다. 나중에 무게는 1/70파운드까지 줄어들었다. 콘스탄티노플 시대의 금

▶ 로마 데나리우스 은화

화 단위는 솔리두스(Solidus)로 이름이 바뀌었다.

위에서 언급한 세 종류의 화폐가 바로 고대 로마의 가장 중요한 화폐라 할 수 있다. 이외에도 중개 화폐가 몇 가지 더 있었다. 예를 들어 세스테르티우스(Sestertius)는 4아스에 해당하는 청동 화폐고, 듀폰디우스(Dupondius)는 2아스에 해당하는 청동 화폐다. 세미스(Semis)는 1/2아스, 트리엔스(Triens)는 1/3아스, 콰드란스(Quadrans)는 1/4아스, 섹스턴즈(Sextans)는 1/6아스, 언치어(Uncia)는 1/12아스에 해당하며 모두 청동 재질이다.

로마 공화국 시기(기원전 509년부터 기원전 27년까지의 정치체제)의 주화와 층압 화폐의 정면 문양은 모두 로마의 신들이고, 후면에는 글자 대신 선박이나 말, 말을 타고 질주하는 무사 등의 문양이 새겨졌다. 로마 제국 시기(기원전 27년부터 기원후 395년까지의 정치체제)의 화폐 모양은 대체로 비슷한데, 정면에는 당대 황제의 두상 주위로 동그랗게 문자가 들어가 있고 후면의 문양은 다양한 편이었다.

유럽 중세기의 화폐는 기본적으로 고대 로마의 금속화폐 체계를 그대로 따랐다. 예를 들어 금화는 솔리두스(solidus)를 포함해 황금 4.48그램의 가치를 지녔다. 이런 금화의 명칭은 노미스마(nomisma) 등으로 다양했다. 세미시스(semissis)의 중량과 가치는 솔리두스의 절반이고, 1/3트레미시스(tremissis)는 트리엔스(triens)라고도 불렸으며, 그 가치는 솔리두스의 1/3이었다. 은화에는 실리쿠아(siliquae)라는 단위가 있고, 24실리쿠아는 1솔리두스와 같았다. 동전은 아스 대신 폴리스를 사용했는데, 1폴리스는 1/8실리쿠아 또는 1/4드니에르(denier)와 같았다.

7세기에 이르러 프랑크 메로베크(Merovech)왕국(481년~751년, 프랑크왕국의 첫 번째 왕조. 영토는 오늘날 프랑스 대부분과 독일 서부 지역에 상당하며, 메로빙거[Merovingian]라고도 불린다)과 앵글로와 색슨 왕국(5세기 초~1066년, 대브리튼섬 동부와 남부 지역에서 생활하며 앵글로와 색슨 두 민족으로 결합되었다)이 1/2실리쿠아 은화 위주의 화폐 가치 체계를 확립하고,

로마 시대 데나리우스의 이름을 채택했다. 이것은 중세기 은화 드니에르(Denier)-페니(Penny)의 전신이고, 이후 약 5세기 동안 서유럽에서 유일하게 통용되는 대표 화폐가 되었다. 대략적인 액수를 환산해보면 은 1파운드=20트리엔스 금화=240데나리우스다.

10세기 서유럽 중앙 정권이 붕괴하자 각지의 백작들은 하사 또는 찬탈을 통해 주조권을 손에 넣었다. 이때부터 드니에르의 색상에 비교적 큰 차이가 생겨났다. 1202년 베네치아는 이전보다 더 좋은 거액의 은화 그로쏘(grosso)를 발행하기 시작했다. 이 화폐의 순도는 0.965, 중량은 2.18그램이며, 초기에 값어치가 24드니에르와 같았다. 그 후 이탈리아의 모든 도시국가와 서유럽 각국에서 이 화폐를 모방해 앞다투어 거액의 은화를 주조하기 시작했고, 드니에르와 비교하면 1:12 정도로 고정되었다.

프랑스의 그로 투르노아(gros tournois)는 베네치아의 은화 그로쏘보다 훨씬 크고 중량도 4.55그램이다. 이 화폐의 가치는 일정 기간에 솔리두스와 같았고, 1290년 필리프 4세가 드니에르 투르노와(denier Tournois)를 평가절하해 비교 가격이 다시 1그로 투르노아=105/8드니에르 투르노아로 규정되었다. 프랑스는 1296년과 1303년에 플로린(Florin) 두 개에 상당하는 시트코인(xitcoin)의 발행을 두 차례나 다시 시도했지만 모두 실패했다. 1385년 새로운 기준 금화 에쿠(ecu)가 탄생했고, 이 화폐는 루이 14세 시대(1643년~1715년)까지 사용되었다. 에쿠의 중량은 4.097그램이고, 발행 후에도 계속 다시 주조되었다. 1344년 영국에서 발행한 노블(noble) 금화의 중량은 8.972그램, 가치는 6실링 8펜스로 금 1/2마르크와 은 1/3파운드에 상당했다.

이처럼 로마제국이 멸망한 후에도 1,000년에 가까운 시간 동안 유럽에서는 여전히 금과 은으로 만든 화폐가 사용되었다. 15세기 이후 대항해시대가 열리면서 아메리카대륙에서 대량의 은이 채굴되었고, 은은 세계무역의 주요 화폐로 자리 잡았다. 당시 세계무역의 중심에 있던 명나라가 '은 사용 금지령' 정책을 폐지하고 실질적으로 은본위제도를 시행하면서 세계는 은의 시대로 들어설 수 있었다. 19세기 청나라 경제가 쇠퇴하고 세계무역 중심의 지위가 무너지면서 영국이 또 금본위제도를 시행하기 시작했으며, 이때부터 세계는 다시 황금의 시대로 들어섰다. 그러나 제1차세계대전과 1929년 세계 대공황은 대영제국의 세계 금융 일인자 지위를 뒤흔들었다. 특히 제2차세계대전이 일어난 1944년 7월 미국 뉴햄프셔주 브레튼우즈시에서 열린 브레튼우즈 회의는 달러와 금의 동등한 지위를 확립해 금본위체제를 유명무실하게 만들었다. 이때부터 달러와 금은 동등한 가치를 지니게 되었다. 그러나 달러 위기가 갈수록 악화되자 1971년 8월 15일 미국 닉슨 대통령은 '브레튼우즈체제'를 종식시키며 달러와 황금 사이에 존재하던 약간의 연계성마저도 끊어버리고 달러가 황금을 대체할 수 있도록 만들었다. 금과 은을 위주로 하던 금속화폐는 마침내 화폐유통 영역에서 물러났고, 금본위체제가 완전히 무너지면서 세계화폐가 '순수 신용화폐'로 전환되었다. 이때부터 화폐의 발행은 금은에 구속되지 않았고, 서양은 '금융자본주의' 또는 '가상자본주의'로 불리는 새로운 시대로 들어섰다.

은도 금과 똑같은 운명을 맞았다. 은을 주로 사용하던 중국은 1935년에 화폐제도 개혁 법안을 반포했고, 이미 500년 동안 이어진 은본위제가 역사의 뒤안길로 점차 밀려나기 시작했다. 은을 사용하던 중국이 은본위제에서 발을 뺀 이상 세계 각국도 더는 은을 화폐로 인정할 수 없었다. 다시 말해서 1935년부터 세계 각국은 은 시대와 철저히 작별을 고했다. 여기서 주목할 점은 20세기 중엽까지도 중국 민간에서 은이 여전히 화폐로 유통되었다는 사실이다. 1914년과 1915년 중국 정부가 발행한 은은 일반인의 눈에 가장 가치 있는 금속화폐였다.

지금 세계에서 금은 화폐의 기능을 상실했다. 금빛 찬란하던 황금은 각국 정부의 비축 자산이자 일반인의 소장품, 공예품, 장식품으로만 존재할 뿐이다. 반면 은은 신에너지 분야와 사람들의 생활과 소비 영역에서 없어서는 안 될 중요하고 희소한 금속재료가 되었다. 이제 사람들은 금과 은이 지난 수천 년 동안 부의 상징이자 인류를 열광하게 만든 금속화폐이자 약탈의 대상이었다는 사실을 잊은 지 오래다. 그렇다고 인류가 그 사실을 완전히 망각한 것은 아닌 듯하다. 만약 그랬다면 선물(先物) 시장에서 금은을 투기의 대상으로 삼을 리 없고, 21세기에 전 세계를 석권한 금 사재기 열풍도 발생하지 않았을 것이다.

금속화폐는 이미 역사가 되었다! 그럼에도 금속화폐는 여전히 현실 속에 존재하고 있다!

02

황금과 행복

황금은 기원전 4000년 고대 이집트에서 남부 지역과 동북부 누비아에서 생산되었다. '누비아(Nubia)'라는 이름에서 '눕(nub)'은 고대 이집트인이 황금을 부르던 말이다. 당시 황금은 양이 한정되어 있었고 대부분 군주와 종교인의 차지였다. 황금은 파라오의 권력과 부, 비범한 능력과 위엄을 드러내는 용도로 처음 사용되었고, 그 후로는 개인의 장신구로 많이 쓰였다. 고대 이집트에서 왕실의 특권이 된 황금은 파라오를 제외한 누구도 사용할 수 없었다. 왕실에서는 황금과 보석으로 죽은 왕을 장식했는데, 이는 왕권의 신성함을 드러내는 중요한 수단이었다. '세계 최초의 위대한 여성'으로 불리는 하트셉수트(Hatshepsut, 기원전 1470년~기원전 1458년 재위) 여왕은 유난히 황금을 선호해 재위 기간에 황금의 수요량이 특히 많았다. 그녀는 거대한 복합 궁전인 카르나크 신전 복합물을 세우는 데 대량의 황금을 사용했을 뿐 아니라, 황금과 백은 가루의 혼합물을 이용해 자신의 얼굴을 치장하기도 했다. 심지어 카르나크 궁전에 100피트에 달하는 순금 기둥 두 개를 세우려다가 대신(大臣)의 만류로 황금을 화강암으로 바꾸고 아쉬운 대로 돌기둥 끝을 황금으로 장식해 화려함을 더했다.

고대 이집트인은 세계 최초로 황금을 화폐로 사용했다. 이들은 기원전 4000년에 황금을 금괴(금화가 아님)로 주조해 화폐로 삼았고 중량에 따라 거래했다. 또 금괴마다 고대 이집트 통일 후 제1대 왕인 파라오 메네스의 이름을 새겨 넣었다. 고대 이집트인은 은과 금의 교환 비율을 10:1로 정했다. 이 비율은 이집트에 은이 부족해서 생긴 결과였다. 이들이 정한 은과 금의 교환 비율은 실제로 금과 은 사이에 복잡하게 얽힌 관계의 서막을 열었고, 금은의 관계는 화폐 역사상 거의 모든 과정에 내포되어 있다고 해도 과언이 아니다. 실제로 화폐의 역사는 금은의 관계가 복잡하게 얽힌 역사이기도 하다. 다만 당시 고대 이집트의 금괴는 지불수단이 아니라 부의 축적 수단으로 주로 사용되었을 뿐 금속화폐가 아니었다. 그래서 고대 이집트에서 사용한 금괴를 인류가 사용한 금속 주화의 시초로 보지 않는 시각이 일반적이다. 역사학계에서는 세계 최초로 금속화폐를 주조하고 광범위하게 사용한 민족을 리디아인[1]으로 보고 있다.

'역사학의 아버지'로 불리는 그리스의 역사가 헤로도토스(Herodotos, 기원전 485년~기원전 425년)의 기록에 따르면 리디아왕국의 수도 사르디스는 사금이 풍부한 땅이었다. 또한 리디아에는 '호박금'이라고 불리는 금속이 많이 생산되었는데, 이 금속을 백금이라 부르기도 했다. 성분은 대략 금 3분의 2와 은 3분의 1로 이루어져 있다. 어쩌면 리디아는 이런 천혜의 자원을 바탕으로 가장 먼저 금화를 주조하고 금은화폐를 사용한 민족이었을지 모른다. 리디아인은 유명한 소매상인이기도 했다. 그들이 주로 하는 일은 모든 화물을 서양과 동양에 판매하는 것이었다.

---

1   리디아는 소아시아 중서부(오늘날의 터키 북서부에 해당)에 있었던 고대 국가(기원전 1300년경~기원전 546년)다. 언어는 인도-유럽어계에 해당하는 아나톨리아어를 사용했고, 풍요롭고 웅장한 수도인 사르디스로 유명하다.

돈의 탄생

사르디스 지역은 에게해와 유프라테스강, 나아가 극동의 교통 요지와 맞닿아 있는 곳이었다. 이런 뛰어난 지리적 위치 덕에 리디아인은 천부적인 상인의 자질을 타고날 수 있었다. 사르디스는 지리적 이점을 등에 업고 부유한 상인들이 운집하는 상업과 무역의 중심지가 되었다.

　리디아인이 금화를 주조한 시기는 대략 기원전 600년 전후라고 할 수 있다. 이 시기는 리디아의 마지막 왕 크로이소스(Croesus, 기원전 560년~기원전 546년 재위)의 아버지 알리아테스 2세(Alyattes II, 기원전 600년~기원전 560년 재위)가 통치하던 시대였다. 이런 결론을 내린 근거는 다음과 같다. 1951년 한 고고학자가 고대 그리스 시기 소아시아 서안의 무역도시 에페소스의 이오니아성에 있는 달의 여신이자 사냥의 여신 아르테미스 신전 유적지에서 대량의 리디아 은화를 발견했다. 화폐의 주조 시기는 기원전 7세기경으로 추정되었다. 유적에서 유물 3,000여 점이 발견되었고, 그중 아무 문양이 없는 덤프(Dump) 금괴, 문양이 찍힌 덤프 금괴, 사자 머리가 있는 주화, 대량의 보석 및 금은 조상 등이 포함되어 있었다. 분석 결과, 최초의 주화 제조 시기는 대략 기원전 635년이라는 사실이 확인되었다. 주화제도가 실시된 시기는 아르디스 2세(Ardys II, 리디아왕국 제27대 국왕, 기원전 678년~기원전 629년 또는 기원전 644년~기원전 625년 재위) 통치 시기 말년 또는 아르디스 2세의 아들 사디아테스(Sadyattes, 리디아왕국 제28대 국왕, 기원전 629년~기원전 617년 또는 기원전 625년~기원전 600년 재위) 통치 시기였다.

　리디아왕국 유적에서 발견된 주화에 사자의 두상이 계속 등장하기 때문에 이 화폐를 '사자 주화'라고도 불렀다. '사자 주화'는 대략 금 54퍼센트와 은 46퍼센트로 만들어진 합금이고, 중량은 4.74그램, 지름은 11밀리미터다. 이 주화를 통해 당시 리디아왕국이 화

▶ 기원전 7세기 리디아왕국에서 발행한 문양이 찍힌 호박금

폐의 성분, 중량, 크기의 규격을 정해 화폐의 신용을 보장했다는 사실을 알 수 있다. 화폐에 찍힌 사자 머리는 이 나라의 법정화폐라는 사실을 알려주기도 한다. 이후에 이런 식으로 화폐에 특정 문양을 찍는 방식은 모든 국가의 주조 과정에도 그대로 이어졌다.

리디아의 화폐 주조는 케크롭스 시기에 절정을 보였다. 케크롭스는 귀금속 자체가 정치권력과 경제적 권력을 상징한다고 보았다. 사실 케크롭스의 부친 알리아테스 2세 시기에 황금 주화가 발행되기 시작했고, 금화는 리디아인에게 무궁무진한 부를 안겨주었다. 케크롭스는 금화가 나라의 강성과 번영에 결정적 역할을 한다는 점을 미리 간파하고 외지에서 유통되는 모든 백금 주화를 주조했을 뿐 아니라, 그것을 녹이고 분리해 새로운 순금이나 순은 주화를 주조했다. 당시 금과 은은 기술력이 응집된 내화 용기를 이용해 백금에서 분리해낸 것이었다. 그들은 귀금속을 이 용기에 넣어 가열한 뒤 납과 소금을 첨가해 금과 은을 분리했다.

당시 케크롭스가 주조한 주화의 한 면에는 사르디스성의 휘장인 수사자와 수송아지의 상반신이 새겨져 있고, 반대 면에는 음각 기술로 타원형과 정사각형을 찍어 주화의 액면가를 표시했다. 한편 리디아 주화의 기본 화폐단위는 스타테르(Stater)였다. 스타테르를 기준으로 1/3, 1/6, 1/12 등 더 작은 액면가치로 세분화했다. 이 주화들은 재질, 크기, 중량의 규격이 통일되어 있어 두루 환영을 받았다. 스타테르의 1/12은 24캐럿의 순금으로 만들어져 금형제도 온스의 출현을 촉진했고, 훗날 영국의 12진법 실링(Shiling)으로 계승되었다.

케크롭스는 화폐제도에서 금은복본위제를 시행했다. 은화는 나라 안에서 소액을 주고받을 때 주로 사용했고, 금화는 대외무역에서 지불수단으로 쓰였다. 케크롭스는 금과 은의 태환 비율을 10:1로 정했다.

케크롭스의 주화는 소아시아와 에게해 서쪽 기슭에 있는 그리스 전체에서 유통되었다. 리디아는 새로운 주화를 사용해 남쪽 지역에 있는 나라들뿐 아니라 동서양과 무역했다. 이 과정에서 사상과 문화의 교류가 활발하게 이루어졌다. 역사적 관점에서 볼 때 케크롭스는 세계 최초로 제국의 화폐제도를 만든 인물이다. 화폐의 유통은 화폐의 수용력과 강제성에 따라 달라지는데, 케크롭스 주화는 본질적으로 국가의 강제력이 반영된 법정화폐라고 할 수 있다. 케크롭스는 국가의 경제와 정치권력을 이용해 화폐를 발행하는 효시 역할을 했다. 이와 더불어 그가 황금이나 백은과 같은 금속에 부와 금전의 지위를 부여하면서부터 금속화폐의 매력과 마력이 세계 구석구석 퍼져 나가기 시작했고, 더 찬란한 황금시대가 도래할 수 있었다.

케크롭스는 극히 독단적인 군주였다. 그가 부를 추구하는 것을 두고 당시 사람들 사이에 의견이 갈리기도 했다. 일례로 그리스의 현인 솔론(Solon)이 케크롭스와 나눈 대화 기록을 보면 부와 행복에 관한 솔론의 견해가 잘 드러나 있다. 솔론은 개혁을 추진하면서 아테네인들을 위해 법전 하나를 반포했다. 아테네인들은 10년 안에 이 법전을 따르겠다고 약속했고, 솔론은 그사이 사방으로 여행을 다녔다. 솔론이 리디아의 수도 사르디스에 도착하자 케크롭스는 곧바로 그에게 황금이 가득 담긴 보물창고를 보여주며 물었다.

"당신이 만난 사람 중에 누가 가장 행복한가?"

이렇게 물은 것은 케크롭스 자신을 세상에서 가장 행복한 사람이라고 여기며 넘쳐나는 재산을 인정받고 싶었기 때문이다. 그러나 예상을 깨고 솔론은 이렇게 대답했다.

"아테네의 탈레스입니다."

케크롭스가 놀라며 의아한 듯 물었다.

"왜 탈레스인가?"

솔론이 대답했다.

"첫째, 탈레스는 훌륭한 자식을 두었습니다. 그리고 자식이 결혼해 낳은 자손이 모두 어른으로 자라는 과정을 지켜보았습니다. 둘째, 평생

인간으로서 안락함을 맘껏 누리며 살았고 극히 영광스럽게 죽음을 맞이했습니다. 이웃 나라와 전쟁이 났을 때 그는 군대를 이끌고 용맹스럽게 싸우다가 전장에서 장렬하게 전사했지요. 아테네인들은 그를 위해 국장을 치르며 더할 나위 없이 큰 명예와 광영을 안겨주었습니다."

케크롭스가 또 물었다.

"탈레스 말고 또 누가 가장 행복한가?"

솔론이 대답했다.

"아르고스 출신의 클레오비스와 비톤 형제입니다. 두 형제는 가난하지만 우애가 깊었고 어머니를 향한 효심도 깊었지요. 하루는 어머니가 헤라 여신을 위해 열리는 성대한 제전에 급히 가야 하는데 수레를 끌 황소가 들판에서 돌아오지 않았습니다. 두 아들은 어머니가 행여 제전에 늦을까 걱정돼 어머니를 태운 수레를 끌고 20리나 되는 길을 걸었습니다. 신전에 모여 있던 사람들은 두 아들의 효심에 칭찬을 아끼지 않았지요. 하지만 두 형제는 신전에서 함께 잠이 들었다가 다시는 깨어나지 못했습니다."

케크롭스가 버럭 화를 내며 물었다.

"아테네의 방문자여! 자네의 말은 나의 부가 보잘것없고, 심지어 내가 평범한 백성만도 못하다는 의미인가?"

솔론이 침착하게 대답했다.

"케크롭스여, 왕께서 하신 질문은 인간과 관련된 문제입니다. 인간은 기나긴 인생 여정에서 보고 싶지 않거나 경험하고 싶지 않은 수많은 상황과 맞닥뜨리게 되지요. 한 사람이 살아가는 70년은 결코 짧은 시간이 아니고, 이 70년을 날로 계산하면 2만 6,250일입니다. 그렇지만 그중 똑같은 날은 단 하루도 없을 것입니다. 이것만 봐도 인간사는 예측하기 힘들다고 할 수 있지요. 당신은 국왕이시고 모든 부를 가지고 계십니다. 하지만 저는 왕께서 행복하게 일생을 마쳤다는 말을 들었을 때 비로소 왕께서 하신 질문에 답을 해드릴 수 있을 것 같습니다. 설령 부유하고 권세가 있는 사람이라 할지라도 그의 부를 처음부터 끝까지 잘 누릴 수 있어야 하고, 그렇지 않으면 하루 벌어 하루 사는 평범한 사람들보다 더 행복하다고 할 수 없을 것입니다. 누구도 완벽한 사람은 없고, 사람은 늘 얻는 게 있으면 잃는 것도 있게 마련이지요. 가장 많은 것을 가지고 있고, 그것을 죽을 때까지 유지하며 안락하게 죽는 사람이야말로 진정 행복한 사람이 아닐까요. 무슨 일이든 우리는 끝을 주목해야 합니다. 신은 많은 사람에게 행복의 그림자를 얼핏 보게 만든 뒤에 다시 그들을 파멸의 구렁텅이로 밀어 넣으니까요."

케크롭스는 솔론의 말에 몹시 불쾌해졌다. 솔론이야말로 눈앞의 행복을 누리지 못한 채 모든 일의 결과에만 집착하는 멍청이라고 생각했다. 어쨌든 그는 예를 갖춰 솔론을 돌려보냈다.

이 대화는 솔론과 케크롭스 두 사람의 서로 다른 인생관과 행복관을 보여준다. 솔론은 일상에 만족하고 선량하고 용감한 사람만이 행복을 누릴 자격이 있지, 재산의 많고 적음이 행복을 결정짓는 것은 아니라고 생각했다. 인간사는 예측할 수 없기 때문에 일생을 행복하게 마무리 짓는 것을 봐야 비로소 그 인생의 행복 여부를 단정할 수 있다고 보았다. 사실 당시에 케크롭스는 솔론과의 대화에서 어떤 감화도 받지 못했다.

기원전 546년 페르시아의 키루스 2세(Cyrus II, 키루스대제로도 불리는 고대 페르시아제국의 통치자, 기원전 550년~기원전 529년 재위)가 리디아 왕국을 무너뜨렸다. 두 나라의 전투에서 케크롭스는 아들을 잃었고, 자신도 키루스의 포로가 되었다. 키루스는 장작더미를 쌓아 올려 케크롭스를 불태워 죽이려 했다. 케크롭스는 장작더미 위에 서서 지난날 솔론이 했던 말을 떠올렸다. 그 순간 그는 장탄식을 하며 솔론의 이름을 세 번 내뱉었다. 키루스는 사람을 시켜 케크롭스가 누구의 이름을 부르는지 알아보도록 했다. 케크롭스는 지난날 솔론과 나눈 이야기를 키루스에게 들려주었다. 키루스는 솔론의 말에 깊은 깨달음을 얻었다. 자신도 사람이면서 행복한 삶을 살아온 또 다른 사람을 산 채로 불태워 죽이는 일이 얼마나 잔인한 짓인지 깨달았다. 케크롭스는 자신의 행동을 후회하며 당장 불을 끄라고 명령을 내렸다. 키루스는 케크롭스를 장작더미에서 끌어내 살려준 뒤 자기 옆자리에 앉게 했다.

그 자리에서 케크롭스는 페르시아인이 리디아인의 도시를 약탈하는 광경을 바라보며 키루스에게 말했다.

"국왕이시여, 이제 사르디스는 제게 속한 도시도 재산도 아닙니다. 그렇다면 저들이 약탈하고 있는 것은 모두 당신의 재산이 아닙니까!"

키루스는 케크롭스에게 또 할 말이 있느냐고 물었다. 그러자 케크롭스가 말했다.

"신들이 저를 왕의 노예로 만든 이상 저는 왕에게 유리한 것만 보고 알려야 하겠지요. 페르시아인은 빈곤하고 천성이 난폭한 자들입니다. 그런 자들이 약탈을 통해 막대한 부를 얻도록 내버려두시면 저들 중 가장 많은 부를 축적한 자가 반드시 왕을 배신할 것입니다. 만약 왕께서 저의 제안을 받아들이신다면 경비대를 모두 성문으로 보내 관문을 설치하고, 병사들이 성문을 나설 때 자신들이 지닌 전리품을 모두 남겨두고 가게 하십시오. 그리고 거둬들인 전리품은 모두 제우스에게 바칠 것이라고 말씀하셔야 합니다. 그리하신다면 저들은 왕을 원망하지 않고 기꺼이 전리품을 내놓을 것입니다."

키루스는 곧바로 경비대를 성문으로 보내 케크롭스의 말대로 일을 처리했다. 그런 다음 케크롭스에게 말했다.

"케크롭스, 자네가 이렇게 큰 도움을 주었으니 내가 그 보답으로 무엇을 해주면 좋을지 말해보게."

잠시 후 케크롭스는 키루스의 시야에서 점점 멀어져갔고 그의 제국도 이렇게 끝이 났다.

케크롭스는 인생의 깨우침과 지혜를 바탕으로 자신의 목숨뿐만 아니라 한때 자신이 다스린 제국의 수도와 부도 지켜낼 수 있었다.

돈의 탄생

인류 최초로 금은 주화를 주조한 리디아왕국은 이렇게 멸망했다. 하지만 리디아가 창조한 금은화폐는 이후로 서아시아 각국에서 차용했고, 뒤를 이어 각종 화폐제도가 출현했다. 그리스인, 페르시아인, 로마인 및 훗날 유럽과 신대륙의 모든 나라에서 리디아의 뒤를 이어 각종 화폐가 속속 등장했고, 인류의 화폐 여정도 '황금의 시대'로 접어들기 시작했다.

03

알렉산드로스 시대

　케크롭스 제국을 무너뜨린 키루스대제와 그 계승자인 다리우스 1세(Darius I the Great, 페르시아제국 군주, 기원전 558년~기원전 486년 재위)는 곧바로 케크롭스의 금화제도를 채택해 페르시아제국에서 전면적으로 시행했다. 다만 다리우스는 케크롭스와 달리 자신의 초상화를 금화 위에 찍고, 금화 이름을 '다릭(Darics)'이라고 지었다. 금화 다릭의 표면에는 왕관을 쓰고 손에 활과 창을 들고 있는 위대한 국왕의 모습이 찍혀 있다. 이때부터 '왕 중의 왕'이라고 자처하는 군주는 모두 다리우스를 본떠 자신의 두상을 주화에 찍었다.

　다리우스의 주화는 발트해와 아프리카 및 중앙아시아 지역에서 유통되었고, 다리우스의 주화와 초상도 그 경로를 따라 널리 전해졌다. 케크롭스가 황금으로 금화를 주조하고 광범위한 무역에 유통시켰다면, 다리우스는 그것을 넘어서 세금을 주화로 대신 내는 길을 열었다. 이렇게 함으로써 금화는 명실상부한 법정화폐가 되어 사회적으로 널리 받아들여졌다. 정부가 나서서 국민이 어떤 종류의 화폐로 납세할지 허용하면, 그 화폐는 바로 법정화폐가 되었기 때문이다. 이외에도 페르시아제국의 황제들은 황금을 자신의 권위와 존귀를 과시하는 물건으로 간주했다. 기원전 333년 11월 마케도니아왕국의 알렉산드로스대왕(Alexander the Great, 알렉산드로스 3세이자 마케도니아왕국의 국왕, 기원전 356년~기원전 323년 재위)이 이소스전투[2]에서 페르시아의 '왕 중의 왕' 다리우스 3세(Darius III Codomannus, 페르시아제국의 마지막 군주, 기원전 336년~기원전 331년 재위)를 무찔렀다. 전쟁이 끝난 뒤 알렉산드로스는 다리우스 3세의 야전 캠프로 들어가 황금 전차, 황금 어좌, 황금 욕조를 구경했다. 이 기물은 모두 다리우스 3세가 출행할 때 반드시 갖춰야 할 장비였다. 알렉산드로스대왕은 아름다운 기물을 보며 페르시아 황제의 사치와 제국의 부에 놀라움을 금치 못했다.

사실 알렉산드로스대왕은 황금의 역할과 가치를 일찌감치 간파하고 있었다. 그의 부친 필리포스 2세(Philippos II, 기원전 359년~기원전 336년 재위)는 황금과 백은으로 화폐를 대량 주조해 사용하기 시작했다.

기원전 359년, 필리포스 2세는 고작 23세의 나이에 마케도니아왕국의 국왕이 되었다. 당시 마케도니아왕국은 산이 많았고, 부족의 수가 많은 데 비해 인구는 적었다. 그 안에서 부족 간의 전쟁이 빈발했으며, 식량은 늘 부족했다. 필리포스 2세는 왕이 된 후에 마케도니아를 강성한 나라로 키우고자 결심했다. 농지의 관개와 배수 시설을 만들고, 충적평야를 곡창지대로 개조했다. 그리스인들을 끌어들여 함께 새로운 도시를 세우는 한편, 목축업을 발전시켜 충분한 수량의 말을 군대에 공급했다. 병사들에게는 소고기를 먹여 체력과 지구력을 키웠다. 필리포스 2세는 아들을 후계자로 키우기 위해 아테네에서 고대 그리스 철학자 아리스토텔레스를 초빙해 스승으로 모셨다. 필리포스 2세가 채택한

---

2   이소스전투는 기원전 333년 가을 마케도니아 알렉산드로스대왕의 원정에서 마케도니아의 군대 4만 명과 페르시아제국 황제 다리우스 3세의 13만 대군이 소아시아의 킬리키아(Cilicia, 오늘날의 터키에 속함)에서 한차례 벌인 교전이다. 이 전쟁은 페르시아 군대의 참패로 끝났다.

일련의 부국강병책 가운데 가장 특색 있고 감탄을 자아내는 것은 훌륭한 화폐제도의 제정이었다.

필리포스 2세는 황금과 백은 주화의 가치 비율을 1:10으로 정했다. 즉, 황금 주화가 백은 주화보다 10배의 가치가 있는 셈이었다. 황금 주화의 한 면에는 전차를 찍어 넣고, 또 다른 면에는 필리포스 2세 본인이 아닌 제우스의 두상을 찍어 넣었다. 일생을 마케도니아왕국의 부국강병을 위해 바친 필리포스 2세는 예리한 직감을 바탕으로 금융 사업을 가장 중요하게 생각했다. 그는 당시 마케도니아 상업 무역과 국방에 실제로 필요한 지출 이상의 주화를 만드는 데 원가를 아끼지 않았다. 자신과 계승자를 위해 부를 축적하는 데 주력했다. 필리포스 2세의 끈질긴 노력 덕분에 그가 암살당한 뒤에도 자리를 이어받은 알렉산드로스가 필리포스 2세 시기에 번영한 마케도니아의 조폐업을 계속 이어 나갔을 뿐 아니라, 그리스와 소말리아, 시리아, 메소포타미아 지역의 주화도 얻었다. 알렉산드로스는 부친의 뜻을 이어받아 황금을 기준 통화로 삼는 정책을 시행했고, 금화의 가치가 은화의 10배에 해당하는 비율 관계를 유지해 간편하고 쉬운 화폐 교환관계를 지속시켰다.

알렉산드로스가 주조한 금화의 한 면에는 제우스보다 지위가 낮고 가장 강한 힘과 체력을 가진 헤라클레스의 두상을 찍어 넣었다. 다만 그의 부친이 만든 주화와 마찬가지로 주화의 헤라클레스 두상은 알렉산드로스와 무척 닮았다.

알렉산드로스가 주조한 또 다른 주화의 한 면에는 승리의 여신 니케가 찍혀 있고, 또 다른 면에는 먹구름과 번개를 다스리는 지혜의 여신 아테네가 새겨져 있다.

알렉산드로스는 부친이 만든 황금 주화의 명칭을 바꾸지 않은 채 계속해서 '필리포스 주화'로 불렀다. 하지만 알렉산드로스의 계승자는 '필리포스 주화'의 이름을 '알렉산드로스 주화'로 바꿨다.

알렉산드로스는 자신의 금화를 이용해 무적의 군대를 고용했다.

병사들이 단체 결혼을 할 때 알렉산드로스는 축의금으로 금화를 하사했다. 병사들이 고향으로 돌아갈 때도 위로금으로 금화를 지급했다. 그는 함께 원정을 나간 과학자와 기술자에게도 번쩍이는 황금 주화를 보수로 주었다. 알렉산드로스는 원정 길을 따라 동방의 군대와 싸워 이긴 후 얻은 대량의 황금 주화를 지역 백성들에게 나눠주

▶ 기원전 4세기 알렉산드로스대왕이 주조한 금화

었다. 자신이 다스리는 땅의 백성이 비교적 높은 생활수준을 유지하며 행복한 삶을 살기를 희망했다.

알렉산드로스는 세계 최초로 황금을 이용해 승리를 이룬 위대한 군주였다. 그는 금융의 힘에 대해 한 치의 의심도 하지 않았고, 몸소 실천을 통해 금융의 힘이 얼마나 위대한지 증명했다.

04

고대 로마 시대

역사를 돌이켜보면, 알렉산드로스 금화는 사용 범위가 가장 광범위할 뿐 아니라 사용 시간도 가장 긴 화폐다. 기원전 197년 로마 총독 플라미니누스는 그리스 동부의 테살리아에서 마케도니아 필리포스 5세를 무너뜨리고 그리스의 모든 도시를 자유도시로 선포하며 마케도니아의 통치 시대를 끝냈다. 알렉산드로스의 주화는 그리스, 이집트, 인도 등 대부분 지역에서 150여 년 동안 유행했다. 승리를 축하하고 마케도니아 시대의 끝을 알리기 위해 플라미니누스는 필리포스 5세가 공물로 바친 금화를 녹여 새로운 화폐로 만들고 그 위에 자신의 초상화를 박았다. 이때부터 로마 금화는 알렉산드로스 금화를 대신해 새로운 제국, 즉 로마제국의 화폐이자 상징이 되었다.

로마는 오랫동안 금화를 사용했다. 하지만 보유한 황금은 소량이었다. 초기 로마인은 황금을 지불수단이 아닌 저장수단으로 삼아 신전에 모셔두었다. 그래서 이런 이야기가 전해져 내려오기도 한다. 기원전 390년 모두 잠든 깊은 밤을 틈타 이탈리아 갈리아 군대가 로마 성으로 몰래 접근해왔다. 이때 로마인들은 달콤한 잠에 빠져 곧 닥칠 위기를 전혀 알아채지 못했다. 적군이 신전 근처까지 다가왔을 때 거위 떼가 갑자기 꽥꽥 울어대며 잠들어 있던 로마인들을 깨웠다. 로마인들은 위험을 알려준 거위에게 고마운 마음을 전하기 위해 신전을 세우고 신전의 이름을 모네타(Moneta)라고 지었다. 그 후 '모네타'에서 '머니(Money, 화폐)'와 '민트(Mint, 조폐)' 두 가지 단어가 파생되었다.

로마는 기원전 265년 이탈리아를 통일한 후 100년 동안 세 차례에 걸친 격전(기원전 264년~기원전 241년, 기원전 218년~기원전 210년, 기원전 149년~기원전 146년에 걸친 포에니전쟁)을 치렀고, 마침내 지중해 지역의 강적 카르타고를 물리치고 아프리카를 점령했다. 기원전 197년에는 마케도니아를 무너뜨리고 로마 도시국가를 소탕했다. 기원전 69년에는 소아시아를 정복하고 시리아를 합병했으며, 기원전 0년에는 이집트를 손에 넣었다. 로마는 유럽, 아시아, 아프리카를 가로지르며 전례를 찾아볼 수 없을 정도의 슈퍼 제국을 세웠다. 이 시기(기원전 150년~기원전 50년)를 '로마의 대확장 시대'라고 부른다.

대규모 군사 확장과 더불어 군수물자의 수요도 끊임없이 증가했다. 이때부터 로마인의 황금 수요도 급증했다. 로마 대확장의 핵심 역량이었던 로마 군대는 100년에 걸친 확장 과정에서 셀 수 없을 정도로 많은 양의 금화를 소비했다. 로마 군대를 상징하는 독수리상은 순금으로 만들어 햇빛을 받을 때마다 황금빛이 번쩍였다. 로마 군대는 이것을 군대의 신물(神物)이자 상징으로 삼았다. 로마 군대의 병사들은 매년 열두 개의 황금을 받았고, 이외에도 집, 식품, 의료 등 복지를 보장받았다. 로마제국의 총독들은 병사들에게 급여를 지급할 때 자체적으로 주조한 금화를 사용하기도 했다. 로마 성의 안정을 위해 정부는 로마 국민 20만 명을 위해 무료 식량을 제공하고, 매년 이집트에서 15만 톤의 곡물을 들여와 이 수요를 충족시켰다. 매년 명절에도 20만 명에 달하는 시민을 초대해 연극을 보여주기도 했다. 이런 오락 비용과 체제 유지 비용은 정부에 막대한 재정적 부담을 안겨주었다. 이런 복지에 필요한 물품은 모두 이탈리아 외의 지역에서 주화를 사용해 수입했다.

영원히 끝나지 않을 것 같은 황금 수요를 충족시키기 위해 율리우스 카이사르[3]는 갈리아[4]를 정복한 뒤에 노예 10만 명을 이탈리아 금광으로 보내 채굴하게 했다. 이 시기에 로마는 아우레우스(aureus) 금화를 발행하기 시작했는데, 금화의 함량은 8그램 내외, 가치는 은 25데나리우스에 상당했다. 그러나 아우레우스는 가치가 너무 커서 유통화폐로 사용되기보다 거액의 무역과 하사에 더 많이 사용되었다.

초기 로마 시대(이탈리아반도 중부에서 문명이 일어난 기원전 9세기 초부터 로마 왕정 시대를 거쳐 기원전 510년 로마 공화국 건립 시기까지를 가리킴)에 로마는 화폐를 전혀 만들지 않았다. 당시 상품 무역의 최초 매개물은 소와 양이었고, 양 열 마리의 가치가 소 한 마리와 같았다. 중국 등 세계의 대다수 민족과 마찬가지로 소와 양 등의 실물화폐를 대체한 것이 동(銅)이고, 동은 로마 파운드를 계량단위로 삼았으며 '아스(as)'라고도 불렀다. 당시 1파운드의 무게는 약 328그램이었다. 로마 최초의 화폐는 아스를 단위로 하는 대형 청동 화폐였고, 무게는 보통 5아스, 즉 1.6킬로그램 정도였다. 나중에 일상에서 거래되는 소액에 맞춰 아스당 270~340그램으로 정해졌다.

제1차 포에니전쟁(기원전 264년~기원전 241년) 전까지 아스는 로마 공화국에서 가장 유행하는 화폐였다. 그러나 전쟁이 쉬지 않고 계속 이어지면서 로마 공화국은 실물경제에서 화폐경제로 전환하기 시작했고, 이때부터 은본위가 동본위를 대체하면서 백은 데나리우스가 청동 아스 화폐를 점차 도태시켰다. 이러한 역사적 변화를 가져온 주요 원인은 은 광산의 증가였다. 로마 군대가 카르타고를 격파하면서 원래 카르타

---

3 율리우스 카이사르(Julius Caesar, 기원전 102년~기원전 44년)는 고대 로마의 3대 거물 중 한 명이며 '카이사르 대제'로도 불린다.

4 갈리아는 유럽 서부 지역으로 범위는 오늘날 프랑스, 벨기에, 스위스, 독일, 네덜란드의 일부 지역에 해당한다.

돈의 탄생

고에 속한 스페인의 대규모 은 광산도 로마에 속하게 되었다. 이때부터 로마는 은광이 부족한 역사를 끝내고 기원전 211년부터 전국에 걸쳐 백은 데나리우스를 발행했다. 데나리우스 함량은 4.5그램이고, 가치는 백은 1데나리우스가 청동 로마 파운드의 10아스에 상당했다. 이때부터 데나리우스는 로마에서 가장 중요한 유통화폐가 되었다.

로마의 주요 유통화폐는 백은 데나리우스였지만 로마의 황금 수요량은 갈수록 늘어났다. 원인은 다음 네 가지로 나눌 수 있다.

첫째, 로마의 화폐유통량이 급증했다. 기원전 150년부터 기원전 50년까지 100여 년에 걸친 로마 대확장 시대에 로마의 유통량은 10배로 급증했고, 그중 대부분이 은화 데나리우스였다.

둘째, 로마의 경제모델에 변화가 일어났다. 로마 대확장 시대에 세계 각지의 온갖 물건이 로마로 쏟아져 들어왔다. 물건은 대부분 이집트의 밀과 아마, 소아시아의 양모와 목재, 갈리아의 곡물과 육류, 스페인의 각종 광물, 발트해의 호박과 모피, 남아프리카의 상아와 황금, 아시아의 향료와 보석, 중국의 비단 등이었다. 이처럼 거대한 규모의 상업무역은 로마의 경제모델을 농업 위주의 생산형 사회에서 공업 위주의 소비형 사회로 전환시켰다.

셋째, 식량 가격 하락이 로마제국의 경제 기초를 무너뜨렸다. 가이우스 율리우스 카이사르 옥타비아누스(Gaius Julius Caesar Octavianus, 기원전 27년~기원전 14년 재위, 로마제국의 개국 군주이자 원수정의 창시자로 로마를 약 40년간 통치함) 황제 및 그 후임자들의 정책 추진을 통해 로마제국 안에 4,600여 개의 도시가 들어섰고, 인구가 약 8,000만 명에서 1억 2,000만 명에 달했다.[5] 로마 성의 인구만 해도 100만 명에 가깝고, 몇

5　　로마 인구 총량에 관한 문제는 학자마다 견해가 다르다. 예를 들어, 18세기에 출간된 『로마제국 쇠망사(The History of the Decline and Fall of the Roman Empire)』의 저자 에드워드 기번은 로마제국 최고 전성기의 인구를 약 1억 2,000만 명으로 추정했다. 19세기의 저명한 역사학자 카를 율리우스 벨로흐는 아우구스투스 시대의 로마 인구를 5,400만 명,

십만 명의 상비군과 방대한 관료체제 내의 관료들은 정부의 녹을 먹고 살았다. 로마제국은 체제를 안정시키기 위해 식량의 가격을 의도적으로 낮추었다. 당시 비교적 큰 로마 농가의 한 묘(畝)당 밀 생산량 가치는 10데나리우스이고, 제국 초기의 1데나리우스는 런민비로 환산해 약 15위안이었다. 그렇다면 로마제국 곡물의 묘당 생산 가치는 150위안에 불과하다. 의도적으로 낮춘 가격은 로마제국의 곡물 생산을 근본적으로 무너뜨렸다. 이는 농민의 대규모 파산을 초래했고, 노예는 로마의 주요한 농업 생산력이 되었다. 대지주는 돈이 되지 않는 곡물과 식량 생산을 포기하고 포도주, 야자유, 양모 위주의 생산으로 전환했다. 로마는 갈수록 초대형 소비도시처럼 변해갔다. 로마의 기형적 생산과 소비는 로마의 경제적 기초를 심각하게 무너뜨렸다. 이런 현상은 금속화폐의 발행과 자극에 점점 의존하게 되는 결과로 이어졌다.

넷째, 로마 부자들의 호화롭고 사치스러운 생활과 소비 수요 때문이었다. 로마제국 시대에 부자 집단은 주로 원로원의 귀족, 각 성의 총독, 기사계층과 자본이 든든한 상인이었다. 부유한 상인은 주로 1,000경(頃, 약 5,000헥타르)의 옥토를 소유한 대지주, 공공사업의 청부업자들이었다. 후자는 관세 징수, 고리대금업, 투자 등의 업무를 처리했고, 제국의 거대한 자금 흐름을 장악하고 있었다. 로마 성 카스토르 신전 부근 공공장소에는 매일같이 부유한 상인의 대리인과 투기꾼이 몰려들었다. 이들은 청부업자의 채권을 매매하고, 각종 화폐와 신용 화물을 거래하고, 제국의 부동산, 농장, 점포, 배, 창고뿐 아니라 각국에서 경매를 통해 들여온 노예와 목축을 사재기했다.

2세기 말 로마 인구를 8,000만~1억 2,000만 명으로 추산했다. 20세기 말과 21세기 초에 고고학 연구가 진전되면서 이탈리아 인구사학자들은 기원후 14년 이탈리아 인구를 1,500만~1,640만 명, 기원후 47년에 2,000만~2,150만 명 정도로 추정했다. 심지어 이집트 인구는 800만 명, 소아시아와 시리아와 아르메니아 인구는 1,200만 명에 이른다고 주장했다.

돈의 탄생

거액을 손에 넣은 부자는 부를 과시하기 위해 황금으로 자기 자신만이 아니라 자신의 여자와 집을 치장했다. 이들은 축적한 황금 수량의 많고 적음을 부의 기준으로 삼았다.

로마 부자의 희귀한 보석과 가축에 대한 수요도 부에 관한 왜곡된 욕구를 보여준다. 한 농장주는 닭, 거위, 백조, 멧돼지 등을 팔아서 해마다 1,250데나리우스의 소득을 올렸으며, 그 액수는 농가를 경영하는 대지주의 소득을 훨씬 뛰어넘었다. 새를 키우는 전문 농가에서 5,000마리의 새를 키우면 마리당 3데나리우스에 팔아 1만 5,000데나리우스의 이윤을 벌어들일 수 있었다. 그 이윤은 200로마 묘(1로마 묘는 약 3.78묘[畝]이고, 1묘는 30평에 해당한다)의 농장을 경영하는 것보다 두 배나 많은 금액이었다. 공작 한 마리의 판매 가격이 50데나리우스이고, 부화용으로 사용되는 공작 알 하나의 판매가는 5데나리우스였다.

로마 공화국 후기와 제국 시기에 금화는 권력을 얻기 위한 수단이었다. 발언권의 많고 적음은 보유하고 있는 황금 수량에 따라 결정되었다. 예를 들어, 카이사르와 함께 상위 3위 안에 드는 거물 크라수스가 소유한 부동산의 가치는 4억 데나리우스(약 60억 위안, 한화로는 약 1조 141억 원 - 편집자 주)였다. 크라수스는 자신만의 소방대를 조직했는데, 이 소방대는 사전에 요금을 받아 임무를 수행했다. 일부 업주들은 비용을 미리 지불하지 않아 화마가 자신의 집과 농장을 집어삼키는 모습을 속수무책으로 지켜볼 수밖에 없었다. 그래서 크라수스는 훼손된 집의 가치에 맞춰 집을 사들이고 수리한 뒤 그 가치에 합당한 높은 가격으로 되팔았다. 크라수스는 고리대금, 은광과 농장 경영을 통해서도 부를 축적했다. 그는 관리들을 매수하거나 낮은 가격으로 경매에 나온 부동산을 사들였고, 자신의 재산으로 군대를 유지할 수 없는 사람은 결코 부자가 아니라고 말했다. 당시 로마 군대를 일 년 동안 유지하는 데 드는 비용은 150데나리우스(약 2,250위안)에 달했다.

크라수스는 한때 스페인에서 재무를 주관한 적이 있었다. 당시 그는 자신의 직권을 이용해 황금을 착취한 다음 제국의 권력과 지위를 얻는 데 사용했다.

황금 수요량이 갈수록 증가하는 가운데 로마제국은 통화팽창과 화폐 평가절하의 늪으로 점차 빠져들고 있었다.

기록에 따르면, 역사상 처음으로 화폐 평가절하를 채택해 재정 위기를 극복한 군주는 기원전 8세기 그리스 코린토스에 세운 도시 시라쿠사의 군주 디오니시우스 1세(Dionysius I, 기원전 405년~기원전 367년 재위)였다. 당시 디오니시우스 1세는 도시의 백성들에게 마구잡이로 빚을 내 채무가 많았지만 그것을 상환할 방도는 없었다. 그래서 '금융 혁신'이라는 '초강수'를 두어 도시의 모든 주화를 거둬들이도록 했고, 저항하는 자가 있으면 사형에 처했다. 그는 이런 식으로 모은 화폐를 모두 녹여 새로운 화폐로 만들었다. 기존의 1드라크마(Drachma, 고대 그리스 화폐단위) 중량의 주화를 2드라크마 중량의 새로운 화폐로 다시 주조했다. 그런 다음 권력을 이용해 이 새로운 주화를 도시에서 사용하도록 강요했다. 이렇게 해서 그동안 진 모든 채무를 아주 수월하게 상환할 수 있었다. 당시 '금융 혁신'으로 여겨진 디오니시우스 1세의 이런 조치는 통화의 본질을 제대로 파악하고 있었기에 가능했고, 그 뒤로 이를 모방하는 사례들이 속속 등장했다.

로마제국의 황제들도 자연스럽게 이 '금융 혁신'을 따라하거나 새로운 '혁신' 내용을 첨가하기도 했다. 이들이 화폐 평가절하에서 가장 자주 사용하는 방법은 주조 과정에서 주화의 액면가를 바꾸지 않고 주화의 귀금속 함량만 줄이는 것이었다. 이렇게 하면 기존 화폐에 사용된 일정량의 귀금속으로 그것보다 더 많은 주화를 만들어낼 수 있었다. 그래서 사람들은 귀금속을 녹여 더 많은 주화를 얻기 위해 기존의 화폐를 앞다투어 주조 공장으로 보냈고, 국가는 귀금속 유입량의 증가를 통해 시세 차익을 얻었다. 화폐의 평가절하는 정부 세수의 주요 원천이었고,

이런 수익과 세수가 바로 주조세[6]였다.

기원후 1세기 중반부터 로마제국의 역대 황제는 거의 모두 '금융 혁신'의 본보기였다.

화폐 평가절하의 효시는 네로(Nero, 54년~64년 재위)였다. 그는 데나리우스의 은 함량을 아우구스투스 시기의 90퍼센트까지 끌어내렸다.

트라야누스(Trajanus, 98년~117년 재위)는 데나리우스의 은 함량을 85퍼센트로 낮췄다.

마르쿠스 아우렐리우스(Marcus Aurelius, 161년~180년 재위)는 데나리우스의 은 함량을 75퍼센트까지 평가절하했다.

카라칼라(Caracalla, 211년~217년 재위)는 더 대담한 '혁신'을 추진했다. 215년에 새로운 은화 '안토니우스'[7]를 발행했고, 제국의 시민들은 기존의 은화 데나리우스와 은괴를 사재기하기 시작했다. 상인들도 새로운 화폐의 은 함량에 근거해 상품의 가격을 새롭게 상향 조정했다. 그 결과 물가가 곧바로 급증했다.

갈리에누스(Gallienus, 260년~268년 재위)는 데나리우스의 은 함량을 60퍼센트까지 줄였고, 240년에는 은화의 귀금속 함량이 40퍼센트에 불과했다. 그러다가 270년이 되자 은화의 귀금속 함량은 4퍼센트까지 급

---

6 주조세(Seigniorage, 시뇨리지)는 봉건영주, 군주, 제후라는 의미를 지닌 프랑스어 시뇨르(Seigneur)에서 파생된 말로 화폐 주조료, 조폐 이익이라고도 한다. 이는 화폐를 발행하는 조직이나 국가가 화폐를 발행하고, 등가의 금과 같은 부를 축적한 뒤 화폐가 평가절하하면서 보유 측의 부는 줄고 발행 측의 부는 증가하는 경제 현상을 가리킨다. 부가 증가하는 측은 일반적으로 정부를 의미한다. 증가하는 부는 정부가 동전을 주조해 얻는 수익이나 이윤이다. 다시 말해, 사용하는 귀금속의 내부 가치 함량과 동전의 액면가의 차이로 이익을 얻는 것이다. 금속화폐제도 안에서 화폐 주조에 드는 실제 비용과 화폐의 액면가치의 차이는 모두 화폐 발행 측의 소득으로 귀속된다. 화폐 발행 측이 거둔 이 소득을 바로 '주조세'라고 부른다. 지폐제도하에서 화폐 당국은 화폐를 발행해 소득을 올리는데, 그 가치의 계산 공식은 $S=(Mt+1-Mt)/Pt$이다. 여기서 S는 주조세, $Mt+1$은 $t+1$기의 화폐 발행량, Mt는 t기의 화폐 발행량, Pt는 t기의 가격수준이다.

7 이 은화의 크기는 데나리우스보다 약간 크고, 은 함유량은 데나리우스의 1.5배이지만 액면가는 2데나리우스에 상당해 한 번에 25퍼센트 평가절하한 셈이다.

속도로 떨어졌다.

아우렐리아누스(Aurelianus, 270년~275년 재위)가 '아우렐리안 화폐'[8]를 또 발행하면서 인류 역사상 최초의 슈퍼 인플레이션이 발생했고, 사람들은 거리로 뛰쳐나와 마구잡이로 물건을 사들였다. 그 결과 식량 부족, 상업 마비, 인구 급감 현상을 초래했다. 당시 밀 가격은 30년 전의 200배까지 치솟았다.

디오클레티아누스(Diocletianus, 284년~305년 재위)는 화폐 체계를 구제하기 위해 전임자들과 마찬가지로 '금융 혁신'의 '재능'을 계속 발휘했다. 고순도의 금화와 은화, 기타 보조화폐를 새롭게 발행했다. 하지만 악화(惡貨)는 시장에 내놓은 새로운 화폐를 순식간에 집어삼켰다. 디오클레티아누스는 어쩔 수 없이 더 '개방'적인 칙령을 실시해야만 했다. 수천 종에 달하는 상품과 서비스의 가격 상한선을 규정하고 이를 위반하는 자는 사형에 처했다. 그러나 정부에서 규정한 가격은 생산자의 원가에 비해 훨씬 낮았고, 물가 개혁은 결국 실패로 돌아가고 말았다. 황제는 군대와 정부의 공급을 보장하기 위해 배급제를 실시해야 했고, 일반 시민들이 슈퍼 인플레이션 속에서 저절로 소멸하도록 내버려두었다. 292년에는 어쩔 수 없이 로마를 두 개로 나누고, 황제 네 명이 공동통치하는 체제를 만들 수밖에 없었다. 이 체제는 305년까지 이어졌다. 심신이 지칠 대로 지친 디오클레티아누스는 스스로 물러나 해변 가까이에 있는 황궁에서 말년을 보냈다. 콘스탄티누스대제(Constantinus I Magnus, 306년~337년 재위)가 뒤를 이어 로마제국의 황제가 되었다. 그 후 184년이 지나 로마제국은 멸망했다.

그렇다면 로마제국은 왜 화폐의 평가절하와 같은 임시방편으로 자멸의 길을 가야만 했을까? 이유는 네 가지로 정리할 수 있다.

---

8   아우렐리안 화폐의 은 함유량은 5퍼센트, 무게는 4.04그램이다. 1아우렐리안(신폐)=2 안토니우스(구폐).

첫째, 군사 확장의 중단이다. 기원전 150년부터 기원전 50년에 이르는 100년의 세월은 '로마 대확장 시대'로 불린다. 이때의 로마제국은 군사 확장을 통해 지중해 연안 지역에서 황금과 백은을 손에 넣은 뒤 화폐로 주조해 상비군과 제국 정권 기구를 비대하게 키워나갔다. 화폐의 순환은 두 가지 노선을 통해 진행되었다. 하나는 수도 로마와 군대 주둔 지역에 집중된 노선이다. 정부의 행정과 유지를 위한 지출 및 군대의 급여와 물자의 소모를 통해 화폐가 제국의 경제순환 속에 주입된다. 또 하나는 제국의 각 성에 사는 백성들의 일상생활에서 사용하는 화폐가 세수를 통해 수도와 군대로 다시 흘러들어가는 노선이다.

이 순환과정이 정상적으로 운행되려면 대외 확장의 발걸음을 멈춰서는 안 된다. 수출에 의지해 외화를 창출하고 경제 규모를 계속 확장해나가면, 수출의 추세가 꺾이지 않는 한 경제체제의 양성 순환을 유지할 수 있다. 그러나 수출을 통한 외화 창출의 발걸음이 주춤해지는 순간 경제체제의 발전 추세와 경제 규모는 악성 순환으로 접어든다. 이 문제의 해결책은 대외경제 확장 정책을 계속 시행하고, 정부의 국내외 인프라 건설 투자를 확대해 황금과 백은의 지속적 투입을 보장하며, 이를 통해 경제의 성장점을 찾고 경제 발전을 이끄는 것이다. 그런데 이처럼 무제한적이고 무질서한 투입으로 얼마나 많은 황금과 백은을 벌어들일 수 있을지는 미지수였다. 그 결과 로마제국은 국가에 비축해둔 보유금을 다 날리고 국민들의 저축마저 빼앗아야 했다. 이런 미봉책 때문에 사회는 쇠퇴하고 붕괴로 내몰렸다.

당시 로마제국이 대외 군사 확장을 중단하자 화폐의 순환도 뒤이어 문제점을 드러냈다. 이 문제의 핵심은 화폐의 성장 속도가 통화팽창 속도를 따라잡지 못한 데 있었다. 일단 대외 확장을 멈추면 불필요한 인력 낭비, 횡령, 사치 등으로 초거대 제국을 유지하는 데 필요한 부와 화폐가 사라진다. 이런 지출을 충당할 방도가 없어지면 결국 약탈과 보유를 통해 기존에 축적해둔 부도 점점 바닥을 드러낼 수밖에 없다. 로마의 대외 확장을 위한 전쟁은 공화국 시대에 거의 완성되었고, 제국의 초대 황제 아우구스투스는 그가 통치하는 세계의 범위를 지속적으로 확장하고자 하는 야심을 일찌감치 포기했다. 그는 제국의 주위를 둘러싸고 있는 야만족을 정복할 방도가 없었고, 야만족에게 조금이라도 양보해야만 로마의 존엄과 안전을 유지할 수 있다는 사실을 누구보다 잘 알고 있었다. 더구나 당시 각 야만족은 천하에 군림하던 로마제국에 대적할 힘이 없었다. 로마제국은 이미 제국의 국력을 극한까지 끌어올린 상태였다. 그래서 로마제국의 영토를 서쪽으로는 대서양, 북쪽으로는 다뉴브강과 라인강, 동쪽으로는 유프라테스강, 남쪽으로는 아랍과 아프리카로 정했다.

설사 정복과 확장을 멈췄다 하더라도 아우구스투스는 제국의 재정에 엄청난 압박을 느꼈다. 그래서 권력자들의 거센 반발에도 불구하고 세법 개혁을 강행했다. 이 세법 개혁은 상품 관세, 수입세, 소비세, 유산세 징수와 관련이 있었다. 아우구스투스의 막강한 권위에 밀려 원로원에서도 이 새로운 법을 어쩔 수 없이 묵인했다. 그런데 세법 개혁도 날로 곤란해지는 제국의 경제 상황을 완전히 바꿔놓지는 못했다. 궁지에 몰린 아우구스투스는 어쩔 수 없이 디오클레티아누스가 발명한 낡은 방법, 즉 화폐의 평가절하를 채택할 수밖에 없었다. 그는 데나리우스의 은 함량을 공화국 시대의 4.5그램에서 3.9그램으로 낮췄다. 이는 40년 후 로마제국이 화폐의 평가절하를 통해 통화팽창의 위기에 맞서는 효시가 되었다.

둘째, 농업의 지속적인 약화다. 도대체 로마제국의 화폐 문제의 근본적인 원인은 무엇일까? 바로 농업이다. 로마는 농업 국가다. 비록 로마가 4,000여 개의 도시를 가지고 있다 해도 농업은 여전히 로마의 명맥이었다. 로마 공화국 시대부터 시작된 군사 확장의 결과 무수한 도시가 생겨났고, 이들 도시의 출현은 제국의 보살핌을 필요로 하는 사람들의 증가로 이어졌다. 농업인구가 도시로 유입된 가장 중요한 원인은 로마 정부가 본토 이탈리아의 식량 생산을 포기하면서 이탈리아 농업이 파산 직전으로 내몰린 것이다. 이집트, 시리아, 아프리카 각 지역의 토양과 기후 조건이 식량 생산에 적합하고, 이 가격이 이탈리아의 곡물 생산 원가보다 훨씬 낮았다. 이탈리아의 저렴한 물가도 이탈리아 농지 가치를 대폭 하락시켰다. 당시 이탈리아의 곡물 가격이라면 중소 농가를 유지하기가 힘들었다. 이는 권력자들에게 대규모 토지 합병의 기회를 제공했다. 농업 시대의 귀족 집단은 토지를 최고의 투기 항목으로 삼았다. 이들은 토지를 가장 믿을 수 있는 부로 여겼다. 토지만 있으면 노예와 땅을 잃은 농민을 부려 곡물과 경제 작물을 생산할 수 있었기 때문이다. 그러나 이탈리아 본토의 지나치게 저렴한 곡물 가격 때문에 이탈리아 농업 생산은 이윤을 얻을 수 없는 구조가 되어버렸다. 비옥한 땅을 가진 귀족들조차 곡물 대신 투자 수익률이 훨씬 높은 올리브나 포도와 같은 경제 작물을 재배했다.

이런 생산구조가 오랫동안 이어지면서 이탈리아의 농업은 황폐해졌고, 본토에서 삶의 터전을 잃은 농민들이 도시로 쏟아져 들어와 무직자가 되었다. 당시 도시의 수공업 기반도 상당히 취약하고 세분화되지 않아 충분한 취업 기회로 이어지지 못했다. 더구나 로마 시민 중 정부로부터 무료 구제 식량을 받을 자격이 있는 남성이 20만 명에 달했다. 이 말은 도시 인구 수십만 명이 정부에서 제공하는 '생계유지 식량'을 제공받아 살고 있었다는 의미이기도 하다. 이는 로마제국의 재정적 부담을 가중시켰다. 로마제국이 대대적으로 추진한 도시화 운동도 경제 발전의 자연스러운 결과물이 결코 아니었다. 거대 제국을 통치하기 위한 어쩔 수 없는 선택이었다. 그렇지만 과도한 도시화 운동 때문에 로마제국은 막중한 짐을 짊어지게 되었는데, 그 직접적인 결과가 바로 농업경제의 심각한 손실과 쇠락으로 드러났다. 한편, 도시화 운동의 지속과 심화는 권력층의 토지 합병에 대한 탐욕스러운 수요와 완전히 맞아떨어졌다. 이런 식으로 제국의 농업정책, 도시화 국책, 체제 유지 국책,

귀족들의 탐욕이 다방면으로 타격을 가하면서 화폐는 지속적으로 평가 절하했고 로마제국의 국운도 점점 끝을 향해 추락해갔다.

셋째, 제국의 방대한 지출의 유지다. 농업이 쇠퇴하고 땅을 잃은 농민들이 도시로 대량 유입되면서 제국의 군대에 변질을 초래했다. 도시로 유입되어 할 일 없이 지내는 농민들은 로마 군대의 주력으로 점차 자리를 잡아갔고, 제국의 야심만만한 권력자들은 앞다투어 이들을 모집해 자신의 군대를 양성했다. 이렇게 해서 제국 시대에 일찍이 대적할 자가 없었던 로마 군단의 병력은 공화국 시대의 농토 소유주였던 유산 농민에게서 농지를 빼앗아간 귀족을 적대시하는 무산 유민으로 바뀌어갔다. 정치가와 야심가의 수요를 채우기 위해 제국 후기에 이미 로마 군대는 기존의 20만 명도 채 안 되는 숫자에서 60만 명까지 확충했다. 게다가 화폐가치가 계속 평가절하하면서 병사들의 1년 급여도 기존의 225데나리우스에서 750데나리우스로 급증했다. 이렇게 방대한 군대를 양성하기 위해 적어도 4억 5,000데나리우스가 필요했다. 이는 과거보다 20배나 높은 액수였다.

심각한 화폐 평가절하와 통화팽창 위기에 처한 제국은 과연 이처럼 방대한 군비를 감당할 수 있었을까? 상황이 이러하니 현실에 불만을 품은 제국의 병사들이 수중에 쥐고 있던 무기를 가지고 제국 황제를 교체하는 데 앞장서기 시작했다. 217년 카라칼라 황제가 살해된 뒤 40년 동안 군대가 나서서 교체하거나 살해한 황제가 57명에 달했다. 매년 평균 1.425명의 황제가 교체된 셈이다. 로마제국 황제의 직위는 말 그대로 목숨을 걸어야 할 만큼 위험한 자리가 되어버렸다. 이렇게 높은 황제 교체 빈도는 기네스 세계 기록을 세우기도 했다. 오랫동안 방대한 제국의 군대를 유지하기 위해 막대한 비용이 필요했고, 로마제국은 화폐의 평가절하를 통해 이 골치 아픈 문제를 해결했다. 하지만 이런 식의 비정상적인 화폐정책은 결국 제국의 근간을 무너뜨리는 화근이 되었다.

넷째, 사회적으로 창조의 동력을 잃었다. 농업의 붕괴, 정치적 상황의 급격한 동요, 직업 없는 유민들의 도시 유입, 군대의 변질, 장기간의 통화팽창 등이 제국의 사회와 경제를 무너뜨렸다. 부의 재분배 과정에서 갈등이 첨예화되면서 로마 사회는 생기와 창조적 에너지를 완전히 상실했다. 사람들은 통화팽창과 포악한 군대에 대한 공포 속에서 하루하루를 살아갔다. 네로 황제가 죽은 뒤 발발한 70년에 걸친 내전 속에서 양측의 군대는 이탈리아와 로마 성에 사는 권력자들을 대대적으로 학살했다. 제국 전역에서 잘려 나간 머리통이 나뒹굴고 피비린내가 진동했다. 이런 분위기 속에서 혁신의 동력과 흥미를 이끌어내는 것은 불가능했다. 그렇다면 창의력을 잃은 사회의 부는 어디에서 만들어질까? 부의 뒷받침이 없다면 어떻게 사회를 지탱해나갈 수 있을까?

이런 사회를 계속 이어나가기 위한 마지막 방법은 바로 화폐의 평가절하와 통화팽창을 통해 더 심각한 공황 상태를 만드는 것뿐이었다. 그리고 결말은 제국 전체의 멸망이었다.

위에서 설명한 몇 가지 요소가 동시에 작용하면서 로마제국은 임시방편으로 사용한 화폐 평가절하를 통해 자멸의 길을 걷게 되었다.

누군가는 로마의 화폐 발전 과정에서 드러난 한 가지 이상한 점에 주목했을지도 모른다. 비록 액면가가 낮은 데나리우스는 평가절하의 악운을 피하지 못했지만 로마의 금화는 상황이 전혀 달랐다. 은화 데나리우스 체계가 붕괴되었는데도 로마제국은 어떻게 180여 년 동안 명맥을 유지할 수 있었을까? 이에 관한 답은 금화에 대한 로마인들의 집착과 고수에서 찾을 수 있다.

은화 데나리우스가 연이어 평가절하하는 동안에도 로마인은 금화의 색과 주화의 크기에 전혀 변화를 주지 않았다. 로마에서 금화는 늘 일정 수량의 황금으로 주조되었고, 로마인은 동화나 은화와는 달리 금화에 합금 성분을 집어넣지 않았다.

디오클레티아누스 황제의 뒤를 이은 로마제국의 황제 콘스탄티누스대제는 즉위하자마자 바로 '솔리두스(Solidus)'라 불리는 금화 발행에 착수했는데, 이것이 바로 세계적으로 유명한 '베잔트(Bezant)'[9]다. 콘스탄티누스가 발행한 첫 번째 베잔트 금화는 중량이 4.55그램, 순도가 98퍼센트였다. 이 금화는 가치가 아주 높았다. 금화가 발행된 후 로마제국이 멸망하기까지 100여 년의 시간 동안 베잔트 금화는 구폐와 신폐를 막론하고 불변의 중량과 순도를 유지했다. 베잔트 금화는 역사적으로 발행 기간이 가장 긴 금화일 것이다.

이렇게 해서 베잔트 금화는 서로마제국이 멸망한 다음에는 물론이고, 천년 제국이라 불리는 비잔티움제국(395년~1453년) 시기까지도 그 빛을 잃지 않았다.

---

9 '솔리두스' 금화는 베잔트 금화라고 불리지만 이 금화를 주조할 당시 콘스탄티누스는 여전히 로마제국의 황제였고, 로마의 역사도 비잔티움시대로 접어들기 전이었다. 콘스탄티누스는 324년에 자신을 제국의 유일한 황제로 다시 옹립했고, 새로운 수도로 비잔티움(지금의 이스탄불)을 선택했다. 콘스탄티누스는 330년에 새로 정한 수도를 신로마(Nova Roma)라고 불렀지만, 일반인들은 콘스탄티노플이라고 불렀다. 이 새로운 수도는 관리 기구의 중심이 되었다. 콘스탄티누스의 통치기에 로마제국은 아직 비잔티움제국이 아니었다. 고대 로마제국은 기원후 395년 동서 로마제국으로 분열되었는데, 비잔티움제국은 콘스탄티노플에 수도를 둔 동로마제국을 가리킨다.

돈의 탄생

05

비잔티움 시대

로마제국 시대와 마찬가지로 비잔티움 시대에도 황금은 여전히 중요한 지위를 차지했다. 비잔티움제국의 역대 황제는 모두 황금 숭배 사상을 가지고 있었다. 그들은 베잔트 금화의 완벽함, 순도, 명성을 제국의 영예이자 버팀목으로 간주했다.

우선 황제들은 황금을 웅장한 성당과 궁전을 짓는 데 사용했다. 유스티니아누스 황제(Justinianus, 비잔티움제국의 제20대 황제, 527년~565년 재위)가 황금 30만 파운드를 성 소피아 성당을 짓는 데 사용했고, 돔형 지붕 장식에만 황금 12톤이 쓰였다. 제국 안에 있는 거의 모든 궁전이 대량의 황금으로 장식되었다. 비잔티움제국의 황제 테오필루스(Theophilus, 비잔티움제국의 제41대 황제, 829년~842년 재위)는 황금으로 만든 나무를 그의 황금 어좌의 차양처럼 사용했고, 나무와 어좌 주위에도 황금으로 만든 새, 사자 등의 동물을 장식했다. 심지어 누군가 찾아오면 이 금으로 만든 수사자가 꼬리를 흔들고 포효 소리를 내도록 만들었다. 금으로 만든 새도 손님이 찾아오면 맑은 울음소리로 환영했다.

황제들은 대량의 금화와 금괴를 모아서 저장하기도 했다. 아나

스타시우스 황제(Anastasius, 비잔티움제국의 제13대 황제, 491년~518년 재위)는 황금 30만 파운드를 보유하고 있었다. 바실 불가록토누스 황제(Baisl Bulgaroctonus, 비잔티움제국의 제51대 황제, 976년~1025년 재위)는 황금 20만 파운드를 가지고 있었다. 테오도라 황제(Theodora, 비잔티움제국 제56대와 제58대 황제, 1042년~1055년과 1055년~1065년 재위)가 사망했을 당시 황금 10만 파운드를 보유하고 있었다.

황제들은 황금을 뇌물로 주고 평화를 매수했다. 기원후 6세기 색슨족[10]과 슬라브족[11]의 도움을 받아 롬바르드족이 568년부터 569년까지 이탈리아 북부를 침입했다. 롬바르드족의 침입은 비잔티움제국의 보물로 불리는 두 도시, 베네치아와 라벤나를 위협했다. 롬바르드족의 위협을 제거하기 위해 비잔티움제국 황제 유스티누스 2세(Justin II, 비잔티움제국의 제21대 황제, 565년~578년 재위)는 황금으로 롬바르드족[12]의 일부 파벌을 매수했고, 그들이 다른 파벌과 암투를 벌이는 사이에 프랑크족[13]과 동맹을 맺었다. 745년과 756년 비잔티움은 황금 5만 솔리두스

---

10 색슨족은 게르만족의 분파로 발트해 연안과 슐레스비히 지역에 처음 거주하다가 독일 니더작센 일대로 이주하면서 작센족이라 불렸다. 기원후 5세기 초에 작센족은 북상해 바다를 건너 갈리아 해안과 브리튼 해안에 상륙해 침략을 시작했다. 역사학계는 브리튼에 정착한 이들을 색슨족이라고 불렀다. 기원후 772년 샤를마뉴는 유럽대륙에 남아있는 색슨족을 상대로 전쟁을 일으켰고, 32년 만에 완전히 정복했다.

11 슬라브족은 유럽대륙에 있는 여러 민족과 언어 집단 중 가장 많은 수를 차지하는 민족이다. 그들은 유럽 중부, 동부, 동남부에 주로 분포되어 있고, 일부는 아시아 북부의 시베리아를 넘어 극동 태평양 지역에 거주하고 있다. 슬라브족의 언어는 인도·유럽어족에 속한다. 슬라브족은 고대 로마 시대에 게르만인, 켈트인, 로마인과 함께 유럽의 3대 민족으로 일컬어졌으며, 오늘날 백인종을 대표하는 민족 중 하나이기도 하다. 관습상 이들은 동슬라브족, 서슬라브족, 남슬라브족으로 나뉜다.

12 롬바르드족은 게르만족의 한 분파로 스칸디나비아반도(지금의 스웨덴 남부)에서 기원한다. 4세기경 민족대이동을 거쳐 롬바르드족은 아펜니노반도(지금의 이탈리아) 북부에 도착했고, 568년~774년에 이탈리아 북부에 왕국을 세웠다.

13 프랑크족은 게르만족의 한 분파로 살리안, 리푸아리안, 헤센으로 나뉜다. 기원후 3세기에 프랑크족은 라인강 유역에 정착했다. 기원후 5세기에 프랑크족은 점차 갈리아족과 융합했다. 509년 클로비스 1세가 프랑크족과 갈리아족을 이끌고 영토 내 로마인들

를 프랑크족에게 뇌물로 주며 롬바르드족을 침입하도록 했다. 하지만 롬바르드족을 격파한 뒤에도 비잔티움제국은 프랑크족에게 매년 1만 2,000솔리두스를 지원했다. 그 덕에 메로빙거왕조는 계속 금화를 주조할 수 있었고, 로마제국이 붕괴한 다음에도 유럽에서 계속 금화를 사용할 수 있었다. 프랑크족이 비잔티움제국과 동맹을 맺고 몇백 년 동안 대량의 황금을 축적했기 때문에 가능한 일이었다.

마지막으로 황금으로 광범위한 무역 활동을 지탱했다. 비잔티움은 유라시아대륙의 연결 지점에 위치해 동서양 무역의 중심지이자 중계역이 될 수 있었다. 서방의 유럽과 남방의 아랍 세계가 마치 좌우의 날개처럼 비잔티움의 상업 천국을 지탱해주었다. 당시 세계 역사상 가장 걸출한 금세공업자를 보유하고 있던 비잔티움은 금세공업자가 정교하게 만든 예술품과 사치품을 유럽 각지로 수출했다. 그중 대표적인 인물이 세인트 엘로이(St. Eloi, 641년~660년)였다. 갈리아의 승려이자 주화 공장의 공장장이었던 그는 콘스탄티노폴리스에서 세공 기술을 배운 뒤 최고의 명성과 지위를 인정받는 장인이 되었다. 비잔티움의 금세공업자가 만든 보석과 장식품은 유럽에서 최고로 인정을 받았다. 그들이 만든 금세공 장식품 덕분에 비잔티움은 무수히 많은 황금을 벌어들였고, 이 황금들은 비잔티움제국이 아랍 국가와의 무역 적자와 제국의 지출에 균형을 유지하는 데 장기간 도움을 주었다. 황금 보유량의 과도한 감소를 막기 위해 제국의 황제들은 황금과 생필품 수입에 엄격한 제한을 두었고, 제국 내에서 생산되지 않는 식품과 원재료를 제한적으로 수입하는 정책을 장기간 고수했다. 심지어 관원들은 여행객의 짐을 검사하고 점포를 기습 점검해 금괴와 비잔티움 금화의 흐름을 파악하고, 금화의 밀수와 위조를 막았다.

을 물리친 뒤 메로빙거왕조(프랑크왕국의 첫 번째 왕조. 481년~751년 서유럽에 존재했고, 영토는 지금의 프랑스와 독일 서부의 대부분을 포함한다)를 세웠다.

비잔티움제국의 황제들은 황금에 대한 인식이 남달랐다. 이들은 황금이 화폐일 뿐 아니라 제국과 다른 나라와의 관계를 유지하거나 촉진하고, 황권과 부를 강화하는 중요한 수단이라는 사실을 일찍이 간파하고 있었다. 비잔티움제국에 깊이 영향을 받아 아랍 국가도 황금의 역할을 깨닫고 수백 년 동안 명맥을 유지해오던 아랍의 금화 데나리우스를 주조하기에 이르렀다.

비잔티움의 금화는 화폐를 뛰어넘어 일종의 상징이자 신앙이었다. 황금은 국가의 신용이었고, 국제적 교류를 촉진하는 촉매제였고, 국력의 강성함을 드러내는 상징이자 국가의 안녕을 지키는 무기였다. 물론 황금의 이런 특징은 지금까지도 이어지고 있다.

세계적으로 유명한 비잔티움 금화는 초기에만 해도 표면에 황제와 황후, 황자의 초상화가 새겨져 있었다. 유스티니아누스 2세(Justinian II, 비잔티움 제31대 황제, 685년~695년과 705년~711년 재위)는 칙령을 발포해 그리스도의 반신상이 새겨진 금화를 발행했다. 그런데 이런 조치는 뜻밖에도 100년 가까이 이어진 성상파괴주의(Iconoclasm)[14] 시대를 열고 말았다. 이 운동은 성당 안 사방 벽에 장식된 금빛 성상을 겨냥했고, 그 결과 황제들은 성상에서 나온 황금을 긁어모을 수 있었다. 이 황금들은 제국의 금고에 저장되었을 뿐 아니라 금빛 찬란한 금화로 만들어졌다. 그러나 843년 테오도라 황후가 성상파괴주의 시대를 끝내면서 성상은 다시 성단으로 돌아갔다. 주화의 앞면에는 투구를 쓰고 십자가를 든 황제의 초상화가 새겨졌고, 주화의 뒷면에는 예수의 초상화가 등장했다. 요한네스 1세(John I Tzimisces, 비잔티움제국 제50대 황제, 969년~976년 재

---

14 성상훼손운동이라고도 불리며, 8세기부터 9세기까지(726년~843년) 이어진 비잔티움제국의 성상 숭배 문제에 관한 논쟁 및 그중 여러 황제가 추진한 관련 정책을 가리킨다. 117년간 지속된 이 운동의 목적은 동서교회가 분열되기 전 로마교회와 그리스교회의 영토 내 발전에 타격을 주기 위해서였다. 물론 교회 재산을 몰수하고자 했던 귀족들의 탐욕도 한몫했다.

위)가 발행한 화폐에는 성모마리아의 대관식 장면이 새겨져 있고, 그 위에는 신의 손이 등장한다.

▶ 베잔트 금화 - 국왕과 그의 아들

그러나 역사 속에 무소불위의 영원한 패권은 존재하지 않았다. 13세기 초 1204년에 콘스탄티노폴리스가 십자군의 손에 함락되면서 비잔티움제국은 어쩔 수 없이 금화를 평가절하할 수밖에 없었다. 이때부터 비잔티움 금화는 기존의 순도와 신용을 잃었다. 50년 후 1250년대에 이탈리아의 신흥도시 피렌체, 제네바, 베네치아가 자체적으로 금화를 주조하기 시작했다. 이 금화는 높은 평판을 얻었고, 14세기 중엽에 이르러 비잔티움의 국민도 베네치아 금화로 세금을 냈다. 콘스탄티노플리스가 1453년 오스만튀르크에 함락되었을 당시 비잔티움제국의 황제 콘스탄티누스 11세(Constantine XI, 비잔티움제국 제91대 황제이자 마지막 황제, 1449년~1453년 재위)는 자신의 주화를 주조할 거를도 없이 오스만튀르크 군대와의 시가전에서 용맹하게 전사했다. 이로써 무려 1,000년 동안 존재했던 비잔티움제국은 금화를 남긴 채 역사의 뒤안길로 사라져갔다.

비잔티움제국은 초창기부터 황금에 집중하며 금화로 유명해졌다. 비잔티움제국의 흥망성쇠는 축적한 황금을 사용하지 않는 것도 일종의 재난이 될 수 있다는 한 가지 이치를 알려준다. 황금을 발견하고 제련하고 이용할 줄 아는 것이야말로 인류의 연속과 발전의 원천이다. 제국은 하나도 가진 것 없을 때 결국 멸망할 수밖에 없다.

06

결론

금속화폐는 인류가 사용한 실물화폐 다음으로 중요한 화폐 형태다. 황금이 원래부터 화폐가 아니었듯이, 화폐도 원래부터 황금이 아니었다. 황금은 부의 상징으로 인식되기 시작하면서부터 인류 역사에서지극히 중요한 역할을 담당해왔다. 황금은 이집트인에게 태양과 눈(眼)의 상징이었다. 만약 이 태양과 눈이 없다면 인류는 생존할 수 없었을 것이다. 지금도 황금은 여전히 부와 권력, 명망의 상징으로 받아들여지고 있다.

돈의 탄생

제 3 장

탐색

01

최초의 지폐

번화한 시전 거리

후주(後周) 장군 조광윤(趙匡胤)이 '진교병변(陳橋兵變)'과 '황포가신(黃袍加身)'을 통해 세운 송제국의 인구수는 당제국보다 2,000여 만 명이 더 많았지만, 당제국의 국토 면적은 송제국의 2.7배였다. 송나라 북쪽으로 요(遼), 하(夏), 금(金) 등이 송의 땅을 호시탐탐 노렸고, 그 역량은 송 정권과 맞먹었다. 상황이 이렇다 보니 건국 이래 송 정권의 최우선 과제는 북방 세력을 방어하고 물리치는 것이었다. 결국 이 소수민족 정권과의 관계를 계속해서 조정해나가고, 이들의 정치·경제적 전략에 대처하는 것이 송 정권을 옭아매는 족쇄가 되어버렸다.

송 태조 조광윤은 황로사상(黃老思想)을 신봉했고, 무위이치(無爲而治, 군주의 덕이 지극히 커서 천하가 저절로 잘 다스려짐을 이르는 말—옮긴이)를 주장했다. 이런 사상은 정치에도 그대로 구현되어 집권 내부의 통치를 강화하고 사회통제를 완화했다. 경제적으로도 민간 상공업의 발전을 방임해 도시의 번영을 이끌고 도시의 규모를 끊임없이 확대했다. 시정문화가 풍성해지고 혁신적 사회 사조가 만들어지면서, 유학(儒學)조차도 유가(儒家), 석가(釋家), 도가(道家)의 교의를 모두 받아들이며 '이학(理學)'이라는 새로운 얼굴로 다시 새로운 길을 모색했다. 도시 상업의 발전과 번영은 송제국 경제의 특징이라고 할 수 있다.

도시 상업의 발전을 통해 수도 변경(汴京)의 번영 수준도 어느 정도 가늠할 수 있다. 제국 초기에 변경에는 20만 가구 이상이 거주했고, 인구는 100만 명 정도였다. 제국 말기가 되자 인구는 약 170만 명까지 늘어났다. 변경의 성은 옛 성과 새 성으로 나뉘었다. 옛 성은 이성(里城)과 궐성(闕城)으로 둘레가 20리였다. 새 성은 외성(外城)과 나성(羅城)으로 둘레가 48리에 달할 정도로 당시에 세계에서 가장 크고 번영한 도시였다. 원풍(元豊) 연간에 변경에서 약 1만 5,000가구가 상공업과 서비스업에 종사했다. 이 방대한 도시 인구에게 공급할 전국 각지의 상품이 변경으로 몰려왔다. 부둣가에는 상선들이 붐비고 각지에서 갓 올라온 돼지가 남훈문(南熏門)에서 도성으로 들어왔다. 이른 새벽부터 저녁까지 끊임없이 들고 나는 상인 수가 1만 명에 달할 정도였다. 매일 살아서 팔딱거리는 생선이 담긴 소쿠리 수천 개가 서수문(西水門)으로 들어갔다.

송나라 휘종(徽宗) 연간에 장택단(張擇端)이 그린 〈청명상하도(清明上河圖)〉는 북송 시대 변경성의 상업과 시정 상황을 연구할 수 있는 최고의 실물교재로 꼽힌다. 송나라 초기에 상공업이 싹트기 시작하면서부터 도시와 집진(集鎮, 비농업 인구를 위주로 하는 도시보다는 작은 규모의 거주지―옮긴이)이 생겨나고 시민계층이 점차 형성되었다. 경제가 발전하면서 소생산자의 취향에 부합하는 통속 문화의 등장이 활발해졌다. 회화 방면으로 세속적인 풍속화의 출현이 눈에 띄는데, 그중 가장 걸출하고 대표적인 작품이 바로 장택단의 〈청명상하도〉다.

〈청명상하도〉는 북송의 도성 변경(동경[東京]이라고도 칭함. 지금의 허난[河南] 카이펑[開封])의 사회생활 풍속화로, 높이 24.8센티미터, 길이 528.7센티미터의 수묵 담채 견본(絹本)이다. 파노라마식 구도로 되어 있고, 정교하고 세밀한 화법으로 선화(宣和) 연간 변경의 번화한 광경을 상세하고 사실적으로 묘사했다. 그 덕에 그림만 봐도 당시의 경제 상황과 도시와 농촌의 교류 및 민간 풍속을 한눈에 확인할 수 있다.

〈청명상하도〉는 규모가 방대하고 구조가 치밀하며 크게 세 단락으로 나뉜다. 첫 번째 단락은 변경 교외의 봄 풍경이다. 중간 단락은 변하의 광경이다. 마지막 단락은 성안 시가지의 모습이다. 마지막 단락에서는 변경성의 상업이 얼마나 번화했는지 집중적으로 보여준다.

그림 속에 등장하는 가장 높고 큰 성루 양옆으로 가옥이 즐비하게 이어져 있고, 찻집, 술집, 신발 가게, 정육점, 사당, 관공서 등이 보인다. 상점 안에는 비단, 장신구, 향료, 제사 때 태우는 종이 말 등을 팔고 있다. 이외에도 의원, 약국, 대장간, 점집, 이발소 등 다양한 업종이 들어서 있다. 큰 상점의 문 앞에는 오색 비단으로 장식하고 간판과 깃발을 달아 손님을 끌어들였다. 시전 거리에는 행인들로 붐비고, 물건을 파는 장사꾼, 거리를 구경하는 사람, 말을 타고 가는 관리, 가마를 타고 가는 사람, 광주리를 짊어지고 걷는 승려, 길을 묻는 외지인, 이야기꾼 주위에 몰려 있는 아이들, 주루에서 술을 마시는 양반가 자제, 구걸하는 노인, 사농공상 등 다양한 인간 군상이 등장한다. 이 그림 하나에 상업 도시의 번화한 풍경이 형형색색으로 세밀하게 묘사되어 있다.

상업이 발달하면서 변경성의 상업세 액수는 1년에 40만 관(貫) 이상 달했다. 이것만 봐도 변경성의 상업 발전 정도를 가늠해볼 수 있다.

송 시대의 문인과 묵객은 당 시대의 문인처럼 사방을 여행하는 것을 좋아하는 특성을 그대로 이어받았다. 그들이 가장 먼저 여행한 도시는 바로 변경성이었다. 그들은 변경에 도착해 거리를 거닐며 마치 다른 세상에 온 듯한 느낌을 받았다. 한 문인은 『동경몽화록(東京夢華錄)』이라는 여행기에서 변경성에 대한 인상을 이렇게 남겼다.

그동안 천자가 다스리는 수도 변경은 태평성대를 오래도록 누렸다.

도성에는 인구가 밀집되어 있고 물자가 넘쳐났다. 어린아이는 춤과 악기를 배우며 천진난만하게 놀고, 귀밑머리가 희끗희끗한 노인은 전쟁을 겪어본 적이 없었다. 이곳에 머물며 다양한 명절 풍경을 경험하고, 계절마다 다른 경치를 감상할 수 있었다. 정월 대보름, 칠월 칠석, 눈 내리는 겨울, 꽃이 만발하는 봄이 다채롭게 이어졌고, 중양절(重陽節), 금명지(金明池), 경림원(瓊林苑)은 특히 볼만했다. 눈길이 닿는 곳마다 그림 같은 기루와 아름다운 주렴들이고, 화려하게 장식한 근사한 말과 마차가 거리를 질주한다. 금과 비취의 화려한 빛이 눈을 어지럽히고, 고운 비단에서 향기로운 냄새가 퍼져 나간다. 찻집과 술집에는 노랫소리와 웃음소리, 연주 소리로 가득하다. 전국 각지에서 사람들이 모여들고, 꽃과 빛이 길을 가득 메우며, 백성들은 흥에 겨워 봄나들이를 즐긴다. 흥겨운 음악 소리가 들리는 것을 보니 어느 집에서인가 밤잔치를 벌이는 듯하고, 기예를 부리는 놀이꾼의 모습에 사람들의 이목이 쏠리니 보고 듣는 모든 것이 흥겹다.

『동경몽화록』은 바로 송나라 맹원로(孟元老)가 북송의 도성 동경(변경)의 면모를 회상하며 쓴 저서다. 이 산문에 기록된 내용은 대부분 송나라 휘종(徽宗) 숭녕(崇寧) 때부터 선화 시기(1101년~1125년)까지 동경 개봉의 모습이다. 그는 이 산문에서 동경에 거주한 왕공 귀족부터 서민의 일상생활을 묘사했는데, 이 내용은 북송 도시 사회의 생활과 경제, 문화를 연구하는 데 아주 중요한 역사적 가치를 지니고 있다. 『동경몽화록』은 총 10권이고, 그 안에는 약 3만 자가 수록되어 있다.

『동경몽화록』의 배경은 송나라 휘종 후기로 당시 사회경제는 한 세기 반의 기나긴 발전을 거쳐 전대미문의 호황을 누렸다. 호황은 변경에서 가장 두드러지게 나타났다. 변경은 당나라 말기에 변주(汴州)라고 불리며 양(梁), 진(晉), 한(漢), 주(周)와 더불어 5대 도성이 되었다. 북송은 통일된 뒤에도 여전히 이곳을 도성으로 삼았다. 동서로 성을 관통하며 흐르는 변하(汴河)는 동쪽으로 사주(泗州, 지금의 장쑤[江蘇]성 우이[盱眙])로 흘러 회하(淮河)와 합류하는 변경의 생명선이자 동남쪽 물자를 변경으로 운송하는 대동맥이다. 변하를 따라 왕래하는 배와 객상의 발길이 끊이지 않자 '하시(河市)'라 불리는 무수한 교역 장소가 자연스럽게 형성되었다. 가장 번화한 하시는 변경 변하 하단에 속해 있었다.

『동경몽화록』은 동성의 외성, 내성 및 강 길과 교량, 황궁 안팎의 관공서 위치, 성안의 시전 거리와 골목 풍경, 점포와 술집, 조정의 조회, 교외 제전, 동경의 민간 풍속, 명절, 음식, 주거, 가무 등 거의 모든 것을 포함하고 있다.

『동경몽화록』제2권, 제3권, 제4권에는 생강, 비단, 소, 말, 과일, 생선, 쌀, 고기, 돼지, 잡화, 포목, 여관, 지게, 술, 식료품, 차, 경단, 전병, 기와, 기생, 약, 금은, 염료, 장신구, 신발 등을 파는 업종이 서른 종류가 넘게 등장한다.

『동경몽화록』한 권에 언급된 100여 개의 점포 중에 술집과 각종 음식점이 절반 이상을 차지한다. 성에는 백잔루(白礬樓, 훗날 풍악루[豐樂樓]), 반루(潘樓), 흔악루(欣樂樓), 우선정점(遇仙正店), 중산정점(中山正店), 고양정점(高陽正店), 청풍루(淸風樓), 장경루(長慶樓), 팔선루(八仙樓), 반루(班樓), 장팔가원택정점(張八家園宅正店), 왕가정점(王家正店), 이칠가정점(李七家正店), 인화정점(仁和正店), 회선루정점(會仙樓正店) 등 대형 고급 술집이 72개나 있다. 그중 유명한 풍악루는 선화 연간에 3층 높이의 다섯 개 건물로 개조되었다. 이 건물들은 서로 마주한 채 각각 다리와 난간으로 이어져 있고, 주렴과 수놓은 액자는 물론 휘황찬란한 등촉으로 장식되어 있다. 『동경몽화록』제2권에는 양, 거위, 닭, 토끼, 여우, 조개, 게 등의 다양한 부위로 만든 요리가 50~60종이나 나온다.

『동경몽화록』에 기록된 내용을 보면, '통행금지'가 해제되면서 백성들이 밤에 활동하는 시간이 연장되었고, 이들의 수요를 충족시키기 위해 개봉성 안에 야시장이 들어섰다고 나와 있다. 다양한 점포가 들어선 야시장은 삼경(三更, 23시~1시)에 문을 닫고, 오경(五更, 3시~5시)에 다시 문을 열었다. 야시장은 늘 사람들로 붐볐고 어떤 찻집은 매일 오경에 등을 켜고 문을 열었다. 이곳에서는 옷, 그림, 장신구, 끈을 팔다가 날이 밝으면 시장이 파했는데, 이런 시장을 귀시자(鬼市子)라고 불렀다.

저자가 묘사한 야시장의 풍경을 보면, 주작문(朱雀門)으로 나와 용진교(龍津橋)로 곧장 간 다음 주교(州橋)에서 남쪽으로 가면 길가를 따라 편육, 건어물 등을 파는 가게가 쭉 들어서 있다. 왕루(王樓) 앞에는 오소리고기, 여우고기, 닭고기와 육포를 팔았고, 매씨네(梅家) 가게와 녹씨네(鹿家) 가게에서는 닭, 거위, 오리, 토끼의 간과 폐는 물론 장어와 만두, 닭 껍질과 콩팥, 잘게 으깬 닭을 팔았다. 이런 음식의 가격은 대부분 15문(文)에 불과했다. 조씨네(曹家) 가게에서는 간단한 음식을 팔았다. 주작문(朱雀門)에 다다르면 양곱창 구이, 절인 생선, 생선 머리를 삶아 굳힌 동어두(凍魚頭), 강시(姜豉, 돼지고기를 삶아 국물을 굳혀 만든 요리), 얇게 저민 고기, 내장을 썰어 만든 말장(抹臟), 얇게 저민 양머리, 매운 족발, 생강을 넣은 매운 무 무침을 판다. 여름에는 마 가루 음료, 모과 음료, 얼린 완자 빙수, 설탕, 녹두, 감초 등에 잘게 부순 얼음을 넣은 빙수 등을 팔았다. 겨울에는 삶은 토끼고기, 돼지 껍질, 야생오리고기, 편육, 돼지 내장에 이르기까지 잡다한 먹거리를 밤 11시부터 새벽 1시까지 야시장에서 팔았다.

변경 외에도 송나라에는 특색 있는 도시들이 많이 생겨났다. 예를 들어 도자기 생산지 경덕진(景德鎮), 찻잎 생산지 아안(雅安), 소금 집산지 양주(揚州), 소금 생산지 자공(自貢), 비단 생산지 소주(蘇州), 실 생산지 무주(撫州), 대외무역 기지 광주(廣州)와 천주(泉州) 등이 일찌감치 두루 명성을 떨쳤다. 각 지역은 특화된 제품으로 경쟁 우위를 점해 상품 유통의 범위와 규모를 계속 확대해나갔다.

요컨대, 송나라의 상품경제는 규모와 번영 수준을 막론하고 당시 세계에서 가장 으뜸이었다. 상품경제가 공전의 발전을 거두면서 송나라 시대의 화폐제도도 개혁을 거듭했다.

골칫거리로 전락한 화폐

토지가 비옥하고 천혜의 자원이 풍부한 사천 성도 지역은 10세기 중후반부터 송제국의 판도에 들어간 뒤 중국 서부의 상업 중심지가 되었다. 사천의 번영 수준은 당시 천하제일이라고 불리던 중원(中原)과 양절(兩浙)에 버금갔다. 그러나 당시 사천은 날로 궁핍해지는 무역 병목현상, 즉 통화위기에 직면해 있었다.

예로부터 사천 지역은 구리 광산이 많지 않아 동전이 턱없이 부족했지만 철이 많이 생산되었다. 특히 공주(邛州)의 임공(臨邛, 지금의 쓰촨성 충라이[邛崍])은 소금과 철의 생산지로 유명했다. 당시 진시황은 조나라의 탁(卓)씨를 촉나라 땅으로 보냈고, 탁씨는 임공에 온 다음 이곳에서 철이 많이 생산된다는 사실을 알게 되었다. 때마침 서한(西漢) 정부는 개인의 제철업을 허락했다. 탁씨는 곧바로 주철 생산에 돌입했고, 몇 년이 되지 않아 그 밑에서 일하는 사람이 1,000명에 달했다. 탁씨는 제철뿐 아니라 돈을 주조하기도 했다. 한나라 시대에 임공에 소금과 철을 주관하는 관공서를 설치했고, 서위(西魏)와 북주(北周) 시기에는 이곳을 '임공군 치소', 당나라와 송나라 때는 '공주 치소'로 불렀다.

당시 사천 지역에서는 시장에서 거래할 때 휴대가 불편한 철전을 들고 다녔다. 철전은 한 개에 한 푼이었지만 구매력이 낮아 비단 한 필의 시가가 철전 2만 개에 상당했다. 심지어 그 무게가 130근에 달했다. 비단 몇 필을 사려면 마차에 철을 싣고 나가 거래해야 했

▶ 중국 송대의 철전

다. 당시 화폐제도에 따르면, 동전 한 개가 철전 10개에 상당하고, 동전 1관(貫)은 약 5근이며, 그 구매력은 철전 65근에 상당했다. 두 개의 중량 비율은 1:13이고, 동전 1관의 가치에 해당하는 철전의 중량은 65근에 상당했다. 과연 이렇게 무거운 철전을 짊어지고 시장으로 가면 만족스러운 구매 활동이 순조롭게 진행될 수 있었을까? 이런 이유로 화폐 문제는 사천 지역의 경제와 무역 발전에 심각한 영향을 미쳤다. 궁지에 몰린 사천 사람들은 결국 획기적인 금융 혁신을 추진했고, 육중한 철전 대신 지폐를 사용해 거래를 시작했다.

번쩍이는 서우의 뿔

지폐 교자(交子)가 탄생한 시기를 송나라 진종(眞宗) 경덕(景德) 2년(1005년) 이후라고 보는 견해가 보편적이다. 그해 정부는 경덕대철전(景德大鐵錢)을 발행했고, 그 화폐의 관(貫)당 무게는 25근 8량이었으며, 그 중 13근을 철전 1,000개로 어림잡았다. 이렇게 불편한 철전의 부담에서 벗어나기 위해 사천 사람들은 머리를 쓰기 시작했다. 암암리에 당시 '권(卷)'이라 불리던 교자를 만들어 철전을 대체한 것이다. 초반에 교자는 각 점포에서 자유롭게 발행했기 때문에 신용을 전혀 보장할 수 없었다. 훗날 성도(成都) 지역의 상단 16곳이 한자리에 모여서 거래하기 위해 무거운 철전을 짊어지고 오가는 번거로움을 피하고자 상의했고, 그 결과 철전을 대신해 거래 액수를 기입할 수 있는 가벼운 종이 영수증으로 거래하자고 합의했다. 그래서 동일한 규격과 재질을 정하고 앞뒤에 모두 인쇄된 종이 영수증을 만들었다. 각 상단의 도장을 찍고 자기들만 식별할 수 있는 비밀번호를 만들어 상호 거래의 증거로 삼았다.

이렇게 해서 이 상단 16곳의 크고 작은 고객들은 무거운 철전을 짊어지고 오갈 필요 없이 이 시스템에 가입한 각 지점에 철전을 보관한 뒤 철전의 액수를 기입한 영수증만 들고 도처에서 거래할 수 있었다. 이 영수증을 지닌 사람은 언제라도 각지 교자 점포에 가서 실물 철전으로 교환해달라고 요구할 수도 있었다. 다만 관마다 30문(대략 3퍼센트)의 수수료를 지불해야 했다. 이렇게 교자는 화폐처럼 사용이 가능해졌고, 16곳의 상단은 자체 철전 창고를 두었다. 모인 철전은 성도 지역의 철전 준비금이 되었고, 이곳은 교자 한 장이 철전 100퍼센트에 상응하는 준비금 창고의 역할을 했다.

이 교자는 닥나무 껍질 종이를 이용해 증명서를 인쇄했다. 종이 위에 도안, 비밀번호, 수결(手決), 도장 등이 기록되어 있었다. 액면가는 수령인이 현금으로 납부한 금액에 따라 임시로 기입해 지불 증거로 삼아 유통했다. 예금자는 현금을 점포에 지불하고, 점포에서는 예금자가 맡긴 현금의 액수를 닥종이로 만든 권면(卷面)에 임시로 기입한 후 돌려주었다. 점포는 예금자가 현금을 인출할 때 1,000문당 30문을 수수료로 뗐다. 이렇게 예금액을 임시로 기입하는 닥종이 권(券)을 '교자' 또는 '저폐(楮幣)'라고 불렀다. 이때 '교자'는 입금과 출금 증명서에 불과할 뿐 화폐는 아니었다.

교자의 출현은 시장 거래에 쓰이던 철전의 운송비를 거의 최저한 도까지 낮추었다. 거래 원가의 대폭 하락은 사천 지역의 경제와 무역에 공전의 번영을 가져다주었다. 시장의 번영과 더불어 교자도 갈수록 광범위하게 사용되었다. 특히 상인들 사이에 거액의 거래가 진행될 때 화폐 운송의 번거로움을 줄이기 위해 교자로 대금을 직접 지불하는 경우가 점점 늘어났다. 그 후 교자 점포의 주인은 경영 과정에서 일부 예금만 동원하면 교자 신용에 전혀 해가 되지 않는다는 사실을 깨달았다. 그래서 통일된 액면가와 양식을 갖춘 교자를 인쇄해 새로운 유통수단으로 삼아 발행하기 시작했다. 이런 식으로 조금씩 발전을 거듭하면서 교자는 신용화폐의 특성을 갖추며 진정한 의미의 화폐가 되어갔다.

교자는 사천 지역에서 20년 동안 성공적으로 유통되었고, 관에서도 교자를 통해 거대한 이익을 거둘 수 있다는 사실을 직접 확인했다. 다만 문제는 법을 어기고 신용을 지키지 않는 일부 점포들이었다. 이익에 눈먼 일부 점주들은 교자를 남발한 뒤 문을 닫고 영업을 중단하기도 했다. 또는 예금을 유용해 다른 장사를 하다가 실패해 파산하고, 이미 발행한 교자를 현금으로 돌려주지 못하기도 했다. 이런 식으로 예금자가 돈을 돌려받을 수 없을 때 결국 사단이 일어나 소송으로 이어진다. 그래서 성도 관청은 조정에 상주문(上奏文)을 올려 법으로 이런 폐단을 바로잡지 못하면 좋은 화폐제도가 자리 잡지 못하고 계속 문제를 일으킬 것이라고 호소했다. 그들은 사교자(私交子)를 폐지하고 관청에서 관교자(官交子)를 발행해달라고 제안하기도 했다.

조정은 송나라 인종(仁宗) 천성(天聖) 원년(1023년) 11월, 익주(益州)에 '교자무(交子務)'의 성립을 비준했고, 이때부터 세계 최초의 주권 신용화폐의 발행이 정식으로 시작되었다. 조정은 경조관(京朝官) 한두 명에게 감관을 맡겨 교자 발행을 주관하게 했다. 위조지폐를 방지하기 위해 초지원(抄紙院)을 두고 인쇄 과정을 엄격히 감시했다. 이것이 중국 최초로 정부가 정식으로 발행한 화폐인 '관교자'다. 이해는 송 정권이 수립된 지 64주년이 되는 해이자, 송나라 인종이 등극한 첫해이기도 했다. 그래서 정부가 발행한 세계 최초의 신용화폐인 '지폐'가 탄생했다. 중국에서 지폐를 사용한 시기는 미국(1692년), 영국(1694년), 프랑스(1716년) 등 서방국가에서 지폐를 발행한 시기보다 600여 년을 앞선다.

역사의 결말

'관교자'는 발행 초기에 민간에서 유통되던 '사교자'를 본떠 임시로 금액을 기입하고 해당 주의 도장을 찍었다. 다른 점이 있다면 1관부터 10관까지 일정한 등급을 나누고 유통의 범위를 규정했다.

교자의 순조로운 발행을 위해 관청은 교자를 엄격하게 발행·관리하는 다음과 같은 법령을 하달했다.

- 관교자는 '익주 교자무'에서 화폐 인쇄를 책임지고 익주 관찰사가 관리·감독한다. 양자가 상호 제어하며 공정·공평·공개의 원칙을 기반으로 관교자를 발행한다.
- 교자의 발행은 1관부터 10관까지 철저하게 기록하며, 감사관의 대조 검사를 거쳐 차폐한다.
- 교자를 현금으로 교환할 경우 그 액수에 맞춰 철전을 지불하고, 관(貫)당 수수료는 30문이다. 회수한 교자는 발행 장부에서 매매 결산을 한 뒤 즉각 폐기 처분한다.
- 교자의 발행은 언제든지 교환할 수 있도록 충분한 준비금을 확보하고 있어야 한다.
- 2년마다 새로운 교자를 발행해 오래된 교자와 교체한다.

송나라 인종 천성(天聖) 원년에 125만 6,340관의 교자를 처음 발행했고, 준비금 본전은 36만 관으로 발행량의 28퍼센트에 상당했다. 송나라 인종 보원(寶元) 2년(1039년)부터 교자는 5관과 10관 두 종류로 바뀌었다. 송나라 신종(神宗, 1068년) 때 1관과 500문 두 종류로 다시 바뀌었다. 발행액도 제한을 두었고 3년마다 발행하고 만기가 되면 새로운 교자로 바꾸도록 했다.

상업이 발전하면서 송나라 시대에 발행한 휴대하기 쉬운 지폐도 시전 백성들에게 인기가 높았다. 또한 관청은 백성들이 교자로 각종 세금을 납부할 수 있도록 허용했다. 왕안석(王安石)의 변법(變法) 기간에 추진된 경작지에 부과하던 청묘전(靑苗錢), 토역전(兎役錢)은 모두 교자를 이용해 지불할 수 있었다. 교자는 관부에 지불하는 소금, 차, 술의 전매 비용으로 쓰였고, 상인들의 출관비(出關費, 관문 통과비), 과교비(過橋

費, 다리 통과비), 상업세 등의 세금에도 모두 사용되었다. 한마디로 교자는 사천 각계각층에서 즐겨 사용하는 유통화폐였다.

교자가 사회 각계각층에서 광범위하게 인기를 얻은 근본적인 이유는 교자를 발행하는 동시에 관청에서 충분한 준비금을 확보하고 있었기 때문이다. 관청은 교자의 가치가 하락하면 철전을 회수했고, 교자가 지나치게 평가절상하면 곧바로 추가 발행해 가격을 안정시켰다. 이는 훗날 유럽 각국 중앙은행이 금본위 시대에 황금 매매를 통해 화폐 가치를 통제하던 원리와도 일맥상통한다. 당시 교자를 발행하고 관리한 관청인 '익주 교자무'는 철전 유통 지역에서 중앙은행의 역할을 했다. 그래서 교자가 발행된 1023년부터 50여 년 동안 관교자의 가치와 유통은 상당히 안정적이었다. 심지어 프리미엄 교자까지 출현했고, 사천의 백성들은 1관짜리 100개의 철전을 1관의 교자와 교환했다.

교자가 이렇게 환영받을 수 있었던 것은 신뢰가 바탕이 되었기 때문이다. 이 신뢰도는 화폐 배후에 숨겨진 화폐의 본질이자 화폐 시스템을 지탱하는 근거이기도 하다. 만약 이 기반이 와해되면 화폐의 가치와 유통의 안정성을 보장할 수 없고, 궁극적으로 화폐의 존재 자체가 불가능해진다. 신뢰의 작용은 황금보다 강력하고, 화폐의 신용은 화폐의 명맥이라고 할 수 있다. 그러나 세상 만물은 모두 흥망성쇠의 과정을 겪게 되듯 교자도 예외는 아니었다.

교자의 운명은 전쟁을 계기로 역전되기 시작했다. 1040년부터 1042년까지 서하(西夏) 황제 이원호(李元昊)가 직접 대군을 이끌고 연달아 맹공을 퍼부으며 송나라 주력군 4만여 명을 섬멸했다. 송나라는 서북 전선에 20여 만 명의 대군을 긴급 배치했다. 대군이 움직이기 전에 도급업자들이 군량과 마초를 북서쪽으로 운송했지만, 현지 관청은 곧바로 그 대금을 지불할 정도의 충분한 자금을 확보하고 있지 않았다. 그래서 조정은 성도의 '익주 교자무'에서 60만 관의 지폐를 추가 발행해 서북쪽 상인들에게 긴급 조달하도록 명을 내렸다. 그렇지만 이 거액의 교자는 2년에 한 번 새로운 교자로 교환해야 할 시기가 되었을 때 하나도 회수되지 않았다. 이것은 교자의 발행 수량과 유통 범위가 법정 한도를 넘어선 최초의 사건이었다.

1069년(송나라 신종 희녕[熙寧] 2년)에 왕안석의 변법이 시작되고, 재정수입을 늘리기 위해 유통기한이 지난 교자와 새로 발행한 교자를 나란히 시장에 유통시켰다. 이것은 시장의 화폐유통량을 배로 뛰게 만들었다. 그 결과 1077년(송나라 신종 희녕 10년)부터 교자 1관이 고작 철전 940문으로 평가절하했고, 그 하락 폭이 6퍼센트에 달했다. 엎친 데 덮친 격으로 왕안석의 변법이 실패한 뒤 1081년~1082년에 송제국이 전쟁에서 두 차례 참패하면서 60여 만 명의 인원을 손실하고 막대한 군비를 소모했다. 3년 후 몸과 마음이 피폐해진 송나라 신종은 회환 속에서 세상을 떠났다. 그러나 교자의 평가절하 추세는 신종이 죽었다고 해서 멈추지는 않았다. 1086년(송나라 철종[哲宗] 원우[元祐] 원년)에 이르러 교자는 10퍼센트 넘게 평가절하했다. 이해에 정치 신념이 전혀 다른 두 정치가 사마광(司馬光)과 왕안석이 세상을 떠났다. 역사의 우연인지 모르겠지만 북송 정권의 쇠락도 이때부터 걷잡을 수 없이 빨라졌다. 1100년 송나라 휘종이 즉위한 뒤 북송 정권의 쇠락은 급물살을 탔다.

1105년 이미 조야(朝野)를 주름잡은 채경(蔡京)은 서하를 향해 동원하는 병력 규모를 계속 확대하는 데 주력했다. 거액의 재정 적자를 메우기 위해 조정은 교자를 전국 범위로 확대해 각 지방에서도 새로운 양식에 따라 '전인(錢引)'을 인쇄·발행해 교자를 대신하게 했다. 세계 최초의 종이 화폐였던 '교자'는 이때부터 역사의 뒤안길로 영원히 사라졌다. 그 후 정부의 모든 지출은 전인으로 대체되었다. 1105년에 이르러 전인의 발행량은 2,656만 관에 달했고, 그해 540만 관이 증가했다. 1107년에 554만 관을 추가했고, 두 차례에 걸쳐 발행해야 할 전인을 동시에 발행해 함께 유통시켰다. 그 결과 지폐의 유통 총량은 84년 전(1023년) 관교자를 사용할 때의 발행량보다 40배나 높았다. 전인을 새로 발행할 때 신(新) 전인은 1:4의 비율로 구(舊) 전인과 바꿀 수 있었다. 이와 동시에 관청은 지폐 발행 준비금 제도를 폐지했고, 1110년부터 지폐 1관은 철전 100개의 가치가 되지 않았다. 이때부터 중국 송나라 정권이 실시한 지폐제도는 사실상 수명을 다한 셈이었다. 지폐가 파산하고 17년 뒤(1127년)에 북송은 나중에 일어난 북방 정권 금(金)나라의 손에 멸망했다.

'교자'는 중국뿐 아니라 세계에서 최초로 발행된 지폐답게 금융사뿐 아니라 인쇄와 판화 역사에도 중요한 족적을 남겼다. 상업 분야에서 지폐는 금속화폐보다 휴대가 편하고, 사용 범위가 넓고, 상품유통에 유리해 상품경제의 발전을 촉진하는 데 큰 역할을 했다.

교자는 실패했지만 지폐와 지폐제도는 중국 역사의 무대에서 사라지지 않았고, 송의 뒤를 이어 들어선 원제국과 명제국 시대에도 격동의 역사 활극을 지속해나갔다.

02

동과 은의 병용 시대

고대 중국은 세계에서 가장 발달한 생산과 상품경제체제를 유지하고 있었다. 그러나 이와 어울리지 않게 중국의 화폐 금속은 심각하게 부족했다. 이런 이유로 중국인은 유럽인처럼 금전과 화폐를 숭배하지 않았고, 물질 생산과 정신적 부를 축적하는 데 더 치중할 수 있었다. 중국의 경제사를 들여다보면 고대에 거의 모든 물질, 즉 금, 은, 동, 철뿐 아니라 조개, 보석, 비단, 양식 등이 돈으로 사용되었다는 사실을 알 수 있다. 심지어 서양보다 600여 년 앞서 세계 최초의 종이돈으로 불리는 '교자'를 탄생시켰다. 지폐의 발명은 중국 고대에 발달한 상품경제와 귀금속 자원의 희소성이 얼마나 극명한 모순을 드러냈는지 잘 보여준다. 이는 예로부터 금은을 주요 화폐로 삼은 유럽과 극명한 대비를 이룬다. 이런 현상이 초래된 것은 중국 고대에 금은 생산량이 심각하게 부족했기 때문이다. 이때 구리가 상품유통에서 화폐의 주력군 역할을 했다. 그래서 중국인은 돈을 언급할 때면 자연스럽게 구리를 떠올린다. 진시황이 화폐를 통일한 뒤 진나라는 네모난 구멍이 뚫린 원형 동전을 표준 화폐로 삼았고, 이를 시작으로 중국은 대대로 이런 모양의 동전을 화폐로 사용해왔다. 이 '공방형(孔方兄)'이 화폐의 대명사가 되었다.

사실 구리 자체는 귀금속이 아니기 때문에 화폐로서 가치가 없었다. 정상적인 상황에서 백은 1냥은 대략 동전 1,000~1,500문에 해당했고, 당시 통상적으로 말하는 1관 또는 1조(吊)는 1,000문과 같았다. 다시 말해 백은 1냥은 적어도 동전 1,000문의 가치가 있었다.

그렇다면 중국 고대 동전의 무게는 어땠을까? 진시황이 여섯 나라를 통일한 후 진제국에서는 두 가지 화폐만 통용되었다. 하나는 '상폐(上幣)'로 불리는 황금이었고, 또 하나는 '하폐(下幣)'로 불리는 동전이었다. 동전은 진제국 중앙에서 일괄 주조했고, 그 위에 '반냥(半兩)'이라는 두 글자를 새겼다. 글자에 걸맞게 중량도 딱 반냥이었다. 훗날 진나라 시대에 이 동전을 '진반냥(秦半兩)'이라 불렀다. 진나라 화폐제도에 따르면 반량은 8그램이었다. 당나라 시대의 개원통보(開元通寶)는 한 닢당 직경이 8분(分), 10닢의 무게는 1냥, 천문(千文)의 무게는 4근 4량이었다. 동전 한 닢은 약 5그램이다. 이로부터 중국 고대에 동전 한 닢당 평균 무게가 약 5~8그램이었다는 사실을 알 수 있다.

물론 고대 중국에서 동전만 유통된 것은 전혀 아니었고, 백은이 2차 화폐로 존재했다. 특히 상품경제가 고도로 발달한 당·송 시대부터 백은은 상품 거래에서 점점 더 광범위하게 사용되었다.

북송 시기에 금, 은, 비단은 모두 화폐 수단이 되었다. 백은은 지불과 유통에 훨씬 더 많이 사용되었다. 송나라 태조 개보(開寶) 4년(971년)에 황금과 백은의 위조를 금지하는 법령이 반포되었고, 고발자에게는 10만 냥을 상으로 주었다. 이는 북송 정부가 수립 초기부터 금은의 특수한 지위와 역할에 주목하고 있었다는 것을 보여준다. 북송 조정의 국고로 쓰인 내장고(內藏庫)는 정부 기구에 재물을 빌려주었는데, 그 재물의 종류는 동전, 비단, 금, 은, 진주 등이었다. 통계에 따르면, 국고에서 빌려주는 재물은 백은이 아홉 차례였고, 수량은 181.09만 냥에 달했다. 황금을 빌려준 적은 두 번뿐이고, 그 수량은 0.47만 냥이었다. 이로부터

돈의 탄생

북송 시기에 황금 수량이 매우 제한되어 있었다는 사실을 알 수 있다. 북송 시기의 금과 은의 비교 가격도 이 문제를 잘 설명해준다. 예를 들어, 함평(咸平) 연간(998년~1003년) 금은의 비교 가격은 1:6.25였고, 정강(靖康) 원년(1126년) 연말에는 무려 1:13.9였다.

금은은 동전보다 저장이 훨씬 수월했기 때문에 북송 시기의 백성들은 금은을 저장해 예측할 수 없는 재난이나 동란에 대비했다. 또한 백성들은 집을 살 때 '굴금(掘金)' 또는 '굴옥전(掘屋錢)'을 지불했다. 이것은 팔린 집에 묻혀 있을지 모를 금을 파냈을 때를 대비해 원래 집주인에게 주는 일종의 보상금이었다. 누군가 수천 관을 써서 낙양의 집을 하나 사려면 굴전 수천 관을 따로 지불해야 한다. 집값과 굴전의 비율은 거의 1:1이었다. 집을 산 후 수리를 하다 황금 수백 냥을 파내면 그 가치가 집값과 굴전을 합한 금액에 상당하기 때문이었다. 일찍이 북송 시기에 황금과 백은을 매장하는 것이 유행했고, 이는 명대 중반부터 무수히 많은 백은이 서양 상인들의 손을 거쳐 중국으로 들어왔지만 더는 시중에서 유통되지 않은 이유이기도 했다. 이 때문에 이자성(李自成)의 대순군(大順軍)은 북경에서 명제국의 국고를 열었을 때 엄청난 양의 황금과 백은이 쌓여 있는 것을 발견하고 놀라움을 금치 못했다.

중국의 고서 속에서도 고대 사회 풍속이 다양하게 묘사되어 있는데, 그중 상품경제 상황을 반영한 내용에 화폐 은량이 자주 언급되어 있다. 예를 들어 『수호전(水滸傳)』을 보면 쇄은자(碎銀子), 화은(花銀), 은자(銀子), 은량(銀兩)이 자주 등장한다. 『수호전』 제15회 「양지(楊志)는 금은보화를 압송하고, 오용(吳用)은 지략으로 생일 선물을 빼앗는다.」 편을 보면 이런 내용이 나온다.

다음 날 오경(五更)에 일어나 아침밥을 준비해 먹었다. 조개(晁蓋)는 은자 30냥을 꺼내 완가(阮家) 삼형제에게 선물로 주며 말했다. "작은 성의니 사양하지 마시게." 삼형제가 받지 않으려 하자 오용이 말했다. "친구 간의 정이니 거절하지 말게." 삼형제는 그제야 은량을 받았다.

제19회 「양산박(梁山泊) 의사(義士)는 조개를 존중하고, 운성현(雲城縣) 사람은 달밤에 유당(劉唐)을 달아나게 했다.」 편에는 다음과 같이 쓰여 있다.

송강(宋江)이 또 물었다. "그밖에 쓰일 돈은 또 있소?" 염씨 노파가 대답했다. "압사(押司) 나리께 솔직히 말씀드리자면 관도 마련하지 못한 터에 달리 무슨 돈이 있겠습니까?" 송강이 말했다. "그럼 내 자네에게 은자 10냥을 더 줄 테니 가져가서 쓰게." 염씨 노파가 고마워 어쩔 줄 모르며 대답했다. "낳아주신 부모인들 이 은혜보다 더 하겠습니까. 나리께서 이리 살펴주시니 이생에서 그 은혜에 보답하지 못한다면 죽은 뒤 노새나 말이 되어서라도 은혜에 보답하겠습니다." 송강이 말했다. "그런 소리 말게." 그는 곧바로 은자를 하나 꺼내 노인에게 건넸다. 노인은 곧장 동쪽 거리에 있는 진삼랑(陳三郎) 집에 가서 관을 하나 구입하고 장례를 치렀다. 그리고 남은 서너 냥은 모녀가 돌아갈 여비로 삼을 셈이었다.

제22회 「횡해군(橫海郡)에서 시진(柴進)은 손님을 머물게 하고, 경양강(景陽岡)에서 무송(武松)은 호랑이를 때려잡다.」 편에서는 이런 내용이 나온다.

무송은 어쩔 수 없이 감사히 절하고 나서 전대 속에 넣어두었다. 송강이 은자 부스러기를 술값으로 내놓았다. 무송은 초봉(哨棒)을 들고 일행과 함께 술집을 나와 헤어졌다. 무송은 게걸스럽게 먹으며 은자 조각을 꺼냈다. "주모, 나와서 돈 좀 확인해보시오. 이 정도면 술과

돈의 탄생

고기 값으로 충분하겠소?" 주모가 대답했다. "충분하다 못해 남습니다. 남는 돈을 거슬러 드리겠습니다." 무송이 말했다. "거스름돈은 됐고, 대신 술을 더 가져다주오."

『수호전』은 명나라 때 쓴 책이지만 그 안에 묘사된 내용은 송나라와 명나라의 시대상을 모두 반영하고 있다. 이 책을 통해 적어도 송나라 때 중국 민간에서 이미 백은을 화폐처럼 일상적으로 사용했다는 것을 알 수 있다. 다만 그때의 은자는 모두 중량에 따라 가치가 정해졌고, 동전처럼 끈으로 꿰어 '관' 단위로 저장하고 사용하지는 않았다. 이것은 은자의 희소성 때문이었다. 백은의 사용은 중국 송대 상품경제 발달의 방증이기도 했다. 송대 상업의 발달 상황은 앞서 언급한 것처럼 번화한 시전 거리를 통해서도 어느 정도 미루어 짐작할 수 있다. 세계 최초의 지폐로 불리는 교자도 이런 배경 속에서 탄생했다. 금융의 혁신은 상품경제의 발전 및 번영과 불가분의 관계에 있다.

03

금과 은의 시대

역사는 늘 엄청난 장난을 치고 있는 것처럼 보인다.

드디어 몽골족을 몰아내고 중원 땅을 자신들의 천하로 만든 한족은 풍족한 태평성대를 누릴 것이라고 생각했다. 하지만 몽골족 황제를 몰아내는 데 앞장섰던 주원장(朱元璋, 1328년~1398년)은 대명제국을 수립한 뒤 하룻밤 사이에 한족이 수백수천 년 동안 관행적으로 사용했던 동전을 포기하고 금은의 사용을 금지하는 '금은령(禁銀令)'을 반포했다. 표면적으로 보면 주원장이 지폐를 사용하는 방법은 그가 중원 땅에서 쫓아낸 원제국의 방식과 거의 비슷하다. 그러나 실제로 주원장은 원제국에 대한 기본적 인식과 이해가 부족했고, 금융과 화폐에 무지했을 뿐 아니라 문외한이었다.

원나라 시대에 지폐는 전국적으로 사용되었고, 심지어 원제국이 중국에서 발행한 지폐는 몽골고원과 중앙아시아에서 모두 통용되었다. 다시 말해 기한과 지역의 제한을 받지 않으며 영구적으로 쓰였다. 게다가 원대에는 기본적으로 이 합법적 화폐만 통용하고, 금, 은, 동전의 사용을 일률적으로 금지했다. 사람들은 원제국에서 발행한 지폐만 있으

돈의 탄생

면 원하는 것을 무엇이든 살 수 있었다. 다만 주원장은 이런 지폐의 배후에 보이지 않는 대중의 준비금 제도가 숨겨져 있었다는 것을 제대로 파악하지 못했다. 이 준비금은 바로 금과 은을 가리켰다. 더구나 이 지폐는 태환이 되지 않았다. 백성들이 지폐(寶幣)를 들고 관청에 가도 백은으로 바꾸는 것이 허용되지 않았다.

이는 현대의 화폐제도와도 완전히 같다. 1930년대 이전에 구미 국가의 국민들은 지폐를 들고 은행에 가서 황금이나 백은으로 바꾸거나, 황금이나 백은을 은행으로 가져가 지폐와 교환할 수 있었다. 그러나 1933년 3월 미국 루스벨트(Franklin Delano Roosevelt) 대통령은 당시 공전의 경제 위기에 대처하기 위해 은행의 황금 태환을 중단했다. 이것만 봐도 원제국의 화폐제도가 상당히 현대적이었고, 오늘날의 화폐제도와 본질적으로 완전히 일치했다는 사실을 알 수 있다. 다른 점이 있다면 원제국에서는 은행이라는 기관이 존재하지 않았다는 것뿐이다. 그렇다고 해서 원제국의 지폐가 관리자 없이 방치되었다는 의미는 아니다.

세조(世祖) 중통(中統) 원년(1260년)에 발행된 중통초(中統鈔)는 발행 초반에 동전과 함께 유통되었고, 정부는 금은으로 태환하는 방법을 통해 화폐가치를 안정시킬 작정이었다. 이 때문에 중통초는 금은본위화폐로 여겨졌다. 중통초의 화폐가치와 유통을 보장하기 위해서 중통 4년(1263년) 물가의 균형을 맞추고, 화폐의 통용을 위해 지폐 관리 기구, 즉 연경평준고(燕京平準庫)를 설립했다. 이듬해에는 각지에 각로평준고(各路平準庫)를 설립해 물가의 안정을 유지했고, 초(鈔) 1만 2,000정(錠)을 초본(鈔本)으로 삼았다. 또한 평준고를 설립한 뒤 민간에서 금은을 암거래하는 것을 금지했다. 중통초 발행 후 돈을 먼저 금지하고, 민간에서 금은이 매매되는 것을 금지해 원나라 시대 화폐제도를 단일 유통제도로 만들었다. 그 후 무종(武宗) 지대(至大) 연간(1308년~1311년)과 순제(順帝) 지정(至正) 10년(1350년) 후 지폐와 동전을 병용할 때를 제외하면 나머지 대부분의 시대에는 단일 화폐유통제도를 시행했다. 이것은 송·금

시대의 지폐 유통보다 훨씬 철저했다. 중통초 발행 초기의 관리 과정은 매우 성공적이었고, 그 후 20년 가까이 화폐가치를 안정시켰다. 화폐가치를 안정시킨 구체적인 방법은 다음과 같다.

- 종이 화폐의 발행은 돈을 기준으로 삼는다. 초(鈔) 2관(貫)은 백은 1냥, 15관은 황금 1냥에 해당한다.
- 지폐의 유통이 원활하지 않을 경우 백은을 사용해 시장에 유통되는 지폐를 매수한다.
- 지폐에 대한 민간의 불신을 막기 위해 지폐 준비금으로 쓰이는 금은을 한 푼도 건드리지 않는다.
- 지폐의 발행 수량을 엄격히 통제하고, 발행하는 지폐의 배후에 상응하는 보증금이 있다는 것을 보증한다.
- 지폐 발행과 유통을 관리하는 관원은 매일 살얼음판을 걷듯이 정신을 똑바로 차리고 일해야 하며, 직무 태만을 허용하지 않는다.

지폐 준비금이 뒷받침된 덕에 원제국의 화폐는 가치를 인정받았고, 백성들은 종이에 인쇄된 지폐와 금은을 똑같은 무게로 생각했다. 사실상 원제국에서 발행한 지폐는 늘 백은과 연결되어 있었다. 『원사』「식화지」에 기록된 바에 따르면, 중통 원년(1260년)에 인쇄된 '중통원보교초(中統元寶交鈔)'와 '중통원보초(中統元寶鈔)'는 보초(寶鈔) 2관이 백은 1냥에 해당된다. 사실상 이것은 원제국 시대에 중국에서 이미 화폐의 '백은본위제'를 실시했다는 것을 의미한다. 원제국의 지폐제도는 실제로 700여 년 전에 시행된 한차례 진정한 금융 혁신이었다. 중국인들은 이 혁신의 덕을 700년 동안 누려왔다. 700년 후의 중국인들은 지갑 속에 가벼운 지폐를 넣고 다니며 언제 어디서나 원하는 물건을 살 수 있게 되었다.

그러나 주원장이 발행한 지폐 '대명통행보초(大明通行寶鈔)'는 금속

화폐를 준비금으로 두지 않았고, 단지 조정의 권위에 의지해 지폐의 신용 가치를 보증했다. 지폐의 인쇄 재료는 뽕나무 껍질로 만든 종이였고, 그 액면가치는 각각 100문, 500문, 1관 등 몇 가지 종류로 나뉘었다. 그중 1관 지폐는 길이 32센티미터, 폭 21센티미터로 중국 역사상 가장 큰 지폐였다.

▶ 주원장이 발행한 지폐인 '대명통행보초'

전하는 바에 따르면, 주원장이 지폐를 발행한 연유는 매우 특별하다. 정권을 수립한 초기에 그는 구리로 만든 '대중통보(大中通寶)'를 대량 주조해 유통화폐로 삼았고, 나중에 호부(戶部)의 조폐소 보원국(寶源局)과 각지의 조폐소 보천국(寶泉局)에서 똑같이 구리로 만든 '홍무통보(洪武通寶)'를 주조했다. 그러나 주원장은 구리 화폐를 주조하는 원가가 매우 높다는 사실을 알고 구리로 화폐를 주조해 백성들에게 공급하는 것이 수지타산에 맞지 않다고 판단했다. 그는 화폐를 하나의 부호라고 생각했다. 즉, 화폐는 물건으로 바꿀 수 있는 부호일 뿐 일반적인 상품과 마찬가지로 특별할 것이 없고, 조정의 권위만 뒷받침된다면 무엇이든 할 수 있다고 여겼다. 그래서 주원장은 원나라 시대에 지폐를 사용한 방법을 모방해 전국에 금은의 사용을 금지하고, '대명통행보초'를 일률적으로 사용하도록 했다. 또한 보초의 권위적 지위를 유지하기 위해 금은과 비단을 화폐로 사용하는 것도 전면 금지했다. 홍무(洪武) 27년(1394년)에는 동전조차도 사용을 금지시켰다.

주원장의 이런 무모한 화폐정책은 화폐 발행의 기본 원칙을 완전히 위배했다. 그는 조정의 권위만 뒷받침되면 지폐의 신용 가치를 보증할 수 있다고 여겼다. 물론 지폐 발행이 부(富)를 집중시키는 데 유리한 것은 사실이었다. 하지만 그는 지폐와 금속화폐가 연결되지 않았을 때 경제 혼란이 야기될 수 있다는 중요한 사실을 간과했다.

어쨌든 명제국의 백성들은 민간의 부를 수탈하려던 주원장의 의도를 비웃기라도 하듯 명제국에서 발행한 지폐를 사용하지 않고 은량(銀量)을 암암리에 사용했다. 이런 이유로 '대명통행보초'는 정상적으로 유통되지 않았다. 주원장은 지폐의 유통을 위해 지폐 사용을 거부하는 상황을 신고하면 사실 확인을 거쳐 제보자에게 백은 250냥을 포상금으로 주겠다고 약속했다. 이 명령이 내려지자 백성들 사이에서 즉각 반응이 일어났다. 포상금을 노린 자들이 지폐 사용을 거절하는 사람을 신고하기 시작했고, 사람들은 이들을 '얼바이우(二百五)', 즉 천치 또는 푼수라고 폄하해 불렀다. 정부에서 포상금으로 백은 250냥을 준 것은 백은 화폐의 지위를 변칙적으로 인정하는 것이기도 했다. 이런 자가당착적인 정책과 법령은 군주전제 사회의 특징이라고 할 수 있다.

이런 조치까지 내렸는데도 지폐의 유통은 크게 나아질 기미를 보이지 않았다. 어쩌면 기술상의 문제일 수도 있고, 아니면 누군가 중간에서 몰래 손을 썼을지도 모르지만, 보초 지폐의 품질은 날로 나빠졌다. 이 때문에 정부는 신폐가 구폐보다 더 값어치가 나가는데도 불구하고 신구폐의 가치를 똑같이 책정하기로 결정했다. 그러자 사람들은 반쯤 낡은 구폐를 구거 관청으로 가져가 신폐로 바꿨고, 이 과정에서 폭리를 취했다. 세무 관리들도 세금을 거둘 때 일부러 새 돈만 받아 자기가 사용하고 구폐는 국고에 상납했다. 이것은 사실상 화폐를 이용해 매매 차익을 얻는 '투기' 행위였다.

이런 과정의 반복을 거치며 보초가 발행된 지 15년째인 홍무 23년(1390년)이 되자 원래 400문의 가치를 지닌 보초가 250문으로 평가절하했다. 홍무 30년(1397년) 보초의 거래가는 처음 발행했던 때 가격의

10분의 1인 고작 40문의 가치에 불과했다. 이런 지폐는 폐지와 다를 바 없었다. 그 결과 각지 상인들은 물건의 귀천을 따지지 않고 일률적으로 금은으로 가격을 매겼고, 백성들은 금은으로 직접 거래를 했다. 이때부터 보초도 내리막길을 걸어갔다. 이는 중국 역사상 보기 드문 통화팽창이었다. 이 통화팽창은 명제국의 개국 황제 주원장이 발행한 '대명통행보초'에 '신용'이 전혀 없었기 때문에 초래되었다. 신용이 없는 화폐는 화폐로서의 가치가 전혀 없었다.

이 실패한 화폐개혁은 백은을 선호하는 중국 민간의 전통을 다시 확인시켜주는 계기가 되었다. 표면적으로 보면 중국인은 동전을 사용하는 데 익숙하다. 그러나 이것은 중국이 예로부터 '백은 결핍증'에 걸려 있었기 때문이기도 하다. 백은 결핍증은 두 가지 요소로부터 영향을 받았다.

하나는 중국 고대에 상품경제가 발달하면서 생겨난 금속화폐를 향한 갈망이다. 중국은 세계에서 인구가 가장 많은 나라이고, 인구는 상품경제의 발전 규모를 결정짓는 기본 요소였다. 역사상 세계 어떤 나라도 중국의 소비 능력을 따라올 수 없었다. 이것은 중국이 19세기 중엽 중미 국가에서 최초의 산업혁명이 일어나기 전까지 경제 총량 또는 경제 규모를 막론하고 세계적으로 시종 앞섰던 근본적인 이유다. 기계가 인간을 대신해 노동과 생산을 하지 않았고, 농업과 수공업을 주요 생산 수단과 생존 수단으로 삼아온 수천수만 년에 달하는 시간 동안 인구, 기후, 지리, 지질 조건이 부의 창조 및 소모와 정비례했기 때문이다. 다시 말해, 노동인구의 많고 적음은 이와 정비례하는 부를 창조해낼 수 있고, 그에 비례해 부를 소모하는 만큼의 부를 창출하기도 했다. 이 때문에 인구의 많고 적음, 기후의 온난과 습윤 정도, 지리적 위치와 지질 조건의 우열도 상품경제의 발달 정도와 생활수준을 결정짓는 데 직접적 영향을 주었다. 중국이 처한 지리적 위치와 기후적 특징은 인구의 증가뿐 아니라 농업·수공업의 생산과 노동에도 유리했다. 그래서 중국 고대 생산 기술과 상품 기술의 발달은 다른 나라, 특히 지리적으로 햇빛이 부족한 한랭 지대에 있는 유럽 국가와 비교도 되지 않았다.

한편, 중국은 예로부터 백은 생산량이 방대한 상업적 수요를 만족시킬 수 없었다. 중국의 은 광산은 대부분 남방에 집중되어 있고 생산량과 품질이 높지 않았다. 이는 은광의 탐측 기술이나 백은의 채굴 기술과도 무관하지 않다. 지금까지도 중국은 황금과 기타 귀금속에서 순도가 높은 백은을 제련하는 기술을 여전히 독일이나 일본의 기술에 의존하고 있다. 게다가 송대 이후로 요, 금, 서하, 원과의 전쟁 중에 대량의 백은을 소모했다. 황금이 백은보다 희귀한 이유는 중국인이 황금을 공예품, 장식품, 종교 시설, 황실 건축 등 다방면에 즐겨 사용했기 때문이다. 진시황이 6국을 통일한 기원전 3세기 이후부터 황금은 중국의 시장 거래에서 점점 사라져갔다. 그러다 보니 시장에서 유통될 수 있는 금속화폐는 동, 철, 백은뿐이었고, 고대 중국 경제에서 '은황(銀荒, 은 품귀 현상)'과 '전황(錢荒, 통화 결핍 현상)이 나타났다. 송대 이후부터 귀금속 부족 현상에 대비하기 위해 민간에서 먼저 시작해 정부로 이어지는 지폐 발행이 시작되고 지폐가 상품 거래에 사용되었다.

가뭄에 단비를 기다리던 중국은 백은 시대의 도래를 갈망했고, 마침내 15세기에 이 시대가 드디어 찾아왔다. 백은 시대의 서막을 연 것은 중국의 부에 일찌감치 군침을 흘리던 서양인이 아니라 바로 중국인 자신이었다.

04

대항해시대의 서막

유럽에서 15세기 말부터 시작된 대항해시대는 세계의 판도와 미래 구도를 바꾸었고, 이 역사적 서막을 열어젖힌 인물은 다른 누구도 아닌 바로 명제국 개국 황제인 주원장의 넷째 아들 명나라 성조(成祖) 주체(朱棣, 1360년~1424년)였다.

영락(永樂) 3년 6월 15일(1405년 7월 11일) 명 성조 주체의 뜻에 따라 정화(鄭和, 1371년~1433년)[15]와 왕경홍(王景弘)[16]이 길이 44장(丈), 넓이 18장의 선박 62척과 2만 8,000여 명의 병사로 구성된 함대를 이끌고 남

---

15 명나라 환관. 원래 성은 마(馬), 이름은 화(和), 아명은 삼보(三寶)였다. 운남 곤양(昆陽, 지금의 진닝[晉寧]) 보산향(寶山鄕) 지대촌(知代村)에서 태어난 그는 방대한 선단을 이끌고 일곱 차례나 서양으로 항해한 중국의 위대한 항해자이자 외교관이다.

16 복건성 장평(漳平) 사람으로 홍무(洪武) 연간(1386년~1398년) 환관으로 입궁했다. 영락 3년(1405년) 6월 정화 등을 대동하고 서양에 첫발을 내디뎠다. 역사서에는 왕경홍이 제1차~제4차 항해에 참가했다고 기록되어 있다. 정화가 죽은 뒤 선덕(宣德) 9년(1434년) 6월, 왕경홍은 정사(正使)의 신분으로 함대를 이끌고 남양제국으로 여덟 번째 출항을 했고, 수마트라를 거쳐 자바에 도착했다. 그는 정화와 마찬가지로 중국 역사상 위대한 항해자이자 외교관이었다.

경(南京) 용강(龍江)항에서 출발해 강소(江蘇) 태창(太倉) 유가(劉家)항에서 편대를 집결시킨 후 첫 번째 원항을 시작했다. 군사 편제에 따라 구성된 당시 세계에서 가장 거대한 이 함대는 파도를 헤치고 바다로 나가 중국 동해 복건(福建) 장락현(長樂縣) 태평(太平)항에 정박한 후 동북 계절풍이 불기를 기다렸다. 그해 겨울에 정화는 함대를 이끌고 복건 민강(閩江) 입구 오호문(五虎門)에서 출항해 남중국 해역을 거쳐 점성(占城, 베트남 퀴논)에 도달했고, 그 후 자바(인도네시아 자바섬), 만자가(滿刺加, 말레이시아 말라카), 인도네시아 수마트라섬의 구항(舊港, 팔렘방), 아로(阿魯, 아루), 수마트라, 남무리(南巫里, 반다아치)에 도착했다. 이들은 남무리에서 인도양의 방글라데시를 지나 석란산(錫蘭山, 스리랑카)에 들어간 후 소갈란(小葛蘭, 인도 퀼론), 가지(柯枝, 인도 코치), 고리(古里, 인도 캘리컷)에 도착했다.

정화는 고리에 기념비를 세우고 이런 비문을 남겼다.

"이 나라가 대명 왕조로부터 10만여 리 떨어져 있지만, 우리나라와 마찬가지로 물산이 풍부하고 백성들이 평안하게 사니 특별히 이 비석을 세워 만천하에 널리 알리노라."

이것은 정화가 해외에 세운 최초의 비석이었다. 정화의 함대는 영락 5년 9월 초이튿날(1407년 10월 2일)에 귀국해 인류 역사상 최초로 가장 먼 항해를 2년여 만에 마쳤다. 그 후 정화는 같은 규모의 항해를 여섯 번이나 연속으로 이어갔다. 두 번째 항해는 첫 번째와 같은 노선을 따라 곧장 고리로 향했다. 세 번째는 태창 유가항에서 출발해 동인도양을 중심으로 자바, 수마트라에서 석란으로 갔다가 다시 인도 동해안으로 북상해 벵골만에 도착했다. 그 후 말라카해협으로 되돌아갔고, 말라카에 성채를 지은 후 귀국했다. 네 번째는 동인도 해안을 거쳐 페르시아만으로 되돌아가 호르무즈에 도착했다. 다섯 번째는 이전 항로와 똑같이 페르시아만에 도착한 후 함대를 나눠 아랍 남쪽 기슭을 경유해 동아프리카 연안의 모가디슈, 부라바, 마린디 등으로 항해했다. 여섯 번째는 페르시아만에 들어간 뒤 함대를 나눠 동아프리카 연안의 여러 항구를 돌아 항해했다. 일곱 번째는 인도 서해안을 경유해 페르시아만으로 들어가는 마지막 항해였다.

이렇게 해서 1405년부터 1433년까지 무려 28년 동안 정화가 이끄는 전무후무한 규모의 함대가 일곱 차례(만약 왕경홍이 이끄는 마지막 항해를 포함할 경우 명제국은 총 여덟 차례)에 걸친 해외 원정을 마쳤다. 그리고 아시아와 아프리카 30여 개 국가에 도착해 인류 역사상 위대한 기적을 만들어냈다.

그렇다면 고금을 통틀어 유일한 이 위대한 항해의 목적은 무엇이었을까? 이를 두고 온갖 추측이 난무했다. 『명사(明史)』에 이와 관련된 간단한 기록이 나온다. "명나라 성조(成祖) 영락제(永樂帝)는 정난(靖難)의 변[17]이 일어난 후 그의 조카, 즉 명나라 혜종(惠宗) 주윤문(朱允炆)이 해외로 도망쳤다고 의심해 그의 종적을 찾고, 이와 동시에 이역에서 병력을 과시하며 중국의 부강함을 드러내고자 했다." 이런 기록은 '만국래조(萬國來朝, 주변의 여러 나라가 조공을 바치러 온다는 말—옮긴이)'를 원했던 중국 역대 황제들의 정치적 추구에도 부합한다. 그러나 한 시대의

---

17 봉천정난(奉天靖難)이라고도 불린다. 이 변은 명나라 개국 황제 주원장이 죽은 지 얼마 되지 않아 일어난 정변이었다. 명 태조 주원장은 자손을 각지에 분봉해 번왕(藩王)의 자리에 앉혔다. 태자 주표(朱標)가 일찍 죽자 황태손 주윤문(朱允炆)이 왕위를 계승해 연호를 건문(建文)이라 짓고 건문제(建文帝)가 되었다. 건문제는 측근 대신이었던 제태(齊泰)와 황자징(黃子澄)의 삭번안(削藩案)을 받아들여, 주체의 형제인 주(周), 민(岷), 상(湘), 제(齊), 대(代) 등의 여러 왕을 차례로 폐할 준비를 했다. 건문제는 모든 준비가 완벽하게 되었다고 스스로 판단하며 비밀리에 주체(朱棣)를 체포하려고 했지만 실패했다. 반면, 주체는 1339년(건문 원년)에 북평(北平)에서 군사를 일으켜 남하하며 '정난의 변'을 일으켰다. 주체는 북평(지금의 베이징)을 기반으로 관군과 무려 4년을 대치한 끝에 1402년(건문 4년) 황제의 도읍 응천(應天, 지금의 난징)을 함락했다. 전란 중에 건문제의 행방이 묘연해지자 궁에서 분신자살을 했다는 소문이 돌거나 땅굴을 파고 도망가 승려가 되어 숨어 지낸다는 소문이 돌았다. 같은 해 주체는 황제 자리에 즉위해 명태종이 되었다. 가정(嘉定) 시기에는 명성조로 명칭을 바꾸었다. 이듬해 북평을 북경(北京)으로 개명했고, 1421년 북경으로 천도한 뒤 북경을 경사(京師), 남경(南京)을 유도(留都)라고 불렀다.

맹주로 위세를 떨치던 주체가 과연 생사조차 불분명한 건문제 때문에 막대한 돈과 병력을 동원하며 연속으로 일곱 차례나 원정을 감행했을까? 그의 진짜 목적은 무엇이었을까?

학자들의 추산에 따르면 영락 시기에 정화가 서양에서 지출한 백은이 약 6만 냥으로 당시 연간 국고 지출의 두 배에 상당했고, 이것은 선박 건조 등 각종 지출을 포함하지 않은 비용이었다. 배 한 척을 건조하고 수리·보수하는 데 평균 1,600냥의 은자가 필요하고, 출항 때마다 260여 척이 움직였다면 한 번 출항할 때마다 수리·보수비용으로 은자 40여 만 냥이 필요하다는 결론이 나온다. 선박의 품질을 최상으로 유지하기 위해 명 성조는 '천하 13개 성의 돈과 양식을 동원'하는 것을 불사했다. 당시 명제국에는 고작 13개 성밖에 없었다. 원행에서 쓰인 비용은 함대에서 먹고 마시고 쓰는 것만 말하는 것이 아니며, 항로를 따라 각국에 하사한 물품의 비용도 포함되었다. 헤아릴 수조차 없을 만큼 막대한 비용을 단 13개 성에서 차출한 돈으로 감당한 것이다.

기록에 따르면, 각국 국왕과 왕족에게 하사한 비단, 자기 등 물품이 부지기수고 비단은 수천 필이 동원되었다. 1405년 일본 국왕에게 하사한 동전만 해도 150만 개였다. 이듬해 또 1,500만 개를 하사했고, 왕비에게도 500만 개가 추가로 나갔다. 그 결과 한동안 일본은 물론 자신조차도 동전을 주조할 필요가 없을 정도였고, 영락 동전을 일본에서 통용되는 화폐로 삼기도 했다. 하사 외에도 공물을 바치러 온 사신단을 대접하는 것도 큰 비용이 들었다. 복잡한 조공 수속 절차를 거치려면 상당히 긴 시간이 필요했고, 항로를 따라 오가는 선박의 숙박비도 정부가 부담했으며, 따로 거마비로 은전을 돌려주었다. 수많은 사신들과 그 수행 인력은 사사로이 무역 업무를 편하게 처리하며 공물의 수속 절차에 드는 긴 시간을 기꺼이 견뎌냈다. 어떤 사신은 무료로 제공되는 보선을 따고 귀국하기 위해 심지어 3년을 기다리기도 했다. 그러나 정화의 함대는 서양 각국에서 약탈한 진주, 마노, 향료, 희귀 동물 등 '보물'

을 배에 싣고 귀국한 후 황제와 귀족에게 바쳤다. 이런 이유로 이 보물들은 실질적인 국고 수입으로 전환될 수 없었다. 하물며 정화의 함대는 출항할 때마다 위풍당당한 선대 후미에 민간 해상 선대를 이끌고 가지 않았다. 그들은 '뗏목의 출항을 불허한다'는 법령에 따라 민간의 해외 무역과 원항을 철저히 분리했다.

그렇다면 주체가 과연 단지 해외에 위세를 떨칠 목적으로 엄청난 비용만 들어갈 뿐 경제적으로 전혀 의미가 없는 무장 해상 원정을 조직했을까? 주체도 정화가 외국에서 가져온 진기한 보물이나 희귀한 동물 같은 '조공'이 일곱 차례나 서양 원정길에 쏟아부은 비용과 비교도 되지 않는다는 사실을 모르지 않았다. 누가 봐도 수지타산이 맞지 않고 득보다 실이 더 많았다. 하물며 일곱 차례나 대항해를 조직하는 과정에서 그는 군신들의 결사반대에 부딪히기도 했다. 원정의 결과는 참담했다. 원정길을 따라 방문한 나라와의 무역은 이윤을 논할 수준이 아니었다. 대명제국의 창고를 비우고 대신 가져온 것은 '칭번(稱藩)'을 자처하는 몇 장의 국서뿐이었다. 그래서 정화의 원항이 건문제의 행방을 추적하고 이역 땅에서 군사력을 자랑하는 것 외에 또 다른 목적이 있을 것이라고 추측하는 학자들이 적지 않았다. 즉, 연이어지는 원항을 통해 해외의 황금과 백은을 찾아내 명제국의 은 부족과 자금 부족 사태를 해소하기 위한 목적이라는 설이 돌기 시작한 것이다. 그렇다면 주체가 직접 이 전대미문의 대항해를 조직한 것도 훗날 서양 항해자들의 목적과 다르지 않다고 볼 수 있다. 게다가 이역에 병력을 과시하는 것도 금은을 얻기 위한 방편일 수 있다. 서양의 작은 나라들을 상대로 대명제국의 위력을 과시해야 비로소 그들이 얌전히 금은을 내놓거나, 적어도 금은을 얻을 실마리를 제공하도록 만들 수 있기 때문이다.

그러나 항해의 결과는 늘 주체의 기대에 미치지 못했다. 어쩌면 주체와 정화는 당시 황금의 주요 생산지가 그들이 도착한 동아프리카가 아니라 서아프리카 내륙이라는 사실을 몰랐을지 모른다. 정화는 희망봉을 돌아 대서양으로 진입해야 서아프리카에 도달할 수 있었다. 하지만 그런 엄청난 모험을 감행한다 해도 아프리카 내륙으로 들어가 금과 은을 찾는 일은 결코 쉽지 않았다. 당시 아프리카 내륙에서 황금을 얻으려면 흑인 추장의 허락과 아랍인의 손을 거쳐야 반출이 가능했다. 이런 조건에 맞추려면 정화는 배를 포기하고 아프리카 내륙으로 들어가는 위험한 여행을 감수해야 했을 것이다. 어쨌든 주체와 정화가 금은을 얻기 위한 목적을 달성하지 못했지만, 그들이 15세기 이후 대항해시대의 서막을 연 인물인 것만은 의심의 여지가 없다. 다만 안타깝게도 중국은 대항해시대의 포문을 열고도 그 기회를 계속 이어 가지 못했다. 1433년 일곱 번째 항해를 마친 후 정화의 함대는 역사적 사명을 끝내고 더 이상 출항하지 않았다. 그사이 상업적 후각이 예민하게 발달한 유럽인들이 주체와 정화의 발자취를 따라 3세기에 걸친 대항해시대를 이어 갔다.

15세기 초반에 시작된 명제국의 대항해 운동은 약탈을 통해 부를 축적하고 세계를 정복해 역사의 흐름을 바꾸고자 했던 서양인들의 야망을 자극하기에 충분했다.

돈의 탄생

05

백은의 시대

중국은 예로부터 백은과 황금이 부족한 나라였다. 그래서 중국은 명나라 시대 이전까지 주로 동과 철을 주요 화폐로 삼았다. 아메리카대륙에서 백은을 대량으로 채굴하기 전까지 명대 백은의 출처는 일본과의 무역이었다. 그렇지만 명나라는 건국 이래로 백은이 화폐로 유통되는 것을 엄격하게 금지했고, 백성들은 현대인처럼 지폐인 '대명통행보초'를 이용해 물건을 구매했다. 역사적으로 이 정책을 가리켜 '금은(禁銀)'이라고 불렀다. 이런 '금은' 정책은 한때 중일 관계의 악화를 불러왔다. 일본에서 유입된 백은은 중국 경제 발전 수요에 훨씬 못 미쳤다. 바로 이때 유럽인이 등장했다. 유럽인은 아메리카에서 약탈해 온 백은으로 그동안 군침만 흘리던 중국의 찻잎과 비단을 구입했다. 그러나 중국인은 유럽인이 가져온 시계, 유리, 모직품 등에 별다른 흥미를 보이지 않은 채 오로지 백은만 거둬들였다. 중국인에게 백은은 위기에 대처하고 불시의 수요에 대비하는 진귀한 화폐였다. 심지어 백은을 땅에 묻어 후대에 대대로 전하는 일도 마다하지 않았다. 그래서 명나라 후기부터 2세기 반에 걸쳐 아메리카로부터 거액의 백은이 중국으로 끊임없이 흘러들어왔고, 중국은 '대항해시대'의 최대 수혜자가 될 수 있었다. 이와 더불어 아랍이 쇠락하고 새로운 항해 노선이 개발되면서 서양인이 중국인과 직접 교역할 수 있는 길이 열렸다.

명대 이전까지 아랍인은 동서양 무역의 특권을 쥐고 있었고, 줄곧 무역의 중개 역할을 맡아왔다. 모든 동양의 물품은 아랍 사람을 통해 실크로드를 거쳐 유럽으로 운반되었고, 유럽 상인은 단지 아랍인이 먹다 남은 음식만 받아먹을 수 있었다. 이런 수동적인 국면을 바꾸기 위해 유럽인도 끊임없이 노력해왔고, 연이어 여덟 차례에 걸친 십자군 원정까지 불사했다. 그러나 원정은 모두 실패로 끝나고 말았다. 이렇게 엄청난 희생을 감수하며 원정길에 오른 목적은 국제무역의 통로를 단축시켜 중국, 인도와 직접 거래하는 것이었다. 훗날 베네치아 상인과 아랍 상인이 새로운 묵약을 맺어 아랍인은 베네치아에서 재산을 보호받았고 베네치아인과 독점 거래를 했다. 베네치아는 아랍인을 끌어들이고 나서야 유럽의 상업 중심지로 단번에 떠오를 수 있었다.

그러나 대항해시대의 도래와 더불어 아메리카에서 끊임없이 생산되는 백은이 세계 각지로 유통되었고, 전 세계는 백은 시대로 진입했다. 유럽 항해자들은 이미 세계 일주 항해 노선과 원양 항해술을 장악했고, 마침내 유럽인이 중국인과 직접 거래하는 시대가 찾아왔다.

1571년 스페인 해군은 필리핀을 점령하고 마닐라에서 식민 통치를 시작했다. 이때부터 유럽과 중국 사이에 상업 거래의 중계역이 생겼다. 이 시기 중국은 이미 해금(海禁, 해상 교역, 무역, 어업 등을 금지하는 것—옮긴이)을 풀고 백은을 '합법적 화폐'로 선포했다. 실제로 명조의 양대 금령, 즉 '해금'과 '금은'은 모두 추진되지 못한 채 강제로 폐지되었다. 금은의 폐지는 해금보다 먼저 이루어졌는데, 그 중요한 원인은 중국 동남 연안 지역에서 해외 교역이 완전히 중단되지 않았기 때문이다. 특히 해적들의 해상 활동으로 백은이 대량으로 유입되었고, 백성들은 백은을 땅에 묻어 보관하기 시작했다.

경제사를 살펴보면 금은 정책을
폐지한 공을 몽골 군대에 포로로 잡
힌 명나라 영종 주기진(朱祁鎭)에게 돌
리고 있다. 선덕(宣德) 10년(1435년) 명
영종이 즉위하면서 '돈의 유통을 금지
하는 조치를 완화'하는 조서를 내려
동전을 다시 사용할 수 있게 되었다.
기원후 1436년 명 영종은 세곡을 '금
화은(金花銀)'으로 환산하도록 선포했

▶ 중국 명대의 은화

다. 즉, 조세의 은납(銀納)이 공인되어 금화은이 유통되기 시작했다. 금
화은은 금은의 함유량이 높은 상등의 은량을 가리킨다. 이와 동시에 전
국적으로 '은의 사용을 금지하는 조치를 완화'하는 조서도 내려 금은령
의 폐지를 공식화했다. 가정(嘉靖) 4년(1525년)에 이르러 관리들의 녹봉
이 백은으로 지급되었고, 중국은 이때부터 은본위제를 정식으로 채택
했다.

중국이 은본위제를 채택하게 된 것은 세계무역의 영향이 컸다. 당
시 대명제국은 이미 세계무역의 중심이었고, 대명제국이 은본위제를
채택했다는 사실은 세계적으로 은본위제가 확립되었다는 것을 의미했
다. 이를 기점으로 세계는 '글로벌 통합' 시대로 접어들었다. 당시 유럽
인은 자신들의 공산품을 아메리카로 운반하고, 아메리카에서 백은을
유럽으로 운송한 뒤 다시 유럽에서 중국으로 옮겨 갔다. 그리고 중국에
서 비단, 도자기, 찻잎 등 물품을 구입해 유럽으로 돌아갔다.

유럽인은 1571년을 동서양 직접 무역이 가능해진 글로벌 무역 시
대의 원년으로 보고 있다. 명 융경(隆慶) 5년으로 중국이 해금을 폐지한
지 4년째 되는 해이자, 은본위를 시행한 지 40여 년이 되는 해였다. 이
해 스페인을 필두로 유럽 각국 연합군이 해상에서 오스만튀르크제국을
무너뜨렸다. 이는 지난 수천 년 동안 유지된 중동 중계 무역 시대의 종

말이자 동서양 직접 무역이 가능한 글로벌 시대의 시작을 의미했다. 더불어 명나라 정부는 백은을 합법적인 화폐로 선포하고, 글로벌 무역을 전면적으로 추진했다. 이런 동서양의 직접 무역의 영향을 받아 중국에 백은이 대량으로 유입되었고, 중국은 이때부터 '은황' 시대에서 벗어나 백은 시대로 진입했다. 세계경제도 새로운 발전 단계로 접어들었다.

통계에 따르면, 아메리카대륙을 발견한 뒤 16세기부터 18세기까지 라틴아메리카의 백은 생산량은 전 세계 백은 생산량의 80퍼센트를 차지했고, 그중 3분의 1 또는 3분의 2가 중국으로 흘러들어갔다. 1597년(만력 25년) 스페인 대함선이 백은 34만 5,000킬로그램을 아카풀코(Acapulco)에서 중국으로 운반했다. 당시 중국의 은광 생산량은 약 6,000킬로그램이었다. 이 시기 유럽의 귀금속 수입량은 급감했다. 유럽 학자의 통계에 따르면, 1591년~1600년 시기와 비교해봤을 때 1641년~1650년에 유럽에서 수입한 아메리카의 황금과 백은 수량은 각각 92퍼센트와 61퍼센트로 감소했다. 그들은 이 감소량이 중국의 대외무역 확대와 관련 있다고 보고 있다.

사실 고대 로마 시대부터 중국은 줄곧 유럽 화폐가 귀착하는 곳이었다. 17세기 중국은 스페인과도 무역을 했고 아메리카 백은의 주요 유입 국가가 되었다. 이것은 중국에서 발달한 제조업 수출이 가져온 막대한 부 때문이었다. 당시 중국의 제조업은 설탕, 포목 등 생필품은 물론이고 찻잎, 도자기, 비단 등 사치품까지 포함했다. 수공업이 발달하고 대외무역이 번성하면서 중국은 명대 중후반부터 개방적이고 뛰어난 학술적 역량을 보여주었다. 이런 개방성은 강한 자신감에 뿌리를 두고 있고 외래 사물에 대한 관용으로 드러났다. 중국인은 명대에 유럽에서 들어온 과학기술에 적극적인 관심을 보였다. 이 중 자명종, 프리즘, 지구본 등이 사대부들의 호기심을 불러일으켰다. 『에우클레이데스의 원론(Euclid's Elements)』, 『광물에 관하여(De re metallica)』와 같은 각종 과학기술 서적이 중문으로 번역되어 중국 문화계에 전파되었고, 선교사들이 남경에서 소개한 〈서세지도(西世地圖)〉도 적잖이 파문을 일으켰다. 숭정(崇禎) 황제도 서광계(徐光啓), 이천경(李天經) 등에게 서양 선교사들과 함께 『숭정역서(崇禎曆書)』를 편찬해 서양 천문학 지식과 서양식 화기 및 수리 지식 등을 소개하도록 지시했다.

명대의 개방성과 포용성은 자연과학뿐 아니라 명대 후반 중국에서 자생한 철학과 사회과학이 발전하는 데도 일조했다. 그중 대표적인 인물이 황종희(黃宗羲)였다. 황종희(1610년~1695년)의 자는 태충(太沖), 호는 이주(梨州)이며 남뢰(南雷) 선생 또는 이주 선생으로 불렸다. 그는 절강성 여요(餘姚)현 황죽포(黃竹浦)에서 태어났고, 명말청초에 경제학자, 역사학자, 사상가, 지리학자, 천문역학자, 교육가로 활동했다. 황종희는 고염무(顧炎武), 왕부지(王夫之)와 함께 명말청초의 '3대 사상가(또는 명말청초의 3대유[三大儒])'로 불린다. 또한 그의 동생 황종염(黃宗炎), 황종회(黃宗會)와 더불어 '절동3황(浙東三黃)'이자 고염무, 방이지(方以智), 왕부지, 주순수(朱舜水)와 함께 명말청초 '5대사(五大師)'로 불리기도 했다. 황종희는 '중국 사상 계몽의 아버지'로 불릴 정도로 학식이 깊고 천문, 역산, 음율, 경사백가(經史百家), 석도(釋道), 농공 등 폭넓은 영역에 걸쳐 심도 깊은 연구를 한 인물이다. 그는 토지개혁, 부세개혁을 주장했고, 서리(중하층 관원)를 대폭 감원하는 동시에 전통적인 중농억상(重農抑商)을 반대하며 '공상개본(工商皆本)'을 강조했다.

경제의 개방과 함께 사상과 학술의 개방이 필연적으로 따라왔고, 사상과 학술의 개방은 역으로 경제의 번영과 발전을 적극적으로 촉진하는 촉매제가 되었다. 나라가 개방되고 강대해지자 세계 각국에서 명제국과 무역하고자 하는 이들이 몰려들기 시작했다. 상업이 활성화되면서 더 많은 백은이 중국으로 쏟아져 들어왔다. 기록에 따르면, 1567년부터 1644년까지 명나라 후반 77년 동안 해외에서 중국으로 유입된 백은은 3억 냥에 달했다. 이 백은은 중국으로 들어온 후 저장고에 들어가거나 땅속 깊이 묻힌 채 다시는 외부로 유출되지 않았다.

17세기 중국에서 발생한 여러 사건에 대해 다양한 평가가 오가고 있다. 하지만 중국이 1500년을 전후해서 백은 시대로 들어섰다는 사실만은 논쟁의 여지가 없다. 이 과정에서 백은은 유통이 금지된 화폐에서 합법적인 유통화폐로 변했고, 백은이 중국 사회 구석구석에 스며들기 시작하면서 결국 은본위제도를 확립하게 되었다. 이때부터 1930년대 중반까지 백은은 중국의 본위화폐로 자리매김하며 중국 사회에 영향을 미치기 시작했다.

06

지폐의 흐름

중국은 세계에서 가장 먼저 지폐를 사용한 국가다. 그렇다면 세계적 범주에서 볼 때 지폐의 탄생과 발전은 어떤 과정을 거쳐 왔을까? 또한 그것은 어떻게 당대 세계 주류 화폐의 형태를 갖추게 되었을까? 그리고 지폐의 미래는 어떻게 될까?

종이 재질 화폐의 탄생과 발전 과정

현대 종이 화폐는 금은화폐에서 변화·발전했다. 화폐의 발전은 사회경제적 과정을 거치는데, 그 과정의 내재적 원인은 상품화폐 형식의 상대성과 간접성에 따라 결정되는 화폐 매개체의 대체 가능성이다.

종이 재질 화폐의 기원을 알아보려면 금본위제의 붕괴에서 출발해야 한다.

인류 역사에서 가장 오래된 화폐는 실물화폐다. 가축, 모피, 조개껍데기, 소금, 철, 심지어 사람(노예)에 이르기까지 다양한 매개물이 화폐로 사용되었다. 그러나 상품 교환이 갈수록 확대되고 지역의 경계선을 넘어서면서 실물화폐의 단점이 걸림돌이 되기 시작했다. 결국 휴대가 불편하고 분할이 쉽지 않은 실물화폐는 금속화폐(금, 은, 동)로 점차 대체되었다.

금과 은은 크기가 작아도 가치가 크고 휴대가 간편할 뿐 아니라 분할이 쉬워 화폐의 역할을 충당하기에 충분했다. 이 때문에 금과 은은 장기간 일반 등가물, 즉 화폐의 지위를 유지할 수 있었다. 사람들은 금과 은의 세계적 분포 상황을 점차 파악하기 시작했고, 그 속성에 대한 인식이 높아지고 채굴 기술이 계속 발전하면서 서방에서는 황금이 점차 화폐로서 주도적인 지위를 점했다. 그러나 법정화폐제도는 19세기 이후 근대에 들어서야 확립되었다.

세계 금융사에서 황금을 본위화폐로 삼는 금본위제는 매우 중요한 위치를 차지하고 있다. 금본위제는 세 가지 다른 형식, 즉 금화본위제, 금괴본위제, 금환본위제를 거쳐 왔다. 그중 '금화본위제'는 전형적인 금본위제다. 1816년 영국에서 최초로 시행되었고, 1871년 이후 30년 동안 유럽, 미국, 일본 등 시장경제 국가들이 차례로 금화본위제를 도입했다. 이 화폐제도는 세 가지 특징을 지니고 있다. 첫째, 금화는 본위화폐로 법정 금 함량을 가지고 있고 자유롭게 주조하고 용해할 수 있다. 둘째, 금화는 자유롭게 유통·저장되고, 각종 보조화폐(동전)를 금화나 금으로 자유롭게 교환할 수 있다. 셋째, 금은 자유롭게 수출하거나 수입할 수 있다. 위에서 말한 특징은 금화의 통화가치와 외화 환율을 상대적으로 안정시켰고, 금화본위제가 비교적 안정된 화폐제도로 자리잡는 데도 일조했다. 또한 자본주의 시장경제의 태동과 발전에도 긍정적인 촉진 작용을 했다.

그러나 20세기에 들어서자 상황은 완전히 뒤바뀌었다. 제1차세계대전이 발발하면서 금화본위제를 유지하기 위한 필수조건인 자유로운 유통, 태환, 수출입이 점차 불가능해졌다. 전쟁이 일어난 후 유럽대륙에는 금화가 유통되지 않았고, 각 교전국은 앞다투어 금을 함유하지만 현금으로 바꿀 수 없는 국가 법정 지폐를 발행했다. 이는 심각한 통화팽창을 촉발시켰고, 그 결과 금본위제는 세계적으로 붕괴되었다. 원인을 따져보면 각 시장경제 국가의 경제 발전 불균형이 가장 큰 문제였다. 미국, 독일 등 경제 후발국들은 앞서 경제가 발전했던 영국, 프랑스 등 국가를 따라잡거나 추월했다. 각국은 경제력에 따라 근본적 변화가 발생했다. 이런 변화는 세계 금 보유의 판도를 새롭게 짰고, 각국 금 보유의 심각한 불균형을 심화시켰다. 특히 제1차세계대전 중 거액의 군사비 지출로 유럽대륙의 각 교전국에서 대량의 황금이 빠져나갔다. 황금 보유량이 비교적 많은 영국, 프랑스, 독일조차 금 보유 불균형의 늪에 연이어 빠지고 말았다. 국가 경제가 더 큰 위기에 빠지는 것을 막기 위해 각국은 황금의 자유로운 유출을 막았고 국내 은행권의 금 교환을 중단했다. 더불어 명목상의 금만을 함유한 불환지폐를 대량 발행해 급한 불을 껐다. 이렇게 해서 금화본위제를 지탱하는 세 가지 기반(자유로운 유통, 태환, 수출입)이 완전히 붕괴되었다.

　제1차세계대전이 종식된 후 각국의 경제 발전 불균형과 금 보유 불균형이 종전보다 훨씬 심각해지자 일부 국가는 어쩔 수 없이 변종 금본위제, 즉 금괴본위제와 금환본위제를 시행해야 했다. 이 두 가지 변종 금본위제의 시행은 국내의 금화 유통을 금지하고, 은행권과의 금 교환 및 금의 수출입을 제한했다. '금괴본위제'는 일정 중량의 금으로 교환할 수 있는 은행권만 발행하고, 은행권은 일정 수량 이상만 발행 은행에서 금괴로 교환할 수 있다. 영국과 프랑스 두 나라는 각각 1925년과 1928년에 금괴본위제를 실시했다. '금환본위제'는 한 나라의 화폐와 금화본위제를 시행하는 또 다른 국가의 화폐 사이에 고정 비교 가격을 유지하고, 이 나라에 일정 수량의 외화나 금을 평준 기금으로 비축하고 간접적으로 금본위제를 시행하는 것을 가리킨다.

　더 심각한 상황은 금괴본위제와 금환본위제가 1929년 발발한 인류 역사상 최악의 경제 위기와 함께 또 한 번 역사의 수렁으로 내몰린 것이다. 세계경제 위기는 매우 빠른 속도로 국제통화위기를 유발했다. 금의 지불 청구 쇄도와 금의 외부 유출 때문에 일부 국가는 금괴본위제 또는 금환본위제를 포기해야 했고, 미국도 1933년에 수년 동안 유지해온 금화본위제를 포기하는 데 이르렀다. 1936년에 이르자 금괴본위제와 금환본위제를 끝까지 고수하던 프랑스, 스위스, 이탈리아 등도 결국 포기했다. 상황이 이렇게 되자 모든 시장경제 국가가 금은에 기반을 두지 않고 국가 지폐의 유통을 현금화시키지 않는 지폐제도를 시행했다. 이때부터 금본위제는 역사의 무대에서 완전히 사라졌다.

지폐제도가 시행되면서 금은은 화폐로 유통되지 않았다. 본위화폐로 사용되는 지폐는 국내 유통 분야에서 금은과 직접적인 연관 관계가 없었다. 국제환 관계에서도 황금은 결국 국제 화폐 체계의 근간이라는 역할을 상실했다. 그래서 새로운 국제통화 질서를 구축하기 위해 1944년 7월 44개국이 참가한 국제통화회의에서 〈브레튼우즈협정 (Bretton Woods Agreements)〉을 통과시켰고, 달러를 중심으로 한 국제통화 체제가 만들어졌다. 미국은 두 차례 세계대전 기간에 얻은 경제·정치·군사적 우위를 이용해 국제통화 질서를 주도하기 시작했다.

브레튼우즈 통화 체계의 핵심 내용은 다음과 같다.

- 황금을 통화의 기초로 삼고, 달러를 가장 중요한 국제 준비 통화로 보유한다.
- '이중 연동' 국제통화체제를 실행한다. 즉, 달러와 황금을 직접 연동한다. 달러를 기축통화로 삼아 금 1온스를 35달러로 고정시키고, 다른 회원국의 통화를 달러와 직접적으로 연동시킨다. 다시 말해, 황금 관가에 따라 각국 화폐와 달러의 태환 비율을 정한다.

이때부터 각국 국내 화폐의 유통은 이미 황금과 직접적인 연관이 없어졌지만 달러 한 개가 황금과 같아지는 양상이 나타났다.

그러나 미국은 제2차세계대전 이후 냉전 중에 연이어 전쟁(한국전쟁, 베트남전쟁)에 개입해야 했고, 유럽 각국과 일본이 전후 빠르게 복구되면서 미국의 국제수지 상황이 날로 악화되었을 뿐 아니라 황금도 계속 대량으로 빠져나갔다. 1960년 말 미국의 금 보유량은 이미 단기 부채보다 적었다. 1970년 미국의 금 보유량은 2억 5,000만 온스로 감소했는데, 이는 3분의 2 정도가 빠져나간 셈이었다. 이런 상황에서 1960년부터 달러의 연속적인 위기가 발생했다. 각국은 앞다투어 달러를 투매하고 금 사재기에 돌입해 달러 환율의 지속적인 하락을 초래했다. 1971년 8월 15일 미국 정부는 어쩔 수 없이 각국 중앙은행이 미국 달러를 금으로 교환하는 일을 중단하겠다고 발표했고, 뒤이어 달러는 연이어 평가절하했다. 달러의 금 교환 중단과 달러의 평가절하는 달러를 중심으로 고정환율의 특징을 지니던 브레튼우즈체제가 그 끝을 향해 달려가고 있다는 것을 보여주었다.

브레튼우즈 통화 체계가 붕괴된 후 그 공석을 메우기 위해 1974년 7월 국제통화기금(IMF)은 주요 국제 준비자산이었던 '특별인출권'의 환율을 '복수통화바스켓제도'에 따라 16종 화폐를 기반으로 계산했다. 이때부터 환율은 달러나 금과 연동되지 않았다. 그 후 1976년 1월 IMF는 〈자메이카협정〉을 체결했고, IMF의 모든 협정 조항에서 과거 금과 관련된 모든 규정을 삭제했다. 이때부터 금은 국제통화체제의 기초이자 화폐 정가의 기준으로서 자격을 잃었다. 국제환 관계에서도 금과의 직접적인 연계가 사라졌다. 이렇게 해서 금(金)은 화폐로서 역사적 사명을 다했고, 일반 등가물, 가치척도, 유통수단, 지불수단의 역할을 상실했다. 이때부터 금속화폐는 역사의 뒤안길로 사라지고, 현대의 지폐제도, 즉 '지폐본위제'가 시행되어 국가가 금은을 배제시킨 불환 국가 지폐의 유통을 직접 실행할 수 있는 지폐제도를 구축했다. 예를 들어, 중국 런민비는 본위화폐로서 불환 국가 지폐이며, 금을 기반으로 하지 않을 뿐만 아니라 국가가 발행하고 유통을 강제하는 국가 법정화폐다. 지금 각국에서 발행하는 지폐 상황을 볼 때 비록 국가별로 현대 지폐제도에 다소 차이는 있지만, 금은을 기반으로 하지 않는 불환지폐 유통에 속하는 지폐제도이기만 하면 그것은 국가가 발행하고 유통을 강제하며 본위화폐로 삼는 불환지폐라 할 수 있다.

지금까지 지폐의 탄생과 발전 과정을 대략적으로 살펴보았다.

세계의 주요 지폐

중국의 위안화, 마카오의 마카오 달러, 타이완의 타이완 달러, 홍콩의 홍콩 달러, 알바니아의 렉(Lek), 오만의 리알(Rial), 아제르바이잔의 마나트(Manat), 이집트의 파운드(Pound), 에티오피아의 비르(Birr), 알제리의 디나르(Dinar), 아프가니스탄의 아프가니(Afghani), 아르헨티나의 페소(Peso), 아랍에미리트의 디르함(Dirham), 아루바의 플로린(Florin), 코트디부아르 아프리카 금융 공동체의 프랑(Franc), 쿠웨이트의 디나르(Dinar), 크로아티아의 쿠나(Kuna), 케냐의 실링(Shilling), 레소토의 루티(Loti), 라오스의 키프(Kip), 레바논의 파운드, 라이베리아의 달러, 스와질란드의 릴랑게니(Lilangeni), 수단의 파운드, 수리남의 길더(Guilder), 솔로몬제도의 솔로몬제도 달러, 소말리아의 실링, 리비아의 디나르, 르완다의 프랑, 루마니아의 레이(Lei), 마다가스카르의 프랑, 몰디브의 루피야(Rufiyaa), 몰타의 파운드, 말라위의 콰차(Kwacha), 말레이시아의 링기트(Ringgit), 마케도니아의 데나르(Denar), 마셜제도의 달러, 모리셔스의 루피(Rupee), 모리타니아의 우기야(Ougiya), 미국의 달러, 몽고의 투그릭(Tughrik), 벵골의 타카(Taka), 나미비아의 달러, 남아프리카의 랜드(Rand), 슬라브의 디나르, 나우르의 호주 달러, 네팔의 루피, 페루의 솔(Sol), 몰도바의 레이(Lei), 모로코의 디르함, 모잠비크의 메티칼(Metical),

멕시코의 페소, 코스타리카의 콜론(Colon), 그레나다의 동카리브 달러 (East Caribbean Dollar), 조지아의 라리(Lari), 쿠바의 페소, 가이아나의 가이아나 달러, 카자흐스탄의 텐게(Tenge), 아이티의 구르드(Gourde), 대한민국의 원(Won), 온두라스의 렘피라(Lempira), 키리바시의 호주 달러, 지부티의 프랑, 키르기스스탄의 솜(Som), 기니의 프랑, 기니비사우의 페소(Peso), 캐나다의 캐나다 달러, 가나의 세디(Cedi), 캄보디아의 리엘(Riel), 체코의 코루나(Koruna), 짐바브웨의 짐바브웨 달러, 코모로의 프랑, 케이맨제도의 달러, 카타르의 리얄(Riyal), 타지키스탄의 루블, 태국의 바트(Baht), 통가의 팡가(Paanga), 트리니다드 토바고의 트리니다드 토바고 달러, 튀니지의 디나르, 터키의 리라(Lira), 투르크메니스탄의 마나트, 바누아트의 바투(Vatu), 과테말라의 케찰(Quetzal), 베네수엘라의 볼리바르(Bolivar), 브루나이의 브루나이 달러, 우간다의 실링, 우크라이나의 흐리브냐(Hryvnia), 우루과이의 페소, 우즈베키스탄의 솜, 서사모아의 탈라(Tala), 싱가포르의 싱가포르 달러, 뉴질랜드의 뉴질랜드 달러, 헝가리의 포린트(Forint), 시리아의 파운드, 자메이카의 자메이카 달러, 아르메니아의 드람(Dram), 예멘의 리알(Rial), 이라크의 디나르, 이란의 이알, 이스라엘의 세켈(Sheqel), 인도의 루피, 인도네시아의 루피, 영국의 파운드, 요르단의 디나르, 베트남의 동(Dong), 잠비아의 콰차(Kwacha), 칠레의 페소, 중앙아프리카공화국의 프랑, 니카라과의 코르도바(Cordoba), 니제르공화국의 프랑, 나이지리아의 나이라(Naira), 노르웨이의 크로네(Krone), 스위스의 프랑, 엘살바도르의 엘살바도르 크론(El salvadoran Colon), 세르비아공화국의 디나르, 시에라리온의 리온(Leone), 세네갈의 아프리카 금융공화국의 프랑, 세이셸의 루피, 사우디아라비아의 리얄, 상투메 프린시페의 도브라(Dobra), 세인트빈센트 그레나딘의 동카리브 달러, 스리랑카의 루피, 안도라의 프랑, 앙골라의 콴자(kwanza), 앤티가 바부다의 동카리브 달러, 오스트레일리아의 달러, 바베이도스의 바베이도스 달러, 파푸아뉴기니의 키나(Kina), 바하마의 바하마 달러, 파키스탄의 루피, 파라과이의 과라니(Guarani), 바레인의 디나르, 파나마의 달러, 브라질의 레알, 벨라루스의 루블, 버뮤다의 버뮤다 달러, 불가리아의 레프(Lev), 베닌의 아프리카 금융공동체의 프랑, 아이슬란드의 크론, 폴란드의 즐러티(Zloty), 보스니아 헤르체고비나의 마르카(Marka), 볼리비아의 볼리비아노(Boliviano), 벨리즈의 벨리즈 달러, 보츠와나의 풀라(Pula), 부탄의 눌트럼(Ngultrum), 브룬디의 프랑, 북한의 원, 덴마크의 크로네(kroner), 도미니카공화국의 페소, 러시아의 루블, 에콰도르의 수크레(Sucre), 에리트레아의 낙파(Nakfa), 필리핀의 페소, 피지의 피지 달러, 카보 베르데의 에스쿠도(Escudo), 감비아의 달라시(Dalasis), 콩고의 프랑, 콜롬비아의 페소.

현재 전 세계에는 총 160여 종의 화폐가 존재한다.

위에서 거론한 화폐 말고도 다양한 재질의 금속 동전이 있다. 현재 호주, 버뮤다, 브루나이, 뉴질랜드, 파푸아뉴기니, 루마니아, 베트남 등 일곱 개 국가에서는 플라스틱 재질의 화폐를 사용하고 있다. 이외에도 플라스틱 화폐를 실험적으로 사용하는 나라들이 적지 않다. 중국도 용 문양을 넣은 액면가 100위안짜리 플라스틱 기념 화폐를 발행한 적이 있다.

플라스틱 지폐는 미국이나 오스트레일리아의 업체에서 생산한 기판을 주로 사용한다. 기판 자체가 방수와 방습이 되고, 그 안에는 복사 방지와 같은 위조 방지 기술이 들어 있다. 위조를 방지하기 위해 플라스틱 지폐에 투명 창, 엠보스 가공처럼 종이 지폐보다 훨씬 복잡한 첨단 기술이 집약되어 있다. 플라스틱 지폐의 장점은 다음과 같다.

- 보존 기한이 종이 재질 화폐의 몇 배나 길기 때문에 종이 지폐의 마모와 변색 등의 문제를 보완할 수 있다.
- 시각적으로 지폐 표면이 훨씬 정교하고 깔끔한 인상을 준다.

또 플라스틱 지폐의 단점은
다음과 같다.

- 제조원가가 전통적인 종이
  화폐의 몇 배에 상당한다.
- 대체 지폐의 회수 및 폐기
  등에 드는 원가도 적지 않다.
- 플라스틱 지폐도 위조가 가
  능하다.

▶ 중국이 2000년 11월 28일에 새로운 밀
레니엄을 기념하기 위해 발행한 플라스
틱 지폐

그래서 단기간 내에 세계적으
로 플라스틱 지폐가 종이 화폐를 완전히 대체하기 힘들다. 그러나 어찌
됐든 종이 화폐는 여전히 다방면의 도전에 직면해 있다.

영국 중앙은행은 2016년부터 플라스틱 지폐를 발행해 현재 사용
중인 종이 화폐를 서서히 대체해나가고 있다. 당시 영국 중앙은행은 우
선 처칠의 모습이 인쇄된 5파운드짜리 플라스틱 화폐를 발행한 뒤 이
어서 10파운드짜리 플라스틱 화폐를 발행할 계획을 세웠다. 플라스틱
화폐는 현재 지폐보다 크기가 조금 작기 때문에 사용자가 지갑에 넣고
다니기 더 편리하다. 영국 언론에 따르면, 2003년부터 2011년까지 영국
에서 여러 가지 이유로 훼손된 종이 지폐의 가치는 5억 파운드가 넘었
다. 영국 중앙은행은 플라스틱 지폐가 본격적으로 사용되면 연간 적어
도 1,000만 파운드에 달하는 구권 회수 및 폐기 비용을 절약할 수 있을
것으로 보고 있다.

지폐는 전자화폐의 도전에도 직면해 있다. 직불 카드, 온라인 지불,
전자 지갑 등이 지폐의 독점적 지위를 어느 정도 대체하고 있다. 미국
의 한 시장 투자회사가 최근 발표한 보고에 따르면, 100달러 지폐를 제
외한 나머지 지폐의 발행 부수가 매년 감소해 1980년 이후 최저 수준

에 이미 도달했다. 이와 함께 미국의 개인 전자 지불 시스템이 발달하면서 어느 정도 규모를 갖춘 회사들도 그 흐름에 들썩이고 있다. 미국 재블린 전략 연구소(Javelin Strategy & Research)의 보고에 따르면, 미국 국내 개인 지불 업무의 총 규모는 현재 216억 달러에 이른다. 또 다른 연구 기관은 미국의 개인 지불 업무가 이미 800억~1200억 달러에 달하는 거대 시장으로 성장했다고 추정한다. 더 놀라운 사실은 현재 미국 은행들이 전자 지불이야말로 미국 지불 체계의 미래라는 결론에 대부분 동의하고 있다는 것이다. 또 현재 세계 주류 국가들은 모두 '무현금' 거래 궤도에 진입하고 있고, 종이 화폐는 프린터기나 유선전화처럼 점차 사양길로 접어들 가능성이 높다.

종이 화폐의 존폐 여부

2014년 5월 이스라엘은 현금 거래 폐지를 선언했고, 많은 나라와의 거래에서 대부분의 자금을 전자 기기를 통해 지급했다. 이런 상황은 종이 화폐의 존폐를 둘러싼 민감한 이슈로 떠올랐다.

지금까지 이 이슈와 관련해 전혀 상반된 두 가지 관점이 존재한다.

하나는 전자화폐가 종이 화폐를 대체할 수 있을 것이라는 긍정적인 관점이다. 그 이유는 다음과 같다. 첫째, 전통 화폐와 비교해 전자화폐는 거래의 효율성을 높이고 거래 원가를 낮출 수 있다. 전자화폐는 전통 화폐를 대체해 주요 거래와 지불의 수단이 되고 있는데, 이는 이미 돌이킬 수 없는 세계적인 추세다. 둘째, 신용카드와 온라인 화폐의 발전은 현대인의 삶에 큰 변화를 불러일으킬 것이다. 이러한 변화가 오면 은행은 오프라인에서 온라인으로 플랫폼이 이동하고, 고객과 네트워크를 통해서만 거래해야 한다. 심지어 2050년을 전후로 지폐가 전자화폐로 대체되고, 시중 은행은 다 사라진 채 전국적으로 딱 하나 존재하는 중앙은행이 기업과 개인의 계좌를 하나로 통합해 집중 관리할 것이다. 그때가 되면 거래의 투명성을 높이고 은행에 대한 대출 원가도 줄어든다. 요컨대, 전자화폐는 경제의 성장 속도를 가속화하고 인류의 금융 활동을 간소화하는 데 큰 역할을 할 수 있다. 따라서 전자화폐가 지폐를 대체하는 것은 이제 거스를 수 없는 추세다. 이는 점진적인 역사 과정으로 상당히 긴 시간 지폐와 전자화폐가 동시에 유통되는 상황이 불가피하지만, 언젠가는 결국 전자화폐가 지폐를 완전히 대체하는 날이 올 것이다.

또 다른 관점은 전자화폐가 지폐를 대체할 수 없을 것이라는 부정적인 관점이다. 그 이유는 다음과 같다. 첫째, 전자화폐는 통화 가격 기준이 부족해 상품의 가치와 가격을 별도로 측정할 수 없고, 가치 보존수단이 없어 현실 화폐의 가치척도 기능과 가치 저장 기능에만 의존해야 한다. 둘째, 전자화폐의 유통과 사용은 반드시 일정한 기술 설비 조건과 소프트웨어의 지원을 갖추어야 하므로 유통수단의 기능을 온전히 수행할 수 없다. 셋째, 전자화폐는 지불수단의 기능을 완벽하게 독립적으로 수행할 수 없다. 현 단계의 전자화폐는 기존 통화를 기반으로 하는 새로운 화폐 형태나 지불 방식에 지나지 않는다. 넷째, 전자화폐는 엄청난 신용위기를 초래할 수 있다. 만약 핵심 기술과 데이터만 확보하면 위조화폐가 대량으로 발급될 수 있고, 이는 결국 발행 기관에 심각한 손실로 이어질 뿐 아니라 신뢰도에도 치명타를 안길 수밖에 없다. 또한 전자화폐 보유자의 신용카드 번호와 비밀번호 등 신상 데이터가 도용되면 재산 피해 등 책임 분쟁을 일으키고, 그 결과 전자화폐의 수용 정도에 영향을 줄 뿐만 아니라 전체 전자화폐 시스템의 신뢰도 위기로 이어질 수 있다.

그러나 위의 두 관점 가운데 무엇에 동의하든 지폐에 수많은 폐단과 엄청난 보안상의 문제가 존재하는 것만은 확실하다.

- 지폐는 거대한 자원의 낭비를 초래한다. 지폐의 사용 수명은 다른 형식의 화폐와 비교해봤을 때 가장 짧다. 지폐 한 장은 고작 3년 동안 유통되면 더는 사용되지 않는다. 일반적으로 지폐 한 장의 사용 기한은 18~20개월 정도다. 만약 지폐를 장기간 사용하지 않은 채 땅에 묻거나 방치하면 곰팡이가 피거나 썩는다. 이것이 바로 국가에서 새로운 화폐를 계속 발행해야 하는 이유다.
- 지폐는 장기간 사람들의 손을 거쳐 돌고 돌기 때문에 세균과 바이러스를 퍼트리기 쉬운 매개체가 되기도 한다. 지폐 표면에 서식하는 무수한 세균이 인간의 건강과 생명에 악영향을 미칠 수밖에 없다.
- 거액의 지폐 뭉치는 휴대가 편하지 않을 뿐 아니라 안전상에도 위험이 따른다.
- 지폐는 사용하려면 반드시 휴대해야 한다는 특징 때문에 각종 범죄에 노출되기 쉽다. 그러나 첨단 과학기술로 만든 전자화폐는 첨단 기술의 도움을 받지 않으면 일반 범죄자들이 함부로 손에 넣을 수 없다. 전자화폐의 안정성은 지폐보다 훨씬 높다.

이런 면에서 전자화폐는 상대적으로 독자적인 장점이 있다.

- 전자화폐는 지폐보다 안전한 암호 시스템을 가지고 있다. 특히 반도체 뱅킹 카드가 등장하면서 안전성이 계속 높아지고 있다.
- 전자화폐는 현금으로 사용되는 지폐보다 인체에 무해하다.
- 전자화폐의 사용 수명은 현금보다 훨씬 길고 내구력이 강하다.

전자화폐의 안전성에 대한 여러 우려가 존재하지만, 이런 문제는 과학기술이 끊임없이 발전하면서 점차 해결될 것이다. 어찌 됐든 전자화폐가 지폐를 대체하는 것은 역사 발전의 필연적인 추세이며, 이는 실

돈의 탄생

물화폐가 금속화폐에서 신용화폐로 대체되어온 과정과 다르지 않다. 역사의 수레바퀴는 계속 굴러가야 한다.

지폐가 사라지면 중국은 앞으로 어떤 길을 가게 될까?

만약 서방 선진국이 지폐 사용을 중단한다면 중국의 상황은 어떻게 흘러갈까?

일각에서는 중국의 부가 100배 이상 줄어들어 결국 다시 빈곤의 늪에 빠질 것이라는 비관적인 의견을 내놓고 있다. 이 사람들에게 화폐는 물건의 가치를 대변할 수 있고 안전하고 유통 가능하며 신용이 있어야 한다. 인류 문명은 몇천 년의 시간이 흘러서야 비로소 귀금속 화폐를 종이 화폐로 대체할 수 있었고, 이제는 유럽, 미국, 일본 등의 은행이 서로의 장벽을 허물고 하나가 되어 종이 화폐를 인터넷 화폐로 대체하고 있다. 이들은 새로운 종이 화폐를 사용해 유로화, 달러화, 엔화를 통합할 수도 있었지만, 그 이익은 고작 100배에 불과할 뿐이었다. 반면, 인터넷 화폐를 사용하면 그 이익이 1만 배에 달했다.

게다가 음모론의 관점에서 볼 때 중국과 러시아가 이런 조치에 빠르게 반응할 시간이 없기 때문에 서방국가가 단번에 사이버 화폐를 대량으로 발행할 가능성이 더 크다. 지금 유럽, 미국, 일본이 앞다투어 지폐를 찍어내고 있는 이유도 개발도상국의 국부를 증발시키는 한편 자국 통화를 국제통화로 만들기 위해 거래량을 늘리는 것이다. 이는 표면적으로 화폐의 신용도를 떨어뜨리고 비교적 낮은 가격대에서 수중의 화폐를 귀금속과 교환하도록 유도한다. 그런 후 이미 일반 상품이 되어버린 금을 다시 화폐로 만들면, 선진국에서는 이때 금을 공매하게 된다. 이렇게 해서 당신이 수중의 지폐와 맞바꾼 황금은 돌무더기와 다르지 않고, 국가 내부의 화폐 보유량은 자연히 증가해 그 양이 10배,

20배, 심지어 100배까지 치솟을 수 있다. 이때 갑자기 지폐의 폐지를 선언하면 은행은 시중에 발행된 화폐를 회수해야 한다. 수천수만 개의 은행 네트워크가 해당 은행이 보유하고 있는 지폐에 근거해 사이버 화폐로 교환하고, 다시 네트워크 연결을 이용해 아무런 위험이나 어려움 없이 인수인계 작업을 쉽게 완성할 수 있다.

그럼 사이버 화폐와 종이 화폐의 교환 비율은 어떻게 될까? 이 비율은 유럽이나 미국처럼 사전 모의를 했던 국가들이 결정해야 한다. 이들이 정한 비율에 따라 교환하면 유럽, 미국, 일본의 신용은 자연히 새롭게 회복되고 이전보다 더 좋아질 것이다. 미국, 유럽, 일본은 각자 이로 인해 100배 이상의 부를 창출하고, 지난 부채(미국 국채 등)를 탕감하며, 채무 위기도 환율의 태환 덕에 모조리 사라지게 할 수 있다. 그래서 지금 미국, 유럽, 일본 등은 전례 없이 힘을 합치며 극단적일 만큼 강경한 입장을 고수하고 있다. 중국은 거대한 대가를 치르고 위안화를 세계적인 화폐로 만든다 해도 일단 선진국이 종이 화폐를 폐지하면 위안화도 순식간에 평가절하해 휴지조각이 될 수 있다. 그때 위안화를 보유한 나라는 엄청난 경제적 손실을 입을 뿐 아니라 경제적으로도 고립될 것이다. 그리고 중국은 제3세계 개발도상국과 정치적으로 우호 관계를 회복해야 하고, 또 더 큰 부를 쏟아부어 그들에게서 위안화를 회수해야 한다. 이렇게 되었을 때 중국의 재정적 손실은 100배 이상 될 것이다.

어쩌면 이런 소름 끼치는 결말은 중국과 개발도상국들의 노력을 통해 피할 수 있거나 그 진행 과정을 늦출 수 있을지 모른다. 그러나 위험을 미연에 방지하는 것도 중요하다는 사실을 중국은 물론 다른 개발도상국들도 깨달을 필요가 있다.

07

결론

중국은 1만 년이 넘는 문명 발전의 역사 속에서 무수한 기적을 만들어냈다. 패폐(貝弊), 도폐(刀幣), 환전(圜錢), 동전(銅錢), 철전(鐵錢), 황금, 백은부터 지폐에 이르기까지 인류가 창조한 모든 화폐 형태는 19세기 중국 근대 이전에 이미 출현하거나 사용되었다. 지폐의 발명과 사용을 통해 우리는 고대 중국인의 지혜와 용기를 엿볼 수 있다. 더불어 발명과 혁신의 과정에서 사물의 존재와 발전의 질서를 존중하는 것도 중국의 선조들이 후세에 물려준 귀한 유산이라 할 수 있다. 세상의 모든 사물은 탄생-발전-멸망의 과정을 거치는데, 화폐는 특히 더 그렇다. 인류는 이기적이고 탐욕스러운 본성 때문에 역사의 전철을 되밟아서는 안 된다. 화폐의 역사는 바로 인간의 본성과 국가의 흥망성쇠를 반영한 가장 생생한 교과서라고 할 수 있다.

현대 종이 화폐(신용화폐)는 금은화폐에서 변천해왔다. 화폐 변천은 사회경제의 발전 과정이고, 그 내적 원인은 상품화폐 형식의 상대성과 간접성에 따라 결정되는 화폐 매개체의 대체 가능성이다. 종이 화폐는 황금을 기반으로 하지 않고 황금과 아무 관련도 없지만 본위화폐로서 모든 기능을 수행한다. 종이 화폐는 사회가 공인한 상품 가치의 기호이자 대표이며, 일반 등가물이나 일반 등가물의 부호가 아니다. 전통적 화폐 이론의 주요 연구 대상은 금은과 이것에서 파생된 형식이었다. 그러나 제2차세계대전 이후 70년 동안 황금은 점차 본연의 화폐 기능을 잃었고, 금은을 배경으로 하지 않는 불환지폐가 그 자리를 대신했다. 종이 화폐의 발행에 대한 강력한 규제가 없기 때문에 각국 정부는 통화정책을 이용해 경제활동에 개입할 수 있는 공전의 자유를 얻었다. 이는 과도한 인플레이션과 '거품' 및 일시적 경제 번영을 보편적으로 야기했다.

화폐 발전의 역사에서 종이 재질 화폐의 출현은 한차례 중대한 변혁이었다. 종이 화폐는 황금의 '황금시대'를 종식시키고 본위화폐의 지위에 올라 모든 상품의 세계를 자유로이 활보했다. 또한 지폐는 화폐의 '황금시대'를 끝내고 처음으로 가치 없는 기호를 이용해 직접적으로 가치를 대신했는데, 이때부터 화폐는 일반 등가물을 뛰어넘어 사회경제에서 '판도라의 상자'를 여는 역할을 했다. 그러나 역사를 돌이켜보면 인류 최초의 거래 방식은 물물교환이었고, 시간이 흐르면서 조개껍데기를 화폐로 삼다가 다시 구리, 황금, 백은을 거쳐 지폐로 발전해나갔다. 역사적 관점으로 볼 때 사물은 모두 탄생-발전-멸망의 주기를 가지고 있고, 종이 화폐도 그 길을 걸어가고 있다. 머지않은 미래에는 어쩌면 더 편리한 물건이 지폐를 대체할지도 모른다. 그 물건은 우리가 이미 보았거나 사용하고 있는 전자화폐이자 미래의 디지털 화폐일 수도 있고 다른 화폐가 될 수도 있다.

제 4 장
군림

01

금융의 나라

'세계의 근대 금융업은 16세기 네덜란드에서 기원한다.' 이는 세계 금융학계의 공통된 인식이다. 이 관점을 뒷받침하는 주요 근거는 두 가지다. 첫째, 네덜란드는 역사상 최초의 주식제 유한회사의 발원지다. 둘째, 네덜란드는 현대 금융 수단의 탄생지다.

17세기 초에 네덜란드인은 현대 자본주의제도를 확립했다. 은행, 신용, 보험 및 유한책임회사를 유기적으로 통합해 상호 관통하는 금융과 상업 체계로 만들었고, 이를 통해 네덜란드라는 작은 나라에 폭발적인 부의 성장을 안겨주었다. 네덜란드에서 발명한 이 현대 금융 체계는 영국을 부상시키고 미국을 강대하게 만들었으며, 런던과 뉴욕을 새로운 세계 금융 중심지로 만드는 데 일조했다.

최초의 증권거래소

네덜란드 동인도회사가 설립된 뒤 2년째 되던 해인 1603년에 네

▶ 1603년 네덜란드인이 설립한 세계 최초의 주식거래소인 암스테르담 증권거래소

덜란드인은 암스테르담에 세계 최초의 증권거래소 '암스테르담 증권거래소(Amsterdam Security Exchange)'를 세웠다. 10년 후 원양 항해선은 큰 성과를 거두며 돌아왔고, 동인도회사 주식을 가진 사람은 모두 두둑한 보상을 받았다. 암스테르담 증권거래소는 역사적으로 선물옵션, 선물, 보증금 거래, 공매, 공매도 공격, 통정매매(Matched orders), 주식 공매도(Short stock) 등 수많은 주식 조작 기술의 혁신을 거듭해왔다.

① 선물옵션

선물옵션은 선택권이라고도 불린다. 이것은 매입자가 매도자에게 선물옵션 비용(권리금)을 지급한 뒤 향후 일정 기간 또는 특정 날짜 안에 미리 정해진 가격으로 매도자에게 일정 수량의 특정 표적물을 구매하거나 판매할 권리를 가리킨다. 그러나 매입과 매도의 의무를 반드시 져야 하는 것은 아니다.

② 선물

선물은 현물과 상대적 개념이다. 현물은 실제로 거래할 수 있는 상품이지만 선물은 상품이 아니라 면화, 콩, 석유 등 대중적인 제품이나 주식, 채권 등 금융자산을 표적물로 삼아 거래할 수 있는 계약이다. 따라서 이 표적물은 황금, 원유, 농산품, 또는 금융 수단과 같은 모종의 상품이 될 수 있다. 선물을 주고받는 날은 일주일, 석 달, 심지어 일 년 후가 될 수도 있다.

③ 보증금 거래

보증금 거래는 증권을 거래하는 당사자가 증권을 매매할 때 증권사에 일정액의 보증금이나 증권을 지불하고 증권사가 대주, 대차 거래를 진행하는 것을 가리킨다.

보증금 거래는 보증금 매입 거래와 보증금 매도 거래로 나뉜다. 보증금 매입 거래는 가격이 오를 것으로 보이는 어떤 주식을 주식 매매자가 매입하는 것을 말한다. 그러나 그는 일부 보증금만 지불하며, 나머지 금액은 중개인이 대신 지불하고 입체금 이자를 받는 동시에 이 주식의 저당권을 갖는다. 중개인이 이 주식을 은행에 저당 잡히고 받는 이자는 그가 은행에 지불하는 이자의 차액보다 높으며, 이것이 바로 중개인의 수익이 된다. 매매자는 이 입체금을 상환할 수 없을 때 중개인은 이 주식을 팔 권리를 갖는다.

보증금 매도 거래는 주식 매매자가 중개인에게 일부 보증금을 지불하고 가격이 떨어질 것으로 보이는 주식을 차입하고, 동시에 매도하게 하는 것을 가리킨다. 만약 이 주식 가격이 차후 하락하면 당시 시가에 따라 동일 금액의 주식을 매입해 대여자에게 상환하고, 매매자는 거래 과정에서 가격차익을 얻는다.

④ 공매

공매는 자신이 보유하고 있지 않은 주식을 매도하고, 주식이 하락했을 때 매수해 시세 차익을 얻는 것이다. 이는 일반 주식거래자들이 이익을 얻기 위해 자주 사용하는 방법이다.

⑤ 공매도 공격

공매도 공격은 내부 인사가 공모해 주식을 공매하고 다른 주식 보유자가 공포에 떨며 자신의 주식을 모두 내다 팔 때까지 기다렸다가 주식을 헐값에 되사서 이익을 얻는 것을 가리킨다.

⑥ 통정매매

통정매매는 공모자들 사이에서 주식을 역전시켜 주가를 조작하는 것을 말한다.

⑦ 주식 공매도

주식 공매도는 개인이나 집단이 비밀리에 모종 주식 또는 상품의 전체 유통 공급량을 전부 사들여 이 주식 또는 상품을 구입해야 하는 매수자가 어쩔 수 없이 조작된 가격으로 구매할 수밖에 없게 만드는 것을 가리킨다.

현대 은행 체계의 전신

환어음은 '환결산'이라고도 불린다. 이는 기업(송금인)이 대금을 수취인에게 지불하도록 은행에 의뢰하는 결산 방식이다. 환어음 원칙에 따라 회사와 개인의 각종 대금 결제는 모두 환결산 방식을 이용한다. 이 방식은 송금인이 외지에 있는 수취인에게 돈을 지불하기 편리하고 적용 범위도 매우 넓다. 즉, 환어음은 은행이 지불인으로서 대금을 지불하도록 위탁하는 것이다. 환어음 업무를 처리하는 은행이 바로 '환은행'이다. 16세기와 17세기에 세계 각국의 상인들이 암스테르담으로 모여들어 장사를 했고 다양한 화폐를 사용했다. 이 때문에 화폐는 그들에게 상거래의 걸림돌이 되었다. 금융에 관해 혁신적인 두뇌를 가지고 있었던 네덜란드인은 환은행을 설립해 다양한 화폐의 유통 문제를 해결했을 뿐만 아니라 수표와 자금 이체 시스템을 만들어 현대 은행의 기본 틀과 개념을 만들었다.

암스테르담은 금융 혁신을 통해 우수한 상업신용의 기반을 다졌고, 500년 전에 이미 국제금융 무역의 중심지가 될 수 있었다. 네덜란드

돈의 탄생

인은 인류 역사상 최초로 주식을 발행하고 최초의 주식거래 시장과 현대식 환은행을 세워 현대 금융의 이념과 형태를 인류 문명사 속으로 끌어들였다. 또한 국외 자금의 대량 유입과 국내 금융시장의 전례 없는 호황으로 암스테르담은 세계 최초의 금융 허브가 될 수 있었다.

전대미문의 호황

1602년 공화국 대의장 올덴바르네벨트(Johan van Oldenbarneveldt)의 주도로 네덜란드 동인도회사가 설립되었다. 그들은 융자를 받기 위해 주식을 발행했다. 당시 주식 인수 방식은 주식을 사려는 사람이 회사 사무실로 찾아가 회사에서 제공하는 노트에 자신이 빌려준 액수를 쓰고, 회사는 이들 주식에 대한 배당금을 약속하는 식이었다. 이것이 바로 당시 회사가 자금을 모으는 방법이었다. 이렇게 해서 회사는 총 자금 650만 굴덴(gulden, 네덜란드의 화폐단위)를 모았고, 그들은 사회에 분산되어 있던 부를 대외 확장 자본으로 만드는 데 성공했다. 동인도회사를 설립한 목적은 상선을 동남아로 보내 매매 거래 방식으로 당시 유럽에 없던 도자기, 향료, 방직품 등의 화물을 들여와 유럽에서 비싸게 파는 것이었다. 그러나 당시 누구도 독자적으로 거액의 자금을 들여 선단의 항해와 무역을 할 수 없었고, 이런 이유로 회사는 주식을 발행하는 방식으로 항행과 무역에 필요한 자금을 모아야 했다. 동인도회사의 주식을 구입한 사람에게 돌아가는 이윤은 황금, 화폐 또는 대출 등의 형식으로 지불되었고, 향신료로 직접 지불되기도 했다. 당시 사람들은 선단이 화물을 싣고 다시 돌아오기만 하면 이 화물들이 해를 거듭할수록 가치가 올라 엄청난 이윤을 얻을 것이라고 생각했다. 그래서 사람들은 동인도회사의 주식을 사들이기 위해 몰려들었다. 이때부터 네덜란드에 세계 최초의 증권거래소와 주식이 탄생했다.

막강한 사회적 융자의 뒷받침 속에서 회사는 설립된 지 5년 만에 매년 상선 50척을 해외로 파견했고, 그 수는 당시 스페인과 포르투갈 선단을 합친 것보다 많았다. 그러나 처음 10년 동안 동인도회사는 주주들에게 이자를 전혀 지불하지 못했고, 10년이 지난 뒤에야 처음으로 배당금을 지급했다. 그렇다면 이런 경영 방식이 어떻게 투자자들로부터 인정을 받을 수 있었을까? 그것은 네덜란드인이 새로운 자본 유통 체계, 즉 증권거래소를 만들었기 때문이다. 1609년 세계 최초의 증권거래소가 암스테르담에 설립되었고, 동인도회사의 주주들은 언제라도 거래소를 통해 수중의 주식을 현금으로 바꿀 수 있었다. 당시 암스테르담 증권거래소에는 1,000여 명의 주식 중개인이 활동하고 있었다. 그곳은 당시 유럽을 통틀어 가장 활발한 자본시장이었다. 이 때문에 역사학자들은 네덜란드 시민을 현대 상품경제제도의 창시자로 여긴다. 네덜란드 시민들은 은행, 증권거래소, 신용 및 유한책임회사를 유기적으로 통합해 서로 관통하는 금융과 상업 체계를 만들어 폭발적인 부의 성장을 이끌었다.

금융 혁신의 뒷받침 속에서 17세기 중엽까지 네덜란드 연합 공화국의 글로벌 비즈니스 패권의 지위는 이미 철옹성처럼 확고해졌다. 이때 네덜란드 동인도회사는 이미 1만 5,000개의 지사를 보유하고 있었고, 무역액이 세계무역 총액의 절반이 되었다. 네덜란드의 삼색 깃발을 내건 선단 1만여 척이 세계 오대양을 누볐다. 동아시아에서 그들은 타이완을 점거하고 일본의 대외무역을 독점했다. 동남아시아에서는 인도를 식민지로 만들었고, 아프리카에서는 포르투갈로부터 희망봉을 빼앗았다. 대양주(오세아니아)에서는 네덜란드 한 개 성의 이름을 따서 나라 이름을 뉴질랜드로 지었다. 남미에서는 브라질을 점령했고, 북미 허드슨강(Hudson River) 하구에 뉴암스테르담이라는 도시를 세웠다. 이 도시가 바로 지금의 뉴욕이다.

뒤이어 암스테르담 은행이 설립되었다. 이 은행은 영국의 중앙

돈의 탄생

은행인 잉글랜드 은행보다 대략 100년이 앞섰다. 주요 기능은 예금을 끌어들이고 대출을 풀어 네덜란드의 경제를 안정시키는 것이었다. 1609년 이전에 네덜란드에 국내외의 무수한 동전이 동시에 유통되었고, 화폐의 혼란이 네덜란드 무역과 경제에 타격을 안겨주면서 안정적인 화폐 체계의 확립이 절실해졌다. 이것이 바로 암스테르담 은행이 탄생하게 된 배경이다. 암스테르담 은행과 이전에 출현한 은행의 가장 큰 차이점은 고품질의 은행화폐를 제공할 수 있을 뿐 아니라 은행 계좌 보유자는 자신의 은행 계좌 잔액을 수시로 처분할 수 있다는 것이다. 이는 암스테르담 은행이 제공하는 은행화폐와 어음의 안정성과 편의성을 높였다. 이때부터 암스테르담 은행은 상업과 무역을 위한 최우선 결제 은행이 되었고, 국제은행으로서 틀을 갖추기 시작했다. 17세기에 암스테르담 은행은 세계에서 가장 중요한 어음 교환 센터로 발전했고, 이 역할은 1710년까지 이어졌다.

암스테르담 은행과 암스테르담 증권거래소의 설립으로 네덜란드의 화폐유통은 가속도가 붙었다. 이 시기 암스테르담은 이미 국제 결제 센터, 국제 귀금속 무역 센터 및 유럽 증권 거래의 중심지가 되었다. 화폐 유동성이 빨라지면서 네덜란드의 이율은 다른 유럽 국가보다 훨씬 높았다. 이것이 네덜란드 무역과 경제의 고속 확장을 효과적으로 지탱해주었고, 17세기 네덜란드가 세계적으로 급부상할 수 있는 중요한 동력이 되었다. 네덜란드는 명실상부한 국제금융센터였다. 그러나 당시 사람들의 머릿속에는 세계경제체제에 대한 개념이 없었기 때문에 네덜란드의 화폐 굴덴은 세계화폐의 맹주로 발전할 수 없었다. 이런 꿈을 실현한 화폐는 바로 스페인, 네덜란드, 프랑스를 연이어 격파한 뒤 해가 지지 않는 제국이라 불리던 대영제국에서 발행한 '파운드'였다. 파운드는 세계를 제패한 최초의 화폐라고 할 수 있다.

네덜란드의 강성은 1500년을 전후해 거의 한 세기 동안 세계 최강으로 군림한 스페인, 포르트갈과 확연하게 대비된다. 16세기 후반

이 되면서 해양 시대의 양대 강자였던 포르투갈과 스페인은 쇠락의 길을 걸었고 지금까지도 그 명성을 되찾지 못하고 있다. 반면, 네덜란드는 18세기에 이미 세계 패권의 자리를 영국에게 내주었지만 그들의 상업과 무역마저 완전히 쇠락의 길을 걸었던 것은 아니다. 실제로 지금도 네덜란드는 400년 전과 마찬가지로 풍요롭고 부유하다. 상업 제국이었던 네덜란드에서 만들어진 상업 원칙들은 지금까지도 전 세계에 여전히 영향을 미치고 있다. 이는 네덜란드인이 상업과 무역을 다른 어떤 일보다 우선순위로 두었기 때문에 가능한 일이다.

1656년 네덜란드 동인도회사가 파견한 외교사절단이 머나먼 동방의 나라 중국까지 찾아왔다. 네덜란드 사절단이 베이징에 도착했을 때는 청나라 조정이 중원에 입성한 지 8년째 되는 해였다. 만 리 길을 마다하지 않고 중국을 찾아온 붉은 털과 푸른 눈의 서양인을 맞아 청나라 황제는 물론 조정 전체가 흥분을 감추지 못했고, 이들은 만 리 밖에서 찾아온 사절단을 성대한 의식을 거행하며 융숭하게 대접했다. 당시 중국에 방문한 모든 네덜란드 외교사절단은 누구나 맞닥뜨리게 될 골칫거리와 대면해야 했다. 그것은 황제를 알현할 때 행해야 하는 삼배구고(三拜九叩, 세 번 절하고 아홉 차례 머리를 땅에 닿게 하는 인사법—옮긴이)였다. 사실상 18세기 말 영국 사절단이 중국에 찾아왔을 때까지 유럽 국가의 외교관 가운데 이런 까다로운 천조 규칙을 기꺼이 받아들일 수 있는 사람은 거의 없었다. 그러나 네덜란드인은 주저하지 않고 이 예법을 받아들였다. 순치 황제는 네덜란드 사절단을 접견하고, 유럽에서 온 가장 부유한 나라의 사절단에게 선물을 아끼지 않고 하사했다. 사절단 중 한 명인 요한 니에우호프(Johan Nieuhoff)는 훗날 삼배구고를 수락한 이유를 이렇게 기록했다. "우리는 단지 존엄을 위해 중대한 이익을 잃고 싶지 않았을 뿐이다." 네덜란드인에게 중대한 이익은 무엇이었을까? 그것은 바로 통상과 돈벌이였다.

튤립 거품의 붕괴, 영국과의 전쟁에서 네덜란드의 패배, 식민지의 흐름 및 영국 본토의 혁명으로 말미암아 암스테르담의 '국제금융무역중심'의 지위도 영국 런던으로 넘어갔다. 튤립 광풍은 세계 최초의 금융 거품이 되었고, 네덜란드의 뒤를 이어 역사의 무대에 오르고 금융 기적을 계속 이어나간 나라는 해가 지지 않는 제국인 영국이었다.

02

고독한 민족

산업혁명 이전의 영국은 여전히 전통적인 농업혁명 사회였지만 사면이 바다로 둘러싸인 매우 독특한 섬나라였다. 해양은 영국의 천연 국경이 되었고, 영국은 유럽대륙의 침입자들을 막아주는 방패막이 역할을 했다. 물론 이런 환경이 섬나라 특유의 고립적이고 폐쇄적인 성향을 만들어내기도 했다. 중세기 이전의 기나긴 세월 동안 영국은 '문명 세계'의 변두리에 머물러 있었다. 14세기부터 15세기까지 이어진 백년전쟁(1337년~1453년)이 끝난 뒤에도 영국의 이런 '섬나라 마인드'는 변하지 않았다. 18세기 초 영국의 저명한 정치가 헨리 볼링브룩(Henry Bolingbroke)은 이런 말을 했다. "우리 민족은 섬에 살고 있다는 사실과, 우리가 대륙과 이웃해 있지만 대륙의 일부가 아니라는 사실을 잊어서는 안 된다."

16세기 엘리자베스 여왕이 집정하기 전까지만 해도 유럽대륙에서 일어난 종교개혁의 영향으로 영국의 가톨릭과 개신교의 분쟁 및 교파 내부의 분쟁이 매우 치열했다. 엘리자베스 여왕은 종교 대립을 막기 위해 가톨릭과 개신교 사이의 극단을 피하는 중용 노선을 걸으며 영국 국교 체계를 수립하는 길을 현명하게 선택했고, 그 덕에 영국은 같은 시기의 유럽대륙보다 평온해 보일 수 있었다. 여왕이 받들고 행한 '잉글랜드주의'는 이 시기 영국의 운명을 결정짓는 중요한 정신적 지주였다. 여왕은 순수 혈통의 잉글랜드 출신이었고, 잉글랜드가 그녀의 모든 것이라고 여겼다. 그래서 그녀는 영국을 외부의 간섭이나 통제로부터 보호하기 위해 유럽대륙에서 끊임없이 벌어지는 종교와 정치 갈등에 영국이 휘말리지 않도록 결혼도 하지 않은 채 평생을 바쳤다. 이는 영국인이 가지고 있는 독특한 민족 성향을 반영하는 것이기도 했다. 엘리자베스 여왕 시기에 영국은 이미 도도하고, 자신감이 넘치고, 실패를 달가워하지 않는 민족 성향을 지니고 있었다. 이 점은 1588년 스페인 무적함대를 격파하는 과정에서 두드러지게 나타났다. '신이 손을 한 번 흔들자 적들이 사방으로 도망쳤다.'는 식의 자신감과 자부심이 영국인의 민족적 자긍심을 북돋우고, 장차 브리튼제국의 부상을 위한 발판이 되었다. 더불어 중상주의의 부흥은 영국이 발전하는 데 중요한 이론적 근거이자 기점이었다.

중상주의는 민족국가의 대두와 함께 시작되었다. 민족국가(Nation State)는 일정한 영토 안에서 동일한 합법 정부의 통치를 받고 공통의 역사와 문화와 관습을 지니는 국민으로 구성된 국가를 가리킨다. 이는 현대 국가를 정의할 때 사용하는 기본 개념이다. 민족국가의 가장 기본적 특징은 독립된 주권을 가져야 하고 통일된 중앙정권을 만들어야 한다는 것이다. 13세기 서유럽은 인구가 증가하고 경제가 발달하면서 공공 분야에 대한 혁명적 요구가 제기되고 민족국가의 기본 틀을 갖춘 상태였다. 그러나 14세기 중반 이후에 발생한 '흑사병'이 민족국가의 발전에 심각한 영향을 미쳤다. 그 후 사회경제가 회복되고 발전하면서 상인들은 재산권과 이익을 보호받기 위해 공권력이 절실히 필요했고, 이는 민족국가가 빠르게 부상하며 발전할 수 있는 객관적인 발판이 되어주었다.

15~16세기의 영국과 프랑스는 가장 먼저 부상한 민족국가였고, 17세기에 이르러 스페인, 영국, 프랑스는 이미 현대 민족국가의 기본적인 특징을 갖추게 되었다. 이때부터 통일, 체계, 상공업 발전, 대외무역 촉진이 세계에서 부상하는 민족국가의 기본 특징이 되었다. 민족국가의 부상과 함께 성행한 중상주의도 스페인, 영국, 프랑스 등 초기 민족국가의 추앙을 받았다.

중상주의는 민족국가가 경제 영역에서 활동할 때 그 자체의 권력, 부, 번영을 추구하기 위해 채택하는 이론, 정책, 실천의 총합이다. 중상주의는 크게 초기와 말기로 나뉜다. 초기 중상주의자는 행정 수단을 채택해 화폐 수출과 화폐 축적의 금지를 주장한다. 그들은 '부가 바로 금은화폐'라고 믿었으며, 화물의 수출을 자국의 부를 가져다주는 원천으로 간주했다. 또한 국제 상업 전쟁 과정에서 한 나라 정부가 경제에 미치는 역할을 국제 상업 전쟁의 승부를 결정짓는 뒷받침으로 삼았다. 말기 중상주의자는 대외무역에서 수출이 수입을 반드시 초과해야 한다고 여겼다. 그들은 국가의 화물 재산은 수출이 수입을 초과하면서 감소하지만 화폐 수량은 증가한다고 여겼다.

초기 중상주의자가 채택한 가장 두드러진 수단은 자국의 금은 수출을 금지하고 국외 금은의 수입을 장려하는 것이었다. 그러나 국제무역이 발전하면서 정부가 화폐의 흐름을 직접적으로 제어하는 방식은 이미 국제무역의 발전에 걸림돌이 되었다. 이 때문에 말기 중상주의자들은 정부가 상품의 운동을 조절하는 방식으로 화폐의 운동을 통제할 것을 주장했다. 이는 간접적인 경제 조정 수단으로 정부의 직접적인 화폐 운동 제어 방식을 대신하는 것이기도 했다. 로크(Locke)는 이런 말을 했다. "부는 금과 은을 얼마나 가지고 있느냐가 아니라 다른 나라 또는 이웃 나라보다 얼마나 많은 금은을 보유하고 있느냐에 달려 있으며 …… 만약 한 나라가 풍부한 수단과 강대한 세력을 가지고 있지만, 세계적으로 볼 때 금은의 점유 비율이 낮다면 그 나라는 가난한 나라에

돈의 탄생

불과하다.”

민족국가는 중상주의의 형성을 촉진했고, 중상주의는 민족국가의 궐기를 위해 경제적 토대를 마련하며 산업혁명을 위해 일정한 조건을 만들었다.

영국의 중상주의 사상은 일찍이 14세기 말엽에 처음으로 제기되었고, 1485년 ‘장미전쟁’이 종식될 때까지 이어졌으며, 영국 헨리 7세가 즉위하고 나서야 하나의 사조가 되었다. 이 사조의 기본 관념에 따르면, 오로지 화폐가 될 수 있는 것만이 부를 창출할 수 있다. 따라서 부는 바로 화폐고, 화폐는 바로 부다. 이런 관념을 토대로 국가의 경제정책과 경제활동을 모두 금은 강탈로 귀결시켰다. 영국 중상주의의 절정은 엘리자베스 여왕 통치 시대와 스튜어트왕조 시기였다. 18세기 후반이 되자 영국의 중상주의는 이미 쇠락의 길을 걷기 시작했다. 이때 절대적으로 ‘적게 사고 많이 파는 것’을 원칙으로 하는 초기 중상주의와 다른 말기 중상주의가 출현했다.

말기 중상주의는 수공업의 발전을 중시하고 생산을 토대로 한 확장을 강조했다. 이 때문에 ‘중공(重工)주의’ 또는 ‘무역 차액론’이라고 불리기도 한다. 말기 중상주의는 초기 중상주의가 강조하는 ‘화폐 차액론’과 본질적으로 다르다. 말기 중상주의가 강조하는 것은 금은화폐의 많고 적음이 아니라 생산 제품의 많고 적음과 좋고 나쁨이다. 그들은 화폐의 많고 적음으로 한 나라의 부강을 설명할 수 없으며, 관건은 한 나라가 보유한 금은의 몫이 세계에서 차지하는 비율에 있다고 여겼다. 이런 비율은 한 나라가 생산하는 공업 제품이 세계무역에서 차지하는 비율에 따라 결정된다. 이런 식의 기준으로 한 나라의 빈부를 평가하는 사상이 ‘진정한 중상주의’라 불리기도 한다. 그래서 이 시기 영국은 이미 자본의 원시적 축적을 완성하고, 세계 자원 생산지의 절대다수를 장악한 첫 번째 식민 대국이 되었고, 세계적으로 가장 앞장서서 산업혁명의 길로 걸어갔다.

영국 경제사학자 에릭 롤(Eric Roll)은 이런 말을 했다. "『국부론』이 발표되기 전 100년 동안 전국 규모의 공업과 상업 관리 체계가 점차 강화되었는데, 이는 산업자본주의의 발흥을 의미한다. 중상주의론과 상업 관리 체계의 점진적인 강화는 중세의 규제를 없애고 통일된 강성 민족국가를 만드는 데 기여했다. 이런 요소들은 역으로 초기 자본주의가 성숙한 산업자본주의로 발전할 때까지 무역을 촉진하는 강력한 수단이 되었다. 이 과정을 가장 먼저 완수한 영국과 프랑스의 경우 국가권력이 곧바로 새로운 경로로 전환되어 산업이 경제적 우위를 점하는 데 도움을 받았다. 그러나 이전의 중상주의 사상이 완전히 사라진 것은 아니었다. 지금까지도 서로 다른 외투를 걸치고 불시에 나타나거나 심지어 다시 발견된 고대의 진리가 기이할 정도로 현대적 상황에 부합한다고 여겨져 도리어 열렬한 환영을 받는 경우도 생기고 있다."

중상주의는 유럽의 산업, 특히 방직업 분야의 발전을 촉진했다. 당시 수작업으로 생산되던 방직물은 현지에서 소비되었을 뿐 아니라 다른 나라와 식민지로 수출되었다. 당시 공산품 생산국이었던 영국은 식민지에서 원료를 공급받아 만든 제품을 다시 식민지에 되팔았다. 이런 식의 쌍방향 대외무역을 통해 영국은 큰돈을 벌어들여 원시적 축적을 이루고, 영국 산업혁명의 발생과 발전을 직접적으로 이끌어냈다.

중상주의는 영국인의 가치관과 상업의 중요성에 대한 인식에도 영향을 주었다. 한 세기 동안 영국인은 전쟁을 통해 방대한 식민 제국을 구축하면서, 상업과 무역을 목표로 삼는 세계적인 상업 무역권을 형성했다. 이 무역권 안에서 종주국인 영국은 공산품의 생산을 제공했고, 아메리카 식민지는 담배 및 어류와 창고를, 서인도제도 식민지는 자당과 기타 열대 농산물을, 인도는 향료를 제공했다. 이 무역권의 경영을 거쳐 영국인은 상업 무역의 중요성과 국가 경제에 미치는 외부 시장의 중요성을 점차 인식하기 시작했다. 바로 이러한 외부 시장이 영국의 공산품에 대한 폭넓은 시장 수요를 제공하면서 생산을 자극했고, 전통적인 생산 방식을 뛰어넘는 산업혁명의 출현을 이끌어낸 것이다. 이것이 바로 영국에서 산업혁명이 발생하게 된 경제적인 기초다. 이 때문에 중상주의 정책이 산업혁명의 근간이라고 지적하며 일침을 가하는 학자들도 생겨났다.

03

금융계의 맹주

17세기부터 제1차세계대전이 발발하기 전까지 영국은 세계 최대 경제체로서 세계 금융자본의 일인자 자리를 차지하고 있었다. 경제 방면으로 맹주의 자리를 지켜온 영국은 세계 금융 체계를 관리해왔다. 이런 상황은 제1차세계대전이 발발한 뒤에도 이어졌다.

17세기 중엽 이후 영국의 농업, 공업, 무역이 빠른 속도록 발전하면서 여신 수단, 국채제도, 은행 네트워크, 런던 증권거래소가 시대의 조류에 맞춰 잇따라 생겨났고, 영국은 근대 금융 체계의 틀을 형성해나갔다. 이것이 바로 후세 역사학자들이 말하는 '금융혁명'이다. 영국은 자유경쟁 자본주의 시절 가장 강대한 자본주의 국가이자 '세계 공장'이었고, 영국의 파운드는 세계의 주요 결제 화폐로 점차 자리매김했으며, 런던은 국제금융센터로 발돋움했다. 그러나 1950년대 이후 영국은 점차 쇠락의 길을 걸었고, 19세기 말부터 20세기 초까지 영국 경제 발전이 더뎌지면서 미국과 독일에 차례로 추월당했다.

17세기 이후 신항로 개척과 이로부터 파생된 '산업혁명'의 영향을 받아 영국의 무역이 빠르게 발전했고, 신흥 자본계급의 경제력이 날로

돈의 탄생

강해졌다. 시기는 때마침 영국의 '중상주의' 시대와 맞물리기도 했다. 영국은 특허 무역, 식민지 구축, 경사관세(tariff escalation), 심지어 상업 전쟁 등의 정책을 통해 방대한 세계시장을 개척해나갔다. 1688년 '명예혁명'이 일어난 다음 산업혁명이 시작되기 전까지 영국은 국채제도, 은행 체계, 증권시장 등 세 가지 요소로 구성된 근대적 금융 시스템을 처음으로 구축했다.

17세기 중후반에 전쟁과 궁정 지출 등으로 막대한 비용을 쓰게 되면서 영국 정부는 국채제도를 위기 해소의 주요 수단으로 삼았다. 이 시기 영국은 재무부를 만들고 국유 은행인 잉글랜드 은행을 건립해 국채 발행 액수, 국채 이율 및 국채 발행과 관련된 보장 체계를 정비하면서 국채제도가 점차 성숙할 수 있도록 길을 열어주었다. 영국의 국채제도는 영국 정부의 재정적 수요를 만족시켰을 뿐만 아니라 영국 국내의 정치적 안정과 대외 확장을 촉진시켜 영국이 세계 맹주로 등극하는 데 긍정적 역할을 했다.

1816년 영국이 금본위제를 앞장서 시행한 후부터 세계 주요 자본주의 국가는 1914년 제1차세계대전이 발발하기 전까지 모두 영국을 따라 금본위제를 시행했다. 국제 금본위제도의 수립은 영국이 세계 금융 맹주의 지위를 공고히 하는 데 일조했다. 당시 영국은 세계 금융 체계를 지배하는 명실상부한 세계 금융의 맏형이었다. 금본위제 체계는 1914년 붕괴되기 전까지 100년의 역사를 써 내려갔다. 이 체계는 영국을 위해 대량의 무형 신용 수익, 즉 상업 수수료, 해외 송금과 투자 등에서 수익을 벌어들였다. 1914년 영국의 해외투자 총액은 세계 1위였고, 서방국가의 대외 투자 총액 중 대략 41.8퍼센트를 차지할 정도로 영국은 해외투자에서 높은 이익을 거두었다. 또한 영국은 잉글랜드 은행을 통해 세계 금융 체계를 관리하며 금융 패권의 지위를 유지했다.

1688년 '명예혁명'이 일어나기 전까지 런던 증권시장은 발전 속도도 더디고 규모도 작아 소량의 국고 어음과 해군 어음 거래를 제외하면 주식회사 주식과 채권 거래도 매우 제한적이었다. 그러나 영국 정부의 재정 체계가 점차 안정적으로 발전하면서 영국 정부가 돈을 빌릴 기회와 채무의 규모가 크게 증가했다. 영국의 공채는 1697년에 고작 1,450만 파운드에 불과했다. 하지만 스페인, 오스트리아와의 전쟁 및 7년 전쟁 등을 한 번씩 거칠 때마다 공채가 지속적으로 늘어났다. 1720년에는 그 액수가 5,000만 파운드를 넘어섰고, 정부 채무 보유자도 4만 명에 달했다. 게다가 정부증권도 상당히 큰 2차 시장에 투자되었고, 이 시장은 규모가 비교적 방대한 정부 채권시장으로 점차 변했다.

런던 증권거래소는 세계적으로 역사가 유구하며, 그 전신은 17세기 거래가 이루어지던 노천 시장이었다. 당시 거래가 진행되었던 것은 주로 정부 채권이었다. 1773년 노천 시장은 조나단 커피하우스로 옮겨갔고, 이곳을 런던 증권거래소로 명명했다. 그 이름은 지금까지도 쓰이고 있다. 1802년에 이르러 영국 정부는 런던 증권거래소의 설립을 정식 비준했고, 그 후 각지에서 거래소가 연이어 등장했다. 1860년대 영국에 산업혁명이 일어나고 유럽대륙의 다른 나라들로 속속 파급되었다. 19세기 중반에 이르러 산업혁명은 세계적으로 거의 완성되었다. 구미 각국은 산업자본의 우위를 점하기 위해 런던 증권거래소에서 경쟁적으로 채권을 발행했다. 또한 영국 국내에서도 주식회사를 설립하려는 붐이 일어났다. 런던 증권거래소는 각지 거래소와의 합병을 통해 계속 규모를 확대해나갔고, 이때부터 영국 증권거래소의 주식 거래와 채권 거래는 모두 상당한 규모로 성장했다. 19세기 전반에 영국 증권시장에서 자국 국채의 비중이 점차 축소되고 외국 증권이 늘어나면서 회사 증권의 비중도 비교적 큰 폭으로 높아졌다. 런던 외의 지역 증권거래소도 발전의 흐름을 타기 시작했다.

증권거래소가 발전하면서 영국의 금융기관도 장족의 발전을 거두었다.

1694년 영국 왕의 특별 허가를 받아 설립된 잉글랜드 은행은 영국의 중앙은행으로 성장해갔고, 화폐정책위원회를 통해 국가의 화폐 정책을 책임졌다. 설립 당시의 자본금이었던 120만 파운드는 사회 모금을 통해 충당했다. 이 은행은 설립 초기에 자본 총액을 초과하지 않는 지폐 발행권을 획득했는데, 주요 목적은 정부에 돈을 대주는 것이었다. 1833년 잉글랜드 은행은 지폐 무제한 법화(unlimited legal tender)[18]의 자격을 취득했다. 1921년에 이르러 마지막 개인 발행 은행이 로이즈은행(Lloyds Bank)과 합병되면서 발행권을 상실했고, 영국의 은행권 발행권은 이때부터 비로소 잉글랜드 은행의 수중으로 완전히 집중되었다. 1844년 〈잉글랜드 은행 조례〉는 잉글랜드 은행이 화폐 발행을 독점할 수 있도록 권한을 부여해 해당 은행이 중앙은행으로 발전하는 데 결정적인 역할을 했다. 1872년 잉글랜드 은행은 다른 은행이 어려울 때 자금을 지원하며 '최후 대출자'의 책임을 지기 시작했고, 이때부터 '은행의 은행'으로 자리매김했다. 그 후 잉글랜드 은행은 '발행 은행, 은행의 은행, 정부 은행'으로 인식되었고, 진정한 의미에서 세계 최초의 중앙은행이 되었다. 잉글랜드 은행의 탄력적인 재할인 정책과 공개시장 활동 등의 조율 조치는 근대 중앙은행 이론과 업무의 모델이 되었다.

17세기 중반부터 잉글랜드가 은행권을 사용하기 시작하면서 동전과 금 예금을 받고 은행권을 발행해 신용을 창출하는 '발행 은행'이 생겨났다. 1844년 〈은행 허가 법안〉은 앞으로 잉글랜드와 웨일즈에서 새

---

18 화폐(지폐)의 상환 지불 능력을 법화 능력이라고도 부르며, 이것은 화폐가 가지고 있는 법정 지불 능력을 가리킨다. 법화는 제한법화와 무제한법화 두 가지 상황으로 나뉜다. 무제한법화는 무한한 법정 지불 능력을 말하며, 지불 액수의 크기나 지불의 종류는 상관하지 않는다. 즉, 구매 상품, 지불 서비스, 채무 청산, 세액 납부 등을 막론하고 수납인은 모든 접수를 거절할 수 없다. 일반적으로 본위화폐는 모두 무제한법화의 능력을 지니고 있다. 그러나 보조화폐는 제한법화일 가능성이 있다. 지폐본위제에서 지폐의 발행권은 국가의 화폐 관리 당국이 독점하고, 주폐와 보조화폐의 명의 가치는 모두 그 실제 가치보다 높다. 그래서 무제한법화와 제한법화의 구분은 이미 무의미하다. 제한법화와 무제한법화는 단지 화폐제도와 관련된 하나의 개념일 뿐이다. 한 나라는 화폐제도를 제정할 때 본폐와 보조화폐를 규정하는 동시에 그 지불 능력을 규정해야 한다.

▶ 17세기 잉글랜드 은행 외관

로운 발행 은행의 설립을 허용하지 않는다고 규정했다. 이로써 잉글랜드 은행이 중앙은행의 지위를 확립할 수 있는 기본적인 틀이 완성되었다. 1921년에 이르러서야 마지막 개인 발행 은행이 로이즈은행에 합병되며 발행권을 상실했고, 영국의 은행권 발행은 비로소 온전히 잉글랜드 은행에 집중되었다.

〈1826년 은행 법안〉에 근거해 영국은 런던에서 약 100킬로미터 떨어진 지역에 사영 주식제 은행의 설립을 허용했다. 이 주식제 은행들은 예금을 받고 은행권을 발행하며 단기 상업 신용 대출을 제공했다. 〈은행 법안〉이 통과되기 전인 1826년부터 1844년까지 잉글랜드와 웨일즈에는 대량의 주식제 은행이 설립되었고, 그중 72곳에서 은행권을 발행했다. 1862년 영국 의회는 〈회사 법안〉을 통과시켜 기존의 주식회사 법을 개정했다. 그러나 수차례 인수 합병을 거친 후 영국 은행 기관의 수는 대폭 감소했다. 1844년까지 2,000여 개나 존재했던 주식제 은행이 1913년에 이르러서는 43곳만 남아 독립 기관으로 존재했다. 이로써 제1차세계대전에 앞서 '5대 은행'[19]이 영국 은행 체계를 통제하는 새로운 국면이 만들어졌다.

영국의 금융 체계는 영국이 세계 맹주의 지위를 확립하는 치열한 싸움의 과정에서 매우 중요한 역할을 했다. 전쟁은 돈을 떠나 논할 수 없다. 영국의 지난 패권 전쟁에서 금융은 전쟁을 지원했고, 전쟁도 금

---

19 당시의 5대 은행은 바클레이스은행(Barclays Bank), 미들랜드은행(Midland Bank), 로이즈은행(Lloyds Bank), 국립지방은행(National Provincial Bank), 내셔널웨스트민스터은행(National Westminster Bank)이다.

융의 몸집을 키워주었다. 영국이 전쟁을 벌이도록 금전적 도움을 준 금융가들도 전쟁을 통해 횡재했다. 1717년 영국 국채는 5,400만 파운드였는데, 1782년 2억 3,000만 파운드까지 늘어났다. 이 국채는 개인 소유의 잉글랜드 은행을 통해 직간접적으로 통제되었다.

　18세기 말에 이르러 잉글랜드 은행은 최초의 정부 도구에서 영국 정부의 최대 채권자가 되었다. 이로 말미암아 잉글랜드 은행의 개인 투자자도 영국 정부를 압도하는 황제가 되었다. 1806년 프랑스가 네덜란드를 점령한 후 암스테르담의 금융가와 자본가는 모두 영국으로 피난을 갔고, 잉글랜드 은행은 유럽에서 유일하게 화폐 신용을 유지할 수 있는 은행이 되었다. 나폴레옹 전쟁 시기에 잉글랜드 은행은 영국 금융을 지배했을 뿐만 아니라 전쟁 동맹국에게 거액을 대출해주면서 국제 금융자본 그룹의 핵심으로 떠올랐다. 금융가들은 이를 통해 큰돈을 벌어들였다. 나폴레옹이 패전한 뒤 영국은 금융자본을 점차 독점하면서 대영제국 패권과 식민지 확장의 엔진이자 산파 역할을 했다. 영국은 아우크스부르크(Augsburg) 반 프랑스 연맹의 전쟁에 1,800만 파운드를 쏟아부었고, 스페인 왕위 계승 전쟁에서도 5,000만 파운드의 군비를 지출해 반 프랑스 연맹을 지지했다. 이 두 번의 전쟁은 모두 영국이 독자적으로 자금을 지원한 유럽 전쟁이었다. 그 배후에는 잉글랜드 은행을 중심으로 한 영국 금융기관의 전폭적인 지원이 있었다.

　근대 영국의 금융 발전 과정은 강력한 금융의 힘이 대국의 융성에 얼마나 중요한 역할을 하는지 보여준다. 높은 효율을 가진 강력한 금융 체계를 구축하고 금융이 경제 발전을 위해 막강한 리더십과 추진력을 최대한 발휘하도록 하는 것이 빠른 속도로 경제 부흥을 이루고자 하는 모든 나라가 해결해야 할 중요한 과제다.

04

짧고 굵었던 번영

1715년 스페인 왕위 계승 전쟁이 끝나기도 전에 프랑스 왕 루이 14세(Louis XIV, 프랑스 부르봉왕조[Bourbons]의 국왕이며 '태양왕'으로 불림, 1643년~1715년 재위)가 사망한 후, 루이 15세(le Bien-Aimé, '태양왕' 루이 14세의 증손, 부르고뉴[Burgundy] 공작의 아들, 프랑스 부르봉왕조의 국왕, 1715년~1774년 재위)가 오를레앙 공작(Duc d'Orléans)을 섭정 왕으로 지정했다. 장기간의 전쟁과 부실한 금융제도로 프랑스 국고는 바닥이 났고 채무는 쌓였다. 세금을 초과 징수해 농촌이 피폐해졌으며, 상공업이 침체되어 국가 재정은 이미 붕괴 직전까지 갔다. 프랑스 국채의 당시 총액은 30억 리브르(Livre)에 달했는데, 매년 채무 이자만 300만 리브르였다. 연간 재정수입은 1억 4,500만 리브르에 불과했고, 정부가 연간 1억 4,000만 리브르를 지출하고 남은 부채 상환 비용은 500만 리브르뿐이었다. 설사 이자를 빼고 계산한다 해도 프랑스 정부가 상환해야 할 채무 원금을 갚는 데 무려 600년이 걸린다.

프랑스의 봉건 통치를 되살리기 위해 오를레앙 섭정 왕은 프랑스 정부의 파산을 공개적으로 선언했다. 루이 15세는 화폐를 다시 주조하

돈의 탄생

도록 명령을 내리자 프랑스 동전은 즉시 5분의 1로 평가절하했다. 정부는 동전을 조폐 공장으로 가져가 금은 함량이 기존의 5분의 4에 불과한 새 주화로 교환하도록 강요했다. 이뿐 아니라 프랑스 정부는 프랑스 국민에게서 7,200만 리브르의 재산을 약탈했다. 민중의 분노가 들끓기 시작하자 루이 15세의 정권도 휘청거렸다. 대중의 분노를 가라앉히기 위해 프랑스 정부는 어쩔 수 없이 세금을 줄여야 했다. 그러나 국가의 재정 상황은 나날이 악화되었고, 경제는 걷잡을 수 없는 수렁으로 빠져들었다.

　프랑스 정부의 발등에 불이 떨어질 무렵 존 로(John Law)가 구세주처럼 등장했다. 존 로는 1671년 스코틀랜드의 수도 에든버러에 있는 한 부유한 금세공 장인의 집안에서 태어났다. 그는 젊은 시절에 상업 투기를 하면서 도박에 빠졌고, 여자 때문에 이웃과 다툼을 벌이다 살인죄로 사형을 선고받았다. 그러나 1715년 영국에서 탈옥해 네덜란드로 도망친 존 로는 그곳에서 번성 중이던 금융업과 금융시장에 빠져들었다. 그는 주식을 보유하고 있지 않으면서 주식 투기 거래에 종사하던 사람들을 주목했다.

　1705년 존 로는 자신의 저서 『화폐와 무역(*Money and Trade Considered*)』에서 신용화폐에 관한 자신의 생각을 피력했다. 존 로는 화폐가 증가하면 고용률과 토지이용 가치가 높아지고, 통화 대차에 유리하고, 국내외 무역과 제조업이 발전하고, 각계각층의 경제 상황이 개선되고, 국력을 신장시킬 수 있다고 여겼다. 그러나 금은은 공급량이 유한하고 가격 변동이 빈번했다. 이 때문에 금은화폐보다 지폐가 화폐로 사용하기에 더 적합했다. 당시의 지폐는 은행권 또는 신용화폐였다. 토지를 이용해 모든 물품을 생산해야 하고 토지의 공급량이 증가할 리 없으므로, 그는 토지 가치가 금은보다 훨씬 안정적이라고 판단했다. 따라서 토지 등 부동산을 담보로 지폐를 발행하면 신용을 무한 창출하는 능력이 있을 뿐아니라 금은보다 훨씬 안정적인 가치를 보장할 수 있다. 은행을 통해

▶ 프랑스에서 활동한 영국인 재정가 존 로

신용 대출 확장 정책을 시행해 신용을 창조하고 화폐량을 늘리면, 부를 창출하고 상업의 번영을 가져올 수 있다.

그래서 존 로는 한 나라가 충분한 신용을 가지고 있다면 황금과 백은에서 탈피한 새로운 화폐 체계, 즉 지폐를 시행할 수 있다는 결론을 내렸다. 그의 핵심 사상은 은행이 이자가 붙는 어음을 발행해 금은화폐의 유통을 대신하도록 요구하는 것이다. 그는 국가신용이 지폐 발행을 보증하고 경제활동의 범위를 빠른 속도로 무한 확장할 뿐 아니라 특권이 더 큰 이윤을 창출할 수 있다고 여겼다. 그러나 그는 네덜란드인이 지나치게 보수적이라는 사실에 좌절한 채 프랑스에서 자신의 재능을 펼치고 꿈을 실현할 준비를 했다. 바로 이 시기에 부채 문제로 속수무책에 빠져 있던 프랑스 섭정 왕 오를레앙 공작이 이 금융의 '기재' 존 로를 알게 된 것이다.

1716년 프랑스로 넘어온 존 로는 오를레앙 공작에게 프랑스 화폐의 계속되는 평가절하는 돈이 너무 많아서가 아니라 돈이 너무 적기 때문이라고 지적했다. 그는 프랑스의 재정 문제의 유일한 해결책은 은행이 지폐를 발행해 금속화폐의 부족분을 메우는 것이라고 제안했다. 오를레앙 섭정 왕은 결국 존 로의 제안을 받아들였다. 존 로는 그의 전폭적인 지원을 받아 1716년 5월 5일 화폐 발행 권한을 가진 은행을 설립했고, 루이 15세가 이 은행의 지폐로 세금을 납부할 수 있도록 특별히 허용했다.

이 은행에서 발행한 지폐로 상품을 마음대로 구매하고 금속화폐로 환전하거나 세금을 내는 데도 사용할 수 있었기 때문에 프랑스인은 자연스럽게 지폐를 신뢰하기 시작했다. 존 로의 지폐는 갈수록 인기를 끌었고, 그 가치는 심지어 똑같은 액면가격의 금속화폐보다 1퍼센트나 더 높았다. 지폐의 가치가 안정되면서 존 로의 은행은 프랑스 상공업에 대량의 여신(與信)을 제공했고, 프랑스 경제는 점차 회생하며 번영의 길로 들어서기 시작했다. 1717년 존 로의 지폐 가격이 심지어 액면가격의 15퍼센트를 넘어섰는데, 이때 프랑스 국채 가격은 기존 가치의 21.5퍼센트까지 떨어졌다.

초반에 달콤한 열매를 맛보았던 프랑스 정부는 존 로가 미시시피 회사를 매수할 수 있도록 또 한 번 지원했다. 미시시피 회사는 존 로의 은행과 긴밀하게 연결되었다. 정부는 이 회사가 미시시피강의 광활한 유역 및 강 서쪽 기슭에 있는 루이지애나주와 거래할 수 있는 독점적 특권을 주었고, 회사 주식을 프랑스 국채로 지불할 수 있도록 규정했다. 2년 후 프랑스 정부는 미시시피 회사가 동인도제도, 중국, 남태평양군도 및 프랑스 동인도회사에 소속된 각지에서 무역할 수 있는 특권도 부여했다. 1719년 4월 500리브르의 가치가 있었던 프랑스 동인도회사의 주식이 10월에는 주당 1만 8,000리브르까지 치솟았다. 프랑스 정부는 존 로의 은행을 중앙은행으로 국유화했고, 프랑스 왕립 은행으로 이름을 바꿨다. 존 로의 완강한 반대에도 불구하고 섭정 왕의 진두지휘 아래 프랑스 왕립 은행은 처음부터 10억 리브르의 지폐를 발행했다. 그전까지 존 로의 은행에서 발행한 지폐 액수는 6,000만 리브르를 넘긴 적이 없었다.

회사의 업무가 확장되면서 미시시피 회사는 1719년 5만 개의 신주(新株)를 추가 발행했다. 존 로는 주당 투자 회수율이 120퍼센트에 달할 것이라고 약속했다. 그래서 귀족부터 평민까지 너 나 할 것 없이 미시시피 회사의 주식을 사재기하기 시작했고, 신주의 구매 신청자가 30만 명을 넘어섰다. 프랑스 정부가 빚진 내외 부채 15억 리브르를 갚기 위

▶ 1720년 프랑스에서 발발한 유명한 금융 거품의 광풍 속에서 프랑스 민중이 앞다투어 주식을 사들이는 광경

해 미시시피 회사는 주당 주가가 500리브르인 30만 신주를 추가 발행했다. 당시 프랑스인은 은행에서 발행한 지폐로 주식을 구매했고, 보유한 채권으로도 주식을 구매할 수 있었다. 이렇게 해서 사람들은 프랑스의 채권과 미시시피 회사의 주식을 바꿀 수 있게 되었다. 게다가 미시시피 회사의 주식 배당금은 4퍼센트로 프랑스 국채의 수익보다 훨씬 높았다. 그래서 미시시피 회사의 주식 가격은 수십 배로 급등했다. 존로는 프랑스 국가 은행을 설립할 수 있는 권한을 부여받은 뒤 프랑스 세금을 통제했으며, 재정 대신으로 임명되었다.

존 로의 진두지휘하에서 프랑스 경제는 3년 연속 급성장했다. 1717년 프랑스는 '서부 회사'를 새로 설립했고, 이 회사는 프랑스의 허가를 거쳐 25년 동안 북미 루이지애나 상업을 독점할 수 있는 권한을 얻었다. 또한 회사 자금을 1억 리브르로 제한해 프랑스 시민과 외국인이 국채를 이용해 주식을 구매하도록 격려했고, 존 로는 초대 이사회 멤버가 되었다. 이 회사는 프랑스령 아메리카 식민지에 대해 무역과 식민의 권리를 누렸다. 1718년부터 프랑스 정부는 서부 회사에 담배 매매 과세권을 주었고, 세네갈에서의 우선 경영권을 부여했다. 그 후 몇 개월 동안 서부 회사의 주가는 아찔할 정도로 고공 행진을 이어갔다. 또 주식 투자자들이 몰려들어 주식 매수 광풍이 불어닥쳤다. 당시 사람들은 모두 주식시장에 투자해 단번에 백만장자가 될 꿈에 부풀어 있었다.

그러나 존 로가 경영하던 프랑스 왕립 은행에서 발행한 지폐에 비해 유통에 쓰이는 주화는 심각할 정도로 부족했다. 프랑스 주화의 총가치는 13억 리브르에 미치지 못했고, 유통화폐는 무려 26억 리브르에 달했다. 1720년 초 존 로의 은행에서 발행한 은행권이 30억 리브르에 달했으며, 은행의 보유액은 7억 리브르에 불과했다. 소식이 전해진 다음 금은을 교환하려는 광풍이 불었다. 분노한 군중들은 은행 앞에 몰려들어 계란을 던지고 유리창을 깨뜨렸다. 이에 존 로는 주화를 5퍼센트 평가절하했다가 다시 10퍼센트까지 절하했다. 또한 프랑스 왕립 은행은 한 번 인출할 때마다 금화 10리브르 또는 은화 100리브르만 교환할수 있게 규정했다. 그럼에도 불구하고 사람들은 여전히 은행으로 끊임없이 몰려들어 금속화폐의 교환을 요구했다.

1720년 2월 정부는 시장에서 동전의 유통을 금지하고 지폐만 사용할 수 있도록 했고, 위반할 경우 주화 자산을 몰수하고 거액의 벌금을 물도록 했다. 아울러 금은 장신구, 귀중품, 보석류의 구매를 엄격히 금지하고, 위법행위를 한 자를 밀고할 경우 위법 금액의 절반을 사례금으로 주겠다고 약속했다. 그러나 이런 조치로도 존 로의 은행에서 발행한 지폐의 대폭 평가절하를 막지 못했다. 은행과 미시시피 회사에 대한 프랑스인의 신뢰는 완전히 무너져 내렸다. 그 결과 사람들은 주식 매도에 발 벗고 나섰는데, 이로 말미암아 지폐는 더 평가절하했다. 1720년 5월 존 로는 주식 평가절하를 발표하는 동시에 지폐 액면가를 낮추었다. 민중이 극도의 공포에 빠진 가운데 미시시피 주식의 가격이 1720년 9월 주당 2,000리브르에서 1721년 8월 500리브르까지 폭락했고, 한 달 후 다시 200리브르까지 떨어졌다.

사면초가에 빠진 프랑스 정부는 결국 존 로의 은행과 회사를 포기했다. 1720년 11월 지폐는 그야말로 휴지 조각이 되었고, 프랑스 왕실 은행은 도산했으며, 프랑스의 신용화폐 시스템은 완전히 붕괴했다. 1721년 프랑스 채무가 또다시 신기록을 세워 31억 리브르에 달했고, 이 금액은 당시 1억 2,400만 파운드에 상당했다. 이렇게 해서 프랑스는 재정 혼란의 위험한 국면 속으로 다시 빠져들었다.

이번 주식 악재는 지금까지도 프랑스인이 주식 투자 시장에 냉담한 반응을 보이는 원인이 되었다. 프랑스는 존 로의 '주식 재난 사건'이 발생한 후 40년이 지나서야 비로소 새로운 공공 은행을 세웠다. 1776년 스위스 금융가 이자크 페인쇼드가 파리에 할인은행(Caisse d'Escompte, 어음 할인을 주 업무로 하는 은행—옮긴이)을 세우고 지폐를 발행했으며, 1796년에는 파리 상인과 할인은행 내부 인사 일부가 경상 계정 정산 회사를 세워 지폐를 발행했다. 그러나 이 두 은행은 모두 안정적인 통화 신용 시스템을 구축하지 못했고, 결국 프랑스 은행과 합병되었다.

존 로가 프랑스에 안겨준 이 짧은 번영은 마찬가지로 전쟁 때문에 빚더미에 올라앉은 영국 정부의 흥미를 불러일으켰다. 영국도 국채를 회사의 주식으로 전환할 계획을 세웠다. 영국은 1711년에 세워진 후 왕실 특허증을 가지고 중미와 남미의 무역을 주요 업무로 삼았던 '남해 회사(South Sea Company)'를 선택했다. 당시 남해 회사는 영국의 중남미 무역을 거의 독점하고 있었다. 1720년 남해 회사는 3,000만 파운드에 달하는 국채를 인수한 뒤 신주를 발행하기 시작했다. 불과 몇 달 사이에 남해 회사의 주가는 125파운드에서 1,000파운드까지 치솟았다. 사람들의 눈에 '주식회사'는 황금알을 낳는 거위와 다를 바 없었다. 이해에 영국에는 '주식회사'가 202개나 설립되었다.

바로 이즈음 남해 회사의 이익을 보호하기 위해서 1720년 4월 영국 의회는 그 유명한 〈거품 법안〉을 통과시켰다. 이 법안 규정에 따르면, 의회 법안이나 국왕의 특허장 없이 누구도 회사의 명의로 주식을 발행하고 양도할 법적 권한이 없다. 이 법안을 통과시킨 표면적인 목적은 기업의 과열 양상을 방지하는 것이었다. 그러나 입법자의 진짜 속내는 이 법안을 통해 투자자가 다른 회사를 포기하고 남해 회사의 주식을 구매하도록 만드는 것이었다. 이 법안의 등장으로 독점권이 사라진 주식회사들이 줄줄이 도산했다. 남해 회사의 주가도 기존의 10분의 1에도 미치지 못하는 수준까지 하락했다. 수천수만 명이 하루아침에 파산했는데, 그중에는 위대한 과학자이자 왕립 조폐국 국장이었던 아이작 뉴턴(Isaac Newton)도 있었다. 뉴턴도 2만 파운드의 남해 회사 주식을 샀지만, 주가가 폭락하면서 본전을 모두 날렸다.

실제로 이 법안의 출범은 주식거래자들에게 잘못된 신호를 전달했다. 즉, 정부가 회사 주식의 거래를 제지하려 하면서 세계 역사상 최초로 주식의 거품이 꺼지고 붕괴할 수 있는 결과를 초래했다는 신호다. 이때 남해 회사와 마찬가지로 존 로의 미시시피 회사도 붕괴된 가운데 프랑스 투자자들은 5억 리브르의 재산을 잃었고, 존 로는 서둘러 도피 길에 올랐다. 사람들은 그제야 악몽에서 깨어났다. 기업은 돈을 버는 수단이기도 하지만 엄청난 재앙의 불씨가 될 수 있다는 사실을 깨달았다. 주식 재앙이 지나간 뒤에 사람들은 뼈아픈 깨달음을 얻었지만, 기업의 진정한 의미를 깨우치지는 못한 채 기업의 주식 발행을 전면 금지하는 식의 가장 간단한 처리 방법을 채택했다. 그 결과 그 후 100여 년 동안 새로운 주식회사는 단 한 곳도 설립되지 않았다. 사람들은 기업을 불길하고 두려운 존재라고 생각했고, 심지어 언급조차 하지 않았다. 한때 기세가 하늘을 찌를 듯 했던 특허회사들도 점차 내리막길을 걸었다. 19세기 중반 산업혁명이 일어난 뒤에야 기업은 마침내 황금기를 맞이할 수 있었다.

존 로의 근본적인 실수는 화폐와 부의 관계를 제대로 인식하지 못했다는 것이다. 그는 화폐가 단지 부의 결과이자 표징에 불과하다는 사실을 인지하지 못한 채 화폐가 부를 가져다줄 수 있다고 잘못 판단했다. 그가 자신의 대표작 『화폐와 무역』에서 언급한 바에 따르면, 한 나라의 실력과 부는 인구와 무기, 외국 상품의 수량과 관련 있고, 이것들은 무역에 의존하고 무역은 또 화폐에 의존한다. 화폐가 없으면 아무리 좋은 제도가 있다 하더라도 국민을 동원할 수도 없고, 제품을 개선할 수도 없고, 제조업과 무역을 촉진시킬 수도 없다. 만약 다른 나라처럼 부강해지려면 그 나라와 동일한 양의 화폐를 가지고 있어야 한다. 이런 관점을 통해 존 로가 전형적인 화폐 지상론자라는 사실을 엿볼 수 있다. 그는 화폐와 부를 동일시하면서 화폐를 만드는 것이 부를 창출하는 것과 같다고 생각했다. 그러나 현실에서 진짜 중요한 점은 화폐를 만드는 것이 아니라 부를 창출하는 것이다. 어느 나라든 조폐기만 돌린다고 모든 문제가 해결되는 것은 아니다. 그럴수록 끝없는 재앙만 가져올 뿐이다.

05

금융의 힘

19세기 말부터 20세기 초 무렵에 프랑스에 사는 여성 트리샤 험블이 아버지로부터 1억 프랑 상당의 증권이 든 상자를 물려받았다고 말해 사람들의 호기심을 자극했다. 프랑스 사람들은 그녀의 말을 맹신했지만 사실 이 상자는 단 한 번도 공개된 적이 없었다. 그녀와 그녀의 남편은 이 상자를 담보로 거액의 자금을 빌려 투자를 했다. 그렇게 해서 그녀는 파리에서 가장 번화한 샹젤리제 대로변에 호화 호텔과 한 신문사의 지배지분을 보유했고, 그녀의 남편도 의원으로 당선되었다. 1902년 그녀가 죽은 후 사람들이 그 상자를 열자 그 안에는 고작 낡은 신문지 한 장과 이탈리아 동전 그리고 바지 단추밖에 들어있지 않았다.

트리샤가 아무런 가치도 없는 상자를 이용해 돈을 빌릴 수 있었던 것은 그녀가 담보로 잡을 만한 실물 자산을 가지고 있어서가 아니었다. 그것은 바로 사람들이 그녀에게 돈을 갚을 충분한 능력이 있다고 믿었기 때문이었다. 신용화폐가 대중의 인정을 받을 수 있는 것처럼 은행권도 금은 또는 다른 가치를 지닌 부와 언제라도 바꿀 수 있다고 믿었던 것이다. 만약 사람들이 신용에 대한 믿음을 잃게 된다면 신용 제도나 신용화폐는 하루아침에 무너지고, 주식 혹은 지폐 역시 휴지 조각으로 전락할 수 있다. 신용은 금융 체계가 존재할 수 있는 기반이자 전제 조건이며, 금융의 본질은 바로 신용이다. 신용이 뒷받침되지 않으면 금융 체계는 존재할 수 없다.

영국과 프랑스도 17, 18세기의 경쟁 과정에서 똑같이 이런 문제를 드러냈다. 1689년부터 1760년 사이에 프랑스가 해군에 지출한 비용은 총 지출액 중 10퍼센트에 못 미쳤고, 영국은 35퍼센트였다. 1760년 프랑스 해군이 받은 돈은 육군 경비의 4분의 1에 불과했고, 프랑스와 영국의 힘겨루기 결과는 프랑스와 그 동맹국의 대패로 끝났다. 1763년 2월 10일 영국과 프랑스는 〈파리조약〉을 체결했다. 영국은 프랑스 수중에서 캐나다, 미시시피강 좌측 기슭과 오하이오강 전역을 빼앗았다. 또한 영국은 아프리카에서 세네갈을 차지했고, 인도에서 프랑스 군대를 퇴각시켰으며, 스페인으로부터 북미의 플로리다를 받아냈다.

영국이 프랑스와 그 동맹국들을 상대로 승리를 거둘 수 있었던 관건은 바로 영국의 현대 화폐 체계였다. 당시 영국은 7년 전쟁[20]에 1억 6,000만 파운드를 썼는데, 그중 37퍼센트는 금융시장에서 모집한 국채였다. 당시 영국 국채는 프랑스의 두 배였고, 영국인 1인당 부담해야 하는 평균 채무는 프랑스의 다섯 배 이상이었다. 그러나 전쟁은 영국에 별다른 타격을 입히지 않았다. 영국의 재정 상태는 양호했고, 상공업은 번창했다. 기술 수준도 비약적으로 발전했으며, 산업혁명도 태동 중이었다. 반면, 프랑스는 존 로의 화폐 신용 제도가 실패한 뒤부터 경제가 심각하게 침체했고, 프랑스인의 소득 수준은 영국인보다 훨씬 낮았다.

---

20 7년 전쟁은 1754년부터 1763년 사이에 일어났다. 당시 유럽의 주요 열강들은 모두 이 전쟁에 참여했고, 유럽, 북미, 중앙아메리카, 서아프리카 해안, 인도 및 필리핀까지 영향을 미쳤다. 이 전쟁은 대브리튼과 프랑스, 스페인이 무역과 식민지를 두고 시작한 경쟁 때문에 발발했다. 전쟁이 끝난 후 1763년 프랑스, 스페인과 대브리튼이 〈파리강화조약(Treaty of Paris, 1763)〉을 맺었고, 오스트리아와 프로이센이 〈후베르투스부르크 조약(Treaty of Hubertusburg)〉을 체결했다.

영국의 경제 상황은 프랑스보다 훨씬 더 좋았다.

그러나 17세기 영국은 종합적인 국력 면에서 프랑스와 비교가 되지 않았다. 인구는 프랑스의 3분의 1 수준이었고, 국토 면적도 프랑스에 훨씬 못 미쳤다. 그럼에도 영국은 18세기에 프랑스와 싸워 이겼다. 훗날 역사학자와 경제학자들은 영국이 부상하게 된 것은 배후에 존재하는 제도의 역할이 컸다고 분석했다. 특히 금융 체계의 뒷받침과 재산권의 보호가 중요한 역할을 했다.

일각에서는 영국이 해적에 의지해 야만적 경로를 통해 발전해온 나라라고 생각하지만 사실 그렇지만은 않다. 영국을 일으켜 세운 관건은 바로 영국의 금융 체계와 제도였다.

17세기 이전까지 영국은 금융업의 발전과 거리가 멀었다. 반면에 같은 시기 유럽의 다른 나라들, 예를 들어 이탈리아인은 13세기에 이미 도시 채권을 발행했고, 네덜란드의 암스테르담에서는 16세기에 벌써 현대 선물옵션 거래를 잉태했다.

17세기 영국에서는 왕들이 국가 금융 업무에 자주 손을 댔다. 1640년 당시 영국 국왕 찰리 1세는 상인이 왕립 조폐 공장에 둔 금은을 강제로 '차용'했다. 찰리 1세의 아들 찰리 2세는 1672년 재무부의 어음 환급을 중지했다. 국왕의 이러한 행동은 국민들에게 불안감을 조성했다. 그 결과 그들은 왕의 조폐 공장을 불신하며 현금을 은행에 예치하기 시작했고, 대중이 믿을 만한 투자처의 필요성을 절실히 느꼈다. 그리고 이 모든 요소들이 진정한 의미에서 대중 은행의 출현을 이끌어냈다. 17세기 영국 정국이 불안해지면서 신용위기가 불어닥쳤다. 1688년 영국의 자산계급과 신귀족이 쿠데타를 일으켜 가톨릭을 신봉하던 제임스 2세를 밀어내고, 개신교를 배경으로 하는 네덜란드 집권자 윌리엄을 영국 국왕 자리에 앉힌 후 윌리엄 3세(William III, 영국 국왕, 1689년~1702년 재위)라고 불렀다. 윌리엄 3세는 〈권리 법안〉을 받아들였고, 영국 국왕의 권력은 이전보다 더 제약을 받았다. 그러나 이것은 영국인의 사유재산 보호를 촉진했고, 영국 정부의 역할도 억압자에서 보호자로 바뀌었다. 또한 윌리엄 3세의 네덜란드 출신 배경은 당시 비교적 선진적이었던 네덜란드 금융 체계를 대대적으로 도입하는 데 일조했다.

　당시 영국의 해외 확장을 방해하던 최대 적수는 '태양왕' 루이 14세의 통치를 받고 있던 프랑스였다. 영국 왕실은 프랑스에 대항하기 위해 무거운 재정적 부담을 짊어졌다. 오랜 시간 이어진 전쟁을 치르기 위해 영국은 잉글랜드 은행을 이용해 정부의 전쟁 비용을 조달하는 현명한 방법을 선택했다. 경비를 조달하는 일차적인 목적은 바로 막강한 태양왕 루이 14세에 대항하기 위해 군비를 조달하는 것이었다. 잉글랜드 은행 설립을 적극 지지했던 이들은 휘그당(Whig Party, 훗날 자유당으로 발전함) 당원들이었다. 일단 잉글랜드 은행이 도입되자 국왕은 필요한 군비를 자산가들로부터 제공받았고, 대출을 통해 당시 부를 축적 중이던 자산가들에게 안정적인 수익을 가져다주었다. 그 결과 영국은 최후의 승리를 거두었고, 15세기 말부터 19세기 말까지 영국 인구는 네 배 가까이 증가했다. 같은 기간 프랑스 인구는 고작 4분의 1 증가했을 뿐이다. 영국의 1인당 수명과 도시화 비율도 프랑스보다 높았다. 런던은 인구가 13배 증가해 당시 유럽 최대의 도시가 되었다.

　앞서 언급한 남해 회사 역시 영국 토리당(Tories, 보수당의 전신)이 잉글랜드 은행의 정부 융자 독점에 대항하기 위해 만든 수단 중 하나였으며, 잉글랜드 은행의 지지자 휘그당 당원들에게 타격을 가하는 중요한 수단으로 간주되었다. 당시 영국은 남아메리카 무역 광풍에 휩쓸렸다. 이로 인해 남해 회사의 주가가 계속 상승하자 너 나 할 것 없이 남해 회사에 투자하기 위해 몰려들었다. 결국 거품이 꺼지면서 1720년 남해 회사는 자산 정리에 들어갔고, 실제 자본은 얼마 남지 않았다. 하지만 이 거품은 잉글랜드 은행이 위기를 극복하고 대중의 신뢰를 얻어 더 발전할 수 있는 뜻밖의 발판을 마련해주었다.

　1797년 프랑스는 나폴레옹의 주도하에 영국을 몰아붙였다. 심지어 프랑스인이 '노르만 정복(Norman Conquest)'을 재현하려 한다는 소문이 영국에 돌기까지 했다. 잉글랜드 은행은 어쩔 수 없이 은행권 환전 업무를 잠시 보류했다. 하루 만에 1,000여 명의 상인이 은행권 인수에 동의하는 성명서에 서명했다. 〈은행제한법〉도 원래 6주만 실시하기로 했다가 거의 4분의 1세기 동안 이어졌다. 이 기간 잉글랜드 은행의 모든 시스템이 정상적으로 운행되었다. 더 중요한 결과는 영국인이 잉글랜드 은행에서 발행한 지폐를 받아들였다는 것이다. 이것은 금융사에서 또 하나의 이정표가 아닐 수 없었다.

특히 주목할 만한 점은 런던이 진행한 이 모든 금융 혁신과 실험이 국가 강제력에 전적으로 의존한 것이 아니라 영국 대중의 자유로운 선택에 은행이 큰 기반을 두고 있다는 것이다. 이런 지지는 애국심과 책임감 외에도 국가와 정부에 대한 영국 국민의 믿음에서 비롯되었다. 다시 말해서 영국 금융 체계의 정상적 운행을 지탱하고 특별한 역할을 한 것은 잉글랜드 은행에서 발행한 은행권, 보증금, 금은이 아니라 영국 전역에 걸친 엄청난 양의 노동 상품이었다. 영국은 그것으로 만든 공산품과 중계무역을 통해 얻은 놀랄 만한 수입을 유럽 동맹국에게 제공했다. 이들은 영국의 자금 지원을 받아 프랑스를 단숨에 물리치고 나폴레옹을 곤경에 빠뜨렸다.

이것은 금융과 정치가 상호 보완적이고 불가분의 관계라는 것을 보여주었고, 금융의 본질이 신용이라는 것을 증명했다. 바로 이 신용을 바탕으로 영국은 한 걸음씩 적을 물리쳐 마침내 세계 금융의 맹주 자리에 올라설 수 있었다. 영국은 금융의 고지를 차지하는 사람이 경쟁의 우위를 점한다는 진리를 우리에게 몸소 보여준 것이다.

06

화폐 논쟁

17세기 말부터 18세기 초까지는 영국의 번영을 위해 가장 중요한 시기다. 바로 이 시기에 향후 100년 동안 현대 화폐와 금융 시스템 구축에 막대한 영향을 미칠 대대적인 화폐 논쟁이 영국 내에서 불거져 나왔다. 17세기 말 투기꾼들의 화폐 투기로 촉발된 한 차례 경제 위기가 영국에 불어닥쳤다. 당시 투기꾼들은 파운드화의 가치에 상당하는 금화를 녹여 지정된 또 다른 국가로 옮겼고, 이 나라의 금은 가격이 영국 금은 가격의 10분의 1에 불과하면 영국과 그 나라의 금은 비교 가격 및 동전의 액면 비교 가격에 따라 동전을 조폐 공장이나 상인에게 양도해서 팔고 은화를 받았다. 만약 그 나라의 은화 가격이 영국보다 높으면 매매의 반복을 통해 가격차익을 얻을 수 있었다. 이것이 바로 화폐의 시세 차익 투기다. 이런 투기 과정은 운송 원가만 줄이면 이윤을 더 높일 수 있었다. 이는 19세기 초 중국에 등장한 문은(紋銀, 질 좋은 은괴나 장식용 은—옮긴이)의 차익 거래와 상당히 흡사하다.

당시 중국의 문은은 세계적으로 은의 함량이 가장 높아서 사람들은 동인도회사의 본사와 인도의 콜카타(Kolkata)에서 중국의 문은을 녹여 은화로 만드는 것을 선호했다. 중국 문은의 가격은 동일한 중량의 외국 은화보다 15퍼센트나 높았다. 당시 중국 광둥(廣東)의 문은 가격은 외국 은화만큼 높지 않았다. 이것이 바로 투기꾼들이 거액의 이윤을 노리고 중국의 문은을 콜카타로 직접 운반하는 이유였다. 그들은 유럽에서 중국 문은과 똑같은 순도의 백은으로 은화를 제조한 뒤 다시 그 은화를 광저우(廣州)로 가져가 팔았다. 당시 백은 투기 활동에 이용된 은은 일반적인 쇄은(碎銀, 부스러기 은전—옮긴이)이 아니라 순도 높은 문은이었고, 그 수량도 어마어마했다. 1951년 서양 학자 그린버그는 자신의 저서 『영국 무역과 중국의 개방』에서 19세기 중국 백은이 영국으로 회류한 진짜 원인은 영국, 영국령 인도, 중국의 투기꾼 사이에 이루어진 백은 투기라고 했다. 이것은 중국의 화폐체계와 금융시장을 심각하게 파괴하고 어지럽혔다. 아편 무역과 문은의 투기 활동 때문에 중국의 백은이 대량 유출되자 중국에도 은이 귀해지는 이른바 '은귀전천(銀貴錢賤)' 현상이 일어났다. 19세기 초 백은 한 냥이 동전 1,000문과 같았다면, 아편전쟁 전까지 백은 한 냥은 이미 동전 1,600문에 상당했다. 이때 중국 지식인 세계에서도 아편 무역과 화폐를 둘러싸고 한바탕 논쟁이 벌어졌다.

이런 금속화폐의 매매 차익 거래 때문에 자국의 태환 화폐가 대량으로 융해되거나 합법 또는 불법 밀수 등의 경로를 통해 국외로 흘러나가 자국 통화의 부족 현상이 초래된다. 1696년 영국과 19세기 전반 중국에서 발생한 위기는 모두 화폐 매매 차익 투기 활동의 결과였다. 당시 영국은 프랑스와 대전을 벌이느라 군비 지출이 끊임없이 증가했고, 앞서 말한 금속화폐의 매매 차익 거래는 영국 국내 화폐유통량을 빠르게 하락시켰다. 그 결과 영국은 대량의 백은이 해외로 유출되면서 초래된 은화 부족 위기를 겪어야 했다. 당시 영국은 은본위제를 실시했기 때문에 본위화폐의 디플레이션은 대규모 예금 인출로 이어졌다. 그 결과 시장 무역은 은을 기반으로 하는 교환 매개체가 필요했고, 기층 민중과 상인은 점점 더 가치를 더해가는 은화를 비축하기를 바랐다. 게다가 군비 지출이 계속 증가해 민간의 공황 심리를 부추겼는데, 국민들은 영국이 이미 빚더미에 올랐을 뿐 아니라 국고의 금은 보유량도 바닥이 났다고 판단했다. 이때 발생한 위기는 화폐 위기가 아니라 정부의 신용 위기였다. 이런 상황에서 정부가 화폐 조정을 강행하면 자칫 대중의 분노를 야기해 정치적 위기까지 초래할 수 있다.

처음에 기니 금화[21]는 20실링짜리 은화로 환산할 수 있었지만, 은화가 평가절하하면서 기니 금화의 가격이 치솟았다. 1694년 3월이 되자 기니 금화는 22실링과 맞먹었고, 1년 후 25실링을 거쳐 30실링까지 올라갔다. 그 추세를 타고 사람들 사이에 황금을 조폐 공장으로 보내 기니 금화로 교환하는 붐이 일어나면서 황금의 가격이 80실링에서 109실링까지 더 상승했다. 금값이 끊임없이 올라가자 금화를 주조하는 원가도 따라서 점점 높아졌다. 기니 금화에 불붙은 투기 열풍 때문에 조폐 공장으로 보낼 구폐가 없을 정도가 되었다. 심지어 조폐 공장에서 공급할 화폐가 없는 지경에 이르렀다. 이런 상황에서 영국 정부도 주화 개혁이 반드시 단행되어야 한다는 것에 이견이 없었고, 이 문제에 관한 치열한 논쟁이 시작되었다. 논쟁의 초점은 구폐를 신폐로 교환하는 과정에서 손해 본 사람들에게 피해를 보상하는 방법으로 모아졌다. 이 추정 손실액은 약 200만 파운드로 평화 시기 영국 정부의 일 년 총지출과 맞먹었다.

바로 이런 배경 아래서 영국 재무장관 윌리엄 론즈(William Lowndes)는 1695년 9월 「은화 개조론」이라는 제목의 논문을 발표했다. 이 논문

---

21 기니(Guine)는 영국이 1663년에서 1817년 사이에 사용한 금화다. 이 금화는 원래 서아프리카 기니(Guinea)에서 생산된 금으로 주조해 기니 금으로 불리기도 했다. 그 액면가는 1파운드 동전이 은화 20실링과 같았지만 때로는 30실링에 달하기도 했다. 1717년부터 1816년까지 그 가치는 공식적으로 21실링으로 정해졌고, 그 후 영국이 금본위를 통과시키면서 1817년부터 소브린(Sovereign)으로 대체되었다. 기니에는 찰리 2세(단두대에서 처형당한 영국 왕 찰리 1세의 동생)의 초상이 새겨져 있다.

돈의 탄생

의 내용은 세계 역사상 최초로 화폐에 관한 대토론을 불러일으켰다. 이 대토론을 통해 화폐에 대한 사람들의 이해가 날로 성숙해져갔다. 윌리엄 론즈는 모든 은화의 액면가를 25퍼센트 높이고, 중량과 순도를 기존 크로네(5실링)와 같게 만든 새로운 동전의 이름을 '절장' 또는 '통일화폐'라고 지었다. 그리고 그 가치를 6실링 3펜스로 규정해 화폐를 정식으로 평가절하하자고 제안했다. 그는 기존 실링의 이름을 그대로 둘 수 있지만 새로운 실링의 실제 금 함유량은 구 실링의 80퍼센트여야 하고, 흠이 있는 구폐를 액면가에 따라 상품화폐와 같은 가격으로 유통되도록 허용하자고 했다. 당시 영국은 프랑스와 전쟁 중이어서 큰 규모의 군대를 유지하고 동맹국 네덜란드를 도와야 했다. 윌리엄 론즈는 이런 시기에 그의 제안을 받아들이면 전쟁이 끝난 뒤 디플레이션을 비교적 수월하게 통제할 수 있다고 여겼다. 그는 주화 개혁은 전쟁이 끝나기를 기다렸다 실행하는 것이 아니라 지금 당장 추진해야 한다고 강조했다. 개혁을 늦추면 영국이 파멸할 수도 있기 때문이었다.

그는 다음의 아홉 가지를 제안했다.

- 기존 은화를 용해해 은괴로 만들지 못하도록 하려면 새로 규정한 은화의 가치는 기존 시장의 가치(온스당 6실링 5펜스)보다 높아야 한다.
- 은의 가치를 25퍼센트 증가시켜야 은괴를 동전으로 주조하지 않는다.
- 은화의 액면가를 높여야 화폐의 총량을 늘리고 경제 발전의 수요를 만족시킬 수 있다.
- 흠이 있는 은화와 흠이 없는 은화가 함께 유통되고 액면가가 같아야 흠이 생겼다는 이유로 은화의 가치가 떨어지는 것을 막을 수 있다.
- 6실링 3펜스 크로네의 동전을 더 많은 소액 동전으로 세분한다.

- 새로 나온 화폐에 새로운 이름을 부여하지만, 파운드, 실링, 펜스의 액면가는 그대로 유지해야 한다.
- 동전의 액면가를 높여 사람들이 동전을 유통하도록 유도하면 다시 동전을 주조할 필요가 없다.
- 새로운 동전의 가치를 25퍼센트 늘리면 동전을 다시 주조하는 데 드는 원가를 줄일 수 있다.
- 은화를 충분한 수준까지 평가절하해 은 가격의 지속적인 상승으로 은화가 다시 평가절하하는 것을 피해야 한다.

윌리엄 론즈의 제안은 재정 대신 찰스 몬테규(Charles Montagu)의 반대에 부딪혔다. 몬테규는 당시 가장 유명한 철학자 존 로크의 강력한 지지를 받고 있었다. 세계 최초로 헌정 민주주의에 대한 입장을 밝혔던 존 로크는 천부적인 자유는 인간이 태어날 때부터 가지고 있고 포기할 수 없는 자연권이라고 말했다. 그는 사회계약론에 따라 인간은 자연법으로 다스려지고, 사회에서 정부는 국민이 세우고 국민을 위해 일해야 한다고 여겼다. 이 때문에 로크는 진정한 화폐는 반드시 금은이어야 한다고 주장했다. 그는 1실링이 백은의 특정 중량을 대표하고, 아울러 영원히 이 중량을 유지해야 한다고 여겼다. 만약 주화 소유자의 수중에 있는 구폐를 1실링짜리 신폐 백은으로 바꿀 수 없다면 이것은 정부가 개인의 재산을 빼앗는 것이나 다름없다. 그는 동전의 화폐가치가 얼마든 그것을 어떤 새로운 명칭으로 부르든 상관없이 이전보다 더 많은 우유나 소금, 빵을 살 수 없다면 백은을 주화 공장으로 보내도록 사람들을 유인할 수 없다고 말했다. 무역 수지 균형을 유지하기 위해 금은을 다시 수출해야 하고, 이런 해외무역의 지속성을 보장하려면 백은을 창고에 온전히 남겨둘 수 없기 때문이다.

실제로 론즈와 로크가 벌인 논쟁의 핵심은 이렇다. 론즈가 제안한 방식은 다시 주조하는 은화를 더 가볍게 만들면 상품화폐는 미리 규정한 프리미엄에 따라 거래를 진행하기 때문에 기존의 상품화폐가 빠르게 유통될 수 있다는 것이다. 반면, 로크가 제안한 방식은 기존 제도를 따르고 원래 기준에 따라 화폐를 다시 주조해 유통 중인 구 동전을 대체하는 것이다. 그러나 은 함량이 하락하고 액면가에 따라 유통되는 상황 속에서 론즈가 권장하는 방식은 채무자가 소량의 백은으로 기존 채무를 상환하는 데 유리했다. 다시 말해, 정부는 화폐의 평가절하 방식을 통해 '주화세(통화팽창세)'를 징수해 소량의 백은으로 거액의 전쟁 대출과 정부 적자를 청산할 수 있다. 실제로 이는 재정 적자를 화폐화하는 방식이다. 이런 방식으로 정부는 모든 빚을 다 떼먹고 합리적으로 국민의 부를 약탈할 수 있다. 역사적으로 수많은 정부가 이런 방식으로 대내외 채무를 변제받았다.

론즈와 로크의 논쟁에서 정부 이익을 대변하는 론즈의 제안은 인정받지 못했고, 로크는 뛰어난 철학적 두뇌와 열정적인 말솜씨로 론즈를 이겼다. 그 결과 기존의 실링은 원시적 액면가에 따라 새로운 실링으로 교환되었고, 그사이에서 발생하는 차액은 국고에서 부담하기로 했다. 국고로 차액을 부담하기로 한 이상 수많은 납세자들이 정부가 진 빚을 갚는 셈이 되어버렸다. 이 때문에 로크의 제안은 도리어 국가의 부담을 증폭시키고 손실은 더 커졌다. 그러나 과학자 아이작 뉴턴이 끼어들면서 상황은 달라졌다.

당시 뉴턴의 직책은 왕립 조폐국의 총감독일 뿐 아직 국장은 아니었다. 그가 내세운 주장은 의회가 법률을 제정해 동전 1크로네와 백은 1온스의 가치를 똑같게 만들고, 영국과 다른 나라의 금은 태환율을 유지해 매매 차익을 노린 투기 행위

▶ 영국의 과학자이자 왕립 조폐국 국장인 아이작 뉴턴

의 지속적인 발생을 피하자는 것이었다. 뉴턴이 끼어들면서 이 논쟁의 결과는 론즈의 승리로 끝을 맺는 듯했다.

그러나 승자의 관점은 본질적으로 영국 정부의 이익에 부합했다. 즉, 은의 함량을 줄이고 더 가벼워진 동전으로 기존의 동전을 대체했지만, 법으로 동전의 가치를 옛날보다 더 높게 규정했다. 그 결과 정부의 적자는 큰 폭으로 탕감되었고, 채권자와 채무자의 이익은 심각한 손해를 봤다.

영국의 이런 조치는 기원전 8세기에 역사상 최초의 화폐 평가절하로 재정난을 겪은 그리스 코린토스에서 세운 도시 시라쿠사의 군주 디오니시우스와 다르지 않았다. 그는 채무를 상환하기 위해 폭력을 동원해 거둬들인 주화를 녹여 새로운 주화를 만들었다. 그리고 기존 1드라크마 중량의 주화를 2드라크마 중량의 새로운 화폐로 다시 주조한 뒤 강권을 이용해 새로운 주화를 도시에 유통시켜 별로 힘들이지 않고 채무를 상환할 수 있었다. 이런 점을 보면 역사는 반복될 뿐 아니라 지극히 비슷한 모습으로 복제되는 듯하다. 이런 방법의 본질은 적나라하게 국가의 강권을 휘두르며 합법을 가장해 공개적으로 국민의 부를 약탈하는 것이다.

실제로 이 논쟁은 금은본위제와 복본위제 시대를 반영하고 있고, 모든 국가가 직면한 문제는 국내외 금은 비교 가격과 주화 비교 가격의 비율 문제였다. 이것은 영국이 100여 년 후 금본위제를 시행하게 된 시발점일 수도 있다.

1699년 영국 재무부는 기니 금화의 가격을 21실링 6펜스로 내렸고, 그 목적은 투기꾼들의 매매 차익 거래를 막는 것이었다. 그래서 황금의 수입량이 떨어지기 시작했다. 하지만 2년 후 1701년에 황금의 수입량은 사상 최고치인 150파운드를 기록했고, 백은은 계속해서 아시아(주로 중국)로 흘러 들어갔다. 이때 막 왕립 조폐국 국장 자리에 오른 뉴턴은 의회 재세 위원회에 조사 보고서를 제출했다. 이 보고서에서 그는 기니 금화의 가치를 10~12펜스로 줄일 것을 제안했다. 이렇게 해야 영국 금화 중 백은의 함량이 유럽 기타 국가가 무역과 환전할 때의 비율과 일치하기 때문이다. 그래서 1717년 12월 22일 영국 재무부는 21실링과 다른 가격으로 기니 금화를 구매하지 못하도록 금지한다고 발표했다. 바로 이 발표로 영국의 금본위제도가 더 빨리 확립될 수 있었다. 이는 뉴턴의 예상과 다른 방향으로 흘러갔기 때문에 가능했다. 금값은 뉴턴의 바람처럼 자동 하락하지 않았고, 21실링 수준을 유지했으며, 은화의 가격이 그 액면가를 넘어섰다. 그러나 백은의 가격과 비교해보면 금값은 하락했다. 이것은 은값 상승 때문이 아니고 금값 자체와도 전혀 상관없었다. 이때부터 화폐유통시장에서 백은 대신 금을 파운드화의 기준으로 삼는 것이 기정사실화되었다. 뉴턴은 금값을 금형 온스(순도 0.9)당 3파운드 17실링과 2분의 1펜스로 정했고, 이 가격은 200여 년 후인 1931년까지 이어졌다. 현재 수많은 학자가 1816년을 영국에서 금본위가 정식으로 실행된 해로 보고 있다. 1816년 6월 22일 영국 의회가 법안을 통과시켜 소브린 금화를 22캐럿(11온스 또는 91.67퍼센트의 순도)의 표준 금으로 주조하고, 중량은 123.2744그램, 순금 함량은 113.0016그램으로 규정했기 때문이다. 이 법안은 백은을 종속적 지위로 만들었다. 뉴턴이 파운드와 금 사이의 적당한 비율을 확립했고, 이는 100년 후에 영국 금본위제 형성의 기반이 되었다.

07

결론

네덜란드와 영국은 원래 작은 섬나라지만 불굴의 투지와 정신력, 세상을 앞서가는 금융 혁신의 풍성한 성과를 바탕으로 한때 세계를 제패한 강대국이 되었다. 그들이 번영하던 역정은 한 가지 이치를 설명하기에 충분하다. 민족의 번영을 실현하고자 한다면 막강한 군사력뿐 아니라 탄탄한 금융제도와 시스템을 갖추고 있어야 한다. 이런 요소는 국민의 전폭적 지지 속에서 선진 정치제도와 민의를 구현하고 민족의 번영을 실현하는 데 결정적인 역할을 할 수 있다. 이 정치제도의 근본적인 특징은 국민 절대다수의 바람을 반영하고, 역사 발전의 조류에 순응하고, 결코 그 흐름을 거스르지 않는 것이다.

제 5 장

번영

01

달러의 탄생

달러는 네 가지 단계를 거쳐서 탄생했다.

첫 번째 단계는 시작 단계로 혼란의 시기였다.

처음 북미대륙에 도착한 유럽 이주민은 영국 화폐 파운드, 실링, 페니는 물론 영국 화폐제로 화폐가치를 표시하는 습관을 버리지 못했다. 하지만 몇 년 지나지 않아 그들이 가져온 영국 화폐는 바닥을 드러냈다. 당시 북미대륙에는 조폐 공장이 없었고, 영국도 동전의 해외 수출을 금지했다. 이주민들은 영국 화폐를 대신할 새로운 화폐를 모색해야 했다. 태평양과 대서양 사이에 있는 북미대륙에는 조개껍질이 많았다. 북미대륙의 원주민들은 보라색과 흰색의 바지락 껍질과 쇠고둥 껍질을 이어 만든 목걸이와 허리띠를 아주 중요하게 생각해, 모피, 어피, 기타 상품과 교환하기를 원했다. 그래서 유럽에서 온 새로운 이주민들은 조개껍데기 목걸이와 허리띠를 생산해 그 제품을 원주민과의 거래나 이주민의 내부 거래에 사용했다. 1637년 조개껍데기 목걸이는 법정화폐로 확정되었다. 당시 여섯 개의 흰색 비즈 혹은 세 개의 보라색 비즈가 1펜스에 해당되었다. 그러나 각지의 자연 산물과 습관이 달랐기 때문에 당시 북미대륙에서 옥수수, 너구리, 담배, 벼를 모두 거래에 사용할 수 있었다. 현지에서 생산되는 무엇이든 그곳의 화폐가 되었다. 그래서 매사추세츠, 코네티컷, 버지니아는 각각 옥수수, 밀, 담배를 법정화폐를 삼았다. 하지만 이런 농산품에는 명확한 결함이 존재했다. 부피가 너무 크고 균일하지 않고 손상되기 쉬웠던 것이다.

북미대륙의 각 식민지는 농축산물과 해산물을 밀수해 멕시코 및 중남미와 스페인의 거래를 통해 은화로 바꿨다. 이때 가장 흔히 볼 수 있었던 동전이 페소였는데, 이 동전의 은 함량은 423.7그램이었다. 이 은화의 가치는 스페인의 8헤알(Real) 또는 스페인 달러와 같았다. 동전 외에 공채 형식으로 발행한 신용 어음도 화폐였다. 1751년부터 영국은 북미 식민지에서 지폐를 발행하는 것을 금지했는데, 이것이 독립전쟁의 도화선 중 하나가 되었다.

두 번째 단계는 조정 시기로 달러를 법정화폐로 선포했다.

자신의 화폐를 발행할 권리가 없었던 북미대륙 식민지 거주자들은 도저히 어쩔 수 없는 상황에서 일종의 '차용증'을 발행해 화폐로 충당할 계획을 세웠다. 이것이 바로 '컨티넨탈 화폐(Continental currency)'다. 하지만 '컨티넨탈 화폐' 외에도 식민지마다 독립적으로 화폐 역할을 하는 어음이 발행되면서 북미 식민지 거래 체계가 엉망이 되었다. 결국 인플레이션이 날로 심각해지면서 금은화폐가 유통 영역에서 퇴출당했다. 상황이 이렇다 보니 새로 독립한 국가의 지도자들은 단일 화폐를 발행해 혼란스러운 사태를 끝내기로 결정했다. 1785년 미국 의회는 '미합중국의 화폐단위를 달러'로 선언하고 십진법 체계의 달러 통화 체제를 시행하는 입법안을 통과시켰다. 1786년 8월 의회는 1달러의 1퍼센트를 1센트, 1달러의 10퍼센트를 1각, 화폐 무게는 그램으로 계산하고, 금은 비교 가격은 1:15.253으로 하는 내용을 다시 법으로 규정했다. 같은 해 9월 미국 의회는 조폐 공장의 건립을 명했다. 경험이 부족한 탓에 조폐 공장은 액면가 0.5센트, 1센트, 2센트의 동전을 소량 생산하는 데

돈의 탄생

그쳤다. 자체적으로 화폐를 주조하는 주들도 많아졌다.

세 번째 단계는 규범 시기로 화폐 발행권을 의회에 부여하도록 헌법으로 규정했다.

이 시기는 그리 오래가지 않았다. 3년 후 1789년 3월 미국 헌법이 반포되면서 이 국면도 철저히 바뀌었다. 미국 헌법은 의회에 화폐 주조권을 부여했고, 의회가 화폐의 가치 조율을 책임져야 한다고 명확히 규정했다. 또한 각 주의 화폐 주조를 금지하고, 화폐와 유사한 '차용증'을 발행하는 것도 금지했다.

네 번째 단계는 탄생 시기로 〈주화 법안〉을 통과시켰다.

1792년 4월 2일 미국은 〈주화 법안〉을 통과시켰다. 이 법안의 가장 중요한 내용은 미국 조폐국을 설립하도록 규정하고 미국 동전 유통제도를 제정하는 것이었다. 법안의 공식 명칭은 〈미국 동전 주조와 유통 법안(An act establishing a mint and regulating the Coins of the United States)〉이다. 이 법안은 달러를 미국 화폐단위로 확정하고, 미국 화폐에 십진법 시스템을 도입했다. 법안의 규정에 따라 조폐국은 미국 정부 소재지에 세워졌다. 최초의 조폐국 관리 다섯 명은 조폐국 국장, 분석가, 조폐사, 조각가와 금고 관리인이었다. 헌법은 조폐사와 조각가의 직책을 동일 인물이 맡도록 허용했다. 분석가, 조폐사, 조각가는 미국 재무부에 1만 달러의 보증금을 내야 했다. 1792년 5월 8일, 조지 워싱턴 대통령은 〈동전 주조 규정법(An Act to Provide For a Copper Coinage)〉에 서명했다. 이 법에 따라 오늘날까지 이어지는 1센트짜리 구리 동전이 탄생했다.

〈주화 법안〉은 달러의 각종 동전의 기준을 다음과 같이 제정했다.

- 독수리 문양 금화(Eagles): 10달러
- 1/2 독수리 문양 금화(Half Eagles): 5달러
- 1/4 독수리 문양 금화(Quarter Eagles): 2.50달러
- 1달러 동전(Dollars): 1달러

- 50센트 동전(Half Dollars): 0.50달러
- 25센트 동전(Quarter Dollars): 0.25달러
- 10센트 동전(Dismes): 0.10달러
- 5센트 동전(Half Dismes): 0.05달러
- 1센트 동전(Cents): 0.01달러
- 1/2센트 동전(Half Cents): 0.005달러

그중 독수리 금화, 1/2 독수리 금화와 1/4 독수리 금화의 성분은 기준 금이고, 1달러 동전, 50센트 동전, 25센트 동전, 10센트 동전, 5센트 동전의 성분은 기준 은이며, 1센트 동전, 1/2센트 동전의 성분은 동이다.

법안은 금과 은의 비율 가치를 다음과 같이 규정했다. 15단위 순은은 1단위 순금과 같다(금은 비율은 1:15). 기준 금은 순금 11개와 은동 합금 1개, 표준 은은 순은 1,485개와 동 179개로 구성된다. 누구든지 금괴나 은괴를 조폐국에 보내 동전으로 주조할 수 있고, 그 동전을 곧바로 동일한 가치의 동전으로 교환할 수 있다. 단독으로 동전 주조에 사용되는 금은은 모두 질량에 따라 통제된다. 매년 7월 마지막 주 월요일에 수석 대법관, 재무장관, 회계사, 국무장관, 법무장관의 감독하에 동전의 성분을 분석한다. 만약 동전이 기준에 부합하지 않으면 조폐국 관리가 파면된다. 만약 조폐국 관리와 고용인이 횡령과 절도죄를 저지르면 모두 사형에 처한다.

법안은 달러를 미국 화폐단위로 삼고, 연방 정부의 모든 장부는 달러와 센트로 기록해 보존하도록 규정하고 있다.

이 법안에 규정된 1달러의 은 함유량 성분은 동일한 시기 영국 5분의 1파운드에 함유된 은의 성분 또는 4개 실링에 함유된 은의 성분과 같다.

미국 조폐국(United States Mint)은 미국에서 유통되는 동전을 주조

▶ 18세기 말의 달러 동전

하는 연방 기관이다. 주요 주조 시설은 필라델피아에 있고, 지국은 덴버, 샌프란시스코, 뉴욕에 있다. 이 기구는 미국 의회에서 통과한 〈주화 법안〉에 근거해 설립되었고 미국 국무원 산하에 설치되었다. 미국 조폐국의 주요 기능은 동전 제조, 국가 기념 메달 제작과 판매, 특별 동전의 디자인 및 제조와 판매, 기념 동전의 제조와 판매, 동전 원료의 보호와 운반 통제, 정부의 공식적인 용도를 위한 금은의 지급, 각 조폐 공장에서 모은 동전을 연방준비은행에 분할 배치하는 것 등이다.

새로 주조한 달러는 이미 유통 중인 스페인 달러와 매우 흡사했기 때문에 시장에서 달러 동전이 빠르게 전파되었다. 그러나 스페인 달러는 여전히 시장에 남아 있었고, 많은 스페인 동전이 19세기 중반까지 미국 시장에서 유통되었다. 달러 기호 '$'는 바로 페소(Peso)에서 유래되었으며, 그중 세로 선은 알파벳 'P'의 세로줄 부분이고, 'S'는 복수를 표시한다.

달러는 탄생과 함께 캐나다에서 70여 년 동안 유통되었고, 1960년 말이 되어서야 캐나다의 유통 영역에서 퇴출당했다.

달러는 탄생 후 100여 년 동안 캐나다에서 유통된 시기를 제외하면 국외에서 유통되는 경우는 드물었다. 심지어 미국 자체의 수출입 무역에서조차 별다른 역할을 하지 못했다. 미국 상인이 수입품을 구매하기 위해 여신이 필요하거나 미국 상품에 여신을 주는 해외 바이어가 필요해지면 뉴욕이 아닌 런던이나 파리, 베를린으로 가야 했다. 이렇게 되면 대금 결제에 쓰이는 화폐는 달러가 아니라 파운드나 프랑, 마르크가 될 수밖에 없었다.

당시 뉴욕의 한 상인이 해외에서 상품을 수입하려면 해외 거래상 및 관련 은행, 관련 기관과 다음의 절차를 밟아야 했다.

- 수입업자는 은행에 가서 거래 조항을 명시한 신용장을 취득하고, 상품의 운송을 위해 운항 보험 비용을 지불한다.
- 수입업자는 이 은행이 개설한 신용장의 원본과 부본 중 하나를 수령한다. 신용장의 나머지 부본은 이 은행이 어음 지불을 담보하는 런던 은행으로 보낸다.
- 수입업자는 신용장의 원본을 거래국의 거래업자에게 보내고 그에게 런던 은행에 가서 상품을 운송할 대금을 인출할 권한을 부여한다.
- 거래업자는 상품을 선적·운반하고 런던 은행의 어음 및 첨부 서류를 거래국 은행에 보낸다.
- 거래국 은행은 이 어음을 할인 구매한다.
- 거래국 은행은 이 어음을 할인 구매한 뒤 문서 부본을 뉴욕 은행에 보내고, 또 다른 문서 부본을 어음과 함께 런던의 대리업자에게 보낸다.
- 런던의 대리업자는 어음을 인수 은행에 넘기고 대금을 받는다.
- 어음 대금을 지불한 뒤에 인수 은행은 영수증을 어음과 함께 뉴욕 은행에 보낸다.
- 수입업자는 뉴욕 은행에서 런던 은행이 보낸 인도장을 받기 위해 신탁 영수증에 서명하고, 어음 인수 신청 약정에 따라 은행에 판매 수입금 중 일정액을 지불하기로 약속한다.
- 어음 만기(어음 만기 기한은 일반적으로 90일) 전에 수입업체는 자금을 뉴욕 은행에 보내고, 뉴욕 은행이 런던 은행으로 전달한다.

• 어음 만기 전에 런던 은행은 어음 소유자에게 금액을 지불한다.

이렇게 해서 모든 거래가 마무리된다.

이렇게 복잡한 과정의 무역 절차에 따라 미국 상인은 런던 은행에 신용장을 받는 비용뿐 아니라 런던 은행에 위탁수수료를 지불해야 한다. 더 큰 문제는 런던 은행이 파운드화 대출만 취급하기 때문에 미국 상인은 달러화에 대한 파운드화 환율 변동의 위험을 감수해야 하는 것이었다. 게다가 운항, 보험, 상업 서비스 등의 비용도 지불하다 보니 미국 상인은 국제무역에서 경쟁력이 거의 없었다. 미국은 여전히 런던의 무역과 금융 체계에 의존하고 있었고, 이 때문에 달러는 국제적 지위를 얻을 수 없었다.

이런 상황을 초래한 주요 원인은 미국이 자국 은행의 지점을 국외는 물론 주(州) 바깥에도 설립할 수 없게 만든 것이다. 심지어 어떤 주는 은행 지점의 설립을 아예 금지하기도 했다. 더 중요한 원인은 당시 미국에 시장을 안정시킬 수 있는 중앙은행이 없었다는 점이다. 당시 영국의 시중 은행은 현금이 필요할 때 미리 사둔 증권 일부를 잉글랜드 은행에 되팔 수 있었고, 이를 통해 19세기 말까지 잉글랜드 은행은 런던 시장에서 가장 큰 어음 구매자가 될 수 있었다. 하지만 미국은 이런 메커니즘이 없었다. 이는 미국의 대외무역과 상업의 발전을 심각하게 저해했을 뿐만 아니라 달러화의 국제적 위상도 무너뜨렸다. 국제통화 시장의 부재, 완벽한 화폐 통합 관리와 균형 메커니즘의 부재는 19세기 미국의 치명적 단점이었다. 20세기 초반에 심각한 금융 위기가 연이어 폭발하고 나서야 미국 정책 결정자들은 이런 단점에 주목했고, 시급히 해결해야 할 문제로 의사일정에 상정하기도 했다. 실제로 건국 이래 미국 의회에서는 중앙은행의 설립을 둘러싸고 100년의 치열한 각축전을 벌여왔다. 이상에서 알 수 있듯이, 달러는 1790년대에 새로 태어난 미합중국에서 만들어진 역사적 산물이었다.

02

미국연방준비제도의 탄생

100년의 각축전

건국 이래 220년 동안 미국 정책 결정자들은 늘 두 가지 사상 진영으로 나뉘어 대립했다. 이 두 진영의 대립은 두 명의 역사적 인물, 알렉산더 해밀턴(Alexander Hamilton)과 토머스 제퍼슨(Thomas Jefferson)의 힘겨루기에서 비롯되었다. 당시 이 두 사람이 대립한 문제의 초점은 미국 내 사설 중앙은행의 설립 여부였다. 그래서 19세기 내내 미국은 이 문제를 놓고 지루한 논쟁을 되풀이했다. 사설 중앙은행은 존립과 폐지, 폐지와 존립을 반복하는 험난한 과정을 거쳐 왔다.

1789년 워싱턴 대통령이 해밀턴을 미국 초대 재무장관으로 임명했고, 해밀턴은 미국 중앙은행제도의

▶ 알렉산더 해밀턴

돈의 탄생

주요 추진자가 되었다. 해밀턴은 독립전쟁 이후 미국이 심각한 채무 위기에 처해 있는 만큼 잉글랜드 은행과 비슷한 사설 중앙은행을 만들어 통화를 발행해야 한다고 주장했다. 개인 소유의 중앙은행 본부를 필라델피아에 두고 각지에 지점을 설립하자는 것이었다. 이 은행 체계는 정부의 화폐와 조세를 담당하고, 국가 통화를 발행하며, 미국 정부에 대출하고 이자를 받는 방식으로 운영된다. 이 은행의 총자본은 1,000만 달러인데, 개인이 80퍼센트의 지분을 보유하고 미국 정부가 나머지 20퍼센트의 지분을 갖는다. 은행의 이사회는 25명으로 구성되며, 그중 20명은 주주 추천이고 나머지 다섯 명은 정부가 임명한다. 이런 인사 시스템은 신흥 미국을 사회 엘리트층이 이끌고 부유층이 더 많은 이익을 얻는 구조로 만들고 싶은 해밀턴의 의지가 반영된 것이었다. 해밀턴은 사회적으로 돈이 많은 개인의 이익과 부를 집약하지 않으면 그 사회는 성공할 수 없고, 국가의 부채는 지나치게 많은 경우가 아니라면 국가의 복지여야 한다고 주장했다.

해밀턴과 맞선 인물은 미국의 「독립선언문」을 기초한 제퍼슨이었다. 그는 사설 중앙은행이 공공 화폐의 발행을 책임지는 것은 국민의 자유를 직접적으로 위협하고, 이런 위협은 적군보다 훨씬 위험하며, 영구적인 채무를 국민에게 강요해서는 안 된다고 판단했다. 그래서 해밀턴이 그의 방안을 의회 토론에 회부했을 때 제퍼슨과 매디슨(James Madison)은 이 제안이 헌법과 명백히 상충한다고 분명히 밝혔다. 헌법은 의회에 화폐를 발행할 수 있는 권한을 부여할 뿐이고, 의회가 화폐 발행권을 개인 은행에 양도할 수 있는 권한을 주지 않았기 때문이다.

해밀턴은 워싱턴에게 당시 붕괴 위기에 처한 미국의 재정 상황을 거론하며 외국 자금의 미국 유입을 위해 중앙은행을 당장 설립하지 않으면 미국 정부가 머지않아 무너질 것이라고 지적했다. 더구나 당시 미국은 재정을 지탱하기 위해 필요한 이 거액의 자금을 자체 조달할 방법이 없었다. 이런 심각한 재정 위기의 압력에 떠밀려 워싱턴은 1791년

2월 25일 미국 최초 중앙은행 위임에 마침내 서명했다. 유효기간은 20년이었다. 이 중앙은행이 바로 미합중국 제일은행(The First Bank of the United States)이다. 결국 미합중국 제일은행의 외국자본은 70퍼센트, 즉 700만 달러에 달했고, 잉글랜드 은행과 로스차일드 은행이 주요 주주가 되었다. 이 은행은 나중에 월스트리트의 첫 번째 은행이 되었는데, 1955년에 록펠러의 체이스(Chase) 은행과 합병해 체이스맨해튼 은행이 되었다. 과연 해밀턴의 기대를 저버리지 않고 중앙은행이 생긴 지 불과 5년 만에 미국 정부의 채무가 800만 달러 넘게 증가했다. 이것은 제퍼슨이 가장 보고 싶지 않은 상황이었다.

제퍼슨은 이런 말을 했다. "우리는 적의 군대보다 은행이 가하는 위협이 더 심각하다는 것을 확신한다. 그들은 이미 금전 귀족계급을 만들어내고 정부를 업신여기고 있다. 화폐의 발행권을 은행의 손에서 되찾아와 은행의 정당한 주인인 국민에게 돌려주어야 한다."

그래서 제퍼슨은 1801년에 미국 제3대 대통령에 당선된 뒤 미합중국 제일은행을 폐지하고자 했다. 1811년 제일은행의 유효기간이 만료되었을 때 미국 하원은 딱 한 표 차, 즉 65:64로 제일은행의 권한을 연기하자는 제안을 부결시켰다. 그 결과 미합중국 제일은행은 1811년 3월 3일 문을 닫았다. 은행이 문을 닫고 몇 개월이 지난 뒤 1812년 미국과 영국 사이에 전쟁이 일어났고, 1815년 전쟁이 끝날 때까지 미국의 채무는 4,500만 달러에서 1만 2,700달러로 늘어났다. 제4대 매디슨 대통령은 1815년 12월 5일 두 번째 중앙은행인 미합중국 제2은행의 설립을 제안했고 20년의 권한을 부여했다. 제일은행과 달리 이번 주식자본은 3,500만 달러까지 올랐다. 개인

▶ 토머스 제퍼슨

돈의 탄생

과 정부의 주식자본 점유 비율은 여전히 4:1이었다. 즉, 개인 점유율은 80퍼센트이고 정부는 20퍼센트였다.

1828년 앤드루 잭슨(Andrew Jackson)이 미국 제7대 대통령으로 당선되었다. 그도 '제퍼슨주의' 신봉자답게 제2은행의 폐지를 결심했다. 그래서 연임 후 1836년에 제2은행 경영권 연기 제안이 상원과 하원에서 모두 통과되었음에도 불구하고 이 제안을 단호히 부결했다. 또한 모든 정부 저축을 제2은행 계좌에서 인출해 각 주 은행에 다시 예금하도록 지시했다. 1836년 제2은행도 운명을 다했다. 동시에 잭슨은 미국 국채도 없앴고, 3,500만 달러의 흑자를 냈다. 1845년 잭슨이 세상을 떠난 다음 묘비에는 '나는 은행을 죽였다'라는 말이 새겨졌다.

그 후 1837년부터 1850년까지 13년 동안 잭슨의 수중에서 백악관을 접수한 마틴 밴 뷰런(Martin Van Buren), 마틴의 뒤를 이은 윌리엄 헨리 해리슨(William Henry Harrison)과 전임 부통령 존 타일러(John Tyler)는 모두 '제퍼슨주의' 신봉자답게 미국 중앙은행의 재설립을 거부했다. 북부 연방을 이끌고 미국 남북전쟁에서 승리를 거둔 에이브러햄 링컨 대통령은 미국 정부에서 '그린백(Greenback, 미국의 달러 지폐)'을 자체 발행하기로 역사적인 결정을 내렸다. 새로운 화폐는 금은과 같은 금속을 담보로 하지 않고, 20년 동안 5퍼센트의 이자를 제공받았다. 이 그린백은 총 4억 5,000만 달러를 발행해 내전과 전후의 미국 경제를 강력하게 지탱했다. 링컨 대통령이 이 부채 없는 화폐를 장기 발행하고 법제화하는 방안을 고민할 정도였다. 유감스럽게도 전쟁이 끝난 뒤 얼마 되지 않아 링컨 대통령이 당선 41일 만에 암살당하면서 그의 원대한 바람도 물거품이 되었다. 실제로 링컨의 그린백은 미국 화폐 체계 안에서 1994년까지 유통되었다. 이는 링컨

▶ 19세기 미국 링컨이 발행한 그린백

대통령에 대한 일말의 위로인 셈이었다.

그러나 링컨 대통령이 세상을 떠난 뒤 1866년 4월 12일 미국 의회는 〈긴축 법안〉을 통과시켰다. 이를 통해 유통 중인 그린백을 모두 회수해 금으로 바꾼 다음 미국 화폐유통체계에서 퇴출시키려 했다. 1873년 〈동전 법안〉이 또 통과되었다. 이 법안이 동전을 미국의 화폐 유통에서 제외시키면서 금화가 화폐를 지배하게 되었다. 사실상 이 법안은 영국의 이익을 대변했다. 당시 영국은 이미 금본위제를 시행했고, 금화를 미국 화폐 신단에 제물로 올리는 것은 미국을 영국의 전차로 납치하는 것과 같았다. 영국의 세계 패권 지위는 파운드의 국제 화폐 지위의 확립을 통해 보장받을 수 있다. 금본위제는 바로 파운드를 국제 화폐 지위로 끌어 올리는 일등공신이었다.

여기서 특별히 짚고 넘어가야 할 한 가지 사실이 있다. 링컨 대통령은 1863년에 〈국가 은행법〉에 서명했고, 통일된 기준의 은행권, 즉 미국 화폐를 발행하도록 비준하는 권한을 국가 은행에 부여했다. 이 법안의 가장 중요한 유산은 이들 은행이 미국 정부 채권을 은행권 발행의 준비금으로 삼아 미국의 화폐 발행과 정부 채권을 한데 묶은 것이다. 이것이 지금까지 달러의 발행과 미국 국채가 서로 얽히게 된 배경이다. 링컨 대통령은 1865년 재선 직후 이 법안을 폐지하려 했지만 그의 바람은 갑작스러운 죽음을 맞이하며 물거품이 되었다.

링컨의 죽음을 두고 지금까지 다양한 견해가 등장했다. 이 비보를 들은 뒤 당시 독일 재상이었던 비스마르크가 했던 한마디는 사람들에게 깊은 울림을 주었다.

"링컨의 죽음은 기독교 세계의 중대한 손실이다. 미국은 그처럼 위대한 족적을 남길 수 있는 인물을 찾을 수 없을 것이다."

사실 1863년 〈국가 은행법〉이 반포되고, 특히 1866년 〈긴축 법안〉과 1873년 〈동전 법안〉이 등장하면서 완전한 의미의 중앙은행이 미국 땅에 설립될 날도 그리 멀지 않게 되었다.

연방준비제도의 탄생

1907년 금융 위기가 일어난 뒤 미국인은 위기를 초래한 원인을 찾기 시작했다. 그중 하나의 관점이 대중의 관심을 불러일으켰다. 그 관점은 바로 중앙은행의 부재로 주요 금융 기구가 어쩔 수 없이 월스트리트의 주도적 인물이자 슈퍼 리치였던 존 피어폰트 모건(John Pierpont Morgan)에게 의지할 수밖에 없었다는 것이다. 다음 위기가 닥쳤을 때 모건 같은 인물이 또 나서서 도움을 줄 것이라고 누구도 장담할 수 없다. 그래서 화폐를 관리하는 상설 기구의 설립을 둘러싼 문제가 의사일정에 상정되었다. 미국은 1908년에 국가통화위원회를 설립해 통화관리 상설 기구를 설립하기 위한 방안을 모색했다. 이 위원회는 의회 의원 18명을 포함했고, 위원회 의장은 이미 30년 가까이 상원 의원 자리에 앉아 있던 고참 넬슨 올드리치(Nelson Aldrich)였다.

올드리치는 프로비던스(Providence) 시의회 의원을 시작으로 로드아일랜드주 하원 의원, 미국 하원 의원을 거쳐 1881년 미국 상원 의원이 되어 상원 금융위원장을 지냈다. 1907년 금융 위기를 거치면서 그는 미국에 중앙은행을 만들어 강력한 통화 틀을 구축할 필요가 있다는 사실을 절감했다. 고문과 전문가를 영입하고 대표단을 인솔해 유럽으로 넘어가 견학했다. 유럽행을 통해 중앙은행을 축으로 하는 국가보유협회를 세워야 한다고 확신하며 '올드리치 플랜(The Aldrich Plan)'을 제안했다. 이 플랜의 이론을 대중화시킨 사람은 독일 출신의 은행가 폴 모리츠 와버그(Paul Moritz Warburg)였다.

와버그는 유럽 금융계에서 경험과 경력을 쌓아온 업계 베테랑 인사였다. 그는 독일 함부르크의 수입업체 시몬 하우어(Simon Hauer)를 거쳐 런던과 파리의 은행에서 일하다가 가족 경영 은행인 M. M. 와버그 회사에 들어갔다. 그는 국제금융 시스템에 박식하고 미국 은행업계 고위층과도 친분이 깊었다. 1895년 뉴욕의 쿤 로브 상사(Kuhn, Loeb & Co)

공동 창업주의 딸 니나 롭(Nina J. Loeb)과 결혼한 뒤부터 장인(丈人)의 회사에서 일하기 시작했다. 폴도 중앙은행 설립을 주장했고 올드리치를 높이 평가하고 있었다. 그는 올드리치의 거창한 플랜을 지지하기 위해 1907년 말에 「뉴욕타임스」에 미국의 금융시장을 안정시키기 위해 유럽식 중앙은행이 필요하다는 내용의 글을 기고했다. 1908년 그는 도처를 돌아다니며 연설하고 의회 증언을 통해 미국 화폐개혁원의 외부 기관인 '건전한 은행제도의 추진을 위한 국민 연맹(National Citizens' League for the Promotion of a Sound Banking System)'의 대표직을 맡았다. 이때 그의 주요 직무는 중앙은행의 개념과 이론을 확산시켜 미국 역사상 중앙은행에 대한 배척과 무시를 불식시키는 것이었다.

그리고 바로 이 시기에 국제금융 시스템에 결정적인 영향을 미칠 한 차례 파문이 일어났다. 미국이 중앙은행의 설립을 준비할 때 국제금융업계에서도 화폐와 금전에 대한 인식이 한 단계 도약했다. 국제 은행가들은 더 효율적이고 은밀하게 부를 축적하는 데 유리한 법정화폐 체계를 이미 모색해냈다. 이 새로운 체계는 여전히 런던의 은행가들로부터 시작되었다.

이미 200년의 전통을 가지고 있는 잉글랜드 은행은 국채를 담보로 화폐를 발행해왔고, 그 구체적 방법은 정부가 빚을 내 은행에서 화폐를 발행하는 것이었다. 당시 영국의 금본위제는 그 화폐제도의 초석이었고, 이 체제 속에서 금 보유량은 화폐의 발행 규모와 액수를 제한하기 때문에(화폐 발행 총량은 금 보유 가치의 네 배를 넘어서는 안 된다) 당시 은행가들은 통화팽창을 결사반대했다. 모든 화폐의 평가절하는 은행가들의 수익에 악영향을 미치기 때문이었다. 이런 생각은 본질적으로 그들이 원시적인 대출을 통해 이자를 받아먹는 평범한 사고방식에 아직 머물러 있다는 증거였고, 이와 같은 화폐제도의 최대 결점은 부의 축적 속도가 느리다는 것이었다. 은행가들은 단기간에 신속히 부를 축적하려는 목표를 달성하는 데 필요한 무절제한 대출과 화폐의 총량을 확대할 수 없었다. 금과 은의 증량 속도가 느리면 은행의 대출 총량에 상한선과 규제가 설정되는 당시 통화제도 때문이었다. 따라서 은행의 대출 총량이 금 보유량의 제약을 받지 않는 화폐제도로 갱신하는 것이야말로 국제 은행가들의 최대 관심사가 되었다.

19세기 말부터 20세기 초까지 수백 년의 경험과 모색 끝에 국제 은행가들은 마침내 새로운 화폐제도를 만들어냈다. 이때부터 법정화폐(Fiat Money)의 개념이 사람들의 시야에 들어왔다. 법정화폐는 현물 상품이나 화물을 의미하지 않고, 발행자도 화폐를 황금이나 백은 등 현물로 교환할 의무가 없으며, 정부의 법령과 강제력만으로 어떤 물건이나 물체를 합법적으로 통용되는 것으로 삼을 수 있는 화폐를 가리킨다. 법정화폐의 가치는 이 화폐를 가진 사람들이 미래에도 그 화폐가 구매력을 유지할 수 있다고 믿는 데서 생긴다. 이런 화폐의 최대 장점은 그 화폐의 형태 자체가 금이나 은처럼 현실적인 내재 가치를 가질 수 없다는 것이다. 다시 말해, 그 자체로는 아무런 내재 가치가 없지만 내재 가치를 지닌 금은을 대신하는 화폐가 될 수 있다. 이것이 바로 지금 세계인이 손에 들고 있는 각국 중앙은행이 발행한 각양각색의 지폐다.

지폐가 탄생한 뒤 법정화폐의 개념은 일정한 사람과 범위 안에서 유통될 수 있는 지폐로 직접적인 정의를 내릴 수 있다. 예를 들어 위안화는 중국에서 유통되고, 즐로티(Zloty)는 폴란드공화국 내에서 유통된다. 이 지폐들이 각자의 나라에서 유통될 수 있는 것은 그 자체의 가치 때문이 아니라 정부의 강제력에 전적으로 의존하기 때문이다. 만약 배후에서 강력한 국가 정권이 지탱해주지 않으면 이 화폐는 세상에 유통될 수 없고, 한 푼의 값어치도 없는 휴지 조각에 불과하다. 이것이 현재 세계의 법정화폐, 즉 지폐의 본질이다. 그래서 화폐의 본질은 신용이자 더 나아가 신앙이라는 설이 생겨나기도 했다. 이런 신용 또는 신앙은 실질적으로 국가의 신용이자 신앙이기도 하다.

법정화폐제도 때문에 금은은 대출과 통화 총량의 강성 구속을 벗어났고 화폐를 통제하는 수법이 더 은밀해졌다. 법정화폐는 빠른 시간 안에 국제 은행가들의 전폭적인 지지로 이어졌다. 그들은 무제한으로 화폐 공급량을 증가시키면 대출을 무한정 늘릴 수 있고, 은행을 통해 수중에 더 많은 화폐를 쥐고 있는 일반 예금자의 부를 약탈할 수 있다는 사실을 누구보다 잘 알고 있었다. 이것은 통화팽창 때문에 재정이 심각하게 줄어든 타인의 부를 강제로 경매했던 과거의 방식에 비해 훨씬 은밀하게 진행되어 강한 반발을 피할 수 있었다. 그래서 법정화폐제도는 과거보다 훨씬 은밀한 통화팽창의 일종이자, 화폐 발행권을 가진 사람들과 정권이 더 많은 부를 긁어모으도록 돕는 강력한 수단이기도 하다.

지폐와 금은화폐를 슬며시 바꿔치기하려는 목적을 달성하기 위해 법정화폐제도를 안정적이면서도 일반인이 이해할 수 없는 고도의 이론 체계로 만드는 사업이 국제 은행가들의 최우선 임무가 되었다. 그래서 국제 은행가의 후원을 받아 고용된 수학자들이 화폐와 통화팽창을 순수수학 게임의 궤도 위에 올려놓았다. 그러자 재정경제학을 공부하는 대학생들의 교과서에 무수히 많은 수학적 모델과 공식이 강제로 포함되었고, 그 결과 학생들은 별것 아닌 이론을 수많은 생경한 수학적 모델과 공식으로 풀어놓은 내용 속에 파묻혀야 했다. 이때부터 통화팽창은 기존의 일부 보유금제도 및 화폐, 국채와는 별도로 또 하나의 강력한 금융 도구가 되었다. 이로써 국제 은행가들은 하룻밤 사이에 황금의 옹호자에서 황금의 적으로 극적인 변화를 겪었다.

미국에서 중앙은행을 설립하는 것은 역사적 전환에 부응하기 위한 결과물이었다. 이 무렵 미국은 이미 유럽 금융의 강호 영국을 추월하기 시작했다. 미국에 중앙은행이 설립되면 빠른 속도로 영국을 누르고 국제금융의 맹주가 될 수 있었다. 또한 미국에 중앙은행을 설립하는 것은 미국이 주도하는 새로운 시대를 미리 준비하는 것이기도 했다.

이것이 바로 미국 중앙은행 설립의 국제적 배경이다.

이 대업을 완수하기 위해 미국 중앙은행 추진자들은 비밀리에 한 차례 회의를 소집해 관련 사항을 전문적으로 논의한 적이 있었다. 회의 장소는 미국 조지아 해안에 있는 지킬섬(Jekyll Island)으로 정했다. 지킬섬은 미국 슈퍼 리치들이 즐겨 찾는 겨울철 휴양지였다. 미국 금융업계의 큰손 J. P. 모건을 비롯한 거물들이 지킬섬 사냥클럽을 만들었는데, 당시 지구상 6분의 1에 해당하는 부가 이 클럽 회원들의 수중에 있었다. 회원들의 신분은 계승될 뿐 양도할 수 없었다.

1910년 11월 22일 베일에 싸인 거물들이 특별열차를 타고 비밀리에 이 섬으로 모였다. 그들은 바로 미국 상원 의원이자 국제통화위원회 위원장 넬슨 올드리치, 쿤 로브 상사의 선임 파트너 폴 와버그, 미국 재무부 차관보 A. 피아트 앤드루(A. Piatt Andrew), 뉴욕 내셔널시티은행 은행장 프랭크 밴더리프(Frank Vanderlip), 신탁회사의 총재 벤저민 스트롱(Benjamin Strong), J. P. 모건의 사장 헨리 데이비슨(Henry P. Davison), 뉴욕 퍼스트내셔널은행 은행장 찰스 노튼(Charles D. Norton)이다.

이 중량급 인사들은 단순히 관광과 사냥을 위해 이 작은 섬을 찾은 것이 아니었다. 그들의 주요 임무는 〈연방 준비 법안〉의 초안을 잡는 것이었다. 그들은 왜 작고 으슥한 섬에 숨어서 이 문건을 작성하려 했을까? 1907년 금융 위기가 일어난 뒤부터 미국 은행가들의 이미지는 갈수록 나빠졌다. 이런 상황에서 가장 신뢰할 수 없는 은행가들이 중앙은행의 출범을 위한 법안의 초안을 잡는다는 사실이 알려지면 어느 의회 의원도 대중의 의견을 외면한 채 법안에 찬성할 수 없었을 것이다.

그들이 이 섬에 오기 전에 클럽 측은 철저한 보안 작업을 진행했다. 그들이 체류하는 2주 동안 누구도 이 클럽을 사용할 수 없도록 했고, 클럽의 모든 직원은 육지에서 새로 데리고 들어왔다. 이곳에서 일한 적이 있거나 이곳 상황에 익숙한 사람은 단 한 명도 고용하지 않았다. 회의에 참석하는 모든 손님을 상대로 일률적으로 이름만 불러 직원들이 그들의 전체 성명과 신분을 알 수 없게 조치했다. 클럽 주위 50마일 안으로 기자의 접근도 철저히 막았다. 이처럼 그들은 모임을 위해 기밀 유지에 만전을 기했다.

토론 과정에서 폴 와버그는 은행업의 해박한 지식을 바탕으로 다른 사람들이 문제를 제기할 때마다 막힘없이 반론을 펼치고, 문서의 초안을 잡는 데 결정적인 역할을 했다. 그럼에도 불구하고 참가자들은 와버그가 제출한 방안을 가지고 무려 9일 동안 열띤 논쟁을 벌였다. 당시 그들이 직면한 가장 큰 문제는 중앙은행이라는 명칭이 지나치게 민감하다는 데 있었다. 이 명칭이 영국 은행가의 음모와 밀접하게 관련 있다고 여겨졌기 때문이다. 게다가 역대 미국 대통령들은 대부분 중앙은행에 부정적인 태도를 견지했고, 이는 지난 100년 동안 미국에 중앙은행이 설립되지 못한 주요 원인이기도 했다. 만약 미국이 지금도 중앙은행이라는 명칭을 사용했다면 사람들의 반감을 불러일으킬 뿐 아니라, 이 법안도 의회를 통과하지 못했을 것이다. '중앙은행'이라고 이름 붙인 금융기관을 만드는 데 공공연히 찬성표를 던질 의원이 없기 때문이다. 그래서 똑똑한 와버그는 중앙은행 대신 '연방준비제도'라는 이름을 제안했다. 이 두 명칭은 이름만 다를 뿐 실질적인 차이가 전혀 없었다.

연방준비제도는 중앙은행의 기능을 할 뿐 아니라 잉글랜드 은행과 마찬가지로 완전히 개인이 소유하는 순수한 사유 중앙은행이었다. 법안에는 미국 의회가 연방준비제도를 통제하고 이사회 안에 정부 대표도 있지만, 이사회의 다수 구성원은 은행협회에서 승인해야 한다고 명확히 규정했다. 결국 '이사회 구성원은 미국 대통령이 임명한다'고 되어 있지만, 이 연방준비제도를 통제하는 것은 연방자문위원회가 되는 셈이다. 연방준비제도가 해야 할 일은 연방자문위원회와 이사회의 정기 회의를 통해 결정된다. 그러나 대중에게 알려진 것과 달리 이 연방자문위원회는 와버그가 연방준비제도를 통제하기 위해 심혈을 기울여 만든 비밀 기구였다. 연방준비제도가 100년 동안 이어져 오는 동안 이 기구는 외부에 거의 알려지지 않았다. 그 구성원은 12개 지역 연방준비은행의 이사가 결정하고, 이 12개 지역 은행은 모두 개인은행이다.

이외에도 그들은 회의를 거쳐 연방준비제도의 12개 지역 은행을 하나의 시스템으로 통합하는 일련의 방안을 설계했다. 이렇게 하는 목적은 연방준비제도가 한 곳의 소유가 아니라 12개 지역 은행으로 공동 구성되도록 만들어 어느 한 곳이 권력을 독차지하는 문제를 방지하기 위해서다. 두 번째 목적은 이 시스템의 진짜 배후 조종자가 여전히 월스트리트의 거물이라는 사실을 숨기기 위해서다. 월스트리트와 이 시스템을 둘러싼 사람들의 시선을 피하기 위해 시스템의 본부를 월스트리트의 소재지인 뉴욕이 아니라 수도 워싱턴에 세웠고, 모든 지역 은행의 이사는 대통령이 임명했다.

이 법안은 연방준비제도가 미국 헌법을 본떠 분권과 상호 제어의 원칙에 따라 대통령이 주요 구성원을 임명하고, 의회가 심사하고, 은행가가 이 시스템을 고문한다는 인상을 사람들에게 깊이 심어주었다. 이는 전적으로 헌법에 부합하고 민의를 존중하는 국가 금융 기구였다.

법안의 통과를 보장하기 위해 법안의 제정자들은 미리 두 가지 방안을 준비했다. 하나는 공화당이 지지하는 올드리치 상원 의원이 책임지고 집행하는 방안이고, 또 다른 하나는 민주당이 지지하는 방안이다. 은행가들의 우려는 일리가 있었고, 과연 최후의 결과는 두 가지 방안 중 후자가 〈연방준비법(Federal Reserve Act)〉으로 인정되었다. 사실 이 두 가지 방안은 본질적으로 차이가 전혀 없었고, 기껏해야 문장과 표현의 차이만 존재할 뿐이었다.

올드리치의 딸 애비가 미국 최고 부자이자 '석유왕'으로 불리던 존 D. 록펠러의 유일한 아들 록펠러 주니어와 결혼했다는 이유로 사람들은 올드리치를 록펠러의 대변인으로 단정해버렸다. 따라서 올드리치의 명의로 주관하는 방안은 자연히 사람들의 반감을 불러일으켰다. 당시 이미 수년 동안 권력의 중심에서 멀어졌던 민주당은 금융 독점을 강력히 비판하는 역할을 줄곧 맡아왔고, 1912년 제28대 미국 대통령으로 당

▶ 미국 워싱턴 D. C.에 있는 미국연방준비제
도 본부 건물

선된 민주당 출신이자 전 프린스턴 대학의 총장 우드로 윌슨(Woodrow Wilson)도 금융 독점을 적극 반대하는 인물로 유명했다. 이 때문에 민주당이 지지하는 방안은 대중의 인정을 받을 가능성이 커질 수밖에 없었다. 그 결과 미국 의회 내에서 한차례 설전이 펼쳐졌다.

의회에서 올드리치 상원 의원은 민주당의 방안이 은행에 적의를 품고 있어 정부의 화폐 관리에 불리하다고 강력히 비난했다. 그는 금본위에서 벗어난 법정화폐는 모두 은행가들에 대한 심각한 도전이라고 지적했다. 표면적으로 그는 금본위를 적극적으로 지지하는 사람처럼 보였다. 민주당도 올드리치의 방안이 월스트리트 은행가들의 이익을 대변하고 있다고 강력하게 비난했다. 하원 의원들과 통화위원회 멤버 찰스 린드버그는 월스트리트가 1907년에 공황을 초래했으며 올드리치의 중앙은행 법안이 통과되면 또 한 번의 공황이 찾아올 것이라고 목소리를 높였다. 그는 "우리는 개혁이 필요하지만 월스트리트가 주도하는 개혁은 필요하지 않다."고 말했다. 또한 올드리치가 관장하는 국가통화위원회가 발표한 10여 쪽의 연구 보고서를 한 자 한 자 읽어 내려갔고, 318쪽에 달하는 개혁 연구 보고서를 직접 작성했다. 이 때문에 국민들은 그가 금융기관의 주요 비판자일 뿐만 아니라 월스트리트의 금융 독점을 반대할 수 있는 자격을 갖춘 대표적 인물이라고 판단했다.

민주당 측은 그들이 제출한 방안이야말로 금융 독점을 타파하고 지역 분립, 대통령 임명, 의회 심사, 은행가가 고문의 자격으로 의견을 제출하는 상호 제약, 삼권분립의 완벽한 중앙은행 시스템을 구축할 수 있다고 주장했다.

　　　　　　　돈의 탄생

그 결과 월스트리트 대변인들의 강력한 반발에 부딪힌 민주당의 방안은 대통령과 국민의 호감을 샀다. 1913년 6월 26일 버지니아의 하원 의원 카터 글래스(Carter Glass)는 민주당이 지지하는 방안, 즉 글래스 방안을 하원 의원에 정식 제안했다. 이 제안에서 미국연방은행이 중앙은행의 명칭을 대신했다. 반년 후 크리스마스 이틀 전인 12월 23일에 미국 의회의 하원과 상원에서 각각 표결을 통해 〈연방준비법〉을 통과시켰다. 상원이 〈연방준비법〉을 통과시킨 지 불과 한 시간 만에 윌슨 대통령이 이 법안에 공식 서명했다.

이로써 무려 100년이 넘게 해결되지 못한 채 표류하던 중앙은행, 즉 미국연방준비제도이사회가 마침내 탄생하게 되었다.

기구의 구성

미국의 연방준비제도는 최고 권력 기구인 연방준비제도이사회(Board of Governors)와 연방공개시장위원회(Federal Open Market Committee)를 정점으로 이들을 지원하는 본부와 12개 지역 연방준비은행(Federal Reserve Bank)으로 구성되어 있다.

연방준비제도이사회는 결정 기구로 예금 준비율 규정, 어음 할인율 비준, 12개 지역 연방준비은행과 회원 은행, 주식회사를 관리·감독하는 등 미국 내 통화정책을 관장한다. 이사회는 통화금융정책을 독자적으로 결정할 권한이 있고 의회와 직접 연결된 국가기관이다. 연방준비제도이사회는 일곱 명으로 구성되는데, 이들은 대통령이 임명하고 상원이 인준한다. 임기는 14년이고 재임이 불가능하고 2년마다 한 명씩 교체된다. 이사회의 의장과 부의장은 대통령이 일곱 명의 회원 중에서 임명하고, 임기는 4년이다.

연방공개시장위원회는 집행기관으로 공개시장 업무의 시행을 전담하고 통화정책의 전면적인 관철과 집행을 주도한다. 연방공개시장위원회는 12명의 멤버로 구성되며, 그중 일곱 명은 연방준비제도이사회 멤버, 다섯 명은 지역 연방준비은행 총재, 의장은 연방준비제도이사회 의장이 맡는다. 집행의원 일곱 명은 영구 투표권을 갖고, 뉴욕 연방준비은행에도 영구 투표권이 있다. 남은 투표권 네 장은 각 지역 연방준비은행 총재들이 돌아가며 갖는다. 즉 보스턴, 필라델피아, 리치먼드가 한 표, 클리블랜드와 시카고가 한표, 애틀랜타, 세인트루이스, 댈러스가 한 표, 미니아폴리스, 캔자스시티, 샌프란시스코가 한 표씩 갖는데, 그 한 표를 돌아가면서 행사한다.

각 연방준비은행은 〈연방준비법〉에 따라 미국 전역을 12개 연방준비구로 나누고, 이곳에 연방준비은행 지점을 세운다. 지역별 준비은행은 모두 법인 기구이며 자체적으로 이사회를 가지고 있다. 각 회원 은행은 미국의 개인은행이고, 내셔널뱅킹은 반드시 회원 은행이어야 하지만 나머지 은행의 회원 가입 여부는 전적으로 자의에 맡긴다. 연방준비제도에 가입하면 이 시스템이 회원 은행의 개인예금을 보증해준다. 대신 정해진 액수의 지급준비금을 납부해야 하고, 이 부분에 대해 연방준비제도는 이자를 지불하지 않는다. 12개 연방준비은행의 본부는 뉴욕, 필라델피아, 클리블랜드, 리치먼드, 애틀랜타, 시카고, 세인트루이스, 미니애폴리스, 캔자스시티, 댈러스, 샌프란시스코에 있고, 각 연방준비은행이 한 구를 책임진다.

연방준비제도의 주요 임무는 금리 조정을 통해 연간 경제성장률을 2.5퍼센트대로 안정시켜 통화팽창의 우려를 해소하는 것이다.

03

100년의 변천 과정

초기

1907년 미국에 닥친 심각한 경제 위기는 연방준비제도 탄생의 계기가 되었다. 이듬해 미국 의회는 〈올드리치 법안〉을 통과시키고 국가통화위원회를 설립했으며, 미국 정부는 미국 금융 시스템의 통제를 시도했다. 그러나 당시 위원회의 멤버 17명은 모두 금융에 관해 문외한이었기 때문에 월스트리트 금융가들의 해박한 지식에 의존할 수밖에 없었다. 이 금융가들은 모건 재단이 장악하고 있는 시카고 퍼스트내셔널은행 은행장 조지 레이놀즈, 모건의 절친한 동료이자 하버드대학 총장 엘리엇(Charles W. Eliot)이 추천한 경제학자 피아트 앤드루(A. Piatt Andrew)였고, 위원회 고문은 모건의 선임 파트너인 헨리 데이비슨이 맡았다.

한바탕 힘겨루기와 각고의 노력을 거쳐 1914년 11월 미국연방준비제도가 정식으로 출범했다. 〈연방준비 법안〉에 근거해 미국 전역에 분포된 연방준비제도 산하의 12개 지역 연방은행이 비교적 작은 규모의 은행에 수표 교환 긴급 지원 등의 서비스를 제공했다. 연방준비제도이사회는 자체 수입원이 없고 화폐를 발행할 권한도 없지만, 모 지역 은행에 화폐를 발행할 수 있는 권한을 한 차례 부여할 수 있다. 연방준비은행은 화폐(은행권)를 발행할 독점권을 갖고 은행권을 발행하는 방식으로 상업은행에 대출을 할 수 있는 반면, 미국 재무부는 화폐 발행 권한을 박탈당했다. 또한 연방준비은행의 금고에 연방준비제도 회원 은행의 금이 모두 집중되어 있어 연방준비제도의 회원 은행은 전국적으로 더 많은 신용 대출을 할 수 있게 되었다. 이는 연방준비은행이 한곳에 집중된 금 보유량을 바탕으로 전국적으로 지폐를 발행할 수 있게 만들어주었다. 또한 연방준비은행은 회원 은행의 예금지급준비율을 조정해 화폐 공급량을 통제할 수 있다. 예를 들어, 연방준비제도가 상업은행의 법정 최저 지급준비율을 절반으로 삭감하면 당좌예금 총액의 20퍼센트에 해당하는 금을 지급금으로 예치해야 하기 때문에 5:1의 비율로 신용 대출을 확대할 수 있다. 연방준비은행이 설립된 후 최저 지급준비율은 10퍼센트까지 떨어졌고, 상업은행은 10:1의 비율로 신용 대출을 확대할 수 있었으며, 화폐량이 이전보다 배로 증가하는 결과를 낳았다.

연방준비제도는 출범 초기만 해도 한동안 모건 재단을 중심으로 한 개인 은행가들의 통제를 받았다. 당시 연방준비제도 안에서 워싱턴에 있는 연방준비제도이사회가 연방준비은행을 관리·감독했지만 그 권력은 속 빈 강정과 다름없었다. 실상을 들여다보면 뉴욕 연방준비은행이 절대적인 지배력을 형성했고, 당시 누가 뉴욕 연방준비은행을 제어하느냐에 따라 연방준비제도도 그의 통제권 안에 들어간다는 말이 기정사실화되었다. 초기 뉴욕 연방준비은행 총재의 지위와 권력은 지금의 연방준비제도이사회 의장과 맞먹었다. 뉴욕 연방준비은행 초대 총재는 모건 재단 출신의 벤저민 스트롱이었다. 제1차세계대전이 발발했을 때 스트롱은 당시 급속하게 불어나는 국채를 담보 삼아 미국 재무부의 유일한 재무 대리가 되었고, 12개 지역의 연방준비은행에 분산되어 있던 권력을 뉴욕 연방준비은행에 집중시켰다.

캘빈 쿨리지(John Calvin Coolidge) 대통령, 허버트 후버(Herbert Clark Hoover) 대통령도 모두 모건 재단과 밀착되어 있었다. 쿨리지 대통령은 모건의 파트너인 드와이트 모로(Dwight Morrow)의 도움을 받아 미국 정계에 진출했다. 후버 대통령의 정치 고문은 데이비슨의 뒤를 이은 모건 재단의 조타수이자 모건의 파트너인 토머스 러몬트였다. 1920년대 미국 재무장관 앤드루 M. 멜론(Andrew M. Mellon)은 모건 재단과 오랫동안 파트너 관계를 유지해온 멜론 가문 출신이었다. 멜론의 후임으로 재무장관에 오른 오그던 밀스(Ogden Mills)도 모건 재단 산하에 있는 뉴욕 중앙철도공사 임원의 아들이었고, 후버 시대의 국무장관 헨리 스팀슨(Henry Lewis Stimson)은 모건의 개인 변호사 엘리후 루트(Elihu Root)의 제자이자 파트너였다. 이렇게 그물망처럼 촘촘히 얽힌 정권과 금권의 관계는 미국 연방준비제도의 출범 초반에 미국 금융 통제권을 모건 재단을 중심으로 모여든 거물급 금융가들의 손에 쥐어주었다.

변천

연방준비제도(약칭 '연준')의 출범 초기인 1930년대 전까지만 해도 연준의 실권은 거물급 금융가들의 손에 쥐어져 있었다. 그러나 간과할 수 없는 한 가지 현실은 사회경제 시스템이 갈수록 복잡해지면서 극소수의 집단이 미국처럼 날로 성장하는 방대하고 복잡한 사회경제체를 장기간 안정적으로 통제할 수 없다는 것이었다. 더구나 금융 세력들 사이의 관계나 금융 세력과 정치 세력 간의 관계도 영원히 안정될 수 없으며, 결국 언젠가는 극복하기 힘든 갈등이 생길 수밖에 없다. 하물며 연준 자체도 개인 은행가들이 완전히 통제하는 중앙은행이 아니었다.

각 지역의 은행만이 금융가가 행장을 맡았을 뿐, 이사회 구성원은 모두 정부에 소속된 관리들이었다. 따라서 연준은 정부와 금융가로 구성된 이익집단 간의 상호 타협의 산물에 불과했다.

1930년대 루스벨트 대통령이 뉴딜정책을 추진하던 시기에 록펠러 재단, 월스트리트 신흥 유태인 재단, 쿤 로브 상사를 무너뜨린 리먼 브라더스(Lehman Brothers)와 골드만 삭스(The Goldman Sachs Group), 아일랜드계 가톨릭 세력을 대표하는 케네디(Kennedy) 가문, 이탈리아계 미국 은행 창립자 지아니니(Giannini) 가문과 후버댐을 건설한 벡텔(Bechtel) 엔지니어링 등이 막강한 반(反) 모건 동맹을 맺고 모건 재단을 끌어내렸다.

1929년 대공황이 시작되었을 때 록펠러 재단은 이 틈을 타 모건 재단 소유의 체이스 내셔널 은행(Chase National Bank)을 집어삼켰다. 반 모건 동맹은 뉴딜정책을 추진하던 시절인 1933년과 1935년에 〈은행 법안〉을 추진했고, 연준 산하 연방공개시장위원회가 공개시장을 제어했다. 지역 연방준비은행의 총재 임명권은 연방준비제도이사회가 장악했다. 이후 미국 연준 통제권은 미국 정부의 손으로 넘어갔고, 뉴욕 연방준비은행을 포함한 지역 은행 지점도 이때부터 핵심권에서 쫓겨났으며, 모건 재단도 연준 장악권을 상실했다.

제2차세계대전 이후 록펠러, 카네기, 포드, 모건 등의 재단이 미국의 정치·경제·사회를 공동으로 지배하기 시작했다. 이때부터 지폐를 발행하고 법정 최저 예금 준비금의 기준을 조정하던 연준의 신분과 역할에도 변화가 생겼다.

연준의 자산은 크게 두 부분으로 구성되어 있다. 하나는 재무부가 켄터키주 포트 녹스(Fort Knox) 금고 등에 보관하는 금이고, 또 하나는 미국 정부의 국채다. 연준의 부채는 주로 상업은행이 보유한 당좌예금, 즉 예금지급준비금과 연준이 발행하는 지폐로 구성된다. 연준에 보관 중인 당좌예금은 상업은행의 신용 대출 확장을 위한 기반이다. 고객이

은행 계좌에 있는 현금을 현금으로 지급해달라고 요구할 때만 연준에 가서 예금을 인출하고, 연준은 요구에 맞춰 지폐 인쇄기를 돌려 연방준비지폐 '달러'를 발행해야 한다.

연준에 보관하고 있는 상업은행의 당좌예금은 연방준비지폐로 지급되기 때문에 연준이 얼마의 지폐를 발행하든 부도가 나지 않는다. 예를 들어, 연준이 뉴욕 공개시장에 있는 대행업체에 미국 국채 10억 달러를 구매하라고 지시했다고 가정해보자. 연준은 준비금이나 다른 어떤 재산도 저당 잡히지 않은 상황에서 뉴욕의 연방준비은행에 10억 달러의 수표를 한 장 발행하고, 그 지폐를 모 정부 채권 거래상에게 넘겨 10억 달러의 미국 정부 국채로 교환한다. 그런 후에 거래상은 그가 직접 개설한 상업은행에 가서 이 국채를 예치한다. 이런 식으로 거래상이 상업은행에 개설한 당좌예금 계좌에 10억 달러가 늘어난다. 상업은행이 수표를 받은 뒤 연준 뉴욕 지점에 가서 당행 당좌예금 계좌에 예치하면 그곳의 지급준비금이 10억 달러 늘어난다. 그래서 상업은행은 지급준비금을 담보로 더 많은 대출을 할 수 있고, 이 대출금은 다시 다른 은행에 예치된다. 이렇게 해서 전체 은행 시스템의 신용 대출과 화폐 공급량이 10억 달러를 훨씬 뛰어넘게 된다. 만약 연준이 화폐 공급량을 조절·통제하고 싶다면 어떤 자산을 사거나 파는 방식으로 목적을 달성할 수 있다. 자산을 구매하면 화폐 공급량이 증가하고, 반대로 자산을 팔면 화폐 공급량이 줄어든다. 이것이 바로 공개시장 조작이라 불리는 연준의 정책 수단이며, 일반적으로 시장에서 사거나 파는 자산은 미국 국채다.

연준의 또 다른 화폐정책 수단은 바로 법정 최저 예금 준비금 기준을 조정하는 것이다. 만약 은행예금 준비금이 예금 총량의 10퍼센트였는데, 연준이 갑자기 최저 준비금 비율을 5퍼센트까지 내리겠다고 발표하면 화폐 공급량은 배로 늘어난다. 최저 준비금 비율을 20퍼센트로 높이면 화폐 공급량은 절반으로 감소한다. 이런 화폐정책을 통해 현재 연준은 자신의 의지대로 통화 공급량을 조정할 수 있는 절대 권력에 가까운 능력을 갖게 되었다.

요컨대, 미국은 국제금융자본이 영세한 사금융가에서 정부로 넘어가는 과정을 거쳤다. 현재 미국의 국제금융자산은 개인 자본 그룹이 아니라 미국 정부에 집중되어 있다. 미국 정부는 자신의 금융 이익뿐 아니라 정치·경제·군사·외교를 모두 아우르는 국제 전략의 관점에서 금융 시스템을 조정·통제해야 한다. 다시 말해서 미국 정부가 세계 경찰로 변신하는 동시에, 미국의 금융 조정 센터로 불리는 연준이 세계중앙은행, 즉 중앙은행들의 중앙은행으로 변모해야 한다.

따라서 현재 연준은 금융가의 조작과 통제를 받을 수 있는 대상이 아니다. 특히 1970년대 이후 1977년 〈미국연방준비제도개혁법(Federal Reserve Reform Act of 1977)〉이 고용 촉진, 생산성 극대화 등 또 다른 중대한 책임을 연준에 부여하고 물가를 안정시켰다. 어쩌면 일부 금융가는 연준을 통제해 미국 경제, 나아가 전 세계의 경제를 통제하고 싶었을지도 모른다. 그러나 연준의 기관 설치는 이런 상황의 출현을 억제하는 기능도 가지고 있었다. 그래서 음모론과 같은 주장은 설득력을 잃고 경각심을 불러일으키는 정도에 그쳤다.

연준은 연방 정부 기구이자 비영리 기구인 이중 조직 구조를 채택했다. 즉, 연방준비제도이사회는 연방 정부를 위해 조직을 구성하고, 12개 연방준비은행은 연방 정부 기구에 속하지 않지만 비영리 기구다. 이러한 구조를 채택한 목적은 연준이 통화정책을 입안할 때 민영 부분에서 나오는 목소리를 충분히 들을 수 있게 하는 것이었다. 하지만 연방준비은행이 비영리 기구라는 이유로 많은 추측을 불러일으켰다.

현재 미국에서 예금주들의 예금을 끌어들이는 은행은 주로 전국 규모의 은행과 주(州) 은행으로 나뉜다. 재무부의 통화관리사무소에 등록한 후 설립된 은행은 시티은행(Citibank)과 같은 전국 규모의 은행이다. 주 정부에 등록을 마치고 설립된 은행은 텍사스주의 텍사스 캐피털

은행(Texas Capital Bank)과 같은 주 은행이다. 미국 내에 은행은 무수히 많고, 우리가 평소 들어온 시티은행, 뱅크오브아메리카 등 대형 전국 은행을 제외한 크고 작은 은행이 6,000여 개 정도이며, 은행마다 다양한 고객층의 수요를 충족시키고 있다. 그리고 법률 규정에 따라 미국에서 전국 규모의 은행들은 연방준비제도이사회의 회원 은행이 되어 통화관리사무소의 관리·감독을 받아야 한다. 반면, 주 은행은 연준의 회원 은행이 될 것인지 여부를 선택할 수 있고, 회원이 되면 연준의 관리·감독을 받아야 한다. 다만 회원이 되고 싶지 않아도 연방예금보험공사의 관리·감독을 받아야 한다. 연준의 회원이 된 은행(연준의 주주)의 가장 직접적인 장점은 금융 위기가 발생했을 때 연준이 나서서 긴급 대출을 제공해 파산을 막을 수 있다는 것이다.

의론

1913년 12월 23일 미국 우드로 윌슨 대통령이 〈연방준비법〉에 서명한 이후 지금까지 미국연방준비제도이사회도 100년의 풍파를 겪어왔다. 연준이 출범한 지 1년도 채 되지 않아 유럽에서 제1차세계대전이 일어났고, 15년 후 미국에서 사상 최악의 경제 대공황이 시작되었으며, 연이어 제2차세계대전과 전후 금융 위기가 일어났다. 금융 위기와 세계대전의 장본인이 마치 연준이라도 되는 듯 각종 추측과 논의가 분분했고, 연준이 탄생하지 않았다면 세계에 이런 위기가 닥치지 않았을 것이라 생각하기도 했다. 그러나 어찌 됐든 연준이 세계의 중앙은행으로 부상하고 있는 만큼 연준의 통화 및 금융정책이 세계의 정치와 경제에 큰 영향을 미치게 될 것이다. 따라서 연준이 출범한 지 100년을 맞아 연준의 창립 과정과 변천사를 돌아보는 것은 우리가 기존의 문제들을 좀 더 깊이 있게 인식하는 계기가 될 수 있다.

04

달러의 번영

중앙은행 자체는 통화 공급과 금융(여신)시장 관리·감독의 사명을 가지고 있다. 그 관리·감독의 목적은 금리 급등을 피하고 금융 위기를 막는 데 있다. 20세기 초반 중앙은행의 모델이었던 잉글랜드 은행이 채택한 금융 위기 방지 수단 중 하나는 파운드화를 화폐 결산 수단으로 삼는 상업(무역) 인수어음[22]을 사들여 금리를 안정시키는 것이었다. 당

22　인수어음은 인수 절차를 밟은 어음을 가리킨다. 거래 과정에서 매도인은 매수인에게 대금을 청구하기 위해 어음을 발급하는데, 이 어음은 지불인을 거쳐 어음 표면에 만기 지불을 승인하는 '인수' 두 글자를 표기해야 한다. 지불인은 인수 후에 어음의 인수인이 된다. 매수인의 인수를 거친 어음은 '상업 인수어음'이라고 부르며, 은행 인수를 거친 어음은 '은행 인수어음'이라고 부른다. 이렇게 인수어음은 은행 인수어음과 상업 인수어음으로 나뉜다. 상업 인수어음은 발행인이 발급하고, 위탁 지급인은 지정된 날짜에 확정된 금액을 수취인 또는 지참인에게 지불한다. 은행 외의 지불인이 인수한 것이므로 그 이름을 상업 인수어음이라 지었다. 은행 인수어음은 채무자에게 지불을 요구하기 위해 채권자가 발행한 명령서다. 이러한 어음은 은행의 지급보증을 받은 후, 즉 은행 인수어음이 된 뒤에 그 기한은 보통 30~180일이며, 90일이 가장 보편적이다. 인수어음은 14세기 이탈리아에서 탄생했다. 당시 상인과 은행가는 '4인 어음'을 만들어냈는데, 이들은 수입업체, 인수 보증을 하는 수입업체 은행, 거래 중 실제 자금을 제공하는 수출업체 은행, 수출업체다. 이 어음은 무역 결산과 자금 융통에 광범위하게

시 미국은 영국처럼 달러화를 통화로 결제하는 곳의 상업 인수어음을 매입하려 했고, 전제 조건은 달러로 가격을 계산하는 인수어음이었다. 이 조건을 충족시키려면 미국 은행이 국내 업무에만 국한되지 않고 세계로 걸어 나가야 한다. 그래서 〈연방준비 법안〉은 내셔널은행이 국외에 지국을 개설하도록 권한을 부여하고, 이들이 상업 인수어음을 구매하도록 허용했다. 그러나 해외 지국을 개설하도록 요구한 내셔널은행의 자본은 반드시 100만 달러 이상이어야 하고, 그들이 상업 인수어음을 구매하는 자본은 그 자금의 50퍼센트를 넘으면 안 된다.

　미국 통화의 급부상을 가져다준 가장 큰 기회는 제1차세계대전이었다. 이 전쟁 기간에 유럽은 전쟁의 불길에 휩싸였고, 미국은 유럽 전쟁에 공급할 군비 공장과 세계 식량 창고의 역할을 했다. 덕분에 미국의 수출무역은 급격히 성장했다. 미국의 다국적기업은 유럽 회사가 유럽대륙의 전쟁 때문에 정신없는 틈을 타 라틴아메리카와 아시아 시장을 대대적으로 공략했다. 이들은 라틴아메리카와 아시아 지역에 앞다투어 독자적인 운영 기구와 지국을 설립했다. 4년 동안 미국은 기존의 채무국에서 채권국으로 가볍게 전환되었다. 그러나 이 시기 유럽대륙은 전쟁의 여파로 무역금융자본이 갈수록 부족해졌고, 전쟁은 기존의 수입무역 규모를 계속 확대해 고객의 수요를 충족시킬 수밖에 없도록 상황을 몰아갔다. 전쟁은 물자와 돈을 끊임없이 집어삼켰다. 그러다 보니 유럽의 은행들은 어쩔 수 없이 미국의 배서어음을 받는 신세가 되어버렸다. 결국 유럽 은행이 받은 것도 모두 달러를 화폐단위로 삼은 어음이었다.

　당시 달러는 금과 밀접하게 얽혀 있었고, 여전히 금본위를 고수하던 영국은 전쟁이 가장 치열한 1916년에 파운드와 달러의 연동을 발표했다. 그러나 전쟁이 끝났을 때 파운드의 신용이 갈수록 약해질지 모른

응용되었고, 이는 훗날 투자은행의 어음인수와 중개 업무를 위한 토대가 되었다.

다는 우려가 깊어지면서 미국은 파운드와의 연동 관계를 끝내겠다고 발표했다. 그 결과 파운드는 3분의 1로 평가절하했다. 그리고 이때를 기점으로 미국의 무역업체와 다른 나라의 무업업체들도 달러를 파운드보다 더 매력적인 화폐단위로 인식하기 시작했다. 1920년 말에 미국의 은행은 이미 해외에 181개에 달하는 지점을 개설했다. 세계 각지의 수입업체는 모두 미국 은행의 지점을 통해 달러를 받았다. 무역 시장에서 런던의 어음이 차지하는 지위는 점점 추락했다. 이는 영국 금융 세력의 몰락이었고, 미국이 국제금융시장을 독차지하기 시작한 시초였다.

완벽한 달러 인수어음 시장을 만들기 위해 연준은 산하의 각 지역 준비은행에 인수어음의 구매를 요청했다. 이렇게 해야 할인율을 낮춰 안정시킬 수 있을 뿐 아니라 달러의 인수어음 시장의 성장을 촉진시킬 수 있기 때문이다. 이것은 1920년대 거래업체의 주요 거래 대상이 미국 연방준비은행이었다. 이 거래업체들은 주로 대량의 달러 흑자를 보유하고 있는 외국 은행이고, 이 중에는 심지어 외국의 중앙은행도 포함되어 있었다. 그리고 이때 미국에서도 인수어음 분야에 전문적으로 종사하는 국제 인수어음 은행이 등장하기 시작했다. 일부 은행도 앞다투어 지점을 세워 인수어음 업무를 전문적으로 다뤘다.

상업 인수어음 시장이 발전하면서 국제금융시장에서 달러의 지위는 점차 상승했다. 1920년대 후반이 되자 미국의 모든 수출입무역 중 절반 이상이 미국 달러로 가격을 계산하는 은행 인수어음에 의해 자금을 지원받았다. 뉴욕에서 거래하는 수출입 업체가 지불에 사용하는 비용이 런던에서 지불하는 비용보다 1퍼센트 포인트 적었기 때문이다. 그래서 엄청난 수의 상인들이 뉴욕으로 몰려들기 시작했다. 이때 달러를 화폐단위로 삼는 외국 인수어음의 수량은 이미 파운드를 화폐단위로 삼는 외국 인수어음의 배를 넘어섰다. 1924년까지 국제금융시장에서 유통된 달러의 총량은 이미 파운드를 뛰어넘었다. 달러는 공식적으로 파운드의 지위를 대신하면서 국제금융을 주도하는 화폐가 되었다. 이

돈의 탄생

것은 당시 일부 사람들의 예상을 깨고 달러가 파운드를 뛰어넘는 시간을 적어도 20년 가까이 앞당긴 것이었다. 이런 결과를 낳은 주요 원인은 연준의 적극적인 추진과 제1차세계대전의 발발이라 할 수 있다.

달러는 이때부터 급부상했고 20년 후에 세계의 패권 통화로 자리매김했다.

달러가 급부상하는 과정에서 연준의 공이 큰 역할을 했다. 연준의 가장 중요하고도 결정적인 역할은 바로 미국 은행들이 해외로 진출하도록 독려하는 한편 그들을 위해 든든한 지원과 보장을 아끼지 않은 것이다.

05

결론

　미국과 같은 후발 세계 강대국은 200년의 역사 속에서 무수히 많은 기적을 일궈냈다. 100년도 채 안 되는 기간에 미국의 경제력은 명실상부한 식민지 대국으로 불리던 대영제국을 뛰어넘었고, 세계 정치와 경제에 영향을 미친 걸출한 인물을 수없이 배출했으며, 세계 정치·군사·화폐·금융의 맹주가 되었다. 미국을 연구하고 배우려는 열풍이 세계를 휩쓸 정도였다. 그러나 미국 밖에 있는 사람들은 물론이고 미국인들조차도 미국을 완벽하게 이해할 수 없었을 것이다. 어쩌면 안개 속에서 꽃을 보는 듯하고, 겉은 그럴싸하지만 실제로는 그렇지 않으며, 부화뇌동하는 듯한 모습이야말로 미국에 대한 우리의 가장 솔직한 느낌일지 모른다.

　더군다나 미국식 모델을 그대로 따르려던 국가들은 거의 모두 실패를 맛보았다. 이것만 봐도 한 나라의 정치·경제모델을 완전히 모방한다는 것은 불가능하며, 발전을 갈망한다면 자신의 특징과 장점에 맞게 발전하는 길을 찾아야 한다는 것을 알 수 있다. 미국 정치와 경제의 역사적 과정은 발전을 위한 참고 사항일 뿐이다. 그러나 미국이 강대국으로 나아가는 과정에서 보여준 한 가지만은 반드시 거울로 삼아 발전의 동력으로 적용할 필요가 있다. 그것은 화폐의 번영을 발전과 부강의 도구이자 전제로 삼았던 것이다. 한 가지 확실한 점은 선진 금융 시스템과 막강한 통화 시스템이 뒷받침되지 않았다면 미국은 절대 세계 최강이 될 수 없었다. 강대한 미국은 핵동력 항공모함 11척뿐만 아니라 강력한 금융 혁신 능력을 통해 만들어진 것이다.

화폐의 번영은 부강한 나라를 꿈꾸는 나라라면 반드시 주목해야 할 점이다. 물론 화폐의 번영을 뒷받침하는 핵심은 막강한 종합 국력과 상응하는 정치·경제제도 및 조화로운 사회 환경이다. 물론 역사적 기회도 필요하다. 그러나 그 전에 충분한 사상과 물질적 준비가 되어 있지 않다면 기회가 와도 잡을 수 없을 것이다. 중국 명나라 시대 초반에도 대항해시대를 열 수 있는 기회를 잡았지만, 기회를 통해 발전의 대전환을 이루지 못했고, 심지어 기회를 타인에게 넘기고 말았다. 역사는 한 민족에게 지나치게 많은 기회를 줄 리 없다. 순식간에 지나가버리는 역사적 기회를 허무하게 놓쳐버리는 일이 없도록 만드는 것이 인류의 영원한 역사적 명제라고 할 수 있다.

제 6 장

재구성

01

유럽의 위기

복잡하게 뒤얽힌 시국

제1차세계대전이 끝난 뒤 유럽은 각종 사조가 등장하고 정치집단
이 대립하면서 경쟁 구도를 형성해나갔다.

제1차세계대전을 일으킨 극단적 민족주의는 전후 독일의 패전과
함께 사라지기는커녕 도리어 더 많은 대중과 정치 엘리트의 추앙을 받
았다. 서유럽의 몇몇 오래된 자본주의 국가를 제외하고 민주주의와 삼
권분립, 정당 다원화를 포함한 전체 공민의 평등을 보여주는 정치체제
는 유럽의 절대다수 국가와 민족의 인정을 받지 못했다. 세계적인 경제
위기로 물질적 빈곤과 사회적 지위가 갈수로 추락하는 것에 대한 두려
움 때문에 독재적이고 비타협적이며 비관용적인 사상과 이론이 중유럽
과 동유럽, 남유럽 각지에 만연했다. 그러면서 일찍이 제1차세계대전을
초래한 민족주의가 또다시 유럽으로 퍼져 나갔다. 바로 이런 사상과 이
론의 영향으로 다원적 의회민주정치체제가 독일, 이탈리아, 스페인, 포
르투갈, 그리스, 유고슬라비아, 불가리아, 헝가리, 루마니아, 폴란드, 오

스트리아에서 모두 벽에 부딪혀 무너져 내렸다. 이때 유럽에서 지극히 복잡한 사상 체계가 형성되었다. 즉, 반(反)마르크스주의는 반자본주의를 반대하고, 반공산주의는 반파시즘을 반대하고, 반파시즘은 반자본주의를 반대하고, 반자본주의는 반공산주의를 반대하고, 반자본주의이자 반공산주의는 반정부주의를 반대하고, 반정부주의는 반파시즘을 반대하고, 반파시즘이자 반공산주의는 반자본주의를 반대하고, 반유대주의는 반파시즘을 반대하고 …… 이처럼 극권주의, 민족주의, 대중주의, 공산주의, 파시즘, 민주주의, 무정부주의 등 각종 사조가 한꺼번에 등장하면서 유럽대륙은 한때 폭풍 전야가 되었고, 언제 거센 폭풍우가 세계를 덮칠지 모를 일촉즉발의 위기감이 감돌았다.

극단적 국수주의 청년의 등장

1889년 4월 20일 오스트리아와 독일의 접경 지역에 있는 소도시 브라우나우(Braunau)의 한 여관에서 아돌프 히틀러(Adolf Hitler)가 태어났다. 히틀러는 오스트리아·헝가리제국의 세관 공무원이었던 부친 알로이스 히틀러(Alois Hitler)가 세 번째 결혼에서 태어난 네 번째 자녀였다. 남자 형제 세 명과 여자 형제 두 명은 모두 어린 시절에 요절했고, 형 알로이스 히틀러 주니어와 여동생 파울라 히틀러(Paula Hitler)만 살아남았다. 히틀러는 유년 시절에 아버지를 따라 천주교 신자가 되었다. 아돌프 히틀러의 할아버지와 아버지는 모두 오스트리아에서 나고 자랐다. 이들의 고향은 도나우(Donau)강과 보헤미아(Bohemia)와 모라비아(Moravia) 국경에 있는 발트비어텔이다. 이곳은 구릉의 기복이 심하고 산림이 울창한 전형적인 유럽 중부의 시골이라 오스트리아 주류 사회의 관심에서 벗어나 있었다. 이곳 주민들의 성격은 대체로 보수적이고, 불안정한 기질을 타고난 히틀러 가족은 자주 이사하고 이 일 저 일 옮겨 다니느라 친척들과의 관계도 소원한 편이었다. 아무래도 그들은 낭만적인 보헤미안 스타일의 삶을 즐겼던 것 같다.

1895년 히틀러는 만 6세가 되자 공립학교에 들어갔는데 학업 성적은 그리 우수하지 않았다. 1905년 16세가 된 히틀러는 정치에 관심을 갖기 시작했다. 그는 게르만민족의 모든 것에 강한 애착을 갖고 있었고, 합스부르크(Hapsburg)왕조와 오스트리아·헝가리제국 안에 있는 모든 비(非)게르만민족에게 강한 증오심을 품었다. 이런 극단적 애착과 증오는 그를 점점 광적인 게르만 민족주의자로 만들었다. 그는 도서관과 박물관에서 개최하는 학회에 참가하고, 많은 양의 책을 빌려 보았다. 그가 가장 즐겨 읽은 책은 독일 역사책이었다. 히틀러는 19세에 비엔나로 건너가 미술학교에 지원했지만, 회화 시험에서 낙제점을 받아 1907년과 1908년 두 차례나 입학 허가를 받지 못했다. 이때 교수가 히틀러의 건축적 재능을 알아보고 건축가가 되라고 조언했다. 하지만 건축가가 되려면 높은 학력이 필요했는데, 히틀러는 이런 조건을 충족시키지 못했다. 그림에도 히틀러는 비엔나를 떠나지 않고 그림을 팔거나 임시직을 전전하며 풍경 엽서를 그려 근근이 입에 풀칠하고 살았다.

그는 자신이 증오하던 오스트리아·헝가리제국의 징병 의무를 피하기 위해 뮌헨으로 도망쳤다. 비엔나와 뮌헨에서 격동의 삶을 살면서 유대인, 민주적 자유주의, 서방의 전통적 사회계층과 사상에 적개심을 품게 되었고, 권력을 찬양하고 기독교를 멸시하며 광적인 민족주의와 개인의 개성을 경시하는 성격으로 변해갔다. 당시 히틀러는 이미 민족주의와 반유대주의의 광신도였다.

1914년 8월 제1차세계대전이 발발하자 히틀러는 독일의 바이에른 예비 보병단 제16연대에 자원입대해 제1차 이프레스전투, 솜강전투, 아라스전투 등에 잇따라 참가했다. 1917년 그는 '전령병사'에서 상병으로 진급했고, '1급 철십자훈장'과 '2급 철십자훈장'을 받았다. 1916년 솜강전투에서 포탄이 터지면서 허벅지를 다쳐 1917년 3월 1일이 되어서야 다시 전쟁터로 돌아올 수 있었다. 1918년 10월 14일 히틀러는 머스터 드가스 공격을 받고 잠시 시력을 잃어 육군병원에 입원했다. 병원에서 치료를 받는 동안 그는 독일이 협약국에 투항을 선포했다는 갑작스러운 소식을 듣고는 큰 충격을 받았다. 히틀러도 다른 독일인들과 마찬가지로 독일군은 절대 패배하지 않을 것이라고 굳게 믿고 있었다. 그런데 정부를 대표하는 매국노 집단과 공산주의자들이 주도하는 혁명 때문에 독일이 패한 것이다.

히틀러와 같은 평범한 사람들은 미국이 제기한 '14개조평화원칙'[23]에 따라 동맹군이 독일을 관대하게 대할 것이고, 어쩌면 독일이 오스트리아·헝가리제국처럼 독일어권 지역을 합병해 오스트리아와 독일을 통합하고 대독일 건설의 의지를 드러낼 것이라고 굳게 믿었다. 하지만 잔혹한 현실은 독일인들의 꿈을 철저히 짓밟았다. 그래서 〈베르사유 평화조약〉을 승인한 사회민주당과 국제 유대인은 독일인의 눈에 나라의 이익을 팔아넘긴 '11월 죄인(독일 군국주의자들이 1918년 독일 프롤레타리아혁명 참가자들을 경멸하며 부르는 표현—옮긴이)'이 되었다. 히틀러도 '11월 죄인'에게 뿌리 깊은 적개심을 품은 채 극단적 국수주의 청년이 되어 퇴역했다.

---

23 1918년 1월 8일, 미국 윌슨 대통령이 '14개조평화원칙'을 의회에 제출하고 각국으로 보냈다. 내용은 다음과 같다. 1. 평화조약을 공개적으로 체결하며 비밀외교는 없다. 2. 전시나 평시를 막론하고 공해 항해의 자유를 보장한다. 3. 국가 간 경제적 장벽을 철폐하고 무역 평등 조약을 체결한다. 4. 국내 질서유지에 필요한 최저 수준으로 군비를 축소하기로 상호 보장한다. 5. 식민지에 관한 문제는 열린 자세를 가지고 절대적으로 공평하게 조정해야 하며, 식민지 국민을 평등하게 대한다. 6. 독일은 러시아에서 철수하고 러시아 문제를 조정한다. 7. 독일군은 벨기에에서 철수하고 벨기에의 독립성을 회복한다. 8. 독일군은 프랑스에서 철수하고 알자스로렌도 프랑스에 반환한다. 9. 민족적 원칙에 따라 이탈리아 국경을 재조정한다. 10. 오스트리아·헝가리제국 내에 있는 각 민족의 독립을 허락한다. 11. 동맹국은 루마니아, 세르비아, 몬테네그로에서 철수한다. 12. 오스만튀르크제국 중에서 튀르크인이 차지하는 영토의 주권을 확실히 보장한다. 튀르크의 지배를 받는 다른 민족에게도 안전과 자율적 발전을 보장한다. 13. 폴란드의 독립성을 회복한다. 14. 국제연맹을 결성해 세계 평화를 유지한다.

돈의 탄생

이후 히틀러는 군 스파이가 되어 당시 55명에 불과하던 노동자당의 내부 사정을 염탐했다. 그 과정에서 당의 지도부이자 경제 이론가인 고트프리트 페더(Gottfried Feder)의 말과 사상에 압도되어 입당했고, 뛰어난 연설 능력은 금세 당 지도부의 주목을 받았으며, 노동당 의장의 강력 추천을 받아 선전부 책임자로 임명되었다. 이때부터 히틀러는 모든 열정을 당에 쏟아부었다. 당 의장과 함께 25개 조항으로 만들어진 당 강령의 초안을 잡았다. 강령의 기초는 반유대주의, 국가주의, 사회주의였다. 그는 당시 독일에서 성행하던 민족주의와 사회주의 조류를 이용해 독일노동당을 '국가사회주의독일노동당'으로 정식 개명했는데, 이것이 바로 나치당(National-Sozialistische Deutsche Arbeiter-Partei, 약자 NSDAP)이다. 1921년 6월 29일 아돌프 히틀러는 나치당의 당수가 되어 나치즘, 반공산주의, 반자본주의, 반유대주의의 기치를 내걸었다.

나치당의 '25개 조항 강령'은 불로소득과 전쟁을 통해 축적한 불법소득 단속, 트러스트 기업 국유화, 토지개혁 시행, 매국노와 사채업자와 투기꾼에 대한 엄벌, 국가 은행 설립 등의 내용을 포함하고 있다.

1923년 11월 히틀러는 맥주홀 폭동이 실패로 끝난 뒤 감금되었고, 감금된 곳에서 집필한 『나의 투쟁(Mein Kampf)』 상권에 지도자가 되겠다는 결심을 분명히 드러냈다. 1925년 출옥한 뒤 그는 독일 권력의 정점으로 가는 길을 걷기 시작했다. 이때 히틀러는 하룻밤 사이에 유명 인사가 되면서 국제적으로 모든 세력의 주목을 받았다. 사실 이미 1920년에 미국 쪽에서 사람을 보내 히틀러와 매우 가까이 접촉했고 이 흥미로운 젊은이의 남다른 점에 주목하기 시작했다.

1924년 이후 '도스 플랜(Dawes Plan)'[24]이 실시되면서 외국자본이 독

---

24 도스 플랜(Dawes Plan)은 도스 위원회가 독일의 배상 문제를 해결하기 위해 제의한 플랜을 가리킨다. 〈베르사유평화조약〉에 따른 독일의 배상금 지급 문제는 1920년대 국제경제와 국제정치에서 해결하기 어려운 분쟁으로 떠올랐다. 이 문제를 해결하기 위해 영국의 제안에 따라 협약국배상위원회는 1923년 11월 전문위원회 두 개를 증설했

일로 쏟아져 들어왔고 독일 경제는 빠르게 회복세를 보였다. 프랑스와 프랑스의 통제를 받는 배상위원회가 독일 배상 문제에 대한 지배적 역할을 끝내고 미국 위주의 다국적 지배체제가 확립되면서 미국계 자본이 독일로 유입될 수 있는 조건과, 다른 협약국으로부터 효율적으로 전쟁 채무가 회수될 수 있는 조건을 만들어주었다. 독일이 받은 210억 마르크(약 50억 달러)의 대출금 중에서 미국이 제공한 것은 22억 5,000만 달러로 전체 대출금 중 44퍼센트에 달했다. 바로 같은 시기에 미국은 각 협약국으로부터 약 20억 달러의 전쟁 부채의 원금과 이자를 회수했다. 이런 식으로 달러가 미국에서 독일로 흘러들어오고, 다시 배상의 형식으로 협약국의 손에 들어갔으며, 결국 전쟁 채무를 상환하는 형식으로 미국으로 왔다. 즉, 달러가 미국에서 출발해 미국으로 다시 돌아오는 순환을 한 셈이다.

다. 하나는 독일 예산의 균형과 독일 금융의 안정을 책임질 수 있는 방법을 연구하고, 또 하나는 독일 자본의 유출 상황을 조사하고 다시 끌어들이는 방법을 설계했다. 두 개의 전문위원회 의장은 미국 은행가 C. G. 도스가 맡았다. 12월에 프랑스, 벨기에, 이탈리아, 영국, 미국의 대표로 구성된 국제전문가위원회가 독일로 건너가 독일의 배상 문제를 조사·연구했다. 1924년 9월 도스는 배상 문제를 해결할 '도스 플랜'을 입안했다. 이 플랜은 같은 해 7월 16일부터 8월 16일까지 런던에서 열린 회의에서 토론을 거쳐 통과되었고, 같은 해 9월 1일 발효되었다. 이 플랜의 주요 내용에 따르면, 협약국은 도이치은행을 관리·감독하고, 화폐개혁을 시행하고, 8억 골드마르크를 대출해 화폐제도를 안정시키며, 배상 총액이 최종 결정되지 않은 상황에서 독일 배상액의 연간 한도액을 규정한다. 즉, 첫해(1924년~1925년) 10억 골드마르크에서 시작해 그 액수를 점차 늘리고, 5년째 되는 해(1928년~1929년)에는 연간 지불액을 25억 골드마르크로 늘린다. 독일이 지불하는 배상액의 재원은 관세, 담배와 설탕 전매세, 철도 수입 및 상공 기업세에서 나온다. 또한 100억 골드마르크의 철도 공채, 50억 골드마르크의 산업 공채를 발행하고, 독일의 금융 외화, 철도 운영 및 세금 징수 사무는 국가의 관리·감독을 받는다. 독일은 배상 플랜을 받아들이기에 앞서 프랑스, 벨기에 두 나라가 루르(Ruhr)에서 철수할 것을 조건으로 내걸었다. 1924년 8월 16일 두 나라는 이 플랜을 받아들였다. 도스 플랜의 집행은 1920년대 후반 독일 경제의 회복과 발전을 이끌어내는 데 중요한 역할을 했다. 1924년~1929년 독일은 배상금으로 110억 골드마르크 지급했고, 외국에서 약 210억 골드마르크의 대출을 받았다. 1928년 독일은 재정 파탄이 임박해서야 이 플랜을 집행할 능력이 없다고 알렸다. 1930년 이 플랜은 영 플랜(Young Plan)으로 대체되었다.

돈의 탄생

'도스 플랜'의 실시로 유럽과 관련된 일에서 미국이 매우 중요한 역할을 하고 실행 능력도 뛰어나다는 사실을 보여주었다. 또한 유럽 및 세계 사무에 적극적으로 참여하고 싶어 하는 미국의 욕망과 야심이 드러났다. '도스 플랜'은 경제적으로 독일을 부양했고, 전후 독일 경제, 나아가 세계경제의 회복과 발전에 긍정적인 추진제 역할을 했다.

그러나 독일 경제의 빠른 회복은 나치당이 독일 권력의 정점을 향해 나아가는 데 큰 걸림돌이 되었다. 현재의 생활에 만족하며 살던 독일인들은 나치당의 급진적이고 폭력적인 사상에 관심이 없었고 심지어 점점 멀어져갔다. 그 결과 1928년 대선에서 나치당은 고작 12석을 얻어 득표율은 2.6퍼센트에 그쳤다. 사회민주당과 독일공화당을 비롯한 좌익연맹의 득표율은 무려 40.4퍼센트였다. 나치당이 설 자리를 잃어갈 무렵 1929년에 세계를 휩쓴 경제 위기는 나치당에게 절호의 기회를 안겨주었다.

1929년 자본주의 세계에 경제 위기가 닥치면서 독일은 심각한 타격을 입었다. 1923년부터 1928년까지 자본주의는 상대적 안정기였고, 독일 산업 생산의 상승 추세는 미국이 제공한 단기 대출을 기반으로 하고 있었다. 이때 미국이 약 200억 마르크의 대출금을 회수하면서 독일 역사상 가장 심각하고 지속적인 경제 위기가 촉발되었다.

위기가 지속되었던 1929년부터 1932년까지 독일의 석탄 생산량은 32.7퍼센트 감소했다. 나머지 분야 생산량의 감소율을 살펴보면, 선철 70.3퍼센트, 철강 64.9퍼센트, 기계 제조업 62.1퍼센트, 발전량 23.4퍼센트, 산업 생산 총액 약 40퍼센트, 생산재 53퍼센트, 소비재 25.3퍼센트, 수출 총액 69.1퍼센트, 수입 총액 70.8퍼센트였으며, 국고 황금 보유는 5분의 4로 급감했다. 동시에 노동시간은 평균 약 47퍼센트 줄었고, 건설업에서 노동시간은 약 66퍼센트 감소했다. 업종별 근로자 수도 크게 감소했는데, 그중 철강, 기계, 전력 산업의 근로자 수는 약 64퍼센트 줄었고, 경탄 채굴업의 근로자 수는 약 47퍼센트 감소했다.

경제 위기는 노동자계급의 생활에도 재앙과 같은 악영향을 미쳤고, 실업자 수가 빠르게 증가했다. 1929년 9월 실업자 수는 130만 명, 1년 후에는 300만 명, 1931년 9월에는 435만 명으로 증가했고, 1932년 2월에는 무려 800만 명에 달했다 이 많은 실업자 중에서 82퍼센트의 실업 등록자만 실업 급여를 받을 수 있었다.

독일의 공식 통계에 따르면, 1928년부터 1931년까지 공장의 연간 도산 건수는 1만 595건에서 1만 9,253건으로 늘어 3년 사이에 거의 배로 증가했다. 반면, 같은 시기에 공장의 연간 합병 건수도 3,147건에서 8,628건으로 거의 배 가까이 늘었다. 1931년 6,664곳의 상점이 도산했고, 3,581곳이 합병되었다. 7년 전 고통스러운 기억이 독일 국민의 눈앞에 다시 떠오르기 시작했다. 그러나 이번 위기는 정도와 시간을 따져봤을 때 1923년 마르크 붕괴 위기를 훨씬 뛰어넘었다(당시 위기는 1년간만 지속되었을 뿐이다).

나치당은 곧바로 이 기회를 잡았고, 각급 조직의 열성분자들은 비공식적인 루트를 통해 술집, 클럽, 사업장에서 직접 대화에 나서며 표밭을 형성하고 당원들을 끌어들였다. 나치당은 당시 공화제에 실망하고 있던 독일 국민의 심리를 겨냥해 각계각층의 국민을 상대로 유세를 펼치고, 그들을 나치 운동으로 끌어들여 중요한 사회적 기반을 형성했다. 그들은 〈베르사유평화조약〉과 전쟁배상이 독일의 경제 위기를 초래하고 정부의 무능이 국민의 삶을 도탄에 빠뜨렸다고 공개적으로 비난하며 지지를 끌어냈다. 1930년 대선에서 나치는 18.3퍼센트의 표를 얻어 처음으로 독일공화당을 앞지르며 사회민주당 다음으로 의회 좌석 수를 차지하는 제2정당이 되었다. 1932년 7월 대선에서 나치당은 37.4퍼센트의 표를 얻어 사회민주당을 제치고 단번에 국회 제1정당이 되었다.

나치당 당원 수는 1928년에 10만 명이었고, 1932년에는 무려 140만 명에 달했다. 1930년부터 1932년까지 국회 선거에서 이 당의 의 석수는 12석에서 230석으로 늘어났다. 나치당 산하에는 돌격대, 친위대, 게슈타포, 나치당 외사국, 히틀러청년단, 독일소녀연맹, 노동자전선, 나치여성연합회 등의 조직이 활동하고, 당 간행물로는 「민중의 감시자」, 「진격」, 「민족사회주의 통신」이 있다. 강령적인 성격의 책으로는 히틀러의 『나의 투쟁』을 들 수 있었다. 당의 깃발은 붉은색 바탕에 흰색 동그라미가 중앙에 있고, 동그라미 안에 갈고리 십자가 모양의 상징적 도안이 들어 있다. 깃발 도안에서 붉은색은 사회주의, 흰색은 민족주의를 상징한다. 당의 휘장에도 도안이 들어간다.

이 시기에는 나치당을 지지하는 독일 독점 자본가들이 더 많아지기 시작했다. 이들은 나치당이야말로 독일을 일으켜 세울 희망이라고 생각했다. 1932년 11월 대자산계급과 대지주가 바이마르공화국의 힌덴부르크(Paul von Hindenburg) 대통령에게 히틀러를 총리로 임명해줄 것을 요구하는 연합성명을 냈고, 결국 1933년 1월 30일 히틀러를 앞세운 나치당이 독일의 집권당이 되었다. 히틀러는 권력을 잡은 뒤 범게르만주의를 선양하고, 다른 정당을 공격하거나 단속하며 나치당 일당 독재 체제를 확립했다. 1933년 말까지 바이마르헌법이 규정한 민주정치체제는 이미 일당제 국가에 자리를 내주었다. 이때부터 독일은 극권주의 국가로 급부상했다. 히틀러를 단속할 수 있으리라 여겼던 내각은 이미 무력해졌고, 연로한 힌덴부르크 대통령도 이런 추세를 막기에 역부족이었다.

1934년 8월 1일 힌덴부르크 대통령이 서거하기 하루 전에 히틀러는 대통령과 총리를 하나로 합쳐 군대, 법관, 관료 들이 그에게 충성을 맹세하도록 하는 법률을 반포했다. 히틀러는 도이치 제3제국의 원수를 지낸 뒤 "독일의 집집마다 식탁에 우유와 빵이 올라오게 하겠다."고 약속했다. 그는 여성의 출산을 장려하며 집 안에서 가정을 돌보도록 했다. 그러면서 독일 여성의 세계를 남편, 가족, 아이와 가정으로 국한시켜버렸다. 1938년 히틀러의 약속은 실현되었고, 더 많은 독일인이 히틀러를 옹호하는 계기가 되었다.

빠른 속도의 회복

1933년 1월 히틀러가 독일 총리로 취임했을 때 독일의 실업자 수는 600만 명이었다. 그런데 2년 후인 1935년에는 400만 명으로 줄었고, 1937년에는 100만 명이 채 되지 않았으며, 1939년에 이르자 몇만 명으로 줄어 더 이상 실업이 사회문제가 되지 않았다. 매년 실업률의 통계를 보면, 1933년의 실업률은 20퍼센트, 1934년은 20.5퍼센트, 1935년은 9.6퍼센트, 1936년은 5.7퍼센트, 1937년은 2.5퍼센트, 1938년은 0.95퍼센트였다.

금융정책에서 히틀러는 긴축재정을 실시하고 금융 혁신을 강화했다. 구체적인 조치는 다음과 같다. 첫째, 외국자본에 대한 규제를 강화했다. 둘째, 새로운 통화정책을 시행했다. 셋째, 은행의 관리·감독을 개선했다. 넷째, 외환 규제를 강화했다. 다섯째, 수입을 관리했다. 여섯째, 국가가 대량 투자를 진행해 도로·공항·주택의 건설과 농지 개량 등의 공공사업을 발전시켜 수요를 자극했다. 일곱째, 통화 긴축과 대출 위주의 자금 조달 방식으로 화폐의 유통량을 엄격히 통제했다. 여덟째, 정부는 약 80억 제국마르크를 발행했는데, 이 돈은 보험 은행과 같은 투자 기관과 저축을 통해 마련한 장기 채무다.

이 금융 혁신 조치는 군수산업을 발전시키고 전쟁을 위한 재원을 마련하기 위한 것이었다. 그러나 이것 역시 국가의 재정 적자를 초래했다. 1932년 독일의 외채는 200억 마르크, 1933년 재정 적자는 24억 마르크였다. 1938년이 되자 재정 적자는 105억까지 상승했고, 외채는 90억 마르크로 떨어졌다. 그 결과 독일은 낮은 인플레이션과 경제의 빠른 성장을 맞바꿔왔다. 1937년 말과 1932년 말을 서로 비교해보면 독일의 국민소득은 63퍼센트 증가해 430억 마르크에서 800억 마르크로 늘어났다. 반면, 통화 유통량은 48퍼센트 증가하는데 그쳤고, 은행 금리는 6퍼센트에서 3퍼센트로 떨어졌다.

나치당이 등장하기 전인 1932년 독일의 농업·임업·어업의 총생산액은 87.13억 골드마르크였고, 1933년 102.9억까지 증가했으며, 1934년 95.53억, 1935년 92.06억, 1936년 105.98억, 1937년 95.15억, 1938년 102.59억 골드마르크였다. 식량 자급자족 비율은 1932년 75퍼센트에서 1933년과 1934년에 80퍼센트, 1938년과 1939년에 83퍼센트로 증가했다. 1928년 소비한 식품 에너지는 독일 자급자족 비율 중 65퍼센트를 차지했고, 1932년 75퍼센트, 1936년 81퍼센트를 점했다. 1937년과 1938년 독일에서 생산·소비되는 곡물은 89퍼센트, 유제품은 90퍼센트, 육류는 95퍼센트, 어류는 74퍼센트, 달걀은 79퍼센트였다. 1933년부터 1939년까지 독일의 군수물자 생산은 일곱 배 증가했다. 군용비행기의 생산을 예로 들면, 1934년 생산량은 840대였지만 1939년에는 무려 4,733대로 늘어났다. 1933년부터 1939년까지 독일의 철도 운영 거리는 5만 8,185킬로미터에서 6만 1,940킬로미터로 늘어났고, '아우토반 (autobahn)'이라 불리는 4차선 고속도로 시스템을 만들었다. 이 도로는 독일 중심가에서 3,200킬로미터나 이어져 있고, 운전자가 시속 80킬로미터로 몇 시간을 직선 주행할 수 있다. 1938년까지 독일의 철강 생산량은 2,330만 톤으로 유럽 1위였다. 1939년까지 독일의 알루미늄 생산량은 19만 9,000톤으로 자본주의 세계에서 1위를 점했다. 독일은 자본주의 세계 안에서 안료 생산의 3분의 2와 안료 수출의 90퍼센트를 담당했다. 1930년대 독일은 세계 칼륨 수출액의 70퍼센트를 좌우했다. 독일은 세계에서 1인당 라디오를 가장 많이 보유한 나라였다.

이런 모든 것이 전쟁 초반 독일이 연이어 승리를 거두는 데 중요한 역할을 했다. 나치 독일은 4개년 계획을 두 차례 시행해 경제를 기본적으로 회복했다. 1933년 국민총생산액은 약 737억 제국마르크였다. 불변가격으로 계산하면 1938년 독일 국민총생산액은 1,264억 제국마르크에 달한다.

경제 부흥의 백그라운드

나치의 통치 시기였던 1930년대 독일 경제는 비약적인 발전은 아닐지라도 6년 만에 경제 부흥의 기적을 일궈냈다. 물론 당시 나치당은 독일의 국정에 적합한 일련의 강력하면서도 효과적인 정책과 조치를 취했다. 하지만 이외에도 미국을 중심으로 서방 각국의 대대적인 자금 지원도 무시할 수 없는 중요한 요인이었다.

히틀러가 독일을 일으켜 세우기 위해 시행한 '뉴딜정책' 중에서 가장 주목할 만한 부분은 다음과 같다.

① 중앙은행의 건립

1933년 히틀러는 정권을 장악하자마자 〈은행법〉을 개정해 제국은행의 독립성을 약화시켰다. 그는 1937년 2월 〈제국은행 신질서법〉을 반포해 제국은행 총재 및 이사회 이사는 모두 국가 원수가 임명하도록 규정해 제국은행의 독립성을 철저히 박탈했다. 1939년에 이르러 제국은행 이사회도 결국 해체되었다. 같은 해 나치 정부가 반포한 〈제국은행법〉은 황금과 지폐의 태환을 금지하고, 황금 40퍼센트와 외화로 이루어진 발행 준비금을 모두 고용 창출 어음, 수표, 단기 국채, 제국 재정 채권과 기타 유사한 채권으로 대체할 수 있게 했다. 중앙은행이 제국에 제공하는 대출액은 '최고 지도자와 제국 원수'가 최종 결정한다. 이로써 나치 정부는 화폐 발행권을 손에 넣었고, 마침내 중앙은행을 법률적·정치적으로 국유화시켜 독일 경제의 발전을 위한 금융 기반을 마련했다.

② '고용 창출 어음'의 발행

1933년 5월 31일 독일 정부는 특수한 기술 엔지니어링 프로젝트를 위해 10억 마르크의 '고용 창출 어음'을 발행했다. 구체적인 실행 방안은 다음과 같다. 우선 자본금 100만 달러를 들여 '그림자 회사'인 제철연구소(Metallurgische Forchungsgesellschaft)를 설립한다. 이 회사는 취업 기회를 창출할 수 있는 다양한 회사의 상품과 서비스를 구매하고, 생산자에게 '고용 창출 어음'을 지불한다. 이 어음의 이자는 4.5퍼센트이고, 기한은 3~5개월이다. 기업주는 '고용 창출 어음'을 받으면 독일의 어느 은행이나 가서 '할인'을 받고, 독일 마르크화로 교환해 근로자를 고용하고 원자재를 구매해 생산할 수 있다. '고용 창출 어음'을 받은 은행은 이 어음을 자체 보유하거나 중앙은행으로 가져가 '재할인'을 받아 현금으로 교환할 수 있다. 이것은 '고용 창출 어음'이 금, 외환, 장기국채와 함께 독일 화폐 공급의 근간이 되었다는 것을 의미한다. 이런 어음의 최대 장점은 바로 진정한 구매력을 새로 고용된 사람에게 가져다주고, 어음의 유통량이 증가하면서 유휴 자원의 이용률이 대폭 상승해 실업률을 급속히 떨어뜨린다는 것이다. 이 어음의 발행이 실질적으로 기업을 위해 편리하면서도 낮은 원가의 금융자본을 창출해주기 때문이다.

그러나 초기의 '고용 창출 어음'은 독일 중앙은행에서 재할인을 받지 못했다. 이 어음의 이자가 4.5퍼센트이다 보니 은행이 이 어음을 보유하도록 유도했기 때문이다. 통계에 따르면, 1933년부터 1938년까지 '고용 창출 어음'의 발행량이 해마다 상승하면서 독일의 실업인구가 매년 하락 추세를 보였다. 1933년 '고용 창출 어음'을 10억 마르크 발행했을 때 실업인구는 600만 명이었고, 1934년 21억을 발행했을 때는 270만 명, 1937년 120억을 발행했을 때는 90만 명으로 줄었다. 1939년 실업인구는 수직 하락해 20만 명에 불과했다.

이런 상황을 가능하게 만든 비결은 '고용 창출 어음'을 통해 창출된 돈을 새로 고용된 근로자의 손에 쥐어주었기 때문이다. 어음의 유통량이 늘어나면서 사람들의 취업 기회도 갈수록 증가했고 실업률은 자연히 빠르게 하락했다. 그 결과 근로자의 노동 의욕이 살아났고, 막대한 사회적 부를 창출할 수 있었다. 독일이 1930년대에 건설한 수천 킬로미터에 달하는 도로, 수십만 채의 신축 주택, 제2차세계대전에서 맹활약한 강철 전차, 전쟁터의 지축을 뒤흔든 대포, 푸른 하늘을 나는 전투기, 산처럼 쌓인 수십만 톤의 버터 등은 모두 독일 근로자들이 자신의 두 손과 노동 열정으로 만들어낸 결과물이었다. 독일 국민이 이런 열정을 불태울 수 있었던 것은 그들에게 엄청난 혜택을 가져다준 금융 혁신, 즉 '고용 창출 어음' 메커니즘이 있었기 때문이다.

금융의 힘은 절대 만만히 볼 상대가 아니다.

그렇지만 금융 혁신의 이면에는 당시 엄청난 파문을 불러일으켰던 새로운 화폐 이론, 즉 국가화폐 이론이 있었다. 이 이론의 핵심 내용은 화폐가 무엇인지 판단하는 유일한 기준은 금이나 다른 물질이 아니라 정부가 이 화폐를 지불수단으로서 받아들일 수 있는지 여부다. 화폐 정의권을 가진 정부는 어떤 물질을 법정화폐로 지정할지 결정할 수 있다. 설사 돌이라 할지라도 정부가 그것을 세금 납부에 사용해도 된다고 규정하면 바로 화폐가 된다. 이 때문에 화폐는 부호에 불과할 뿐이고 그 자체에 어떠한 가치도 존재하지 않는다. 이런 이론은 당시 유행하던 '화폐 겹필론'을 직접적으로 반박했다. 화폐가 거래의 부호로 사용되면 희소성 문제가 존재하지 않고 무엇이든 화폐로 지정될 수 있기 때문이다. 이 이론을 배경으로 나치당의 경제 강령은, 당시 독일의 경제 문제는 생산재가 부족해서가 아니라 현존하는 생산재를 충분히 활용하지 못해서 일어났다는 점을 비로소 명확히 지적했다. 실업률을 감소시키려면 유휴 생산재를 이용해야 하고, 황무지 개간, 고속도로와 운하 건설, 근로자 주택 건설 등 대량의 공공 근로 프로젝트를 통해 국내시장을 활성화시켜야 한다. 이런 프로젝트를 실현하기 위해서는 생산성 대출이 필수적이다. 이 대출은 새로운 형식의 화폐, 즉 '고용 창출 어음'을 통해 이루어질 수 있다. 이 어음이 실물경제 속으로 들어가면 유휴 생산재와 노동력이 곧바로 활성화되어 새로운 부와 고용이 창출된다. 실제 적용 과정에서 이 새로운 화폐 이론은 독일을 구제하는 만병통치약이었다는 것이 명확히 증명되었다. 상궤를 벗어난 듯 보이는 이 약방문은 불과 6년 만에 독일 경제를 활성화시켰고, 전쟁에 패배해 침몰한 나라를 단숨에 유럽 강국으로 도약시키며 세계사의 흐름을 바꿔놓았다.

국가화폐 이론을 바탕으로 화폐의 개념을 근본적으로 변화시킨 국가신용은 전통적인 금과 은을 제치고 화폐 발행의 근간이자 본위가 되었다. 이 이론에 따르면 화폐의 본질은 국가 본위의 기초 위에 세워진 일종의 화폐 부호다.

③ 생산 규제와 투자에 대한 정부의 전면 강화 정책

히틀러 정부는 군비와 관련된 기업에 거액의 보조금과 특권을 주었다. 모든 중요 부서가 성립하고 기업이 확대되려면 국가의 비준을 받아야 했고, 대량의 중소기업이 파산하거나 어쩔 수 없이 대기업에 합병되었다. 정부는 투자의 흐름을 엄격하게 통제해 중공업과 군비 생산에 집중시켰는데, 이 과정에서 소비 산업은 무시당했다. 정부가 이런 식으로 통제하는 목적은 모든 생산능력을 전쟁에 집중시키기 위해서였다. 정부는 '버터가 아니라 대포를 원한다.'는 슬로건을 내걸었다. 히틀러는 독일 국민들 사이에 응집되어 있는 아주 강한 민족의식을 정확히 간파해냈다. 독인 국민들은 제1차세계대전에서 패배한 것에 시종일관 심한 굴욕감에 휩싸였고, 독일을 배반한 국가나 민족을 상대로 늘 복수를 꿈꿨다. 이런 생각을 이용해 국민의 지지를 얻어낸 히틀러는 이들이 전쟁을 치르기 위해 만반의 준비를 하도록 만들었다. 물론 이 민족의식은 독일이 짧은 시간 안에 경제 위기에서 벗어나 급부상할 수 있도록 만든 원천이기도 했다.

위에서 말한 특별한 정책 외에도 해외 자금과 기술을 충분히 이용해 중공업과 군수산업을 발전시킨 것도 독일의 빠른 성장을 이끈 주요 원인이었다.

1933년 11월 24일 미국 「뉴욕타임스」는 1933년 네덜란드에서 최초로 출간된 『시드니 와버그(Sidney Warburg)』라는 책자가 대중과 연구자에게 판매 금지 처분을 받았다고 보도했다. 이 소책자는 미국과 영국 두 나라 은행가가 히틀러의 정권 장악을 돕고 자금을 후원한 비사(祕事)를 폭로했다. 이 책에 기록된 내용에 따르면, 두 나라는 1929년경 도스 플랜(Dawes Plan)과 양 플랜(Yang Plan)을 통해 독일이 전쟁배상금을 갚도록 도왔다. 1924년부터 1931년까지 월스트리트는 이 두 플랜에 따라 독일에 1,380억 마르크의 대출금을 제공했다. 다시 말해서 이 대출금 중 62퍼센트가 전쟁배상금으로 쓰였고, 나머지 250억 마르크는 나치 독일의 발전을 위해 사용되었다.

1932년 4월 27일 연준은 75만 달러에 상당하는 금을 독일에 주었고, 일주일 후 30만 달러 상당의 금을 독일로 또 보냈다. 1932년 5월 중순에는 무려 1,200만 달러 상당의 금이 연방준비제도과 연방준비은행의 동의를 얻어 독일로 운반되었다.

금전적 지원 외에도 미국은 기술 방면으로 지원을 아끼지 않았다. 1934년 독일은 천연 석유 30만 톤과 합성 휘발유 80만 톤을 생산할 수 있었고, 나머지 부분은 수입에 전적으로 의존했다. 미국 스탠더드 석유 회사가 수소화 석유 특허 기술을 독일에 양도한 뒤 1944년까지 독일은 합성 휘발유 550만 톤과 천연 석유 100만 톤을 생산할 수 있게 되었다. 독일 전문가들은 미국 디트로이트로 찾아가 모듈 생산에 필요한 전문 기술과 컨베이어 작업을 습득했다. 독일 엔지니어들은 미국의 항공기 제조 공장과 중요한 군사시설도 둘러보았다. 모건은행, 록펠러의 체이스은행 또는 와버그의 맨해튼은행에 속하는 미국 제너럴 모터스, 포드 자동차, 제너럴 일렉트릭, 듀폰 등은 모두 독일 군수산업 생산 시스템과 긴밀한 협력 관계를 유지했다.

미국 제너럴 일렉트릭 산하의 독일 기업 오펠(Opel)은 '번개표(오펠 자동차의 번개 마크)' 트럭을 생산했고, 독일군은 이 트럭을 타고 폴란드를 침공했다. 포드 자동차가 독일의 자회사에서 생산한 2톤 트럭과 3톤 트럭이 나치 독일 전체 생산량의 절반을 차지했다. 1938년 7월 미국 포드사 창업주 헨리 포드는 나치 독일이 외국인에게 수여하는 '독일 대십자 독수리훈장(Verdienstorden vom Deutschen Adler)'을 받았다. 미국 체이스은행과 독일 제국은행(Reichs Bank)의 관계는 매우 밀접했다. 체이스은행의 파리 지점 카를로스 니드먼 점장은 광적인 나치 지지자였다. 그는 유대인이 이 은행에 개설한 계좌를 막고, 그 안에 들어 있던 자산을 나치가 관리하는 통장으로 이체시켰다. 체이스은행의 본부는 이 모든 사실을 알면서도 미국 정부에 알리지 않았다. BIS(국제결제은행)를 창립한 은행 중 하나였던 모건은행도 프랑스에 설립한 모건 앤 씨에(Morgen & Cie) 은행과 프랑스를 점령한 독일인의 협력을 장려했다. 프랑스 당국이 모건 앤 씨에 은행을 상대로 독일이 프랑스로 진격할 때 그 계좌를 비우고 재고 현금을 공중 분해하라고 요구했을 때 모건 앤 씨에 은행은 그 지령을 따르지 않고 도리어 프랑스의 한 마을에 영업 기관을 신설해 나치 고객을 유치했다. 심지어 이 은행은 자금을 독일 계좌에서 제너럴 모터스와 같은 자회사로 이전했다. 제너럴 모터스는 미국 회사가 나치 독일의 군사 장비를 생산하기 위해 유럽에 설립한 회사였다.

자료에 따르면, 나치당이 아직 독일 권력의 핵심에 다가가지 못했던 1929년에 미국의 일부 사회 엘리트는 일찌감치 히틀러의 잠재력에 주목했다. 1929년 6월에 열린 월스트리트 은행가들과 연준의 리더들이 참석한 회의에서 독일을 당시 역경에서 끌어낼 수 있는 지도적 인물을 선출해 독일의 정권을 잡게 해야 한다고 제안했다. 그들은 만장일치로 히틀러를 선정했고, 미국 후버 대통령과 록펠러의 친필 서신을 전할 특사를 뮌헨으로 보내 히틀러와 비밀 회동을 했다. 히틀러와의 회담에서 이 특사는 한 가지 조건을 내세웠다. 그는 히틀러가 취임한 후 유럽에서 공격적인 외교를 펼쳐 프랑스에 맞서주기만 하면 독일에 필요한 긴급 자원을 지원해주겠다고 했다. 히틀러는 1억 마르크(약 2,400만 달러)를 요구했고, 협상을 거듭한 끝에 1,000만 달러로 합의를 봤다. 히틀러의 요구에 따라 이 거액은 네덜란드의 한 은행으로 보내진 뒤 독일의 10개 도시로 분할 송금되었다. 그 후 히틀러에게 여러 차례 거액의 달러를 송금해왔던 월스트리트는 베를린에서 '의사당 방화 사건'이 일어난 당일 밤에 히틀러의 권력 탈취를 돕기 위해 700만 달러를 지원해주기로 약속했다.

미국과 국제 은행가의 아낌없는 지원 속에서 부채와 경제 파탄으로 벼랑 끝에 내몰렸던 독일은 불과 6년 만에 유럽을 제패하고 세계 패권을 노리는 일류 강국으로 도약했다. 독일이 부상하던 전쟁 시기에 서방의 일부 은행은 여러 차례 히틀러에게 '사심 없는' 자금을 지원해주었다. 이들의 목적은 히틀러가 소련은 물론 유럽 국가를 견제하고 심지어 맞서도록 하는 것이었다. 이와 같은 유화 내지 방임 정책은 결국 히틀러가 전 유럽에 전쟁의 불씨를 지피도록 부추겼고, 하마터면 히틀러를 내세운 나치당이 세계의 역사를 완전히 다시 쓰는 불상사로 이어질 뻔했다.

만약 1938년 10월 5일 히틀러의 군대가 주데텐란트(Sudetenland)를 침공해 논란의 본거지였던 체코 접경 지역을 점령하고, 히틀러 본인이 에게르에서 영웅 대접을 받은 날부터 계산한다면 1945년 5월 8일 24시 독일이 무조건적 투항서에 정식 서명하고, 제2차세계대전의 유럽 전쟁이 종식될 때까지 독일 나치 정부가 시작한 제2차세계대전의 유럽 전쟁은 무려 6년 7개월 3일 동안 지속되었다. 이 전쟁이 세계사에 남긴 가장 중요한 성과는 미국이 이 기세를 타고 급부상해 단번에 전 세계 정치·경제·금융의 맹주가 된 것이다.

02

역사의 기회

대공황의 원인

인류 사회 발전에 거대한 영향을 미친 1929년 대공황의 원인과 영향을 분석하는 일은 이제까지 각국 경제학자, 금융가, 금융학자 들의 영원한 과제가 되고 있다. 또한 '은행 파산과 금융 위기를 야기한 주범'이 누구인지를 두고 지금까지도 다양한 추측이 나오고 있다.

이 문제를 금융업 차원에서만 해석하면 적어도 다음과 같은 몇 가지 분석이 가능하다.

① 금본위의 단호한 폐지

제1차세계대전 기간과 그 후에 유럽 각국은 이미 심각한 부채에 시달렸고, 일부 은행가와 정치인은 이런 결과가 생긴 것은 금본위제의 제약을 받았기 때문이라고 생각했다. 금본위제의 틀 안에서 정부의 화폐 발행 총량은 정부의 금 보유 총량과 일정한 비례를 형성해야 하기 때문이다. 만약 금 자원이 부족해지면 정부의 화폐 발행 총량이 심각한 제약을 받게 되고, 그러면 기존 자금으로 대규모 전쟁을 지탱할 수 없다. 대규모 전쟁은 정부가 국민을 '집결'시키고 그들의 부를 수탈할 수 있는 절호의 기회라 할 수 있다. 전쟁 승리에 도움이 된다면 정부의 법령이 무엇이든 사람들이 순순히 받아들이기 때문이다.

전쟁이 끝날 때면 피로 물든 거리에 가장 먼저 나타나는 사람은 전화 속에 무너져 내린 가옥과 고층 건물, 기타 동산(動産)을 답사하는 은행가들과 보험회사 헌터들이다. 이들은 파손된 고층 건물과 가옥의 남은 가치를 계산하고, 자신들이 피보험자에게 지불해야 할 배상금 또는 보상금의 액수를 계산한다. 반면, 보험에 들지 않은 가옥이나 그 집에 남은 재산은 그들의 주머니로 들어갈 가능성이 아주 높다. "거리에 피가 흘러 강을 이룰 때 자산을 사들여야 한다."는 로드차일드 가문의 명언처럼 전후에 이 재산들을 살짝 수리하기만 하면 새로운 부동산 시장에서 큰돈을 벌어들일 수 있다. 그러나 전쟁 중에 정부에 거액의 대출을 제공했던 은행가들이 전후에 얻은 대출 이자와 부는 '피가 흘러 강을 이룬 거리'에서 자산을 사들인 사람들이 얻은 이윤의 100배 심지어 1,000배에 달했다. 이런 이유로 더 많은 지폐를 찍어 다음 전쟁에 대비하는 금본위제를 조기에 폐지하고, 나아가 금을 영원히 화폐 체계에서 퇴출시키는 것이 유럽과 미국 각 은행가들의 당면한 급선무일 뿐만 아니라 유럽 각국 정부의 간절한 바람이기도 했다.

이 무렵 미국도 강대국의 꿈을 실현하려면 달러의 주도권을 잡아야 한다고 판단했다. 세계화폐인 금의 지위를 무너뜨리고 그 지위를 대신해야 달러가 비로소 세계 중심 화폐의 권좌에 오를 수 있었다. 달러가 유일한 세계의 중심 화폐가 되어야 미국도 강대국으로 우뚝 설 수 있는 희망이 생겼다. 그렇지 않으면 모든 것이 공론에 그칠 뿐이었다. 유럽과 미국은 이 점에 대해 인식을 같이했고, 금은 머지않아 비참한 최후를 맞이할 준비를 해야 했다.

그렇지만 수천 년을 이어온 인류 역사의 진화 과정에서 금과 부의 동일성은 이미 사람들의 마음속에 자연스러운 논리로 자리 잡고 있었다. 정부의 정책과 경제 상황이 신뢰를 잃는 순간 국민은 손에 쥐고 있던 지폐를 금화나 금으로 바꾸며 상황이 호전되기를 기다릴 것이다. 만약 위기나 재난이 발생해 지폐가 심각하게 평가절하하거나 완전히 휴지 조각이 되면 가지고 있던 금을 주고 생존에 꼭 필요한 식량이나 생필품과 맞바꿀 수 있기 때문이다. 자기 수중에 식량과 생필품을 가지고 있는 상인이나 기관도 아무런 가치가 없는 지폐 대신 금은과 같은 경화(硬貨)를 받을 수밖에 없다. 그때가 되면 경화가 없는 사람들은 식량과 생필품을 구할 수 없어 심지어 죽음으로 내몰릴 수도 있다. 위기나 재난이 발생했던 시기에 금과 은은 평범한 사람들에게 목숨을 지킬 수 있는 유일한 끈이었다.

이처럼 금과 지폐의 자유 태환은 국민의 가장 기본적인 경제적 자유이자 생존권의 초석이라 할 수 있다. 이런 초석이 있어야만 모든 형식의 민주와 자유가 비로소 실제적 의미를 가질 수 있다. 정부가 손에 쥔 권력을 이용해 금과 지폐의 자유 태환 권력을 강제로 박탈하려 했을 때도 국민의 기본적 자유를 원천적으로 박탈했다. 그러나 정상적인 사회 상황에서 정부가 국민 소유의 금을 무리하게 빼앗으려 한다면 화를 자초하게 되고 심각한 사회적 혼란이 야기될 수 있다. 극단적인 특수 상황 속에서만 국민은 비로소 자신의 기본 권력을 어쩔 수 없이 잠시 포기할 수 있기 때문이다.

경제 대공황이 발생한 후 루스벨트는 취임한 지 불과 일주일 만인 1933년 3월 11일 경제 안정을 명분으로 행정 법령을 발포해 은행의 황금 태환을 금지했다. 그리고 정부는 한 달도 채 지나지 않아 4월 5일에 미국 국민이 가지고 있는 모든 황금을 상납해야 한다고 발표하며 1온스에 20.67달러의 가격으로 황금을 매입했다. 희귀한 금화와 황금 장신구가 아닐 경우 아무 이유 없이 황금을 숨기면 10년의 금고와 25만 달러의 벌금에 처해졌다. 루스벨트는 이 조치를 국가 비상사태에 따른 임시 조치일 뿐이라고 말했지만, 이 법안은 1974년이 되어서야 폐지되었다. 루스벨트는 1934년 1월에 〈황금준비 법안〉을 또 통과시켰고, 금값은 1온스에 35달러로 안정되었다. 하지만 그 당시 미국인들에게는 금을 태환할 권리가 없었다. 국민들은 법에 따라 금을 상납한 것도 모자라 곧이어 자신들이 저축한 돈의 절반을 눈앞에서 또 빼앗긴 셈이었다. 이런 식으로 미국은 경제공황을 이용해 금본위제를 폐지하는 첫 번째 단계를 완성했다. 두 번째 단계에서는 제2차세계대전 중인 1944년 브레튼우즈체제(Bretton Woods system)의 보호 아래 미국 달러를 기축통화로 하는 금본위제도를 채택했다. 세 번째이자 마지막 단계에서는 1971년 달러와 황금 사이에 남아 있던 약간의 관계마저도 철저히 끊어냈다. 이로써 금(金)은 화폐제도에서 철저히 배제되었다.

돌이켜 보면 1929년 발발한 대공황은 실질적으로 금본위를 폐지하기 위한 첫 번째 단계이자 금본위 폐지에 필요한 전제 조건이었다. 만약 이때 대공황이 없었다면 정부는 미국 국민의 수중에 있던 금을 하룻밤 사이에 전부 거두어들여 금본위 폐지 계획의 첫 번째 단계를 완수하지 못했을 것이다.

　② 거대한 주식 거품의 필연적 결과

그렇다면 위기는 어떻게 발생했을까? 어떻게 위기가 발발한 원인과 목적을 누구도 모르게 하거나 적어도 의심을 품지 않게 만들 수 있었을까? 이 거대한 프로젝트를 완성하기 위한 관건은 바로 현대의 금융 혁신 메커니즘을 이용해 일어나지 말아야 할 금융 위기, 즉 주식의 거품을 꺼지게 만드는 것이었다.

주식은 주식회사의 설립을 통해 만들어지고, 주식과 주식회사의 탄생은 화폐를 가상 자산으로 진화시켰다. 주식은 부자가 되고 싶은 사람들의 바람을 실현해주는 현실적인 계단이자 도구다. 그러나 불행하게도 주식이 세상에 찾아온 400년 동안 주식시장의 거품이 반복되었고, 그때마다 주가는 아찔한 고공 행진을 한 뒤 급속도로 추락했다. 이 과정은 지금도 여전히 수없이 반복되고 있다. 학자들은 이 과정을 다섯 단계로 나눈다.

- 변혁: 경제 환경에서 발생하는 몇몇 변화가 어떤 회사들을 위해 새로운 이윤 창출의 기회를 준다.
- 극도의 희열 또는 과도한 거래: 예상 이윤 증가와 관련된 호재가 주가를 급상승시킨다.
- 광증 또는 거품: 손쉬운 자본 수익 전망이 첫 투자자와 속임수를 통해 부를 차지하려는 금융 사기꾼을 끌어들인다.
- 비통: 내부자거래는 과도하게 높은 주가를 이윤에 의지해 지탱할 수 없자 주식을 팔아 이익을 남기기 시작한다.
- 혐오 또는 의심: 주가가 하락하면서 외부 투자자가 앞다투어 투매를 시작하자 거품이 순식간에 꺼진다.

이 과정은 금융 위기를 만들려면 먼저 금융 거품을 만들어야 하고, 이 거품이 커질수록 위기의 정도가 심각해지며, 거품의 크기와 위기의 정도는 비례한다는 사실을 알려준다. 높은 곳에 오를수록 더 처참하게 떨어질 수밖에 없는 이치와 일맥상통한다.

1920년대 미국인들은 모두 자동차처럼 내구성 소비재를 갖고 싶으면 할부 방식으로 지불하고 구매했다. 그러다 보니 과학기술 주(株)인 미국무선전신회사의 주식이 1925년부터 1929년 사이에 939퍼센트나 올랐다. 주식시장이 최고점에 도달했을 때 이 주식의 가격 수익률은 73퍼센트였다. 처음으로 주식을 공개 발행한 회사는 단맛을 보았고, 1929년에 60억 달러 상당의 새로운 주식을 발행했다. 그중 6분의 1은 대공황이 발생하기 한 달 전인 1929년 9월 발행된 것이었다. 투자신탁회사로 불리는 일부 금융기관이 순식간에 급증하며 주식시장에서 늘어난 자본액을 사정하는 역할을 했다.

1929년 2월 골드만삭스의 지분 가치는 이미 두 배로 뛰었다. 6월이 되자 골드만삭스는 지렛대효과로 투자 효과를 극대화할 수 있는 투자신탁회사 셰넌도어(Shenandoah Corporation)를 설립했고, 골드만삭스가 그중 40퍼센트의 지분을 가졌다. 8월에는 셰넌도어도 블루리지(Blue Ridge)라는 이름의 회사를 세웠다. 이 회사의 규모는 셰넌도어보다 컸고, 셰넌도어가 그 지분의 86퍼센트를 차지했다. 이런 '피라미드 시스템'의 투자 관련 구조는 그것의 확장을 위한 대량의 신탁 기금을 통제했다. 골드만삭스는 1,000만 달러의 자본을 투입해 5억 달러의 신탁자금 세 개를 관리·통제했다. 수많은 소액 투자자도 주식 중개인의 대출을 통해 주식을 구입했고, 이런 자금은 주로 은행이 아닌 주식회사가 제공했다. 그들은 지렛대효과를 이용해 주식시장의 투자를 늘렸고, 자신이 가진 자금의 일부를 투입해 목적을 달성할 수 있었다. 이런 식의 슈퍼 팽창을 통해 일부 회사는 사상 최대 액수의 돈을 벌어들였다. 그러나 호재는 오래가지 못했다. 주식시장은 1929년 10월에 완전히 무너져 내렸다. 326달러까지 치솟았던 골드만삭스의 신탁 지분은 1.75달러로 폭락했다. 또 다른 투자신탁회사 두 곳도 골드만삭스와 운명을 같이했다. 골드만삭스는 거의 모든 것을 잃었다.

이것이 바로 희비가 교차하는 주식시장이 가져다준 극과 극의 결과물이라고 할 수 있다.

그렇다면 이렇게 큰 거품을 과연 누가 만드는 것일까? 배후 조종자가 있는 것일까? 의도된 것일까?

일찍이 누군가 이 문제를 제기하고 논증한 적이 있다. 1970년 미국에서 출판된 『돈의 정치』를 보면 1920년대 연준 의장 벤저민 스트롱과 잉글랜드 은행의 총재 몬테규 노먼(Montagu Norman)이 함께 1925년부터 1928년까지 뉴욕 통화 완화 정책을 암암리에 계획했다. 목적은 뉴욕의 금리를 런던보다 낮게 만들어 금이 유럽에서 미국으로 흘러들어가는 것을 막는 것이었다. 그 결과 달러를 희생해 유럽의 통화를 안정시켰고, 이 기간에 50억 달러 상당의 금이 유럽으로 빠져나갔다. 바로 이 통화 완화 정책(스트롱이 뉴욕 금리를 낮추려 했지만 결국 만회하지 못함)은 1920년대의 번영을 이끌어내는 데 성공했지만 결국 미국의 투기 광풍을 촉발시키고 말았다.

1927년 후반 뉴욕 연방준비은행은 금리를 4퍼센트에서 3.5퍼센트로 낮췄고, 그 후 연준 회원 은행에 1,000억 달러가 넘는 화폐를 또 풀었다. 그 덕에 은행은 연방준비은행에서 낮은 금리로 돈을 빌린 후 비교적 높은 금리로 증권사에 대출을 할 수 있었다. 이때 미국 국민은 이미 무섭게 끓어오르는 투자 광풍에 휩쓸리고 있었다. 1929년 8월 9일 연준이 금리를 6퍼센트로 돌연 인상한 데 이어 뉴욕 연방준비은행도 증권 거래 이율을 5퍼센트에서 20퍼센트로 올렸다. 이날 엄청난 변화의 폭풍우가 휘몰아친 가운데 주식 투기꾼들이 앞다투어 주식시장을 빠져나갔고, 10월과 11월이 되자 주식시장의 매도 주문이 산처럼 쌓여갔다. 순식간에 미국을 통틀어 적어도 1,600억 달러의 돈이 재로 변해 허공으로 날아가버렸다. 1930년이 되자 미국 원자재 가격이 1913년 수준으로 떨어졌고, 1933년에는 8,812개의 은행이 도산했으며, 연방준비위원회에 소속되지 않은 일부 은행도 줄줄이 문을 닫았다. 이 시기 사람들은 역사상 유례없는 최악의 경제 불황을 목격했다. 이 경제 대불황은 미국의 금본위제 폐지를 향한 첫걸음이기도 했다.

③ 미국의 경제 발전보다 훨씬 빠른 월스트리트의 발전 행보

1921년 이후 미국의 주민 소득과 국내총생산(GDP)이 큰 폭으로 증가했다. 미국의 국내총생산은 1921년 594억 달러에 불과했지만 1928년 872억 달러로 늘어 7년 동안 47퍼센트의 증가율을 보였다. 주민 소득은 522억 달러에서 716달러로 증가해 3분의 1 넘게 높아졌고, 같은 기간 통화팽창률은 거의 제로에 가까웠다.

1920년대 미국의 빠른 발전 속도는 자동차 산업과 관련 있다. 19세기 중엽 철도가 미국 경제에 큰 공을 세웠던 것처럼 자동차 산업은 1920년대 미국 경제를 견인하는 역할을 했다. 1920년대 자동차 산업은 미국 경제 발전의 엔진이었다. 1914년 미국의 자동차 생산량은 126만 대뿐이었지만 1929년에는 560만 대로 생산량이 늘어났다. 자동차 산업의 비약적 발전은 유류, 도로 건설, 자동차 정비, 유리 제조, 철강, 고무 등 관련 산업의 동반 성장도 이끌어냈다. 같은 시기에 냉장고, 세탁기 등 가정용 전자제품도 미국의 1,000만 가구에 보급되었고, 전기 소모량은 1920년대 10년 동안 두 배로 뛰었다. 한편 생활 여건이 개선되면서 미국의 외식과 레저산업도 새로운 발전 기회를 얻었다. 자동차가 보급되면서 농민들도 도시로 발을 들여놓았다. 1920년대는 미국인의 소비가 유례없이 늘어난 시대이기도 했다. 경제 발전과 함께 호황을 누리기 시작한 은행업도 절호의 기회를 잡아 미국에서 발전 속도가 가장 빠른 업종이 되었다. 1921년 미국 전역에 분포된 은행의 수가 2만 8,788곳이나 되었고, 그중 절대다수가 농촌에 흩어져 있는 소규모 은행이었다. 이 은행들은 현지 농민의 예금을 유치하고, 그들을 상대로 소액 대출을 하면서 살아남았다. 그러나 금융 위기가 불어닥치는 순간 9,800곳이 문을 닫았다. 1922년부터 1929년까지 6, 7년 동안 다우지수는 분기마다 전년 동기 대비 높아졌다. 이 속도는 미국의 경제 발전 속도보다 뚜렷하게 빨랐다. 1920년대 미국 국내총생산은 50퍼센트 미만이었지만 다우지수는 300퍼센트 올라갔다(국내총생산의 여섯 배).

그때 미국에서 일반 서민들은 이미 신용카드를 이용해 대형 물품을 구매하기 시작했다. 1920년대 이전만 해도 신용카드는 부자들의 전유물이었다. 신용카드의 보급은 중산층 계급의 구매력과 구매량을 크게 증가시켰다. 심지어 그들은 보증금 10퍼센트를 지불하고 중개인에게서 돈을 빌려 증권을 구입하는 등 신용 수단을 이용해 채권과 주식을 사들였다. 이렇게 빨리 부자가 될 수 있는 지름길은 갈수록 사람들의 주목을 받기 시작했다. 가령 주당 100달러의 주식을 구매하려면 주당 10달러만 지불하면 된다. 주식이 주당 120달러로 올랐을 때 이 가격으로 주식을 팔면 주당 20달러의 이윤을 남길 수 있고 이 거래의 이윤율은 200퍼센트다(주당 10달러를 투자해 결국 원금과 이자를 합쳐 주당 30달러를 가져온다). 만약 전액을 지불하고 구매하면 이윤율은 고작 20퍼센트다(주당 100달러를 투자해 결국 주당 120달러를 가져오고, 그 이윤도 20달러일 뿐이다). 이처럼 대량 차입으로 이윤을 거두는 방법을 '리버리지(Leverage)'라고 한다. 이런 금융모델을 통해 회사의 이윤이 계속 증가하고, 그 이윤이 현재 채무의 이자를 초과하면 주당 주식의 수익이 빠르게 증가한다. 이와 같은 주식에 투자자들이 몰릴 수밖에 없는 이유가 여기에 있었다.

그러나 경제가 내리막길을 걷기 시작하면 리버리지 의존율이 높은 회사들은 그만큼 파산 확률이 높아진다. 1920년대 리버리지 의존율이 높았던 미국은 주식시장의 활황을 이끌어냈다. 그러나 주식시장에 무지했던 무수한 투자자들마저 미친 듯이 이런 주식을 사들이면서 주식시장은 완전히 이성을 상실해갔다. 가장 전형적인 예는 미국의 조종사 린드버그(Charles A. Lindbergh)가 1927년 5월 21일 인류 최초로 대서양 단독 횡단비행에 성공한 뒤 미국의 항공 관련 주가가 폭등한 것이다. 이는 가상의 경제성장 환영이 만들어낸 거품이었고, 사람들은 미래 항공업의 전망에 아는 바가 전혀 없었다.

이런 현상은 1928년이 되면서 역전 궤도에 오르기 시작했다. 이때 미국의 경제체제 내부에 잠복해 있던 위기가 드러나기 시작했고, 주식(월스트리트)과 미국 실물경제와의 괴리도 심각해졌다. 실물경제의 스크린이라 불리는 주식이 재앙의 문을 향해 걸어 들어가면서 미국 증시 붕괴의 날이 점점 다가왔다.

실물경제는 주식의 영원한 기반이자 의존의 대상이다. 실물경제의 성장 속도가 둔화될 때마다 증시의 성장 속도·규모·방향을 살펴야 한다. 실물경제와 가상경제는 기본적으로 동반 성장을 해야 한다. 가상경제가 실물경제를 저 멀리 따돌리는 순간 심각한 위기가 찾아오게 되어 있다.

④ 연준의 잘못된 일 처리

미국 중앙은행과 주식시장이 미국 경제와 월스트리트 사이의 관계를 냉정하게 주시하고 분석해야 할 시기에 연준은 투자 광풍을 억제하기 위해 대출 금리를 제때 대폭 인상하지 않았다. 연준은 5퍼센트의 금리로 은행에 자금을 계속 빌려주었고, 은행은 연준보다 배 이상 높은 금리로 투자자에게 대출을 했다. 은행이 금리를 인상해 대출해준 자금은 다시 투기 광풍에 모두 투입되었고, 이처럼 리버리지에 의존도가 높은 운용 방식은 대량의 자금이 끊임없이 월스트리트로 쏟아져 들어오게 만들었다. 높은 보상에 대한 유혹이 미국 전체를 전대미문의 투자 물결 속으로 끌고 들어갔다. 미국 내 한 가구에서 2대 심지어 3대까지도 동시에 주식 투자자가 되는 진풍경이 펼쳐진 것이다.

일각에서는 연준이 1929년의 주식 재앙이 경제 대공황으로 전환된 것에 일말의 책임을 져야 한다고 주장했다. 게다가 그들은 연준의 조타수 스트롱이 1928년 10월 폐결핵으로 돌연 세상을 떠난 것도 연준이 이후 위기 대처에 연속 실패한 근본 원인이라고 보았다.

1872년생인 벤자민 스트롱은 18세에 뉴욕의 한 은행에 취직하면서 월스트리트에 발을 들여놓았다. 1904년 벙커 트러스트의 사장으로 취임해 다른 금융기관을 구제하는 일에 돌입했고, 이때부터 그의 명성이 알려지기 시작했다. 1913년 그는 뉴욕 연방준비은행을 실질적으로 제어하는 이사장 자리에 취임했다. 1907년 미국 금융 위기, 제1차세계대전, 1921년 미국 농업 쇠퇴를 겪은 뒤 스트롱은 연준 의장 자리에 올랐고, 재임 내내 연준에서 가장 안목과 카리스마를 갖춘 믿음직한 조타수로 인정받았다. 투기 활동이 거의 통제 불능 상태였던 1928년에 스트롱은 연준 회원 은행이 연준에 빌려준 돈의 금리(할인율)를 세 차례나 5퍼센트 수준으로 과감하게 낮추는 동시에 화폐 공급량을 줄였다. 아마도 그는 광란의 투기 광풍이 주식시장에 재난과도 같은 붕괴를 가져오리라 예감했을 것이다. 그러나 그가 세상을 떠난 뒤 연준은 주식시장의 붕괴가 일어난 위급한 시점에 할인율을 스트롱이 정한 5퍼센트 수준으로 계속 유지했고, 도의적인 권고를 하는 것 외에는 별다른 움직임을 보이지 않았다. 그들은 그렇게 수수방관하며 미국의 주식 재앙이 역사상 최악의 경기 침체로 바뀌는 것을 지켜보았다. 어떤 학자는 연준이 위기 대처 과정에서 보여준 문제점을 구체적으로 조목조목 지적하기도 했다.[25]

물론 이 대공황의 원인에 관한 논의는 아직도 진행 중이다. 많은 사람이 정치학과 경제학의 관점에서 이 문제를 들여다보고 있지만, 이 책에서 저자는 그저 주관적 견해를 조금이나마 피력해보았을 뿐이다. 저자의 이런 견해가 독자에게 소중한 깨우침을 줄 수 있다면 그것만으로도 저자에게는 큰 행운이 될 것이다.

폭풍 전야의 고요

1928년 미국 캘빈 쿨리지 정부의 국방장관 켈로그(Frank Billings

---

25 영국의 경제사학자 니얼 퍼거슨(Niall Ferguson)은 그의 저서 『금융의 지배』에서 연준이 1929년 경제공황과 관련한 의사 결정 과정에서 범한 다섯 가지의 실수를 명확히 지적했다. 1. 은행 파산이 일으킨 신용 대출 축소를 겨냥해 채택한 조치가 턱없이 부족했다. 2. 신용 대출 한도를 낮추는 조치 때문에 유동성을 높이기 위해 자산을 파는 은행이 점점 많아졌고, 그 결과 채권 가격의 하락과 더불어 전반적인 상황이 더 불리해졌다. 3. 두 단계에 걸쳐 할인율을 3.5퍼센트로 높여 금의 유실을 막았지만, 결과적으로 더 많은 미국 은행을 벼랑 끝으로 몰고 갔다. 4. 대규모 시장 개방으로 구매력이 부족해지면서 결국 미국 내 모든 은행의 영업 중단을 초래했다. 5. 1933년 연방준비은행이 할인율을 다시 올려 2,000곳의 은행이 문을 닫게 만들었다.

Kellogg)와 프랑스 외무부장관 브리앙(Aristide Briand)이 〈켈로그-브리앙 협정(Kellogg-Briand Pact)〉을 내놓았고, 그 후 독일, 이탈리아, 일본을 포함한 총 62개국이 이 협정에 서명했다. 켈로그는 이 협정의 공을 인정받아 1929년에 노벨 평화상을 받았다. 이 공약은 미국인들에게 안전하게 보호받고 있다는 느낌을 안겨주었다.

그러나 1930년대 유럽 정세는 또 다른 국면으로 접어들었다. 유럽에서 파시즘이 기승을 부리면서 독일과 이탈리아는 유럽 전쟁의 진원지가 되어갔다. 1935년 이탈리아가 에티오피아를 침략했고, 독일과 이탈리아는 반공(反共)이라는 명목으로 1936년부터 스페인내란에 개입했다. 프란시스코 프랑코(Francisco Franco)를 중심으로 하는 파시스트들이 독일과 이탈리아의 지원을 받아 민주 정부를 무너뜨리면서 미국 내 많은 사람이 국제 정세가 세계대전으로 발전하는 것은 아닌지 우려하기 시작했다. 하지만 미국인들은 제1차세계대전에 대한 반성을 통해 미국이 참전할 필요가 없다고 생각했고, 전쟁을 혐오하는 정서와 강 건너 불구경하는 듯한 태도가 미국 내에서 득세했다. 1934년부터 1936년까지 미국 상원의 나이 위원회(Nye Committee)는 군수산업에 대한 전방위적 조사를 실시했고, 은행가와 무기상이 자신들의 이익을 우선시할 때 비로소 미국을 전쟁으로 끌어들일 것이라고 결론을 내렸다. 하지만 평화와 중립을 지키면서 다시는 전쟁의 위험을 무릅쓰고 싶지 않은 민심은 고립주의 운동의 발생과 발전을 이끌어내는 사회적 토대가 되었다.

당시 조직적인 고립주의 운동이 미국 사회의 주류가 되었다. 고립주의 운동의 최종 목적은 미국이 다시 유럽 전쟁에 깊이 개입하는 것을 방지하는 데 있었다. 1935년 미국 의회는 미국의 국제 법정 가입에 관한 루스벨트의 제안을 부결시켰다. 이때부터 미국은 3년 연속으로 중립법을 통해 교전국을 상대로 하는 무기 판매와 차관 제공을 금지하고, 미국인의 교전국 선박 탑승을 금지하며, 미국 상선이 전쟁 지역에 들어가는 것도 불허했다. 미국은 이렇게 조치하면 미국과 유럽을 분리할

돈의 탄생

수 있을 것이라고 생각했다. 하지만 루스벨트 대통령은 고립주의 사조를 반대해왔다. 그는 히틀러의 위협 속에서 유럽의 운명은 결국 전쟁일 뿐 다른 선택의 여지가 없다고 여겼다. 그래서 1933년 독일이 국제연합을 탈퇴하고 라인강 지역으로 진군했을 때 미국은 유럽 정세와 균형을 맞추기 위해 소련과 정식으로 수교를 맺었다. 한편 1937년 여름이 되자 일본군이 중국의 화베이(華北)를 침공해 중국의 동부 연해 지역을 빠르게 점령해나갔다. 당시 루스벨트는 시카고에서 세계 인구의 10퍼센트가 평화와 자유, 안전을 위협하고 있으니 침략자를 격리해야 한다는 내용의 유명한 연설을 실시했다. 그러나 미국인들은 아메리카 밖의 세상은 그들과는 전혀 상관없다는 듯 여전히 강한 반전 정서에 휩싸여 있다. 이것이 고립주의 운동의 영향과 결과였다. 유럽과 아시아에서 일어나는 전쟁의 불길과 비교했을 때 당시 미국은 폭풍 전야처럼 고요했다.

공전의 기회

미국 정계의 고위층과 금융계의 거물들에게 유럽과 아시아에서 일어나는 전쟁은 절대 놓칠 수 없는 기회였다. 1939년 9월 1일 독일이 폴란드를 침공하면서 제2차세계대전이 발발했고, 세계 각 세력들 사이에 그럴듯하게 유지되던 균형이 드디어 깨져버렸다. 유럽에서 독일을 대적할 나라는 어디에도 없었고, 미국 정계의 고위층과 기업계 거물들은 독일의 승승장구하는 모습을 보며 흥분과 걱정에 휩싸였다. 아시아와 유럽에서 일어나는 전쟁이야말로 미국이 세계 맹주의 자리를 되찾고 대공황에서 벗어나 다시 부상할 수 있는 절호의 기회였다. 미국은 이 기회를 지난 수년 동안 기다려왔다. 다만 걱정스러운 점은 당시 미국의 반전 정서와 고립주의 운동이 1,000년에 한 번 올까 말까 한 기회를 잡는 데 걸림돌이 될지도 모른다는 것이었다.

돈과 식량을 축내는 일등공신이 전쟁이라는 것을 미국은 너무나 정확히 간파하고 있었다. 독일, 이탈리아, 일본 3국의 GDP 총액은 미국 GDP의 68.7퍼센트에 불과했다.[26] 이 동맹국은 모두 제국주의의 후발 주자로 해외 식민지의 뒷받침이 부족했고, 자원이나 국력 면에서 영국, 프랑스, 중국 등 몇몇 대국과 비교가 되지 않았다. 1941년 여름 소련이 동맹국에 대항하는 진영에 가입했고, 이 네 나라의 국력이면 동맹국을 무너뜨리고도 남았다. 만약 미국까지 참전한다면 동맹국의 패배는 의심의 여지가 없고, 최후의 승리는 미국을 필두로 한 반파시스트 연맹이 차지하게 될 것이다. 그러나 미국이 당시 가장 주목한 상대는 여전히 영국이었다. 프랑스는 전쟁이 시작되자마자 무너져 내렸고, 유럽의 다른 나라도 대부분 짧은 시간 안에 독일의 전리품으로 전락했다. 오로지 영국만이 우위를 점하며 해협을 사이에 두고 독일과 대치했다. 물론 이러한 우위는 영국의 지리적 이점과 막강한 영국 해군, 그리고 막대한 해외 자원이 뒷받침되었기에 가능한 일이었다. 당시 미국은 전후에 세계 최고 강대국이 되리라 확신하고 있었다. 그러나 이 목표를 실현하려면 대영제국의 막강한 국력을 계속해서 약화시켜야 했다. 루스벨트가 보기에 독일의 패배는 기정사실이었고, 소련도 역사상 유례없는 전쟁 때문에 큰 타격을 받을 것이 분명했다. 이와 동시에 영국마저 무너져 내린다면 세계의 패권은 당연히 미국의 손에 들어올 수밖에 없었다.

당시 영국의 실제 상황은 어땠을까? 1941년 영국의 명목상 GDP는 344억 달러로 독일과 소련에 이어 세계 4위였다. 그러나 금과 외화보유액은 고작 10억 달러에 불과했고, 1941년 초가 되자 영국의 현금 흐름은 이미 끊어지기 일보 직전까지 갔다. 루스벨트는 영국이 제공하는 이런 수치를 전적으로 믿지 않았다. 하지만 그는 오랜 세월 이어진 전쟁

---

26 1941년 미국의 명목 GDP는 연간 1,094억 달러, 독일은 412억 달러, 이탈리아는 144억 달러, 일본은 196억 달러였다.

돈의 탄생

에 장사가 없는 법이니 아무리 가득 채워진 집 안의 곳간이라도 결국 축이 나게 되어 있다는 사실을 누구보다 잘 알고 있었다. 처칠은 소련 과 미국의 참전 소식을 들었을 때 기쁨의 눈물을 흘리며 마치 구원이라 도 받은 사람처럼 감사하는 마음으로 두 다리 쭉 뻗고 잠을 이룰 수 있 었다고 말했다. 그는 이것이야말로 대영제국의 천운이라고 여겼고, 당 시 세계에서 인구와 경제력 면에서 독일, 이탈리아, 일본을 앞선 미국, 소련 두 나라를 반파시스트 진영에 합류시키고자 했던 간절한 꿈을 마 침내 이루었다. 영국의 위대한 정치가였던 처칠은 소련과 미국의 잇따 른 참전이 이번 세계대전에 어떤 의미를 지니는지 누구보다 잘 알고 있 었다. 이는 전쟁이 끝날 날이 점점 다가오고 있다는 신호였다. 아울러 전쟁의 최종 결말도 확실해졌다. 영국이 이번 전쟁에서 지불한 대가는 꽤 컸다. 영국은 세계에서 주도적 지위를 상실했고, 이전보다 더 복잡 하게 얽힌 채 빠르게 변해가는 세계정세 속에서 소련의 부상과 미국의 독주를 직면해야 했다. 이것은 대영제국이 가장 보고 싶지 않은 결말이 기도 했다.

전쟁이 끝난 지 불과 몇 달 후인 1946년 3월, 이미 정계에서 물러 난 처칠이 미국을 방문했을 때 미주리주 풀턴 타운 웨스트민스터 칼리 지에서 〈철의 장막〉[27]이라 불리는 연설을 했던 이유도 이와 다르지 않

---

27 1946년 1월 윈스턴 처칠 전 영국 수상이 미국을 초청 방문했다. 그는 트루먼 미국 대 통령과 함께 미주리주 풀턴에 도착해 트루먼의 모교인 웨스트민스터 칼리지에서 연설 을 했다. 처칠은 연설에서 소련의 '확장'을 공개적으로 공격하며 발트해의 스테틴에서 아드리아해의 트리에스테까지 유럽대륙을 가로지르는 '철의 장막'이 드리워지고 있 고, 소련이 '철의 장막' 동쪽으로 중유럽과 동유럽 국가들에 대한 통제를 날로 강화하 고 있다고 지적했다. 처칠은 소련에 대한 '유화정책'을 강력히 반대했다. 그는 세계 권 력의 최정상에 군림하고 있는 미국이 미래에 대한 책임을 부담해야 한다고 말했다. 또 한 영국과 미국이 동맹을 맺고 영어권 민족이 연합해 소련의 '침략'을 저지해야 한다 고 주장했다. 이 연설이 끝난 뒤 열흘이 되지 않아 스탈린은 담화문을 발표해 처칠과 그의 동료들은 히틀러 무리와 별반 다를 바 없고, 그의 연설은 트루먼이 남의 입을 빌 려 발표한 '냉전' 선언이자 미국이 발동한 '냉전'의 전주곡이라고 맹렬히 질타했다.

았다. 〈철의 장막〉 연설은 동서양 냉전의 시발점으로 여겨지고 있다. 역사적 사실로도 증명되었듯이 영국의 목적은 소련을 무너뜨리고 미국을 약화시켜 대영제국의 일인자 자리를 지키는 것이었다. 미국이 참전 시기를 조율하며 힘겹게 기다려야 했던 가장 큰 이유는 참전의 의무를 이행해야 비로소 전후의 성과를 누릴 권리가 주어지기 때문이었다. 당시 영미 두 나라는 이 게임의 과정과 최종 결말을 이미 알고 있었다. 루스벨트 미국 대통령이 갑작스럽게 죽지 않았다면 처칠의 목적이 그렇게 쉽게 달성될 리 없었을 것이다. 솔직히 말해서 1939년 제2차세계대전 발발부터 1941년의 미국 참전과 루스벨트의 죽음 그리고 제2차세계대전 종전까지, 미국 정계의 고위층은 미국의 가장 큰 걸림돌이 영국이라는 사실을 한시도 잊은 적이 없었다. 심지어 미국은 이 시기에 전후 소련과 동맹을 맺을 생각도 하고 있었다. 그러나 역사는 전혀 다른 방향으로 흘러갔고 영국은 결국 자신의 목적을 달성하는 데 성공했다. 지금까지도 영국은 유럽에서 가장 크고 강력한 미국의 동반자이며, 국제적 지위는 식민지의 대폭 감소로 100년 전만 못하지만 여전히 세계 5대 강대국 가운데 하나로 자리를 지키고 있다. 파운드도 달러, 유로화, 위안화, 엔화와 더불어 세계 5대 국제 화폐 가운데 하나로 인정받고 있다.

중립을 지키는 것이 이미 불가능해진 이상 전쟁 준비는 미국 고위층의 가장 중요한 사명이 되었다. 루스벨트는 의회 고립파의 반대에 직면하자 갈등을 피하고 법률의 범위 안에서 전쟁 준비에 유리한 결정을 조심스럽게 해나갔다. 1938년 초 루스벨트는 국방비 증액과 군대의 확충을 요구했고, 미국 평화 시기에 처음으로 징병법을 통과시켰다. 1939년 말 중립법 수정안이 의회를 통과했다. 이 법안은 강제적인 무기 금수 조치를 폐지하고 현금을 주고 무기를 구매해 자체 운반하는 방식으로 무기 거래법을 바꿨다. 당시 영국은 해상 통로를 여전히 통제하고 있었기 때문에 이런 법안은 실제로 영국과 프랑스 등이 미국으로부터 군용물자를 들여올 수 있도록 청신호를 켜준 셈이었다. 1940년 6월 프랑스가 투항한 뒤 루스벨트는 곧바로 10억 달러에 달하는 군비와 군용 비행기 5만 대를 추가로 요구했다. 독일 공군이 영국을 폭격한 뒤 루스벨트는 행정명령의 방식으로 구축함 50척을 영국에 넘겼다. 1940년대 말 영국은 현금 구매와 자체 운반 능력이 없다고 거듭 위기 상황을 알렸다. 미국 의회는 기존의 현금 구매를 대체할 수 있는 임대 법안을 빠르게 통과시켰고, 미국 방위에 중대한 의미가 있다고 판단되는 국가에 판매와 임대의 방식으로 군사원조를 제공할 수 있는 권한을 대통령에게 부여했다. 이로써 무기 금수에 관한 법적 장벽이 완전히 무너졌다. 1941년 5월 루스벨트는 전국에 무기한 비상사태를 선포했다. 이해 가을에 미국과 독일 사이에 해상 충돌이 발생했다. 1941년 6월 소련과 독일의 전쟁이 발발했고, 영국과 프랑스는 소련과 함께 공동으로 나치 독일에 반대하기로 결정했다. 8월이 되자 루스벨트와 처칠은 회담을 거쳐 〈대서양 헌장〉[28]을 발표하여 침략 반대, 영토 확장 반대, 민족자결 지지 등의 원칙을 정했다.

최종적으로 미국이 고립주의를 철저하게 포기하도록 만든 것은 일본이었다. 1941년 여름 일본이 인도차이나 남부를 침공하자 미국은 보

---

28 〈대서양 헌장(Atlantic Charter)〉은 1941년 8월 14일 미국 루스벨트 대통령과 영국의 처칠이 체결한 연합 선언이다. 소련과의 전쟁이 발발한 이후 미국과 영국은 파시즘에 대항하는 일원으로서 책임을 다하기 위한 전략이 절실하게 필요했다. 그래서 두 나라 수뇌는 1941년 8월 대서양 북부 뉴펀들랜드 알겐티아 근처의 안전한 은둔처에 정박해 있던 오거스타호 군함에 타서 비밀회의를 열었다. 8월 13일 〈대서양 헌장〉을 체결했고, 8월 14일 정식으로 공포했다. 〈대서양 헌장〉이 반파시스트 국가를 대상으로 내건 작전 목적은 전후 세계 평화의 재건이었다. 〈대서양 헌장〉의 체결은 국제 반파시스트 통일 전선의 형성과 독일과 일본 파시스트를 무너뜨리는 데 긍정적인 추진체 역할을 했다. 이 헌장에서 제시한 '기회균등', '해상 자유' 등의 원칙도 미국이 전후 세계의 리더로 부상하는 데 유리했다. 아울러 이 헌장은 훗날 〈유엔헌장〉의 토대가 되기도 했다. 처칠은 루스벨트와의 회동을 마치고 영국으로 돌아간 후 얼마 되지 않아 1941년 9월 런던에서 〈대서양 헌장〉을 논의하는 반파시스트 진영 동맹국 회의를 열었다. 영국, 소련, 벨기에, 룩셈부르크, 네덜란드, 유고슬라비아, 폴란드, 체코슬로바키아, 그리스, 노르웨이와 드골이 이끄는 자유 프랑스가 회의에 참석했다. 〈대서양 헌장〉은 반파시스트 국가들이 연합해 계속해서 반파시즘 전쟁을 진행하자는 정치 강령이다.

복 조치로 일본에 석유와 폐철 금수 조치를 단행했고, 미국에 있는 일본인 재산을 동결시켰다. 1941년 12월 7일에는 일본이 진주만을 기습하자 루스벨트는 그날을 '치욕스러운 날(Day of Infamy)'로 지칭하며 이런 말을 남겼다. "우리가 얼마나 많은 시간을 들여야 이 계획적인 침략에 맞서 승리를 거둘 수 있을지 모르지만, 미국인은 정의의 힘으로 마침내 절대적 승리를 거둘 것입니다." 이 말에 미국 국민들의 감정은 격앙되었고, 12월 8일에 미국은 대일 전쟁을 선포했다. 12월 11일 독일과 이탈리아는 미국에 선전포고를 했고, 미국은 제2차세계대전에 전면 투입되었다.

일본군의 진주만공격과 관련해 미국의 배후설을 제기하며 미국 내 고립주의의 영향력을 없애고 미국의 조기 참전을 노린 것이라고 주장하는 사람들도 나타났다. 1941년 11월 26일 미국은 일본에 넘긴 최후통첩에서 중국과 인도차이나에서 즉각 철수하고, 국민당 정부를 제외한 그 어떤 중국 정부(난징[南京] 왕징웨이[汪精衛] 괴뢰정부와 만주 괴뢰정부를 가리킴)도 지원하지 말 것을 요구했다. 최후통첩 어디에도 일본에 대한 양보 사항은 한마디도 언급되지 않았다. 일본 정부는 이 최후통첩을 받고 난 뒤 비로소 진주만공격을 결정했다. 다시 말해, 1941년 11월에 진행된 미국과 일본의 담판은 철저히 결렬되었고, 일본은 결국 역사상 가장 어리석은 진주만공격을 결정하고 말았다. 배후에는 소련의 그림자도 존재했다. 미국 정부에 있는 소련의 대변인은 미국 정부를 위해 「대일 긴장 관계 해소 및 독일전에서 승리를 이끄는 확실한 방법」이라는 제목의 각서를 작성했다. 이 각서에는 미국이 일본 정부에 건넨 최후통첩 가운데 주요 내용이 언급되어 있었다.

미국 배후설을 주장하는 사람들은 미국 정부가 일본 정부에 건넨 최후통첩과 일본 정부가 결정한 진주만공격, 이 두 가지 사건의 인과관계를 이런 식으로 설명했다. 그러나 이 주장의 설득력을 논하기 전에 한 가지 부정할 수 없는 사실은 바로 제2차세계대전의 발발과 미국의

돈의 탄생

참전이 미국의 번영을 위해 역사적 기회를 제공했다는 것이다. 미국은 이 기회를 최대한 이용해 세계 제패의 꿈에 마침내 도달했다. 지금까지도 미국은 여전히 세계 판도를 좌지우지하는 힘을 가지고 있고, 단지 구체적인 행동 방식이 수정되었을 뿐 그 실체는 전혀 달라지지 않았다. 미국에 이런 절호의 기회를 준 결정적인 사건은 76년 전 태평양전쟁의 전세를 바꾼 미드웨이해전이었다. 이때 일본군의 습격 속에서 미국의 태평양 함대가 보유하고 있던 단 두 척의 항공모함은 '요행히' 화를 피할 수 있었다. 76년 전 이 사건은 미국이 천하 제패의 웅대한 꿈을 실현하는 것을 일본이 도와준 셈이다.

국민 총동원

미국 참전 후 루스벨트는 1941년 12월 12일 새로운 〈의무 병역법〉에 서명했다. 이 법에 따라 18~64세 남자는 반드시 국가에 등록을 하고, 20~44세 남자는 모두 징집에 응해야 한다. 전쟁 시기에 미국의 군인 수는 1,600만 명 정도로 총인구의 10분의 1을 차지했다.

전시에 미국 정부는 자동차와 같은 민용 제품의 생산을 상당 부분 축소했고, 심지어 섬유나 의류처럼 전쟁과 관련 있지만 군사 용도가 아닌 제품의 생산을 축소했다. 정부 관리 부서는 탱크, 비행기, 함선 등 방산품과 철강, 알루미늄 등 원자재 조달에 관심을 쏟았다. 전쟁 시기에 미국 GDP 성장 속도는 놀라울 정도였다.

다음의 표만 봐도 GDP, 연방 지출 및 군비 지출의 놀라운 성장률을 확인할 수 있다.

이렇게 급속한 경제성장을 관리·감독하기 위해 루스벨트 대통령은 1939년 비상관리사무실(Office Emergency Management) 및 그 주요 분과 기구, 국방자문위원회(National Defense Advisory Commission), 생산관

	명목 GDP		연방 지출			군비 지출			
연도	총액	증가율	총액	증가율	GDP 비중	총액	증가율	GDP 비중	연방 지출 비중
1940	101.40		9.47		9.34%	1.66		1.64%	17.53%
1941	120.67	19.00%	13.00	37.28%	10.77%	6.13	269.28%	5.08%	47.15%
1942	139.06	15.24%	30.18	132.15%	21.70%	22.05	259.71%	15.86%	73.06%
1943	136.44	-1.88%	63.57	110.64%	46.59%	43.98	99.46%	32.23%	69.18%
1944	174.84	28.14%	72.62	14.24%	41.51%	62.95	43.13%	36.00%	86.68%
1945	173.52	-0.75%	72.11	-0.70%	41.56%	64.53	2.51%	37.19%	89.49%

▶ 제2차세계대전 시기 연방 지출 및 군비 지출(1940년 화폐가치로 계산, 단위는 10억 달러)

리사무실(Office of Production Management)과 전쟁자원분배위원회(Supply Priorities Allocation Board) 등 일련의 전비 관리 부서를 설치했다.

1942년 1월 민용 및 군용 생산 수요를 맞추기 위해 루스벨트 대통령은 새로운 동원 관리 부서인 전시생산국(War Production Board, WPB)을 설립하고, 시어스 로벅(Sears Roebuck)의 전임 사장인 도널드 닐슨(Donald Neilson)에게 관리를 맡겼다.

그러나 1942년 말이 되자 닐슨과 전시생산국만으로 끊임없이 발전하는 전시경제를 관리할 수 없다는 것이 극명해졌다. 이 때문에 1943년 5월 루스벨트 대통령은 전쟁동원사무실(Office of War Mobilization)을 만들고, 7월에 전임 미국 최고법원 DF관이자 '대통령 보좌관' 제임스 버나드(James Bernard)를 책임자로 앉혔다. 비록 전시생산국이 철수하지 않았지만 전쟁동원사무실은 워싱턴의 주요 동원 협조 부서로 빠르게 자리를 잡았다. 버나드는 전시생산국 내에서 대립하는 각 파벌 간 중재 역할을 담당하고 위원회와 무장 부대 간의 이견을 해결하고, 전시인력위원회 안에서 발생하는 수많은 문제를 처리하는 방식을 통해 각 전쟁

돈의 탄생

근무 관리 부서 간의 전시 생산 조정 협의에 협조했다. 전쟁동원사무실은 민간 인력 시장을 장악하고 징집한 병사들을 군대에 지속적으로 지원할 수 있도록 보장했다.

미국 경제는 1941년부터 1945년까지 전례 없는 속도로 성장했다. 미국 국민총생산(GNP)은 고정 달러 화폐가치로 계산했을 때 1939년 886억 달러(이때 미국은 여전히 대공황 시기였다)에서 1944년 1,350억 달러로 증가했다. 전쟁과 관련된 생산은 GNP 비중의 2퍼센트에서 1943년 GNP 비중의 40퍼센트로 늘어났다.

제2차세계대전 기간에 미국의 항공 산업, 조선업 등은 비약적으로 발전했다. 항공 산업을 예로 들어보자. 전쟁 수요를 맞추기 위해 1941년부터 1945년까지 미국의 비행기 제조업은 공전의 발전을 거두었다. B-29 '슈퍼급 공중 보루' 중형 폭격기의 생산은 수천 명의 노동자, 네 개의 대형 공장, 300억 달러의 정부 지출이 만들어낸 결과물이다. B-29 프로젝트는 미국 육군 항공 부대, 여러 곳의 대형 개인 하도급 업자 및 노동조합의 전례 없는 조직 관리 능력에 의지했다. 전반적으로 미국 항공 산업은 전시경제에서 가장 큰 단일 산업 부문이고, 생산액은 450억 달러(전쟁 물자 생산 총액 1,830억 달러 중 4분의 1에 해당), 고용자 수는 무려 200만 명이었다. 비행기 12만 5,000대를 생산했는데, 그중 폭격기가 4만 9,123대, 전투기가 6만 3,933대, 운송기가 1만 4,710대로 총 12만 7,766대였다.

미국은 항공업 외에도 1940년부터 1944년까지 군함 6,500척, 탱크 8만 6,330대, 상륙정 6만 4,546대, 군용 지프차 350만 대, 트럭과 병력 수송 차량, 5,300만 톤급 화물 운송선, 보병총 1,200만 개, 카빈총과 기관총 및 포탄 4,700만 톤을 생산했다.

제2차세계대전 중에 제너럴 모터스도 전시 생산으로 전환했다. 이런 전환에서 관건이 되는 문제는 생산 규모의 확정이다. 1941년 미국이 참전한 후 제너럴 모터스는 자동차 산업으로 유례없이 바쁜 시기를 맞이했다. 제2차세계대전 기간에 제너럴 모터스는 미국을 위해 대량의 군용물자와 무기 장비를 생산했다. 한번은 해군에서 함재기(Navalized aircraft)를 생산해달라는 주문을 받았지만, 당시는 함재기 생산을 막 시작한 단계라 공정과 제조 방면으로 어려움이 많았고 관련 부처의 협력이 필요했다. 그래서 각자 다른 지부에 속해 있는 동해 연안의 몇몇 공장을 합병해 하나의 지부로 만들고 새로운 경영진이 통합 관리했다. 일사불란한 시스템 속에서 그들은 제때 품질력을 갖춘 생산 임무를 완성할 수 있었다.

1802년에 설립되어 '전쟁의 신'으로 불리는 미국의 듀폰 그룹은 제2차세계대전에서 큰돈을 벌어들였다. 1944년부터 1945년까지 회사의 고용인 수는 11만 명이 넘었고, 그중 정부 공장에 고용된 직원은 5만 명, 듀폰에서 일하는 직원은 6만 명이었다. 듀폰이 다시 명성을 얻게 된 것은 1942년 말 연방 정부와 중요한 계약을 맺은 다음부터였다. 정부는 듀폰 그룹을 고용해 테네시주 오크리지에 국립연구소를 세우고, 워싱턴에도 대형 공장을 지어 '맨해튼 프로젝트'에 급히 필요한 플루토늄을 연구·제작하려 했다.

연방 정부와 듀폰 그룹이 체결한 '맨해튼 프로젝트'에서 정부는 다음과 같은 점을 명확히 제시했다. 우선 듀폰 그룹은 이 프로젝트 과정 중 이윤을 직접적으로 늘릴 수 없다. 다시 말해서 이 프로젝트는 듀폰 그룹을 위한 거대한 부를 가져다줄 수 없다는 의미였다. 다음으로 이 프로젝트와 관련된 모든 특허권은 연방 정부에 속한다. 듀폰 그룹은 연방 정부의 요구 조건을 아무런 이의도 제기하지 않은 채 전부 받아들였다. 듀폰 그룹이 '맨해튼 프로젝트'에서 중요하게 생각한 것은 직접적인 경제 이익이 아니라 그들에 대한 정부의 신뢰와 중시였다. 또한 듀폰 그룹은 이 프로젝트를 통해 아주 귀한 정보 자료를 제공받았고, 이런 무형의 자산은 돈으로 환산되지 않을 정도의 귀한 가치를 지니고 있었다.

계약이 체결된 뒤 듀폰 그룹은 회사의 핵심 기술 인력이자 화학자인 크로포드 그린월트(Crawford Greenwalt) 이사를 보내 이 프로젝트를 맡게 했다. 1942년 12월 2일 그린월트는 시카고대학의 특별팀 실험실로 찾아가 엔리코 페르미(Enrico Fermi) 박사와 구체적인 실험에 착수했다. 실험에 참여한 과학자는 천연 우라늄에서 우라늄 235를 추출해 원자핵으로 전환한 뒤 플루토늄 239를 얻을 예정이었다. 1942년 12월 2일 오후 3시 30분 핵 동력 실험이 성공했는데, 이날부터 인류는 이미 '핵 시대'에 접어들었다. 이렇게 해서 핵무기를 설계·제작·생산하는 작업이 듀폰 그룹의 손에 넘어갔다. '맨해튼 프로젝트'를 실현하기 위해 듀폰 그룹은 기술 인력 6만여 명을 모아 동부에서 서부로 이주시켰고, 2년여의 시간을 투자해 마침내 인류 역사상 최초의 원자폭탄을 만드는 데 성공했다. '맨해튼 프로젝트'의 실행 과정에서 듀폰 그룹이 정부에 제시한 가격은 4억 달러에 육박했다. 듀폰 그룹은 이 프로젝트를 통해 자사 기술 인력의 수준을 높였고, 원자력과 관련된 풍부한 정보와 과학기술을 축적할 수 있었다. 이런 이유로 듀폰 그룹은 1946년 11월에 연방 정부 원자력위원회와 계약을 종료했지만, 원자력위원회는 듀폰 그룹의 관련 기술력과 관리 경험을 높이 평가해 1950년 새로운 계약을 체결했다. 원자력위원회는 듀폰 그룹에 조지아주 사바나에 정부를 위한 핵 염료 공장을 지어줄 것을 요청했는데, 이는 미국 정부의 수소폭탄 발전 프로젝트를 위한 과정이었다.

실제로 제2차세계대전 시기에 제너럴 모터스와 듀폰 그룹뿐 아니라 거의 모든 미국 회사가 전시 생산에 총력을 기울이며 전 세계에 무기와 전쟁 기자재, 설비를 공급했다. '진주만공격' 직후 미국 해군은 항공모함에서 곧바로 이륙할 수 있는 전투기가 필요했다. 해군은 이미 우수한 성능의 비행기를 보유하고 있었다. 하지만 '진주만공격' 전까지 숙련된 기술자가 작은 작업장 안에서 한 번에 고작 두세 대밖에 생산하지 못했다면 지금은 한 번에 수천 대씩 양산해야 했다. 비슷한 비행기를 생산해본 경험이 없던 XYZ사가 이 임무를 맡게 되었지만, 이 회사의 공장에서 지금까지 생산된 제품은 마스크, 스위치, 조립 자동차 차체가 전부였다. 그러다 보니 신형 비행기를 생산하려면 오래된 공장을 헐고 새로 지어야 했다. 그 결과 공장이 철거되던 날부터 첫 비행기가 생산 라인을 떠날 때까지 고작 25일밖에 걸리지 않았고, 이 생산라인은 매달 200대의 비행기를 생산할 수 있었다.

1941년부터 1945년까지 미국은 실질적으로 이미 세계의 무기 공장이 되었고, 1929년 이후 시작된 경제 위기의 그림자로부터 완전히 벗어날 수 있었다. 제2차세계대전은 미국 경제를 구제했다. 만약 이 전쟁이 없었다면 미국은 적어도 10년 이상을 고통 속에서 허덕였을 것이다. 정전이 되었을 때 미국의 국민총생산은 전쟁 전 977억 달러에서 2,119억 달러로 증가해 두 배 이상의 성장세를 보였을 뿐 아니라 세계에서 부동의 1위를 차지했다. 4년 동안 근로자 임금이 40퍼센트 이상 올랐고 양극화가 다소 완화되었다. 비록 전시에 필요한 물가 동결과 부족한 생활 물자의 배급제가 시행되었지만 국민의 생활수준은 크게 높아졌다. 미국은 전쟁 중에 3,200억 달러를 넘게 썼고, 그 자금은 주로 세금 징수(주로 소득세)와 전시 공채 발행을 통해 충당했다.

제2차세계대전은 미국을 대공황에서 완전히 벗어나게 해주었다.

기존 방침에 따라 미국의 다음 수순은 바로 달러의 패권을 차지하고 야망을 실현시키는 것이었다.

03

고요한 숲 브레튼우즈

적막한 산장

워싱턴산 아래에 자리 잡은 화이트 마운틴 국립공원은 수목이 우거진 대규모 휴양지다. 100만 에이커에 달하는 화이트 마운틴 국립공원과 나지막한 언덕 사이에 있는 뉴햄프셔주 브레튼우즈 마을로 들어서면 'Y'자 모양의 마운틴 워싱턴 호텔이 우뚝 서 있다. 이곳은 아주 작은 마을로 마운틴 워싱턴 호텔과 기차역만 있을 뿐 주요 도로는 물론 상점조차 없을 만큼 외진 곳이었다.

이 땅은 영국의 귀족인 토마스 웬트워스(Thomas Wentworth) 경이 1772년 잉글랜드 브레튼 마을 근처에 있는 고택 브레튼 궁의 이름을 따서 지었다. 이곳은 20세기 초에 보스턴, 뉴욕, 필라델피아 사람들의 휴양지로 각광을 받았다. 1902년에 지은 이 5층짜리 목조 호텔은 스페인 르네상스 시대 스타일로 지어졌으며, 객실이 400개에 이를 만큼 당시 뉴햄프셔주에서 가장 큰 건물이었다. 내부에는 700명을 수용할 수 있는 홀과 식당, 실내 수영장, 상점, 우체국, 이발소, 영화관, 볼링장, 운치

▶ 1944년 7월 브레튼우즈회의가 열린 마운틴 워싱턴 호텔

넘치는 다실(茶室) 등의 시설이 갖추어져 있다. 이곳에서는 술과 음료를 마시며 휴식을 취할 수 있는 긴 회랑에 앉아 저 멀리 워싱턴산의 정상을 바라보며 주변의 숲 경치를 감상할 수 있다. 이곳은 록펠러 가문과 수많은 스타와 윈스턴 처칠을 접대한 곳이기도 하다. 하지만 대공황과 뒤이은 세계대전으로 부도 위기에 내몰렸고, 1941년부터 이곳을 찾는 사람들의 발길이 끊기면서 2년 동안 문을 닫아야 했다. 그런데 1944년 7월 1일 갑작스럽게 찾아온 국내외 귀빈들이 기차역에서 내리는 순간부터 이곳은 순식간에 사람들로 들끓고 세상의 관심이 집중되는 '핫 플레이스'가 되었다.

대체 누가 적막하게 변해버린 이 마을에 갑자기 들이닥친 것일까? 그중 세계 각국의 정치가, 금융가, 학자 등 유명 인사들만 해도 100명이 넘었고, 70여 개의 언론 매체, 수백 명에 달하는 각국 대표단 관계자 및 사회적으로 명망 높은 이들이 포함되어 있었다. 게다가 수많은 종사자, 경호 인력, 정부 관리가 한 달 전부터 이곳에 머물며 2년 동안 방치되어 있던 호텔을 말끔하게 정리하고 손님 맞을 준비를 했다. 한 달 후 귀빈들은 기차와 군용차를 타고 속속 도착했다. 방문하는 사람들이 너무 많아 호텔은 포화 상태가 되었고, 그들 중 대부분은 어쩔 수 없이 주변 호텔로 이동해야 했다. 심지어 어떤 호텔은 마을에서 몇 킬로미터 떨어진 곳에 있었다.

미국 브레튼우즈 마을에서 열리는 이번 국제회의는 세계 금융사와 경제사에 한 획을 그은 '브레튼우즈회의'였다.

돈의 탄생

두 사람의 회의

이 회의는 '두 사람의 회의'라고 불릴 만큼 존 메이너드 케인스 (John Maynard Keynes)와 미국 재무부 차관 해리 덱스터 화이트(Harry Dexter White)가 힘을 겨루는 장이었다. 힘겨루기의 결과는 향후 세계 통화 체계를 30여 년 동안 장악해온 브레튼우즈체제의 출범으로 이어졌다. 이 회의가 열리게 된 가장 큰 배경은 제2차세계대전이 이미 막바지로 치달으면서 세계 주요 국가들이 고민하기 시작한 전후 국제 정치·경제의 큰 틀과 이것이 자국 정치·경제에 미칠 영향이었다.

1944년 상반기에 세계적으로 발생한 중대 사건은 다음과 같다. 1월 4일 소련군이 처음으로 폴란드와 소련의 접경 지역을 넘었다. 1월 11일 루스벨트가 태평양 작전 회의를 열었다. 1월 18일 소련군이 900일에 달하는 레닌그라드 포위를 풀었다. 3월 4일 미국 전투기가 처음으로 베를린을 폭격했다. 6월 3일 자유 프랑스 임시정부가 수립되었다. 6월 5일 연합군이 노르망디상륙작전을 개시했다. 6월 6일 연합군이 노르망디에 상륙했다. 6월 18일 중국 군대가 미얀마를 함락했다.

이때 대부분의 사람은 이미 전쟁이 끝을 향해 치닫고 있다는 것을 감지했고, 지식인들은 전후의 재건과 발전 문제를 고민하기 시작했다. 제2차세계대전 중 반파시스트 진영의 선두에 섰던 영국과 미국의 머릿속에는 전후의 세계 판도가 이미 그려져 있었다. 1941년 9월 영국의 저명한 경제학자 존 메이너드 케인스는 영국 정부의 요청을 받아 단 몇 주 만에 글로벌 중앙은행에 관한 방안을 내놓았고, 이 중앙은행의 이름을 '청산동맹(Clearing Union)'이라고 지었다. 이 방안에 따라 세계 어느 나라든 국제통화인 '방코르(Bancor)'를 대출받을 수 있게 되었다. 정부는 이 신용 대출을 이용해 수입 제품을 구매할 수 있고, 청산동맹의 신용 대출에 제한이 있어 어느 나라든 국제수지적자에 무기한 노출될 수 없다. 또한 규정에 따라 각국이 벌어들인 '방코르'와 외화를 일정 비율

▶ 영국의 저명한 경제학자 존 메이너드 케인스

로 청산동맹에 상납해야 하기 때문에 장기간 국제수지흑자 상태를 유지할 수도 없다. '방코르'는 바로 실질적인 초국가적 주권 통화, 즉 세계 통화라 할 수 있다. 케인스의 주된 의도는 영국이 전후에 직면한 국제수지의 어려움을 해결하고, 두 차례 세계 대전 기간에 금본위제가 영국 국내 경제정책에 미친 속박 및 디플레이션 압력을 해소하는 것이었다.

미국은 영국의 확장주의 국제통화 사상을 받아들일 수 없었다. 미국이 구축하고자 애쓰는 달러 국제 화폐 체계와 어긋났기 때문이다. 케인스와 대립했던 플랜은 1941년 미국 재무부 고위직 간부이자 훗날 소련 비밀 요원으로 고발당한 해리 덱스터 화이트가 제시한 '화이트 플랜(White Plan)'이다. 이 플랜은 '국제안정기금'의 설립을 제안했다. 이 기금은 국제수지가 단기 불균형에 빠졌을 때 환율 안정을 위해 관련 국가에 대출을 제공해 고정환율을 회복하고, 외환 통제와 차별적 배정을 없애는 데 목적을 두었다. 그 의도는 통화안정을 실현하는 것이었다. 화이트는 통화안정과 자본 관리를 국제경제를 조정·통제하는 수단으로 보았고, 금과 달러를 통화안정을 실현할 '최종 병기'이자 주춧돌로 삼았다. 화이트 플랜은 1930년대 대공황 시기에 통화의 경쟁적 평가절하와 이로 말미암아 파생되는 무역 혼란을 겨냥해 제시한 일종의 해결 방안이었다. 그러나 실질적으로는 달러의 확장과 미국인이 꿈에 그리던 달러의 패권을 쥐기 위한 것이었다.

1943년 4월 '케인스 플랜'과 '화이트 플랜'이 공표되었고, 1년 동안의 힘든 협상 과정을 거쳐 1944년 4월 '화이트 플랜'을 기반으로 〈국제통화기금에 관한 전문가 연합 성명〉을 완성했다. 이 성명도 브레튼우즈

회의에서 논의하고 통과시켜야 할 주요 내용 중 하나였고, 그 핵심 조항은 회의에서 채택된 〈국제통화기금협정〉에 포함되었다.

이번 회의는 미국 재무부에서 2년 반의 시간을 들여 기획하고 준비했는데, 그 핵심 인물은 '화이트 플랜'의 창시자로 불리는 미국 재무부 고위 관리 해리 덱스터 화이트였다. 이런 이유로 이번 회의의 주연은 두 가지 플랜을 기초한

▶ 1940년대 미국 재무부 고위직 관리 해리 덱스터 화이트

케인스와 화이트가 될 수밖에 없었다. 회의에는 세계 44개 국가를 대표하는 인물이 730명이나 참가했다. 중국은 재무장관 쿵샹시(孔祥熙)가 이끄는 33명의 대표단을 보냈는데, 규모가 미국 대표단에 버금가는 수준이었다.

대회 의장은 미국 재무장관이자 대표단 단장을 맡은 헨리 모겐소(Henry Morgenthau, Jr.)가 맡았다. 7월 1일 오후 3시 모겐소는 회의 개막을 선포했다. 이때는 연합군이 노르망디상륙작전을 펼친 지 한 달이 지난 뒤였다. 따라서 회의 대표들은 전쟁이 이미 끝을 향해 치닫고 있고 세계사의 새로운 페이지가 열리며 세계 구도의 재배치가 이루어질 것이라고 예감했다. 이들이 참가한 회의는 바로 역사적 전환점을 맞아 전후 수십 년 동안 세계경제 판도를 결정지을 중요한 국제회의였다.

회의는 루스벨트 대통령이 보낸 축하 메시지의 낭독과 함께 시작되었다.

자유를 쟁취하기 위한 전쟁이 긴박하게 진행되고 있는 이 시점에 각국의 국민을 대표하는 여러분이 한 자리에 모여 미래를 함께 논의하고 계획하는 일이야말로 가장 시의적절하다고 봅니다. 여러분이 논

의해야 할 계획은 세계 각국 간의 질서와 조화를 확보하기 위해 반드시 체결해야 할 협정이고, 이는 세계 각지의 프롤레타리아에게도 영향을 미칠 것입니다. 그것은 풍요로운 자원의 상호교환과 자국의 산업 및 스마트 프로덕트(Smart Product) 산업이 의존하는 기반과 관련된 가장 기본적인 문제이기 때문입니다. 상업은 자유 사회의 생명선입니다. 우리는 혈액을 옮기는 대동맥이 과거처럼 무의미한 경제 경쟁과 인위적으로 만들어진 장벽 때문에 더는 막히지 않도록 지켜내야 합니다. …… 세계경제가 활력으로 가득 차고 건강하게 확장되어야만 각국의 생활수준이 높아지고 미래에 대한 희망이 현실 속에서 실현될 수 있습니다.

루스벨트가 그럴싸한 말로 회의의 중요한 의의와 임무를 지적했다면, 모겐소는 이번 회의의 주요 목적을 단도직입적으로 거론했다고 볼 수 있다.

우리의 의사일정은 화폐와 투자 영역에 국한되어 있습니다. 그러나 그것을 〈대서양 헌장〉과 미국 및 유엔의 수많은 국가가 체결한 〈공조협정〉 제7조와 관련된 더 광범위한 계획의 일부분으로 간주해야 합니다. 우리가 여기서 어떤 성과를 거두든지 반드시 이를 목표로 하는 다른 행동의 보완과 강화로 이어져야 할 것입니다.

여기서 말하는 〈공조협정〉의 제7조는 1942년 〈무기대여법(Lend-Lease Program)〉에 거론된 한 조항을 가리킨다. 이 규정은 다음과 같다. 첫째, 적절한 국제 및 국내 조치를 통해 생산, 취업, 상품의 교환 및 소비를 확대한다. 이는 모든 민족의 자유와 복지의 물질적 기반이다. 둘째, 국제 비즈니스에서 발생하는 모든 형태의 차별적 대우를 없앤다. 셋째, 관세와 기타 무역 장벽을 낮춰야 한다. 이 조항에 따라 전후 영국은 금융과 무역통제에 더 엄격해질 수밖에 없었다. 이러한 상황은 대영제국 파운드가 더 이상 세계의 기축통화가 될 수 없다는 것을 의미했다. 이 법안에 근거해 미국은 영국의 반(反)나치 전쟁을 경제적으로 지원하기로 약속했다. 그러나 법안을 미국 의회에 제출해 통과시키는 과정에서 제7조에 미국이 영국의 전쟁을 지지하는 대신 그에 상응하는 대가를 지불해야 한다는 조건이 붙었다. 즉, 영국은 국제무역에서 차별적 대우를 모두 없애고 관세와 무역 장벽을 낮춰야 했다.

이 조항은 영국의 '제국 특혜' 조항을 종식시키는 것과도 같았다. 제국 특혜는 영국이 식민지와 자치령에 대한 무역 시장 진입을 보장하는 특권을 가리킨다. 만약 영국이 이 수출 특권을 박탈당하면 전후에 미국에 전적으로 의존해 제품을 수입하는 데 드는 비용을 지탱해야 한다. 이런 식으로 대영제국이 가지고 있던 전통적 무역 특권은 역사의 쓰레기더미 속으로 휩쓸려 들어갈 수밖에 없다. 대영제국은 과거의 영광을 되찾을 수 없고, 미국이 영국의 운명을 주재하는 지배자가 될 것이다. 이는 영국이 도저히 받아들일 수 없는 조건이었다. 그러나 저물어가는 대영제국의 시대를 끝내고 세계를 환하게 비출 새로운 태양을 맞이하는 것이 바로 세계경제의 새로운 질서와 관련해 이번 회의가 달성하고자 하는 근본적인 목표이기도 했다.

영미 두 강대국이 지난 수십 년 동안 이어온 게임이 직접적으로 표출된 것이 바로 케인스와 화이트의 힘겨루기라 할 수 있다. 이 싸움의 핵심 의제는 화이트의 방안이 케인스의 '방코르'를 폐지하고 안정기금(Stabilization Fund)으로 대체하는 것이다. 이는 화이트 버전의 국제통화 체제이다. 청산동맹은 각국 정부가 이 기금에 예치한 국가 통화를 대여할 수 있다. 케인스는 청산동맹을 통해 각국에 제공할 수 있는 여신 총액을 260억 달러로 제안했다. 그러나 미국인은 청산동맹의 금융 자금이 미국 상품을 구매하는 데 전적으로 사용될 경우 미국이 상품을 순순히 양보할 수밖에 없는 상황을 우려했다. 케인스가 제시한 총액 260억 달러의 여신 액수가 미국에서 생산할 수 있는 상품과 서비스의 총 가치를 훨씬 뛰어넘었기 때문이다. 이 260억 달러를 지금의 화폐 가치로 환산하면 약 160조 달러 정도 된다. 현재 미국의 연간 GDP 총액의 여덟 배를 넘는 액수다. 이런 방대한 상품과 서비스는 당시 미국은 물론 오늘날의 미국조차도 감당하기 힘든 규모일 것이다. 그래서 이런 상황을 피하기 위해 화이트는 케인스가 제안한 260억 달러를 50억 달러로 줄이자고 주장했다.

거듭된 힘겨루기와 협상 끝에 양측은 화이트 방안에 더 근접한 결의안에 동의하며, 새로 설립한 국제통화기금의 협의조항에 다음과 같은 내용을 규정했다. 첫째, 각국은 5년 안에 수출입 거래에서 각자의 통화 사용 제한을 철폐한다. 둘째, 장기간 국제수지흑자 상태였던 국가의 과세와 관련된 케인스의 규정을 취소하고 '방코르'를 폐지한다. 셋째, 미국은 안정기금의 총액을 50억 달러에서 85억 달러로 높이는 데 동의한다. 이것은 케인스가 처음 제기한 260억 달러에서 175억 달러나 줄어들어 고작 3분의 1 수준에 불과했다. 1944년 7월 동맹국의 다른 회원국과 중립국 대표는 휴양지 마을 브레튼우즈에 있는 워싱턴 호텔에서 2주간의 힘겨운 협상을 거쳐 마침내 합의에 도달했다. 결과만 놓고 본다면 미국은 최후의 승리를 거두었고, 영국은 선택의 여지없이 미국의 제안에 동의할 수밖에 없었다. 이는 개인의 힘겨루기일 뿐 아니라 국가와 국가 사이의 종합적 실력을 겨루는 일이기도 했다. 비록 겉으로 드러나는 것은 사람들이 본 바가 전부이더라도 말이다.

동상이몽

케인스 플랜과 화이트 플랜의 주요 차이점을 분석해보면 이번 회의의 주제, 나아가 그 역사적 영향력을 좀 더 명확히 인식할 수 있을 것이다.

케인스 플랜과 화이트 플랜은 모두 하나의 화두, 즉 새로운 국제통화기구의 구축을 기반으로 만들어졌다. 케인스는 '방코르'의 역할이 시간이 지날수록 더 중요해지기를 원했다. 그의

▶ 1944년 7월 브레튼우즈 회의 장면

최종 목표는 금의 탈화폐화 운동을 통해 초국가적 통화를 만들고, 세계적으로 금과 달러에 대한 의존도를 낮추는 것이었다. 그는 금을 '야만적 유산'이라 표현하며 역사의 무대에서 밀어내고자 했다. 반면, 화이트는 달러를 세계무역의 중심으로 삼아 금과 동의어가 되도록 만들고 싶었다.

두 가지 플랜은 수많은 공통점을 내포하고 있다. 예컨대, 둘 다 환율 안정, 외화 환전에 대한 규제 및 관리·감독 완화, 회원국 국제수지 상황 통제, 각국의 광범위한 참여와 공감, 새로운 국제기구와 각국 정부의 긴밀한 협력 관계 구축, 관세와 무역 장벽 철폐 등이다. 그러나 두 플랜은 구체적인 조작 방식과 중점을 두는 부분에서 전혀 다른 양상을 보여주고 있다. 케인스 플랜은 외화 환전에 대한 규제 및 관리·감독을 완화할 때 각 회원국이 방식과 강도를 자체 결정하도록 허용했고, 각국이 회원 자격을 얻기 위해 반드시 국제적 경제행위의 일반적 원칙과 표준을 준수하도록 규정했다. 반면, 화이트 플랜은 한 나라의 경제구조와 조직 방식을 회원 자격을 얻기 위한 근거로 삼아서는 안 된다고 반박했다. 이는 특별히 소련을 겨냥한 것이기도 했다. 화이트 플랜은 소련이 기금에 참여하도록 장애물을 제거하는 데 취지를 두고 있다. 소련 문제를 두고 영국과 당시 루스벨트 미국 대통령 사이에 이견이 존재했다. 영국은 소련을 미국보다 더 환영받지 못할 뿐 아니라 가장 위험한 적으로 간주했다. 독일이 투항하고 나면 소련이 유럽, 나아가 자유세계

의 가장 큰 적이 될 것이라 여겼다. 하지만 루스벨트 진영은 소련을 적으로 보지 않았고, 스탈린 자체가 확장주의자가 아니기 때문에 협력 가능한 국가로서 소련을 끌어들이고자 했다.

그런데 루스벨트의 갑작스러운 죽음은 이 모든 계획을 물거품으로 만들고 말았다. 더구나 트루먼 부통령은 확고한 반(反)소련파였다. 화이트의 소련 콤플렉스는 루스벨트의 영향을 받은 탓도 있지만, 그의 이데올로기와도 직접 연관이 있을 것으로 보인다. 이는 훗날 화이트를 소련의 스파이로 고발하는 증거 가운데 하나이기도 하다. 화이트는 소련의 사회주의 경제의 성공이 이미 증명되었다고 확신했다. 그는 소련이야말로 실행에 옮긴 사회주의경제의 최초 성공 사례라고 여겼다. 또한 미국 통치 집단의 소련에 대한 적대감은 정치적 위선의 또 다른 표현이며, 사회주의경제의 성공을 인정할 수 없는 미국 이데올로기에서 기원한다고 판단했다. 관세와 무역 장벽을 철폐하는 방면으로 케인스는 회원국이 극히 열악한 관세나 차별 정책을 채택하지 않겠다고 약속해줄 것을 제안했을 뿐이다. 그러나 화이트는 회원국에 구체적인 약속을 요구했다. 수출 보조금을 취소하는 문제를 둘러싸고 케인스 플랜은 국내 생산자에게 수출 보조금의 여지를 남겨두었다. 다만, 전제 조건은 보조금을 받을 수 있는 제품은 반드시 국내 소비자가 사용하는 것이어야 하고, 이런 제품을 수출할 때 반보조금세를 부과할 수 있도록 했다. 화이트 플랜은 명확한 동의가 없는 상황에서 수출 보조금의 제공을 금지하도록 철저히 규정했다.

위의 분석으로 볼 때 케인스와 화이트는 각자의 국익을 위해 서로 다른 신념과 이상을 품고 최선을 다하는 라이벌이었다. 하지만 일의 성패를 결정짓는 데 필요한 하늘이 내려준 기회, 지리적 이점, 사람들 사이의 화합 등 세 가지 방면으로 볼 때 화이트는 누가 봐도 케인스보다 유리했다. 영국의 경제적 실력은 전쟁 중에 이미 거의 바닥이 났고, 회의는 미국 영토 안에서 열렸다. 미국은 이미 자신이 전후에 세계를 주도할 포부와 능력을 분명히 드러냈을 뿐 아니라 세계 주요국들의 인정을 받았다. 이는 전쟁 기간 중에 44개 국가가 이 회의에 참가 의사를 밝혔고, 최강 진영의 대표단을 보낸 것만 봐도 어느 정도 미루어 짐작할 수 있다. 전쟁과 같은 특수한 상황에서 미국이 아닌 그 어떤 나라도 이 정도의 호소력과 응집력을 발휘할 수 없었을 것이다. 세계 각국은 이미 미국이 지닌 종합적 국력과 세계를 통제하는 능력을 보았기 때문이다. 미국은 이번 전쟁을 통해 이미 세계 패권을 쥐게 되었고, 당시 세계적으로 미국과 필적할 만한 나라는 어디에도 없었다. 가장 관건인 요소는 화이트의 국가인 미국이 세계에서 유일하게 신뢰할 만한 황금 바우처 (voucher), 즉 달러를 가지고 있다는 점이었다. 사람들은 전쟁이 끝나면 달러가 가장 필요해질 것이라고 생각했다. 그만큼 달러는 금과 동등한 지위를 갖게 되었다. 달러가 바로 금이었다. 사람들이 달러를 금이라고 부르는 이유가 여기에 있었다. 이것이야말로 화이트가 최후의 승리를 거둔 가장 근본적인 원인이었다.

04

신기원의 탄생

협의 내용

1944년 유엔통화금융회의(브레튼우즈회의)에서는 국제통화제도의 재건을 논의했다. 이 회의에서 통과시킨 〈국제통화기금협정〉에 따라 달러를 핵심으로 하는 국제통화제도, 즉 '브레튼우즈체제'가 생겨났고, 협의조항에 따라 브레튼우즈체제를 유지하는 기구인 국제통화기금(International Monetary Fund, IMF)과 세계은행이 탄생했다.

이 회의에서 협의를 통해 확정한 국제통화제도에 관한 기본적인 내용은 몇 가지로 정리할 수 있다.

① 달러와 황금의 연동
금 1온스=35달러, 1달러당 금 함유량은 0.999671그램

▶ 국제통화기금 본부 건물

돈의 탄생

으로 규정한다. 금을 가치의 기준으로 삼고, 각국 정부나 중앙은행은 달러를 공정가격(금 1온스=35달러)에 따라 금으로 태환할 수 있다. 이것이 금달러본위제다.

② 기타 국가의 화폐와 달러의 연계

달러의 금 함량을 각국 화폐 평가의 기준으로 삼는다. 각국 화폐와 달러의 환율은 각국 화폐의 금 함량 비율에 따라 결정된다. 이것이 법정 환율이다.

③ 조정 가능한 고정환율제의 실시

조정 가능한 고정환율은 달러 이외의 기타 화폐와 달러 사이에 유지되는 환율로 간접적으로 금과 연계되며, 나아가 각 회원국 화폐와 달러의 환율을 결정한다. 환율 파동이 일어나면 적정가격의 ±1퍼센트를 넘으면 안 된다. 만약 ±1퍼센트의 파동 폭을 넘기면 미국을 제외한 회원국의 중앙은행은 모두 환율 시장에서 달러와 자국 화폐를 매매해 각국 화폐와 달러 환율의 안정을 유지할 의무가 있다. 그러나 국제수지가 기본적으로 불균형 상태에 놓이면 IMF의 비준을 거쳐 환율을 조정할 수 있다.

④ IMF를 통한 국제수지의 조절

회원국에 국제수지 적자가 나타나면 IMF에 대출을 신청해 조절할 수 있다. 그러나 대출에도 조건이 있다. 대출의 자금 출처는 회원국이 IMF에 내는 분담금이며, 대출 한도도 각 회원국이 내는 분담금의 액수와 연계되어 있다. 다시 말해서 분담금의 액수가 많을수록 대출을 많이 받을 수 있게 된다. 반대의 경우도 마찬가지다.

이상의 내용을 바탕으로 브레튼우즈체제의 핵심 내용은 크게 두 가지로 정리할 수 있다. 첫째, 달러와 금의 연동이다. 둘째, 기타 회원국 화폐와 달러의 연동이다. 그래서 브레튼우즈체제는 실질적으로 국제 금환본위제, 즉 달러-금본위제의 일종이라 할 수 있다. 이 체계 속에서 달러는 전후 국제 화폐 체계의 중심적 역할을 맡게 되고, 달러가 금의 등가물이 되며, 각국 화폐는 달러를 통해서만 금과 연계될 수 있다. 이로써 달러는 국제 결제 지불수단이자 각국의 가장 중요한 준비 통화가 되었다. 미국은 브레튼우즈체제를 통해 이미 그들의 꿈을 이뤘다고 말할 수 있다. 이것이 브레튼우즈체제의 핵심이다. 그러나 이 핵심만으로는 아직 건전하고 신뢰할 만한 체계가 될 수 없기 때문에 국제통화기금과 세계은행이 중심을 지탱해주고 있다. 브레튼우즈체제가 해체될 때 누군가 이 두 기구를 당장 해산시켜야 한다고 주장하는 주요 이유이기도 하다. 브레튼우즈체제가 와해되면 두 기구도 존재의 필요성과 가치를 상실하기 때문이다.

신뢰할 만한 버팀목

IMF는 각국의 환율을 안정시키는 기구다. 미국은 IMF가 각국의 환율을 안정시키는 핵심 역할을 발휘하게 해서 더 합법적이고 더 규범화된 절차와 방법으로 각국 환율의 안정을 꾀했다. 미국이 전후 환율의 안정에 특히 신경을 쓰는 것은 제2차세계대전 중 미국의 경제력을 풀가동해 전 국민의 취업을 기본적으로 실현했기 때문이다. 그러나 평화 시기가 도래하면 그렇게나 많은 제품을 생산할 필요가 없어진다. 미국이 직면하게 될 문제는 과잉 생산능력이고, 이는 심각한 실업 문제로 이어질 수밖에 없다. 미국은 6,000만 개의 일자리를 유지해야 비로소 사회의 기본 취업이 해소될 수 있다는 사실을 이미 인식하고 있었다. 만약 미국의 거대한 생산능력을 소화하기 위해 외부 시장의 수요가 받쳐주지 않는다면 미국은 고실업의 악몽에 휩싸이고, 간신히 빠져나온 대공황의 터널에 다시 갇힐 위험이 높아진다. 따라서 미국의 입장에서 볼 때 국제무역 규모의 빠른 성장은 매우 중요한 전략적 의미를 갖는다.

국제무역의 회복과 성장의 전제 조건은 안정적인 통화 체계의 구축이고, 이를 위해 각국 화폐는 달러와 비교가치 관계를 확립해야 한다. 미국은 달러를 금으로 태환하는 비교 가격을 '금 1온스=35달러'로 이미 약속했고, 〈브레튼우즈협정〉을 기반으로 달러가 금은 물론 기타 국가의 화폐와도 연동되면 각국의 화폐도 달러를 통해 간접적으로 금과 연동 관계를 구축할 수 있다. IMF는 이 통화의 비교가치 관계를 확실히 보장하는 허브이자 메커니즘이다. 어느 나라의 화폐와 설정 환율과의 편차가 지나치게 크면 해당 국가는 이 국제통화기금으로부터 자국의 액수를 근거로 일부 자금을 차입해 자국 화폐에 간여하고, 그 환율을 규정 범위 내로 되돌리거나 유지할 수 있다. 각국 화폐 환율의 기본적인 안정을 보장해야만 통화 체계의 안정이 실현될 수 있기 때문이다. IMF는 각국 환율을 안정시키기 위한 일종의 기금이자 효율적인 메커니즘이라 할 수 있다. 이런 의미에서 IMF는 브레튼우즈체제가 작동할 수 있도록 보장하는 수단이자 버팀목인 셈이다.

세계은행은 원래 전후 서방 선진국에 재건 자금을 제공하기 위해 만들어진 금융기관이었지만 훗날 포용 범위가 개발도상국까지 확대되었다. 세계은행의 주인도 IMF와 마찬가지로 미국이다. 미국의 손 안에서 세계은행은 기타 국가를 브레튼우즈체제 안으로 끌고 들어가는 몽둥이로 점차 변해갔다. 이런 식으로 각 나라는 브레튼우즈체제에 가입해 미국의 진두지휘를 따라야만 세계은행의 지원을 받을 수 있었다. 만약 미국이 주도하는 이 체제에 가입하지 않으면 세계은행은 자금을 지원하지 않을 뿐 아니라 다른 국가와의 무역 관계도 저지하거나 심지어 금지할 수 있다. 이는 한 나라를 경제적으로 '유배'하는 것과 다르지 않다. 경제적 '유배'를 당한 국가는 국제무역체제 속에 정상적으로 참여할 방도가 없어지고, 이런 상황이 지속되다 보면 이 나라는 현대 국제사회에서 생존할 수 없을 뿐더러 더 이상 발전을 꿈꿀 수 없어진다.

파운드의 유물

비록 미국의 진두지휘 아래 1944년 달러를 핵심으로 하는 새로운 국제통화체제가 만들어졌지만, 역사적인 이유로 1940년대 중엽 파운드는 여전히 달러의 라이벌 자리를 지키고 있었다. 전쟁 기간에 영국 연방 국가, 대영제국의 멤버 및 파운드 사용 국가는 영국에 무제한 신용 대출을 제공했다. 그들은 영국 및 영국군을 위해 무수한 자원과 군비 물자를 제공했고 파운드 지폐를 보유했다. 이뿐 아니라 영국 및 그 동맹국은 보유 달러를 덤핑해 미국에서 각종 전략물자를 구매했다. 이 때문에 전쟁이 끝났을 때 각국 중앙은행이 보유한 파운드 잔액은 이미 달러 잔액의 배 이상이었다. 파운드는 여전히 중요한 국제 준비 통화였다. 이 국가들이 파운드를 보유하고 있는 것은 영국이 통제 조치를 취해 각국이 보유한 파운드를 상품 또는 기타 화폐로 교환하는 것을 막았기 때문이다.

그러나 제1차세계대전 전에 파운드를 보유하는 것이 현명한 선택이었다면 지금은 상황이 달라졌다. 영국 파운드의 대외 순 부채는 이미 150억 달러에 달했고, 이 수치는 영국이 보유한 금과 외화 액수의 여섯 배에 가까웠다. 이 시점에서 계속 파운드를 보유하면 손해를 본다. 만약 파운드 보유국들이 파운드를 자유롭게 팔도록 허락한다면 파운드의 가치가 수직 하강하고, 파운드는 빠른 속도로 국제 주도 통화의 기능을 상실하게 될 것이다. 이때 달러가 세계에서 가장 가치 있는 화폐이고, 미국이 세계 각국의 GDP를 훨씬 앞지르고 있는 강대국이라는 인식이 커질 수밖에 없다. 이런 인식 덕분에 달러는 이미 가치가 급부상했고, 달러를 보유하는 것이 가장 안전하고 가치 있다는 공감대가 형성되었다. 따라서 파운드의 외환 동결이 해제되면 각국은 각자의 이익을 위해 손에 쥔 파운드를 당장 달러와 바꿀 것이고, 파운드는 순식간에 눈사태와 같은 재앙과 맞닥뜨릴 수밖에 없다.

1946년 미국은 때맞춰 영국에 통화 통제령을 해제해줄 것을 요청했다. 그 조건으로는 전후 재건을 위한 차관의 제공을 제시했다. 미국이 제시한 미끼는 37억 5,000만 달러의 차관이고, 만약 캐나다에 제공한 12억 5,000달러까지 합친다면 총 50억 달러에 달한다. 대신 영국은 1947년 7월 15일 전에 외국의 비축 파운드에 대한 통제를 해제하고 그 파운드를 팔 수 있도록 허용해야 했다. 당시 영국은 부채가 150억 달러에 이르고, 전후 재건과 취업 문제 해결을 위해 거액의 자금이 필요하던 차였다. 그들에게 이 50억 달러는 확실히 뿌리치기 힘든 유혹이었다. 영국 경제의 핵심 브레인으로 불리던 케인스는 미국의 요구 조건을 아주 자신 있게 수락했다. 케인스는 영국과 미국은 같은 줄기에서 뻗어 나온 형제와 같은 동맹국이기 때문에 미국이 영국의 위기를 틈타 불난 집에 부채질할 리 없다고 확신했다. 그가 보기에 미국이 곤경에 빠진 영국을 위해 통 크게 지원하지 않는 것은 양국의 공농 이익을 염두에 두었기 때문이다. 케인스는 2년 전 브레튼우즈회의에서 화이트와 맞섰던 광경을 완전히 망각하고 있었던 것이다.

영국 의회도 케인스의 제안에 별 다른 이의를 제기하지 않은 채 50억 달러의 차관을 받기 위해 미국의 요구 조건을 받아들였다. 영국 의회는 미국 의회가 고립주의의 영향을 깊게 받았다는 사실을 깨닫지 못했다. 이들은 1941년의 특수한 역사적 사건에 자극을 받아 그동안 고수해온 고립주의를 포기하고 루스벨트의 대일 선전포고에 동의하며 세계를 휩쓴 전쟁에 휘말려 들었다. 그러나 일단 전쟁이 끝난 뒤 특수한 역사적 조건이 더는 존재하지 않는 이상 미국의 고립주의와 독립성은 여전히 그들이 고수하는 신념이 될 수밖에 없다. 이 때문에 설사 미국 정부가 당장 영국에 양보한다 해도 미국 의회에 내재된 생각은 달랐다. 미국, 나아가 아메리카대륙은 모두 미국인의 미국이자 아메리카대륙이고, 이런 고립주의 사상은 지금까지도 미국 엘리트계층의 근간을 이루고 있다.

실제로 미국인이 영국에 제시한 요구 조건은 의회에서 차관 비준을 받은 뒤 1년 이내에 다른 나라에서 벌어들인 파운드를 어떤 상품과도 자유롭게 교환하는 데 사용할 수 있어야 한다는 것이었다. 1947년 7월 15일 파운드를 달러로 교환할 수 있게 된 첫날부터 파운드 보유국들이 보유하고 있던 파운드와 달러를 앞다투어 교환하기 시작했고, 달러를 손에 넣자마자 미국 상품을 구매하는 데 사용했다. 고작 한 달 만에 영국은 10억 달러의 손실을 보았고, 당시 영국의 금과 외환 보유액은 25억 달러 미만이었다. 결국 5주 후에 영국은 어쩔 수 없이 파운드에 대한 통제권을 다시 회수해야 했다. 상황이 이렇게까지 되고 나서야 영국의 엘리트계층은 미국인의 민낯을 정확히 간파했지만 이미 때는 늦었다. 영국은 전후에 파운드를 자유롭게 태환할 수 있는 통화 체계를 구축하거나 국제사회에서 파운드의 주도적 지위를 되찾고자 했지만, 이 모든 바람이 물거품이 되어버렸다. 지금까지도 파운드는 주로 영연방과 영제국의 멤버들만 보유하는 화폐일 뿐이다. 당시 달러의 보유액은 두 배 이상 빠르게 늘어났다. 각국은 자국의 준비 통화를 파운드나 기타 화폐가 아닌 달러로 선정하는 데 조금도 주저하지 않았다.

영국인이 기대한 파운드 패권은 철저히 붕괴되었고, 이를 대신해 패권을 쥔 것은 하늘을 찌를 듯 치고 올라오는 달러였다. 미국은 그들이 일으킨 총성 없는 통화 전쟁을 이용해 세계를 제패할 수 있었다. 그러나 독일인은 두 차례 세계대전을 불사하는 방법을 쓰고도 유럽을 제패하려던 목적을 달성하지 못했다. 물론 오늘날의 독일도 미국의 경험을 교훈 삼아 총성 없는 전쟁을 통해 목적을 달성하려 하고 있다. 바로 유로화가 독일이 유럽을 제패하고 제어하려는 변종 수단이 되고 있다.

그러나 어찌 됐든 한 가지에서 뻗어 나온 형제를 이런 식으로 호되게 내치는 미국의 방식은 금융 제국의 위력이자 패기를 보여준 것이기도 했다. 이익 앞에서 미국은 어떤 양보도 허용하지 않은 셈이다. 이것이야말로 지금의 미국을 만든 성공 비결이다!

05

패권의 시대

돌발 전쟁

1950년 한반도에서 발발한 한국전쟁은 세계의 정치·경제 구도를 바꿔놓았다.

한반도에서 한국 경제는 전후에 심각하게 무너져 내렸지만, 한국 지도자들은 전후에도 여전히 통일을 목표로 북한과의 전쟁을 염두에 두었다. 그 후 수십 년이 흐른 지금까지도 쌍방의 적대적 분위기는 정권 교체와 상관없이 지속되고 있다. 북한과 한국의 지도자가 여러 차례 만남을 가졌지만, 양측 이데올로기와 정치체제의 근본적 차이에 막혀 실질적인 진전을 보지는 못했다. 북한은 전쟁으로 심하게 파괴되었고, 1945년부터 1950년까지 평화 건설 시기에 축적한 사회적 부도 순식간에 바닥나버렸다. 이 전쟁에 직접 연루된 중국은 장병 수십만 명의 목숨과 헤아릴 수 없을 정도로 많은 액수를 전쟁의 대가로 치러야 했다.

소련은 한국전쟁의 최대 승자라 할 수 있다. 먼저 스탈린은 중국이 미국 등 연합군과 직접 맞서 싸우게 만드는 데 성공했다. 소련은 이

돈의 탄생

기회를 빌려 중국과 북한에 제2차세계대전 이후 남은 군사 장비를 팔아 거액을 벌어들이기도 했다. 전쟁은 미국의 국력을 약하게 만들었고, 소련은 제2차세계대전 후 폐허 속에서 전쟁의 상처를 치료하면서 첨단 기술을 발전시키고 미국과의 차이를 좁힐 시간을 벌었다. 전쟁의 수혜는 소련만이 아닌 일본과 독일에게도 돌아갔다. 일본과 독일은 전쟁에 참여하지 않았지만, 한국전쟁 중에 미국이 두 나라로부터 전략물자를 대량으로 구매하면서 제2차세계대전 후 경제를 회복하고 경제 강국으로 급부상하는 발판을 마련할 수 있었다.

중국의 최대 수익은 전쟁을 통해 소련에 중국의 실력을 보여주고 소련 진영으로 들어간 것이다. 당시 소련은 중국을 극동 진출의 교두보이자 방패막이로 삼을 작정이었다. 그래서 1952년부터 소련은 중국을 대대적으로 지원하며 중국의 공업 기반을 조성하기 위한 길을 닦았다. 중국은 소련의 도움을 받아 다방면으로 공업화 건설의 길을 열 수 있었다. 그러나 한국전쟁의 발발로 미국이 공개적으로 타이완을 보호하고 나서면서 중국은 타이완을 공격할 절호의 기회를 놓쳤다. 또한 이번 전쟁은 일본 경제가 빠르게 부상하도록 간접적인 도움을 주었다.

중공군의 참전으로 미국은 중국을 견제하는 데 타이완의 전략적 지위가 얼마나 중요한지 깨닫게 되어 타이완을 방위체제 안으로 다시 끌어들였다. 그 후 미국과 타이완 사이에 체결된 방위조약은 한국전쟁의 영향을 바탕으로 하고 있다. 그래서 미국의 트루먼 대통령은 미국 제7함대를 타이완해협으로 파견해 중공군이 타이펑진마(臺澎金馬)를 공격하지 못하도록 저지했다.

한국전쟁은 세계의 기존 정치·경제 구도를 변화시켰고, 달러가 세계 통화의 패주 자리에 점차 가까워지도록 만드는 데 일조했다. 미국이 일본과 독일 등에서 군용물자를 대량 주문할 때 사용한 화폐는 모두 달러였는데, 이는 당시 패전국들의 몇 년간의 산업 생산액을 초과할 만큼 막대한 금액이었다. 달러는 이들 국가의 경제체제 속으로 파고들어 그들이 단기간에 경제를 회복하는 데 윤활유 겸 연료 역할을 했다. 이런 윤활유가 없었다면 독일과 일본 등의 경제가 짧은 기간에 다시 살아나는 일은 불가능했을 것이다. 이로 말미암아 달러도 세계 각국의 주목을 받으며 신뢰를 얻어갔다. 브레튼우즈체제가 이미 달러와 금을 연동시키는 국제통화체제를 구축하면서 1960년대 사람들은 달러와 금을 동일시했다. 달러는 세계 법정화폐이자 부의 상징으로 급부상했다. 물품 하나의 가격을 달러로 책정하면 품질이 좋고 가장 가치 있는 물건처럼 인식되었다. 각국도 달러를 기축통화로 삼아 달러와 금을 완전히 동일하게 여겼다. 지금까지 각국은 자신의 보유 자산을 발표할 때도 달러를 계량단위로 사용하고 있다.

풀리지 않는 난제

수천 년의 인류 역사 속에서 금과 은은 사용 범위가 가장 넓고 역사가 가장 긴 화폐였다. 수천 년의 발전 과정을 거치면서 사람들은 매매 거래를 할 때 창고 속에 저장된 금을 이전할 필요 없이 금의 창고 보관증을 거래자 사이에 주고받는 것만으로도 거래를 완벽하게 성사시킬 수 있다는 것을 깨닫기 시작했다. 그래서 금의 창고 보관증은 점차 화폐의 기능을 갖추게 되었고, 금의 서면 증명서와 같은 종이 제품이 실물 금을 대신해 시중에 유통되었다. 이런 식으로 시장에서 유통되던 종이 제품이 바로 초기 화폐. 그 자체만 보면 가치가 전혀 없는 종이가 일정 수량의 금과 동등한 가치를 지닌다는 것을 믿도록 만들기 위해 국가는 법률 형식으로 이 종이 제품에 대한 확인 절차를 진행했고, 이런 식으로 법정화폐가 탄생하게 되었다. 법정화폐의 탄생은 바로 금의 지폐화 과정이기도 하다.

1821년 영국은 금본위제를 정식으로 확립했다. 다시 말해, 법률 형식으로 금을 본위로 삼아 화폐를 발행하도록 승인한 것이다. 그 후 국민들은 보유 지폐를 장당 금 함량에 따라 금화로 바꿀 수 있었다. 나라별로 서로 다른 금 주화는 금 함량에 따라 고정비율을 형성했고, 이런 비율 체계가 확립되면서 금의 국제적 이동이 허용되었다. 금본위제의 확립과 더불어 영국이 세계무역에서 결정적 우위를 차지하면서 영국의 법정화폐인 파운드가 빠른 속도로 맹주 자리에 오르게 되었다. 그리고 이때부터 세계 통화는 파운드 시대로 진입했다.

국제 금본위제의 확립으로 파운드가 패권을 쥐었지만, 남북전쟁의 종식과 더불어 19세기 후반에 미국이 급부상하면서 달러가 파운드의 지위를 위협하기 시작했다. 특히 생산력이 발전하면서 세계 금 생산량의 증가 폭이 상품 생산량의 증가 폭보다 훨씬 적어 금이 갈수록 증가하는 상품유통 수요를 감당하지 못하게 되었고, 이런 현상이 금 주화 유통의 근간을 크게 뒤흔들며 금본위제를 벼랑 끝으로 내몰았다. 제1차세계대전의 발발은 고전적 금본위제의 붕괴를 초래했고, 영국 파운드의 쇠락을 가속화했다. 반면 대서양 맞은편의 미국은 전쟁으로 큰돈을 벌어들였다. 1929년 미국의 산업 생산량은 적어도 세계 총생산량의 42.2퍼센트를 점했고, 그 총량은 심지어 모든 유럽 국가의 총합을 뛰어넘어 세계경제의 판도를 뒤바꾸어놓았다.

1922년 4월 10일 세계 최대 채권국 미국과 승전국 영국이 공모해 관련 국가들과 함께 이탈리아 제네바에서 역사상 최초의 국제경제회의를 개최했고, 그 결과 '금환본위제'가 탄생했다. 회의의 주요 내용을 살펴보면 달러와 금이 계속 연동되어 있고, 금 20분의 1 온스와 1달러는 등가를 이룬다. 기타 국가는 자국의 통화를 금으로 바꿀 수 없지만 파운드로 교환할 수 있고, 영국은 파운드를 금과 달러로 바꿀 수 있도록 약속했다. 금환본위제의 확립은 달러가 파운드와 마찬가지로 각국의 무역 결제와 외환 보유를 위한 국제 화폐로 자리 잡는 것을 의미했다. 그러나 이때 영국 경제는 쇠락하기 시작했고, 미국의 경제력은 이미 영국을 훨씬 능가했다. 제2차세계대전 후 파운드는 장기간에 걸쳐 점진적으로 평가절하했다. 각국은 자국의 화폐가 파운드의 평가절하 때문에 평가절하하지 않도록 앞다투어 파운드를 금으로 태환했다. 그 결과 파운드의 국제 지위가 전대미문의 타격을 입었다.

제2차세계대전 중에 국제통화 질서가 혼란에 빠지면서 국제사회는 통일된 국제통화체제를 가능한 한 빨리 구축해야 한다는 데 뜻을 모았다. 제2차세계대전 후반에 영미 양국은 전후 국제통화체제를 구상하고 설계했다. 영국과 미국은 1943년 초 '케인스 플랜'과 '화이트 플랜'을 각각 제시했다. 1944년 7월 세계 44개국이 참가한 유엔 국제통화금융회의에서 최종적으로 '화이트 플랜'을 기초로 제정된 〈국제통화기금협정〉과 〈국제부흥개발은행협정〉을 통과시켰고, 브레튼우즈체제의 수립을 선언했다. 이 체제는 달러와 금을 연동시키고, 회원국 통화와 달러를 연동해 조정 가능한 고정환율제도를 실행했다. 회원국 통화는 금으로 직접 태환할 수 없고, 각국 정부는 공정가격으로 정한 '금 1온스=35달러'의 기준에 따라 미국을 상대로 언제든지 금을 태환할 수 있다. 이 체계에서 미국의 역할은 달러를 충분히 제공해 국제적 청산 수단이 되도록 만드는 것이다. 이 체계의 수립과 더불어 파운드는 달러의 보조화폐로 전락했다. 반면 달러는 파운드를 철저히 물리치고 세계 통화의 패주 자리에 오를 수 있었다.

브레튼우즈체제가 달러를 맹주의 자리에 올려놓았지만, 근본적인 문제점을 안고 있었다. 브레튼우즈체제가 가동되려면 세 가지 기본 조건을 갖춰야 한다. 첫째, 미국의 국제수지가 반드시 흑자를 기록해 달러의 대외 가치 안정을 보장해야 한다. 둘째, 미국이 충분한 금을 보유하고 있어야 한다. 셋째, 금은 반드시 공정가격, 즉 '금 1온스=35달러' 수준을 유지해야 한다. 하지만 이 세 가지 조건을 동시에 갖추는 것은 불가능하다. 전후 세계경제의 발전 과정에서 달러의 안정을 유지하기 위해 미국의 국제수지가 시종일관 흑자를 유지하면 다른 나라는 필연적으로 적자일 수밖에 없고, 미국의 국제 보유 자산이 국제무역 발전의 수요를 충족시키지 못하는 이른바 '달러 기근' 현상이 나타나게 된다. 만약 각국 국제 보유 자산의 수요를 만족시키려면 미국의 국제수지가 시종 적자를 유지해야 한다. 이렇게 되면 달러의 평가절하가 야기되어 달러 위기가 발생하고, 결국 '달러 재앙'으로 이어진다. 이것이 바로 브레튼우즈체제가 자체적으로 해결할 수 없는 근본적인 내적 모순, 즉 '트리핀 딜레마(Triffin Dilemma)'[29]다.

이 난제에 대한 비교적 널리 통하는 해석은 이렇다. 세계가 금이 아닌 달러를 축적해 비축 자산으로 삼을 때 미국은 딜레마에 빠질 수밖에 없다. 외국인들이 여분의 달러를 미국에 빌려주면 이는 미국의 단기 부채를 증가시키고, 미국은 금 보유량을 늘려 달러와 금의 태환을 가능하게 만들겠다는 약속을 지켜야 한다. 하지만 그렇게 하면 전 세계의 달러 부족 사태가 지속되고, 반대로 그렇게 하지 않으면 미국은 더 많은 달러를 담보로 제공해야 한다. 이것은 마치 영원히 풀 수 없는 매듭과도 같다. 미국에서 방출되는 달러는 전 세계의 거래 수요를 만족시킬 만큼 충분히 많아야 한다. 하지만 동시에 이 달러가 고정된 양의 금으로 태환될 수 있도록 확실히 보장하려면 너무 많은 양의 달러가 결코 방출되어서는 안 된다. 이런 국면을 안정적으로 장기간 지속하는 것은 절대 불가능하다. 만약 미국이 세계의 유동적인 수요를 만족시키면 점점 더 많은 양의 달러를 방출해야 하고, 각국이 여분의 달러를 미국에서 금으로 태환할 수 있게 되면 미국은 필연적으로 붕괴의 길을 걸을 수밖에 없다. 반대로 달러가 세계의 유동성 수요를 만족시키지 못하면 달러는 패권을 내려놓아야 하며, 다른 나라들은 결국 새로운 대체 통화

---

29 당시 유명한 금융학자인 로버트 트리핀(Robert Triffin) 예일대 교수는 브레튼우즈체제 자체에 존재하는 극복 불가능한 모순을 제기했는데, 이것을 국제 경제학계에서는 '트리핀 딜레마'라고 불렀다.

를 찾게 될 것이다.

트리핀은 국제적으로 협조와 합의가 없는 상태에서 이 체계를 바꾼다면 매우 파괴적인 힘을 방출하게 될 것이라고 설명했다. 미국은 반드시 통화 긴축과 화폐의 평가절하 또는 무역 및 외환 규제 등을 통해 금 보유고가 바닥나는 것을 막아야 한다. 금 보유고가 바닥나면 세계 금융 공황을 초래하고, 아울러 세계적으로 보호주의 조치가 야기된다. 따라서 이 시스템은 세계경제를 종말의 재앙으로 몰고 가는 체계라 할 수 있다.

이런 재앙을 막으려면 어떻게 해야 할까? 트리핀은 당시 케인스가 '화이트 플랜'을 겨냥해 제기한 '방코르'와 아주 흡사한 해결책으로 새로운 국제 준비 화폐를 만들고 국제통화기금이 관리하는 방안을 내놓았다. 그는 이 체계의 잠재적 인플레이션 경향을 예방하기 위해 일부 관료 기구를 설립하는 방식의 보장 조치를 제안했다. 그 결과 국제통화기금 이사회는 1968년 특별인출권(special drawiong right, SDR)을 승인했다. 실질적으로 이 시스템의 구축은 하나의 진정한 국제 법정화폐를 향해 내딛는 첫걸음이었다. 주요 목적은 국제 유동성 부족 문제, 즉 달러 부족 문제를 해결하기 위한 것이었다. 브레튼우즈체제를 반대하는 국가들의 입장에서 볼 때 금과 연동되는 특별인출권은 달러를 폐위하고 금본위를 회복해 국제적으로 가장 중요한 비축 자산이 되고자 하는 꿈에 한 걸음 다가서는 것이었다. 반대로 미국의 입장에서 보면 특별인출권은 보유 금의 유실을 막기 위해 귀중한 시간을 벌 수 있는 기회였다.

달러 강세를 위한 선택

1970년에 이르자 독일 등 유럽의 일부 국가는 달러의 압력을 더 이상 감당할 방도가 없었다. 독일 화폐인 마르크가 1961년 두 차례 평가절상했지만 계속되는 자본 유입은 여전히 마르크 환율을 한층 끌어올렸고, 자본 유입액이 이미 96억 달러에 이르렀다. 독일은 어쩔 수 없이 1971년 5월 10일에 마르크 환율의 자유 유동을 허용했는데, 이때부터 환율은 7퍼센트 상승했다. 이는 달러의 평가절하 폭이 10퍼센트에 도달했다는 것을 의미한다. 스위스 은행은 통화 공황의 지속화를 막기 위해 달러의 거래를 일시 중단했다. 이런 방법은 투기성 자본이 지속적으로 독일과 스위스에 유입되는 것을 잠시 억제했지만, 미국으로 자본이 계속 유출되는 것을 막을 수는 없었다.

1971년 8월 6일 미국의 한 의회 소위원회에서 「현재 달러 강화를 위해 취해야 하는 행동」이라는 제목의 보고서를 발표했다. 이 보고서는 달러를 더 약화시켜야 한다는 결론을 제시했다. 그 결과 달러 덤핑이 가속화되었다. 발등에 불이 떨어진 프랑스는 서둘러 군함 한 척을 보내 뉴욕 연방준비은행 금고에 맡겨둔 금을 프랑스로 운반했다. 8월까지 미국이 외국에 빚진 단기 달러 채무가 대략 600억 달러였고, 그중 3분의 2가 외국 관공서에 진 빚이었다. 온스당 35달러로 계산하면 미국 금 보유액은 97억 달러로 줄어들었다. 1971년 8월 9일 금 가격이 온스당 43.94달러까지 올랐고, 달러의 평가절하는 역사상 최고치에 이르렀다. 그러나 이때도 워싱턴에서는 브레튼우즈체제의 종식 어부를 놓고 지열한 공방전만 벌어지고 있을 뿐이었다.

1971년 8월 10일 미국의 중량급 은행가이자 경제학자인 사람들이 저지섬(Jersey Island) 해안에 있는 만토로킹(Mantoloking)에서 한 차례 세미나를 개최해 달러 위기 문제를 논의했다. 당시 미국 재정 수지 적자가 폭발적으로 증가했고, 미국은 사실상 달러와 금의 고정환율을 장담하기 힘들었다. 원인은 단 한 가지였다. 연준이 미국 금 보유량을 훨씬 웃도는 달러를 만들어냈기 때문이다. 이 회의에서 전문가들은 달러의 슈퍼 오버 발행으로 말미암아 브레튼우즈체제가 규정한 '금 1온스 =35달러'에 따라 달러와 금의 정상적 비율을 유지할 수 없는 문제를 두고 치열한 논쟁을 벌였다.

이날 오후 3시에 미국 재무부 차관 폴 볼커(Paul Volcker)가 회의장에 도착하면서 회의의 논쟁도 절정에 달했다. 연준의 존 엑서터(John Exeter)가 금리를 대폭 인상해 지금의 달러 위기에 대처할 것을 제안했다. 이 제안은 대다수의 반대에 부딪혔다. 그들은 이런 방식이 더 심각한 경제 침체를 초래할지도 모른다고 우려했다. 엑서터는 금 가격의 인상도 제안했고, 볼커는 그 제안에 찬성하면서도 의회에서 통과되기 어려울 것이라 생각했다. 미국의 의사 결정권자들은 미국 국민에게 진실이 밝혀지는 것을 영원히 바라지 않았기 때문이다. 이때 회의는 교착 국면에 빠지는 듯했고, 새로운 제안을 하는 사람도 나타나지 않았다. 결국 볼커는 엑서터에게 어떻게 하면 좋을지 의견을 물었다. 그러자 엑서터는 이렇게 대답했다. "금리 인상은 물론 금값 인상마저 꺼리는 이상 이제 남은 방법은 금을 태환할 수 있는 창구를 막는 것뿐입니다." 달러가 계속 평가절하할 때 1온스당 35달러로 국고의 금을 계속 파는 것은 아무 의미가 없었다. 이럴 경우 금이 아무리 많아도 갈수록 평가절하하는 달러 태환의 수요를 만족시킬 방도가 없다. 결국 이번 회의에서 금 창구를 닫아야 한다는 제의가 최종적으로 통과되었다.

1971년 8월 15일 미국의 리처드 닉슨(Richard Milhous Nixon) 대통령은 전국 텔레비전 방송을 통해 전 세계를 깜짝 놀라게 할 만한 새로운 경제정책을 발표했다. 바로 세금을 인하하고, 90일 안에 임금과 가격을 동결하고, 10퍼센트의 수입 부가세를 추가 징수하고, 금 창구를 닫아 더 이상 외국 정부가 보유한 달러를 금으로 태환할 수 없게 만든 것이었다. 이 정책은 국제통화기금에서 미국이 반드시 지켜야 할 의무를 명백히 위반했다. 이제 브레튼우즈체제는 막을 내렸고, 역사상 최초로 전 세계가 동시에 법정화폐 시대로 들어섰다. 이때부터 화폐 발행은 무절제한 수준에 이르렀다. 정부와 회사, 사채도 상환할 방도가 없어졌다. 그러나 채무는 결국 갚아야 하고, 지불을 하는 사람은 결과적으로 세계

돈의 탄생

각국의 납세자들이다. 그 후 금융 위기가 세계를 휩쓸며 상황은 갈수록 심각해졌다. 세계는 브레튼우즈체제의 종결을 위한 대가를 지불해야 했다. 미국의 이런 행보를 통해 달러는 자국 화폐지만 세계 각국의 문제이기도 하다는 사실을 알려주었다. 브레튼우즈체제의 해체는 세계 금융과 경제에 막대한 영향을 미쳤다.

전후 초반에 서유럽과 일본은 경제 회복을 위해 대량의 달러가 필요했다. 하지만 상품과 노동력의 수출만으로는 충족시킬 수 없었고, 결국 '달러 기근'이 발생했다. 그래서 미국은 달러를 대량으로 발행하기 시작했다. 1960년대 후반 미국이 베트남전쟁을 일으키면서 군비 지출이 빠르게 증가했고, 서유럽과 일본의 경제 회복까지 더해져 미국의 국제수지는 점차 흑자에서 적자로 돌아섰다. 미국 정부는 어쩔 수 없이 대량의 달러를 추가 발행해야 했고, 달러는 여러 차례 평가절하를 초래하며 달러 위기를 낳았으며, 미국의 금 보유액도 대폭 감소했다. 유럽 각국이 평가절하된 달러 여유분을 금으로 바꾸고자 했을 때 닉슨 정부는 1971년 8월 15일 협의를 일방적으로 파기하고 달러를 금과 연동하지 않겠다고 선언했다. 이것은 브레튼우즈체제의 와해를 뜻했고, 미국이 기존의 금을 연방준비제도의 금고에 영구히 보관하겠다는 의미를 담고 있었다. 이뿐 아니라 미국은 각국이 금으로 달러를 밀어내면서 달러의 가치가 대폭 평가절하할 수 있는 통로를 차단해 달러가 파운드의 전철을 밟을 가능성을 막았다. 그러나 국제통화 질서는 더 혼란스러워졌다.

이런 국면에 대처하기 위해 1976년 국제통화기금은 자메이카의 수도 킹스턴에서 회원국 총회를 열어 새로운 국제통화 질서의 구축을 논의했다. 이 회의는 〈자메이카협정〉을 체결하고 현행 국제통화체제를 구축하기로 최종 합의했다. 이 체제는 금의 비(非)화폐화를 추진하며 금과 각국 통화를 완전히 분리하고, 금이 환율 가격의 기반이 되지 못하게 했다. 또한 국제 기축통화의 다양화, 변동환율제의 합법화를 규정했다. 자메이카 통화 체계의 탄생 때문에 달러의 지위가 기축통화의 다원화로 약해지는 것처럼 보이지만, 실제로 다른 나라의 통화는 달러와 필적할 수 없는 부속 통화였고 달러는 여전히 국제통화의 핵심이었다. 이와 더불어 달러는 자유를 얻었고, 미국은 금의 구속에서 벗어나 향후 달러를 무기로 세계경제를 진두지휘하며 장애를 제거할 수 있는 기회를 얻었다. 이렇게 해서 미국은 실제로 금을 폐기하는 마지막 단계[30]를 완성했다. 이후 금은 국제통화체제에서 철저히 퇴출되었다. 달러의 국제통화 패주의 지위도 마침내 결실을 맺었다.

미국은 한때 '금 밀어내기'로 파운드를 무너뜨렸고, 이제는 다른 사람이 똑같은 수법으로 달러를 무너뜨리려 드는 것도 피했다. 이 목적을 달성하기 위한 유일한 방법은 바로 금을 폐기하는 것이었다. 그래서 자메이카 통화 체계는 실질적으로 미국의 달러 패권 전략을 위해 길을 열고 조건을 만들어주었다.

패주의 등장

브레튼우즈체제가 붕괴한 뒤부터 금의 속박에서 벗어난 달러는 다른 나라들이 가질 수 없는 미국만의 새로운 전략적 무기가 되었다. 미국은 당시 세계에서 가장 강대한 나라였고, 달러는 가장 중요한 국제화폐였다. 달러의 붕괴는 세계 금융 체계의 붕괴를 의미한다. 따라서 달러가 아닌 화폐가 일단 달러와 맞서게 되면 큰 위험 부담을 떠안아야

---

30 첫 번째 단계: 1929년 대공황 이후 루스벨트 대통령은 미국 국민이 금을 소유해서는 안 된다고 선언했다. 두 번째 단계: 1944년에 열린 브레튼우즈에서 달러와 금을 연계해 달러가 곧 금이라는 것을 세상에 분명히 알렸다. 세 번째 단계: 달러와 금의 연계를 끊고 금을 국제통화체제에서 완전히 방출시켰다. 이로써 달러는 금 대신 세계 유일의 경화가 되었고, 이 과정은 무려 40년 동안 지속되었다.

하고, 이는 영락없는 '비대칭 전쟁'이었다. 이후 달러는 세계 통화 패주(霸主)의 자리를 온전히 지켜냈다. 미국은 금을 무너뜨리고 석유 가격과 대량의 상품 가격을 통제해 국제통화기금 및 세계은행 등 국제금융 조직을 독점·장악했다. 또한 일본, 라틴아메리카의 국가들, 러시아, 이라크, 리비아 등 미국과 달러를 안중에 두지 않거나 미국과 달러에 도전하는 국가를 격파하는 패권 전략을 시행하기 시작했다.

　달러 패권은 주로 다음과 같은 양상으로 나타났다.

- 세계무역에서 달러를 사용해 결재하는 비중이 다른 화폐보다 훨씬 커야 한다. 설사 미국과 무관한 국제무역일지라도 광범위하게 달러를 사용해 결재해야 한다.
- 세계 각국의 외환 보유액 중 달러를 본국 기축통화로 삼는 비율이 65퍼센트 이상이고, 그중 중국, 러시아, 브라질 등을 중심으로 한 신흥 시장 국가의 달러 보유 비중이 더 높다.
- 외환 거래에서 달러로 거래하는 비중이 90퍼센트 이상이다.
- 달러는 이미 국제통화의 균형과 계량을 위한 닻과 기준이 되었다.

미국이 그 안에서 얻은 경제적 이익은 다음과 같다.

- 주화세 소득, 즉 통화팽창세를 얻었다.
- 미국은 국제주의 통화인 달러를 이용해 비교적 쉽게 국제수지 불균형에 대처할 수 있다.
- 세계 각지에 있는 미국 기업들이 대외적으로 화폐를 지불할 때 환율 변동의 위험을 겪을 필요가 없다.
- 미국의 금융기관들은 전 세계의 돈을 벌어들이고 있고 그 수익성이 상당히 높다.
- 미국 국내에 금융 위기가 발생할 때 미국은 강력한 금융 패권의

지위를 이용해 위기를 가능한 한 빨리 다른 나라와 지역으로 넘기고 피해를 최소화할 수 있다.

요컨대, 달러가 패권을 잡고 있으면 금은과 같은 경화나 실물의 뒷받침 없이 아무 구속도 받지 않은 채 세계 어디서나 공개적으로 달러를 발행할 수 있고, 기축통화의 지위를 이용해 미국이 세계 금융과 무역을 지배하는 데 유리한 일련의 제도를 제정하도록 유도할 수 있다.

물론 달러의 패권은 미국 국가 패권을 구성하는 하나의 요소일 뿐이다. 미국의 정치 패권, 경제 패권, 군사 패권과 달러를 핵심으로 한 금융 패권이 모두 미국의 국가 패권을 구성하고 있다. 만약 그중 한두 개의 패권에만 의존한다면 미국은 세계 정상의 자리에 오를 수 없다. 미국의 패권은 인류 역사상 가장 성숙하고 뛰어난 발전 수준을 보여주고 있다. 중국 명·청 시대의 백은 패권과 대영제국의 파운드 패권은 모두 미국 패권의 수준과 깊이를 따라가지 못한다. 중국은 명·청 시대에 백은 패권을 실현했지만 세계를 이끌 야심과 자신감이 부족했다. 대명제국 초반 기세 높게 전개된 대항해운동처럼 시작은 좋았지만 첫 기회를 잡지는 못했다. 그래서 중국은 서방 열강이 전함을 몰고 자기 집 문 앞까지 찾아와 도전장을 내밀었을 때 기껏해야 저들을 쫓아내는 데 급급했을 뿐이다. 중국도 저들의 문 앞까지 찾아가 필요한 것을 가지고 돌아올 생각은 전혀 하지 못했다. 이는 문화적 차이였지 옳고 그름이나 높고 낮음의 차이는 아니었다.

과연 미국 패권과 달러 패권은 끝이 있을까? 물론이다! 어떤 패권을 막론하고 영원한 것은 없다. 지금 세계에 이미 유로화 등 달러와 견줄 만한 화폐가 등장하고 있지 않은가? 그러나 미국과 달러의 패권은 단시간 내에 종결되거나 기타 다른 패권으로 대체될 리는 없다. 로마가 하루아침에 이루어진 것이 아니듯 모든 패권이 단번에 만들어지는 것은 결코 아니다. 마찬가지로 패권의 종말도 하루아침에 무너지는 식으로 전개되지 않는다. 패권이 형성되는 데 비교적 긴 시기가 필요하듯, 패권이 종결되는 데도 일련의 과정이 필요하다. 세계에서 기타 다른 경제 실체가 가진 실력이 성장하고 발전할수록 이들 경제 실체가 세계경제에서 차지하는 비중도 점차 증가할 것이다. 이 과정은 더디게 진행될지 모르지만, 이들 경제 실체의 실력이 조금이라도 발전하면 기존 패주였던 미국의 실력은 그에 상응해 조금씩 약해진다. 그래서 이 기나긴 마라톤 경주에서 필요한 것은 오랜 시간을 견뎌낼 수 있는 지구력과 내공이다. 지구력과 내공이 패주와 맞설 만큼 강해지면 패권의 향방이 달라질 수 있다.

06

결론

제2차세계대전이 유럽을 공전의 재난 속으로 끌어들였다면 미국에는 번영의 기회를 제공했다. 미국은 이 절호의 기회를 단단히 움켜쥐었다. 브레튼우즈체제의 구축을 통해 미국은 국제 화폐 무대에서 파운드화를 완전히 몰아내고 주도적 지위를 차지했고, 달러와 금을 한데 묶어서 바라던 '달러 천하'를 실현했다. 아울러 미국은 전략적 의도인 금본위 폐지의 두 번째 단계도 완성했다(첫 번째 단계는 개인의 금 보유를 금지하는 법안을 통과시킨 1933년에 진행되었다). 이때부터 금은 이미 독립적으로 화폐본위의 기능을 담당하지 못했고 달러에 종속된 꼭두각시에 불과했다. 금은 달러와 함께 명목상 통화본위의 기능을 담당했지만, 이 본위의 핵심은 당연히 달러였다.

이 체계를 구축할 당시의 인구와 토지 점유율이 세계 6퍼센트인 미국은 서방 세계 GDP 총액의 3분의 2, 무역 수출의 3분의 1, 철강 제련 총량의 61퍼센트, 자동차 생산량의 84퍼센트를 점유했다. 미국의 공식 금 보유량은 2만 톤을 넘어 당시 세계 금 보유량의 59퍼센트를 점했다. 이 2만 톤의 금은 달러를 전대미문의 패권 화폐로 만들기에 충분한 양이었다. 달러가 이미 금과 연동되고 미국이 세계 금 자원의 절대다수를 차지하는 이상, 미국은 마음만 먹으면 언제라도 달러와 금의 관계를 끊어내고 달러를 금 대신 세계 통화로 만들 수 있었다.

이날은 브레튼우즈체제가 구축된 뒤 30년 가까이 지난 1971년에 드디어 찾아왔다. 그때부터 달러는 세계 통화 패주의 자리에 홀로 올라섰다. 이는 제1차세계대전 이후 줄곧 꿈꿔오던 목표의 실현이기도 하다. 이로써 미국은 금본위제와 금 폐지의 마지막 단계인 세 번째 단계를 마무리했다. 실제로 미국은 '브레튼우즈체제'를 일방적으로 폐지했다. 다시 말해서 미국은 달러와 금의 35:1 교환 비율을 폐지했고 자신의 금고문을 닫아버렸다. 달러는 금을 대신해 각국 통화 보유의 유일한 자산이 되었다. 당시 담보로 사용된 대량의 금도 모두 미국에 남아 있었고 극소량만 해외로 유출되었다. 지금까지도 미국은 세계에서 금을 가장 많이 보유한 나라다. 만약 미국이 보유한 금 8,000톤과 미국이 실질적으로 통제하고 있는 국제통화기금이 보유한 금 3,000톤까지 합친다면 미국 통제 아래 있는 황금의 총량은 1만 톤 이상 되는 셈이다. 우리가 깊이 생각해볼 만한 의미 있는 수치다. 이 시점에서 사람들은 다음과 같은 의문을 가질 수밖에 없다. 미국은 '야만의 유물'이라 불리는 금을 정말 역사에서 몰아낼 수 있을까? 왜 미국은 지금까지도 이렇게나 많은 '아무런 통화가치가 없는' 금을 손에 쥐고 있으려 하는 것일까?

물론 1944년 브레튼우즈체제가 구축된 그날부터 달러의 패권 시스템이 이미 탄생했다고 말할 수는 없다. 그러나 브레튼우즈체제의 구축은 하나의 국제통화체제의 신기원을 의미한다. 그 후 달러는 인류가 화폐를 발명한 이래 가장 강력한 화폐가 되었고, 미국과 달러가 세계를 제패하는 문이 열리기 시작했다. 세계 판도와 발전 방향도 그 변화 추이에 맞춰 엄청난 변화를 겪었다.

하지만 1971년 브레튼우즈체제가 해체되고, WTO 등 국제무역 관련 기구에 참여하는 국가가 점점 많아지면서 미국의 브레인들은 이 국제기구들을 통제하는 일이 갈수록 어려워졌고, 심지어 이 기구들이 이미 미국의 이익을 위협하기 시작했다고 느꼈다. 그래서 그들은 새로운 국제무역체제를 가동해 기존의 체제를 대체하려고 시도했다. 미국은 2015년 10월 '환태평양경제동반자협정(Trans-Pacific Partnership, TPP)'이라 불리는 새로운 체제를 제안했다. TPP는 투자, 서비스, 노동력, 환경보호 문제 등 협의 내용 면에서 WTO를 앞섰다. TPP의 자유무역 틀 안에서 현재 모든 관세가 철폐된다. 이것은 WTO에 전혀 포함되지 않는 내용이었다. 이 때문에 TPP는 WTO를 일거에 대체한다는 데 의미가 크다고 볼 수 있다. TPP는 72년 전에 만들어진 브레튼우즈체제와 마찬가지로 미국의 이익을 확보하기 위해 만들어진 것이지만 둘 사이에는 근본적인 차이가 존재한다. TPP의 본래 목적은 구축과 재건이 아니라 미국의 패주 지위를 계속 유지하는 것이다.

그러나 1년 후 새로 당선된 도널드 트럼프 미국 대통령은 취임 첫날인 2016년 11월 24일에 미국의 TPP 탈퇴를 선언했다. 많은 사람이 미국의 움직임에 당혹감을 감추지 못하며 이해할 수 없다는 반응을 보였다. 정말 미국은 중국이 참여하고 중미가 함께 주도할 수 있는 새로운 무역과 규칙 시스템을 찾고 있는 것일까? 답은 당연히 부정적이다. 트럼프가 TPP에서 탈퇴하는 이유는 실질적으로 미국 내 글로벌화에 반대하는 국민의 목소리와 요구에 부응하는 것이었다. 일부 미국인을 포함한 많은 사람이 보기에 지난 몇십 년 동안 미국은 줄곧 이 세계무역 글로벌화 운동의 수혜자였다. 하지만 시대 변화와 함께 세계의 신흥 경제권이 글로벌화의 동풍을 타고 빠르게 부상하면서, 대다수 미국인은 장기적으로 볼 때 경제 글로벌화 운동으로 가장 큰 손해를 보는 나라도 미국이 될 것이라고 판단했다. 또한 그들은 미국이 앞장선 글로벌 운동이 신흥 경제권 국가에 절호의 기회를 쥐어주었다고 여겼다. 신흥 경제권 국가는 공리의 이념에 근거해 발전의 추진체가 될 수 있는 선진국의 기술과 자금의 수혜를 입었지만, 상대적으로 선진국의 발전은 발목을 잡힌 꼴이 되어버렸다. 그들은 이 글로벌 운동이 없었다면 미국의 국제적 지위와 영향력이 이렇게 큰 영향을 받을 리 없다고 보고 있다. 가장 두드러진 예로 세계경제 규모에서 미국의 비중이 33퍼센트에서 24퍼센트 내외로 떨어졌다. 하락한 수치만큼의 돈이 신흥 경제권 국가의 지갑 속으로 흘러들어갔다. 이는 바로 TPP가 글로벌 운동을 지속한 결과이자 산물이었다.

이것이야말로 TPP 반대의 기치를 높이든 트럼프가 대선에서 힐러리를 꺾은 가장 큰 변수였다. TPP 반대의 기치를 높이 든 트럼프는 미국 백인 노동자를 주축으로 한 유권자들의 강력한 지지를 얻는 데 성공했다. 그들은 트럼프를 백악관에 앉히고, 글로벌 정책을 지속해야 한다고 주장했던 힐러리를 미국 권력의 중심에서 밀어냈다. 그리고 트럼프는 취임 첫날에 단호하게 이 결정을 발표해 대선 공약을 이행했다. 이는 그가 가장 쉽게 실현할 수 있는 약속이기도 했다. 트럼프가 TPP 탈퇴를 선언할 때까지 TPP 메커니즘은 정식 가동 전이었고, 미국 의회에서도 이 의안이 정식 통과되지 않은 상태였다. 만약 미국이 아직 실시되지 않은 체계에서 미리 발을 뺀다면 그 저항력을 최소화할 수 있고, 의회를 거칠 필요 없이 대통령의 직권만으로 결정을 내릴 수 있다. 그래서 TPP가 어둠 속으로 사라질 운명은 일찌감치 정해진 것이나 다름없었다. 이런 행보는 새로운 세계무역 규칙을 제안하고 창도하던 미국이 기존의 글로벌 무역 시스템 안에서 차를 거꾸로 모는 셈이었다. 목적은 미국의 최대 이익을 지키는 것뿐이었다. 다시 말해, 미국은 남의 일에 더 이상 신경 쓰지 않은 채 모든 정력을 자신의 일에만 집중하고자 했다. 이것이 트럼프가 갑작스럽게 TPP 탈퇴를 선언한 실체이자 근본 원인이다.

미국의 TPP 탈퇴가 중국에 미치는 영향은 그리 크지 않을 것이다. TPP는 중국을 억제할 수 없고 미국에 호재가 될 수도 없다. 도리어 미국의 이익에 손해를 입힐 수 있다. 적군 1,000명을 죽이려고 아군

800명을 잃는 것과 다르지 않은 하수다. 정치적 상징성도 없고 경제적 가치도 없다. 미국은 TPP 때문에 작은 경제권만 끌어안는 역할을 하면서 더 큰 범위의 경제권과 이익을 포기해야 한다. 소탐대실의 어리석은 행동이 아닐 수 없다. 이런 행보는 도리어 세계적으로 더 큰 무역 기회를 얻고자 줄곧 주력해온 중국에게 힘을 실어줄 수 있다. 이 때문에 트럼프가 이끄는 미국 정부는 중국을 억제해야 비로소 미국의 이익과 패권을 지킬 수 있다는 전임 정부의 편협한 생각을 버리기 시작했다. 지금 미국의 최우선 과제는 중국을 억제하는 것이 아니라 새로운 피를 수혈해 패주의 지위를 계속 지켜내는 것이다. 세계 패주의 지위를 잃는 순간 재앙이 시작된다는 사실을 미국도 모르지 않았다. 그때가 되면 오랫동안 미국의 압박을 받아온 나라들이 하루아침에 복수의 칼을 뽑아 들고 공격해올 것이 불 보듯 훤했다. 그런 의미에서 트럼프의 대선 승리와 미국의 TPP 탈퇴 선언은 미국뿐 아니라 중국에도 유리했다. 세계 패주의 지위를 지키려면 미국은 반드시 이 길을 걸어가야 한다. 물론 그 과정에서도 미국은 적당한 시기를 조율해 미국의 이익에 더 유리한 무기를 내놓아야 할 것이다.

자신의 패주 자리를 순순히 남의 발 앞에 가져다 바치는 군주는 세상 어디에도 존재하지 않는다. 미국도 마찬가지다.

돈의 탄생

제 7 장

분투

01

금 루블의 탄생

17세기부터 19세기 말까지 러시아제국[31]의 화폐로 쓰인 루블은 동전에서 은화로, 은화에서 지폐로, 다시 지폐에서 금화로 이어지는 순환식 발전 과정을 기쳤다. 화폐의 잦은 교체는 러시아제국 시대에 200년 가까이 진행된 통화팽창의 과정을 방증하는 것이기도 하다. 1997년 러시아제국에 금본위체제가 구축되고 나서야 루블은 세계 5대 화폐 중 하나가 될 수 있었다. 비록 러일전쟁과 러시아혁명과 같은 재앙이 닥쳤다 해도 루블의 근간을 흔들지는 못했다. 그러나 제1차세계대전이 발발한 뒤 각국이 잇달아 금본위제를 포기하면서 러시아제국도 어쩔 수 없이 그 추세를 따라야 했다. 루블의 몰락도 그때부터 시작되었다. 전쟁의 무자비한 타격과 소모전 속에서 국제 채무(주로 영국의 채무)가 갈수록 늘어났고, 러시아제국 정부는 돈을 대량으로 찍어내 하루하루 위기

---

31 러시아제국(Russian Empire)은 1721년 표트르 1세(Pyotr I)가 황제로 즉위한 뒤 1917년 니콜라이 2세(Nicholas II)가 퇴위할 때까지의 러시아를 가리키며, 러시아 역사상 마지막 군주제 국가이기도 하다. 로마노프왕조(Romanov dynasty)가 통치했다가 나중에 소비에트연방사회주의공화국으로 대체되었다.

를 모면할 수밖에 없었다. 그 결과 러시아제국의 통화인 루블의 유통량이 15배로 늘어났고, 물가도 그에 맞춰 15배나 폭등했다.

1917년 10월혁명이 일어난 후 새로 들어선 소비에트러시아(Soviet Russia)[32] 정권은 영국 채무의 상환을 거부했고, 러시아제국 시절의 루블을 계속 사용하기로 선포했다. 그러나 그들은 정권을 손에 넣자마자 거의 3년 동안 외부 간섭에 반대하는 내전에 시달렸다. 7년 동안 이어진 전쟁(4년 전쟁과 3년 내전) 탓에 전대미문의 악성 통화팽창의 늪에 빠지고 말았다. 게다가 서방의 14개국 연합군과 국내 공산주의 반대 연합군이 소비에트러시아의 곡식 창고라 불리던 땅(우크라이나)을 점령했고, 그 결과 소비에트러시아 정권에 시급하게 필요한 식량과 연료 등 중요 전략 물자의 공급원이 차단되었다. 소비에트 정권은 어쩔 수 없이 전시 공산주의 정책을 실행해야 했다. 즉, 농촌의 모든 식량 중 군량을 제외한 나머지 전부를 소비에트 정권에 상납하고, 도시 거주민의 식품, 일용품, 소비품을 일률적으로 소비에트 정권이 제정한 할당량에 맞춰 공급했다. 또한 모든 상공업을 소비에트 정권 소유로 돌리고 통일된 계획과 생산·분배의 원칙을 고수하도록 했다. 그 결과 화폐가 심각하게 초과 발행되어 소비에트 루블의 신용이 철저히 무너졌고, 러시아의 물가는 4만 9,000배까지 치솟았다.

소비에트러시아의 루블은 시간당 5퍼센트씩 평가절하할 정도로 몰락의 길을 걸어갔다. 소비에트 정권은 국가 은행의 폐쇄를 명령했고, 정상적인 금융 체계는 더 이상 존재하지 않았다. 사람들은 물건을 구매할 때 화폐가 아니라 재무부에서 발행한 대용권을 사용했다. 소비에트 루블은 사실상 붕괴된 것과 같았다. 도시에서 사람들이 긴 줄을 서

---

32 1917년 11월 7일 10월혁명 이후부터 1922년 12월 30일까지 제정러시아를 대신한 것은 레닌을 중심으로 한 소비에트연방사회주의공화국이다. 소련 또는 소비에트러시아로 간략히 불린다.

서 손에 쥐는 것은 고작해야 진흙과 톱밥을 섞어 만든 것처럼 보이는 검은색 빵과 곰팡이 핀 감자였다. 풍부한 천연자원을 가지고 있는 우랄 (Ural) 같은 땅에서 병들고 굶주린 시체가 산처럼 쌓였다. 산 자들은 살아남기 위해 죽은 자의 옷까지 벗겨내 입어야 했다. 소비에트러시아는 이미 기근과 기아가 뒤덮였고 상점들도 텅텅 비어버렸다. 사람들은 굶주림에 시달린 채 옷차림은 날로 남루해졌다. 소비에트러시아 사회 전체가 이미 붕괴 직전까지 내몰린 셈이었다.

1921년 소비에트러시아는 레닌의 신경제정책을 시행했다. 이 정책은 상인의 자유무역 종사를 허용하고, 농민들이 세금을 낸 뒤 여분의 식량을 팔 수 있게 했다. 또한 중소기업은 자영업자에게 다시 돌려주었고, 외국인의 소련 내 투자를 독려했다. 새로운 정책이 추진되면서 시장은 금세 활기를 되찾았다. 텅 빈 채 먼지만 쌓여 있던 진열대 위는 하룻밤 사이에 마법처럼 온갖 상품으로 가득 들어찼다. 이것이 곧 무역과 상업의 힘이었다.

신경제정책의 놀라운 효과가 빠른 시일 안에 눈에 띄게 드러나면서 국민의 신뢰를 잃었던 소비에트 루블은 신경제정책의 수요를 감당하기 힘들어졌다. 그래서 1922년 새로운 소련 국가 은행이 설립되고 소련 중앙은행의 틀이 만들어졌다. 바로 이때 소비에트 정권은 뜻밖의 횡재를 얻었다. 차르 정부가 카잔(Kazan)에 남겨둔 8,000만 파운드에 상당하는 금 보유액이었다. 이 재원은 차르 군대의 콜챠크(Kolchak) 해군 장교 부대가 패배한 뒤 소비에트 정부에게 넘겨졌고, 소비에트 정부는 약 5,000만 파운드의 금을 손에 넣을 수 있었다. 1파운드당 10냥의 백은 가격으로 계산하면 이 거액의 돈은 백은 5억 냥에 상당했다. 이 금 덕분에 소비에트 정부는 통화안정을 위한 토대를 마련할 수 있었다.

1921년 신루블이 발행되었고, 1루블(신폐)을 1만 루블(구폐)로 바꿀 수 있도록 규정했다. 1922년 10월 두 번째 지폐 액면가 축소를 통해 1루블(신폐)을 1921년 발행한 100루블과 교환하도록 정했다.

▶ 1921년에 발행된 1루블

1922년 10월 국가 은행은 체르보네츠 (chervonets)를 또 발행했다. 체르보네츠의 금 함량은 7.74234그램으로 금 25퍼센트와 상품 보증 75퍼센트로 구성되어 있다. 이 금 함량은 소비에트 루블과 동일하고 외화 무역 결산에 사용된다. 1924년 2월 새로운 1, 3, 5루블 지폐와 동, 은 보조화폐가 발행되었고, 동시에 신폐 1루블을 구폐 5만 루블로, 1체르보네츠를 신폐 10루블로 바꿀 수 있도록 규정했다. 이로써 소련 정부[33]의 지폐인 체르보네츠는 중앙은행이 발행하고, 보조화폐는 재무부가 발행하는 통일된 화폐제도를 확립했다.

1924년 2월 체르보네츠는 소련 전역에서 유통되는 화폐 총량 중 83.6퍼센트까지 증가했다. 그러자 소련 정부는 구 루블의 유통을 중지시키고 재정부에서 국채를 발행해 구폐를 회수하도록 지시했다. 같은 해 소련 정부는 신 루블을 발행해 체르보네츠를 통화 표준 단위로 삼아 유통시켰다. 1체르보네츠는 신 루블 10개와 같고, 신 루블 한 개의 금 함량은 약 0.774234그램이다. 소비에트 정부는 이전에 발행한 구 루블을 동시에 유통시켰고, 정부는 체르보네츠와 종이 재질 루블의 비교 가격을 정기적으로 공표했다. 이 새로운 루블은 여전히 금을 비축 기반으로 발행되었기 때문에 '금 루블'이라 불렸다. 1930년대 중반 국내외 정치·경제 상황의 영향을 받아 루블의 환율은 자주 변동되었고 불안정했다. 1936년 4월 1일부터 비로소 루블의 환율이 프랑스 프랑으로 고정되

---

33 1922년 12월 30일 소비에트연방사회주의공화국을 소비에트사회주의공화국연방 (Union of Soviet Socialist Republics, 줄여서 소련)으로 개명했다. 소련은 1991년 12월 26일에 해체되었다.

돈의 탄생

어 1루블이 3프랑과 같아졌고, 이를 근거로 다른 통화와의 비교 가격을 추산했다. 소련 화폐 체계의 확립을 상징하는 금 루블의 탄생은 1917년부터 시작된 악성 통화팽창을 철저히 종식시켰다.

레닌의 신경제정책 덕분에 1927년 소련의 경제는 제1차세계대전 이전인 1913년 수준으로 회복되었다. 그러나 1924년 1월 21일 레닌이 사망하면서 소련 국내에서 향후 어떤 발전 모델을 선택해야 할지를 두고 한차례 논쟁이 벌어졌고, 이는 결국 치열한 권력 다툼으로 변질되었다. 권력투쟁의 결과는 가장 빠른 시일 안에 군수산업에 필요한 물질적 기반을 다지기 위해 스탈린을 필두로 중공업을 발전시키자는 쪽으로 크게 기울었다. 그러나 레닌 사상을 추종하는 또 다른 파벌은 국민의 생활수준을 계속 향상시킨다는 전제하에 농업, 경공업, 중공업의 상호 발전을 고려해야 하며, 농민의 이익을 희생시켜 공업의 고속 발전에 필요한 원시적 축적에 집중하는 것을 반대했다. 그러나 반대 의견은 철저히 묵살되었고, 이 이론적 지지자들도 무자비한 탄압과 숙청의 대상이 되었다.

결국 스탈린의 뜻대로 농업과 농민의 이익을 희생시켜 공업화의 고속 발전을 이끄는 전략이 소련의 발전 모델로 채택되었다. 스탈린은 10년 안에 서방 공업 강국을 따라잡고자 했다. 그리고 제3차 5개년 계획하에 소련은 비행기, 자동차, 철강, 화학, 국방 산업에서 강력한 공업 체계를 구축해 미국에 버금가는 세계 두 번째 공업 강국으로 급부상했다. 1930년대 소련의 연간 비행기 생산량은 4,000대에 달했고, 제2차세계대전에는 3만 대라는 경이적 규모를 자랑했다. 소련의 탱크 생산 공장에서 생산 라인을 막 거쳐 나온 탱크는 곧바로 전장에 투입되었고, 소련에서 생산된 T34 탱크는 한때 탱크전의 스타로 떠올랐다. 탱크의 강력한 동력과 민첩한 움직임은 독일군의 5호 전차 판터(Panther, 표범)나 6호 전차 티거(Tiger, 호랑이)와 비교도 되지 않았다. 군수물자 생산력 방면으로 당시 소련은 이미 미국에 근접해 있었다는 사실을 부인할 수 없다.

소련의 강력한 산업화가 뒷받침되지 않았다면 소련은 나치 독일의 강력한 공격을 절대 감당할 수 없었다고 해도 과언이 아니다. 비록 전쟁의 승부는 다양한 요인으로 결정되지만, 현대전은 첨단 장비와 무기에 의존도가 가장 높다. 만약 1940년대 전쟁에서 독일군이 소련을 점령했다면 소련의 풍부한 자금력과 우수한 무기 장비가 독일 손에 넘어갔을 것이고, 제2차세계대전의 결말은 다시 쓰였을지도 모른다.

그러나 소련의 중공업는 괄목할 성과를 거두는 동시에 숨은 폐해를 안고 있었다. 소련의 공업화는 신뢰할 만한 외국자본의 지원이 없었고, 국내의 막대한 저축도 뒷받침되지 않았다. 이는 풍족하고 행복한 삶을 추구할 국민의 권리와 이익, 특히 농민의 이익을 희생시키는 가운데 만들어졌다.

급속한 공업화는 농민과 도시민에게 노동력과 식량을 요구하고, 중공업의 우선 발전은 경공업과 농업의 상대적 낙후와 정체를 초래한다. 어느 나라든 자연과 사회자원, 재원이 제한적이기 때문이다. 중공업을 발전시키려면 대량의 자연과 사회자원 및 재원이 강력한 뒷받침되어야 한다. 다시 말해, 모든 것이 중공업을 위해 길을 양보해야 한다는 의미이기도 하다. 여기에는 인적자원과 자연자원도 포함된다. 자연자원은 천연 광산자원은 물론 농민들이 생산한 먹거리와 농부산물을 의미한다. 한 사회의 유한 자원은 중공업과 경공업은 물론 농목업의 발전을 동시에 보장할 수 없다. 특히 당시 소련의 취약한 사회 기반 위에 고작 10여 년 안에 외부 도움 없이 100년 넘게 발전해온 서방국가를 따라잡으려 한다는 것 자체가 누가 봐도 어리석은 꿈에 지나지 않았다. 그러나 소련은 막강한 집권 제도를 이용해 사회와 자연계의 모든 자원을 집중시켰고, 농업과 경공업의 희생까지 불사하며 아주 짧은 시간 안에 서방국가를 따라잡았다. 그러나 동시에 70년 후 정권이 갑작스럽게 붕괴되는 불행의 씨앗도 함께 심게 되었다.

돈의 탄생

스탈린은 중공업을 일으켜 세운 것처럼 유한한 농업 자원을 고도로 집중시켜야 고속 공업화에 필요한 수요를 지원할 수 있다고 굳게 믿었다. 그 결과 하룻밤 사이에 대량의 농장과 국영 농장이 희생양이 되었고, 토지와 생산수단과 목축이 순식간에 강제로 공유화되었다. 이미 전통적 방목형 농업 모델에 익숙해져 있던 농민들은 갑작스러운 변화를 받아들일 방도가 없었다. 그들은 기르던 가축을 죽이고 농기구를 부수는 등 각종 방식으로 이 변화에 저항했다. 그래서 1928년부터 1933년까지 5년 동안 소련의 밭갈이 소는 3,070만 마리에서 1,960만 마리, 말은 3,350만 필에서 1,660만 필로 줄어들었고, 양은 46억 마리에서 5,000마리로 급감했다.

이후 농업 문제는 줄곧 완전히 해결되지 못했고, 2,200만 제곱킬로미터의 광활한 토지에서 소련이 자체 생산한 곡물로도 2억이 넘는 인구를 부양할 수 없는 인류 역사상 가장 진기한 일이 벌어졌다. 그중 유럽의 식량 창고라 불리던 우크라이나와 자연자원이 풍부한 우랄 지역이 포함되어 있었다. 소비에트러시아 시대의 주요 식량 수출국이었던 소련은 세계에서 가장 큰 식량 수입국이 되었다. 심지어 1970년대 이후부터 소련의 식량 수입 규모는 이미 소련 정치의 안정을 위협하는 수준까지 갔다. 식량문제는 소련 후기에 이르러 소련 정권의 존립 여부를 직접적으로 위협하는 결정적인 문제 중 하나로 대두되었다. 농업과 경공업이 갈수록 낙후되고, 심지어 정체와 도태로 이어지면서 1950년대 이후 소련 민중이 극도로 증오했던 특별 공급제가 생겨났다. 이는 일반인은 손에 넣을 수 없는 특수한 식량 및 소비품을 고위관료에게 낮은 가격이나 공짜로 제공하는 공급제도였다. 국민들이 이 제도의 존재를 알게 된 후 소련공산당 반대 물결이 거세게 일어났다. 결국 소련은 해체의 수순을 밟게 되었고, 소련이 부양하던 동유럽 각 공산당 정권도 순식간에 격변의 물결에 휩쓸렸다.

소련 중공업의 급속한 발전과 부상은 앞서 서술한 경공업과 농업의 희생 외에도 한 가지 중요한 요인의 도움을 받았다. 바로 독일의 직접적인 기술원조다.

제1차세계대전 후 독일은 〈베르사유평화조약〉의 불공정 대우를 뒤집고 패전의 치욕을 씻어낼 준비를 시도 때도 없이 하고 있었다. 1922년 제네바에서 열린 국제경제회의에서 서로에게 '동병상련'의 감정을 품고 있던 독일과 소련은 비밀리에 〈라팔로조약(treaty of Rapallo)〉을 체결하고, 이미 비밀 협상 중인 소련과 독일 간의 비밀 군사 협력을 위해 길을 열었다. 이 조약에서 양국은 서로에게 전쟁배상금을 지급하지 않고, 외교 관계를 전면 회복하며, 긴밀한 무역 동맹 관계를 구축하는 공동 협정을 맺었다. 사실 소련과 독일 쌍방은 1921년 9월에 이미 비밀 회담을 시작했다. 회담의 주요 내용을 살펴보면 독일은 소련의 군수산업을 위해 기술과 자금을 지원하고, 소련은 그 대가로 독일군이 소련 영토 안에 무기 공장과 훈련 기지를 세울 수 있도록 허락했다. 뒤이어 독일군 측은 소련이 군수산업을 위해 독일군의 자금 지원을 담당할 회사를 설립해 7,500만 마르크를 지원했다. 1922년 3월에는 독일 방산 전문가들이 소련에 도착했다. 독일의 융커(Junker) 항공사와 크루프(Krupp) 무기 회사가 소련 외곽과 남부에 각각 현대 비행기 제조 공장과 대포 생산 기업을 세웠다. 독일군의 비행 학교, 탱크 테스트 아카데미, 화학무기 생산 공장, 잠수함 생산 기지 등 군사학교, 과학 연구소, 생산 기관도 잇달아 소련 땅 안에 세워졌다.

5년의 합작 기간에 독일과 소련은 각자의 목적을 달성했다. 소련은 독일에서 귀중한 선진 기술을 도입했고, 군수산업 분야의 인재를 대량으로 양성하는 데 도움을 받았다. 독일은 새로운 기술을 소련 현지에서 테스트했을 뿐 아니라, 〈베르사유평화조약〉에서 독일의 연구·생산을 금지시킨 대형 장비와 군용 무기도 영국과 프랑스의 감시를 피해 소련에서 연구·생산할 수 있었다.

그러나 이 시기는 소련이 자국의 발전 모델을 두고 쟁론이 벌어지던 결정적인 시기이기도 하다. 독일과 소련의 이 우호적 협력은 산업화를 우선시하던 스탈린 파벌이 소련 모델을 확립하는 데 객관적으로도 도움을 주었다. 1928년 소련이 제1차 5개년 계획을 시작했을 때 독일에서 배운 기술은 끊임없이 확산되어 소련의 공업화 열차가 굴러가도록 엔진과 연료 역할을 해주었다. 소련과 독일의 협력은 실제로 1950년대 중국의 156개 대형 공업 프로젝트를 지원하기까지 소련이 거쳐 왔던 실험이자 표본이었다. 역사적 배경으로 볼 때 당시 소련이 대중국 지원 프로젝트를 추진하지 않았다면 중국의 현대 공업 체계는 그렇게 짧은 시간 안에 확립될 수 없었다. 소련 전문가들이 중국 기술자에게 전수해준 기술은 오늘날까지 이어지는 귀중한 지적재산권의 성질을 지닌 비물질적 자산이라 할 수 있다. 이 기술의 도입은 1980년대 중국의 개혁·개방 이후 일본 등 국가에서 받은 자금 지원과 대출보다 훨씬 큰 역할을 했다. 장기적으로 볼 때 지적재산권의 확산은 자금의 지원이나 대출보다 한 나라의 발전을 위해 더 큰 역할을 한다. 선진국의 개발도상국 지원이 지적재산권의 확산이 아니라 자금 지원 차원에 머무는 것도 이런 이유가 크다. 아무리 많은 자금도 언젠가는 바닥이 나기 마련이지만 지식과 기술을 장악하게 되면 그 효과는 장기적으로, 심지어 영구적으로 한 나라의 상황을 바꿀 수 있다. 돈만 있고 기술이 없으면 한 나라의 발전과 비상은 절대 불가능하다.

소련과 중국은 이미 이 사실을 충분히 증명해주었다.

02

루블의 제국

냉전의 시작

1944년 소련은 브레튼우즈회의에 대표단을 보냈고, 당시 회의에서 제기한 새로운 세계 통화 체계에 적극적인 관심을 보였다. 소련은 미국과 협력만 하면 경제 회복의 속도를 높일 수 있어 전후 소련의 대외무역이 크게 늘어날 것으로 전망했다. 그래서 자본주의 화폐의 안정과 다른 나라의 경제 회복을 위한 이 체계에 뜻을 같이했다. 게다가 IMF와 세계은행의 단기 및 장기 대출은 소련과 다른 나라 사이의 무역 관계 발전에도 도움이 되었다. 반면, 루스벨트가 이끄는 미국은 전후 미국의 달러 패권을 위협할 수 있는 대상은 식민지가 없는 소련이 아니라 대영제국뿐이라고 판단했다. 당시 소련의 공업은 미국에 맞서기에 역부족이었고, 소련의 침체된 농업은 미국 농산물 수출을 위한 거대한 시장을 제공해줄 수 있었다. 그래서 미국은 소련에 필요한 경제 지원을 하고 소련을 미국 중심의 세계 시스템 안에 포함시키는 것이 전략적 목표에 부합하다고 여겼다. 더구나 미국과 소련은 광활한 땅을 가진 세계적인 대국답게 어마어마한 자원을 손에 넣고 있어, 양국이 힘을 합친다면 이루지 못할 목표가 없었다.

그래서 미국, 소련, 영국 사이에 일련의 '괴이하고 황당한' 현상이 나타났다.

- 1943년 6월 미국 재무부는 향후 설립될 IMF에서 소련에 7억 6,300만 달러의 몫을 주자고 제안했고, 이후 그 금액은 12억 달러까지 늘어났다.
- 미국 모건소 재무장관은 루스벨트에게 상환 기한 30년, 이자 2.5퍼센트로 69억 달러의 차관을 전후 소련에 지원하자고 제안했다. 하지만 영국에 지원하는 차관은 37억 5,000만 달러에 불과했다.
- 심지어 화이트는 루스벨트에게 보낸 비망록에서 미국이 소련에 상환 기한 35년, 이자 2퍼센트로 100억 달러의 차관을 제공하자고 제안했다.
- 미군이 일본군과 치열한 접전을 벌인 1945년 8월 13일, 미국은 영국군에 군수물자 수송을 중단했다.
- 일본이 투항한 날인 1945년 8월 15일, 미국은 〈조차 법안〉을 일방적으로 폐지하고 영국에 채무 청산에 들어갔다.
- 전쟁이 끝난 뒤인 1945년 10월 말까지도 미국은 소련에 달러를 제공했다.

그러나 루스벨트가 갑자기 세상을 떠나면서 그 뒤를 이은 트루먼 정부는 루스벨트의 원대한 전략에 크게 공감하지 못했다. 위대한 대통령의 그늘 속에서 살아온 이 부통령은 대통령 자리에 오른 뒤에 전임자의 그림자를 지워버리기 위해 그와는 전혀 다른 위업을 달성해야 했다. 트루먼은 루스벨트 시대의 사상 체계를 따랐던 모든 관리를 교체했다.

미국과 소련 사이에 복잡하게 뒤엉킨 관계는 소련 주재 미국 외교관 조지 케넌(George F. Kennan)의 눈에 무척 거슬렸다. 케넌은 전후 소련이 반드시 확장주의 노선을 걷게 되리라고 확신했다. 그는 영국에 적의를 품으면서 소련에 우호적인 태도를 보이는 사람들에게 불만을 품고 있었다. 또한 바튼 장군처럼 반소 경향의 장교가 미 군부에서 밀려나는 것에 분통을 터트리기도 했다. 그는 미 국무부에 여러 차례 글을 보내 소련에 대한 자신의 견해를 피력하며 소련을 대하는 미국의 태도를 즉각 바꾸고 소련 확장주의 노선에 철저히 대비할 것을 요구했다. 루스벨트 시대에 케넌의 생각은 계란으로 바위 치기와 다르지 않았다.

그러나 트루먼 시대가 시작되면서 케넌은 하루아침에 유명 인사가 되었고, 심지어 시간이 지난 뒤 그를 '냉전의 원조'로 부르는 사람들까지 생겨났다. 케넌을 단숨에 유명 인사로 만든 것은 1946년 2월 그가 모스크바에서 워싱턴으로 보낸 8,000자짜리 전보였다. 이 전보에서 그는 그동안 미국의 소련 정책이 미국에 불리한 이유를 설명하고, 수년 동안 품고 있던 소련에 대한 부정적인 시각을 일목요연하고 설득력 있게 전달했다. 케넌은 향후 미소 양국이 대립하고 소련의 대외 확장 정책이 미국의 이익에 심각한 영향을 미칠 것이라고 확신했다. 이 전보는 가뭄의 단비처럼 워싱턴 정계의 갈등을 해소해주었다. 미국 국무부와 해리 트루먼 미국 대통령은 이 전보에 깊은 인상을 받았다. 그들에게 이 전보는 반소 정책의 근거로 삼을 수 있는 강력한 무기와도 같았다. 그들은 곧바로 반소 행동 개시에 나섰다.

우선 소련 주재 해리먼 미국 대사를 시켜 미국이 소련에 대한 경제원조를 동유럽과 폴란드 문제와 연관시키려 한다는 소문을 퍼트렸다. 소련은 어쩔 수 없이 폴란드 정부에 친서방 관리들을 몇 명 더 추가해야 했다. 그 후 미소 간에 터키, 이란 등과 관련된 일련의 의견 충돌이 일어났고, 소련은 몇 달 동안 미국의 경제 지원을 더 이상 기다리지 않았다. 동시에 소련은 미국이 브레튼우즈체제를 만든 진짜 목적이 동유럽 전체와 소련의 경제를 장악하는 것이라는 사실을 깨닫게 되었다.

1946년 3월 5일 〈철의 장막〉 연설로 소련은 미국에 철저히 실망했고, IMF와 세계은행 가입을 거부하겠다고 발표했다. 그때부터 소련은 브레튼우즈체제와 다른 길을 걷기 시작하면서 반세기 가까이 이어진 냉전의 서막이 올랐다. 소련은 이 틈을 타 루블 제국을 건설했다.

루블의 확장

브레튼우즈체제에서 떨어져 나오고 달러의 지원도 받지 않는다는 전제하에 소련이 자력으로 경제를 회복하려면 대략 5년의 시간이 필요했다. 1950년에 이르러 소련의 공산품 가치는 전쟁 이전의 수준을 넘어섰다.

경제 회복과 더불어 전후 30년간 소련은 세 차례에 걸쳐 화폐제도 개혁을 단행했다.

먼저 1947년 소련은 전후 제1차 화폐제도 개혁을 추진했다. 이 과정에서 체르보네츠 은행권을 폐지하고 보조화폐를 유지하며 새로운 루블화를 발행했다. 소련은 1루블(신폐)을 10루블(구폐)로 교환할 수 있도록 규정해 제2차세계대전 기간에 과도하게 발행된 1924년 판 루블을 회수했다.

1950년에는 전후 제2차 화폐개혁을 단행해 환율을 중심으로 동유럽 각국 통화와 루블화의 비교가치를 설정했고, 1루블을 0.222168그램, 달러당 4루블로 정했다. 1957년 4월 1일부터 비무역 외화를 유치하기 위해 자유 외환의 비무역 거래를 규정하고, 공식 환율을 기반으로 150퍼센트의 추가 보조금을 제공했다. 즉, 달러에 대한 비무역 환율은 달러당 10루블과 같다.

1961년 1월 1일 소련은 전후 제3차 화폐제도 개혁을 단행해 신(新) 루블을 발행했다. 1루블의 금 함량은 0.987412그램이고, 1루블(신폐)은

▶ 1961년에 발행된 100루블

10루블(구폐)로 교환할 수 있다. 루블은 대내적으로 10배, 대외적으로 4.44배 평가절상했다. 즉, 달러 대비 1달러 환율을 0.90루블로 바꾸고, 비무역 추가 보조금을 없애 환율을 통일했다. 1971년 달러가치가 평가절하하자 달러 대비 루블 환율이 비로소 이에 상응해 조정되었다. 1973년 2월 달러가 다시 평가절하하자 서방국가의 화폐가 연이어 변동환율을 실시했고, 화폐의 금 함량은 이미 환율을 정하는 근거가 될 수 없었다. 1977년 11월부터 소련은 바스켓 화폐 가중법을 사용해 서방국가 화폐에 대한 루블의 환율을 계산하기 시작했다.

소련은 화폐개혁을 단행하는 동시에 전 세계적으로 달러와의 힘겨루기에 사활을 걸었다. 1950년부터 1980년대 말까지 미소 냉전 시대에 달러와 루블의 힘겨루기 과정을 돌아보면 1950년대는 루블이 우위를 점했다는 사실을 알 수 있다. 구체적인 증거는 다음과 같다.

첫째, 1950년대 초 소련의 대규모 대중 원조로 말미암아 중국은 소련을 비롯한 사회주의 진영의 완벽한 일원이 되었다. 특히 친미적인 국민당 정부의 중국 본토 철수와 한국전쟁의 발발로 중국의 공업화 속도가 빨라지면서 동아시아에서 달러는 무한한 잠재력을 지닌 거대한 시장을 잃었다. 중국의 공업화가 급속도로 이루어지면서 미국에 대한 중국의 의존도도 점점 약해졌다. 중국 내에 큰 동요가 일어나지 않고 중소 관계가 계속 유지되는 한 미국과 달러가 태평양 서안에 끼어드는 일은 절대 불가능했다. 달러도 이곳에서만큼은 힘을 발휘할 수 없었다. 그래서 1950년대 초부터 1960년대 초까지 태평양 서쪽 기슭에 있는 이 거대한 땅은 미국이나 달러의 영향을 전혀 받지 않았고, 대륙의 운명을 결정지은 것은 오로지 소련과 루블뿐이었다.

둘째, 중동 지역에서 소련의 강력한 개입으로 달러의 보루가 하나씩 하나씩 무너졌다. 1956년 수에즈운하 위기는 미국 때문에 이집트에서 영국과 프랑스의 이익이 약해진 탓에 일어났다. 그러나 달러가 이 이익권에 들어가기도 전에 루블이 재빨리 달려들어 영국과 프랑스의 공백을 메웠다. 소련은 이집트를 위해 루블화를 지원했고, 12년 만기 장기 차관을 2.5퍼센트 이자로 제공했다. 이는 서방 각국 차관 이자의 절반 수준에 해당하는 이자율이었다. 소련은 이집트에 건설한 유전에서 석유를 생산하기 시작했고, 이집트를 위해 석유 정제소를 건설했다. 또한 서방국가에서 거절당한 이집트의 면화를 대량으로 수입하고, 이집트에서 시급하게 필요한 식량과 기름을 보냈다. 이뿐 아니라 이집트의 면화를 국제 시장가격보다 훨씬 높은 가격을 주고 수입했다. 소련은 대량의 목화를 사재기한 뒤 다시 파는 방식으로 서방 시장을 교란시켜 미국이 세운 달러 제국에 타격을 가했다. 그런 다음 공업 설비를 비싸게 팔아 남긴 이윤을 가지고 면화를 고가로 수입해서 생긴 적자를 메울 수 있었다. 이와 동시에 시리아, 예멘 등 중동 국가에 항공기 제조 공장 건설을 지원하고, 대형 유전과 원자력발전소는 물론 현대적 설비 시설을 갖춘 항구도 건설했다. 또한 달러와의 힘겨루기에 동유럽 형제국들을 끌어들이기도 했다. 체코는 이집트를 위해 아프리카 최대의 무기 생산 시스템을 구축하고 도자기 생산업체를 세웠다. 폴란드와 유고는 루블을 앞세워 요르단에 전국을 잇는 도로와 철도를 건설했다. 1950년대 중동 지역에서 루블과 달러의 한판 대전은 루블의 완승으로 끝났다. 그 덕에 중동은 소련의 뒷마당이자 에너지 기지로 격상할 수 있었다. 미국은 소련 붕괴 후 걸프전쟁, 아프가니스탄전쟁을 치르고, 9·11 테러 사건을 겪은 뒤에야 비로소 중동 복귀의 전략적 의도를 단계적으로 실현하기 시작했다.

셋째, 소련은 아시아에서 중국뿐만 아니라 인도, 북한, 동남아 국가와 아프가니스탄에 대한 루블화 자금 투입과 기술 지원을 통해 한때 이 지역에서 달러 세력을 밀어내기도 했다. 1950년대 소련은 7개국이 넘는 아시아 국가에 6억 5,000만 달러를 투입했고, 이는 중국에 투입한 3억 달러를 포함시키지 않은 금액이었다. 이 시기 중국, 인도, 북한, 동남아 국가, 아프가니스탄 곳곳에서 소련 기술자들의 모습을 볼 수 있었다. 인도에서 소련 기술자들은 공사 현장을 누비며 열정적으로 일했다. 이들은 인도의 동업자들이 가능한 한 빨리 기술적인 난점을 파악할 수 있도록 도움을 아끼지 않았다. 반면 미국인들은 인도인들에게 높은 임금과 대우만을 원할 뿐 기술을 가르치는 일에는 소극적이었다. 결국 미국은 인도에 소련보다 배가 넘는 자금을 쏟아부었음에도 소련에 밀렸고, 지금까지도 인도를 제대로 공략하지 못하고 있다. 지금도 인도의 가장 큰 파트너는 다름 아닌 러시아다.

넷째, 미국이 중남미에서 '먼로 선언'[34]을 한 뒤 중남미는 미국의 세력범위 안으로 들어갔다. 냉전이 시작되면서 소련은 아시아와 중동 지역에서 미국과의 힘겨루기에 더욱 박차를 가했다. 나아가 미국의 뒷마당인 중남미로 손을 뻗었다. 소련은 '사회주의 전초기지' 쿠바를 공개적으로 지원했을 뿐 아니라 남아메리카 주요 국가들로 점차 세력을 확장했다. 1958년 칠레는 미국이 구리 제품에 다시 높은 관세를 부과하

---

34 1823년 12월 2일 제임스 먼로(James Monroe) 미국 대통령은 존 퀸시 애덤스(John Quincy Adams)가 작성한 연두교서를 외회에 제출했는데, 그중 외교에 관한 주요 내용을 '먼로 선언'이라고 불렀다. 내용은 크게 세 가지 기본 원칙으로 나뉜다. 그것은 유럽 국가들이 아메리카에서 식민지를 다시 빼앗는 것에 반대하는 원칙, 불간섭 원칙, 아메리카 시스템 원칙이다. 먼로 선언이 제시한 '아메리카는 아메리카인의 아메리카다'라는 말은 실질적으로 미국이 아메리카를 지배하고 유럽 열강과 아메리카를 놓고 싸우겠다는 선언이다. 미국은 '먼로주의'의 기치 아래 1830년대~1840년대에 멕시코로부터 텍사스를 빼앗았고, 1842년~1844년에 영국을 오리건에서 밀어냈으며, 1846년~1848년에 멕시코 영토의 절반 이상을 빼앗았다. 1819년~1853년에 34년 동안 미국은 북미대륙에서 130만 평방마일로 확대되었는데, 이는 1819년 이전 미국 국토 총 면적의 약 80퍼센트에 상당한다. 오늘날 미국의 캘리포니아, 네바다, 유타, 콜로라도, 애리조나가 여기에 포함된다. 19세기 중엽에 이르러 대서양 13개 주로 이뤄진 좁고 긴 지대였던 미국 영토는 태평양 연안으로 확장되었다.

기 시작하면서 무역 위기에 직면했다. 이때 소련과 동독이 칠레의 구리 제품을 대량으로 구입해 칠레를 위기에서 구해주었다. 이것이 바로 돈의 힘이다. 1950년 기술원조와 루블을 무기 삼아 루블 제국은 달러 제국을 여지없이 패배시켰다. 그 시대의 소련은 세계적 스타였고, 사회주의는 전 세계에서 가장 핫한 단어였다. 폴란드, 체코, 동독, 슬로바키아, 헝가리, 루마니아, 불가리아, 유고슬라비아 등 동유럽 사회주의 국가들과 중국, 북한, 베트남, 쿠바 등 사회주의 국가들이 세계적으로 선망의 대상인 시절이었다.

03

안타까운 결말

1960년대에 들어서면서 소련이 고도의 집권과 집중 체계에 의존해 세운 정치·경제·루블의 빌딩은 점차 쇠퇴의 기미를 보이기 시작했다.

우선 농업 문제가 또 한 번 소련의 약점으로 드러났다. 지리 면적 점유율이 세계 2위이고 2억 명 정도의 인구를 가진 나라임에도 소련은 갈수록 대량의 식량 수입을 통해 사회적 안정을 유지할 수밖에 없었다. 20세기 초반에 제정러시아는 세계 최대의 식량 수출국이었고, 러시아에서 수출한 식량은 세계 식량 수출 총량 중 절반에 가까웠다. 1980년대 이후에 소련은 세계 최대 식량 수입국이 되어 세계 식량 수입 총액의 20퍼센트 가까이를 수입했다. 1960년대부터 소련에 식량문제가 대두되기 시작했고, 소련이 쇠퇴기로 접어드는 분수령이 되었다.

소련은 모든 에너지를 쏟아부어 공업화의 기적을 이뤄냈지만, 이 기적의 후광 뒤에는 갈수록 텅 비어가는 곡식 창고와 농업의 쇠락이 숨겨져 있었다. 농업은 더 이상 희망을 보이지 않았다. 농업인구 중 현실을 좀 더 일찍 깨달은 젊은 세대는 모든 것을 버리고 도시로 떠나 자신은 물론 가족의 신분과 지위를 바꾸고자 했다. 농업인구가 계속해서 농

돈의 탄생

촌을 빠져나가자 국가가 농업에 아무리 돈을 쏟아부어도 농업의 침체와 정체 현상을 바꿀 수 없었다. 1960년대부터 소련 정부는 매년 농업에 대한 투자 강도를 높였고, 1980년에 들어서면서 농업 투자액이 소련 경제 투자 총액 중 20퍼센트를 차지했다. 하지만 농업의 침체 상황은 바뀌지 않았다. 1984년까지 소련에서 수입한 식량은 4,600만 톤으로 1970년의 20배, 1982년의 1.5배에 달했다. 식량의 대량 수입은 소련의 제한된 외화와 금 보유액에 심각한 타격을 입혔다. 1963년 소련은 금 327.2톤을 팔아 식량을 수입해야 했고, 1965년에도 금 335.3톤을 팔아 국제시장에서 식량을 구입했다. 그 후로도 거의 매년 엄청난 양의 외화와 금으로 식량을 사들일 수밖에 없었다.

그럼에도 1970년대에 이르러 소련의 도시에는 식품을 구입하기 위해 줄을 서는 현상이 발생했다. 1980년대에는 도시민이 배급표를 주고도 식품을 구입하기 힘들어졌다. 그러자 소련에 한 가지 기이한 현상이 벌어졌다. 원자폭탄, 수소폭탄, 위성, 우주왕복선, 미사일, 첩보 전략 수송기, 세계 최첨단 탱크, 대포 등을 생산할 정도의 능력을 갖춘 나라가 식량 자급자족이 안 되고 국제시장에서 경쟁력을 갖춘 공산품을 생산할 수 없었다. 최악의 상황은 바로 식량문제를 해소하기 위해 전통적인 자연자원인 석유를 수출해 달러, 파운드 등 경화로 교환한 뒤 다시 국제시장에서 식량을 사들이는 편법에 장기간 의존할 수밖에 없었다는 것이다. 물론 이런 방법으로도 소련의 약점을 메울 수 없었다. 미국은 당시 세계에서 유일한 적수를 무너뜨릴 수 있는 절호의 기회를 손에 넣었다.

1970년대 후반부터 루블과 달러의 힘겨루기에 역전 현상이 발생했다. 1960년대 이후 소련의 공업과 농업은 모두 석유에 심각할 정도로 의존하고 있었다. 1960년 소련 시베리아에서 거대한 유전이 발견되었고, 이때부터 돈이 굴러 들어와 소련의 국고를 가득 채웠다. 특히 1971년 브레튼우즈체제가 해체되면서 달러와 금의 연동이 깨졌고, 달러가 심각하게 평가절하해 금과 석유의 가격 폭등이 급격하게 빨라졌다. 덕분에 석유 달러가 거액의 식량 적자를 상당 부분 메워주었다. 그러나 미국과 소련 사이에 핵무기나 우주 전쟁과 관련된 경쟁과 대치가 새롭게 시작되고 소련이 아프가니스탄전쟁의 수렁에 빠지면서 루블 위기가 또 한 차례 소련의 발목을 붙잡았다.

이번 위기의 근원은 석유였다. 1985년 승승장구하던 소련의 석유 채굴량이 아무 이유 없이 돌연 하락세를 보였다. 당시 소련 사람들은 이에 대해 아무런 마음의 준비도 하지 않은 채 또 속수무책으로 수수방관했다. 이번 소련의 오일쇼크는 미국이 주장하는 '석유 피크 이론'[35]에서 그 이유를 찾을 수 있다. 이 이론을 근거로 미국은 1980년대 초반부터 소련을 상대로 빈틈없는 경계망을 치기 시작했다.

미국은 사우디아라비아에 자신의 의중을 전했고, 사우디아라비아는 석유 채굴 규모를 두 배 이상으로 확대하겠다고 전 세계에 발표했다. 그 후 국제 유가는 폭락하고 소련의 석유 수출을 통한 외환 창출 소득도 곤두박질쳤다. 석유를 식량으로 바꾸려던 소련의 기존 방안은 한순간에 물거품이 되었다. 식량을 구입할 외화가 부족해지자 식량 부족이 다시 수면 위로 떠올랐고, 정부를 향한 국민들의 불만은 점점 격해졌다. 소련이 동유럽 형제국에게 해준 석유 원조도 그림의 떡으로 변했다. 아프가니스탄전쟁에 엄청난 돈을 쏟아부은 탓에 재정수지의 악화는 가속화되었다. 미국과 패권 다툼을 벌이던 방위산업도 자금 부족으로 마비되었다. 소련 사회 전체가 순식간에 공전의 위기에 빠져들었다.

---

35 석유 피크 이론은 1949년 미국의 저명한 석유지질학자 하버트가 발견한 것으로, 광물 자원에 이른바 종 모양의 곡선이 존재한다는 법칙에서 유래했다. 이 법칙은 어느 지역에서나 석유 생산량이 최고치에 도달하면 그 지역의 석유 생산량 하락이 불가피하다는 사실을 보여준다. 1956년 하버트는 미국의 석유 생산량이 1967년부터 1971년까지 정점을 찍은 뒤 떨어질 것으로 예상했다. 실제로 1970년 미국의 석유 생산량은 석유 피크에 도달됐다. 이 이론에 따라 미국은 1985년 소련의 석유 피크가 도래할 것으로 예상했다.

돈의 탄생

미국은 1985년 소련의 석유 생산량이 하락할 무렵 국제 석유 가격을 낮췄고, 이 때문에 소련은 석유 생산량 하락과 국제 유가 폭락의 이중고에 시달려야 했다. 미국이 인위적으로 소련의 석유 소득 위기를 초래한 셈이다. 석유와 루블 체계의 붕괴로 소련은 스스로 식량 위기에 빠졌고, 기존의 석유와 맞바꾸었던 경화도 점차 바닥을 보였다. 그 결과 소련은 경화와 루블을 이용해 더 이상 형제국들을 지원할 수 없었다. 경제상호원조회의가 해체되고 형제국들은 앞다투어 등을 돌려 다른 의탁처를 찾아 떠났다. 심지어 소련 내 가맹 공화국들도 잇따라 독립을 선언했다. 이렇게 해서 겁 없이 승승장구하던 불세출의 제국은 달러의 비수에 찔려 허무하게 무너져 내렸다. 한때 세상을 호령하던 루블도 더 이상 소련을 지탱해주지 못했다.

1989년 10월 28일 소련은 이중환율제도의 시행을 선언했다. 1990년 11월 1일 루블의 공식 환율은 30년 만에 처음으로 달러당 0.6루블에서 1.80루블로 대폭 평가절하했다. 1991년 12월 25일 소련이 해체되자 루블은 러시아의 본위화폐단위가 되었다. 소련의 기타 가맹 공화국들은 독립 후에 자국의 화폐를 사용하거나 여전히 루블을 사용하기도 했다. 1993년 7월 러시아 정부는 1961년부터 1992년까지 발행한 루블 지폐의 유통을 금지하고 동시에 새로운 루블을 발행했다. 1994년 11월 25일 루블의 공식 환율은 달러당 3,325루블이었다. 1994년 러시아는 새로운 루블을 발행하기 시작했다. 이로써 소련 시대의 분위기와 특징이 강하게 묻어나는 소련 루블(소련 성립 당시 발행된 금 루블과 그 후 발행된 모든 루블 지폐를 포함)은 소련이 해체되고 새로운 러시아 정권이 수립되면서 역사의 뒤안길로 사라지고 말았다.

▶ 1991년에 발행된 100루블

04

외침과 탐색

요원한 외침

고대 그리스 시대부터 2,000여 년 동안 유럽에서는 통일된 정치·경제연맹을 세우려는 생각과 시도가 계속되어왔다.

기원전 4세기 알렉산드로스 시대의 페르시아제국은 통일된 알렉산드로스 금화로 전대미문의 대제국을 세웠다. 통일된 로마제국도 제국의 통일 화폐인 은화 데나리우스를 제국 전체에 보급했다. 기원후 8세기 프랑크왕국의 가장 위대한 군주 샤를마뉴(Charlemagne)는 새로운 화폐본위제를 확립했다. 기원후 10세기 잉글랜드의 앵글로-색슨 국왕 아서르슈타인은 자국 영토 안에서 통일된 화폐 머니어(moneyer)를 반포했다. 4세기부터 10세기까지 로마제국의 계승자인 비잔티움제국은 통일된 황금 화폐인 비잔티움 금화를 만들었고, 이 화폐 체계는 브리튼왕국과 스칸디나비아반도는 물론 중국과 인도 등지에서도 사용되었다. 15세기 보헤미안의 조지 폰티빌라드 국왕은 유럽연합을 설립하고 유럽연합군이 사용할 수 있도록 통일된 화폐를 발행하자고 제안했다. 프랑

돈의 탄생

스제국의 황제 나폴레옹 1세는 프
랑스 주도 아래 유럽의 통일 화폐
를 만들자고 주장했다.

나폴레옹이 실패하지 않았다
면 그의 주장은 현실이 되었을지
도 모른다. 그렇다면 200년 전 통
일된 유럽 연합과 화폐가 지금이
아닌 당시에 모습을 드러냈을 것
이다. 그러나 예언과 사상의 측면
에서 볼 때 비교적 체계화된 유럽
연합과 유럽의 단일 화폐를 구축

▶ 프랑스 대문호 빅토르 위고

하자고 제안한 인물은 19세기 프랑스의 위대한 시인이자 작가인 빅토
르 위고(Victor Hugo, 1802년~1885년)가 아닐까 싶다.

지금 와서 생각해보면 위고의 유럽 연합 사상은 결코 즉흥적이거
나 단편적인 것이 아니었다. 위고는 머릿속에서 심사숙고를 거듭한 뒤
유럽의 미래 발전 청사진에 관한 위대하고도 장기적인 구상을 내놓
았다. 위고가 계획한 유럽의 미래 청사진에서 유럽 통일을 실현할 수
있는 첫 단계는 바로 프랑스와 독일의 연합이었다. 위고는 1839년과
1840년에 라인강 양안을 여행하면서 기록한 내용을 엮어 『라인강(*Le
Rhin*)』을 출간했다. 『라인강』의 서문은 약 7,000자 정도지만 그 안에서
도출할 수 있는 정치적 결론은 7만 자에 달한다. 그는 결론 부분에서 프
랑스와 독일이 힘을 합쳐 라인강을 고리로 유럽 전체의 연합을 추진할
것을 제안했다.

이 구대륙을 통틀어 무엇이 더 남아 있는가? 또 누가 유럽에서 여전
히 서 있는가? 프랑스와 독일, 두 나라뿐이다. 서로 밀접하게 연결
되어 의지하는 두 나라 국민은 부인할 수 없는 혈연으로 묶여 있다.

그들은 같은 기원에서 출발했다. 함께 로마에 맞섰으며 과거에는 형제였고 지금도 형제일 뿐 아니라 미래에도 형제일 것이다. 그들이 형성된 방식은 서로 같다. 그들은 섬나라 국민이 아니고 정복자도 아니다. 유럽 땅이 낳은 진정한 자식이다. 요컨대, 독일과 프랑스의 연합은 영국과 러시아를 견제하고 유럽을 구원하고 세계 평화를 이끌어낼 것이다. 라인강은 양국을 하나로 묶어야 할 강이지만, 과거에는 두 나라를 나누는 강으로 여겨졌다. 지금의 유럽은 기본적으로 프랑스와 독일이고, 각국의 조합은 남북으로 이 이중 핵심에 의존해야 한다. 프랑스와 독일의 동맹이 바로 유럽을 구성한다. 독일이 프랑스와 손잡고 러시아를 막아내고, 프랑스가 독일과 손잡고 영국을 막아낸다. 프랑스와 독일의 분할은 바로 유럽의 해체를 의미한다. 독일이 프랑스를 적대시하면 러시아가 그 틈을 타 쳐들어오고, 프랑스가 독일을 적대시하면 영국이 그 허점을 노리고 들어온다.

위고가 그린 유럽의 미래 청사진에 등장하는 유럽 통일을 위한 두 번째 단계는 유럽 각국이 미국을 귀감으로 삼아 '유럽합중국'을 세우는 것이다. 1940년대부터 망명 전후로 위고는 기회가 있을 때마다 '유럽합중국'의 비전을 널리 알리기 위해 애썼다. 1849년 8월 21일 위고는 의장의 신분으로 파리평화회의에서 개막 연설을 했다.

언젠가 프랑스, 러시아, 이탈리아, 영국, 독일 등 이 대륙의 모든 나라가 각자 본연의 특징과 훌륭한 개성을 간직한 채 더 높은 차원의 통일체로 용해되어 긴밀히 연결될 것이고, 여러분은 유럽을 구성하는 형제자매가 되어 …… 언젠가 미합중국과 유럽합중국이 대서양을 사이에 두고 마주 보며 서로 손을 뻗어 각자의 제품을 교환하고, 무역·산업·예술·인재 방면으로 교류하고, 지구를 개척하고, 사막을 개간하는 등 조물주께서 지켜보는 가운데 만물을 개선하고 모두의 행복을 위해 힘을 모으는 모습을 보게 될 것입니다.

여기서 위고는 '유럽합중국'이라는 명칭을 처음으로 언급했다. 그러나 『라인강』에서 러시아와 영국을 배제시킨 것과는 달리 1849년 당시에 제기한 '유럽합중국'에는 이 두 나라가 포함되어 있었다.

1851년 7월 17일 위고는 「입법 회의에서 헌법 개정에 관해 논하다」라는 제목의 연설을 발표했다.

> 이 혁명으로 프랑스에 공화국이 탄생했고 …… 프랑스 국민은 난공불락의 화강암을 빌려 군주제인 구대륙의 정중앙에 이 미래의 건물을 위한 첫 주춧돌을 놓았습니다. 이 건물은 언젠가 유럽합중국이라 불릴 것입니다!

1952년 8월 1일 위고는 벨기에 안트베르펜(Antwerpen) 항구에서 배에 올라타 유럽대륙에 작별을 고하고, 영국을 거쳐 영국해협 군도로 망명했다. 떠나기 전에 그는 「벨기에를 떠나기 전에 발표하는 연설」을 발표했다.

> 여러분은 깃발에서 보았을 것입니다. '각국 국민들 사이의 형제애. 유럽합중국'이라고 쓰인 깃발을 보았을 것입니다. …… 벗들이여, 박해와 고통이 우리의 오늘이라면, 유럽합중국은 각국 형제들의 내일이 될 것입니다. 그리고 이 내일은 …… 우리에게 필연적으로 올 것입니다.

1854년 2월 24일 위고는 저지섬에서 거행된 '2월혁명'을 기념하는 '연례 기념 파티'에서 '유럽합중국'이 결코 요원한 꿈이 아니라고 발언했다. 그는 다음 대혁명을 통해 유럽합중국이 탄생할 수 있기를 기원한다고 말했다.

1855년 2월 24일에도 위고는 '연례 기념 파티'에서 '유럽합중국'에 대한 비전을 거침없이 설파했다.

> 거대한 규모의 총회인 유럽합중국 총회는 문명의 중재자이고, 대륙의 각국 국민들의 보편적 선출을 통해 탄생합니다.

이런 발언을 통해 위고는 유럽의 통일 화폐 문제를 거론했는데, 여기서 그는 역사상 최초로 '유로'를 구상하고 제기했다.

> 대륙의 화폐는 금속과 신용의 이중 기반 위에 세워지고, 전 유럽 자본의 지지를 받고, 2억 인구의 자유로운 활동을 동력으로 삼습니다. 이런 단일 화폐는 오늘날 여러 종류의 터무니없는 화폐를 대체하고 하나로 끌어들일 수 있을 것입니다.
> 만약 유럽합중국 비전을 향해 일이 진행될 수 있었다면 유럽은 지금 어떤 모습이 되었을까요? 모두가 한 가족이자 형제자매이고, 여러분은 프랑스 사람, 프로이센 사람, 스페인 사람이 아닌 모두가 유럽 사람이 되어 있을 것입니다.

이후로도 위고는 유럽연합의 비전을 거듭 강조했다. 1856년 5월 26일 위고는 이탈리아 통일 운동 지도자 마치니(Giuseppe Mazzini)의 요청에 응해 이탈리아인에게 보내는 서신을 썼다.

> 대륙 국가 연방에 속하는 국가들은 모두 자매이자 여왕이며, 누구나 각자의 자유를 영광스럽게 생각합니다. 각 나라의 우의는 최고의 통일 공화국인 유럽합중공화국을 만들어내는데, 이것이 바로 우리의 미래입니다.

1869년 9월 4일 스위스 로잔에서 거행된 평화회의에서도 위고는 대회 의장 자격으로 개막 연설을 했다.

> 유럽합중국의 동포 여러분, 제가 여러분을 이렇게 부르는 것을 허락해주십시오. 유럽연방공화국은 권리상의 건립뿐 아니라 사실상의 건립도 필요하기 때문입니다.
> 우리는 국민의 자유로운 생활과 농사, 매매, 노동, 배움, 사랑, 사색의 자유를 보장해야 합니다. 교육을 위한 학교를 세워야 하고 더 이상 총포를 만드는 군왕이 나와서는 안 됩니다. 우리는 위대한 대륙 공화국이자 유럽합중국을 원하며……

1871년 프랑스-프로이센전쟁이 종식되자마자 위고는 프랑스가 독일에게 점령당한 알자스로렌(Alsace-Lorraine)을 되찾아와야 한다고 통렬히 질책하는 동시에 유럽합중국을 거론하는 것을 잊지 않았다. 그는 1871년 3월 1일 프랑스 보르도에서 열린 강연에서 맹렬히 호소했다.

> 내가 여러분의 적입니까? 아닙니다! 나는 여러분의 형제입니다. 내가 모든 것을 가져오고, 또 모든 것을 주려면 하나의 조건만 지키면 됩니다. 그것은 우리가 하나의 민족, 한 가족, 한 공화국처럼 행동하는 것입니다. 내가 모든 보루를 허물면 당신의 보루도 허물기를 원합니다. 우리는 덕으로 원한을 갚고 우리의 복수는 형제애로 가득 찰 것입니다. 국경을 뛰어넘어 라인강은 모든 사람의 것입니다! 우리를 하나의 공화국으로 만들고 유럽합중국이 되도록 합시다!

1876년 8월 29일 〈세르비아를 지지하며〉에서도 위고는 이렇게 말했다.

> 세르비아에서 발생한 일은 유럽합중국의 필요성을 증명했습니다.
> …… 유럽합중국, 대륙연방 외에 다른 정치적 대안은 없습니다.

1877년 3월 25일 75세 고령의 위고는 리앙 노동자 지원 강연회에 참석해 강연을 했다.

> 평화는 미래에 사용되는 언어이고, 유럽합중국에서 보낸 통지이며, 20세기의 세례명입니다.

위고가 그린 유럽의 청사진에서 '유럽합중국'을 세우는 것이 궁극적인 목표가 아니다. 유럽의 통일을 위해 그가 구상한 세 번째 단계는 유럽연합으로 시작해 유럽과 미국의 연합을 이루는 것이다.

1870년 2월 27일 위고는 미국 워싱턴 대통령의 생일 기념 파티에서 그의 이 '미국 친구'를 위해 축배를 들며 이렇게 말했다.

> 아! 미합중국을 상대하려면 우리도 유럽합중국이 있어야겠군요. 신구대륙이 하나의 공화국을 이루는 날이 머지않아 올 것입니다.

위고의 머릿속에는 세계가 대동하는 하나의 공화국을 세우겠다는 더 크고 원대한 포부가 담겨 있었다.

1848년 3월 2일 위고는 〈보주(Vosges) 광장에서 자유의 나무를 심을 때의 담화〉에서 이렇게 말했다.

> 나와 함께 소리칩시다! 세계가 대동하는 공화국 만세!

1849년 8월 21일 위고는 파리평화회의에서 개막사를 발표했다.

돈의 탄생

우리는 숨 가쁘게 달려가는 문명의 흐름 속에서 천하 대동의 찬란한 빛이 뿜어져 나오는 것을 보게 될 것입니다.

위고는 유럽대륙을 떠나며 고별 연설에서 이렇게 말했다.

세계대동공화국은 바로 천하를 아우르는 조국입니다. …… 독일인, 벨기에인, 이탈리아인, 영국인, 프랑스인 위에 또 하나가 존재하니 그것은 국민입니다. 그리고 국민 위에 존재하는 것이 바로 사람입니다. …… 각국 국민들이여! 국민은 단 하나입니다. 세계대동공화국 만세!

위고는 그의 시집 『징벌 시집(*Les Chatiments*)』의 종편 「광명」에서 인류의 마지막 해방의 아름다운 꿈을 알렸다.

아! 사라져가는 어둠을 보라.
해방의 세계를 손에 넣었으니
카이저와 카페를 깨끗이 잊어버리자.
성년이 된 각 민족의 머리 위로
평화가 거대한 날개를 펼치니
푸른 하늘 아래서 가볍고도 고요하여라!
……
하늘에 반짝이는 작은 점은 아주 작구나.
보라! 작은 점이 커지고 빛 속에서
점점 가까워지며 붉게 빛나고 있다.
아! 세계대동공화국이여
오늘은 아주 작은 불씨에 불과하지만
내일은 빛나는 태양이 되리!

이것이 위고가 꿈꾸던 '세계대동공화국'의 장엄한 모습이다. 또한 100여 년 전 대동 세계에 대한 유럽인의 진심 어린 외침이기도 하다.

값진 탐색

170년 전 유럽에서 위고는 이미 '유럽공화국' 나아가 '세계대동공화국'을 부르짖었다. 이후 유럽대륙에서는 이를 위한 거시적인 목표를 내놓고 하나씩 시도와 실험을 시작했다. 이런 시도와 실험은 거의 모두 화폐의 통일과 연대에서 시작되었는데, 이 과정에서 많은 우여곡절과 실패를 거듭해왔다.

19세기 초반 도이치연방에는 39개 독립 국가가 포함되어 있었다. 이 작은 왕국들은 각각 자신들만의 화폐를 사용했다. 당시 독일에서 프로이센을 제외한 나머지 국가는 작은 영토에 불과했고, 이들의 분열 상태는 무역과 경제 발전에 심각한 걸림돌이 되었다. 그래서 당시 정치가들은 각종 무역 장벽을 제거하기 위해 먼저 도이치연방 안에 관세동맹(Zollverein)을 만들고자 했다. 관세동맹이 구축되면서 1938년 도이치연방의 회원국들은 두 가지 종류의 화폐 기준, 즉 탈러(Thaler)와 네덜란드 굴덴(Gulden)을 채택하는 데 동의했다. 전자는 주로 북부 지역에서, 후자는 남부 지역에서 사용되었다. 1848년 프로이센의 중앙은행인 프로이센은행(Preussische Bank)이 연방 국가들의 화폐를 인수하기 시작했다. 이 은행의 역할은 작은 왕국들이 연맹의 통일된 화폐정책을 따르도록 보장하고, 화폐 연맹을 안정적으로 유지하는 것이었다.

1871년 프랑스-프로이센전쟁이 발발한 다음에 도이치는 정치적으로 통일되었고, 이때부터 강력한 도이치제국이 형성되기 시작했다. 1871년 25개 연방 국가로 구성된 새로운 도이치제국 안에 일곱 군데의 통화권을 포함시켰다. 총 119종의 다양한 금은 및 보조화폐가 시장에서 유통되었다. 지폐의 수량은 56종에 달했고, 모두 각 주에서 자체 발행되었다. 은행권은 117종으로 각각 33개 은행에서 나뉘어 발행되었다. 그리고 몇 년 안에 제국의 통일된 화폐 체계는 혼란스럽고 무질서한 동전과 지폐 체계를 대신했다. 그사이 결정적인 역할을 한 것은 패전국인 프랑스가 독일에 지급한 50억 프랑의 배상금이었다. 거액의 배상금 덕분에 제국은 혼란스러운 통화 체계에서 벗어나 십진법 금본위제의 화폐 체계로 전환할 수 있었다. 이 체계의 핵심은 제국의 마르크였다. 1876년부터 제국마르크는 도이치제국의 법정화폐가 되었다.

기존 프로이센 연방의 중앙은행이었던 프로이센은행은 도이치제국은행(Reichsbank)으로 전환되었고, 계속해서 제국의 중앙은행 역할을 담당했다. 이 은행은 제2차세계대전이 종식된 1940년대 중반 이후가 되어서야 역사적 사명을 완수하고 서독연방은행(Bank Deutscher Lander)으로 대체되었다. 서독연방은행은 새로운 독일 마르크가 세상에 나오기 석 달 전인 1948년 3월에 설립되었다. 1957년 서독연방은행은 도이치연방은행(Bundesbank)으로 이름을 바꾸었다. 그러나 이 은행은 이름만 달라졌을 뿐 중앙은행의 역할과 직무를 여전히 수행했다. 1960년대에 들어서면서 도이치은행은 이미 서유럽 세계에서 주도적인 지위를 점하는 중앙은행으로 발전했다. 지금 독일 프랑크푸르트에 있는 유럽중앙은행이 바로 실질적으로 도이치연방은행의 복사판이고, 유럽중앙은행을 쥐고 있는 세력은 여전히 게르만족이다.

이것만 봐도 독일의 통일 과정에서 화폐 통일이 정치적 통일보다 선행되었다는 사실을 알 수 있다. 이는 훗날 유럽연합을 만들고자 하는 사람들에게 정치적 통일의 실현을 위해 통화와 경제적 통일이 먼저 이루어져야 한다는 것을 알려주는 선례가 되었다. 지금 유럽연합도 이와 똑같은 길을 걷고 있다.

독일의 뒤를 이어 유럽대륙에서 통화연맹을 시도하려는 실험이 두 차례나 진행되었다. 첫 번째 시도는 프랑스가 앞장서서 서유럽에서 진행한 라틴통화동맹(Latin Monetary Union, LMU) 운동이다. 1866년 프랑스를 중심으로 라틴통화동맹이 정식 출범했다. 19세기 초 유럽 각국의 통화가 다양해졌고, 각국에서 유통되는 화폐를 통일하기 위해 1806년 프랑스제국 황제 나폴레옹 1세가 그의 형제이자 네덜란드의 왕이자 훗날 나폴레옹 3세의 아버지이기도 한 루이에게 서신을 한 통 보냈다.

> 형님, 화폐를 주조할 때 프랑스와 같은 단위를 사용해주시길 부탁드립니다. 화폐의 한 면에 형님의 초상을 넣고, 다른 면에는 형님 군대의 휘장을 새겨 넣으십시오. 이렇게 유럽 전체의 화폐가 통일되면 무역 발전에 큰 도움이 될 것입니다.

프랑스 군대가 유럽을 점령하면서 프랑스 화폐 체계가 네덜란드, 벨기에, 스위스, 이탈리아 등지로 확대 보급되었다.

1803년 나폴레옹 1세는 〈주조법〉을 반포해 프랑스에 금은복본위제를 확립했고, 이와 동시에 금화와 은화를 대량 주조했다. 프랑스의 주요 무역과 금융 파트너였던 벨기에, 이탈리아, 스위스 등의 국가는 프랑스와 같은 방법을 연이어 채택했다. 이들 국가의 중앙은행은 모두 유통 중인 경화의 충분한 금액을 금과 은으로 환매했다. 그러나 워털루 전투가 일어나면서 이 계획은 정치적인 이유로 잠시 보류되었다.

1938년 북부 도이치의 일부 국가가 프로이센의 14탈러본위제와 21굴덴본위제를 채택했다. 1853년 남부 도이치의 국가들이 오스트리아가 제시한 화폐 체계를 받아들였고, 그 기초는 500그램의 '파운드'이며, 순은 1파운드는 오스트리아 45플로린 또는 남부 도이치 52.5굴덴과 같았다. 이밖에도 스위스연방의 프랑스어와 독일어를 사용하는 각 주도 프랑스 통화권 또는 독일 통화권에 가입하자는 제안을 앞다투어 포기하고 통일된 통화를 받아들였다.

1950년대 초반 금값이 대폭 하락하면서 금과 백은의 상대적 가격도 현격한 차이를 보였고, 금과 은 유통의 불안정을 초래했다. 금과 은 사이의 가격 차이에 대처하기 위해 각 나라는 금속 함량의 차이가 크게 나는 각종 경화를 주조하기 시작했다. 이런 배경 속에서 1865년 프랑스 나폴레옹 3세의 발의로 프랑스, 벨기에, 이탈리아, 스위스 네 나라가 파리에서 회의를 열었다. 이 회의의 목적은 유럽에서 보편적으로 사용할 수 있는 통일된 주폐를 채택하는 것이었다. 이 협의는 라틴화폐동맹의 결성을 상징했다. 협의에 근거해 각국의 기본 화폐는 기존의 명칭(이탈리아를 제외하고 프랑 사용)을 유지하고, 프랑스의 화폐 체계를 기반으로 주화의 금 함량을 0.2903225그램 또는 백은 4.5그램으로 정했으며, 각국 간에 등가 유통을 할 수 있도록 했다. 주화는 액면가 100, 50, 20, 10프랑의 금화뿐만 아니라 액면가 5, 2, 1프랑과 50, 20상팀(Centime)의 은화도 발행했다. 20상팀보다 적은 액수의 보조화폐는 각국 간에 유통할 수 없었다.

프랑스가 처음 주장한 라틴통화동맹은 1866년 8월 1일 정식으로 발효되었다. 이 유럽 국가들이 라틴통화동맹을 결성한 주요 목적은 주화의 통일된 표준을 세워 더 큰 경제권의 출현을 위해 길을 열고, 금화와 은화가 경제권 안에서 자유롭게 유통될 수 있도록 하는 것이었다. 동시에 프랑스 정부는 라틴통화동맹을 핵심으로 복본위제를 채택하는 국제통화체제를 구축하려 했다. 프랑스는 이 화폐동맹을 교두보로 삼아 자신의 경제 세력과 정치 세력을 국외로 확장하기를 원했다.

라틴통화동맹의 영향력을 확대하기 위해 야심가였던 나폴레옹 3세는 1876년 다시 회의를 열어 단일 글로벌 통화 체계의 구축 문제를 논의했다. 당시 미국은 남북전쟁 직후 5달러(25.85프랑에 해당)짜리 독수리 휘장 문양 금화를 발행했고, 영국은 소브린 금화(30실링 또는 1.5파운드에 해당하며 약 25.20프랑과 같다)를 발행했다. 이 때문에 두 나라는 모두 프랑스가 금화 25프랑을 발행하는 방식으로 라틴통화동맹과 연계되어야 한다고 제안했다. 그러나 프랑스는 화폐를 다시 주조하는 데 드는 원가가 너무 비싸고, 주도적 지위를 잃을까 두려워 제안을 거절했다. 비스마르크가 이끄는 프로이센은 라틴통화동맹 가입을 고려하는 것 자체를 분명히 거부했다.

라틴통화동맹은 회원국 간의 자본 유통, 금융거래와 상업, 관광 편의를 제공하고, 프랑스가 금은 태환을 엄격하게 규정해 초래된 은의 가치 상승 문제도 원만히 해결했다. 유럽 각국은 자신의 화폐를 이처럼 안정된 통화와 연동시켜 화폐가치를 안정시키고자 했다. 1866년 교황국(바티칸)이 라틴통화동맹에 가입했고, 스페인과 그리스는 1868년에 합류했다. 오스트리아-헝가리제국, 루마니아, 세르비아, 몬테네그로, 불가리아, 산마리노, 베네수엘라는 1889년에 가입했다.

하지만 불행하게도 프랑스가 프로이센-프랑스전쟁에서 참패하면서 세력 확장을 향한 프랑스의 야심도 큰 타격을 입었다. 1870년 프로이센-프랑스전쟁이 끝난 뒤 프랑스는 독일에 전쟁배상금 50만 프랑을 지불했고, 독일은 이 50만 프랑을 이용해 독자적인 금본위화폐인 마르크를 구축했다. 금은의 비교 가격은 19세기 후반에 끊임없이 널뛰기를 하며 라틴통화동맹의 기반이었던 금은복본위제를 점차 붕괴시켰다. 프랑스에서 금과 은의 비교 가격은 1807년부터 1870년까지 1:15였고, 1874년 1:16 또는 1:17로 변했다. 금이 대량으로 유출되면서 프랑스는 1876년 금본위제를 실행하고, 은화 5프랑의 유통을 폐지하고, 은화를 자유롭게 주조하는 것을 금지하는 법령을 만들었다. 라틴통화동맹의 회원국은 은화를 1인당 6프랑만 가질 수 있게 제한했다. 라틴통화동맹은 이때부터 이미 위기의 징조를 보였다. 이후 수많은 국가가 이 동맹에 가입했지만, 동맹의 통화제도는 프랑스 통화제도가 아닌 등가의 금 함량에 기반을 두고 있었다.

1878년 이후 금본위를 시행하는 파운드와 마르크의 충격을 받아 라틴통화동맹의 기타 회원국들도 앞다투어 금본위제도로 갈아탔다. 그후 국제금융시장에 금본위 기초 위에 세운 국제통화 태환 체계가 나타낮으며, 영국, 미국, 독일, 라틴통화동맹 회원국과 스칸디나비아통화동맹 회원국의 통화는 모두 자신만의 금 함량을 정했고, 각 통화권 간의 통화는 고정환율로 상호 자유롭게 교환·유통했다. 1914년 제1차세계대전이 발발할 때까지 라틴통화동맹의 회원국이 각자 실시하는 지불 정책은 더 첨예하게 갈렸고, 화폐의 평가절하도 불가피해졌다. 그때 라틴통화동맹은 사실상 이미 와해되었다. 1927년 프랑스가 금본위제를 끝냈고, 이듬해 새로운 화폐법을 반포하면서 라틴통화동맹은 공식적으로 해체되었다.

라틴통화동맹은 유럽인이 감정적으로 가장 단결된 모습을 보여준 19세기에 출현했다. 그러나 이 동맹의 가장 큰 결함은 화폐동맹에 가입한 각 회원국 중 어느 나라도 공동의 통화본위제를 확립하는 데 성공하지 못했고, 회원국마다 자체 중앙은행을 가지고 있었다는 것이다. 이런 상황에서 회원국 중앙은행이 다른 회원국의 동전을 상한선 없이 액면가 그대로 받아들이도록 강제 규정한다면 항시적이고 매우 불안정한 자본 흐름을 초래할 수밖에 없다. 게다가 회원국의 통화정책이 상호 긴밀하게 연계되지 않아, 규칙을 엄격하게 준수한 국가가 도리어 규칙을 준수하지 않고 확장성 지불 정책을 채택한 회원국의 투기성 자본 때문에 피해를 입었다.

그러나 어찌됐든 통화동맹이 일정 기간에 유럽에 번영을 가져다준 것만은 부인할 수 없는 사실이다. 이는 미래의 화폐동맹을 위해 긍정적인 경험과 교훈을 제공했다.

유럽이 두 번째로 시도한 통화동맹은 스웨덴과 덴마크가 주도해서 만든 스칸디나비아통화동맹(Scandinavian Monetary Union, SMU)이다. 1873년 5월 5일 북유럽 국가인 스웨덴과 덴마크가 통화동맹을 결성하자 노르웨이가 1875년 이 동맹에 가입했다. 동맹의 결성은 19세기 스칸디나비아 정치 운동의 산물 중 하나다.

19세기 중엽 당시 스웨덴-노르웨이 국왕이 덴마크, 스웨덴, 노르웨이를 하나의 왕국으로 통일하자고 제창했다. 이 제안의 발단은 19세기 초 나폴레옹전쟁으로 초래된 동요와 분열이다. 스웨덴 동부 지역은 1809년 러시아-핀란드대공국으로 바뀌었고, 1387년부터 덴마크와 연합한 노르웨이는 1814년 독립을 선언했다. 물론 노르웨이는 얼마 못 가 스웨덴과의 연합을 강요당했다. 스칸디나비아 정치 운동은 제1차 슐레스비히전쟁(1848년~1850년)에서 시작되었고, 당시 스웨덴-노르웨이왕국은 상당한 군사력을 투입했지만 제2차 슐레스비히전쟁(1864년)에서 모든 것이 마무리되었다. 스웨덴 의회가 국왕에게 더 이상 군사력을 제공하지 않겠다고 결정했기 때문이다.

스칸디나비아 정치 운동은 스칸디나비아주의(Scandinavism)로부터 깊은 영향을 받았다. 스칸디나비아주의는 스칸디나비아 국가(북유럽 국가) 간의 협력을 지지하는 정치 운동이다. 이 운동은 북유럽 국가들이 서로 밀접한 역사와 문화, 공동의 신화 체계, 같은 언어의 뿌리처럼 공통점을 가지고 있고, 이를 통해 통일된 스칸디나비아 문학과 언어 체계를 형성할 수 있다고 널리 알렸다. 서로 다른 역사적 시기에 뚜렷한 차이를 보이는 두 가지 운동의 물결이 일어났다. 바로 스칸디나비아주의 운동과 노르딕주의 운동이다. 스칸디나비아주의는 19세기에 나타났는데, 도이치 통일운동, 이탈리아 통일운동과 시기가 비슷했다. 그러나 후자와 달리 스칸디나비아의 건국 방안은 실현되지 못했다. 이 운동은 공동의 언어·정치·문화적 배경을 근거로 덴마크, 노르웨이, 스웨덴을 통일된 스칸디나비아 지역으로 간주하고 통일된 국가를 건설하자고 제안했다.

이 운동은 덴마크와 스웨덴 대학생이 1940년대 스코네(Skane)에서 처음 발기했고, 19세기 중반쯤 절정에 달했다. 당시 스웨덴과 노르웨이는 〈킬 조약(Treaty of Kiel)〉을 체결해 스웨덴-노르웨이 연합체를 만들었다. 그러나 이 운동은 정치적 이유로 제약을 받았다. 1844년 오스카 1세가 스웨덴-노르웨이 국왕으로 즉위하면서 스웨덴-노르웨이 연합체와

돈의 탄생

덴마크의 관계가 개선되었다. 스칸디나비아주의 운동은 자유파 간행지들의 지지를 받았다.

1848년 덴마크와 프로이센 사이에 제1차 슐레스비히-홀슈타인(Schleswig-Holstein)전쟁이 벌어졌고, 이때 스웨덴이 원정군을 보내 덴마크를 지지했다. 하지만 이 지원부대는 전쟁에 제대로 투입조차 되지 못했다. 그 후 제2차 슐레스비히-홀슈타인전쟁에서 스웨덴이 덴마크와 동맹을 맺지 않거나 지원군을 유럽대륙으로 보내는 것을 거부하면서 범스칸디나비아주의 운동은 심각한 타격을 입었다.

스칸디나비아의 통일은 결국 실패로 끝나고 말았다. 이로써 유럽에서 영국, 프랑스, 독일과 맞설 수 있는 대국이 사라지고 말았다. 그러나 반세기 동안 이어진 스칸디나비아통화동맹이 만들어졌다. 이 동맹의 궁극적 목적은 정치와 경제의 연맹체를 만드는 것이고, 안정적인 통화 관계는 이 동맹의 성립을 위한 선결 조건이었다. 이 동맹을 만들 때 가장 유리한 조건은 세 나라가 이미 은본위제를 채택하고 상대방의 동전과 지폐를 상호 유통시킬 수 있었다는 점이다. 이는 통화 일체화 과정을 크게 간소화하고 단축시켰다.

스칸디나비아통화동맹에서 체결된 협의 내용은 스웨덴 크로나, 덴마크 크로나, 노르웨이 크로나를 서로 교환할 때 고정환율을 적용해 일정 수량의 금에 고정시키도록 규정했다.

은본위제를 포기하는 방식으로 스칸디나비아통화동맹은 라틴통화동맹이 복본위를 고수했을 때 초래되는 일련의 문제를 피할 수 있었다. 또한 각 측이 공동으로 체결한 협의를 집행하는 과정에서 세 나라의 중앙은행이 모두 효율적인 협력 관계를 유지해 스칸디나비아통화동맹이 출범한 뒤 30년 동안 별 탈 없이 운영될 수 있었다. 그러나 20세기 초반에 정치적 변화와 함께 연맹에도 문제가 생기기 시작했다. 1905년 노르웨이는 스웨덴-노르웨이 연맹체의 현 상황에 종지부를 찍기 위해 스웨덴에서 완전히 벗어나 정치적 독립을 실현하고자 했다. 같은 시기에 덴마크의 통화정책이 갈수록 엄격해지면서 스칸디나비아통화동맹의 다른 두 회원국의 자본이 덴마크로 대량 유입되었다. 마지막으로 제1차세계대전의 발발이 연맹에 또 한 번 치명타를 날렸다. 전쟁의 수요와 압박에 떠밀려 세 나라는 본국에만 적용되는 통화정책과 예산정책을 연이어 발표할 수밖에 없었다. 1915년 말 스웨덴은 덴마크, 노르웨이와 파트너십 협약을 종료했고, 대량의 황금이 스칸디나비아반도로 흘러들어가기 시작하면서 연맹의 해체를 가속화했다. 1924년 연맹의 각 회원국은 어느 한 회원국의 경화가 다른 회원국에서 더 이상 자동으로 법정화폐가 될 수 없다는 협의안을 만장일치로 통과시켰다. 6년 뒤인 1930년 세 나라는 잇따라 금본위제를 포기했고 스칸디나비아통화동맹은 정식 해체되었다.

반세기를 이어온 스칸디나비아통화동맹의 해체는 매우 중요한 교훈을 남겼다. 통화동맹이 안정적인 발전을 이루려면 회원국 간에 반드시 통일된 통화정책과 예산정책이 있어야 한다는 것이다. 또한 통화동맹이 정치연맹과 어깨를 나란히 하고 걸어갈 수 없다면 그 통화동맹의 안정은 오래 이어지기 힘들다. 스칸디나비아 3국은 경제와 문화, 통화 방면으로 일체화를 실현하는 데 성공했지만, 각국의 정치 결책 기구가 독립적이어서 완전히 독립적인 통화정책과 예산정책을 제정할 수 있다. 따라서 이 정책들이 통화연맹의 요구와 협의에 부합하지 않고 심지어 위배되면 이 연맹은 순식간에 와해될 가능성이 매우 높다. 그래서 구속력과 강제집행력을 갖춘 협의를 제정하고, 각국 통화정책과 경제정책의 조화를 이끌 수 있는 통일된 메커니즘을 구축해야 한다. 이것이 통화동맹이 지속적으로 발전할 수 있는 관건이다. 일찍이 스위스 국가은행 은행장을 지낸 마르쿠스 루에첼은 이런 말을 했다.

만약 회원국 간에 재정균형제도가 수립되었다면 역사상 해체되었던 통화동맹들을 어쩌면 되살릴 수 있을지도 모릅니다. 그렇지만 이

런 재정균형제도는 각 회원국 간의 긴밀한 정치적 통합을 요구하고
있고, 이런 정치 연맹의 틀 안에서만 통화연맹은 비로소 실현될 수
있습니다.

　독일은 1970년대 화폐 통일을 순조롭게 완수할 수 있었고, 그중 가
장 중요한 원인은 도이치제국의 정치적 통합이었다. 정치적으로 통합
된 도이치 땅 안에서 독일 마르크는 비상할 수 있었다. 유럽에서 발생
한 다른 두 번의 통화동맹운동은 모두 안정적인 정치 동맹의 부재로 결
국 실패의 길을 걸어갔다. 그러므로 다국적 통화동맹이 지속적인 안정
과 발전을 이루려면 통화동맹을 만드는 동시에 안정적인 정치연맹을
가능한 한 빨리 구축해야 한다. 그렇지 않으면 정치적 동요나 중대한
영향을 미칠 만한 정치적 사건이 발생하는 순간 통화동맹은 동요하고
심지어 해체될 수도 있다. 그러므로 안정적인 정치 동맹은 통화연맹의
지속적인 존재와 발전을 위한 중요한 전제 조건이라 할 수 있다. 이는
유럽사에서 역대 통화동맹의 부침이 후세에 전하는 귀한 교훈이다.

05

지칠 줄 모르는 투쟁의 과정

재앙 후의 재기

1945년 제2차세계대전이 종식되기 전 전후 독일 문제를 어떻게 처리할지를 두고 두 가지 의견이 대립했다. 미국의 루스벨트 대통령을 비롯해 모겐소 재무장관과 화이트 재무부 관리를 주축으로 한 진영은 전후 독일을 철저하게 거세시켜 어떤 전쟁이나 골칫거리도 도발하지 못하도록 만들어야 한다고 주장했다. 만약 모겐소가 제정한 '모겐소 플랜'에 따라 독일의 공업 기반을 철저히 무너뜨린다면 독일 경제는 100년 전 농목업 시대로 퇴보하게 된다. 1945년 4월 루스벨트가 갑작스럽게 사망하면서 트루먼이 미국 대통령 자리에 앉게 되었고, 미국 정계에서 루스벨트의 유럽 전략에 반대하던 진영이 트루먼 주변으로 대거 집결해 루스벨트의 전략을 뒤집기 위해 연대했다. 이때부터 스탈린은 더 이상 미국과의 협력을 꿈꾸지 않게 되었고, 미국이 주도하는 브레튼우즈체제, 즉 달러 체계에 가입하기를 거부했다.

돈의 탄생

그 후 당대 세계의 역사적 흐름을 뒤흔든 냉전의 서막이 올랐다. 미소 양국의 대립을 야기한 배후 존재는 이미 지는 태양으로 전락한 옛 식민 제국인 대영제국이었다. 냉전을 직접적으로 도발한 인물은 당시 영국 정계에서 이미 은퇴한 윈

▶ 1945년 전후의 독일 베를린

스턴 처칠이었다. 그의 〈철의 장막〉 연설은 냉전의 서막을 연 역사적인 계기로 평가되고 있고, 모스크바 주재 미국 외교관 조지 케넌은 그 유명한 8,000자짜리 '냉전 전보'를 기안해 '냉전의 시조', '냉전의 설계자'로 불렸다. 결국 영국은 목적을 달성했다. 소련을 미국의 주요 표적으로 만들었고, 영국을 다시 미국의 동맹으로 끌어올렸으며, 국제 무대에서 세계 5대 국가 중 하나이자 유럽에서 가장 강력한 미국의 동맹으로 굳건히 자리매김했다.

그렇다면 당시 패전국인 독일의 상황은 어땠을까?

일반 교과서나 저작물에 기록된 내용을 살펴보면, 제2차세계대전 이후 독일은 이미 완벽하게 폐허가 된 나라였다. 1945년 5월 19일부터 6월 8일까지 잉글랜드 은행 윌리엄 가빈(William Gavin)은 일찍이 독일의 핵심 공업 지역으로 불리던 루어 지역을 방문한 뒤 그때의 상황을 보고서에 이렇게 기록했다.

> 곳곳이 '런던 부두'처럼 황량했다. 가는 곳마다 처참하게 무너지고 파괴된 마을뿐이었다. 오토바이를 타고 3분, 5분 심지어 8분을 달렸는데도 사람 사는 흔적을 찾아볼 수 없었다. 세 시간 가까이 루어 지역을 둘러보는 동안 마을 사이에 몇몇 '외딴 섬'만 쓸쓸하게 남아 있을 뿐 모든 것이 폐허로 변해 있었다. 쾰른, 뒤스부르크, 뒤셀도르프

는 그야말로 혼돈의 도가니였다. 가장 끔찍했던 도시는 아마도 에센일 것이다. 모든 것이 무너져 내린 곳에서 불도저가 도시의 주요 도로를 따라 간신히 길을 내고 있었다. 인도와 보도 양옆으로 육중한 건물의 잔해가 산처럼 쌓여 있고, 엿가락처럼 휘어진 전차 레일, 뒤집힌 전차, 보일러, 욕조와 물탱크, 와르르 무너져 내린 지붕과 위태롭게 흔들리며 언제 무너질지 모를 건물 벽, 그리고 산처럼 쌓인 잔해와 벽돌 아래로 얼마나 많은 시체가 묻혀 있을지 알 수 없었다.

위 기록은 당시 독일의 상황을 가장 사실적으로 묘사한 글이다.

독일 국민의 생활도 전쟁과 패전으로 심각한 상황에 처해 있었다. 1946년 독일의 공업 생산은 전쟁 전인 1936년의 33퍼센트에 불과했다. 기아는 독일의 중요한 문제로 대두되었다. 구매증을 들고 상점 입구에 길게 줄을 서야 살 수 있는 식품은 하루 열량 평균 1,000~1,500킬로칼로리를 정량으로 했다. 정상적인 상황에서 1인당 하루 섭취해야 하는 열량은 2,650킬로칼로리보다 적어서는 안 된다. 부족한 빵은 늘 감자와 무로 대신했고, 고기와 소시지는 희귀품이 되었으며, 버터와 식용유, 마가린은 정량 배급되는 사치품으로 변했다. 작가 노삭(Hans Erich Nossack)이 친구에게 쓴 편지를 보면 당시의 처참한 일상이 잘 묘사되어 있다.

오후 3시나 되어서야 대중교통을 이용할 수 있으니 오전 8시부터 오후 3시까지 계속 일을 해야 해. 몸은 꽁꽁 얼어붙었고, 먹을 거라고는 고작 빵 두 조각밖에 없으니 걸어갈 힘도 없거든. 지하철을 타는 것도 전쟁을 방불케 하지. 아침에 강의가 있었던 아내는 강의가 끝나면 걸어서 한 시간이나 걸리는 식당까지 가서 점심을 먹어야 했어. 집에 가스나 전기, 곤로가 없어 식당을 이용할 수밖에 없거든. 그러다 보니 우리가 가지고 있던 쿠폰도 거의 바닥나버렸지. ……
나 혼자 담요를 두르고 새벽 1시까지 앉아 추위에 바들바들 떨다가 당시 독일인은 생계를 유지하기 위해 기차에 간신히 끼어 타거나 자전거를 타고 시골로 내려가 집집마다 돌아다니며 생필품을 구걸하고 가지고 있던 귀중품과 맞바꾸어야 했다. 사람들은 물물교환을 통해 국가나 점령군 창고에서 빼내 온 물품으로 거래했다. 또한 온갖 방법을 강구해 연료를 만들고, 산과 들로 나가 땔감을 줍고, 식료품과 바꿀 수 있는 모든 것을 수집했다. 심지어 담배가 화폐를 대신하기도 했다. 이것이 전후 독일 민간의 실상이었다.

이뿐 아니라 1945년부터 1946년까지 '모겐소 플랜'에 따라 독일 공장 1,600여 곳이 철거되었고, 일부 군사기지는 미국에 의해 폭파되었다. 무수히 많은 공장이 철거되고 설비가 반출되었다. 독일 산업은 역사상 가장 심각한 재앙에 직면했다. 하지만 1947년부터 반전이 일어났다. 독일 공장과 시설을 철거하는 작업이 중단되었다. 동맹국이 나치 독일의 통치 집단을 영입해 독일 신정부에서 중요한 역할을 맡기기 시작했다. 기존 기업가 또는 전문적인 전범에 대한 처벌도 크게 약화되었다. 크루프 등 실업계 거물과 샤흐트 등 금융계 브레인이 석방되었다. '마셜플랜'이 독일에서 대대적으로 시행되었고, 달러가 거의 소생 가능성이 없어 보이던 독일로 끊임없이 흘러들어갔다.

이때가 되어서야 사람들은 연합군이 독일을 폭격한 주요 목표물이 독일의 산업 시설과 공장이 아니라 독일의 교통 수송 라인이라는 사실을 알아챘다. 당시 독일은 연합군의 폭격을 피하기 위해 공업 시설과 공장을 분산시켰다. 일단 각지 공장에서 설비를 생산하기만 하면 이 설비를 운송하면서 조립해 완제품 장비로 만들 수 있기 때문이다. 따라서 연합군은 독일이 분산된 설비를 조립하는 작업을 막기 위해 폭격의 초점을 교통 노선과 교통 중추 지역에 맞췄다. 통계에 따르면, 독일의 철강 생산능력은 6퍼센트만 파괴되었고, 석탄 광산은 2퍼센트, 코크스

4퍼센트, 기계 제조 15퍼센트, 금속가공 기계는 6.5퍼센트밖에 생산이 감소하지 않았다. 그렇다면 독일 산업의 75퍼센트가 단시간에 빠르게 생산력을 회복할 수 있다는 결론이 나온다. 게다가 독일 산업에서 철거가 진행된 부분은 독일 생산력의 10분 1에도 미치지 않았다. 이때 구미의 브레인 집단은 이 공업 생산능력을 통합해 통화를 안정시키고 필요한 자금을 지원하기만 하면 독일의 공업을 단시간에 급부상시킬 수 있다는 것을 깨닫게 되었다.

당시 이미 냉전의 서막은 올라갔고 독일은 동독과 서독으로 분열된 상황이었다. 그러다 보니 소련을 중심으로 한 동쪽 사회주의 진영에 대항하기 위해 서독과 서유럽의 공업 생산능력을 빠르게 회복시키는 일은 당면한 급선무가 되었다. 이것이 바로 '마셜플랜'이 탄생하게 된 배경이다. 이 플랜의 핵심은 독일의 경제 부흥을 돕는 것이었다. 동시에 미국이 이 플랜을 추진하는 전략적 목표도 명확했다. 즉, 미국은 자본과 기술, 설비의 수출을 통해 유럽을 미국의 글로벌 경제체제로 편입시켜 전후 유럽 시장을 통제하고 개척하는 데 유리한 입지를 차지하고자 했다. 사실상 제2차세계대전을 통해 미국 경제는 건국 이래 성장 속도가 가장 빠른 시기를 거쳤고, 방대한 공업 생산능력은 전쟁이 끝난 뒤 새로운 상품 시장이 절실히 필요했다. 대외무역은 여전히 미국 경제의 지속적인 발전을 지탱하는 중요한 요소였다. 미국은 경제가 활성화되어 있고 안정적이고 장기 지불 능력을 갖춘 유럽 시장이 필요했다.

그러나 이미 붕괴 위기에 처한 독일 경제를 어떻게 구제하고 안정시킬 수 있을까? 구미 브레인 집단은 통화야말로 유럽 통합과 독일 부흥의 관건이라고 판단했다. 당시 독일의 제국마르크는 이미 폐지로 전락해 화폐 기능을 완전히 상실했고, 독일 국민이 식료품과 생필품을 구하는 주요 거래 방식은 물물교환이었다. 전쟁 중에 그나마 피해를 덜 입은 집단은 농민이었다. 도시에 사는 중산계층은 집에 있는 금은보화, 명화, 가구, 의류 등을 농민들에게 주고 그들이 가지고 있던 밀가루, 계란, 버터, 치즈 여유분과 맞바꾸었다. 그러다 보니 농민들은 하룻밤 사이에 값비싼 자기나 포크, 나이프, 고급 가구를 사용하는 호사를 누리게 되었다. 도시에서는 담배, 비누, 면도칼, 초콜릿이 모두 경화 역할을 했다. 휴대하기 쉽고, 분할이 가능하고, 찾는 사람이 많은 물건일수록 화폐의 역할을 빠르게 대신했다. 미군 병사들은 군용 매점에서 싼 가격으로 구입한 담배를 주고 금은보석이나 라이카 카메라를 사기도 했다. 독일의 통화 체계는 이미 완전히 붕괴되었다. 독일은 도탄에 빠진 경제를 살리기 위해 새로운 통화 체계 구축이 시급한 상황이었다.

당면한 문제는 신구 마르크의 태환 비율을 결정하는 것이었다. 조사와 연구 과정을 거쳐 미국 금융가들은 독일 신구 마르크의 비교 가격을 1:10으로 결정했다. 전쟁 중에 독일의 통화가 다섯 배 늘어났고, 시장의 상품 총량은 50퍼센트 줄어들었다. 이렇게 안팎으로 종합해보면 통화는 10배까지 추가 발행된 셈이다. 이것을 근거로 미국은 신구 마르크의 태환 비율을 1:10으로 결정했다. 누가 신(新)마르크를 발행할 것인가? 당시 나치 독일 시기에 중앙은행 역할을 했던 도이치 제국은행의 신용은 이미 바닥을 쳤다. 다시 말해서 은행의 정책 결정이 당시 독일 나치 정부의 통제를 받았다는 의미이기도 하다. 이 때문에 역사의 반복을 막기 위해 미국은 독일에 정부 지배를 받지 않는 독립적인 중앙은행을 세우기로 결정했다. 그래서 촉박한 준비 과정을 거쳐 1948년 3월 전후 첫 번째 중앙은행으로 불리는 서독연방은행(Bank Deutscher Lander)의 간판을 공식적으로 내걸었고, 3개월 후 새로운 독일 마르크가 세상에 모습을 드러냈다.

이 새로운 중앙은행은 독일을 점령한 각 나라의 역량을 총동원해 만들어낸 합작품이었다. 이 은행은 승전국이 패전국인 독일에게 강요하는 각종 권력의 상호 제어 규칙뿐 아니라 1875년 도이치 제국은행의 전통도 가지고 있었다. 새로 출범한 중앙은행을 정부로부터 독립시킨 것은 승전국의 조치이기도 했지만, 사실 서독 정부가 아직 존재하지 않았다. 중앙은행이 출범하기 전에 실제로 독일 금융 결정권을 쥐고 있던 기구는 영미 점령군이 임시 기구로 만든 '연합군은행위원회(Alied Bank Commission)'였다. 1949년 서독 정부가 수립된 뒤에도 서독연방은행은 금리 결정권만 가지고 있었고, 환율 결정권은 본 정부와 연합군 점령국에 있었다. 1948년 4월 미국은 독일과 협의하지 않은 상황에서 달러당 3.33제국마르크를 선언했다. 전쟁 전 환율은 1:2.5였다.

미국은 화폐법안, 발행법안, 환전법안을 제정해 독일의 화폐개혁 운동을 조직했다. 화폐법안을 통해 도이치마르크(Deutsche Mark , DM)는 제국마르크(Reichsmark, RM)를 대신해 법정화폐의 지위를 얻었고, 발행법안은 서독연방은행이 중앙은행으로 자리매김하도록 지원했다. 환전법안은 신마르크의 태환 비율 등 세부 문제를 규정했다.

한바탕 요란한 과정을 거친 뒤 미국은 독일 경제가 정상 궤도로 진입해 급행으로 질주할 것이라 확신했다. 그러나 실제 상황은 그들의 바람처럼 단순하게 흘러가지 않았다. 1948년 진행된 화폐개혁 때문에 수많은 독일인의 저축이 크게 줄어들었다. 이번 화폐개혁은 독일인을 배제시킨 채 진행되었고, 기존의 예금과 채권을 10:1로 평가절하시켰으며, 서방 점령 지역 세 곳의 주민들에게 1인당 40마르크씩, 두 번째 달에는 20마르크씩을 더 교환해주겠다고 약속했기 때문이다. 마치 1923년에 일어났던 통화팽창 때처럼 중산층은 예금 손실의 피해를 보았고, 귀중품이나 주식을 보유하고 있던 사람은 도리어 이득을 보았다. 그래서 화폐개혁은 정치인들이 기대했던 재산 재분배 상황을 만들기는 커녕 빈부격차만 더 심화시켰다.

한편, 개혁은 국민들이 예전에 살 수 없었던 상품을 시장에서 다시 살 수 있는 환경을 만들어주었다. 그 결과 여러 해 동안 억제되어 있던 소비 열기가 터져 나왔다. 그러나 1949년 독일에 또다시 심각한 통화팽창 현상이 나타났고, 1950년 미국은 독일에 대한 자금 지원을 재개할 수밖에 없었다. 그러나 독일을 실질적으로 곤경에서 완벽하게 빠져나오게 한 것은 1950년에 발발한 한국전쟁이었다. 3년간 이어진 막대한 군수물자 주문이 독일 산업을 다시 일으켰다. 독일 경제는 마침내 고속 주행을 시작했다.

1950년대 초 연방 독일(서독)의 경제는 이미 제2차세계대전 이전의 수준까지 회복되었고, 그 뒤로 독일 경제는 고속 발전 시기로 접어들었다. 1952년부터 1958년까지 연평균 국민총생산 증가율은 7.6퍼센트에 달했으며, 실업률은 6.4퍼센트에서 1.7퍼센트로 줄어들었다. 유럽경제공동체(European Economic Community, EEC)에 가입한 후 연방 독일의 연평균 성장률은 기본적으로 5퍼센트 대를 유지했다. 1950년 연방 독일의 국민 소득액은 233억 달러였고, 1970년에 이르러 1,688억 달러로 상승해 20년 사이 여섯 배 넘게 증가했다. 연방 독일의 공업 생산액은 1955년 영국과 프랑스를 뛰어넘어 자본주의 국가들 중 두 번째로 큰 공업 대국이 되었다. 만약 인구 평균으로 공업 생산액을 계산한다면 1970년에는 심지어 미국을 앞질렀다. 1950년 연방 독일의 수출입 무역액은 46억 달러에 불과했지만 1970년에 이르러 646억 달러까지 급증했다. 연방 독일의 금 외환 보유액은 1950년에 11억 마르크에서 1970년에 124.4억 마르크로 증가해 미국을 제치고 세계 1위에 올라섰다.

어떤 학자는 전후 독일에 경제 '기적'이 일어난 원인으로 여섯 가지 근거를 제시했다.

첫째, 독일의 기존 경제 인프라가 좋은 편이었다. 비록 고정자산이 전쟁 때문에 파괴되기는 했지만, 기업 배치, 인적 자질 등 엄청난 잠재력을 가지고 있었다. 특히 노동력의 질이 비교적 높은 수준을 유지하고 있어 경제 발전을 촉진하는 데 안정적 기반 역할을 했다.

둘째, '마셜플랜'에 따른 독일 지원 자금이 합리적으로 사용되었다. 이 자금은 연방 독일이 빠른 시일 안에 발전 궤도에 오를 수 있도록 안정적인 촉진 작용을 했다.

셋째, 사회주의 시장경제체제가 경제 발전을 위해 제도적인 보장을 해주었다.

넷째, 대외 무역의 안정과 지속적인 성장이 공업 생산과 국민경제의 고속 성장을 촉진했다.

다섯째, 전후 비무장화 정책 덕분에 동방과 서방의 대치 국면 속에서 막중한 군비경쟁의 짐을 짊어질 필요 없이 한정된 재력과 물력을 집중시켜 경제 건설에 박차를 가할 수 있었다.

여섯째, 독일의 실무적이고 근면한 민족정신이다. 이것은 독일 경제를 빠르게 도약할 수 있게 만든 주관적 요소다.

그러나 역사의 긴 강을 되짚어 쭉 따라가다 보면 독일의 전후 빠른 경제성장에 도움을 준 가장 중요한 요소는 1950년대 형성되어 반세기 가까이 지속된 유럽경제공동체다. 독일은 이 경제공동체를 움직이는 엔진이자 접착제였다. 독일은 공업 상품을 생산해 공동체 구성원에게 공급했고, 한편으로는 세계 각지로 수출해 유럽에 필요한 대량의 외화와 상품을 조달해왔다. 미국도 이 과정에서 유럽이라는 거대한 시장을 얻었다. 이것은 구미 두뇌 집단이 이 경제공동체를 결성해 달성하고자 한 목표이기도 하다.

유로화의 요람

1949년 이후 독일 경제는 빠른 발전 궤도에 진입했다. 그러나 공업 발전에 필요한 에너지와 원자재 때문에 독일 경제 발전에 큰 구멍이 생겨버렸다. 독일은 석탄과 철강이 시급하게 필요했고, 석탄 공급이 충분하지 않으면 철강업과 기타 산업의 발전은 꿈조차 꾸기 힘들었다. 독일의 석탄과 철강은 주로 독일 루르와 자르 양대 공업 지역에서 생산되었다. 자르 지역은 1947년에 프랑스의 손에 넘어갔고, 루르 지역은 연합군이 공동 관리했다. 독일에 할당될 석탄과 철강 분배 비율은 이 공동 관리 조직에서 결정했다. 독일 경제의 운명은 완전히 다른 사람, 특히 프랑스인의 손에 달려 있었다. 그래서 독일 경제력이 커질수록 독일과 프랑스 사이의 긴장 국면도 다시 촉발되었다. 이렇게 긴장된 분위기는 국제사회의 높은 관심을 불러일으켰다. 특히 서방 사회는 독일과 프랑스의 갈등이 첨예해지는 것에 깊은 우려를 드러냈다. 프랑스는 독일 경제의 부흥에 더 마음이 조마조마해졌다. 1980년 이전에 일어났던 프로이센-프랑스전쟁과 5년 동안 이어지다가 이제 막 끝난 두 차례의 세계대전의 끔찍한 재앙이 또 불어닥칠까 봐 두려웠다. 프랑스인은 10년 전 독일에 참패한 기억을 떠올리기만 해도 가슴이 철렁 내려앉았다. 그래서 독일과 유럽을 겨냥한 전략을 고민하기 시작했다. 이때 '유럽 통합의 아버지'라고 불리는 인물이 역사의 무대에 등장했다.

이 인물은 다름 아닌 장 모네(Jean Omer Marie Gabriel Monnet, 1888년~1979년)다. 그는 프랑스 샤랑트주 코냐시 출신으로 블렌디 양조업을 하는 가정에서 태어났다. 모네는 어릴 때부터 매우 모범적인 성장 과정을 거쳤다. 그는 16세가 되었을 때 자신만의 사업을 시작했다. 모네의 사업은 주로 북미의 주류 시장을 개척하는 것이었다. 북미 지역에서는 국제 상업 무역 절차가 매우 간단했고, 유럽처럼 통과해야 할 수많은 관문이나 고액의 세금이 없었다. 모네는 이런 무역 환경에 깊은 인상을 받았는데, 이는 그가 유럽 각국 간의 무역 장벽을 철폐하고 유럽공동체를 만들어야 한다고 적극적으로 주장하는 계기가 되었다.

1914년 8월 제1차세계대전이 발발한 후 모네는 아버지 친구의 추천을 받아 프랑스 총리를 만날 수 있었다. 모네는 총리에게 공동의 적을 가능한 한 빨리 물리치려면 영국과 프랑스 두 나라의 연합을 강화해 물자 공급과 교통 운수 등의 방면으로 전략적 협력을 긴밀히 유지해야 한다고 제안했다. 프랑스 정부는 모네의 제안을 받아들였고, 영어에 능통한 그를 국제물자공급위원회 프랑스 대표에 임명해 런던에 상주시켰다. 모네는 영국인들과 적극적으로 소통하며 영국과 프랑스 양국의 수

▶ 유럽 통합의 아버지로 불리는 프랑스인 장 모네

송 선박 문제를 합의하는 데 성공했다. 그 후 모네는 공동의 이익을 위해서라면 각국이 서로 약간의 양보를 할 수 있다는 것을 깨달았고, 이것이 훗날 유럽연합을 제창하는 중요한 사상적 근거가 되었다.

제1차세계대전이 종식된 뒤 모네는 프랑스 대표로 베르사유 회의에 참석해 협약국 경제 최고위원회의 프랑스 대표를 맡아 국제연맹의 창설을 위한 작업에 적극적으로 참여했다. 그는 국제연맹 부의장으로 선출되었다. 1920년부터 1922년까지 모네는 국제연맹 부의장으로 지내는 동안 〈베르사유평화조약〉이 남긴 수많은 쟁점 문제를 해결하기 위해 적극 협조했다. 1935년 모네는 국제연맹의 위임을 받아 중국으로 건너갔고, 거기서 장제스(蔣介石)의 재정 고문으로 일하며 조언을 아끼지 않았다.

영국에 파견 중일 때도 모네는 오랜 벗인 아서 솔터가 제시한 '유럽합중국' 사상에 깊이 매료되었고, 유럽연합체를 만들겠다는 생각이 더 확고해졌다.

제2차세계대전 이후 모네는 처칠에게 영국과 프랑스를 하나의 나라, 하나의 정부, 하나의 의회, 하나의 군대로 합병해 힘을 합쳐 독일에 맞서자고 제안했다. 영국과 샤를 드골은 이 제안을 흔쾌히 수락했다. 그러나 프랑스 페탱(Philippe Pétain) 원수의 반대로 계획은 무산되고 말았다. 훗날 모네는 처칠의 위임을 받아 미국으로 건너가 도움을 요청했다. 루스벨트를 설득해 미국의 군사력을 총동원할 생각이었다. 전후에 샤를 드골도 모네를 등에 업고 미국과의 관계를 이어갈 수밖에 없을 만큼 프랑스는 미국의 지원을 간절히 바라고 있었다. 전후 초반 모네도

돈의 탄생

독일의 공업을 철저히 거세시켜야 한다고 주장했다. 그러나 미국이 유럽 정책을 바꾸기 시작하자 변화에 대처능력이 뛰어났던 모네는 유럽의 통합 계획을 기획하기 시작했고, 그의 사상이 유럽 통합의 운명과 발전의 궤적을 함께 그려갔다.

모네는 우선 '슈만 플랜'의 초안을 제시했다. 이 플랜은 당시 프랑스 외무장관인 슈만의 이름으로 세상에 모습을 드러냈다. 이유가 몇 가지 있다. 첫째, 필요할 경우 프랑스 외무장관의 입을 통해 방안을 제출하는 것이 더 타당했다. 둘째, 모네는 자신을 대중 앞에 직접 드러내고 싶지 않았다. 그의 사명은 지난 몇십 년 동안 쌓아온 인맥을 이용해 여러 의견을 조율하며 브레인 역할을 하는 것이다. 이는 직접 앞에 나서는 역할보다 훨씬 중요했다. 무슨 일이든 성공적인 결과의 배후에는 이를 모의한 인물이 있기 마련인데, 모네는 그 역할을 기꺼이 받아들였다. 그리고 훗날 유럽 통일운동의 '총설계자'이자 '유럽 통합의 아버지'라는 찬사를 받게 되었다. 모네는 수십 년 동안 실천과 시행착오를 거치며 멀리 내다보는 혜안과 빠른 대처능력을 깨우친 전략가였다.

'슈만 플랜'의 핵심은 유럽에 석탄과 철강 연맹을 세워 유럽 각국 사이의 갈등을 해소하고, 나아가 '유럽합중국'의 실현을 위해 길을 터주는 것이었다. 모네가 이 플랜을 시작하면서 가장 먼저 찾아간 나라는 영국이었다. 그러나 영국은 이 플랜이 실현되면 유럽대륙에서 영국의 영향력이 약해질 것이라 판단했다. 영국에서 거절당한 뒤 모네는 프랑스와 독일로 발걸음을 옮겼다.

당시 프랑스는 점차 강대해지는 독일을 바라보며 또 한 번 엄청난 위협을 느꼈다. 독일은 프랑스 혼자 힘으로 대적할 수 없는 상대였다. 프랑스는 전쟁의 후환과 영원히 이별할 수 있을 뿐 아니라 독일이라는 흑곰을 제어할 수 있는 일거양득의 비책이 필요했다. 이런 시기에 모네가 제기한 '슈만 플랜'은 프랑스의 구미를 당기기에 충분했다. 이를 방패막이 삼아 전쟁의 위협에서 벗어나고, 독일이라는 맹수도 우리에 가

둘 수 있기 때문이다. 그래서 1950년 5월 9일 프랑스 외무장관 슈만은 기자회견에서 주권을 뛰어넘는 경제 실체를 구축해 프랑스와 독일의 석탄과 철강 생산을 이 실체 안에 묶어두고 자원을 공유하며 함께 발전할 것을 제안했다. 이 개방적인 경제공동체는 모든 유럽 국가에 개방되어 어느 나라든 가입을 신청할 수 있도록 했다. 이것이 '유럽석탄철강공동체(European Coal and Steel Community, ECSC)'다.

모네가 이 플랜을 제안하자마자 호평이 이어졌고, 미국이 가장 먼저 지지를 표명하고 나섰다. 독일과 프랑스의 화합은 유럽에서 전쟁의 도화선을 제거하고 유럽 경제 회복에도 도움이 되기 때문이었다. 이는 미국에 유리한 상황이기도 했다. 당시 미국의 생산능력은 절정에 도달해 있었다. 미국은 자국의 생산품을 더 많이 수출할 수 있는 길을 절박하게 모색하고 있었고, 유럽은 미국 제품의 가장 중요한 판매 시장이었다. 당연히 미국은 60년 후 유럽연합과 유로화가 미국과 달러에 가져올 충격을 전혀 예상하지 못했을 것이다. 당시 서방 세계는 모두 이 천재적인 플랜에 환호하느라 미래를 내다볼 생각조차 하지 못했다. 사람들의 눈앞에 더할 나위 없이 아름다운 유럽의 미래가 순식간에 펼쳐지는 듯했다. 오로지 영국만이 방관자 입장에서 이 모든 상황을 지켜봤고, 지금도 마찬가지다.

1951년 4월 18일 프랑스, 서독, 이탈리아, 네덜란드, 벨기에, 룩셈부르크 6개국이 참가한 유럽석탄철강공동체의 조약이 파리에서 체결되었다. 모네는 유럽석탄철강공동체 고등 기구의 초대 의장으로 선출되었다. 모네는 유럽이 통일의 길을 향해 가장 착실한 첫걸음을 내딛는 것을 보았고, 자신의 꿈이 현실이 되리라 믿어 의심하지 않았다.

유럽석탄철강공동체는 삼권분립제도를 시행했다. 권력 기구인 최고이사회는 의장 한 명과 여덟 명의 멤버로 구성되며, 이들은 모두 자국의 국가이익을 대변하는 존재가 아니다. 그들은 취임식에서 자국의 이익이 아니라 공동의 이익을 위해 일하겠다고 선서하기도 했다. 최고

이사회는 세 가지 권력을 행사할 수 있다. 첫째, 법률적 효력을 갖춘 결정을 한다. 둘째, 법적 구속력을 갖춘 건의를 한다. 셋째, 법적 효력이 없는 의견을 제출한다. 그 의회는 공동 회의체이고, 그 직책은 최고이사회를 감독하는 것이며, 그 의원은 각국에서 선출된다. 마찬가지로 의원들은 국민을 대표할 뿐 정부를 대표하지는 않는다. 사법 기구인 중재법원은 각 회원국 간의 법적 갈등을 중재한다. 만약 유럽석탄철강공동체와 회원국 사이에 분쟁이 일어나면 국제법 효력을 갖춘 조약으로 규제할 수 있다. 유럽석탄철강공동체는 이미 국가의 성격을 띠는 유럽 속 하나의 국가라 할 수 있었다.

1950년대와 1960년대는 서유럽 경제의 고속 발전 시기라고 할 수 있다. 특히 1960년대는 유럽 경제 발전의 '황금기'로 불린다. 경제력이 증강하면서 서유럽 각국도 정치적으로는 독립적이면서도 서로 연합하는 추세를 보였다. 모네는 이 기회를 놓치지 않았다. 1955년 모네는 유럽합중국행동위원회를 창설해 20년 동안 의장직을 맡았다. 국제 민간 조직인 유럽합중국행동위원회는 서유럽 각국의 힘을 조직해 유럽연합의 절차와 방법을 공동으로 모색하고, 유럽연합의 취지를 널리 알리며, 각국 정부의 여론에 영향력을 행사하는 것을 목적으로 한다. 1957년에 체결한 〈로마조약〉에 근거해 1958년 1월 1일 프랑스, 연방 독일, 이탈리아, 네덜란드, 벨기에, 룩셈부르크 6개국이 유럽경제공동체를 결성했고, 서유럽 경제 통합을 향해 힘찬 발걸음을 내디뎠다. 유럽연합의 최초 멤버는 이 연맹에 참여한 6개국이다. 그래서 유럽인들은 유럽경제공동체를 유럽연합의 전신으로 보고 있다. 1973년 영국, 아일랜드, 덴마크가 가입했고, 1981년에 그리스가 합류했으며, 1986년 1월에는 스페인과 포르투갈까지 가세해 공동체는 12개국으로 확대되었다. 이제 유럽경제공동체는 세계에서 가장 큰 경제 공동체가 되었다.

모네의 눈에 유럽경제공동체는 단순히 경제조직의 창설에 그치는 것이 아니라 서유럽 통합의 실현을 위한 두 번째 단계였다. 첫 번째 단계는 관세동맹이고, 두 번째 단계는 경제동맹이며, 세 번째 단계는 정치동맹이다. 1975년 87세의 고령이었던 모네는 평생을 걸고 고군분투한 일들과 작별을 고했다. 자리에서 물러난 후 얼마 지나지 않아 유럽이사회는 모네가 평생을 바쳐 유럽에 헌신한 업적을 높이 평가해 '유럽명예시민'이라는 영예로운 칭호를 수여했다. 그가 사망한 뒤 9년이 되던 해이자 탄생 100주년인 1988년에 유럽공동체는 이해를 '모네의 해'로 지정했다. 미테랑 프랑스 대통령은 파리 라탱 지구에 있는 웅장한 신전 '판테온(Pantheon)'으로 모네를 이장하도록 행정명령을 내렸다. 이때부터 모네와 루소, 몽테스키외, 위고 등 프랑스와 인류 문화에 크게 기여한 위대한 인물들이 함께 영원히 안식할 수 있게 되었고, 그곳을 찾는 유럽인들의 발길이 끊이지 않고 있다.

유럽석탄철강연맹은 곧 유럽연합과 유로화의 요람이자 모체라 할 수 있다. 유럽석탄철강연맹이 없었다면 지금의 유럽연합과 유로화는 존재할 수 없다. 그래서 유럽연합은 '슈만 플랜'을 선포한 5월 9일을 '유럽의 날'로 지정해 해마다 기념하고 있다.

하늘이 내린 사명

전후 유럽의 정치가들은 유럽 땅에서 두 차례의 세계대전과 같은 재앙이 재발하지 않게 하려면 독일과 프랑스의 유럽 쟁탈전을 멈춰야 한다는 데 동의해왔다. 윈스턴 처칠 전 영국 총리는 1946년 9월 전쟁의 발발을 막으려면 유럽연합과 같은 조직이 절대적으로 필요하다고 선언했다. 1956년 수에즈운하 위기가 발발했을 때 유럽 각국은 미국의 지시를 따를 수밖에 없었다. 미국이 영국과 프랑스를 상대로 수에즈운하 공격을 포기하도록 압박한 지 얼마 되지 않아 연방 독일의 초대 총리 콘라드 아데나워(Konrad Adenauer)가 프랑스 외무장관에게 다음과 같은 발언을 했다.

> 프랑스와 영국은 더 이상 미국, 소련과 어깨를 나란히 하는 강대국
> 이 될 수 없으며, 독일도 마찬가지입니다. 세계에서 결정적인 역할
> 을 담당하고자 한다면 유럽을 하나로 통합하는 것 외에는 선택의 여
> 지가 없습니다.

1950년대 서유럽의 각국 지도자들은 경제 영역에서 먼저 시장을
통합해야 한다고 판단했다. 이것은 정치연맹으로 가는 첫 단계이자 최
선의 길이었다.

1950년 프랑스 드골 대통령의 고문으로 오랫동안 일했던 프랑스
경제학자 자크 뤼에프(Jacques Rueff)는 이런 말을 했다.

> 유럽 통일의 대업을 달성하려면 먼저 화폐 통합이 이루어져야 합니
> 다. 이것이 선행되지 않으면 우리는 아무것도 이루지 못합니다.

1955년 6월에 열린 멕시코 회의에서 통과된 〈스파크(Spaak) 보고〉
는 유럽 통일의 대업을 추진하기 위해 유럽 각국이 더 긴밀한 경제협력
관계를 구축하고 공동의 시장을 만들어야 한다고 호소했다.

마침내 1957년 3월 25일 유럽석탄철강공동체를 구성하는 6개 회
원국의 정치 지도자들이 이탈리아 로마에서 회담을 열고 유럽원자력공
동체(European Atomic Energy Community, Euratom)와 유럽경제공동체를 설
립하기로 결정했다.

이후 얼마 되지 않아 유럽위원회(European Commisson)가 설립되었
는데, 그 직책은 유럽경제공동체의 일상적인 업무를 책임지고 수행하
는 것이었다. 유럽경제공동체는 무역 관세장벽을 철폐하고, 화물·서비
스·인력·자본의 자유로운 이동을 촉진하는 일에 주력하지만, 더 궁극

적인 목표는 유럽의 정치적 연합을 달성하는 것이었다.

〈로마조약〉이 통과된 다음에 곧이어 유럽통화위원회(European Monetary)가 1958년 3월 설립되었다. 이 위원회는 유럽경제공동체 회원국의 통화정책을 조율하는 임무를 맡았다. 위원회의 구성원에는 각 회원국의 재무장관과 중앙은행 은행장이 포함된다. 1964년 동일한 목적으로 중앙은행은행장위원회(Committee of Central Bank Governors)의 설립도 선포되었다. 1962년 유럽경제공동체가 공통농업정책(Common Agricultural Policy, CAP) 계획을 실시하기 시작했고, 이 계획은 농업 가격 보조금 정책을 다루고 있다. 1960년대 중반 급격한 통화 변동이 유럽 공통농업정책의 지속적인 시행을 위태롭게 할 때 유럽위원회의 프랑스 의원 로버트 멀랭이 유럽경제공동체 내부의 통화 파동을 해소하자고 제안했다. 또한 그는 1965년에 유럽통화연맹의 창설이 불가피한 의무라고 선언했다.

1969년 유럽위원회는 유럽 각국의 경제와 통화 영역의 협력과 강화를 촉구하는 각서를 발표했다. 이 각서는 당시 유럽위원회 부의장이자 훗날 프랑스 총리가 되는 레이몽 바레의 이름을 따서 '바레플랜'이라고 불렸다. 이 플랜은 유럽연합 회원국 사이에 유럽통화연맹을 만들고자 하는 열망을 불러일으켰다. 제2차세계대전 후 국제통화체제의 기준이었던 달러는 1960년대에 극도로 불안정해지기 시작했다. 미국의 통화팽창 정책의 악재를 피하기 위해 당시 도이치연방은행이 서독 마르크의 평가절상을 요구했다. 서독 정부와의 치열한 공방전 끝에 독일 마르크와 네덜란드 굴덴이 5퍼센트 평가절상했다. 이를 계기로 유럽에 화폐 통합연맹을 만들어야 한다는 생각이 유럽 절대 다수 국가들 사이에 설득력을 얻었다.

1969년 12월 헤이그에서 열린 유럽경제공동체 수뇌회담에서 피에르 베르너(Pierre Werner) 룩셈부르크 수상을 의장으로 하는 위원회를 만들어 유럽의 화폐연맹을 점진적으로 실현하는 계획안이 통과되었다.

돈의 탄생

1970년 10월 '베르너플랜'이 정식으로 세상에 모습을 드러냈다. 이 플 랜은 10년 안에 세 단계를 거쳐 유럽경제통화연맹을 만드는 하나의 시 간표를 제시했다. 첫 번째 단계는 환율 변동의 강도를 제한하고, 각 회 원국 간의 화폐정책과 재정정책의 조율을 강화한다. 두 번째 단계는 환 율 변동과 회원국 간의 가격 추이의 차이를 좀 더 축소한다. 세 번째 단 계는 환율을 영구적으로 고정하고 공동체 전체로 권한이 미치는 중앙 은행 시스템을 구축한다.

그런데 이 플랜은 공동체를 두 개의 진영으로 나눴다. 하나는 독일 과 네덜란드 진영이고, 또 하나는 프랑스와 이탈리아, 벨기에 진영이었 다. 독일은 독일 마르크를 절대 포기하려 들지 않았다. 독일인은 독일 마르크를 독일의 기치이자 근간으로 간주했다. 독일은 성공적인 통화 연맹을 만들려면 정치적 연맹이 구축되어야 한다는 기본 입장을 고수 했다. 그들은 통화연맹이 회원국에게 무역정책, 재정정책, 예산정책, 경 제정책, 임금정책 등 전방위적인 공동 정책을 요구해야 한다고 주장했 다. 다시 말해 전면적인 정치연맹이 없으면 고도의 정책 통합과 조율에 도달할 수 없고, 이런 식의 통화연맹은 결국 불안정하고 신뢰할 수 없 는 조직으로 전락할 수밖에 없다는 것이다. 한때 유럽 정치인들은 독일 의 이런 입장을 통화연맹을 막기 위한 핑계이자 명분에 불과하다고 해 석하기도 했다. 이뿐 아니라 독일도 중앙은행이 정부로부터 독립해야 한다고 강조했다. 독일인은 미래 유럽의 중앙은행도 이런 독립성을 견 지해야 한다고 주장했다.

물론 프랑스인도 독일 마르크에 대한 독일인의 감정과 정체성을 이해하고 있었다. 다만 프랑스인은 독일인과 달리 중앙은행이 정부의 관리·감독하에 있어야 한다고 생각했다. 프랑스는 베르너플랜의 첫 번 째 단계에 주목했다. 그들은 적자국과 흑자국이 서로 순조롭게 연결될 수 있도록 보장해야 할 동일한 책임을 지니고 있다고 강조했다. 이는 흑자국인 독일과 네덜란드는 만성 적자국으로 불리는 프랑스와 이탈리아에 정책적 영향을 미쳐서는 안 된다는 것을 의미한다. 여기서 비롯된 갈등은 지금까지도 프랑스와 독일 사이에 이어지고 있다.

이처럼 프랑스와 독일 사이의 견해 차이가 지속되는 가운데 1971년 5월 유럽공동체의 결책 기구인 장관협의회(Council of Ministers)가 통화 시장에서 독일 마르크 환율의 변동을 결정했고, 그 정점은 1971년 8월 15일 닉슨 정부가 달러와 금의 자유로운 태환을 금지시키는 순간 나타났다. 1972년 3월 유럽공동체 회원국의 통화 환율의 변동 폭은 2.25퍼센트로 줄었다. 각 측은 마침내 '터널 속의 뱀(snake in the tunnel)'으로 불리는 환율 체계를 받아들이기로 협의했다. 1973년 1월 1일 덴마크, 아일랜드, 영국도 이 '스네이크 체계'를 수용하며 유럽공동체의 새로운 멤버가 되었다. 이때부터 유럽공동체의 회원은 9개국으로 늘어났다.

'스네이크 체계'가 구축된 후 많은 나라의 통화 환율이 이 터널을 벗어났다가 일정 기간이 지난 뒤에 다시 돌아왔다. 어떤 나라의 통화는 평가절하한 후 다시 평가절상하는 과정을 겪었다. 그래서 당시 유럽에는 통화연맹이 하나도 등장하지 않았다. 독일의 변동환율정책만 성공을 거두었을 뿐이다. 1978년 봄, 이 문제를 해결하기 위해 프랑스와 독일은 통화 체계를 다시 정상화하는 데 약간의 행동이 필요하다고 의견을 모았다. 그래서 1979년 1월 1일 유럽통화제도(European Monetary System, EMS)가 정식 가동되었는데, 그 핵심은 하나의 환율메커니즘(Exchang Rate Mechanism, ERM)이었다. 이 메커니즘에 근거해 두 회원국 사이의 통화 평가는 모두 고정되고, 환율 상하 변동의 범위는 평균치의 ±2.5퍼센트 이내로 제한했다. 영국도 유럽통화제도에 가입했지만, 파운드는 환율메커니즘에 포함시키지 않았다. 유럽통화제도 안에서 유럽통화단위(European Currency Unit, ECU)도 만들어졌다. 이 통화 단위는 가격을 계산하는 척도로 사람이 만든 화폐단위이며, 유럽통화제도 내 각 통화의 가치를 근거로 한다. 이 체계에 가입한 각 화폐가 유럽통화 단위안에서 차지하는 가중치는 그 나라 경제 총량이 유럽통화단위에서 차지하는 비중에 근거해 확정해야 한다.

유럽통화제도의 협상 과정에서 프랑스와 독일의 핵심 쟁점은 누가 이 제도 안에서 비교적 약한 화폐들을 지원할지 결정하는 것이었다. 프랑스는 흑자국이 약한 통화를 지원해야 한다고 주장했고, 독일은 당연히 반대했다. 모종의 이상적 지표로 각국의 책임을 정하는 벨기에식 타협 메커니즘이 제시되었지만, 단 한 번도 시행된 적은 없었다. 1980년대 초반 이 환율메커니즘은 프랑스의 누적된 거액의 무역 적자와 예산 적자로 위기에 빠진 적이 있었다. 1983년 초 프랑스는 심지어 이 환율메커니즘에서 이탈할 준비를 했다. 당시 자크 들로르(Jaques Delors) 프랑스 재무부장이 미테랑(Francois Mitterrand) 대통령과 프랑스 정부의 다른 지도자들을 설득하지 않았다면 비극이 예정대로 일어났을지도 모른다. 만약 비극이 현실이 되었다면 유럽공동체와 유럽통화제도에 미칠 엄청난 재앙은 2016년 6월 23일 벌어진 영국의 브렉시트(Brexit) 국민투표에 버금갔을 것이다.

프랑의 마지막 평가절하 이후 유럽통화제도 회원국의 중앙은행 총재들이 스위스 바젤에 있는 국제결제은행(BIS)[36] 본부에서 한 차례 회

---

36 국제결제은행(Bank for International Settlements, BIS)은 영국, 프랑스, 독일, 이탈리아, 벨기에, 일본 등 국가의 중앙은행과 미국 은행계의 이익을 대변하는 모건은행, 뉴욕과 시카고의 시티은행으로 구성된 금융 기구다. 헤이그 국제 협정에 근거해 1930년 4월에 12개 국가가 공동 출자해 설립했다. 본부는 스위스의 문화도시 바젤에 있는 19층짜리 커피색 건물에 있다. 창립 당시만 해도 7개국에 불과했지만, 지금은 60개국의 중앙은행이 BIS의 회원이 되었다. 중국, 인도, 러시아 등 신흥 경제체가 잇따라 BIS의 회원이 되었고, 점점 더 중요한 역할을 발휘하고 있다. BIS는 각국 중앙은행, 국제조직을 서비스 대상으로 삼고 있고, 개인적인 업무는 취급하지 않는다. 각국 중앙은행의 금 매입 등을 포함한 은행 업무를 대행하는 것 외에도 BIS는 이미 각국 중앙은행의 클럽으로 자리매김하며 협력과 교류의 장소로 이용되고 있다. 21세기에 들어서면서 BIS는 글로벌 금융 체계의 가장 중요한 문제를 해결하는 핵심 포럼이 되었다. 매년 세계 각국의 중앙은행과 금융 관리·감독 당국의 고위 관리자 등 5,000여 명이 BIS에서 열리는 회의에 참석하고 있다. BIS도 전문가 회의와 좌담회를 조직하고 통화와 금융 안정, 비

담을 열었다. 회담 결과 유럽통화제도의 환율을 일정하게 유지하되 각국의 통화정책을 이 목표에 맞춰 조정하기로 협의했다. 또한 이 협의는 환율이 시장 압박에 직면했을 때 시행할 간여 조치도 규정했다. 뒤이어 유럽통화제도 회원국의 재무장관들이 덴마크 뉘보르(Nyborg)에서 회의를 열어 앞서 말한 원칙을 재확인했다. 1985년 자크 들로르가 유럽위원회 의장으로 선출되었고, 그는 기존의 유럽경제공동체 조약을 수정하는 일에 착수했다. 1987년 7월 1일 들로르는 포괄적 협의를 달성하며 〈단일유럽의정서(Single European Act)〉을 정식 발효했다. 이 의정서는 1992년까지 유럽경제공동체 안에서 서비스와 자본의 완벽하게 자유로운 흐름이 실현되어야 한다고 규정했다.

1988년 6월 거행된 유럽이사회 정상회담에서 경제와 통화 체계의 일상 사무를 관리할 수 있도록 들로르를 중심으로 전문가 위원회를 구성하기로 결정했다. 이사회는 이 전문가 위원회가 다음 정상회담 전까지 구체적인 수립안을 제안할 것을 요청했다. 1989년 4월 이 전문가 위원회는 유럽경제통화연맹의 실현을 위한 경제와 통화연맹 연구회 보고서, 즉 〈들로르 보고서〉를 제출했다. 이 보고서의 핵심 관점은 유럽의 경제와 통화연맹을 〈단일유럽의정서〉의 자연스러운 결과로 봐야 한다는 데 있다. 〈들로르 보고서〉는 유럽의 경제와 통화연맹을 만드는 데 세 단계에 걸쳐 10년의 시간이 걸리는 시간표를 설정했다. 최종 목표는 고정환율제도의 확립이며, 유럽경제통화연맹 안에서 단일 통화정책을 시행하고 유럽중앙은행시스템(European System of Central Banks, ESCB)이 이를 집행하는 것이다. 이로써 유럽 통화 통합 운동의 서막이 본격적으로 열리기 시작했다.

축 관리, 정보 기술, 내부감사 등의 문제를 논의한다. 두 달에 한 번씩 열리는 중앙은행 총재 회의에서 참가국들이 창출한 GDP는 전 세계 GDP 총액의 5분의 4를 차지한다. BIS의 주말 회의에서 논의된 내용은 이미 금융 위기 및 그 대응책을 파악하는 데 중요한 근거가 되었다. BIS는 중앙은행들의 중앙은행으로 불린다.

06

유럽 통화 체계의 탄생

    1989년 여름에 발생한 동유럽의 격변과 뒤이은 소련의 해체로 유럽 통합의 과정도 일시적으로 타격을 입었다. 1989년 11월 9일 베를린 장벽이 무너지고 옛 사회주의 국가인 민주 독일(동독)은 곧바로 연방 독일(서독)의 품 안으로 들어갔다. 이 갑작스러운 변화 때문에 유럽 통합 계획에 제동이 걸리고 말았다. 브레이크를 밟은 쪽은 독일인이었다. 이들은 역사적 사건이라 할 수 있는 동서독의 통일에만 전념해야 했다. 베를린장벽이 무너졌을 때 독일의 콜 총리는 때마침 폴란드를 방문하고 있었다. 그는 소식을 듣자마자 곧바로 베를린으로 돌아갔다. 11월 10일 폴 도이치연방은행 총재가 BIS에서 국제중앙은행 총재 월례회에 참석해 동독의 경제 상황이 전반적으로 양호하고, 동독이 제품을 생산해 서방세계에 수출할 능력을 가지고 있으며, 국제 준비금이 100억 달러, 외채가 200억 달러 미만이라고 전했다. 그는 동서독이 경제적으로 빠르게 통합할 수 있을 것이라고 예상했다.

    1990년 2월 콜 총리는 서독 마르크와 동독 마르크의 교환 비율을 1:1로 정한다고 전격 발표했는데, 실제로 이것은 서독 마르크로 동독 마르크를 대체하는 것과 다르지 않았다. 그 목적은 동독 국민의 서독 이주를 막는 것이었다. 콜 총리의 결정은 서독 국민은 물론 다른 국가의 비난과 반대에 부딪혔다. 독일 중앙은행은 이 결정이 황당무계하고 현실과 전혀 맞지 않다고 비난했다. 프랑스는 독일이 값비싼 대가를 치르게 될 것이라고 지적했다. 그러나 동독인들은 콜 총리의 결정에 감사할 따름이었다. 그들은 본래 교환 비율을 5:1 정도로 예상하고 있었다. 그러나 독일이 통일된 후 동독 내에서 공식적으로 사용되는 두 종류 마르크의 태환 비율은 4.8:1이었다.

1989년 하반기부터 유럽 통합이 다시 가속도를 내기 시작했는데, 이를 가능하게 만든 것은 프랑스인이었다. 11월 28일 콜 총리는 독일 의회에 독일 통일을 위한 10개의 프로젝트를 상정했다. 미테랑 대통령은 독일을 향해 유럽통화연맹을 설립하는 조약을 당장 체결하라고 강하게 밀어붙였다. 그는 독일이 이 요구에 응하지 않으면 독일을 완전히 고립시키겠다고 위협해 결국 콜 총리의 양보를 얻어냈다.

1990년 10월 영국은 유럽환율메커니즘에 가입하기로 결정했고, 유럽 통화의 통합도 머지않은 듯 보였다. 그러나 유럽통화연맹 가입을 요구하자 마가렛 대처 영국 수상의 태도는 매우 확고했다. 대처는 영국의 유럽통화연맹 가입을 결사반대했다. 다름 아니라, 영국이 유럽통화연맹에 가입하면 존경하는 대영제국 여왕 폐하에게 몇 년 후 그녀의 두상이 영국 지폐에 더 이상 존재하지 못하는 이유를 설명해야 했다. 그러나 이 '철의 여인'은 영국이 유럽환율메커니즘에 가입하면 영국에 큰 이점이 있다는 사실을 누구보다 잘 알고 있었다. 도이치연방은행의 명성을 이용해 파운드의 신용을 높일 수 있고, 금리를 삭감해 경제를 자극할 수 있으며, 환율메커니즘에 기대 파운드의 대폭 평가절하를 발 빠르게 방지할 수 있다. 유럽환율메커니즘에 가입하기 위해 대처 수상은 영국 회사와 집주인의 차입 원가를 낮추기로 결정했다. 즉, 금리를 삭감했다. 이는 파운드가 약세를 보이고 경제가 여전히 불황이더라도 영

돈의 탄생

국이 금리 인상을 통해 파운드 환율을 방어할 리 없다는 것을 보여주는 대목이다. 파운드가 유럽환율메커니즘에 가입하는 환율 평균 가격은 1파운드당 2.95마르크다. 이것은 독일과 프랑스가 서로 타협한 결과물이기도 하다. 그러나 어찌됐든 영국이 유럽환율메커니즘에 가입하면서 유럽통화연맹의 진행 과정도 한 걸음 더 성큼 나아가게 되었다.

영국이 유럽환율메커니즘에 가입할 즈음인 1989년 6월 스페인도 환율메커니즘에 가입했고, 1992년 4월 포르투갈도 참여했다.

1990년대에 들어서자 유럽이사회는 정상회담을 여러 차례 개최하고 정부 간 회의도 두 차례나 진행해 유럽경제공동체 조약 개정 가능성을 논의했다. 이 시기에 각 측도 유럽경제통화연맹 설립과 관련된 시간표와 절차, 유럽중앙은행의 성격 등에 관해 협상을 진행했다. 1991년 12월 초 유럽이사회가 네덜란드 마스트리히트에서 일련의 회의를 열었고, 1992년 2월 7일 〈마스트리히트조약(Treaty of Maastricht)〉을 정식 체결했다. 이 조약에 따라 유럽경제통화연맹의 가동 과정은 세 단계로 나뉜다.

제1단계는 1990년 7월 1일부터 시작된다. 이 시기에 유럽에서 자본의 자유로운 흐름이 완벽하게 가능해지고, 각국 간의 협력과 협조를 계속 강화하며 두 번째 단계 준비에 착수한다.

제2단계는 1994년 1월 1일부터 시작된다. 이 시기에는 유럽중앙은행의 전신인 유럽통화연구소(European Monetary Institute, EMI)를 건립하고, 유럽통화연구소를 통해 각국 통화정책 간의 협조와 조율을 강화하며, 유럽중앙은행의 독립성을 확립하는 데 주력한다. 더불어 제3단계 준비 작업에 더 박차를 가한다.

제3단계는 1999년 1월 1일부터 시작된다. 이 시기의 목표는 폐지할 수 없는 고정환율 시스템을 구축하고, 단일 화폐(1995년 2월 단일 화폐 명칭을 '유로화'로 확정함)를 도입하며, 통화정책을 수립하고 실시하던 각국의 직책을 유럽중앙은행으로 이전한다.

〈마스트리히트조약〉은 유럽경제통화연맹의 실현을 위한 전제 조건을 이미 명확히 규정했다. 이 조약은 설사 정치연맹이 결성되지 못한다 해도 경제정책과 예산정책에 명확한 제한을 가하기만 하면 어떤 의미에서 사실상의 정치연맹이 탄생한 것과 같다고 보았다. 이로써 통화연맹은 이미 유럽경제공동체 구성원의 유일한 출구가 되었다.

통화연맹에 진입하는 기준은 다음과 같다.

· 통화팽창률이 가장 낮은 세 개의 후보국 평균 수준의 1.5퍼센트보다 높으면 안 된다.
· 장기금리는 통화팽창률이 가장 낮은 3개국 중 관찰 가능한 평균 수준의 2퍼센트보다 높으면 안 된다.
· 유럽환율메커니즘의 회원국이어야 하고, 유럽연합에 가입하기 전 2년 동안 통화의 평가절하가 발생한 적이 없어야 한다.
· 국내총생산 대비 정부 재정 예산 적자가 3퍼센트를 넘어서는 안 된다. 적자가 매년 계속해서 현저하게 줄어들어 3퍼센트 기준에 근접해야 한다. 또는 3퍼센트 기준에서 이탈하더라도 예외적이고 일시적인 현상에 불과해야 한다.
· 국내총생산 대비 정부 부채 비율은 60퍼센트를 넘지 않거나 60퍼센트에 육박해야 한다.

이 밖에도 다음과 같은 엄격한 규정도 정해놓았다.

· 각국 중앙은행이나 유럽중앙은행은 어떤 형태로든 정부 예산을 위해 적자융자를 내주어서는 안 된다.
· 유럽경제공동체 전체는 물론 유럽경제통화연맹의 어떤 회원국도 회원국의 재정 공약에 책임을 지지 않는다.

그러나 〈마스트리히트조약〉이 체결된 후 1999년 1월 1일까지 7년 동안 유럽 통화 체계와 환율메커니즘은 시종 위기에 직면해 있었다. 1992년 6월 덴마크 유권자들이 〈마스트리히트조약〉을 부결했고, 1992년 9월 프랑스에서는 가장 근소한 차이로 〈마스트리히트조약〉을 통과시킬 수 있었다. 하지만 각국은 유럽경제통화연맹에 가입하기 전 2년 동안 통화의 평가절하가 발생한 적이 없어야 한다고 규정한 〈마스트리히트조약〉도 불확실성을 배가시킨다고 우려했다. 수많은 나라가 2년 기한이 시작되기 전에 앞다투어 본국 통화를 평가절하시켜 경쟁 우위를 확보할 가능성이 있기 때문이다. 과연 1992년 9월 이탈리아 화폐의 가치가 하락했고, 뒤이어 파운드화가 환율메커니즘에서 이탈한 뒤 스페인의 페세타 가치가 5퍼센트 평가절하했다. 마지막으로 이탈리아 리라가 환율메커니즘에서 탈퇴했다. 하지만 1995년에 다소 상황이 전환되었다. 1995년 1월 오스트리아 크로나가 유럽 통화 체계에 가입했고, 1996년 10월 핀란드 마르크가 합세했다. 1996년 11월에는 이탈리아 리라가 다시 유럽 통화 체계 안으로 복귀했다.

1993년 11월 1일 유럽경제공동체의 정식 명칭이 유럽연합(독일어: Europäische Union, 프랑스어: Union européenne, 영어: European Union, 약칭은 EU)[37]으로 바뀌었다. 이는 유럽공동체가 경제적 실체에서 정치적 실체

---

[37] 유럽연합의 취지는 유럽 각국 국민들을 더욱 긴밀하게 유지할 수 있는 연합의 기반을 마련하고, 유럽을 분열시키는 장벽을 제거하고, 경제사회의 발전을 보장하고, 국민 생활과 취업의 조건을 지속적으로 개선하고, 공동 무역정책을 통해 국제 교환을 촉진하는 데 있다. 〈로마조약〉을 개정한 〈유럽단일문건〉에서는 유럽 통합을 위한 유럽공동체와 유럽의 공조는 함께 유럽 통합의 발전을 촉진하고, 세계 평화와 안전을 위해 함께 공헌하는 데 그 취지가 있다고 강조했다. 유럽공동체의 산하 조직은 다음과 같다. 1. 유럽연합이사회(Council of the European Union). 유럽연합의 최고 의사 결정 기구로 각 회원국 외무장관들로 구성된 총무이사회와 농업, 재정 경제, 과학 연구, 공업 영역 장관으로 구성된 전문위원회로 나뉜다. 2. 유럽위원회(European Council). 유럽연합 상설 집행 기구로 〈유럽연합조약〉과 유럽연합이사회가 내놓은 각종 결정의 시행을 책임지며, 이사회와 유럽의회에 보고서와 결의 초안을 제출할 수 있고, 유럽연합의 일상 사무를 처리하며, 유럽연합을 대표해 대외 연계와 협상을 진행한다. 유럽연합의 공동

로 넘어간다는 것을 상징한다. 유럽연합 출범은 유럽화폐연맹의 정치적 기반을 다졌고, 유로화의 탄생에도 적극적인 촉진 작용을 일으켰다. 유로화의 탄생은 이미 돌이킬 수 없는 추세가 되었다.

그러나 1999년 1월 1일이 가까워질수록 매우 심각해 보이는 문제가 몇 가지 드러났다.

첫째, 〈마스트리히트조약〉을 체결할 때 유럽경제통화연맹에 가입하고자 희망했던 국가들이 모두 마스트리히트에서 규정한 예산 적자와 정무 채무 기준에 부합하지 않았다.

둘째, 유럽경제통화연맹의 출범 시기를 연기해야 하는가?

셋째, 누가 미래의 유럽경제통화연맹을 주도할 것인가?

외교와 안보정책과 관련해서는 건의권과 참여권만 가지고 있다. 3. 유럽의회(European Parliament). 연맹의 감독 및 자문 기구이며, 의결된 결의에 대한 법적 구속력이 없지만, 부분적인 예산 결정권을 가지고 있어 위원회의 예산 초안을 거부하고 새로운 방안의 제출을 요청할 수 있다. 또한 3분의 2가 넘는 탄핵소추위원회를 가질 수 있다. 4. 유럽법원(European Court of Justice). 유럽연합의 최고 추심 기구로 유럽연합의 규장과 법률을 준수하며 유럽연합의 모든 결의가 집행되도록 지원할 책임이 있다. 유럽연합 규장이 존중받을 수 있도록 보장하고, 조약과 규장에 대한 최종적 해석을 내리고, 〈유럽연합조약〉과 관련 규정을 집행하는 과정에서 회원국의 규정과 충돌을 빚을 때 이를 심리하고 평결한다. 법원 소재지는 룩셈부르크. 5. 유럽회계감사원(European Court of Auditors). 유럽연합의 소득과 지출 상황을 심사하고, 유럽연합 각종 기구의 재무를 회계감사하며 유럽연합 재정의 정상적인 관리를 보장한다. 회계감사원은 룩셈부르크에 설치되었다. 상술한 다섯 개의 주요 기구 외에도 경제사회위원회, 지역위원회, 유럽투자은행, 유럽중앙은행(프랑크푸르트), 유럽경찰청(헤이그), 유럽친환경국(코펜하겐), 유럽마약감찰국(리스본), 내부시장협조국(마드리드), 수의사감찰국(더블린), 유럽교육재단(토리노), 유럽직업훈련센터(그리스), 유럽연합번역센터(룩셈부르크) 등이 있다. 현재 유럽연합은 벨기에, 불가리아, 사이프러스공화국, 체코공화국, 덴마크, 독일, 그리스, 스페인, 에스토니아, 프랑스, 헝가리, 아일랜드, 이탈리아, 라트비아, 리투아니아, 룩셈부르크공화국, 몰타공화국, 네덜란드, 오스트리아, 폴란드, 포르투갈, 슬로바키아, 핀란드, 스웨덴, 영국 등 27개 회원국을 가지고 있다. 2009년 11월 3일 〈리스본조약〉은 27개 회원국의 비준 절차를 완료하고, 유럽 통합의 가장 큰 걸림돌을 제거함으로써 유럽연합의 통합을 위해 중요한 걸음을 내디뎠다. 현재 터키, 크로아티아, 마케도니아도 모두 유럽연합 후보국의 자격을 지니고 있다. 크로아티아와 터키의 가입 협상이 이미 정식으로 시작되었다. 스위스연방 정부도 가입을 신청했지만 2016년 영국 브렉시트 국민투표 때문에 가입 협상을 중단했다.

첫 번째 문제가 가장 두드러지게 나타난 나라는 벨기에와 이탈리아였다. 1993년 말 벨기에의 정부 채무가 국내총생산의 141퍼센트를 차지했고, 이탈리아는 116퍼센트였다. 〈마스트리히트조약〉 기준에 부합하기 위해 일부 국가는 분식 회계까지 서슴지 않으며 유럽경제통화연맹의 자격을 얻고자 애썼다. 그들은 장부에 지출을 기입하지 않고 예상 수입을 부풀리고 명목 국내총생산 데이터를 조작했다. 이탈리아, 벨기에, 그리스, 스페인 등은 모두 이런 조작 의혹을 받았고, 독일과 프랑스도 예외는 아니었다. 그러나 정치와 전반적인 국면을 고려하기 위해 유럽위원회는 이 문제에 대한 반영과 입장 표명을 가능한 한 최소화하는 쪽으로 방향을 잡았다.

두 번째 문제는 한때 유럽공동체 내부에서 엄청난 논쟁을 불러일으켰다. 독일과 프랑스가 모두 기존 시간표에 반대하는 의견을 내놓았다. 심지어 독일 학자 네 명은 독일연방헌법재판소에 유럽경제통화연맹이 독일의 헌법에 위배된다고 제소하기까지 했다. 1997년 2월 세계 주요 국가의 중앙은행 총재들이 BIS 본부가 있는 바젤 타워에서 열린 회담에 참석해 연맹 설립의 지연 여부에 관해 격렬한 논쟁을 벌였다. 당시 BIS 총재이자 네덜란드 중앙은행 총재를 겸임하고, 훗날 유럽중앙은행 초대 총재를 지낸 빔 두이젠베르크(Wim Duisenberg)도 연맹의 결성을 늦추자는 제안에 적극 찬성했다.

세 번째 문제의 논쟁은 주로 독일과 프랑스 사이에서 벌어졌다. 이 논쟁의 초점은 유럽중앙은행의 초대 총재가 누가 될지에 맞춰져 있었다. 프랑스는 자신들이 미는 후보 장클로드 트리셰(Jean-Claude Trichet)를 거론했고, 독일은 앞서 프랑스가 추천한 또 다른 후보 미셸 캉드쉬(Michel Camdessus)를 부결시켰다. 이 문제를 두고 프랑스와 독일은 몇 개월 동안 논쟁을 이어갔다. 1998년 5월 브뤼셀에서 열린 유럽 각국 정상회담에서 프랑스 시라크 대통령과 네덜란드 웨인 코크 총리 사이에 치열한 논쟁이 벌어졌다. 결국 정상회담은 독일이 추천한 두이젠베르크를 유럽중앙은행의 초대 총재로 결정했고, 부행장은 크리스티앙 누아예(Christian Noyer) 프랑스 재무장관이 맡는다고 공식 발표했다. 프랑스 시라크 대통령은 이에 불만을 드러냈다. 정상회담이 끝난 뒤 열린 기자회견에서 시라크 대통령은 두이젠베르크 본인이 조기 퇴임을 고집하고 있다고 공언하며 현장에 있던 기자들의 폭소를 자아냈다.

유럽중앙은행 본사의 소재지 선정 문제를 두고 처음에는 프랑스와 독일의 의견이 엇갈렸다. 1992년 유럽중앙은행의 전신인 유럽통화국의 소재지 선정 문제를 논할 때 독일 콜 총리는 런던과 에든버러, 암스테르담 등의 후보 도시에 반대했다. 그는 미래의 유럽중앙은행 본부가 들어설 곳으로 프랑크푸르트를 희망했다. 이곳이 독일 연방은행의 연장처럼 비춰지기를 바라고 있었다. 그러나 프랑스는 본을 소재지로 삼기를 바랐다. 당시 독일 연방 정부 부처가 베를린으로 이전 중이었고, 본은 유럽통화국을 수용하기에 충분한 입지 조건을 갖추고 있었다.

결국 양측은 협상을 거듭한 끝에 유럽통화국의 소재지로 프랑크푸르트를 선택하는 데 합의했다. 프랑스가 양보한 이유는 독일이 마르크 폐지의 현실을 받아들이도록 하려면 그들의 의견에 동의해 유럽통화국을 프랑크푸르트에 두어야만 독일인의 불안을 완화시킬 수 있기 때문이었다. 물론 프랑스도 아무 수확이 없었던 것은 아니다. 1996년 12월 유럽 각국 정상들이 참석한 베를린 회담에서 각 회원국의 예산 적자가 국내총생산의 3퍼센트보다 높으면 처벌(벌금)받도록 했던 압박을 크게 약화시켰다. 회담이 끝난 뒤 프랑스는 유로존(Eurozone) 각국 재무장관으로 구성된 유로존워킹그룹을 만들어 정기적으로 유럽중앙은행과 관련 정책을 논의하기로 하는 등의 성과를 거두기도 했다. 이 그룹의 결성으로 프랑스는 유럽중앙은행의 결정에 다소 영향력을 행사할 수 있었다.

이런 문제점에도 연맹을 추진하는 근간이 흔들리지는 않았다. 1993년 10월 프랑크푸르트에 유럽중앙은행의 전신인 유럽통화국을 설립하기로 결정했고, 1996년 12월 더블린 정상회담에서 1995년 12월 마드리드 회담에서 내놓은 〈안정 공약〉을 개정하고, 명칭을 〈안정과 성장 공약〉으로 바꿨다. 1998년 5월 2일 브뤼셀에서 열린 정상회담에서 유럽중앙은행 총재 인선을 확정했고, 1998년 봄 유럽연합은 11개국이 〈마스트리히트조약〉 기준에 이미 도달했다고 보고서를 발표했다. 1998년 6월 1일 유럽통화국은 미국연방준비제도 다음으로 중요한 중앙은행인 유럽중앙은행으로 전환되었다. 이때부터 유럽경제통화연맹은 점점 현실이 되어가고 있었다.

유럽통화국(EMI) 설립 당시 BIS 본부는 스위스 바젤에 있는 바젤 타워 안에 있었다. 시간이 흐르면서 BIS는 넘쳐나는 인원을 전부 수용할 수 없었고, 결국 1994년 11월 EMI는 독일 프랑크푸르트 카이사르 거리 란트 광장에 있는 40층짜리 BFG 본사 빌딩으로 이전했다. 1977년에 세워진 이 건물은 EMI가 옮겨온 뒤 유로타워(유로빌딩)로 불렸다. 1994년 10월 말 유럽통화국이 정식 업무를 시작했다. 초창기 유로타워에서 근무하던 인력은 알렉산드로스 램펄시(Alexandre Lamfalussy)가 BIS에서 데려온 사람들이었고, 6개월이 지나서야 150명을 채용해 300~400명까지 인력이 늘어났다. 유로화가 본격적으로 시장에 등장하기 시작한 1999년 무렵에는 600명의 인력이 일을 했고, 2008년에는 1,400명으로 늘어났다. 이 빌딩 안에는 통화 시장을 조절하는 유럽중앙은행의 핵심 부서인 중앙 통제실이 설치되어 있었다.

1999년 1월 1일 유럽의 역사적인 순간이 드디어 찾아왔다. 유럽경제통화연맹이 정식으로 출범을 선포했다. 창립 멤버는 오스트리아, 벨기에, 핀란드, 프랑스, 독일, 이탈리아, 아일랜드, 룩셈부르크, 네덜란드, 포르투갈, 스페인으로 구성되었다. 그 후 2001년에 그리스가 가입했고, 2007년에는 슬로베니아, 2008년에는 키프로스와 몰타가 합류했다. 2009년에 슬로바키아가 들어왔고, 2011년 에스토니아, 2014년 라트비아, 2015년 리투아니아가 가입해 현재 유로존은 19개 회원국으로 구성되어 있다.

그러나 유럽경제통화연맹 출범 당시 유로는 일종의 기장 단위에 불과했다. 2002년 1월 1일이 되어서야 유럽경제통화연맹 회원국의 화폐는 비로소 유로[38]로 대체되었다. 이날부터 새로운 유로 지폐와 동전이 사용되기 시작했고, 유로는 유로존의 법정화폐가 되었다. 인류가 살고 있는 이 지구라는 별에 일정 구역 안에서 널리 사용되는 법정화폐가 탄생한 것이다. 그것은 200년 전에 세상에 나와 세계 통화의 패주가 된 달러와 함께 세계에서 가장 발달한 두 지역의 통화 흐름을 지탱했다. 이 때문에 달러의 패권도 심각한 도전에 직면했다. 두 화폐 사이의 패권 게임은 유로가 탄생하는 순간부터 시작되었다. 누가 최후의 승자가 될지를 두고 벌써부터 관심이 집중되고 있다. 그러나 상호 조율과 장단점을 보완하며 발전하는 관계야말로 두 화폐가 공동으로 추구하는 목표가 되어야 한다는 것만은 분명해 보인다.

화폐 통일 이후 유럽의 급선무는 유럽 재무부의 통합을 구축하는 것이 되었다. 유럽 재무부가 통합된다는 것은 170년 전 프랑스 대문호 위고가 그토록 열망하던 유럽합중국 탄생의 신호탄이 아닐까?

---

38 유로 지폐의 액면가는 총 7종이며, 각각 5유로, 10유로, 20유로, 50유로, 100유로, 200유로, 500유로로 나뉜다. 1유로=100센트다. 유로존의 각국이 찍어낸 유로 지폐는 앞면과 뒷면의 도안이 모두 같다. 유로의 보조화폐(동전)의 액면가는 총 8종이며, 각각 1센트, 2센트, 5센트, 10센트, 20센트, 50센트, 1유로, 2유로로 나뉜다. 유로 지폐와 달리 유로통화연맹은 유로 동전 정면에만 동일한 도안을 채택하고 뒷면 도안은 유로존 각국이 자체 디자인하도록 규정했다. 테두리에는 유럽연합의 오각별 12개를 원형으로 배치해 통일감을 주었다. 각국에서 주조한 유로 동전은 자유롭게 유통될 수 있다.

07

결론

20세기 초 세상에 등장한 소비에트러시아와 1920년대 출범한 소련은 20세기 세계사의 흐름과 세계 정치·경제의 판도를 송두리째 바꿔놓았다. 강대해진 소련은 1950년대 세계 사회주의 운동의 거센 바람을 불러일으켰다. 사회주의 국가들이 하룻밤 사이에 세계의 선두에 섰고, 그 당시 사회주의를 이상적인 정치체제로 생각하는 사람들도 많아졌다. 사회주의 세계는 자본주의 세계와 목숨을 건 힘겨루기를 시작했다. 그러나 소련의 국력이 갈수록 쇠락하고, 동유럽의 급변과 소련의 해체까지 겹치면서 사회주의는 또 하루아침에 나락으로 떨어졌다. 물론 소련의 해체는 자체적인 문제와 외부 세계에서 비롯된 여러 가지 원인 때문에 초래되었다. 그중 소련의 법정화폐인 루블의 탄생과 몰락은 소련의 흥망성쇠를 설명하기에 가장 좋은 교재라 할 수 있다. 소련은 루블의 강세에 편승해 번영했고, 또 루블의 쇠락 때문에 몰락했다. 이것은 깊이 생각해볼 만한 역사적 교훈이다.

유로의 미래와 결말을 어떻게 판단하든 상관없이 유로는 여전히 달러의 가장 강력한 경쟁 상대가 되었다. 그러나 아직도 위기에서 완전히 벗어나지 못한 그리스를 보면서 유럽인은 물론 다른 나라 사람들조차도 유럽연합이 안고 있는 치명적인 문제를 간파했다. 그것은 바로 통일된 정치적 실체와 재정 관리 및 협조 기구의 부재였다. 또한 유럽 전역의 비상 금융 시스템과 정책 수립도 시급했다. 그렇지 않으면 유로가 달러처럼 세계에서 가장 강력한 흡인력을 갖고, 나아가 달러를 대신해 세계 최고 화폐가 되고자 하는 바람은 한낱 일장춘몽으로 끝날 수밖에 없다.

화폐는 영원히 대국지상주의 원칙만 따른다. 최고 자리에 있는 국제 화폐는 이제까지 늘 선두에서 달리는 대국이 발행하고 관리해왔다. 앞서가는 대국은 자국의 생존을 위태롭게 할 만한 어떤 일도 만들지 않는다. 세계에서 가장 강력하고 통일된 정치와 경제 실체뿐 아니라 세계 1위의 군사력과 전략적 능력을 가지고 있기 때문이다. 현재 세계에서 이런 조건에 부합하는 실력자는 미국뿐이다. 유로나 기타 화폐가 국제 무대에서 달러에 도전하려면 강력하고 통일된 정치적 실체를 갖추고 경제·군사·전략적 방면으로 막강한 발전을 이루어야 한다. 그렇지 않으면 달러의 패권에 절대 도전할 수 없다. 유럽의 발전 방향은 정치 통합의 길로 걸어가 정치적 통일을 이루는 것 말고는 다른 선택의 여지가 없다.

현재 가장 현실적인 방법은 가능한 한 빨리 유럽의 통합 재정부를 구성해 유럽 전역을 통일된 재정정책과 위기관리 비상 체계 메커니즘으로 관리하는 것이다. 이는 유로가 앞으로 계속 나아갈 수 있을지 여부를 결정하는 핵심 요소이자 전제 조건이다. 물론 하나의 통일된 유럽 합중국 정부가 탄생하는 날만 유로가 진정으로 달러와 맞서는 때가 될 것이다. 현재 미국과 달러는 각종 수단과 방법으로 유럽연합과 유로의 발전을 방해하며 막고 있다. 현재 유럽에서 발생한 난민 위기, 테러 습격, 채무 위기, 영국 브렉시트 국민투표, 프랑스와 독일 등 유럽 은행에 대한 거액의 벌금 등 일련의 사건이 모두 유로와 직결되어 있다. 그러나 단시간 내에 유럽연합과 유로를 소멸시키는 것도 결코 쉬운 일이 아니다. 유로의 단기 전망은 달러와의 비교 가격을 1:1 수준으로 만드는 것이다. 이는 미국과 달러의 최근 목표이기도 하다.

유로의 성장과 발전 과정에서 가시밭길이 펼쳐지고 위기가 사방에 도사리고 있다는 것을 미루어 짐작할 수 있다. 그러나 시대적 특징과 기회를 포착해 사회 엘리트 집단과 폭넓은 민중의 에너지를 한데 응축해 폭발시킬 수 있다면 화폐 연맹, 나아가 유럽합중국의 꿈도 먼 이야기가 아니다.

제 8 장

성패

01

화폐의 국제화

다원화의 정의

화폐의 국제화에 관한 성의는 세계적 범주에서 볼 때 서로 다른 버전을 가지고 있다. IMF의 정의에 따르면, 화폐의 국제화는 어느 한 나라의 화폐가 국경을 넘어 세계적으로 자유롭게 태환·거래·유통되다가 마침내 국제 화폐가 되는 과정이다. 어떤 학자는 화폐의 국제화를 다음과 같이 정의했다. 한 나라의 상품 무역과 서비스 무역이 해외시장으로 확대되면서 본래 화폐 기능에 기초해 경상 항목, 자본 항목과 역외 화폐 자유 태환 등의 방식을 통해 국경 밖으로 유출되고, 역외에서 유통 수단, 지불수단, 보유수단, 가치척도의 역할을 담당하면서 국가화폐가 지역화폐, 나아가 세계화폐로 발전하는 과정이라고 여겼다. 또 어떤 학자는 국제 화폐는 화폐의 국제화 흐름 추이의 결과이고, 화폐 국제화의 발전 형태가 국제 화폐를 형성한다고 지적했다. 그래서 화폐의 국제화 과정은 국제 화폐의 형성 과정이기도 하다. 또 다른 학자는 화폐의 국제화를 한 나라의 화폐 흐름이 국경을 넘어 세계적으로 자유롭게 태환·유통되고 가격 책정과 결제, 비축의 수단으로 활용되는 것이라고 말했다.

여기서 명확하게 짚고 넘어가야 할 점은 국제 화폐의 정의다. IMF는 국제 화폐를 국제 거래의 지불 과정에서 널리 사용되고 주요 외환시장에서 광범위하게 거래되는 화폐라고 정의했다. IMF의 정의는 화폐가 국제 교역에서 광범위하게 사용되는 점을 강조하고 있다. 교역과 사용 지역을 광범위하게 포괄하고, 무역과 금융 영역에서 세계적으로 폭넓게 사용되는 화폐여야 비로소 진정한 의미의 국제 화폐로 간주하는 것이다.

어떤 학자는 금융자산, 상품과 서비스 분야의 국제 교역에서 가격 책정과 결제 도구로 사용되고, 개인 경제 부문과 화폐 당국이 국제 유동성 자산과 비축 자산으로 사용하는 화폐를 국제 화폐로 정의했다. 국제 화폐의 기능은 국내에서 사용되는 화폐의 지불수단과 기장 단위와 가치 축적 수단의 국외 확장이다.

이 학자는 국제 화폐를 부분적인 국제 화폐와 온전한 국제 화폐로 나누었다. 전자는 국제경제에서 제한적인 역할을 하며 지불수단이나 기장 단위, 가치 축적 수단의 역할을 하는 것을 가리킨다. 후자는 국제 거래 과정 중의 지불수단이자 기장 단위, 가치 축적 수단을 가리킨다. 국제 화폐는 이 세 가지 기능을 동시에 갖추고 있어야 하며 그중 한 가지 또는 두 가지 기능만 운용되어서도 안 된다. 국제 화폐의 기본 특징은 각국 중앙은행의 공식 비축 화폐 비율 중 우위를 점하고, 국외에서 일상적인 거래에 광범위하게 사용되고, 국제무역의 가격 책정에서 우위를 점하고, 국제금융시장의 화폐 선택에서 주도적 역할을 발휘하는 것이라고 할 수 있다. 또한 국제 화폐는 여러 개일 수 있지만 국제 중심 화폐는 오직 하나뿐이며, 중심이 아닌 국제 화폐는 기본적으로 중심 화폐의 변화에 따라 조정된다.

이로써 국제 화폐는 국제 경제 교류에서 보편적으로 받아들여지고, 국제 거래의 매개체, 지불수단, 가치척도, 가치 저장 수단의 역할을 하는 화폐라는 것을 알 수 있다. 그러나 진정한 의미의 국제 화폐는 오로지 한 종류뿐이어야 하는데, 그것은 바로 국제 중심 화폐의 지위를 가지고 있는 국제 화폐다. 현재 국제무역과 국제금융시장의 실제 상황으로 볼 때 오로지 달러만이 진정한 의미에서 국제 화폐의 역할을 담당할 수 있다.

그래서 화폐의 국제화는 한 나라의 화폐가 국제 화폐로 변화·발전하는 과정을 의미한다. 이 과정은 한 나라 화폐의 사용 범위와 기능의 일부 또는 전부가 본국 범위에서 다른 나라, 나아가 세계 범주로 확대되는 식으로 드러난다. 이 과정은 필연적으로 갈등, 경쟁, 선택, 도태의 연속일 수밖에 없다. 기존의 국제 화폐는 후발 화폐에 배척과 제동을 거는 행동을 하게 되고, 국제통화체제에 진입해 있던 화폐는 새로 도전장을 내민 화폐와 치열한 경쟁을 벌인다. 그리고 국제무역과 금융시장은 새로운 화폐에 대해 선택과 인정의 과정을 거친다. 만약 국제 화폐로 진입히는 과정에서 예상 밖의 정치·경제적 위기와 그 밖의 시련이 발생한다면 새로 떠오르는 화폐는 국제무역과 금융시장에서 도태되거나 방출되는 경험에 직면할 수 있다.

한 나라의 화폐가 국제 화폐의 길로 들어서려면 각종 풍파나 시련과 마주해야 하고, 이런 험난한 과정을 어떻게 극복해야 할지 반드시 고려해야 한다. 이런 문제에 언제라도 대처할 수 있는 준비가 되어 있어야 하는 것은 물론, 다양한 상황을 겨냥한 대응 조치와 방안을 미리 설계해둘 필요가 있다. 전통적인 사고방식에 매몰되어 요행을 바라는 심리로 이런 문제와 도전에 대처해서는 안 된다. 그것은 자국 화폐와 세계화폐 체계에 대한 심각할 정도로 무책임한 태도이자 국가와 국민에 대한 범죄행위다.

화폐 국제화의 차원

일반적으로 화폐의 등급은 최상위 화폐, 귀족 화폐, 엘리트 화폐, 서민 화폐, 침투 화폐, 준화폐, 위조화폐로 나눈다. 이 일곱 가지 등급은 위에서부터 아래로 이어지는 층간 관계를 이룬다. 화폐의 국제화 과정에서 우리는 국제 화폐의 계층적 등급 문제를 파악해야 한다. 실제로 이는 화폐의 국제화 과정에서 반드시 거쳐야 할 단계이자 목표이기 때문이다.

화폐의 국제화는 일반적으로 아래에서 위로 향하는 주변화, 지역화, 국제화 세 가지 차원으로 나뉜다.

'주변화'는 화폐가 자국 외의 주변 국가나 지역에서 광범위하게 사용되는 것을 말한다. 이는 일종의 시도이자 예행연습이다. 화폐 주변화를 통해 화폐가 다른 나라에서 사용될 수 있는 가능성을 시험해볼 수 있고, 그 과정에서 경험과 교훈을 얻을 수 있기 때문이다. 관건은 이들 국가가 화폐를 사용할 때의 태도, 사용 범위, 수용 정도, 사용 효과, 문제점 등을 면밀하게 관찰하는 것이다. 이것은 향후 화폐의 사용 범위가 더 넓어졌을 때를 대비한 경험의 축적이고, 화폐 국제화의 길로 첫발을 내딛는 것이기도 하다. 만약 이 첫걸음이 안정적이고 흔들림이 없다면 머지않아 시작될 두 번째와 세 번째 걸음을 내딛기 위한 기반이 될 수 있다. 그렇지 않으면 맹목적인 낙관으로 결국 실패의 쓴맛을 보지 않기 위해서라도 교훈을 진지하게 받아들이고 기존의 절차와 방법을 개혁하거나 수정하려고 노력해야 한다.

'지역화'는 화폐가 특정한 국제 구역 안에서 광범위하게 사용되는 것을 가리킨다. 기존의 세계적 범주의 경험과 방법으로 볼 때 이런 상황은 세 가지 형태로 나타난다. 첫째, 지역 내 국가에서 화폐를 발행하지 않고 범국가적 중앙은행이 현재 유럽연합에서 일부 국가들이 사용하는 유로처럼 통일된 화폐를 발행한다. 둘째, 지역 내 국가에서 화폐

돈의 탄생

를 발행하지 않고 라틴아메리카가 자국 안에서 달러를 직접 유통하듯 다른 나라의 화폐를 채택해 사용한다. 셋째, 특정 지역의 국제 거래에서 벗어나 점점 더 많은 국가에서 국제 화폐로 사용된다. 예를 들어 엔화가 동아시아 일부 국가에서 사용되는 식이다. 이것도 화폐 국제화의 형태 중 하나로 간주할 수 있다.

'국제화'는 세계 범주 안에서 광범위하게 사용되는 것을 가리킨다. 이는 화폐 국제화의 고급 단계에 해당된다. 달러가 바로 전형적인 국제화 화폐다. 현재 세계 화폐의 현황으로 볼 때 오로지 달러만이 화폐 국제화의 고급 단계에 도달해 있다. 엔화는 국제화 과정 중 가치 보존 수단의 기능이 국제적인 요구 수준에 도달한 적이 있지만, 1990년대 이후 일본 경제가 침체되면서 지역화 국제 화폐 수준으로 후퇴했다. 반면, 유로화의 경우 유럽연합 회원국 안의 화폐들을 유로 속으로 모두 끌어들였다. 여기에는 독일 마르크나 프랑스 프랑처럼 원래 이미 국제 화폐 범주 안에 있던 화폐들도 포함된다. 이 화폐들은 찬란했던 역사와 상관없이 유로 체계 안에 흡수되는 순간 더 이상 존재하지 않게 되었다. 이것도 영국 파운드, 스위스 프랑 등 유럽 기타 국가의 화폐가 지금까지도 유로존 가입을 거절하는 주요 원인 중 하나다.

그렇다면 자국의 화폐를 국제 화폐로 만들려면 주변화, 지역화, 국제화 과정을 모두 거쳐야 할까? 이 문제에 관해서 부정적인 시각이 많다. 달러는 제2차세계대전 이후 자신의 경제적 실력과 정치적 실력에 의존해 국제 화폐의 권좌에 앉았기 때문이다. 그러나 한 가지 반드시 짚고 넘어가야 할 점은 이 책의 앞 장에서 거론한 것처럼 달러가 오늘날 국제 화폐의 자리까지 올라가는 길은 결코 순탄하지 않았다는 것이다. 그사이 달러는 복잡하고 기나긴 여정을 거쳐 왔다. 만약 두 차례의 세계대전이 없었다면, 당시 특정한 역사적 환경과 조건이 받쳐주지 않았다면, 미국 통치 집단의 치밀한 계획과 실행이 지속되지 않았다면, 미국이 파운드의 국제 화폐 지위를 폐기하지 않고 세 단계로 나눠 금의 전통적인 국제 화폐 지위를 폐기하기 위해 엄청난 노력을 쏟아붓지 않았다면, 반세기에 걸친 국제 화폐의 시련이 없었다면, 인력·재력·물력 등 막대한 희생이 없었다면, 과연 달러가 독보적인 국제 화폐로 자리매김할 수 있었을까?

유로도 오늘이 있기까지 반세기 넘는 폭풍우를 뚫고 지나와야 했다. 유로는 유럽석탄철강연맹, 유럽경제공동체, 유럽연합 등의 힘든 시련을 거쳐 지금의 자리까지 왔다. 유럽 각국은 수백 년 동안 분열-전쟁-협력-통일의 무수한 단련을 거치며 협력과 평화, 통일이 유럽에 얼마나 중요한지 깨달았고, 비로소 약속이라도 한 듯 힘을 합쳐 걸어가는 길을 선택했다. 이는 현명한 역사적 선택이었고, 혹독한 시련을 거친 뒤에 비로소 알게 된 위대한 시도였다.

화폐 국제화의 조건

화폐의 국제화를 위한 전제 조건은 다음과 같다.

① 국제 화폐 발행국은 막강한 경제력과 종합적인 국력을 갖춰야 한다.

이것은 화폐 국제화를 위한 기본 전제 조건이다. 경제력은 바로 한 국가가 세계경제에 미치는 영향력을 말한다. 그것은 구체적으로 국민총생산, 1인당 국민총생산, 경제구조, 경제 규모, 경제 발전 전망, 국제무역 지위, 금융시장의 성숙도, 국민의 소비력, 경제 위기 대처 능력 등을 포함한다. 종합 국력은 한 국가의 경제, 군사, 과학기술, 교육, 자원 등 몇 가지 요인에 대한 평가를 거쳐 얻은 종합 수치이자 주권 국가의 생존과 발전을 가늠할 수 있는 종합적 실력(물질과 정신력)과 국제적 영향력의 총체적 평가를 통해 얻어진다.

그것은 구체적으로 정치력(정치적 의사 결정, 동원과 조직 능력, 반응 능력), 경제력(국민총생산, 1인당 국민총생산, 경제구조와 경제 발전 전망), 과학기술력(과학기술 연구·응용·발전 수준, 과학기술 인력의 상황), 국방력(군대의 규모와 실력, 무기 장비, 전술), 문화·교육력(문화의 발전 수준, 교육 수준과 교육을 받는 자의 자질), 외교력(국제적 지위·역할·영향, 외교적 능력), 자원력(인구수와 질, 지리적 위치, 기후, 자원) 등 일곱 개 영역으로 나뉜다. 그중 경제력과 과학기술력은 결정적 요소라 할 수 있다. 국제 경쟁은 실질적으로 경제와 과학기술 실력을 기반으로 하는 종합적 국력의 힘겨루기다. 특히 화폐의 국제화는 국가 경제력과 종합 국력의 직접적 반영이다. 미국이 두 차례의 세계대전을 통해 자신의 경제력과 종합 국력을 강화하지 않았다면 달러는 국제 화폐의 지위를 얻을 수 없었을 것이다. 미국이 영국을 추월하고 연이어 소련을 상대로 승리하면서 결국 달러도 파운드를 대체하고 루블을 무너뜨리며 세계 유일의 국제 중심 화폐가 되었다.

이를 가능하게 한 것은 역사적 기회뿐 아니라 나날이 성장하는 경제력과 종합 국력의 역할이 뒷받침되었기 때문이다. 이런 막강한 뒷받침이 없었다면 미국은 초강대국이 될 수 없었고, 달러도 국제 중심 화폐로 우뚝 설 수 없었을 것이다. 물론 미국이 강대국이 되고 달러가 패주의 지위에 오르면서 미국의 경제력과 종합 국력의 지속적 성장과 장기적 불패 신화도 가능해졌다. 사실 1990년대 엔화가 글로벌 국제 화폐에서 지역 내 국제 화폐로 퇴보하게 된 것도 경제력과 종합 국력이 금융 위기로 말미암아 쇠퇴했기 때문이다.

② 국제 화폐 발행국은 정치와 경제를 막론하고 내부적으로 고도의 통합을 이루어야 한다.

이것은 화폐 국제화를 실현할 때 국제 화폐 발행국이 갖추어야 할 기본적인 내적 요인이다.

정치·경제적으로 장기간 분열 상태에 놓인 국가의 화폐가 국제 화폐가 되는 일은 상상조차 할 수 없다. 19세기 후반 독일의 통일은 독일이 강성해지고 독일 마르크가 국제통화가 되는 전제 조건이 되었다. 남북전쟁 중 미국 북부의 승리도 미국의 번영과 달러의 패권 쟁취의 기본 전제 조건을 마련해주었다. 이처럼 정치·경제적으로 고도의 통일을 이루는 것이야말로 국제 화폐 발행국이 국제 화폐의 꿈을 이루는 기본 조건이라 할 수 있다. 고도로 통일된 국가가 되어야만 전국의 역량을 하나로 집결시켜 화폐 국제화의 중차대한 임무를 완성할 수 있다. 그리고 그 화폐가 국제 화폐가 된 뒤에도 다른 화폐에 밀려나는 일을 막을 수 있다.

③ 국제 화폐 발행국은 자국 화폐가 국제시장에서 광범위하게 유통되도록 자국 화폐의 자유로운 태환을 보장해야 한다.

한 나라의 화폐가 국제화를 실현하는 과정에서 정부는 적어도 다음과 같은 네 가지 방면의 기본적인 요구를 만족시키거나 다음 네 단계의 임무를 완수해야 한다.

1단계: 경상 항목하의 국제수지의 자유 태환을 실현한다. 즉, 민간 부문의 상품과 서비스 무역 거래에 필요한 자국 화폐 태환을 제한하지 않고, 민간 부문의 거래 진실성에 대해서만 필요한 검증을 진행한다.

2단계: 자본 항목의 태환을 가능하게 한다. 정부는 민간 부문이 투자와 금융거래에 필요해 진행하는 화폐 태환에 제한을 두지 않는다.

3단계: 현재 가장 중요한 국제 화폐인 달러와 유로처럼 정부가 자국 화폐의 국제화를 추진해, 그 화폐가 다른 국가가 받아들일 수 있는 거래, 투자, 결산, 비축 화폐가 되는 것을 제한하지 않는다.

4단계: 다국적 거래가 발생하지 않는 자국민의 자유로운 화폐 태환에 제한을 두지 않는다. 이는 국제 화폐 발행국이 자국 화폐의 자유로운 태환을 실현하고, 아울러 이 화폐가 국제 무대에서 광범위하게 유통되도록 만들 수 있는 최고 경지이자 최고 단계라 할 수 있다.

④ 국제 화폐 발행국의 국제무역이 세계적으로 중요한 지위와 역할을 맡아야 한다.

한 나라의 화폐가 국제화되기 위해서는 그 나라 자체가 국제무역을 활발하게 진행하는 경제 무역 대국이어야 한다. 역사상 프랑스 프랑, 독일 마르크, 영국 파운드, 미국 달러 등의 국제적 위상은 이에 상응하는 역사적 시기에 국제무역에서 보여준 활약과 밀접하게 관련되어 있다. 역사를 돌이켜보면 한 나라의 국제무역이 세계무역에서 차지하는 지위가 바로 그 나라의 화폐가 국제 화폐가 될 수 있는지 여부를 결정지었다. 세계무역에서 가장 큰 점유율을 차지하는 국가여야만 그 나라의 화폐가 국제 화폐의 역할을 담당할 기회가 많아진다. 세계무역에서 별로 주목받지 못하는 국가의 화폐는 국제 화폐의 역할을 담당할 가능성이 전혀 없다. 이런 국가의 화폐는 다른 나라의 인정을 받을 수 없고, 그 영향력도 국제 화폐의 역할에 영원히 미치지 못하기 때문이다. 세계무역의 역사를 보면, 한 국가의 무역 적자가 자국 통화의 유출을 초래하는데, 이는 그 화폐의 국제화에 훨씬 유리하다. 무역 적자와 함께 자국 통화가 유출되면 국제무역에서 그 화폐의 유통량이 급속히 늘어나고 이 유통량의 증가가 국가화폐의 국제화에 중요한 전제 조건이 되기 때문이다. 만약 국제무역에서 한 국가 화폐의 유통량이 적거나 심지어 보이지 않는다면, 이 화폐는 어떤 경우에도 국제 화폐가 될 수 없다. 지금 미국은 바로 무역 적자를 이용해 국제무역에서 달러의 유통량을 늘려 달러의 지위를 강화시키고 있다.

⑤ 국제 화폐 발행국의 화폐는 공신력과 명성을 갖추어야 한다.

화폐의 본질은 신용이다. 화폐 가치의 안정과 화폐의 미래 예상 신뢰도는 화폐 공신력의 근원이자 전제 조건이다. 화폐 가치의 안정은 한 나라의 화폐 국제화와 국제적 지위를 보호하는 핵심 선결 조건이다. 화폐의 미래 예상 신뢰도는 한 나라 화폐의 국제화 과정에서 매우 중요한 요소다. 설사 화폐제도가 안정되어 있다 하더라도 그 화폐의 미래에 대한 국제사회의 신뢰가 부족하면 적어도 신용이 결여된 화폐라 할 수 있고, 이런 화폐를 국제화하는 것은 기본적으로 불가능하다. 신용과 명성이 결여된 화폐는 국제화의 꿈을 실현할 수 없기 때문이다. 화폐의 신용과 평판에 대한 국제사회의 견해는 그 나라의 국제적 명성과 지위에서 직접적으로 근원한다. 신용과 명성이 결여된 나라는 화폐 역시 국제화폐 체계 속에 발붙이기 힘들다. 이는 거짓말을 잘하거나 전과가 있는 사람이 적극 추천하는 일이나 사람을 절대 다수가 인정하지 않는 것과 같은 이치다.

⑥ 국제 화폐 발행국은 완벽하고 성숙한 금융시장이 필요하다.

한 국가의 금융시장이 가지는 완벽함과 성숙도는 그 나라 화폐를 국제화하는 데 영향을 미치는 중요한 요소다. 금융시장의 성숙도는 그 규모와 유동성, 발전 정도 등으로 나타난다. 성숙하고 완벽한 금융시장은 화폐의 능력과 잠재력을 최대치로 끌어올린다. 이런 시장이 순조롭게 돌아가려면 안정적이고 효율적인 금융 시스템이 필요하다. 고품질·고효율의 금융시장이 화폐, 채권, 주식 등 금융자산의 거래 원가를 낮추고, 화폐의 유동성을 높이며, 화폐가 더 광활한 시공간 안에서 사용되도록 촉진제 역할을 하기 때문이다. 성숙한 금융시장은 화폐의 국제화를 위해 매우 중요한 촉진제 역할을 할 수 있다. 안정성, 개방성, 즉시성, 광폭성, 유연성은 성숙한 금융시장의 기본 특징이다.

이상 여섯 가지 항목은 한 나라의 화폐를 국제화시키기 위해 반드시 갖추어야 할 전제 조건이다.

한 국가는 화폐 국제화를 통해 기본적인 수익을 거둘 수 있다.

① 주화세 소득

원래 주화세는 화폐 원가의 유통 과정에서 생기는 가치의 차이를 의미했지만, 지금은 중앙은행이 금리를 지불할 필요가 없는 화폐를 발행해 얻는 수익을 가리킨다. 그것은 화폐 액면가에서 발행 원가를 뺀 뒤의 수익으로 나타난다. 발행 원가는 거의 무시해도 되기 때문에 주화세는 기본적으로 화폐의 발행액과 동일하다. 지폐제도 안에서 통화팽창이 존재하지 않을 때 주화세는 경제성장에 따른 화폐 수요의 증가에서 비롯되며, 통화팽창이 존재할 때 주화세는 통화팽창세라고도 불린다. 즉, 중앙은행이 경제 발전의 수요를 초과해 늘린 기초 화폐 발행액이다. 일반적으로 이것을 협의의 주화세 소득이라고 부른다. 통상 한 나라 GDP 총량의 0.2퍼센트에 불과하다.

한 나라 화폐가 국경을 넘어 국제 화폐가 되고, 특히 다른 나라에서 그 화폐를 사용하거나 공식 비축 화폐로 삼을 때 국제 주화세의 개념이 생긴다. 기축통화 발행국이 받는 국제 주화세는 발행국이 자신의 지위에 힘입어 얻는 수익의 전부, 즉 해외 발행 소득 및 정부 채권으로 취득한 염가의 융자 소득을 포함한다. 통상적으로 화폐의 비축은 발행국의 채권 형식으로 소유하고, 이런 종류의 채권 금리는 비축국의 자국 채권 금리보다 낮다. 이 때문에 화폐 국제화의 가장 직접적인 이익은 발행국이 벌어들이는 주화세다.

화폐가 해당 화폐국에서 빠져나가면 국제 주화세가 들어오고, 이 화폐국이 다른 화폐국에게 주화세를 수송할 의무도 면제된다. 화폐 비발행국의 국제수지 적자는 긴축성 경제정책을 통해 본국의 경상수지를 조절해야 하고, 이것은 본국 경제에 실업 증가, 소득 하락 등의 부정적 영향을 초래한다. 반면에 국제 화폐 발행국은 본국의 화폐 발행량을 늘려 적자를 메울 수 있다. 바로 미국이 전형적인 사례다. 미국이 보유한 달러 지폐 중 3분의 2가 나라 밖에서 유통되고 있고, 새로 추가 발행한 달러 중 약 4분의 3을 외국인이 보유하고 있다. 지금 미국 국채의 20퍼센트는 다른 나라의 정부와 민간이 소유하고 있으며, 미국 국채의 지불 이자가 비교적 낮다. 이는 달러가 계속해서 국제 중심 화폐 지위를 굳힐 수 있었던 주요 원인이자 비결이다. 미국은 세계에서 주화세를 가장 많이 거둬들이는 명실상부한 국가다.

② 자국 국민을 위해 국경을 넘나드는 거래의 편의 제공

한 나라의 화폐가 국제 화폐가 되면, 이 나라 기업과 개인은 그 화폐를 국제무역과 국제투자, 국제대출의 결제 화폐로 삼아 화폐 전환에 따른 환율 손해를 피할 수 있으며, 이 나라의 대외무역과 대외 교류 발전에 유리하다. 화폐 국제화는 이 화폐국의 기업이 다국적 경영을 하는데도 유리하다. 화폐국의 기업은 화폐국 화폐 자금을 획득하는 데 절대적 우위를 점하고 있고, 국제 경제활동에서 본 화폐를 사용해 환율의 위험을 피할 수 있다.

③ 자국의 정치 자주권과 국가 평판을 높이고 국제 업무 방면으로 발언권이 강해진다.

국제 화폐는 일종의 소프트 파워다. 일반적으로 볼 때 국제 화폐를 발행하는 국가는 비교적 강한 정치와 경제, 과학기술 실력을 갖추고 있고 국제사회의 평판도 좋은 편이다. 국제사회에 돌발 사건이 발생했을 때 국제 화폐 발행국에 의지해 유동성 자원을 제공받아야 한다면 화폐 수용국은 지극히 수동적인 입장에 놓일 수밖에 없다. 게다가 국제 화폐 발행국이 화폐 보유국의 재산을 동결하는 조치를 취하면 이 나라는 극히 불리한 입장에 처하게 된다. 일례로 미국은 소련, 이란과 북한 등의

달러 예금을 동결한 적이 있다. 이런 방식은 이미 미국이 적대 국가를 제재하고 규제하는 강력한 무기가 되었다. 일부 국가가 미국과의 통화 스와프 협정(swap agreement)을 체결하려는 것은 화폐의 유동성 위기가 발생했을 때 미국의 유동성 지원이 필요하기 때문이다. 국제 화폐 발행 국의 입장에서 보면 자신의 필요에 따라 다른 나라의 국제 유동성 자금을 일정 부분 자율적으로 제공할 수 있다는 것을 의미한다. 이런 점에서 이것은 한 나라의 정치적 독립성을 높이고 다른 나라를 통제할 수 있는 중요한 수단이 된다. 물론 국제 화폐 발행국의 국제적 위상을 높이고 발언권을 강화하는 데도 도움이 된다.

④ 국제수지 적자 문제를 해결하는 데 유리하다.

지금 달러, 유로, 엔화는 국제 화폐의 독점적 지위를 차지하고 있다. 미국의 부채는 달러로 표시하고, 미국이 보유한 국외 자산은 국외 화폐로 표시할 경우 달러가 평가절하할 때 달러의 부채는 그대로인데 그 자산은 국외 화폐의 평가 정상 때문에 증가해 오히려 미국의 국제수지 개선에 도움이 된다. 게다가 자국 화폐가 대외 지불 능력을 갖추고 있는 한 국제수지 적자가 발생했을 때 국내 긴축정책을 통해 국내 경제 성장을 희생시키는 대가로 국제수지 문제를 완화할 필요가 없다. 따라서 자국 화폐를 국제 화폐의 독점적 지위로 올려놓기만 하면 국제수지 문제에 더 유연하게 대처할 수 있고, 국제수지 적자가 자국 경제에 미치는 악영향을 효과적으로 막을 수 있다.

⑤ 한 나라의 금융시장의 발전을 촉진한다.

한 나라의 화폐가 국제 화폐가 되고 나면 화폐 환류 문제를 피하기 어렵다. 이 문제를 해결하려면 내실을 갖춘 광범위한 금융시장을 발전시켜 자국 화폐를 보유한 비거주민 투자 수요를 만족시키는 것이 중요하다. 따라서 화폐의 국제화는 한 나라 금융시장의 대외 개방과 금융

제품의 개발을 한층 촉진시키게 될 것이다.

이와 동시에 한 나라 화폐의 국제화는 그 나라 금융기관의 다국적 경영에도 유리하다. 이 금융기관은 자국으로부터 화폐 자금을 직접적으로 받을 수 있어서 다른 나라의 화폐에 의지해 자신이 필요한 자금을 얻을 필요가 없다. 한편, 자금 청산, 현금 조달 등을 추진해야 할 때 자국의 화폐를 직접 사용할 수 있기 때문에 이 나라의 금융기관은 세계적으로 자국 화폐 자금을 유치할 수 있는 경쟁력을 갖게 된다.

이것이 바로 경제 대국이 앞다투어 자국의 화폐를 국제 화폐로 만들려고 하는 근본 원인이다.

화폐 국제화의 원가

권리와 의무는 늘 함께 따라붙는다. 의무는 있고 권리만 누릴 수 있는 일은 세상에 존재하지 않는다. 화폐 국제화도 한 나라에게 기본적인 이익을 주는 동시에 반드시 짊어져야 할 책임과 위험 부담이 있다.

① 국제 화폐 발행국은 소위 말하는 '트리핀 딜레마'를 회피하기 어렵다.

준비 화폐 발행국의 국내 화폐정책 목표와 준비 화폐에 대한 각국의 요구 사이에는 늘 조율할 수 없는 모순이 존재한다. 준비 화폐를 발행하는 화폐 당국으로서 자국 통화의 국제적 기능을 무시한 채 단순히 국내 목표만을 고려할 수 없고, 또 국내외의 서로 다른 목표를 동시에 고려할 방도도 없다. 자국 통화팽창을 억제하다 보면 세계경제의 빗발치는 요구를 충분히 만족시킬 수 없고, 국내 수요를 과도하게 자극하면 세계 유동성 화폐의 범람을 초래할 수 있다. 이 때문에 '트리핀 딜레마'가 하루라도 존재하는 한, 준비 통화 발행국은 국제사회에서 유동성 자금을 제공할 수 없을 뿐 아니라 자국 화폐 가치의 안정을 확실히 보장할 수 없다. 이것은 화폐의 국제화를 바라는 모든 국가가 반드시 직면하는 난제다.

달러를 예로 들면, 브레튼우즈체제 속에서 달러는 두 가지 책임을 지게 된다. 즉, 공시지가에 따라 달러와 금의 교환을 보장하고, 달러에 대한 각국의 신뢰를 유지하며 달러의 상환 능력을 제공하는 것이다. 그러나 이 두 가지 책임 사이에는 상호 모순이 존재한다. 이런 상황에서 달러의 신뢰를 유지하려면 미국은 금을 충분히 보유하고 무역 흑자를 유지해야 한다. 하지만 그러면 다른 나라들은 상환 능력이 부족해지고 만다. 반대로 미국이 다른 나라의 상환 능력을 충족시키고 국제 지불에 사용할 충분한 달러를 유지하려면 국제사회에 그에 상응하는 달러를 제공하고 무역 적자를 지속해야 한다. 이는 달러에 대한 국제사회의 신뢰에 심각한 영향을 미칠 수 있다. 따라서 한 나라 화폐의 국제화 과정에서 화폐 발행국은 대외투자를 확대해야만 비로소 무역 흑자를 유지하고, 국민의 부를 축적하는 동시에 자국 화폐에 대한 다른 나라의 외환 수요를 모두 만족시킬 수 있다.

만약 무역 흑자를 유지하는 동시에 대외 투자가 상대적으로 부족하면 화폐 발행국 화폐에 대한 다른 나라의 수요를 충족시킬 수 없다. 수요와 공급의 부재, 나아가 화폐 발행국의 자국 화폐조차도 계속 평가 절상의 압력에 직면하고 결국 자국의 경제성장에도 불리한 영향을 미치게 된다. 또한 한 나라 화폐의 국제화는 자국 수출 기업의 가격 책정 방식에도 영향을 준다. 한 나라의 통화팽창률이 무역 상대국보다 높고 변동 폭이 크면 국제무역 과정에서 비교적 안정적인 국제 화폐를 채택해 가격을 계산한다. 선진국 간에 제조업 무역을 진행할 때 일반적으로 수출국 화폐를 선택하는 경향이 있다. 선진국과 저개발국 간의 무역은 보통 선진국의 화폐나 국제 화폐를 사용해 가격을 책정한다. 이런 계산 방식은 자국 수출 기업의 가격 책정 방식에도 영향을 미칠 수 있다.

국제 준비 통화의 화폐를 원활하게 공급하려면 우선 화폐가치를 보장할 안정적 기준과 명확한 발행 규칙이 있어야 한다. 또한 공급 총량도 국제 수요의 변화에 따라 적합한 때에 증가와 감소가 조절되어야 하고, 그 조절 수위는 어느 나라를 막론하고 자신들의 경제 상황과 이익을 초월해야 한다. 그러기 위해서 현행 국제통화체제를 혁신적으로 개선·보완해야 하며, 국제 준비 통화를 화폐 가치의 안정, 원활한 공급, 총량 조절의 방향으로 발전시켜야 한다. 그래야 기존 국제 화폐 체계의 내재적 결함 때문에 초래될 세계 금융시장의 위기를 경감할 수 있다. 현재 상황으로 볼 때 이 문제는 은본위, 금본위, 금태환본위, 브레튼우즈체제 시기를 통틀어 제대로 해결된 적이 없고, 지금까지도 미해결 상태다. 2008년 발생한 금융 위기 및 위기 발생 후 미국이 위기를 전가하는 데 성공한 것이 가장 단적이 예라 할 수 있다.

② 국제 화폐 발행국의 통화 지위 역전 위험에 대비한 원가

화폐의 국제화는 국제 화폐 발행국의 막강한 경제력과 안정적인 국내 정세에 대한 믿음을 바탕으로 한다. 그러나 일단 국제 화폐 발행국의 국내 정세에 문제가 생기면 상황이 역전되어 이 나라에 대한 신뢰가 흔들리고, 화폐 보유국은 다른 국제 화폐를 보유하는 쪽으로 선회해 해당 국제 화폐의 대량 인출과 매도로 이어질 위험이 있다. 화폐 역전이 가져올 원가는 화폐 위기를 구제할 원가와 환율에 간여할 원가를 포함한다. 화폐 역전 현상이 발생했을 때 국제 화폐 발행국은 종종 환율의 급격한 파동에 간여하게 되는데, 이것이 화폐 국제화 과정에서 지불해야 할 원가를 증가시킨다. 그리고 이 원가는 국제 화폐 발행국의 손실로 이어진다. 이 때문에 국제금융의 안정을 책임지고, 국제 화폐 발행국의 정치적·경제적 파동과 위기에 따른 리스크에 대처하는 것이야말로 국제 화폐 발행국이 감당해야 할 원가다.

돈의 탄생

③ 국제 화폐 발행국 경제 금융 정책의 독립성 훼손

로버트 먼델의 '불가능한 삼위일체' 이론[39]에 근거해 한 나라의 경제적 목표는 세 종류로 나뉜다. 첫째, 자국 통화정책을 자율적으로 선택해 인플레이션이나 디플레이션, 즉 각국 통화정책의 독립성을 통제한다. 둘째, 고정환율제 또는 변동환율제 안에서 통화정책을 활용해 비교적 환율의 안정성을 유지한다. 셋째, 자본의 자유로운 이동과 통화의 자유로운 태환, 즉 자본의 완벽한 유동성을 보장한다. 이 세 가지 목표는 논리적으로 상호 위배된다. 실제 상황에서 한 나라는 세 가지 중 두 가지 목표만 선택할 수 있고, 세 가지 모두를 선택하는 것은 불가능하다. 적어도 경제 목표 중 하나를 포기해야 한다. 예를 들어 1944년부터 1973년까지 '브레튼우즈체제' 시기에 각국의 통화정책의 독립성과 환율의 안정성이 실현되었다. 그러나 자본의 유동성은 엄격히 제한되었다. 1973년 이후 화폐정책의 독립성과 자본의 흐름은 실현되었지만, 환율의 안정성은 존재하지 않았다. 이 '영원한 삼각형'의 묘미는 바로 국제 경제 시스템의 각 형태를 일목요연하게 구분할 수 있는 방법을 제공한다는 것이다.

'불가능한 삼위일체' 원칙에 따라 자본의 자유로운 흐름, 고정환율제와 화폐정책의 독립성은 실행 가능한 선택이다. 그러나 이 3자 조합의 동시 실행은 현실적으로 한 나라 외환 보유의 상한선이 없다는 가정하에서만 성립될 수 있다. 한 나라의 외환 보유액은 상한선이 없을 수 없고, 외환 보유액의 총량은 아무리 많아도 막대한 국제 유치에 비할 바가 아니다. 중앙은행이 외환 보유액을 다 소진하고도 국제 투자자들

---

39 '불가능한 삼위일체(The Impossible Trinity)'는 미국 경제학자 로버트 먼델(Robert A. Mundell)이 개방경제 시대의 정책결정 문제와 관련해 제기한 이론이다. 이 이론에 따르면 개방경제의 조건하에서 독자적인 통화정책, 안정된 환율, 자유로운 자본 이동은 동시에 실현될 수 없고, 최대 두 가지 목표를 충족시키는 대신 다른 하나의 목표를 포기하는 것이 최선이다.

의 평가절하 예상을 되돌릴 방도가 없다면 그들은 외환시장에서 더 이상 시장을 떠받칠 수 없을 것이고, 고정환율제는 완전히 붕괴될 것이다. 따라서 설사 한 나라가 통화정책의 독립성을 포기할지라도 막대한 국제 유동 단기 자금의 압박 때문에 고정환율제의 지속을 보장하기 어렵다.

한 나라 화폐의 국제화 수준과 범위가 일정한 경계선을 넘게 되면 이때 자본의 유동성이 현저히 증강한다. 그럼 화폐 국제화는 이 통화 수요의 대폭적인 변동을 초래할 수 있다. 이런 수요량의 파동은 종종 금리 변동에 집중되어 나타난다. 그렇게 되면 통화 발행국의 통화 당국은 통화 공급 정책을 통해 금리를 조정하고, 그 효과는 국제통화의 흐름 때문에 간섭을 받을 수 있다. 고정환율제 안에서 외국인의 일반적인 선호 이전은 대량의 자본 흐름을 유발해 통화 발행국 통화 당국의 기축통화 통제 능력을 훼손시키고, 변동환율제 안에서 외국인의 선호 이전은 환율의 대폭 변동을 초래할 수 있다. 이것은 통화 발행국의 통화 당국이 국내 정책을 실행할 수 있는 능력을 제한하게 된다. 통화 국제화 국가의 통화 확장은 그 지역 내 각국의 경제 복지 수준에 긍정적인 영향을 미칠 수 있다. 하지만 반대로 통화 확장은 통화 발행국에 거의 영향을 미치지 않고 심지어 부정적 영향을 초래한다. 그래서 누군가는 통화 국제화가 확대되면서 통화 발행국 통화정책이 외부에 미치는 영향도 따라서 커질 것이라는 결론을 내놓기도 했다. 또 누군가는 달러의 국제화가 미국의 독립적인 통화정책과 화폐 평가절하 정책의 운영 능력을 약화시킬 것이라고 전망했다. 미국이 확장성 통화정책을 시행했을 때 미국 금리의 하락이 자본의 외부 유출을 초래하고, 미국 내 긴축 국면은 개선되지 않았다. 또한 미국이 매일 평가절하 정책을 펼친다면 다른 나라도 똑같은 비율로 그 통화를 평가절하해 달러의 가치 절하 효과를 상쇄하고, 그 결과 미국의 금융시장은 다른 나라보다 더 쉽게 충격에 노출되었을 것이다.

이로부터 우리는 한 나라의 화폐가 국제통화가 되어 국제통화의 기능을 수행할 때 상응하는 원가와 대가를 반드시 지불해야 한다는 사실을 알 수 있다. 이것은 자국 통화를 국제화의 길로 나아가게 만들고 싶은 국가라면 반드시 직면해야 하는 현실이다.

02

역사적 경험

달러의 국제화

달러의 국제화 과정은 제1차세계대전 종식 이후부터 시작되어 제2차세계대전 기간에 이루어졌다. 제1차세계대전 후 미국은 유럽 채권국 지위를 등에 업고 달러를 유럽 통화 시장에 점진적으로 진입시켰고, 달러를 유럽 각국이 반드시 보유해야 할 화폐로 만들어나갔다. 이 과정에서 유럽 각국은 모두 달러로 미국에 빚진 전쟁 채무를 상환해야 했다. 또한 미국은 대공황의 기회를 이용해 금이라는 국제통화를 폐지하기 위한 첫 번째 단계에 착수했다. 이런 식으로 미국은 달러가 장차 국제통화의 권좌에 오를 수 있도록 길을 개척해나갔다. 제2차세계대전 기간에 미국은 전쟁으로 부를 축적해 경제력이 급속히 증강했고, 달러 중심의 국제통화체제 구축을 시도했다. 제2차세계대전 후 각국의 실력 판도에 큰 변화가 생겼다. 미국은 급격한 경제성장을 통해 세계 최대 채권국이 되었다. 1941년부터 1945년까지 미국은 〈무기대여법〉에 근거해 연합군에 470여 억 달러 상당의 물자와 노무를 제공했다. 금이 끊임없이 미국으로 흘러들어갔고, 미국의 금 보유량은 1938년 145억 1,000만 달러에서 1945년 200억 8,000만 달러로 증가해 당시 세계 금 보유량의 약 59퍼센트를 점했다. 이것은 달러 패권의 형성을 위해 유리한 조건을 만들어주었다.

당시 미국은 이미 세계 유일무이의 경제 대국이 되었지만, 미국도 공공 지출 감소로 말미암아 경제 쇠퇴 위기에 직면해 있었다. 이런 위기가 집중적으로 드러난 분야는 취업 문제였다. 당시 미국 국내 취업 상황을 보면 충분한 취업을 보장하기 위해 600만 개의 일자리를 추가로 제공해야 했다. 취업 문제는 미국 경제의 안정과도 관계가 있을 뿐 아니라 미국 정치의 흐름에도 영향을 미칠 수 있었다. 따라서 미국 정부의 전후 최우선 과제는 고용 확대였다. 그러나 당시 미국 국내 유효 수요는 현저히 부족했다. 기업도 재투자 확대를 위한 자금 지원이 부족해 국내 고용 문제를 해결하려면 가능한 한 빨리 국제시장을 개척해 수출을 확대해야 했다. 이는 미국의 유일한 탈출구였다. 추산에 따르면, 미국의 연평균 수출액은 100억 달러 수준이 되어야 비로소 충분한 취업 목표를 달성할 수 있었다. 당시 미국은 이미 경제 강대국이 되었고, 더 이상 개방과 다자간 국제경제 시스템 구축을 두려워하지 않았다. 4년에 걸친 두 차례의 세계대전 중 미국의 생산능력과 생산 효율은 세계에서 이미 독보적이었기 때문에 미국은 자신의 생산능력과 효율에 자신감으로 가득 차 있었다.

그러나 미국인들의 마음속에는 여전히 어두운 그림자가 드리워져 있었다. 미국이 세계경제 질서를 주도하는 과정에서 영국은 여전히 미국의 가장 큰 위협이었다. 미국은 영국 특혜제도와 파운드 존이 전후 미국 화폐의 국제화와 대외경제 확장을 방해하는 주요 장애물이라고 여겼다. 예를 들어 1993년 미국과 아르헨티나 사이의 무역협상에서 미국은 아르헨티나가 수출을 통해 얻은 파운드 소득을 영국의 채무를 상환하는 데 사용하고, 나머지는 영국의 상품과 서비스를 우선 구매하고 영국 소유의 아르헨티나 국채의 이자와 배당금을 지불하는 데 사용해야 한다고 직접 규정했다. 이에 따라 미국은 보호관세 금지, 무역 한도액 및 경쟁적인 화폐 평가절하, 다양한 환율, 양자 간 결제 협정, 통화의 자유로운 유통 제한 조치 등 다양한 형태의 금융 장벽을 존속시킬 것을 제안했다. 그러나 당시만 해도 영국이 통화 금융 분야에서 어느 정도의 실력을 갖추고 있었고, 파운드도 여전히 세계 주요 준비 통화 중 하나였다. 국제무역의 40퍼센트 정도가 파운드로 결제되고, 특혜제도와 파운드 존이 여전히 존재하고, 영국은 여전히 세계적으로 상당히 중요한 위치에 서 있었다. 그래서 1943년 미국 재무부 관리인 화이트와 영국 재무부 고문인 케인스가 각각 자국의 이익에서 출발해 전후 국제통화 체제를 설계하고 '케인스 플랜'과 '화이트 플랜'을 제시했다.

'화이트 플랜'은 미국이 대량의 금을 보유하고 있다는 것에 근거해 금의 역할을 강조하고, 아울러 미국의 해외무역 확장과 자본 수출을 돕기 위해 외화 관리와 각국의 국제 자금 이전에 관한 제한 조치를 철폐할 것을 강력히 주장했다. 이 플랜은 전후에 국제 안정 기금을 설립해 국제통화를 발행하고, 그것과 각국 통화 사이에 고정된 비교 가격을 유지하자고 주장했다. 기금의 임무는 주로 환율 안정이었지만 실제로는 미국이 과잉자본을 수출하고, 다른 나라의 서비스를 통제하며 약탈하기 위한 것이었다.

'케인스 플랜'은 당시 영국의 금 비축 분량이 부족한 것에 근거해 금의 역할을 애써 폄하하고, '국제청산연맹'이라 불리는 세계적인 중앙은행을 설립해 그곳의 예금계좌를 통해 각국의 채권과 채무를 이체해 청산하자고 주장했다. 두 방안은 미·영 두 나라의 경제적 지위 변화와 세계 금융패권 장악을 목적으로 하고 있었다. 1943년 9월부터 1944년 4월까지 미국과 영국 정부 대표단이 국제통화 플랜을 둘러싸고 치열한 논쟁을 벌였다. 1944년 7월 미국 뉴햄프셔주 브레튼우즈에서 44개국이 참가한 '연합국과 연맹국가 국제통화 금융회의'가 열렸다. 그리고 이 회의에서 '화이트 플랜'에 기초한 〈연합국가통화금융회의의 마지막 결의서〉 및 〈국제통화기금협정〉과 〈국제부흥개발은행협정〉 두 가지 첨부 문건이 담긴 〈브레튼우즈협정〉을 통과시켰다.

브레튼우즈체제는 두 가지 방면으로 나타났다. 첫째, 달러와 금의 직접적인 연동이다. 둘째, 기타 회원국 통화와 달러의 연동으로 달러와 고정환율 관계를 유지한다. 브레튼우즈체제는 실제로 국제 금환본위 제이며, 달러-금본위제라고도 불린다. 이는 전후에 달러를 국제통화체제의 중심 위치로 올려놓아 달러를 금과 '등가물'이 되게 했다. 각국 통화는 달러를 통해야만 비로소 금과 연계될 수 있었다. 이때부터 달러는 국제적인 결제 지불 수단이자 각국의 주요 준비 통화가 되었다.

두 차례 세계대전이 준 절호의 기회를 단단히 붙잡은 덕분에 미국은 꿈꿔오던 막강한 경제력과 정치력을 갖게 되었다. 사실 달러는 1944년 이전에 이미 높은 국제화 수준에 도달했고, 브레튼우즈체제는 단지 달러의 기존 국제적 지위를 법적으로 추인하는 역할을 했을 뿐이다. 그 후 달러는 다양한 명목으로 자본을 전 세계에 수출하며 국제화의 내실을 다졌는데, 이것이 달러 국제화의 가장 큰 특징이다.

미국이 부상하고 달러가 국제 중심 통화가 되어가는 과정에서, 미국은 두 차례의 세계전쟁을 이용해 파운드와 금을 국제 패권의 권좌에서 끌어내리는 데 성공했다. 또한 1971년 달러와 금의 완전한 분리를 일방적으로 선포했고, 전통적 국제 화폐였던 금을 국제통화 무대에서 끌어내렸다. 이때부터 달러는 파운드와 금을 대신해 국제 중심 통화가 되어 국제통화의 패권을 쥐었다. 이 일련의 성공적인 달러 패권 쟁탈 과정은 미국의 치밀한 전략과 전술, 적극적인 추진력이 만들어낸 승리였고, 역사의 흐름이 만들어낸 절호의 기회를 놓치지 않고 꽉 움켜쥔 결과였다. 만약 지금 미국과 달러가 세계 패권을 쥐기 위해 거쳐 온 과정을 따라가고 싶다 하더라도 그때와 같은 조건이 따라주지 않으면 제2의 미국이나 달러는 탄생할 수 없다.

2008년 세계 금융 위기가 발생한 후 다수의 학자가 '달러 체제'는 지속되기 어려울 것이라고 전망했다. 국제사회에서 국제통화체제의 개혁을 요구하는 목소리가 거세게 일어나고 있기 때문이다. 그러나 국제통화체제에 대한 개혁의 물결이 일어나기 전에 적어도 여섯 가지 문제를 먼저 분명히 짚고 넘어가야 한다. 첫째, 현재 달러 체제를 대체할 수 있는 완벽한 국제통화체제가 있는가? 둘째, 달러 약화의 실상은 과연 무엇인가? 셋째, 달러의 실상에 관해 세계적 차원의 조사와 연구가 필요한가? 넷째, 현 단계에서 미국의 패권이 쇠락하거나 교체될 가능성은 있는가? 국제통화체제의 개혁 또는 조정을 전제로 세계 패권의 교체가 이루어져야 하기 때문이다. 다섯째, 세계적 차원에서 볼 때 세계 각국과 지역이 달러에 대한 의존을 빠르게 벗어날 수 있을까? 여섯째, 달러가 여전히 세계무역과 세계경제의 중요한 버팀목일까?

이 질문에 대답하기 전에 우리가 직면해야 하는 현실은 금융 위기 이후에도 달러가 여전히 강세를 보이고 있다는 것이다. 사실 1960년대부터 달러의 장기 평가절하 추세가 국제금융계의 화두로 계속 떠올랐다. 하지만 위기 때마다 달러는 여전히 각국 정부나 투자자가 그 자산을 안전하게 보호하고 위험에서 벗어나 숨는 도피처였다. 달러의 지위는 하락하기는커녕 도리어 상승했다. 이런 상황은 유로가 탄생한 뒤에도 달라지지 않았다. 2008년 세계 금융 위기 이후 유로존의 경제가 미국을 뛰어넘을 정도로 심각한 타격을 입었고, 이는 유로가 아직 달러를 대신해 국제 주도 통화가 될 능력이 없다는 것을 보여준 셈이었다.

유로와 달러의 발전사를 돌아보면 이 두 화폐는 네덜란드, 영국, 프랑스 등 오래된 자본주의 국가처럼 전쟁을 통해 식민지를 세우고 약탈하는 방식으로 강자가 된 것이 아니다. 미국은 자원 배치의 효율이 매우 높은 자유 시장 시스템을 이용해 강대국 반열에 올라섰다. 그 핵심 메커니즘은 세계의 자원을 이동·배치하는 것을 전제 조건으로 삼아 다른 나라가 그들의 경제·금융에 전적으로 의존하게 만드는 것이다. 이

메커니즘은 오늘날까지 이어지며 발전해왔고, 미국은 효율적·개방적·선진적인 금융시장을 통해 그들의 화폐정책이 국내 경제에 유리하도록 만들고 있다. 또한 달러의 절대적 국제 중심 통화의 지위 때문에 미국은 국제수지 상황과 환율 수준을 걱정할 필요가 없으며, 달러가 국제금융과 국제경제를 제어하는 강력한 수단이 되면서 다른 나라가 달러를 핵심으로 하는 국제경제 사회에 진입하려면 반드시 달러의 압력을 감수해야 한다.

더불어 미국은 국제무역의 중요한 교환 매개체인 달러의 독점적 지위를 가진 주체로서 통화팽창이나 달러 평가절하의 방식으로 더 많은 주화세 소득을 도모할 수 있다. 또한 미국은 세계시장에 국가 통화인 달러를 공급함으로써 달러 자금의 양성 환류를 형성했고, 무역과 금융 분야에서 세계 각국의 미국에 대한 의존도를 높였다. 그들이 국제경제와 국제무역 시스템에서 방출되지 않기 위해서는 국제통화체제의 핵심인 달러의 국제 경쟁력과 독점권을 자발적으로 유지해야 한다. 그렇지 않으면 국제 주류 무역 체계 속으로 들어갈 수 없을 뿐 아니라 '경제 유배'의 징벌을 받게 될지도 모른다. 이것이 지금까지도 미국과 달러가 여전히 세계를 주도하고 있는 근본적인 원인이다. 한마디로 미국의 금융 패권은 아직도 건재하다. 달러 체제가 자체적으로 변하거나 하향 길을 걷기 전까지는 달러의 쇠락과 소멸은 불가능하다.

협력의 성과

유로의 등장은 세계경제사에서 처음으로 지역 집단이 모두 국가 통화 주권을 포기하고 통화 통합을 통한 통화 동맹을 맺으려는 시도라고 할 수 있다. 유로도 주권을 초월한 국가가 신용본위로 만든 최초의 국가 통화가 되었다. 하나의 지역 안에 포함된 국가들이 협력과 조율을 통해 공동의 국제통화를 만드는 것은 화폐 국제화의 혁신이라 할 수 있다. 유로 국제화의 과정에서 유럽 각국은 지역 내 통화를 계획적으로 육성한 뒤 국제통화로 발전시키는 전략을 취했다.

유로의 국제화는 다음과 같은 네 가지 단계를 거쳤다.

1단계는 〈로마조약〉이 발효된 뒤부터 〈마스트리히트조약〉이 체결될 때까지, 유로 프로젝트의 가동 단계다.

1957년 3월 25일 유럽 6개국은 이탈리아 로마에서 〈유럽공동체조약〉과 〈유럽원자력공동체조약〉을 하나로 합친 〈로마조약〉을 체결했다. 이때부터 유럽은 경제통합을 기점으로 삼고, 통화 통합의 실현을 통해 마침내 정치 통합의 길을 열었다. 1967년 유럽경제공동체가 만들어진 뒤부터 통화연맹이 의사일정에 거론되었다. 1971년 3월 22일 유럽 장관 이사회는 '베르너 플랜(Werner Plan)'을 통과시키고 유럽통화연맹을 시행하기로 결정했다. 그 주요 내용은 다음과 같다. (1) 공동체 내에서 '조절 가능한 중심 환율제'를 시행해 대내적으로는 회원국 통화 환율의 변동 폭을 규정하고, 대외적으로는 연합 변동을 실시한다. (2) 유럽통화협력기금을 설립한다. (3) 유럽통화단위(ECU)를 만든다.

2단계는 1992년부터 1999년 유로가 가동되기 전까지, 유로 법률제도의 준비 단계다.

이 기간에 유로와 관련된 가장 큰 사건은 유럽연합의 설립이다. 유럽연합의 설립으로 유로의 등장은 거스를 수 없는 추세가 되었다. 유럽연합은 〈마스트리히트조약〉과 〈성장과 안정 협약(Stability and Growth Pact)〉을 통합시킨 뒤 유로의 법적 기반과 틀을 다졌다. 유럽연합의 각 회원국은 〈마스트리히트조약〉이 규정한 통합 기준에 근거해 목표 달성을 위한 일련의 정책적 조치를 취했다. 1994년 프랑크푸르트에 유럽중앙은행의 전신인 유럽통화국을 설립했다. 1996년 12월 유럽 15개국 정상들이 유럽 단일 통화 최후 기한 성명을 채택하고, 1999년 1월 1일을 유럽통화연맹 출범일로 정했다. 또한 유럽경제통화연맹이 통합 화폐를 발행하는 핵심 사안과 관련해 두 가지 중요한 결의를 했다. 그것은 회원국 재정 기율을 구속하는 〈성장과 안정 협약〉과 회원국과 비회원국 통화 관계를 조율하는 〈새로운 통화 환율 메커니즘〉이다. 1998년 5월 유럽연합위원회와 유럽통화국은 각 회원국의 목표 달성 상황을 평가한 후 독일, 프랑스, 이탈리아, 오스트리아, 벨기에, 폴란드, 아이슬란드, 룩셈부르크, 네덜란드, 포르투갈, 스페인 11개국을 단일 통화에 최초 가입할 유로 창시국으로 추천했다.

3단계는 1999년부터 2002년까지 유로 지폐와 동전이 정식 유통되었던 유로 국제화의 초기단계다.

이 시기에 유로는 회원국 통화와 환율이 고정되었다. 유로가 대체 통화로 유통되면서 유로존 각국은 유로를 일괄적으로 사용해 가격을 계산하고 지불하기 시작했다. 각국 증권거래소도 단일 통화를 사용해 가격을 표시하고 거래를 했다.

4단계는 2002년 이후 유로가 정식으로 국제화 통화의 지위를 얻은 시기로, 유로의 국제화로 이어지는 실질적 진전 단계다.

2002년 1월부터 3월까지 유로는 유로존에서 사용되던 기존 12종 통화[40]를 대신해 역내 유일한 합법적 통화가 되었다. 이때부터 12종 통화는 소장 가치만 존재할 뿐 점차 시장에서 퇴출되었다. 기존 유로존 국가의 통화로 산정된 외환 보유액은 확정된 전환 비율에 따라 유로로 전환되었고, 유로는 합법적 신분을 가진 국제 준비 통화가 되었다. 이로써 유로는 기존 12종 통화를 대신해 완전한 국제통화가 되었다.

실제로 1999년 유로가 가동된 뒤부터 유로존은 유로 국제화의 발걸음을 가속화했다. 회원국은 다음 몇 가지 방면에서 구체적인 조치를

---

40 12종 통화는 오스트리아 실링(ATS), 벨기에 프랑(BEF), 네덜란드 굴덴(NLG), 핀란드 마르크(FIM), 프랑스 프랑(FRF), 독일 마르크(DEM), 아일랜드 파운드(ITL), 룩셈부르크 프랑(LUF), 포르투갈 이스쿠드(PTE), 스페인 페세타(ESP), 그리스 드라크마(GRD)다.

취했다.

① 국제무역에서 유로 결산의 비중을 높였다.

유럽의 다국적 기업들은 유로가 가동되는 즉시 유로로 결제하고, 유럽의 대외 인수 합병도 대부분 유로로 결제했다. 미국과 아시아의 유로존 수출무역의 대부분이 유로로 결제되었고, 중동과 지중해 지역도 유로를 결제 수단으로 삼았다.

② 유로 국제투자 통화의 지위를 강화했다.

유로의 준비 단계에서 유럽 통화가 국제금융시장 유가증권 투자 중 차지하는 비중이 뚜렷하게 증가했다. 유로가 이 추세를 발판삼아 본격적으로 시동을 걸었다. 유럽 금융계는 유럽 8대 금융증권시장연합을 출범시켰다. 통화연맹은 유럽연합 외의 다국적 증권 거래가 유로로 진행될 수 있도록 유로의 안정과 성장 추세를 유지하는 데 온 힘을 쏟아부었다.

③ 유럽 금융시장을 완비했다.

유로를 가동한 후 유럽 채권시장은 거래 체계와 융자 방식을 개선해 효율성과 투명도를 높였고, 증시와 은행은 연합과 인수 합병을 통해 구조 조정을 진행했다. 그들은 한편으로는 인프라를 갱신해 유로존 안에 선진 전자 기술 장비를 갖춘 이체 지불 시스템을 구축해 각국 지불 체계를 다국적인 지불 플랫폼으로 연결시켰고, 또 한편으로는 증시 합병을 추진했다. 유로존 금융시장의 약점은 증시 규모에서 미국과 비교적 큰 차이가 난다는 것이다. 유럽통화연맹의 설립은 그 증시의 합병을 위한 조건을 만들어주었다. 그들이 취한 구체적인 조치는 다음과 같다. (1) 은행의 경영 방향을 바꿔 전통적인 결제와 신용 대출 업무에서 투자은행으로 전환시켜 인수 합병에 박차를 가했다. (2) 은행과 보험회사,

증권시장이 함께 참여하는 종합 경영의 발전 모델을 만들었다.

유로의 탄생은 통화 국제 지역화 이론을 새로운 단계로 발전시켰다. 경제력과 경제구조가 서로 비슷한 여러 나라가 연합해 통화를 통일시키고, 통화 국제화를 실현할 수 있는 새로운 모델을 만들었다.

유로는 탄생과 동시에 유럽 지역의 국제화를 실현했고, 글로벌 국제통화로 발전했으며, 단숨에 달러에 버금가는 국제 준비 통화가 되었다. IMF 통계에 따르면, 2010년 기준 외환 준비 자산 중 유로화가 차지하는 비중은 26.9%로 미국(61.3%)에 이어 세계 2위의 준비 통화가 되었다. 동시에 유로화는 국제 금융 거래에서도 가장 중요한 통화가 되었다. BIS 통계에 따르면, 2010년 9월 말까지 유로화로 가치를 계산하는 국제 통화 시장 상품 규모는 4,364억 달러에 달해 국제 통화 시장 전체 상품 발행 규모 중 47.9퍼센트를 차지했고, 같은 기간 달러로 가치 계산을 한 국제 통화 시장 상품은 3,536억 달러였다. 유로로 가치 계산을 한 국제 채권의 발행 규모는 12.01억 달러로 국제 채권 전체 발행 규모 중 47.2퍼센트를 점했고, 달러로 가치 계산을 한 것은 10.17억 달러였다. BIS 통계에 따르면, 세계 외환시장 거래에서 달러를 사용하는 비율이 84.9퍼센트에 달하고, 유로는 39.1퍼센트로 나왔다. 2010년 4월 말까지 세계 장외 외환 파생 상품 거래를 살펴보면 유로를 거래 통화로 사용한 규모가 달러 다음으로 많은 20조에 달했고, 시장 규모에서 차지하는 비중은 18.8퍼센트였다(달러화는 43조 달러와 42.7퍼센트).

또한 현재 세계 50여 개국 통화가 유로와 연동되어 있다. 유로는 계산 통화로써 갈수록 중요한 역할을 발휘하고 있다. 예를 들어 네 종류 화폐로 구성된 특별인출권 통화 바스켓(SDR Basket of currencies)의 통화 가중치는 1999년 달러 39퍼센트, 엔화 18퍼센트, 파운드 11퍼센트였고, 2001년 달러 45퍼센트, 엔화 11퍼센트, 파운드 11퍼센트였으며, 2005년 달러 44퍼센트, 유로 34퍼센트, 엔화 9.4퍼센트로 각각 조정되었다. 2016년 10월 1일 위안화는 달러, 유로, 파운드, 엔화의 뒤를 이어 SDR 통화 바스켓에 정식 가입해 세 번째로 큰 가중치를 지닌 화폐가 되었다. 그중 달러 41.73퍼센트, 유로 30.93퍼센트, 위안화 10.92퍼센트, 엔화 8.33퍼센트, 파운드 8.09퍼센트 순이다. 위안화가 가입하면서 유로의 가중치는 2011년보다 다소 하락했다. 그러나 유로는 여전히 2위 자리를 고수하고 있다. 동시에 파운드와 엔화의 가중치도 다소 하락한 가운데 오로지 달러만 강세를 유지하고 있는 듯하다. 하지만 지금 유로존과 그 외 지역 무역의 50~60퍼센트가 유로를 사용해 결제하고 있고, 유로존의 대외무역 중 오일 유로로 결제하는 비중이 이미 50퍼센트를 넘었다. 게다가 유로존에 가입을 준비 중인 국가와 유로존 이웃 국가 중 반수 이상이 국제무역에서 이미 유로로 결제하고 있다.

지금까지 유로를 공식적으로 사용하는 나라는 독일, 프랑스, 이탈리아, 네덜란드, 벨기에, 룩셈부르크, 아일랜드, 스페인, 포르투갈, 오스트리아, 핀란드, 리투아니아, 라트비아, 에스토니아, 슬로바키아, 슬로베니아 등을 들 수 있다. 어떤 유로존 국가의 해외 영토, 예를 들어 프랑스령기아나, 레위니옹, 생피에르와 미클롱, 마르티니크 같은 지역도 유로를 사용하고 있다. 모나코는 프랑스 프랑, 생마리노와 바티칸은 이탈리아 리라를 사용했지만 이제 유로로 대체되었다. 그들은 유럽연합과의 협의에 따라 유럽연합을 대표해 유로 동전을 주조할 수도 있다. 안도라공화국은 프랑스 프랑을 사용했고, 스페인은 페세타, 몬테네그로, 코소보는 독일 마르크를 사용하다 유로로 대체한 뒤 유로를 실제 통화로 삼았다. 그러나 이들은 유럽연합과 어떠한 법적 합의도 하지 않았고, 유럽중앙은행 시스템에도 참가한 적이 없다. 2004년 10월 안도라공화국은 유럽연합과 함께 모나코, 생마리노, 바티칸처럼 유로 동전을 주조할 수 있는 권한과 관련된 협의를 진행했다. 2002년 12월 북한이 달러를 대신해 유로로 대외 유통과 결제를 진행했고, 대부분의 암시장과 달러를 사용했던 상점들도 달러 대신 유로를 사용했다.

요컨대, 유로는 이미 23개 국가와 지역의 공식 통화가 되었고, 28개 국가와 지역의 공식 통화 환율은 유로와 연동되었다. 2013년 유로는 환율 시장의 절대적 다크호스로 떠올랐고, 미국 달러 대비 연간 4퍼센트 넘게 상승해 세계에서 상승 폭이 가장 높은 통화가 되었다. 유로는 국제통화 지위가 날로 상승하면서 이제 달러에 버금가는 세계 2위 국제통화로 성장했다.

그러나 달러 등 통화의 국제화 과정을 돌아보면 유로가 국제화되어가는 기간이 가장 짧다. 1971년 3월 22일 유럽 장관 이사회가 '베르너 플랜'을 통과시킨 뒤부터 계산해보면 이 과정은 28년 정도가 걸렸다. 1992년 유럽연합이 〈마스트리히트조약〉과 〈성장과 안정 협약〉을 통과시켰을 때부터 1999년 유로가 가동될 때까지의 여정은 고작 7년밖에 걸리지 않았다. 반면 달러의 국제화 과정은 적어도 반세기에 가까운 시간이 걸렸다(20세기 초 제1차세계대전 때부터 1940년대까지). 또한 달러를 천하 패권을 차지한 진정한 국제 중심 통화로 만들기까지 미국은 총 60년 동안 공을 들였다(20세기 초부터 1970년대 금을 국제통화체제에서 완전히 퇴출시키고 달러를 미국 채무와 연동시킬 때까지). 이는 유로의 국제화 과정에서 가장 연구해볼 가치가 있는 현상이다. 만약 이 현상을 설명하려면 결론은 하나뿐이다. 즉, 지역적 협력 이론을 통해 집단행동을 바탕으로 통화 주권을 양도하고, 통화연맹을 구축하는 것을 기반으로 한 국제통화체제이기 때문이다. 이는 인류가 국제통화체제를 만들기 위해 시도하는 과정 중에 나타난 하나의 혁신적인 결과물이다. 다시 말해서 각국의 통화 주권을 어떤 국가와 정부에도 속하지 않는 독립적 기구에 양도하는 것이고, 이 기구는 어떤 국가나 정부가 아닌 그 자체에 대한 책임만 질 뿐이다. 이것이 지구상에서 미래의 국제 단일 통화를 만드는 실험이자 표본이 아니었을까?

유익한 교훈

각 나라와 지역의 통화를 국제화하는 발전 과정과 그 유형을 종합해봤을 때 적어도 다음과 같은 몇 가지 시사점을 얻을 수 있다.

① 각 나라와 지역의 정세와 정책 목표에 따라 통화 국제화를 추진하는 경로도 다를 수밖에 없다.

달러가 국제통화가 될 수 있었던 이면에는 특수한 국제 상황과 환율제도, 즉 브레튼우즈체제가 존재했다. 그리고 이 체제를 지탱해준 기반은 미국의 강력한 정치력과 경제력이었다. 달러 국제화 모델의 특징은 다음과 같이 개괄할 수 있다. 달러는 글로벌 환율제도를 기반으로 유일한 국제 계산 단위이자 금과 같은 국제 준비 통화가 되었다. 또한 달러는 금과의 연동을 끊고 제도적 기반을 잃은 뒤 우세한 자본을 이용해 세계 신용통화 체계에서 우위를 점했다. 이렇게 미국은 강력한 정치적·경제적 실력을 이용해 달러가 계속해서 국제통화의 역할을 담당하는 동시에 국제 중심 통화로 승격하게 만들었다. 반면, 유로는 지역적 협력 개념과 집단행동을 통해 관련 국가가 통화 주권을 양도하고 독자적 통화정책을 포기하고 통합된 재정정책을 채택했다. 이렇게 해서 유럽은 지역공동체로 구성되고, 통화연맹을 기반으로 한 국제통화체제를 형성했다.

두 가지의 중요한 차이점은 달러의 국제화 과정이 글로벌 환율제도의 틀 안에서 이루어졌고, 유로의 국제화는 통화 주권 연방제의 지역적 제도의 안착을 통해 가능했다. 유로 국제화는 지역 경제 연합체가 본 지역 통화 국제화를 추진할 때 거울로 삼기에 좋은 모델이고, 달러의 국제화는 대다수 단일하고 독립적인 국가들이 주목해볼 만한 모델이다.

② 한 나라 통화의 국제화는 단계별, 점진적 전략을 채택해야 한다.

한 나라 통화의 국제화는 통화 발행국의 정치·경제·금융 등 다양한 요소와 조건이 뒷받침되어야 한다. 달러 국제화가 초기 단계에 있을 무렵 미국은 정치·경제적으로 열악했고, 심지어 금본위제의 제약을 받아 진정한 의미의 국제통화로 발전할 수 없었다. 그러나 제2차세계대전 후 미국의 정치력과 경제력, 군사력은 물론 국제적 영향력이 빠르게 상승하고, 달러 국제화 흐름의 모델이 철저히 바뀌면서 상황은 달라졌다. 특히 미국은 달러를 유럽과 아시아에 먼저 진입시킨 뒤 달러와 금을 연동시켰다가 적당한 시기에 다시 금을 달러에서 분리시켜 국제통화체제에서 완전히 몰아냈다. 이런 일련의 과정을 거친 뒤에야 달러는 비로소 파운드와 금을 대신해 진정한 국제 중심 통화로 우뚝 설 수 있었다. 바로 이런 고리 하나하나가 서로 맞물리고 점진적으로 순서대로 이어지는 과정에서 미국은 국제 패권 통화의 권좌에 점점 다가섰다.

마찬가지로 유로의 국제화 과정은 이를 구상하고 실천으로 옮기는 데 수십 년의 시간이 걸렸다. 유로의 성공은 한 나라 통화의 국제화 과정을 완성하려면 단계별로 추진하면서 점차 구체적인 성과를 쌓아가는 과정이 필요하다는 것을 충분히 입증해주었다. 일본은 21세기 초부터 지역 협력을 기반으로 엔화의 국제화 전략을 제정했고, 중국도 브릭스(BRICS) 개발은행을 세웠다. 이는 자국의 발전을 위해 옳은 선택이었지만, 양자 간에 서로 포용할 수 있는 접점을 찾을 수 있다면 과거를 불문하고 아시아의 미래를 위해 공동의 협력을 할 수 있을 것이다.

③ 한 나라의 국제적 지위는 그 나라 통화 국제화의 주도권을 결정한다.

한 나라가 세계적으로 큰일을 도모하고 싶다면 그 나라의 국제적 지위가 기본 전제이자 조건이다. 국제적 지위는 구체적으로 경제력과 정치력, 군사력으로 드러난다. 한 나라 통화의 국제화는 그 나라 경제력의 반영이기도 하다. 한 나라의 경제 총량이 세계 총량 중 차지하는 비율이 10퍼센트 이상일 때 이 나라 화폐는 국제통화가 될 가능성을 갖게 된다. 영국 경제는 1870년에 세계경제 총량의 9.1퍼센트를 점했다. 그 당시는 영국 경제 발전의 최고 전성기이자 파운드의 국제적 지위가 정점을 찍던 때였다. 미국 경제는 1950년에 세계 총량의 27.3퍼센트 정도를 점했고, 이 시기의 달러도 국제통화로서 최고 절정을 누리고 있었다. 한 나라의 정치력과 군사력이 그 통화의 국제화에 막대한 영향을 미치고 있었다.

18세기 중반부터 19세기 중반까지 100여 년 동안 영국은 산업혁명의 선구자였을 뿐 아니라 기술, 경제, 금융, 사회 발전 방면으로 세계에서 절대적 우위를 점하고 있었다. 또한 영국의 정치력과 군사력도 막강했다. 1913년까지 영국의 식민지 면적은 역사상 최고 수준인 3,286만 제곱킬로미터까지 확장되었고, 식민지 인구는 3억 9,000만 명에 달했다. 당시 세계 인구는 17억이었으므로 영국의 식민지 인구는 세계 총인구의 22퍼센트를 차지했다. 그야말로 영국은 세계에서 가장 큰 종주국이었다. 당시 영국의 독보적인 국제적 위상은 파운드의 국제통화 지위를 보장하는 힘이었다. 제2차세계대전 이후 미국은 세계에서 종합 국력이 가장 강한 나라가 되었다. 달러도 미국의 국제 위상에 걸맞게 국제 중심 통화의 지위를 갖게 되었다.

미국 외에 일본, 스위스, 덴마크 등도 모두 경제 선진국에 속했고, 스위스는 심지어 1960년대 1인당 GDP가 미국을 뛰어넘었다. 그러나 이들 국가는 미국과 비교해봤을 때 세계 정치·경제 분야의 총체적 실력 면에서 약세를 보였다. 따라서 이들 중 세계 정치·경제 영역에서 미국처럼 막강한 발언권을 가진 나라가 없었고, 그러다 보니 국제통화 영역에서도 주도권을 잡기 힘들어졌다. 지금까지도 달러는 여전히 세계에서 가장 강한 국제 중심 통화의 자리를 지키고 있고, 종합적인 국력 면에서 미국 다음으로 강한 유럽연합에서 발행한 유로가 달러 다음으로 강세를 보이는 국제통화가 되었다. 2016년 통계에 따르면, 2015년 미국의 GDP 총량이 유럽연합을 제치고 17조 9,400억 달러에 달한 반면, 유럽연합은 16조 2,200억 달러였다. 정치와 군사 영역의 비교를 제외하고 경제력만 비교해보아도 국제통화체제에서 달러와 유로의 위상과 영향력이 결정된다.

03

역사적 기회

우월한 자본

중국국가통계국이 2016년 1월 발표한 데이터에 따르면, 2015년 중국 국내총생산(GDP)은 67조 6,700억 위안으로 전년 동기 대비 6.9퍼센트 증가했고, 1990년 이후 처음으로 7퍼센트를 밑돌았다. 이 성장 속도는 2015년 초 정부 업무 보고에서 설정한 7퍼센트 내외의 GDP 성장 속도 목표를 달성한 수치다. 2015년 12월 31일 위안화의 달러 대비 중간 가격을 계산하면 2015년 중국 GDP 총량은 10조 9,800억 달러에 상당한다. 미국의 GDP 총량은 중국의 1.6배에 해당한다. 세계 3위부터 5위까지 차지하는 경제 대국인 일본, 독일, 영국의 2015년 GDP 총량은 각각 4조 1,000억 달러, 3조 3,000억 달러, 2조 8,000억 달러였다.

중국 상무부에서 2016년 2월 26일 발표한 데이터에 따르면, 2015년 중국의 연간 화물 무역 흑자는 5,930억 달러, 연간 서비스 무역 수출입액은 7,130억 달러, 연간 사회 소비재 도매 총액은 30조 1,000억 위안, 실물 상품 인터넷 소매액은 3조 2,000억 위안이었다. 2015년 중

돈의 탄생

국의 화물 무역 수출입액은 여전히 3년 연속 세계 1위를 차지하고 있고, 인터넷 소매액은 연속 세계 1위, 외국인 투자 유치는 24년 연속 개도국 1위, 사회소비재 소매 총액, 서비스 무역 수출입액은 세계 2위, 대외투자는 세계 3위다. 중국 중앙은행 7월 7일 발표에 따르면, 중국의 2016년 6월 외환 보유액은 130억 달러 증가해 3조 2,100억 달러에 이르는 것으로 집계되었다. 이 일련의 데이터는 중국이 현재 세계에서 충분한 영향력을 가지고 있다는 것을 보여준다.

중국은 사실상 이미 미국을 제외한 최대 경제권이자 무역 강국이 되었다. 이런 우월한 자본은 중국의 국제화에 확실한 뒷받침이 되어주었다.

최신 행보

2015년 6월 〈2015년 위안화 국제화 보고〉를 처음 발표한 데 이어 중국 런민(人民)은행은 2016년 7월 24일 〈2016년 위안화 국제화 보고(이하 보고)〉를 또 발표했다. 〈보고〉는 1년여 동안 위안화 국제화가 이룬 새로운 성과를 돌아보고, 위안화 국제화와 관련된 개혁 상황을 소개하며 위안화의 국제화 전망을 내놓았다.

〈보고〉에 따르면, 2015년 위안화 국제화가 비교적 빠른 속도로 진전되고 있고, 위안화의 국제적 지위와 수용도 계속해서 상승하고 있다. 2015년 11월 30일 국제통화기금 이사회는 위안화를 특별인출권(SDR) 통화 바스켓에 포함시키기로 결정했다. 이것은 위안화 국제화의 중요한 이정표이기도 하다. 2015년 위안화 대외무역 수입액과 지출액 합계는 12조 1,000억 위안으로 전년 동기 대비 21.7퍼센트 증가했고, 같은 기간 외화의 대외무역 수입과 지출 비중은 28.7퍼센트를 점했다.

국제은행금융전신협회(SWIFT)의 통계에 따르면, 2015년 12월 위안화는 세계 3위의 무역 융자 통화, 5위의 지불통화, 5위의 외화 거래 통화로 자리매김하고 있다.

〈보고〉는 〈중화인민공화국 경제와 사회 발전 13차 5개년 계획 강령〉에 따라 "위안화 자본 항목의 자유로운 태환을 순차적으로 실현하고, 자유롭게 사용 가능한 수준을 높이고, 위안화 국제화를 안정적으로 추진하고, 위안화의 자본 유출을 추진한다."고 제안했다. 또한 미래를 전망하고, 위안화의 국제화 인프라를 더 발전시키고, 경상 항목인 위안화의 국외 사용을 더 확대하고, 위안화의 국외 투자와 융자 경로를 더 확장하고, 쌍방 통화 협력의 지속성을 보장하고, 준비 통화로서 위안화의 규모를 더 증가시킬 것이라고 밝혔다.

2015년을 돌아보면 위안화 국제화 과정에서 10가지 기념비적인 일이 일어났다.

① 위안화가 SDR에 가입했다.

2015년 11월 30일 IMF는 위안화 특별인출권(SDR) 통화 바스켓에 포함시키고, 2016년 10월 1일 정식 발효한다고 발표했다. 위안화는 달러, 유로, 엔, 파운드에 이어 다섯 번째로 SDR에 가입하는 화폐가 되었다. 위안화가 SDR에서 차지하는 비중은 10.92퍼센트로 엔과 파운드보다 앞선 3위다. 달러 비중은 41.73퍼센트, 유로는 30.9퍼센트, 엔은 8.33퍼센트, 파운드는 8.09퍼센트로 집계되었다.

② 위안화 국제결제시스템(CIPS)의 온라인 운영 체계 구축으로 금융 인프라 건설에 매진했다.

2015년 10월 8일 위안화 국제결제시스템(1기)의 온라인 운영 체계가 성공적으로 가동되면서 국제 금융 기구의 위안화 국외 업무를 위해 자금 청산과 결제 업무를 제공했다. CIPS의 결제 업무 처리 시간은 9시부터 20시까지고, 업무 시간은 오세아니아, 아시아, 유럽, 아프리카 등 몇 군데 중요한 시차 지역을 포괄한다. 가장 먼저 참여한 기관은 공상(工商)은행, 농예(農業)은행, 화샤(华夏)은행, HSBC(중국), 시티은행(중국) 등 19개 국내 외자 은행이다. 이외에 나란히 온라인 운영에 들어간 간접 참여자는 아시아, 유럽, 오세아니아, 아프리카 등 지역의 38개 국내 은행과 138개 국외 은행이다.

③ 달러 대비 위안화의 중간 가격 견적을 정비하고, 위안화 환율 지수의 환율 유연성을 확대했다.

2015년 8월 11일 중국 런민(人民)은행은 위안화 환율 중간 가격 형성 메커니즘을 보완하겠다고 발표했다. 즉, 시장 조성자(Market Maker)가 매일 은행 간 외환시장 개장 전에 전날 은행 간 외환 시장 종가 환율을 참고해 외환 공급과 수급 상황 및 국제 주요 통화 환율 변화를 종합적으로 고려해 중국 외환거래센터(CFETS)에 중간 가격 견적을 제공한다. 2015년 12월 11일 CFETS는 중국 통화네트워크에 CFETS 위안화 환율 지수를 정식 발표하고, 특히 CFETS에 등록된 위안화의 대외 환거래 화폐 종류를 포함한 통화 바스켓을 참고했다. 또한 표본 통화의 가중치는 중계무역 요인을 고려한 상호 무역 가중치 법을 채택해 계산했다.

④ 예금 금리 상한선이 풀리고, 금리 규제가 사실상 해제되었다.

2015년 10월 24일 중국 런민은행은 시중 은행과 농촌 협력 금융기관 등에 더 이상 예금 금리 변동 상한선을 두지 않기로 결정했다. 예금 금리 상한선이 풀린다는 것은 중국의 금리 규제가 사실상 해제되었다는 의미이기도 하다. 이로써 금리의 시장화는 매우 중요한 첫걸음을 성큼 내딛게 되었고, 이것은 금리 시장화 과정에서 전체 금융 개혁에 한 획을 긋는 중요한 이정표라고 할 수 있다.

⑤ 3개월, 6개월짜리 국채의 롤링(rolling) 발행으로 짧은 국채 수익률 곡선을 보완했다.

중국 재무부는 2015년 10월 9일과 6월 12일에 3개월과 6개월짜리 할인 국채를 처음 발행했다. 그리고 3개월 국채는 4분기부터 매주 한 차례씩 롤링 발행하고, 6개월 국채는 2분기부터 매월 한 차례 롤링 발행했다. 2015년 11월 27일에 3개월, 6개월 국채 수익률을 처음 발표했다. 이로써 1, 3, 5, 7년 등 관건이 되는 시기의 국채 수익률 곡선을 기반으로 단기 국채 수익률 곡선을 기본적으로 보완했다. 위안화가 SDR에 정식 가입한 후 IMF는 '중국 채무 3개월 만기 국채 수익률 곡선'을 SDR 금리 바스켓에 포함시켰다.

⑥ 채권시장의 대외 개방을 가속화하고 판다 본드(Panda Bond) 발행 속도를 높였다.

2015년 7월 14일 해외 중앙은행, 국제 금융 조직, 국부 펀드 세 종류의 기관이 중국 은행 간 채권시장에 들어와 승인제를 등록제로 전환하고, 투자 범위를 현물 거래, 채권 재매입에서 채권 대출, 선도 채권 및 금리 스와프 등 파생 상품으로 확장했다. 이와 동시에 10년 가까이 잠잠하던 판다 본드 시장이 급성장기를 맞았다. 2015년 판다 본드는 허가 발행 규모가 205억 위안에 가까웠지만 실제 발행 규모는 55억 위안이었다. 발행 주체는 이미 국제 개발기구에서 국제적인 상업은행, 해외 비금융권 기업, 해외 지방정부 및 해외 중앙정부로 확대되었다. 한국 정부는 12월 15일 중국 은행 간 채권시장에서 30억 위안 상당의 3년 만기 위안화 채권을 발행해 '판다 본드'의 스타트를 처음으로 끊은 나라가 되었다.

⑦ 은행 간 외환시장 거래시간을 연장하고 참여 주체를 확대했다.

2016년 1월 4일부터 중국 은행 간 외환시장 거래시간이 베이징 시

돈의 탄생

간 23시 30분으로 연장되었고, 16시 30분 위안화의 달러당 가격 조회 호가를 당일 종가로 삼았다. 또한 적격 판정을 받은 해외 주체를 끌어 들여 은행 간 외환시장에 모두 상장하는 거래 품목에 참여하도록 더 적극적으로 나섰다. 2015년 11월 25일 홍콩금융관리국, 호주준비은행, 헝가리 국가 은행, 국제부흥개발은행, 국제개발협회, 세계은행신탁기금, 싱가포르 정부 투자회사가 해외 중앙은행 기구로는 처음으로 중국 외환거래센터에서 법안을 마무리하고 중국 은행 간 외환시장에 본격적으로 진출했다.

⑧ 중국은 SDDS 기준에 따라 데이터를 공식 발표했다.

2015년 10월 6일 중국은 IMF의 데이터 발표를 위한 특수표준 (SDDS)을 채택해 모든 절차를 완수했고, SDDS 기준에 따라 관련 통계 데이터를 발표하게 되었다. SDDS는 국제통화기금이 1996년 제정한 각국 경제·금융 통계 데이터 발표와 관련된 국제 표준이며, 데이터 발표 빈도와 시기에 상당히 까다로운 요구 조건을 내걸고 있다. 이 요구 조건에 따라 중국은 일부 통계 데이터를 처음으로 대외에 공개했다.

⑨ 기업의 외채 발행 등록제를 실시하고 자본 계정의 개방을 위해 중요한 한 걸음을 내딛었다.

2015년 9월 15일 국가발전개발위원회는 기업의 외채 발행의 한도 심사를 취소하고, 외채 관리 방식을 혁신적으로 개혁해 등록제 관리를 실시했다. 기업 외채 발행의 등록과 정보 보고를 통해 거시적으로 외채 차용 규모에 대한 관리·감독을 실현했다.

⑩ 첫 역외 위안화라고 할 수 있는 중앙은행 어음이 런던에 발을 들여놓았고, 위안화 상품이 중유럽에 최초로 등장했다.

2015년 10월 20일 중국 런민은행이 런던에서 수요예측(BookBuilding)

방식으로 50억 위안의 중앙은행 어음 발행에 성공했다. 이로써 중국 중앙은행은 처음으로 해외에서 위안화로 표시된 중앙은행 어음을 발행했다. 2015년 11월 18일 중유럽 국제무역소가 독일 금융의 도시 프랑크푸르트에서 문을 열었고, 이는 중국과 독일이 공동 건설하는 유럽 역외 위안화 증권시장이 정식으로 가동되는 것을 상징했다. 처음으로 등장한 상품은 ETF(거래소 거래 펀드)와 위안화 채권 등이다.

기쁨과 우려

중국 위안화의 국제화를 위해 가장 중요한 기념비적인 사건은 바로 2015년 11월 30일 IMF에서 위안화가 2016년 10월 1일 SDR에 가입한다고 공식 선언한 것이었다.

SDR 가입은 중국에 중대한 의미가 아닐 수 없다.

- 준비 통화로서 위안화의 지위가 상승한다.
- 위안화에 대한 시장의 신뢰를 높이는 데 유리하다.
- 글로벌 투자자의 위안화에 대한 자산 배치가 대폭 상승한다.
- 위안화의 SDR 가입은 위안화 국제화를 위해 중요한 발판이 되고, '대외 전략'이 점진적으로 추진되면서 경제적 안정과 성장, 고용 보장, 전환 추진 역시 더 탄력을 받게 된다.
- 중국의 금융시장이 더 개방적으로 변하고, 중국의 자산 가격도 점차 국제적 수준에 가까워지고, 자산 거품 문제도 해결될 것이다.

이외에도 2015년 10월 8일 오전 위안화 국제 결제 시스템(1기)이 정식 가동했고, 전 세계의 위안화 사용자를 위해 '지불 고속도로'를 건설했다. 또한 중국 중앙은행이 미국 연방준비위원회, 러시아 중앙은행과 연이어 위안화 결제 시스템 수립을 위한 협력 각서를 체결했고, 이 것은 위안화 국제화에 날개를 달아주었다.

이런 신호들은 무엇을 의미할까? 이것은 위안화가 2년 안에 엔과 파운드를 뛰어넘어 달러와 유로 다음으로 점유율이 큰 세계 통화가 될 가능성을 보여준다.

세계 3위의 통화가 된다는 것은 어떤 의미일까?

· 위안화 현금의 국외 유통이 많아지고 신뢰도가 높아진다.
· 위안화 표시 금융 상품이 중앙은행 등 주요 금융기관의 투자 수 단이 되고, 위안화로 표시된 금융시장의 규모가 계속 확대된다.
· 국제무역에서 위안화로 결제하는 비중이 높아진다.
· 다른 통화에 대한 위안화의 대체성이 강해지면 위안화로 가늠하 는 자산의 가치가 보장되고, 위안화 자산이 글로벌 비축 자산이 된다.

현재 전 세계가 통화 완화 상태에 놓여 있고, 특히 세계 GDP의 4분의 1을 차지하는 일본, 독일, 핀란드, 스위스, 이탈리아, 스페인은 모두 마이너스 금리다. 올해 영국, 캐나다, 노르웨이, 체코 등도 이 대열에 합류할 것으로 보인다. 새로운 글로벌 통화 전쟁이 이미 발발한 것은 자명한 사실이고, 이것이 장차 글로벌 자산 가격을 왜곡시킬 것이다. 그렇게 되면 중국의 자산, 특히 자금 집약형 업종은 벤처 국가의 관심을 끌 수밖에 없다. 특히 위안화가 국제 3위의 통화가 되면 국제 자본은 자국 통화를 위안화로 직접 바꿔 국내 자산을 구매할 수 있고, 미국 달러의 중간 고리를 피할 수 있다. 이것은 투자 원가를 낮추는 데 유리하며, 달러 대비 위험을 줄일 수 있는 능력을 강화시킬 수 있다. 위안화 배후에 버티고 있는 중국 자산도 각국 자본의 비축 목표가 될 것이다.

비록 위안화 국제화와 시장화 개혁이 지난 1년 동안 큰 진전을 거됐지만, 현재 위안화 시장화 수준은 여전히 기대치에 미치지 못하고 있다. 국제화 수준도 더 강화될 필요가 있다. 위안화의 리스크 관리 수단을 다양화하고 통화 바스켓 및 자본 이동 경로를 원활하게 하는 것이 중국의 미래 외환 개혁의 중점이다.

우선, 위안화 리스크 관리 수단을 다양화한다. 환율의 변동 폭이 확대된 이후 위안화의 리스크 관리는 기업이 환율 리스크를 관리하기 위한 중요한 수단이다. 하지만 현 단계에서 위안화의 리스크 관리 수단은 적고 종류가 한정되어 있을 뿐 아니라 위안화를 달러로 교환하는 방식에 거의 집중되어 있다. 앞으로 위안화는 달러만 주시하는 것에서 벗어나 독립성을 강화하고 다른 통화와의 변동 리스크에도 주목해야 한다. 만약 이런 변화에 대비한 리스크 관리 수단이 갖추어져 있지 않다면 장차 환율 파동이 미시적 주체에게 더 큰 영향을 미치고, 반대로 위안화와 달러의 교환 환율에 더 주시하는 시장 환경을 만들 것이다. 이는 개혁의 목표와도 상반되는 결과가 아닐 수 없다. 따라서 위안화의 리스크 관리 수단을 다양화하고, 다양한 통화 종류와 기한을 가진 금융 수단을 지속적으로 내놓아야 한다.

그다음, 통화 바스켓의 통화 종류 선택과 가중치 설정을 보완한다. CFETS는 위안화 환율 지수를 발표한 이래 별 문제없이 운영되고 있고, 시장을 예측하고 안정적으로 이끄는 방면으로 그 역할이 점점 커지고 있다. 그러나 통화 바스켓은 여전히 문제점들을 안고 있다. 예를 들어 달러의 가중치가 너무 낮아 달러가 위안화 환율 변동에 미치는 영향을 충분히 반영할 수 없다. 또한 중국의 정치·경제·무역과 연계가 밀접한 국가의 통화 종류를 커버하지 못하고, 위안화 환율 지수의 대표성과 유효성을 떨어뜨린다.

마지막으로, 자본 계정의 개방을 점진적으로 추진한다. 환율의 균형은 시장 주체의 거래 행위를 통해 확정해야 한다. 이를 위해 자본의 이동 경로를 개척해 시장을 활성화하고, 시장 주체의 수급을 조절해 외

돈의 탄생

환시장의 가격 발견 능력을 키워야 한다. 환율은 일종의 자산일 뿐 아니라 평가 단위이기도 하다. 그것은 위안화로 표시되는 모든 자산의 가격을 대표한다. 중국의 부동산 시장과 주식시장, 채권시장은 수익률이 높은 편이지만, 자본의 관리와 통제가 여전히 엄격하고 자본의 이동 원가도 높아 수많은 자산 배치 수요를 충족시키지 못하고 있다. 환율에 따른 위안화 평가절하 압력도 비교적 큰 것으로 나타났다. 따라서 자본 흐름의 속도를 높인다면 수요와 공급 쌍방을 조율하고 환율 수준의 균형과 유효성을 실현할 수 있을 것이다.

04

세계의 화폐

역사의 소명

2009년 3월 23일 중국 중앙은행 홈페이지에 저우샤오촨(周小川) 중앙은행 총재의 「국제통화체제 개혁에 관한 사고」라는 글이 올라왔다. 저우 총재는 주권 국가와 연계해 장기적으로 화폐 가치를 안정적으로 유지할 수 있는 국제 준비 통화를 만들고, 이를 통해 주권 신용통화에 내재된 결함을 피하는 것이 국제통화체제 개혁의 이상적 목표라고 밝혔다.

오래전부터 탈주권 준비 통화를 주장하는 목소리가 나왔지만, 지금까지 실질적인 진전이 없었다. 1940년대 케인스가 30종의 대표적 상품을 기반 삼아 국제통화 단위 '방코르'를 구축하자는 구상을 내놓았다. 하지만 유감스럽게도 실행에 옮기지 못했고, 그 후 화이트 방안을 토대로 한 브레튼우즈체제의 붕괴는 케인스의 방안이 더 비전이 있을지도 모른다는 가능성을 보여주었다. 일찍이 브레튼우즈

돈의 탄생

체제의 결함이 드러날 무렵 기금 조직은 1969년에 특별인출권(이하 SDR)을 만들어 준비 통화로서 주권 통화에 내재된 리스크를 완화했다. 유감스러운 점은 분배 메커니즘과 사용 범위 제한 때문에 SDR의 역할은 지금까지도 충분한 힘을 발휘하지 못하고 있다. 그러나 SDR의 존재는 국제통화체제를 위해 일말의 희망을 제공했다.

탈주권 준비 통화는 주권 신용통화의 내재적 리스크를 극복했을 뿐만 아니라 글로벌 유동성을 조절하기 위한 가능성을 제공했다. 글로벌 기구가 관리하는 국제 준비 통화는 세계적인 범주의 유동성과 조절을 가능하게 하고, 한 나라의 주권 통화를 더 이상 세계무역의 척도이자 참고 기준으로 삼지 않을 때 불균형을 겨냥한 환율정책의 조절 효과가 크게 높아진다. 이렇게 함으로써 향후 위기 발생 리스크를 최대한 낮추고 위기 처리 능력을 강화시킬 수 있다.

저우 총재는 SDR의 역할을 충분히 발휘하는 것에 관해 고민해봐야 한다고 명확히 지적했다. SDR은 탈주권 준비 통화의 특징과 잠재력을 가지고 있기 때문이다. 마땅히 SDR의 배분을 추진하는 데 주력해야 한다. 하지만 SDR의 발행을 더욱 확대하는 것도 고려해봐야 한다.

이 때문에 그는 자신만의 구체적인 생각과 제안을 제시했다.

- SDR과 기타 화폐 사이의 결제 관계를 구축한다. 정부나 국제조직 간 국제 결제에만 사용되는 SDR의 현재 상황을 바꾸고, 그것이 국제무역과 금융 거래에서 공인된 지불수단이 될 수 있도록 한다.
- 국제무역, 대량 상품의 가격 책정, 투자 및 기업 시장에서 SDR을 사용해 가격을 계산하도록 적극 추진한다. 이것은 SDR의 역할을 강화하는 데 유리할 뿐 아니라 주권 준비 통화로 가격을 계산할 경우 초래될 수 있는 자산 가격 변동과 관련 리스크를 효과적으로 줄일 수 있다.

· SDR 가치의 자산을 창출하고 흡인력을 높이는 데 적극적으로 기여한다. 기금 조직이 SDR 가치의 유가증권을 연구하고 있고, 이 것이 실행된다면 좋은 출발을 알리는 신호가 될 것이다.

· SDR의 정가와 발행 방식을 더 보완한다. SDR의 정가 바스켓 통화 범위는 세계 주요 경제 대국으로 확대해야 하며, GDP를 가중치 고려 요소 중 하나로 삼을 수 있다. 또한 그 화폐가치에 대한 시장의 신뢰를 높이기 위해 SDR의 발행도 인위적인 가치 계산 방식에서 실질 자산을 지원하는 방식으로 전환할 수 있다. 이뿐 아니라 각국의 기존 준비 통화를 흡수해 발행 준비를 하는 방안도 고려해볼 수 있다.

2015년 7월 30일부터 8월 1일까지 세계 20개국에서 온 그룹, 국제 조직, 지역공동체의 싱크탱크들이 베이징에서 '글로벌 거버넌스 및 개방형 경제: 제3차 G20 싱크탱크 포럼'에 참석했다. 이번 포럼은 23개국 100여 명의 정상급 싱크탱크 학자와 정부 측 대표가 참석한 가운데 열렸고, 개막식 현장에 모인 청중만도 500여 명에 달했다.

회의에서 아제르바이잔공화국 대통령 전략연구센터 경제 분석과 글로벌센터 사무총장 비셀 부살 가심리(Vusal Gasimli)는 경제성장과 경제 및 금융 안정을 유지하는 것이야말로 국가, 지역 및 글로벌 노력의 목표가 되어야 한다고 지적했다. 금융 위기는 각국이 더 적극적으로 통화정책을 채택하도록 채찍질했고, 선진국 중앙은행은 대규모 자산을 매입했다. 그리고 대다수 신흥 및 전방 경제체는 전통적 정책을 중심으로 경제성장을 촉진시켰다. 선진국과 개발도상국이 채택한 이 두 가지 정책은 유동성 과잉과 통화 전쟁을 초래했다. 각국 중앙은행 통화정책을 조정하는 것은 이런 정책의 스필오버 효과(Spillover effect)를 제거하는 데 도움이 되었다. 그래서 세계 단일 통화를 구축하는 것은 위기에 대처하고 경제성장을 촉진하는 중요한 수단 중 하나다.

그는 세계 단일 통화를 만드는 것이야말로 국제금융 구조를 개선하고 금융 위기에 대처하기 위한 첫 번째 단계이자 금융 파동을 피하기 위한 효과적인 조치라고 지적했다. 그러나 현 단계에서 세계 단일 통화는 각국 통화의 존재를 배재하지 않고 있다. 이 때문에 G20을 포함한 주요국들의 합의는 새로운 통화의 탄생을 재촉하기에 충분하다. 게다가 세계 단일 통화 또는 '유일한 통화'는 바스켓 통화를 기반으로 해야 통화 변동 리스크를 최저한도로 낮출 수 있다. 이 목적을 실현하기 위해 세계 단일 통화를 기반으로 하는 바스켓 통화의 구성과 가중치는 G20에 포함된 모든 경제체의 구조와 비율에 부합해야 한다. 또한 그는 〈글로벌 경쟁력 보고서〉에서 발표한 국내시장 규모 지수에 근거해 G20 회원국이 차지하는 몫을 계산하자고 제안했다. 이 결과에 따라 비교적 중요한 통화가 세계 단일 통화에 미치는 영향력도 크기 때문이다.

그는 세계 통화의 이점에 관해 간략히 분석했고, 세계 단일 통화가 적어도 다음과 같은 장점을 지닌다고 발표했다. 첫째, 경제 수치와 전체 경제 현황 사이의 긍정적 상관관계를 형성하는 데 도움이 된다. 둘째, 거래 비용을 낮추고 통화 평가절하와 통화팽창을 억제한다. 셋째, 세계 수지 불균형 문제를 해결하고 세계 금융시장 파동을 줄이는 데 도움이 된다.

마지막으로 그는 시장 변동을 통제할 효과적인 수단으로 세계 단일 통화를 평가했고, 세계 각국이 협력하면 생산율의 급격한 성장에 기초해 경제 회복을 촉진할 수 있을 것이라고 결론 내렸다.

사실 미국 하버드대학의 리처드 쿠퍼(Richard Cooper) 교수는 일찍이 1984년에 공업화 국가에서 통화동맹을 구축하자고 제안했고, 2003년에도 향후 25년간의 추진 계획표를 제시했다.

· 2009년: 슬로바키아가 유로존에 가입한다.
· 2009년: 서아프리카 통화권에 속한 가나, 나이지리아, 시에라리

온, 감비아, 기니에서 공통 화폐인 에코(ECO)를 채택한다.

- 2010년: 걸프협력회의(GCC) 국가가 새로운 공통 통화의 발기를 계획하고, 회원국은 바레인, 쿠웨이트, 오만, 카타르, 사우디아라비아, 아랍에미리트 등 6개국을 포함한다.

- 2011년: 로버트 먼델(Robert A. Mundell)의 논문 「최적 통화 지역(optimum currency area) 이론」이 미국 경제 주간지에 발표된 지 50주년이 되는 해다.

- 2012년: 에스토니아가 유로존에 가입한다.

- 2012년: 동아프리카의 부룬디, 케냐, 우간다, 탄자니아, 르완다 5개국이 공통 통화를 실시한다.

- 2012년: 글로벌 통화연맹이 기획하고 만든 국제회의를 개최한다.

- 2013년: 라트비아, 리투아니아, 불가리아가 유로존에 가입한다.

- 2013년: 체코, 폴란드가 유로존에 가입한다.

- 2014년: 헝가리가 유로존에 가입한다.

- 2015년: 루마니아가 유로존에 가입한다.

- 2016년: 남아프리카개발공동체(SADC)가 탄생한다. 그 멤버는 14개국으로 남아프리카, 앙골라, 에스와티니(스와질란드), 탄자니아, 보츠와나, 잠비아, 짐바브웨, 콩고, 레소토, 마다가스카르, 말라위, 모리셔스, 모잠비크, 나미비아 등을 포함한다.

- 2017년: 세계 범주에서 글로벌 통화의 명칭을 확정한다(유로는 1995년에 명칭을 확정하고 4년 후 실시했다).

- 2018년: 어느 경제학자가 단일 글로벌 통화의 시행을 예상하며, 적어도 대다수 공업화 국가에서 실시될 것으로 예측했다. 1988년 그 경제학자는 30년 후 단일 글로벌 통화가 시행될 것이라고 예견했다.

- 2020년: 6월 1일, 세계중앙은행이 설립되어 국제통화기금이나 세계은행의 모델을 일부 또는 전부 채택한다.

- 2021년: 1월 1일, 새로운 단일 글로벌 통화가 전자거래에 사용될 준비를 한다.
- 2021년: 2001년에 만들어진 아프리카연합이 범아프리카통화연합의 설립을 목표로 설정했다.
- 2024년: 1월 1일, 전 세계 거래가 새로운 단일 글로벌 통화로 처리된다. 5월 1일, 이후 모든 오래된 화폐는 더 이상 거래에 사용할 수 없고, 회원국의 지정 은행에서 새로운 단일 글로벌 통화로 바꿀 수 있다.

공업화 국가 통화동맹을 만드는 이 계획표의 최종 목적은 2024년 1월 1일 세계 단일 통화를 가동하는 것이다. 리처드 쿠퍼는 2024년에 단일 글로벌 통화의 목표가 달성되리라고 본 것이다.

사실상 세계 단일 통화에 관한 토론은 1960년대부터 세계 엘리트들의 흥미를 불러일으켰다. 예를 들어 '유로의 아버지'로 불리는 노벨 경제학상 수상자 로버트 먼델, 폴 볼커(Paul Adolph Volcker) 연방준비제도 전 의장, 매킨지(Mackenzie King) 캐나다 전 총리, 미국외교협회의 빈 스틸(Benn Steil) 국제학부 교수, 미국 매사추세츠 공과대학 찰스 킨들버거(Charles P. Kindleberger) 경제학 교수, 글로벌 재무 데이터 회사의 브라이언 테일러(Brian Taylor) 수석 경제학자, VISA 전략적 제휴 및 투자 부문의 사라 페리(Sarah Perry) 수석 부사장, 「파이낸셜 타임스」의 마틴 울프(Martin Wolf) 수석 경제 논설위원 등이 미래 단일 통화에 대한 높은 기대감을 분명히 밝혔다.

폴 볼커 연방준비제도 전 의장은 글로벌 경제에는 글로벌 통화가 필요하다고 단호한 입장을 드러냈다. 찰스 킨들버거 교수도 최고의 통화 체계는 세계 금융의 권위를 가진 단일 글로벌 통화라고 말했다. 2012년 10월 80세 고령의 로버트 먼델이 중국 상하이 금융과 법률 연구소의 10주년 기념행사에서 〈금융 위기가 중국과 세계 전체에 미치

는 영향과 국제통화제도에 관한 문제〉라는 제목의 강연을 실시했다. 그
는 통화 탄생의 배경에서 시작해 달러의 부상, 유로의 출현이 국제통화
체제에 미치는 영향 등을 거론했다. 그리고 강연 마지막에 다음과 같이
지적했다.

> 2011년에 정부와 중앙은행 사이에 연계가 생겼고, 중요 인사들 사
> 이에서 협의의 중요성에 관한 인식이 생겨났습니다. 그래서 그들은
> 이런 이슈에 상당히 흥미를 갖고 있습니다. 나는 이 추세를 거스르
> 거나 피할 수 없고 언젠가는 결국 우리 앞에 닥칠 일이라고 믿습니
> 다. 그게 아니라면 우리는 똑같은 위기를 반복하게 되고, 그 대가도
> 혹독할 것이라고 생각합니다. 더불어 우리는 과거의 경험을 교훈으
> 로 삼아야 합니다. 글로벌 통화를 어떤 식으로 부를지는 차치하고라
> 도 우리는 이런 국제통화체제를 반드시 구축해야 합니다.

2007년 빈 스틸은 미국외교협회 잡지 『외교』에 「국가 주권 통화의
종말」이라는 글을 기고했다. 그는 글로벌화를 안전하게 실현하기 위해
각국이 통화 국가주의와 불필요한 통화를 폐지해야 하고, 이런 것들이
오늘날 수많은 불안과 동요를 초래하는 근원이라고 지적했다.

> 지난 수십 년 동안 달러는 의심할 여지가 없는 글로벌 통화가 되었
> 고, 세계 각국은 달러를 보유하고 각지 시장에서 석유 등을 거래했
> 다. 달러는 남다른 특권을 타고난 화폐가 결코 아니다. 달러도 처음
> 에는 또 다른 신용통화(금)의 지지를 받았다. 사람들은 달러로 물건
> 을 구매할 수 있고 향후 동등한 가치의 상품을 얻을 수 있다고 믿었
> 기 때문에 달러를 받아들일 수 있었다. 이런 신용을 보증하는 것이
> 미국 정부에 거대한 압박으로 다가왔다. 불행하게도 이 기관들은 이
> 런 중책을 감당할 수 없었다. 무모한 미국의 재정 정책은 달러의 글

로벌 통화 지위를 약화시켰다.

그는 금을 다시 화폐로 인정하고 세계 단일 통화를 만들어야 비로소 달러의 몰락을 막을 수 있다고 확신했다.

현대 과학기술은 정부의 지원 없이도 민간 금 은행을 통해 금 화폐를 회복시키는 것을 가능하게 만들었다.

물론 세계 단일 통화 체계를 구축하는 문제를 두고 상반되는 의견이 존재하는 것도 사실이다. 2009년 중국 런민은행 저우샤오촨 은행장이 발표한 〈국제통화체제 개혁에 관한 사고〉는 각국에서 큰 반향을 불러일으켰다. 버락 오바마(Barack Obama) 미국 대통령은 저우샤오촨 은행장에게 "새로운 통화 체제 개혁은 불필요하다."고 의사를 전했다. 미국인들은 세계 단일 통화 구축에 관한 저우샤오촨의 제안이 달러 준비 통화에 칼끝을 겨누고, 미국의 핵심 이익을 건드린 것이라고 여겼다. 그러나 미국 국내에서도 저우샤오촨의 제안에 찬성하는 목소리가 나오고 있었다. 미국의 세계단일통화위원회(Single Global Currency Association)는 저우샤오촨의 제안을 지지한다는 입장을 발표했다.

2003년에 설립된 세계단일통화위원회는 미국의 비정부 조직으로 역내 통화연맹을 추진하고, 궁극적으로 통일된 세계 단일 통화와 중앙은행을 만드는 데 취지를 두고 있다. 이 위원회의 모리슨 의장은 저우샤오촨의 제안을 적극 지지했다. 그는 이 제의가 긍정적이고 실현 가능하다고 판단했다. 또한 모리슨 의장은 저우 은행장이 훌륭한 제안을 했을 뿐 아니라 국제통화체제 전반에 대한 개혁 방안을 투철하게 제시하며 개혁의 길을 열었다고 생각했다. 그는 미국의 오바마 대통령과 티머시 가이트너(Timothy Geithner) 재무장관의 거부 입장이 잘못되었다고 비판했다. 세계단일통화위원회는 다른 경제학자들과 함께 오바마 대통령과 가이트너 재무장관에게 서한을 보내 그동안의 발언을 철회하고 저우샤오촨 은행장의 제안을 제고해달라고 호소했다. 미국에서 민주당의 수많은 브레인이 세계 단일 통화를 옹호했다. 빌 클린턴 시대에 고문을 지낸 제프리 가튼(Jeffrey Garten) 예일대 교수도 글로벌 거버넌스와 세계 단일 통화의 옹호자다.

이 지지자들은 2008년 금융 위기를 통해 과도한 당좌대월로 달러 신용을 지속하기 힘들다고 여겼다. 이것은 이미 달러를 보유한 투자자와 일반인에게 타격을 입혔다. 사실 미국은 달러 발행을 통해 전 세계에서 '세금'을 거둬들이고 있지만, 이것도 역시 미국에 해롭다. 미국은 변화가 필요한 시점이고, 세계통화연맹을 옹호하는 것이 미국에게도 유리하다. 특히 개발도상국들은 금융 위기로 가장 큰 타격을 받았고, 환율 리스크가 가장 높기 때문에 지금의 국제통화체제를 바꾸는 것에 큰 기대를 걸고 있다. 현재 달러가 주도하는 다원화된 국제통화체제가 이번 금융 위기를 초래한 근본적인 원인 중 하나다. 만약 SDR을 국제 준비 통화로 삼을 수 있다면 앞으로 국제통화체제를 재건하는 데 도움이 될 것이다.

그들은 '글로벌 중앙은행'이라 부를 수 있는 글로벌 통화 당국을 만들자고 제안했다. 이 기구는 금융 관리·감독을 담당하게 된다. 기존의 IMF, BIS도 새로운 기구에 합류할 수 있다. 이런 꿈을 실현하려면 몇 가지 선택 경로가 있다.

첫째, 유로존이 했던 것처럼 '과도기 시간표'를 설정하고, 일정 기간에 '세계 통화', 본국 통화 또는 본 지역 통화를 동시에 사용할 수 있다. 과도기가 끝나고 나면 세계 통화를 다시 단일 통화로 삼는다. 이 과도기는 유로존의 과도기보다 훨씬 길어질 수 있다.

둘째, 단번에 목표에 도달할 필요 없이 지역 통화 연합을 먼저 조직한다.

셋째, 작은 나라의 경우 다른 통화를 묶어두는 것도 실행 가능한 선택이다. 엘살바도르의 '달러화', 모로코의 '유로화'처럼 동남아 국가는 앞으로 '위안화'를 국가 통용화폐로 삼을 수 있다. 이런 방식으로 작은 나라는 비교적 순조롭게 '세계 통화'를 이행할 수 있다.

세계단일통화협회는 세계 단일 통화를 만들면 다음과 같은 이점이 있다고 여긴다.

첫째, 환율 교환 비용을 줄일 수 있다. 지금 매일 교환되는 화폐 중 4,000억 달러가 환전 중 차액 등의 이유로 손해를 입고 있다. 이것은 엄청난 낭비가 아닐 수 없다.

둘째, '경상 항목 계정', '외환 보유액' 등의 명칭은 역사의 뒤안길로 사라지게 된다. 비록 무역과 부의 분배 불균형 현상이 여전히 존재할 수 있지만, 국가가 고액의 외환 보유액을 유지할 필요가 없다.

셋째, 환율 변동과 환율 투기도 역사 속으로 사라지고, 국가적·지역적 통화위기의 리스크도 제로로 떨어질 것이다.

넷째, '국가 환율 조작'이라는 말이 더 이상 등장하지 않는다. 국제 무역이 눈에 띄게 활발해지고, 이것이 더 큰 시너지 효과를 가져올 것이다.

다섯째, 통화팽창의 위험이 현저하게 줄어들 수 있다. 앞으로 등장할 '글로벌 중앙은행'이 지금의 유럽중앙은행처럼 하나의 공인된 낮은 수준의 통화팽창률을 만든다. 그러나 낮은 수준의 통화팽창은 기존 통화팽창률보다 훨씬 유리하다.

여섯째, 환율 리스크가 더는 존재하지 않게 되면서 자산 가격이 36조 달러 상승하고, 이것이 9조 달러의 글로벌 산출 성장을 가져올 것이다.

요컨대, 국제 단일 통화는 통화 체계의 안정을 근본적으로 보장한다. 이것은 브레튼우즈회의의 최초 목표이자 현재 가장 중요한 목표이기도 하다. 그들은 바로 유럽이 성공의 선례라고 여겼다. 유럽에서 프랑스, 독일은 모두 자국의 유구한 역사를 지닌 화폐에 연연했고, 두 나라는 어느 정도 라이벌 관계에 놓여 있었다. 그러나 그들은 이런 난관을 극복하고 힘을 합쳐 유로화를 적극 밀어붙였다. 당시 이탈리아인들도 유로를 반대했다. 그들은 늘 리라의 평가절하를 조정해 이익을 얻어왔기 때문이다. 지금 미국도 그 당시 이탈리아와 다르지 않을 것이다. 다만 그들은 현실적으로 세계 통화의 장점에 끌릴 수밖에 없다.

물론 세계 단일 통화에 대한 구상과 관련해 미국 정계뿐 아니라 상업계에서도 반대의 목소리가 터져 나왔다. GAM 지주회사 수석 경제학자 래리 해서웨이(Larry Hatheway)와 GAM 지주회사 CEO 알렉산더 프리드먼(Alexander Friedman)도 곧바로 반대 의견을 명확히 밝혔다. 그들은 세계 단일 통화가 사실상 불가능하고 바람직하지 않다고 여겼다. 이상적인 상황에서 중앙은행은 정치적 영향권에서 독립해야 하는데도 여전히 국민들의 문책을 받고 있기 때문이다. 그들의 합법성은 그들을 존재하게 만드는 정치적 절차로부터 나오고, 그들이 봉사해야 할 모든 시민의 의사에 뿌리를 두고 있다. 민주적 권한 부여의 합법성은 민족국가 수준에서만 실현될 수 있다. 탈국가적 차원에서 합법성은 여전히 큰 문제가 있으며, 유로존의 경험은 이 점을 충분히 입증했다. EU의 주권이 민주적 선택을 통해 EU를 구성하는 민족국가의 주권을 압도해야만 유럽중앙은행은 비로소 유로존 유일의 통화 당국이 되는 데 필요한 합법성을 갖출 수 있다. 마찬가지로 대서양 횡단 조직 또는 태평양 횡단 통화 당국이 정치적 합법성을 얻을 수 없다면 글로벌 통화 당국은 거론할 필요조차 없다. 국가 사이의 조약은 상업과 기타 영역의 규칙을 조율·관리할 수 있다. 하지만 이것들이 주권을 중앙은행과 같은 권력 기구나 지폐와 같은 강제적 상징물에 양도할 리 없다. 그래서 얻은 결론은 하나다. 글로벌 단일 통화와 중앙은행은 반드시 참패하게 되어 있다는 것이다.

이로써 세계 단일 통화 문제는 이미 전 세계의 핫 이슈가 되었다.

시대적 도전

앞에서 언급한 세계 단일 통화 추진을 위한 시간표의 궁극적인 목표는 세계 단일 통화 체계를 수립하는 것이다. 이것은 의심할 여지조차 없는 거대한 도전이 아닐 수 없다. 지금 세계에서 달러는 국제 중심 통화의 역할을 발휘하고 있다. 달러의 패권 지위가 유로 등의 도전을 받았다 하더라도 일정 기간 안에 그 강력한 지위를 뒤흔드는 것은 불가능하거나 비현실적일지 모른다. 달러는 여전히 각국 중앙은행 외환 보유고의 주력 통화이기 때문이다. 비록 달러에 대한 각국의 신뢰가 다소 하락한다 해도 국제무역에서 달러가 차지하는 역할에 약간의 손실을 입히는 것에 불과하다. 무역 견적이나 거래 결제에서 각국이 달러를 포기할 조짐은 뚜렷하게 나타나지 않고 있다. 국제 외환시장에서 달러는 여전히 주도적 통화로서 지위를 유지하고 있다. BIS가 실시한 어느 조사에 따르면, 세계 외환 거래에서 달러는 여전히 85퍼센트를 점하고 있는데, 2004년 88퍼센트에서 고작 3퍼센트 포인트 하락했을 뿐이다. 국제 채무 증권에서 45퍼센트가 달러를 화폐단위로 삼고 있다. 석유수출국기구(OPEC)는 여전히 달러를 석유 가격 평가의 단위로 삼고 있다. 결론을 말하자면 미국은 여전히 세계 최대 경제국으로 세계에서 가장 큰 금융시장을 가지고 있다. 또한 달러는 여전히 세계 유일의 화폐이며, 기타 화폐에는 여러 가지 결함이 존재한다.

영국과 스위스는 국토 면적이 너무 작고, 파운드와 스위스 프랑은 부차적인 비축과 국제통화로만 쓰일 수 있다. 두 나라는 모두 글로벌 금융시장을 위해 필요한 방대한 규모의 채무 수단을 제공하기 어렵다. 영국의 경제 규모는 미국의 6분의 1에 불과하고, 스위스는 미국의 30분의 1에 지나지 않는다. 파운드가 세계 준비 통화 중 차지하는 비중은 4퍼센트 미만이고, 스위스는 1퍼센트 미만이다. 엔화는 이미 준비 통화의 매력을 상실했고 공식 보유 환율에서 엔은 35퍼센트에 불과하다.

유로는 현재 달러의 최대 경쟁 상대다. 유로존의 수출은 미국의 두 배에 가깝고, 유로를 사용해 견적을 내고 거래 결제를 하는 유로존 주변 경제권뿐 아니라 세계 다른 지역 수출입 업체들이 점점 많아지고 있다. 유로는 이미 국제통화로서 모든 특징을 갖추었고, 더 강력한 국제 통화의 지위를 갖기 위해 비상하고 있다. 유럽의 중앙은행들도 세계 일류 중앙은행의 능력과 위상을 갖추고 있다. 2008년 금융 위기가 가장 심각했을 때 유럽중앙은행은 이전에 유로를 빌린 적이 있는 국가들에게 긴급 자금을 대출해주었고, 다른 중앙은행에 그들의 화폐를 교환할 수 있도록 유로를 제공했다. 이것만 봐도 다른 중앙은행도 유로의 국제적 지위를 이미 인정한 셈이다. 유로존도 방대한 규모의 정부 채권을 보유하고 있고, 그 채권시장을 모든 외국 투자자들에게 개방해 이미 자본 흐름에 대한 통제를 취소했다. 2008년 금융 위기 당시 유로존이 안전한 항구 역할을 한 사실만큼은 의심의 여지가 없다. 이것은 해외 거래에서 광범위하게 사용된 국제통화로서 유로가 이미 안전 지향적 투자자에게 최우선 순위가 되었다는 것을 보여준다.

그러나 유로는 새로운 통화로서 가장 근본적인 문제점을 안고 있다. 바로 국가가 없는 통화라는 것이다. 다시 말해서 유로는 정부 지원이 부족한 통화라고 할 수 있다. 유럽에는 아직까지 유로존 정부가 없는 상태에서 참여국의 정부만 존재한다. 유럽위원회는 유로존이 아닌 유럽연합을 지지하는 기구일 뿐이고, 유럽연합 내에는 아직도 영국, 스위스, 덴마크, 폴란드, 체코, 헝가리 등 유로존에 가입하지 않은 국가들이 있다. 금융 문제에 직면한 정부와 예산 적자를 제한하는 데 취지를 둔 〈성장과 안정 협약〉의 집행을 돕는 문제에서 유럽위원회의 역할은 매우 제한적이다.

유로존의 통일된 정부가 없다는 것은 유로가 국제 무대에서 달러와 패권을 다투거나 어깨를 나란히 하는 것을 막는 결정적인 걸림돌이라 할 수 있다. 특히 유럽에 경제와 금융 문제가 발생했을 때 이들 국가를 상대로 경제와 금융 관리를 추진하려면 각국 정부 간의 협조가 필요하지만 여기서 합의에 도달할 수 있을지도 미지수다. 한 정부가 심각한 예산 문제에 맞닥뜨려 국제적 지원에 의지해야만 난관을 극복할 수 있을 경우 집단을 이룬 유럽 각국의 동의를 얻은 뒤에야 지원 조치를 취할 수 있다. 그러나 각국 지도자들 사이에 지원 비용의 분담 문제를 두고 이견이 생길 수 있고, 이견을 조율하고 합의를 본다 해도 각국 의회의 비준이 필요하다. 이렇게 되면 위기를 모면할 수 있는 최적의 타이밍을 놓치게 되고, 위기에 빠진 국가는 더 궁지에 몰릴 수밖에 없다.

그리스 위기에서도 그리스가 가진 막대한 국가 복지와 장기간의 과소비가 국민 소득의 13퍼센트를 넘는 엄청난 적자를 초래했다. 그리고 이것은 여러 해 동안 쌓여온 문제이기도 했다. 2010년 초에 투자자들은 그리스 금융 상황이 벼랑 끝으로 내몰렸다는 것을 감지했다. 그들은 그리스 정부를 상대로 3년 안에 예산 적자를 국민소득의 10분의 1에 상당하는 금액까지 삭감할 것을 요구했다. 그리스 정부는 어쩔 수 없이 예산 적자를 삭감하는 시도를 해봤지만, 공공 분야 인력의 거센 반대에 부딪혔다. 그들은 정부의 지출을 줄이기 위해 자신들의 임금을 삭감하는 데 반대했다. 만약 이런 구조 조정을 하지 않으면 정부는 시장에서 채무를 상환하고 기타 활동을 지원할 자금을 구할 방도가 없었다. 이 때문에 나라 전체가 진퇴양난에 빠지고 말았다.

이때 유럽 각국이 그리스를 위해 차관을 제공하기로 동의해야만 그리스 위기를 해결할 수 있었다. 차관을 제공하기 위한 전제 조건은 그리스에서 신뢰할 만한 예산 균형 계획을 내놓는 것이었다. 그리고 이때 유로존의 치명적인 약점이 드러나고 말았다. 그리스에 차관을 제공하기로 한 주체가 유럽 정부가 아니라 유럽 각국의 독립적인 정부였고, 이들 국가의 의회와 유권자들은 자신의 돈이 다른 나라에 쓰이는 것을 원하지 않았다. 특히 그리스처럼 과도한 소비 때문에 곤경에 빠진 나라라면 그 거부감이 더 심할 수밖에 없었다. 유권자의 생각에 영합하기 위해 각국 정부는 어쩔 수 없이 여러 조건을 자신에게 유리하게 조정하기 위해 정치적 수완을 발휘해야 했다. 앙겔라 메르켈 독일 총리는 유권자들에게 자신은 그리스 구제에 절대 가담하지 않을 것이라고 선을 그었다. 그러나 한편으로는 유럽연합의 이익을 위해 암암리에 그리스에 지원 약속을 해야만 했다. 유럽연합으로부터 제때 지원을 받기 위해 그리스는 유럽연합의 지원을 받지 못하면 IMF에 구제를 요청하고 유로존에서 탈퇴하겠다고 협박했다.

유럽연합이 난감해하는 사이 투자자들은 유럽연합의 문제점을 간파했고, 그리스 위기에 대처하는 태도를 보며 또 다른 선택을 했다. 투자자들은 각자의 이익을 위해 가지고 있던 그리스, 스페인, 포르투갈, 남유럽 국가의 채권을 앞다투어 매도했다. 그들은 이들 국가의 채권 상환 능력에 의심을 품기 시작했다. 그러자 유럽 각국의 지도자들은 어쩔 수 없이 브뤼셀에서 협상을 진행해야 했다. 한차례 논쟁과 흥정 끝에 결국 그리스 국채를 위해 1조 달러의 자금 담보를 제공하기로 합의했다. 유럽중앙은행도 그리스 정부 채권을 긴급 매입하는 데 동의했다. 이렇게 해서 유럽 각국과 유럽중앙은행 및 기타 국가의 도움 덕에 그리스는 끔찍한 재앙을 모면할 수 있었다. 그리스 위기는 유럽연합이 현재 안고 있는 치명적 문제를 만천하에 드러내는 계기가 되었다. 그것은 바로 통일된 정치적 실체 및 재정 관리와 조정 기구의 부재였다. 또한 유럽 전체를 관장하는 긴급 금융 기구의 설립과 정책 수립도 유럽연합의 당면한 급선무였다. 그렇지 않으면 유로를 세계 최고의 패권 통화로 만들고자 하는 바람은 한낱 꿈에 그칠 수밖에 없다.

언론 보도에 따르면, 2016년 세계 통화가치 순위에서 10위 안에 드는 통화는 달러, 유로, 파운드, 엔, 호주 달러, 캐나다 달러, 스위스 프랑, 위안, 홍콩 달러, 스웨덴 크로나 순이다.

화폐는 영원히 대국 지상주의 원칙을 따르고 있다. 이제까지 앞서가는 국제 화폐는 모두 선진 대국에서 발행하고 관리해왔다. 이들 나라에는 자국의 생존을 위태롭게 만드는 일이 존재하지 않는다. 그들은 세계에서 가장 강하고 통일된 정치적·경제적 실체를 가지고 있고, 더불어 세계 1위의 막강한 군사력 및 전략적 능력을 보유하고 있기 때문이다. 지금 세계에서 오로지 미국만이 이런 요구 조건을 만족시킬 수 있는 실력을 가지고 있다. 유로화나 다른 화폐가 국제 무대에서 달러에 도전하려면 강력하고 통일된 정치적 실체를 기반으로 경제·군사·전략 방면으로 초월적 발전을 실현해야 한다. 그렇지 않으면 달러의 기존 패권에 도전할 가능성은 거의 없다고 봐야 한다. 유럽의 입장에서 볼 때 정치적 통합을 실현하는 것이 가장 유일한 발전 방향이다. 현재 가장 현실적인 방법은 유럽 통합 재정부를 가능한 한 빨리 설립해 유럽 전역에서 일관된 재정 정책과 위기 대처 메커니즘을 시행하는 것이다.

그러나 국제통화 패주의 자리를 지키고 있는 달러와 이 달러를 핵심으로 하는 국제통화체제 자체도 극복할 수 없는 몇 가지 문제를 안고 있다.

첫째, 앞에서도 언급한 '트리핀 딜레마'에 관한 고민이다. 제2차세계대전이 발발하면서 서방세계의 경제구조에 거대한 변화가 일어났다. 영국의 경제력은 크게 하락했고, 반면 미국은 세계 최대 채권국이자 경제력이 가장 막강한 국가로 부상했다. 1944년 7월 미국 뉴햄프셔주의 브레튼우즈에서 세계 44개국의 대표단이 참석한 가운데 〈국제통화기금협정〉과 〈국제부흥개발은행협정〉, 즉 〈브레튼우즈협정〉을 통과시켰다. 이로써 금을 기반으로 하고 달러를 국제 준비 통화로 삼는 새로운 형태의 국제통화제도가 탄생했다. 이 체계의 구축은 국제통화 금융 영역의 혼란을 막고, 부족한 국제수지의 상환 능력을 보완해 국제무역과 투자, 세계경제의 발전을 최대한 촉진시켰다.

그러나 국제통화를 가장 중요한 국제 준비자산으로 삼는 이런 시스템 자체는 극복할 수 없는 내재적 모순을 가지고 있다. 즉, 미국 이외의 회원국들은 반드시 미국 국제수지의 지속적인 적자에 의존해야 하고, 끊임없이 달러를 수출해 그들의 국제 상환 능력을 증가시켜야 한다. 이것은 미국 신용에까지 화를 초래하며, 달러의 가장 중요한 국제 준비자산의 지위를 뒤흔들 수 있다. 반대로 미국이 국제수지 균형을 유지해 달러를 안정시키려 들면 다른 회원국의 국제 준비금 증가에 또 문제가 생기고, 결국 국제 상환 능력의 부족으로 국제무역과 경제성장에 영향을 미치게 된다. 실제로 달러는 진퇴양난에 처해 있다고 할 수 있다. 이것이 바로 '트리핀 딜레마'다. '트리핀 딜레마'의 본질적인 함의는 국제 상환 능력의 수요를 국제통화의 장기간 적자 수출을 통해 충족시킬 수 없다는 것이다. 브레튼우즈체제가 붕괴된 후 자메이카 시스템이 구축되었고, 이 시스템은 여전히 달러를 중심으로 하는 다원적 비축과 관리 변동환율을 기본적인 특징으로 삼고 있다. 물론 이 체계가 국제 비축의 다원화를 실현하면 달러는 더 이상 유일한 국제 준비 통화이자 국제 상황 및 지불수단이 아니고, '트리핀 딜레마'도 어느 정도 해결될 수 있다.

하지만 다원적 비축 시스템의 현실적 상황을 살펴봤을 때 달러는 여전히 큰 우위를 점하고 있고, 국제 준비 통화의 역할을 맡고 있는 것은 달러, 파운드, 엔, 유로 등 극소수 국가의 화폐들뿐이다. 이런 다원적 통화 비축 체계는 그 화폐 종류나 내부 구조의 변화와 상관없이 국가통화의 적자 수출에 의존해 국제 상환 능력의 수요를 충족시켜야 한다. 그래서 다원적 통화 비축 체계는 '트리핀 딜레마'를 근본적으로 해결할 수 없고 결국 붕괴될 수밖에 없다. '트리핀 딜레마'는 주권에 의지해 국제 상환 능력을 충족시키는 통화 체계는 결국 딜레마에 빠져 붕괴될 것이라고 우리에게 경고하고 있는 것이다. 이것 역시 미래 국제통화체제의 발전 방향과 추세에 대한 연구와 분석의 필요성을 이끌어냈다.

둘째, 브레튼우즈체제가 붕괴한 후 발생한 역대 금융 위기는 현행 국제통화체제를 다시 생각해보는 계기가 되었다. 특히, 금융 위기의 원인과 위기 발생 후 미국이 위기를 전가하는 방법을 분석하는 과정에서 현행 국제통화체제에 내재된 문제점과 전망에 대한 우려의 목소리가 점점 높아지고 있다. 사람들은 한 국가가 주도하는 국제통화체제의 문제점과 다른 나라에 미칠 수 있는 불이익 및 위험을 인식하기 시작했다. 그 결과 현행 국제통화체제의 개혁이 초미의 관심사로 떠올랐다.

셋째, 뒤틀린 달러와 '채무 체증'의 현 상황이 달러에 대한 불안감을 증폭시키고 신뢰를 떨어뜨리고 있다. '채무 체증' 문제는 1971년 미국이 일방적으로 브레튼우즈체제를 폐지한 데 따른 것이다. 이때부터 달러 발행은 금의 제약은 물론 국제기구의 감시도 받지 않았다. 1959년부터 달러 발행량은 미국 GDP의 성장 속도를 계속 뛰어넘었다. 사실 1971년 미국이 일방적으로 브레튼우즈체제를 폐지한 것은 달러의 중대한 국제 위약 행위라고 할 수 있다. 브레튼우즈체제는 세계 주요 국가들이 연합해 체결한 공약으로 법적 구속력을 가지고 있었다. 그런데 미국 정부는 다른 어떤 국가와도 협의하지 않은 상황에서 일방적으로 국제 공약을 파기하고 달러와 금의 연동 관계를 끊어버렸다. 이때부터 달러의 발행은 어떤 구속이나 제약을 받지 않았고, 달러 지폐를 수출해 세계 상품을 대량으로 들여오는 과정에서 대량의 적자와 부채를 만들어냈다. 이러한 손실을 메우기 위해 미국은 지폐를 찍어내는 규모를 늘릴 수밖에 없었다. 이것이 바로 미국이 금융 위기에 대처하는 이른바 양적 완화 정책이다.

이런 적자와 채무를 만드는 근본 원인은 미국이 갈수록 대량으로 초과 발행하고 있는 달러 지폐에 있다. 이것은 일종의 악성 순환이라고 할 수 있다. 달러가 이런 식으로 장기간 대량으로 발행되자 미국 내 사회적 부의 불균형을 심화시켰다. 게다가 달러가 국제 중심 통화이다 보니 세계무역의 결제와 각국 준비 통화가 모두 달러 위주였고, 갈수록 과도하게 증가하는 달러가 세계 구조의 심각한 왜곡을 초래했다. 역사상 어느 나라도 미국처럼 40년 동안 무역과 재정 적자를 지속하고도 국민 경제와 국가 정권이 단계적으로 붕괴하지 않은 사례는 없었다. 따지고 보면 달러는 금의 구속에서 벗어난 뒤 세계에서 유일하게 국제 중심 통화의 지위를 갖게 되었다. 이런 달러를 보유한 미국은 자국의 채무를 상환할 필요가 전혀 없었다. 그래서 미국은 채무 압력이 커지는 가운데서도 지폐 인쇄기를 돌려 달러를 대량으로 찍어내 채무 압력을 경감시켰고, 더불어 통화팽창의 결과물을 전 세계에 전가했다.

그러나 이렇게 '뛰어난' 제도적 보장이 있다 해도 이런 제도가 영구히 지속될 수 있는 것은 아니다. 갈수록 늘어나는 채무를 장기간 감당할 수 있는 경제권은 그 어디에도 없기 때문이다. 2008년에 미국의 국채, 지방정부의 채무, 기업 채무, 금융 채무, 개인 채무의 총 규모가 57조 달러에 달했고, 매년 약 7퍼센트의 속도로 증가했다. 이런 가운데 미국의 매년 지속 가능한 GDP와 국민소득의 증가 속도가 3퍼센트 내외였다. 1970년 달러가 금과의 연동 관계를 끊어낸 뒤부터 미국의 총 채무는 매년 평균 6퍼센트씩 증가했다. 만약 이 속도대로라면 2020년 미국의 총 채무 규모는 102조 달러에 달하고, 2050년에는 600조에 상당할 것으로 예측된다. 2050년을 넘어서면 2년 안에 미국 전체 채무의 이자 지출 총액이 미국 전체 국민소득의 총액을 넘어설 것이다. 이것은 무엇을 의미할까? 2050년 이후 1, 2년 안에 미국이 경제적으로 파산한다는 것을 뜻한다. 국가가 경제적으로 파산하는데 그 화폐가 과연 살아남을 수 있을까? 그래서 어떤 학자는 2051년이 바로 달러의 마지노선이 될 것이라고 예언했고, 2008년의 금융 위기를 달러 해체의 서막으로 보기도 했다.

물론 달러는 쉽게 역사의 뒤안길로 물러서지 않을 것이다. 미국이 지금 그리고 앞으로 감당해야 할 채무는 수백조 달러에 달한다. 사실상 미국은 이 채무를 다 갚을 방도가 없고, 시간이 흐를수록 빚의 늪으로 깊이 빠져들 수밖에 없다. 달러는 조만간 세상 사람들로부터 완전히 버림받을 것이다. 이는 가능성 여부를 따질 문제가 아니라 단지 시간문제다. 그렇다면 미국이 과연 이런 결과를 그냥 지켜만 보고 있을까? 물론 그럴 리 없다. 지금 미국이 할 수 있는 유일한 선택은 적극적으로 나서서 달러를 통제하고 점진적으로 조금씩 평가절하한 뒤에 달러의 가치를 제로까지 떨어뜨리는 것이다. 어쩌면 수십 년의 시간이 걸릴지도 모르지만, 결국 2050년 전후가 될 것이다. 그렇다면 이 계획을 어떻게 실행해야 할까? 금의 국제통화 지위를 폐지한 것처럼 금융 위기나 대공황을 통해 세계 금융과 경제 구도의 대변혁을 촉구하는 것이다. 전대미문의 대위기가 발생한 경우에만 국민에게 세계 금융과 경제 구도의 대변혁을 받아들이도록 강요할 수 있기 때문이다. 평화로운 시기에 정치·경제적 구도의 대대적인 지각변동을 시도한다면 오직 파멸만 기다리고 있을 뿐이다. 미국의 통치 브레인들은 당연히 이런 위험을 무릅쓸 리 없다.

그렇다면 미국 정부의 채무가 갈수록 많아지는 원인은 어디에서 찾을 수 있을까?

① 소득과 지출의 모순

미국의 소득은 단기간 내에 대폭 증가할 수 없고, 지출이 대폭 삭감되는 것은 더 불가능하다. 지금 미국 재정은 기본적으로 적자 상태이며 빚에 의존할 수밖에 없다. 즉, 달러를 발행해 유지하는 것이다. 매년 각국이 사들이는 미국 국채가 바로 달러를 발행하는 근간이다. 세계 각국에서 달러로 국채를 사들이면, 연준이 그만큼의 달러를 발행하는 것이 일반적인 규칙이다. 그러므로 실제로 매년 자기가 벌어들인 달러로 미국 국채를 매입하는 국가들이 미국과 달러를 먹여 살리고 있는 셈이다. 세계에서 유통되는 달러는 실제로 미국에서 흘러나와 한 바퀴를 돈 뒤에 다시 미국으로 돌아가는 순환과정을 거친다. 미국의 지출은 주로 사회복지와 군비 등이며, 이런 지출은 사회복지 지출, 정부의 정상적인 작동을 보장하기 위한 지출, 군비 지출을 포함한다. 각각의 항목과 영역의 지출은 모두 천문학적인 수치를 기록하고 있다. 그리고 모든 항목은 반드시 지출해야 하는 범주에 속한다.

만약 사회복지 지출을 줄이면 미국 정부는 곧바로 유권자의 표를 잃게 된다. 만약 군비 지출을 줄이면 미국은 주둔군과 세계에서 가장 방대한 군대를 유지할 수 없다. 정부 지출을 줄이면 정부 활동이 중단되는 소동이 걸핏하면 벌어질 것이다. 그래서 모든 지출을 삭감하는 것은 매우 어렵다. 세금을 더 내는 방식으로 수입을 늘리면 재력을 쥔 거물급들이 등을 돌리게 된다. 일선에서 물러난 버락 오바마 정부는 거물급들의 세금 부담을 늘렸다는 이유로 미국 엘리트들의 외면을 받았다. 요컨대, 미국 정부는 세계에서 가장 어려운 정부일지 모른다. 어느 계층도 소홀히 대하면 안 되는 정부이기 때문이다. 그래서 미국은 자본과 돈으로 만들어진 사회인만큼 미국 정부는 이미 자본과 돈으로 만들어진 새장 안에 갇히게 되었고, 마찬가지로 미국의 정치권력도 이 새장 안에 갇혀버렸다. 새장에 갇힌 미국 정부는 자기 힘으로 절대 이 우리를 깨고 나올 수 없다. 미국 정부는 사실상 자본의 노예라 할 수 있다. 새장 속에 갇힌 미국 정부는 자본의 명령만 따를 수 있을 뿐이다.

② 중앙은행 체제의 특수 구조

미국의 재정체제는 일정한 특수성을 가지고 있다. 미국의 중앙은행으로 불리는 '연준'은 본래 단일 기구가 아니라 체계적으로 만들어진 시스템이다. 연준 체계 중 일부는 정부 기관에 속해 있고, 나머지는 사영 기관에 속한다. 사실 정확히 말하면 연준은 사영 기관이 결코 아니다. 그러나 미국의 중앙은행은 중국인들이 생각하는 중앙은행과 개념이 다르다. 연준은 완전한 사영 기관이 아니지만, 중국 중앙은행처럼 전형적인 정부 기관과도 다르다. 중국 정부는 위안화 정책을 제정하고 화폐를 발행하는 식으로 완전한 통제와 감시 권한을 가지고 있다. 반면, 미국 정부가 달러를 발행하려면 연준을 통과해야 하고, 돈을 써야 하거나 받을 때도 연준을 통과해야 한다. 미국 정부는 중국 정부처럼 중앙은행에 대한 완벽한 통제권을 가지고 있지 않다.

연준 시스템은 1913년 가동될 때부터 연방집행이사회, 연방공개시장위원회, 12개 지역의 연방준비은행 및 전국에 분포된 수천 개의 상업은행과 주 안에 있는 은행의 몇 가지 시스템을 포함하고 있었다.

- 연방준비제도이사회(Federal Reserve Board of Governers). 일곱 명의 이사로 구성되며 대통령이 임명하고 상원의 승인을 받는다. 임기는 14년이고, 2년마다 한 명씩 교체된다. 위원회의 의장과 부의장은 대통령이 일곱 명의 위원 중에 임명하고, 임기는 4년이다. 이 기구는 미국 연방 정부의 일부다.
- 연방공개시장위원회(Federal Open Market Committee, FOMC). 12명으로 구성되며, 연방준비제도이사회 이사 일곱 명과 뉴욕 지역 연방준비은행 총재를 포함한다. 남은 네 자리는 다른 11개 지역 연방준비은행 총재를 번갈아 가며 배정한다. 이 기구는 장단기 금리 목표를 설정하고, 이를 통해 간접적으로 통화의 총공급량 목표를 정한다. FOMC는 정부로부터 독립된 기관이다. 이 기관은 정부가 자신들의 이익을 위해 돈을 무절제하게 쓰거나 함부로 기채 승인을 하거나 통화를 남발해 통화팽창이 발생했을 때 이것이 화폐 정책에 영향을 미치지 않도록 주력한다.
- 12개 지역 연방준비은행. 비정부·비영리 기관이다. 각 지역 연방준비은행은 약간의 회원 은행을 가지고 있다. 지역 연방은행에는 9명의 이사가 있고, 지역 내 금융계, 기업계, 공공사업계 인사들이 각각 맡는다. 지역 연방은행의 수입은 주로 보유하고 있는 정부 채권과 기타 금융 상품의 수익에서 나온다. 지역 연방은행의 이윤은 매년 미국 재무부에 상납해야 한다.
- 연준 회원 은행 또는 회원 은행, 주주 은행. 〈연준 법안〉에 따라 미국의 전국 규모 은행은 연준의 회원 은행이 되어야 한다. 주에

소속된 은행은 연준의 회원 은행이 될지 선택할 수 있다. 회원 은행은 자체 자금으로 연준의 은행 주식을 매입해 그 주주가 되어야 한다. 회원 은행 수중의 연준 은행 주식은 양도와 거래를 할 수 없고 배당에 관여하지 않는다. 연준 은행은 매년 6퍼센트의 고정 금리로 회원 은행에 이자를 지급한다. 이 점도 미국 국채의 고공 행진을 부추기는 중요한 요인 중 하나다.

③ 채무 이자 후폭풍

세계 각국에 국채를 발행할 때 이자를 지급해야 하고, 일반 은행에 예치한 돈보다 더 높은 이자를 지불해야 한다. 이것도 미국의 매년 재정지출 중 거액의 국채 이자 지출을 초래했다.

또한 수년 동안 지속된 경제 침체도 미국 정부를 채무의 빚더미 속에서 벗어나지 못하게 만들었다.

경제 침체와 여러 해 동안 지속된 재정 적자 정책 때문에 미국의 공공 재무 총액은 계속해서 누적되었다. 2011년 4월 18일 국제 신용 평가 기관 스탠더드앤드푸어스(S&P)가 미국의 장기 주권 채권 신용 평가 등급을 '안정'에서 '마이너스'로 하향 조정한 이래 미국의 장기 국채의 신용위기가 미국 전역에서 들끓어 올랐다. 2011년 5월 16일 미국 연방 정부는 이미 14조 2,900억 달러의 법정 기채 상한선을 돌파해, 2011년 8월 초까지 미국 정부가 한시적으로 2조 4,000억 달러의 채무 상한을 올려야 한다고 발표했다. 2011년 8월 5일 밤에 S&P는 미국 국채 신용 등급을 'AAA'에서 'AA+'로 하향 조정한다고 대외적으로 발표했다. S&P가 미국 국채 신용 등급 평가를 하향 조정하면서 세계 각국의 금융 불안이 야기되었고, 동시에 이 문제가 글로벌 이슈로 떠올랐다. 결국 이 사안은 미국의 채무 문제에 경종을 불러일으켰으며, 미국 정부가 적자와 채무 상황을 직시하고 개선하도록 촉진제 역할을 했다.

그 후 미국과 달러 및 현재 국제통화체제에 존재하는 문제들을 둘러싸고 세계 지식인들이 세계 단일 통화에 대한 자신의 견해를 앞다투어 제기하고 있다. 인류는 현행 세계 금융 질서에 대한 공전의 도전을 시작했다.

미국의 저명한 인류학자이자 화폐사학자인 잭 웨더포드(Jack Weatherford)는 이런 말을 남겼다.

> 화폐를 통제하는 것은 위대한 투쟁이며, 화폐의 발행과 분배를 통제하는 것은 부와 자원 그리고 전 인류를 통제하는 것과 같다.

끈질긴 투쟁

물론 미국과 달러의 패권을 둘러싸고 모든 국가가 외부로부터 압력을 참고 견디기만 하는 것은 아니다. 그들은 매 순간 자신들을 속박하고 억압하는 달러의 그늘에서 벗어나려고 했다.

2016년 8월 25일 일본 은행 12곳이 새로운 금융 과학기술로 국제금융거래를 청산·결제하기로 협의했다. 이 사건의 발단은 미국이 다른 나라 은행을 상대로 벌인 징계 조치였다. 현재 대부분의 국제금융거래는 미국 은행 시스템의 고객 계좌망을 통해서만 가능하다. 이런 시스템은 미국이 국제금융거래를 통제하는 데 엄청난 권한과 편의를 가져다주었다.

2014년 프랑스 파리 은행은 미국의 제재 대상인 쿠바와 이란에 금융 서비스를 제공했고, 미국은 프랑스에 90억 달러의 벌금을 부과했다. 90억 달러는 한 국가가 감당하기에도 엄청난 액수였다. 미국은 이런 벌금을 한 국가도 아닌 은행에 부과한 것이다. 이는 다른 나라의 은행이 미국의 법률을 위반할 경우 벌금을 부과하는 하나의 선례를 남겼다. 그렇다면 프랑스 은행은 왜 미국이 부과한 이 벌금을 참고 받아들여야 할까? 그 이유는 달러가 국제통화체제 안에서 패권을 쥐고 있기 때문이다. 만약 한 은행이 미국의 은행 시스템 밖으로 쫓겨나게 되면 미국의 은행 시스템을 이용해 국제금융거래를 할 수 없고, 세계 주류 은행과의 업무 교류도 불가능해진다. 이것은 금융계에서 방출되는 중형과도 같아서 더는 세계 주류 은행과 금융 업무를 추진할 수 없다. 미국이 프랑스 은행에 벌금을 부과한 사건은 달러가 여전히 글로벌 기축통화이고, 세계 주요 은행이 달러로 결재와 청산을 해야만 글로벌 금융 시스템이 원활하게 가동될 수 있다는 사실을 충분히 보여주었다. 이는 세계 주요 은행이 미국 은행 시스템에 가입하고 달러를 보유해야 한다는 의미이기도 하다. 미국이 프랑스 파리 은행에 90억 달러의 벌금을 부과한 뒤 세계 주요 은행들은 자신이 다음 타자가 될 수 있다는 것에 경각심을 갖기 시작했다.

과연 2016년 9월 15일 독일 최대 상업은행으로 불리는 도이치은행은 미국 사법부 등 관리·감독 기관이 이 은행에 140억 달러의 배상금을 요구하려 한다는 사실을 알게 되었다. 이것은 이 은행이 2008년 금융 위기 이전에 불법 금융 활동을 저지른 사실에 대한 조사를 종결하기 위한 판결이었다. 만약 이 일이 실제로 벌어진다면 그 액수는 미국이 다른 나라 은행에 부과하는 역대 최고 수준의 벌금에 해당되었다. 미국이 이런 벌금을 부과하게 된 배경을 둘러싸고 미국 내에서는 2008년 금융 위기 전에 적잖은 금융 기구가 위험성 높은 주택 담보 대출에 참여해 증권 투기 바람을 일으켰기 때문이라고 보는 견해가 지배적이다. 이런 행동은 미국의 서브프라임 모기지(subprime mortgage)와 그에 따른 금융 위기의 중요한 원인 중 하나로 지적되고 있다.

2015년 미국 금융 감독 기관은 도이치은행이 자체 보유한 파생 상품의 시가를 최소 150억 달러 높게 평가했다고 판단했고, 이에 5,500만 달러의 벌금을 부과했다. 2015년 4월 도이치은행은 런던 은행과의 콜 머니(call money) 금리를 조작한 혐의로 미국과 영국 금융 감독 기관으로부터 25억 달러의 벌금을 부과받았다. 2015년 12월 미국 정부는 도이치은행이 페이퍼 회사를 이용해 탈세했다고 문제 제기하며 세금과 벌금과 이자를 모두 합쳐 1억 9,000만 달러를 요구했다. 이미 2010년에 도이치은행은 1996년부터 2002년까지 미국 부유층의 탈세를 도왔다고 인정했고, 5억 5,000만 달러의 벌금을 지불하기로 합의했다. 도이치은행의 미국 지사는 2015년과 2016년 두 차례나 미국연방준비제도이사회의 '스트레스 테스트'를 통과하지 못했고, 2016년 6월 IMF는 도이치은행의 '중대한 시스템 리스크'를 인정했다. 그러나 미국 사법부는 이미 은행 측에 '흥정 제안'을 하며, 구체적인 벌금 액수의 논의 가능성을 시사했다. 도이치은행은 비슷한 상황의 다른 은행이 지불한 화해 금액이 이번에 미국이 제시한 액수보다는 훨씬 적다고 지적했다.

　이때 주목할 점은 미국이 도이치은행에 중징계를 내린 시기가 영국의 브렉시트 국민투표 이후 열리는 첫 유럽연합 정상회담 전날이라는 것이다. 이번 유럽연합 정상회담의 중요한 의제 중 하나는 '유럽방위공동체(European Defense Community)'의 재가동 구상이었다. 유럽연합은 북대서양조약기구(NATO)에서 벗어나 '자주적 행동'을 추진하는 '유럽연합군'을 구축할 계획이었다. 독일이 바로 이 계획을 적극적으로 주도한 나라였다. 이 행동은 제2차세계대전 이후 미국이 주도하던 유럽방위 질서를 철저히 바꿔놓을 것이다. 이런 중차대한 시기에 도이치은행이 미국으로부터 치명적인 공격을 당했다. 도이치은행은 이전에 이미 두 차례나 혹독한 시련을 겪은 적이 있었다. 2007년 도이치은행의 주가가 150달러까지 치솟았고, 벌금이 부과되기 전에 간신히 14달러로 떨어졌다. 2016년 2사분기에는 그 소득과 이윤이 각각 20퍼센트와 67퍼센트로 떨어져 가장 힘든 시기를 보내는 중이었다. 벌금이 고지되자마자 도이치은행은 주가가 9.35퍼센트 폭락하며 파산 위기에 내몰렸다. 그날 독일과 스코틀랜드, 스위스의 은행업계 주가가 3퍼센트 이상 급락했다. 도이치은행 주가의 폭락은 유럽 은행업계 주식의 대량 매도로 이어졌고, 유럽 은행 시스템을 생사존망의 위기로 내몰았다.

이때 미국의 이런 행동은 유럽연합 입장에서 보면 '우물에 빠진 사람에게 돌을 던지는' 격이었다. 특히 영국의 브렉시트 국민투표 후 첫 유럽연합 정상회담을 앞둔 민감한 시기라는 점에서 그 파장은 더욱 컸다. 이것은 달러 패권이 또 한 번 그 위력을 보인 사례라 할 수 있다.

2017년 이후부터 미국과 유럽 간의 힘겨루기도 갈수록 치열해졌다. 2017년은 유럽연합의 입장에서 볼 때 매우 중요한 해라고 할 수 있다. 이해에 프랑스와 이탈리아의 우익 단체가 외세의 선동을 등에 업고 유럽연합 탈퇴의 뜻을 밝혔고, 유럽연합 반대 물결이 어느 정도 형성되기 시작했다. 새로 당선된 도널드 트럼프 미국 대통령이 영국의 브렉시트 지지 성명을 여러 차례 발표하자, 유럽연합 집행위원회 위원장 장 클로드 융커(Jean Claude Juncker)는 미국에게 남의 일에 참견하지 말라고 목소리를 높였다. 3월 30일 융커는 유럽국민당(EPP) 회의에서 이런 발언을 했다.

새로 선출된 미국 트럼프 대통령이 브렉시트를 기뻐하며 다른 나라도 그 길을 따라가도록 부추기고 있습니다. 만약 그가 계속 이런 식으로 나간다면 저 역시 오하이오와 텍사스가 미연방에서 독립하도록 촉구할 것입니다.

앙겔라 메르켈(Angela Merkel) 독일 총리와 도날트 투스크(Donald Tusk) 유럽이사회 의장 등이 이번 회의에 참석했다. 회의 전날 테레사 메이(Theresa May) 영국 총리는 유럽연합에 서한을 보내 브렉시트 절차를 정식으로 개시할 것을 통보했다. 2017년 6월 19일 영국 '브렉시트' 협상이 정식으로 시작되었다. 6월 19일 벨기에 브뤼셀에 있는 유럽연합 본부 소재지에서 미셸 바니에(Michel Barnier) 유럽연합 영국 '브렉시트' 사무수석이 데이비드 데이비스(David Davis) 영국 '브렉시트' 사무장과 만나 첫 협상을 진행했다. 바니에 사무수석은 10월까지 진행된 협상에서 세 가지 의제에 초점을 맞추기로 쌍방이 동의했다고 밝혔다. 이 세 가지 의제는 향후 유럽연합 소속 국가에 거주하는 영국 시민과 영국 거주 유럽연합 시민의 권리, 영국이 유럽연합을 탈퇴하면서 지불해야 하는 금액, 향후 영국과 북아일랜드 국경 문제다.

미국에서 두 번째로 큰 주인 텍사스는, 에너지, 화학, 농업이 비교적 발달했고 자치적 성향을 가지고 있다. 이 주는 멕시코에 속해 있다가 멕시코 정부의 노예 금지에 반발해 1936년 독립을 선언한 뒤 텍사스 공화국을 설립했고, 1845년 미합중국에 가입해 하나의 주가 되었다.

영국 일간지 「인디펜던트(The Independent)」가 2016년 6월 27일자에 보도한 내용에 따르면, 영국 브렉시트 국민투표 결과는 이미 미국 여러 지역에 영향을 미쳤고, 미국의 분리주의자들을 고무시켰다. 미국 텍사스주의 미국 연방 탈퇴 운동 지도자는 영국 국민투표의 영향을 받아 유사한 투표를 진행하자고 요구했으며, 심지어 '텍사스 탈미(脫美)' 슬로건을 내걸었다. 미국의 캘리포니아와 버몬트를 포함한 다른 지역의 분리주의자들도 영국의 브렉시트를 일종의 신호탄으로 간주했다. 영국 국민투표 결과 발표와 거의 동시에 텍사스 민족주의 운동 진영의 대니얼 밀러(Daniel Miller) 의장은 그레그 애벗(Greg Abbott) 주지사에게 유사한 투표의 진행을 정식 요청했다. 밀러 의장은 텍사스주의 탈미는 더이상 피할 수 없는 추세고, 그의 운동 진영에 등록한 회원만도 25만 명이 넘는다고 밝혔다. 밀러 의장은 성명을 내고 이렇게 말했다.

> 영국인은 정치와 경제를 스스로 통제하는 길을 선택했고, 텍사스 사람들은 독일을 본보기로 삼아 스스로의 운명을 책임져야 합니다. 지금은 텍사스주의 시민들이 다 함께 떨쳐 일어나 텍사스의 독립을 실현할 때입니다.

역사적으로 볼 때 텍사스주는 1836년에 멕시코에서 떨어져 나온 후 독립적인 국가로 10여 년의 세월을 보냈다. 다시 말해, 텍사스주는 독립국가의 역사적 뿌리를 이미 가지고 있다고 볼 수 있다. 밀러와 그의 지지자들은 세계적으로 막강한 영향력을 행사할 국가가 출현할 것이라고 밝혔다. 텍사스주는 2,750만 명의 인구를 가지고 있고, 이미 세계에서 열 번째로 큰 경제체이며, 연간 생산액이 1조 1,700억 파운드에 달한다. 보도에 따르면, 장차 수도는 텍사스주의 주도 오스틴(Austin)이 될 것으로 보인다. 텍사스주에는 장차 휴스턴을 중심으로 고도로 발달한 에너지산업을 건설하고 세계 최고의 스포츠 경기장이 들어설 것이다. 텍사스주의 국기는 이미 확정되었고, 국장 역시 몇 가지 선택 안이 마련되어 있다. 텍사스주 인구의 3분의 1이 스페인어를 쓰고 있기 때문에 텍사스가 독립국가가 된 뒤 이중 언어를 국어로 사용할 가능성이 있지만, 텍사스주의 탈미를 지지하는 백인 보수파들이 이 결정에 반대할 확률이 높다. 실제로 텍사스 극우 세력은 미국 연방 정부가 텍사스주에 지나치게 간여하고 있다고 줄곧 생각했다. 이런 이유로 텍사스주에서 여러 해에 걸쳐 탈미 운동 기류가 암암리에 형성되어왔다. 1845년 12월 29일 텍사스 공화국이 미국 연방에 흡수되어 미국의 28번째 주인 텍사스주가 되었을 때 유일한 독립 국가의 신분으로 가입했고, 법률의 형식으로 미국 연방을 자체 탈퇴할 권리가 있는 주의 자격을 보장받았다. 나머지 49개 주는 가지고 있지 않은 법률적인 권리였다.

융커의 발언은 트럼프가 브렉시트에 기름을 붓고, 나아가 다른 국가의 벤치마킹마저 부추기는 것에 대한 유럽연합 지도자들의 분노를 반영하고 있다. 또한 융커는 영국의 유럽연합 탈퇴가 모든 것의 끝이 아니며, 이것을 새로운 시작으로 봐야 한다고 강조했다. 투스크 의장은 영국의 결정이 유럽연합을 '더욱 확고하게' 만들고, (영국과의) 힘든 협상에서도 단결의 힘을 발휘하게 만들 것이라고 말했다. 유럽연합 내부의 절대다수도 이 세계와 유럽이 약간의 통제력을 잃었지만, 유럽 각국이 연합해 움직이면 우리는 각자 단독으로 움직이는 것보다 훨씬 더 잘해낼 수 있을 것이라 생각하고 있다.

유럽연합을 겨냥한 미국의 모든 행동은 결국 유로 때문이다. 미국은 유로가 탄생한 그날부터 유로에 뼛속 깊이 증오심을 품어왔다. 1999년 유로가 탄생했을 때 미국은 코소보전쟁을 일으켜 유고슬라비아를 폭격하고, 유럽연합을 부추겨 러시아 제재를 시도하고, 영국의 브렉시트를 도발하고, 독일과 프랑스 은행을 상대로 벌금을 부과하는 등 다양한 움직임을 보였다. 이 모든 행동의 근본적인 목표는 유로였고, 이들의 유일한 목적은 유로를 점진적으로 압박해 소멸시키고 달러의 패권을 영원히 유지하는 것이었다.

물론 세계 각국도 달러의 패권을 좌시하지만은 않았다. 세계 주요 은행들 간에 달러와 미국의 제재를 겨냥한 비상 플랜, 즉 블록체인 테크놀로지를 제정하기 시작했다. 이 플랜은 미국 은행 시스템을 통한 자금 이동의 비효율성과 높은 원가에 비해 훨씬 편리하고 값싼 직불 방식을 제공한다. 세계적인 정보 회사의 예측에 따르면, 미국의 은행 시스템을 통해 이루어지는 국제금융거래 결제와 결산에 드는 원가로 매년 800억 달러에 달하는 고비용을 지불해야 한다. 그래서 2016년 8월 26일 글로벌 4대 은행으로 불리는 도이치은행, 스위스은행, 스페인국제은행(샌더스은행), 뉴욕 멜론은행이 블록체인 테크놀로지에 근거해 새로운 금융 결제 협의를 개발하고 합자회사를 설립했다. 이들은 연합해서 '다목적 결제 통화'를 개발하기로 선언했고, 그 목적은 달러 패권의 종결이었다. 중국 은행은 아직 이 새로운 금융 결제 협의에 참여하지 않고 있다. 다기능 결제 통화는 리플(Ripple), 모네타스(Monetas) 등과 같은 다른 과학기술 혁신 수단처럼 국경을 넘나드는 지불과 금융거래에서 미국 은행 시스템에 의존하던 관행을 끝낼 가능성을 가지고 있다.

이 새로운 결제 시스템은 장차 미국 은행에 큰 충격을 안길 수 있다. 만약 외국 은행이 미국 은행 시스템에 의존하지 않고 직거래를 통해 지불할 수 있다면 그들은 미국에 조 단위가 넘는 달러를 보유할 필요가 없다. 이 시스템을 이용하면 월스트리트의 은행 시스템을 거치지 않고 직접 거래할 수 있기 때문이다. 만약 이 과학기술이 채택되면 외국 은행은 미국 은행 시스템에서 거액의 예금을 인출하게 될 것이다. 그러면 미국 은행은 엄청난 타격을 입게 되고, 미국 국채를 매입하겠다는 국가도 대폭 감소할 수밖에 없다. 이 과학기술은 업계의 판도를 바꿀 뿐만 아니라 국제금융 시스템에도 큰 파장을 불러올 것이다. 만약 국제 주류 은행이 이 시스템을 최종적으로 사용한다면 새로운 과학기술은 18개월 내에 상용화될 수 있다.

블록체인은 디지털 화폐 비트코인(Bitcoin)의 배후에 있는 분산식 장부 시스템이다. 이 과학기술의 최대 효능은 신기술을 충분히 활용해 금융 생산율을 높이는 데 있다. 이것이 바로 금융계에서 블록체인을 적극적으로 미는 주요 원인이다. 블록체인을 사용하면 여러 스테이션과 지리적 구역 고유의 공유 데이터베이스를 제공해 모든 거래의 공공 장부로 사용될 수 있다. 그러나 그 확장 가능성과 관련 표준 등의 문제가 아직 해결되지 않았기 때문에 세계적으로 널리 보급되는 것은 10년 후에나 가능할지 모른다. 이 분산식 장부는 P2P 시스템으로 중간자에 대한 금융 업무의 수요를 제거한다. 이는 국가 간의 금융거래 속도를 크게 높이고 효율성을 높이는 데 큰 역할을 할 수 있다.

그러나 블록체인은 기존의 기술과 맞물릴 수 있어야 비로소 실용화되고 원가절감을 실현할 수 있다. 이런 관점에서 볼 때 블록체인은 혁명이 아닌 진화다. 동시에 블록체인 기술을 발전시키려면 관리·감독 기관이 이 신기술에 대해 중립적인 태도를 지니고 있어야 한다. 하지만 그들은 실제 절차들을 채택해 블록체인의 혁신을 장려할 수 있다. 모건 스탠리(Morgan Stanley)가 최근 내놓은 보고에서 은행업계의 블록체인 기술 도입을 방해하는 10가지 잠재적인 걸림돌을 거론했다. 이 걸림돌 중 절반은 정부 당국의 협력이 있어야 극복할 수 있다. 게다가 블록체인 기술의 보급은 건전한 법규가 전제되어야 하며, 이 기술에 대한 대부분의 법규는 아직 나오지 않았다. 우선 관리·감독 측은 디지털 신분 인증, 스마트 계약, 기호화, 프라이버시와 데이터 소유권 등 분야의 혁신 주자들과 협업을 추진해야 한다. 둘째, 관련된 법률 문제에 대처해야 한다. 예를 들어, 센터링 시스템화 과정에서 책임 소재는 누구에게 있는가? 네트워크가 수많은 지역과 기업에 분포되어 있는 상황에서 그 관할권은 누구에게 있는가? 현행 법규를 새로운 기술과 비즈니스 모델에 맞춰 어떻게 수정해야 하는가? 블록체인은 국제금융 시스템에도 혁명적인 변화를 가져올 수 있다. 일단 그렇게 된다면 이것은 모든 금융 중개인의 금융업계 퇴출을 의미한다.

실제로 4개국 은행이 이 '비밀 무기'를 연구·제작하는 목적은 달러의 패권을 종식시키는 데 있다. 미국연방준비제도이사회는 새로운 금융 기술이 미국의 금융 시스템 안정에 위험요소가 될 수 있다고 이미 경고한 바 있다. 블록체인 과학기술은 글로벌 금융 시스템을 통제하던 미국 정부의 절대적 권력을 와해할 가능성을 가지고 있다. 지금 예견할 수 있는 최악의 상황은 이 새로운 과학기술이 광범위하게 응용되는 날, 즉 블록체인 혁명이 발생하는 날이 바로 미국 금융 패권의 종말이라는 것이다.

2016년 4월 중국과 나이지리아가 통화 스와프 협정을 체결하면서 양국 간 무역을 촉진시키는 데 유리해졌다. 또한 기니(Guinea)만에 있는 아프리카 국가에서 중국 화폐 위안화의 중요성이 갈수록 커지고 있다. 그동안 나이지리아는 중국과의 무역을 달러로 결제해왔고, 양측 모두 불안정한 환율을 감수해야 했다. 현재 나이지리아 중앙은행은 거액의 위안화를 이미 예치해두었고, 중국공상은행도 동등한 가치의 나이지리아 화폐 나이라(Naira)를 예치해놓았다. 구체적인 액수는 100억 달러에 상당할 것으로 추정된다. 앞으로 나이지리아의 기업인들은 중국과 거래할 때 나이지리아 은행에 가서 직접 위안화로 환전하고, 중국 무역 파트너에게 위안화로 지불할 수 있다. 반대로 중국 사업 파트너도 중국에 있는 은행에서 나이라로 바로 바꿔 무역 결제 화폐로 사용할 수 있다. 나이지리아 중앙은행의 고드윈 엠필(Godwin Emefiele) 총재는 이 새로운 협정이 서로에게 이롭다고 판단해 나이지리아가 서아프리카 국가들과 중국의 무역 허브가 되기를 희망한다고 밝혔다.

나이지리아의 입장에서 볼 때 나이라와 위안화의 직접 환전은 더 중요한 의미를 가지고 있다. 지금까지 나이지리아의 경제는 여전히 석유 수입에 전적으로 의존해왔다. 유가가 하락하면서 나이라가 평가절하할수록 이 나라는 석유에 점점 더 의존하게 되었다. 2016년 8월 상순에 나이지리아 중앙은행은 나이라와 달러의 고리를 끊기로 결정했다. 나이지리아 정부는 위안화와 나이라의 직접 교환을 통해 나이라가 안정되기를 희망하고 있다. 사실 아프리카 지역에서 중국 화폐와 직접 교환을 한 나라는 나이지리아가 처음이 아니다. 2015년 4월 남아프리카공화국(이하 남아공)이 중국과 통화 스와프 협정을 맺었다. 남아공은 원료 수출국이고, 중국은 남아공의 다이아몬드와 금 수출을 통해 이익을 얻었다. 나이지리아와 비교해보았을 때 남아공의 두드러진 장점은 경제 발전의 범주가 비교적 넓고, 자체적으로 자동차를 생산할 뿐 아니라 중국과 기본적으로 무역균형을 맞출 수 있다는 데 있다. 만약 외환 교환을 통해 무역 비용을 낮추면 양국 모두 직접적으로 이익을 볼 수 있다. 남아공도 중국과 함께 브릭스(BRICS) 회원국이기 때문에 중국의 전략적 파트너로서 의미가 더 크다. 현재 주목할 만한 사실은 브릭스에 속한 다섯 개의 신흥 경제국이 브릭스 국가 은행을 통해 세계은행 및 국제통화기금과 경쟁하고 있다는 것이다. 브릭스 국가들이 선포한 남-남 협력의 실시는 그들의 상호 무역을 더 이상 달러로 결제하지 않도록 보장하고 있다.

나이지리아와 남아공 외에도 케냐 국영 은행이 2015년에 최초로 위안화 업무 지점을 개설해 투자가와 무역 회사가 케냐의 화폐 실링

(Shilling)과 위안화를 직접 환전할 수 있도록 했고, 가나 은행도 위안화 판매를 허용했다. 이런 식으로 위안화의 중요성이 다른 나라에서 지속적으로 강화되면 달러의 세계 패권 자리를 직접적으로 위협하게 될 것이다.

새로운 세계적 범주의 통화 전쟁은 이미 그 서막을 열었다. 세계 단일 통화의 탄생이 어쩌면 비현실적인 공상이 아닐 수 있다. 이 통화 전쟁의 결말은 참전한 모든 나라의 참패이며, 이 전쟁을 종식시킬 수 있는 유일한 방법은 바로 모두가 받아들일 수 있고 일시적으로 서로의 원한을 해소할 수 있는 글로벌 화폐, 즉 세계 단일 통화 체계의 탄생밖에 없다.

역사의 종말

미래 세계 단일 통화는 과연 어떤 형태일까? 이것은 대답하기 매우 어려운 문제다.

1997년 12월 일본 교토에서 열린 제3차 기후변화 협약 당사국 총회에서 〈교토 의정서(Kyoto Protocol)〉를 제정하고, 2005년 2월 16일 정식 발효했다. 이것은 인류 역사상 처음으로 법규의 형태를 빌려 온실가스 배출을 제한한 의정서라고 할 수 있다. 각국의 온실가스 감축의 목표 달성을 촉구하기 위해 의정서는 다음과 같은 네 가지 감축 방식을 허용했다.

- 두 선진국 간에 배출 한도를 매매할 수 있는 '배출권 거래', 즉 감축 할당량을 채우지 못한 국가는 감축량을 초과한 국가로부터 초과분의 감축액을 사들일 수 있다.
- '순배출량'으로 온실가스 배출량을 계산한다. 즉, 자국의 실제 배

출량에서 산림으로 흡수되는 이산화탄소 수치를 뺀다.

· '녹색 개발 메커니즘'을 채택해 선진국과 개발도상국이 함께 온실가스를 감축할 수 있게 촉구할 수 있다.

· 유럽연합 내의 수많은 국가를 하나의 그룹으로 간주해, 나라별로 삭감과 증가의 방식을 적용시켜 전체 감축 임무를 수행하는 이른바 '그룹 방식'을 채택할 수 있다.

〈교토 의정서〉의 핵심은 이산화탄소 배출 상한선을 정해 세계 각국에 감축 의무를 부과하고, 각국의 감축 할당량을 달성하지 못하면 탄소 배출량 시장에서 나머지 배출 할당량을 구입해 채우는 것이다. 이것은 이산화탄소 배출 쿼터의 잠재적 금융 가치를 부여한 최초의 국제조약이다. 향후 이산화탄소 배출 쿼터를 금융 상품으로 삼아 채권이나 주식처럼 자유롭게 양도할 수 있고, 그것이 중앙은행 기초 통화의 구성 요소가 될 때까지 은행에서 모기지를 사용할 수 있다. 만약 '황금+탄소 배출량=세계 통화'의 조합이 등장한다면 결국 최대 승자는 서방 선진국이 되고, 중국 등 개발도상국은 최대 패자로 전락할 것이다. 3만 톤 이상의 금을 보유한 서방국가와 달리 중국은 그 보유량이 1,000여 톤[41]에 불과하고, 중국의 외환 보유액의 절대적인 부분이 달러 자산에 집중되어 있기 때문이다. 만약 금이 다시 화폐가 되는 동시에 붕괴되지 않는다면 미국은 대부분의 채무를 탕감하고, 1만여 톤의 금을 기반으로 미국 경제 역시 가뿐하게 무장하고 다시 전쟁터로 나갈 수 있다. 반면에 중국 등 개발도상국의 수중에는 미국의 채무 증서만 남아 있을 뿐이

---

41 중국 중앙은행이 2015년 7월 17일 발표한 바에 따르면, 2015년 6월 말까지 중국의 최신 외환 보유고와 금 보유액 현황은 외환 보유액이 3조 6,900억 달러, 금 보유량이 5,332만 온스(1,658톤)다. 중앙은행이 2009년 중국의 금 보유액을 구체적으로 밝힌 것은 이번이 처음이다. 그러나 투자자들의 관점에서 보면 위의 수치는 그들이 예상하는 것의 절반에 불과하다. 국제시장에서는 중국의 금 보유고가 3,000톤을 넘어설 것이라는 전망이 우세하다.

다. 이런 국가들의 국민은 지난 수십 년 동안 미국을 위해 또 헛수고를 한 셈이다.

세계탄소프로젝트(GCP, The Global Carbon Project)의 데이터에 따르면, 중국은 세계 탄소 배출량의 29퍼센트, 미국은 15퍼센트, 유럽연합은 10퍼센트를 차지하는 것으로 나타났다. 만약 탄소 배출량을 화폐화하고, 중국이 이미 〈교토의정서〉에 서명한 사실까지 감안한다면 중국은 향후 30년에 해당하는 환경 벌금 고지서를 조만간 손에 쥐게 될지도 모른다. 그때 중국은 서방세계를 위해 수십 년 동안 더 헛수고를 해야한다. 이산화탄소 감축에 반대하고 이산화탄소 배출량 한도까지 거부한다면, 누구라도 인류의 '공공의 적'으로 지목되어 각국 정부와 국민의 외면을 받고 뭇매를 맞게 될 것이다. 그때가 되면 징벌적인 환경세의 무거운 짐을 짊어져야 하고, 이로 말미암아 자국에 초특급 통화팽창이 초래되어 국가의 경제력과 정치력이 순식간에 크게 약화될 수 있다.

이것이 바로 금융 핵폭탄을 만든 국제 엘리트 집단과 중국의 적대적 국가들이 보고 싶어 하는 결말이다. 겁주기 위해 하는 협박성 발언이 절대 아니다. 1998년 11월 12일 엘 고어(Al Gore) 미국 부통령이 협상에 참여해 상징적인 서명을 했다. 하지만 클린턴 행정부는 이 협정서를 의회에 제출하지 않았다. 당시 상원의 태도를 감안했을 때 조약의 통과가 불가능하다고 판단했기 때문이다. 미국은 〈교토 의정서〉를 탈퇴한 최초의 나라다. 2011년 12월 5일 피터 켄트(Peter Kent) 캐나다 환경부 장관은 더반 기후 회의 브리핑에서 〈교토 의정서〉의 제1차 공약 기간이 만료되면 더 이상 제2차 공약 기간을 지속하지 않겠다고 밝혔다. 〈교토 의정서〉의 제1차 공약 기간은 2008년에 시작해 2012년 말에 만료되었다. 〈교토 의정서〉의 제2차 공약 기간은 2013년 1월 1일이다. 이 문제에 있어서 예방적 전략 연구는 반드시 중국의 충분한 주목과 인정을 받아야 한다.

2009년 중국 중앙은행의 저우샤오촨 총재는 주권국가와의 연계를 끊어내고 화폐 가치의 장기적 안정을 유지할 수 있는 국제 준비 통화를 만들어 국가 신용통화를 준비 통화로 삼는 내재적 결함을 피하는 것이 국제통화체제 개혁의 이상적 목표라고 제기했다. 그는 SDR의 역할을 충분히 발휘하도록 고려해야 한다고 명확히 지적했다. SDR은 국가를 초월한 준비 통화의 특징과 잠재력을 가지고 있기 때문이다. 그런 의미에서 SDR의 분배를 강력히 추진하고, 더불어 SDR의 발행을 더 확대하는 것을 고려해야 한다.

2016년 10월 1일부터 위안화가 SDR 통화 바스켓에 가입하면서 SDR에 대한 투자자들의 수요를 확대했고, 위안화가 보유 화폐로 발전하는 데 중요한 발판이 되었다. 2016년 8월 15일 세계은행은 중국 은행 간 채권시장에서 SDR 표시 채권을 발행하도록 허가받았고, 결제 통화는 위안화였다. 이것은 사상 최초로 위안화로 결제하는 SDR 채권 발행 플랜이었다. HSBC는 1차 채권 발행의 공동 장부 관리인이자 공동 인수업자의 역할을 맡았다. 8월 31일 세계은행 최초 SDR 표시 채권이 중국 은행 간 채권시장에서 성공리에 발행되었다. 발행 규모는 5억 SDR(46억 6,000만 위안에 상당)로 3년 만기이며, 위안화로 결제되었다. 이 채권은 위안화로 결제하는 최초의 SDR 채권이며, '뮬란'이라고 이름 붙여졌다. 뮬란은 중국 고대의 유명한 전설 속 인물로 남장을 하고 아버지 대신 전쟁터로 나간 여주인공의 이름이다. 이 채권도 전쟁에서 이기고 돌아올 것이라는 의미를 담은 것이다. 이는 위안화가 SDR 채권을 통해 새로운 국제화의 물꼬를 텄다는 것을 보여주고 있다.

위안화가 IMF 특별인출권으로 편입되면 중국에 어떤 혜택이 있을까? SDR은 권력이 아니라 일종의 준비 통화다. 그 성질은 금이나 달러와 비슷해 한 나라의 외환 보유로 삼을 수 있다. 중국 위안화가 IMF 특별인출권에 가입하면 다음과 같은 장점이 있다. 첫째, 위안화가 국제 결제통화가 되면 화폐 평가절하, 물가 상승의 가능성도 낮아질 수 있다. 둘째, 에너지 상품, 기초 원자재, 농부산품 등의 원자재를 위안화로 계산할 수 있어 환율 리스크가 훨씬 줄어든다. 이전처럼 달러의 평가절하로 수입 상품의 원가가 높아질까 봐 노심초사할 필요가 없어진다. 셋째, 위안화가 국제화되면 중국 국민이 해외여행에서 위안화를 사용할 수 있고, 어떤 국가에서도 현지에서 직접 위안화를 현지 화폐로 환전할 수 있다. 넷째, 해외에서 물건을 구매할 때 위안화로 바로 결제할 수 있다. 다섯째, 국제무역에서 위안화로 결제하면 기업의 수출 원가를 낮출 수 있다. 이외에도 위안화의 국제화가 추진되면서 중국 기업이 위안화 자산을 담보로 국제금융시장에서 최적의 자금을 조달하고, 이로써 융자 원가를 최소한도로 실현할 수 있다.

그러나 위안화의 국제화는 또 다른 결과로 이어질 수 있으니 바로 위안화가 달러당 '7위안'이던 때로 다시 돌아가고, 평가절하가 위안화의 대세가 되는 것이다. 2016년 이후부터 위안화는 계속해서 평가절하하며 여러 차례 최저치를 갱신했다. 이 때문에 일부 경제학자들은 위안화가 계속 평가절하하고, 연내에 7위안 선을 돌파해 최저 또는 7.2위안까지 떨어질 것으로 전망했고, 그 평가절하 폭은 10퍼센트를 넘어설 것으로 보인다.

그렇다면 SDR이 과연 세계 단일 통화가 될 수 있을까?

중국 중앙은행 저우샤오촨 총재는 새로운 세계 준비 통화 체계를 세워야 한다고 호소했다. 그는 미국의 이익과 다른 나라의 이익을 '하나'로 엮어야 하는데, 현행 달러 제도로는 이것이 불가능하다고 설명했다. 저우 총장은 특별인출권(종이 황금)을 단일 국가에서 벗어나 주권을 초월한 준비 통화로 발전시키고 장기적인 안정을 유지할 수 있어야 한다고 제안했다. 공적통화금융기관포럼(OMFIF)도 새로운 특별인출권(종이 황금)의 범위를 확대해 R화폐(R로 시작하는 화폐), 즉 중국의 런민비(RMB), 인도의 루피(ruppe), 브라질의 레알(real), 남아공의 랜드(rand), 러시아의 루블(rouble) 및 황금 등을 포함시켜야 한다고 목소리를 높였다. 금은 달러와 역방향 발전을 통해 특별인출권(종이 황금)의 안정성을 높일 수 있다. 특히 달러와 유로가 직면한 위협이 악화되면 금 함량과 R화폐로 보장되는 대량의 특별인출권이 시급해진다. 따라서 오래지 않아 금은 통화 체계의 중심축으로 다시 돌아올 가능성이 있다. 일부 전문가들의 견해에 따르면, IMF가 새로운 국제통화체제를 수립하기 위해 특별인출권 제도를 채택하려면 적어도 5년여의 시간이 필요하다.

사실 이것은 세계 대다수 국가의 생각과 이익에 딱 들어맞는 제안이다. 끊임없이 확장되는 글로벌 무역과 금융에 기반해 IMF나 다른 유사한 실체에게 대규모 기장 청구권을 제공하는 권한을 부여하면 국제수지 차액의 보험 문제를 해결할 수 있다. 또한 달러를 모아 해외 채무를 갚고 해외 상품을 구매하는 것보다 특별인출권을 사용하는 편이 낫다. SDR을 사용하면 달러가 누리는 슈퍼 특권을 없애고, 세계 금융시장의 안정도를 높일 수 있기 때문이다. 이와 더불어 중국 등 미국 국채 대량 보유국의 어려움을 해결할 수 있다. 즉, 달러의 계속되는 평가절하로 이들 국가의 달러 보유액이 갈수록 줄어드는 것을 막을 수 있다.

그러나 SDR이 글로벌 비축에서 차지하는 몫은 아직 5퍼센트 미만이고, SDR의 실용성도 상당히 제한적이다. 현재 SDR은 정부의 채무와 IMF 자체의 채무를 결제할 경우에만 쓰이고, 개인 시장에 간여하는 데 사용할 수 없다. 개인 시장은 SDR로 견적을 내거나 결제하지 않기 때문이다. 대량의 무역에서 SDR로 견적을 내고 결제할 때나, 개인 신용 대출에서 SDR 단위를 사용해야만 비로소 각국 중앙은행의 구미를 당길 수 있다.

SDR에 대해 흥미를 갖기 전에 SDR을 사용할 경우 중앙은행이 우선 그것을 달러와 유로로 전환해야 하는데, 이 과정은 적어도 5일의 시간이 걸린다. 5일은 위기에 처한 나라들이 발등에 떨어진 불을 끄기에 너무 긴 시간이 될 수도 있다. SDR이 각국 중앙은행에 흡인력을 발휘하려면 SDR을 거래할 수 있는 시장이 필요하다. 각국 정부와 회사가 경쟁 가능한 원가로 SDR을 발행하는 시장을 구축해야 한다. 이와 더불어 은행은 반드시 SDR로 표기된 예금을 받고, SDR로 표기된 대출을 해야 한다. 또한 거래자를 위해 편리한 외환시장을 제공하는 것도 매우 중요하다. 이때 한 나라의 화폐로 다른 나라의 화폐를 구매하는 거래자가 현재의 달러가 아닌 자국의 화폐를 SDR로 환전하는 것이 가능해야 한다.

만약 SDR이 주도하는 국제통화체제를 세우게 되면 IMF는 추진력과 권한을 갖추고 있어야 한다. 특히 SDR을 추가 발행하는 능력과 권한이 필요하다. IMF는 SDR의 발행을 결정할 권한이 있어야 한다. 즉, SDR은 진정한 의미의 글로벌 통화가 되어야 하고, IMF는 글로벌 중앙은행의 역할을 해야 한다. 그러나 매우 현실적인 문제는 이 글로벌 중앙은행의 행동을 책임지는 글로벌 정부 기관이 없다면 글로벌 중앙은행은 물론 세계 단일 통화도 존재할 수 없다는 것이다. 2003년 로버트 먼델이 '국제통화체제와 세계 단일 통화 사례'라는 제목의 강연에서 지적했던 것처럼 세계 정부가 없는 세계 단일 통화는 실현이 불가능하다.

그렇다면 과연 이러한 세계 정부는 만들어질 수 있을까? 세계 정부는 어떻게 만들어지고 어떤 기능을 담당하게 될 것인가? 지금의 유엔 조직을 세계 연합 정부를 만드는 데 참고로 삼는 것도 나쁘지 않다. 이 정부는 세계의 어떤 정부도 책임지지 않고, 세계 국민만 책임지고, 모든 국가가 선거를 통해 세계 연합 정부의 인원을 구성한다. 이 정부의 구성 인력은 세계 국민만 책임지고, 각국 정부의 제재를 받지 않는다. 또한 각국 인구의 많고 적음과 경제력으로 세계 정부의 구성 인원 중 각국이 차지하는 비중의 근거로 삼지 않는다. 그 근본 직책은 세계의 정치·경제·금융의 안정을 보장하는 것을 취지로 삼고, 재정·금융·경제 방면으로 전 세계에 적용 가능한 정책을 제정한다. 특히 전 세계의 금융정책과 세계 단일 통화 정책 및 화폐 발행에 대한 결정적인 결의 또는 결정을 내린다. 아울러 삼권분립의 원칙에 근거해 세계 의회와 세계 법원을 설립한다. 세계 의회는 현행 유엔총회와 안전보장이사회의 형식에 따라 만들 수 있다. 유엔총회가 바로 세계 의회고, 안전보장 이사회는 세계 의회의 상설 기구다. 세계 법원은 현재 존재하는 헤이그 국제사법재판소[42]를 기반으로 만들 수 있다.

물론 SDR이 결국 세계 통화로 이어질지, IMF가 글로벌 중앙은행으로 거듭날 수 있을지는 아직 더 지켜볼 일이다. 어떤 유엔 위원회는 SDR 같은 국제통화 단위를 일종의 확장된 버전으로 만들고, IMF가 이 통화 단위를 발행하지 못하게 하는 대신 독립적인 '글로벌 준비은행(Global Reserve Bank)'을 만들어 글로벌 중앙은행의 권력을 행사하게 하자고 주장하고 있다. 그들은 현재 미국인들이 IMF의 실권을 쥐고 있다고 여기며, IMF가 시행한 정책도 반대하고 있다. 아마도 IMF는 미래의 독립적인 글로벌 중앙은행의 역할을 하지 못할 것이라 생각한 것 같다. 그것은 미국이 달러를 국제통화의 패권 자리에 올려놓기 위한 산물이었기 때문이다. 만약 그것을 미래 글로벌 중앙은행으로 만든다면 세계 각국의 의혹과 반발을 피할 수 없다. 그들은 IMF의 과거 주인이 미래의 새로운 글로벌 중앙은행에 미치는 영향력과 통제력을 꺼리고 있다. 게다가 앞으로 세계 단일 통화가 탄생하면 그 이름은 SDR이 아니라 새로운 기능과 지위를 대변하는 이름이 되어야 한다.

세계 단일 통화로 가는 길에 걸림돌이 되는 또 하나의 치명적인 문제는 미래에 탄생할 세계 단일 통화는 반드시 달러, 유로 등 세계에 군림했던 화폐를 완벽하게 대체해야 한다는 것이다. 또한 그것은 미국이

---

42 헤이그 국제사법재판소(ICJ)는 국제심판재판소(International Court of Justice)라고도 한다. 유엔의 6대 주요 기관 중 하나이자 가장 주요한 사법기관으로 주권 국가 정부 간의 민사 사법 재판 기구로, '국제 법원 규약'에 따라 1946년 2월에 설립되었다. 국제사법재판소의 주된 기능은 유엔 회원국이 제출한 안건에 대해 법적 구속력을 갖춘 판결을 내리고, 공식적으로 승인된 유엔 기관과 전문 기관이 제출한 법률에 대해 자문 의견을 제공하는 것이다. 국제사법재판소는 명확한 권한을 가진 민사 법원으로 부속기관이 없다. 국제사법재판소는 형사 관할권(헤이그 국제형사법원과 무관)이 없기 때문에 개인을 재판할 수 없고, 이러한 형사재판은 국내에서 관할하거나 유엔특설형사법정 또는 국제형사법원이 관할한다.

라는 세계 슈퍼 항공모함을 달러 안에 탑재할 방도가 없다는 전제하에
서 만들어진 산물이어야 한다. 그때가 되었을 때 달러의 '채무 적체'는
이미 호수 주변의 땅보다 높아져 댐을 무너뜨릴 수밖에 없다. 일촉즉발
의 순간에 미국의 자발적인 요구와 지지가 전제된다면 세계 단일 통화
의 대업은 비로소 명실상부한 성공을 거둘 수 있다. 그렇지 않으면 선
량한 사람들의 환상 속에서 기껏해야 미국의 조정을 받는 기형적인 세
계 통화가 탄생하고, 그 성질과 역할은 지금의 SDR과 실질적인 차이가
전혀 없을 것이다.

05

아시아 공통 통화의 성공과 실패

연합의 장점과 단점

오늘날 세계의 많은 지역에 이미 일정 규모와 범위의 통화 연합이 존재하고 있고, 어떤 지역은 이 권역별 통화 연합과 권역별 국제통화의 탄생을 위해 끊임없이 노력하고 있다. 권역별 통화 연합과 권역별 국제통화는 세계 단일을 향한 전주곡이자 예행연습이기 때문이다. 권역별 통화 연합과 권역별 국제통화의 충분한 실천을 거쳐야만 향후 전 세계에 적용되는 세계 단일 통화가 순조롭게 정착할 수 있다. 양자 사이에 충돌과 갈등이 없는 권역별 통화 연합과 권역별 국제통화 운동은 세계 단일 통화 운동의 전주곡이고, 세계 단일 통화는 권역별 통화 연합과 권역별 국제통화 운동의 필연적 결과이자 최종 목표다.

1960년대 초 먼델이 최초로 '최우량 통화 구역'의 개념을 제시했는데, 가입 가능한 경제 조건은 지역 내 국가들 간 생산요소의 고도의 흐름이다. 다른 많은 경제학자들도 최우량 통화구역에 필요한 경제 조건에 관해 자신의 관점을 제시했다. 예를 들어 로버트 매키논(Robert

McKinnon)의 경제의 고도 개방성, 피터 케넨(Peter B. Kenen)의 저품질 제품의 다양성, G. 하벌러(Haberler)와 G. M. 플레밍(Fleming)의 금융시장의 고도 일체화 등이다.

종합해보자면 통화 연합이 가능한 국가와 지역은 다음과 같은 조건을 갖춰야 한다.

- 국가(지역) 간의 상품, 노동력, 자본의 이동이 비교적 자유롭다.
- 경제 발전 수준과 통화팽창이 비교적 비슷하다.
- 경제정책이 비교적 조화를 이룬다.

화폐 연합에 가입했을 경우 얻을 수 있는 혜택은 다음과 같다. 회원국 간의 통화 태환과 관리에 드는 비용을 줄이고, 외환 보유액을 절약하고, 경제통합의 촉진과 정치 역량의 강화를 가져올 수 있다. 반면 독립 통화정책의 상실, 재정정책의 제약, 지역 내 불균형 심화라는 비용을 지불해야 한다. 그러니 이런 비용은 '구조 조정 기금', '지역 발전 기금'과 각국의 재정 협조 등의 조치를 통해 제어와 조율이 가능하다. 일반적으로 수익은 경제통합 및 화폐 통합의 정도와 비례하고, 비용은 그것과 반비례한다. 만약 경제통합을 횡축으로 삼는다면 수익의 정비례 곡선과 비용의 반비례 곡선의 교차점이 양자의 균형점이며, 이것이 바로 경제통합과 화폐 통합의 수준을 선택할 때 필요한 기본 요구 사항이다.

그러나 1970년대 말부터 1980년대 초까지 수많은 나라의 통화팽창과 실업률이 동시에 상승하는 현상이 갈수록 두드러지면서 한 가지 인식이 퍼지기 시작했다. 즉, 통화 연합에 가입하기 위해 지불해야 하는 대가도 당초 예상보다 비싸지 않고, 경제 수준은 비슷하지만 통화팽창률이 높은 나라와 낮은 나라가 화폐 연합을 결성했을 때 통화안정 정책을 추진하면서도 여전히 낮은 실업률을 유지했다. 이로써 통화 연합 가입이 큰 손실을 초래할 리 없고, 장기적인 발전에 도움이 될 수 있다. 특히 통화 연합이 통화위기에 대처하는 데 유리한 측면과 부정적인 측면을 모두 가지고 있지만, 전반적으로 긍정적 역할이 훨씬 컸다.

통화 연합의 긍정적 역할은 다음과 같다.

① 경제통합을 한 차원 높은 단계로 촉진할 수 있고, 지역 내 각국의 경제적인 추세와 산업구조의 합리적 조정에 유리하다.

예를 들어, 1957년 3월 유럽 6개국이 〈로마조약〉을 체결하고 유럽경제공동체를 결성하기로 결정했다. 〈로마조약〉에는 유럽통화연맹을 만들어야 한다는 내용이 없었다. 하지만 공동체 출범 이후 유럽의 경제통합은 상당히 큰 발전을 이루었고, 노동력과 자본 흐름의 자유화를 더 진전시키기 위해 화폐 통합은 유럽경제공동체의 불가피한 선택이 되었다. 그래서 1991년 12월에 통과된 〈마스트리히트조약〉에서 유럽의 경제통화 연합을 어떻게 실현시킬지 상세히 규정했고, 경제통화 연합에 가입하기 위한 다섯 가지 경제 기준을 정해 유럽 통화 연합의 건설을 한층 더 촉진시켰다.

② 통화위기에 효과적으로 대처할 수 있다.

통화 연합은 일반적으로 통화 공동 기금을 설립해 각국의 국제수지를 안정시킨다. 통화 연합의 환율 연합 개입 메커니즘도 통화위기 조절에 유리하다. 시장 환율이 차이 한도를 초과할 경우 관련 쌍방의 통화 당국이 개입할 수 있고, 통화의 약세인 탓에 자체적으로 위기 대처가 어려워지면 환율 연합 개입 메커니즘을 이용해 강세 통화를 차입할 수 있다. 상황이 심각해 시장 개입의 효과조차 크지 않으면 국내 통화의 공급 축소, 금리 인상 등의 조치를 통해 통화위기에 대처할 수 있다. 이때 강세 통화국도 금리를 적절히 낮추고 돈줄을 푸는 등의 조치를 취할 수 있다. 통화 연합에 속한 통화 공동 기금 메커니즘인 연합 개입 메커니즘은 연합과 연합 회원국의 통화위기에 대비한 강력한 무기다.

③ 핫머니의 지역별 충격파에 효과적으로 대처할 수 있다.

세계적 범주의 각 통화 연합은 대다수 국가를 모두 포함시킬 수 있다. 그렇게 되면 세계 통화는 몇 가지 종류에 불과하고, 금리와 환율 변화에 관한 정보가 갈수록 투명해져 금리 마진 차이와 환율 마진 차이가 기본적으로 크게 나지 않는다. 그렇기 때문에 투기성 차익 거래를 진행하기 어렵다. 또한 몇몇 통화 연합이 존재하면서 세계적으로 이질적인 지역의 개수가 크게 줄었다. 기관 투자자들이 채택하던 지역별 관리 방식의 다양성도 감소해 핫머니에 따른 지역별 충격파를 감소시켰다. 결과적으로 세계의 금융 질서가 더 안전하고 안정적으로 변했다.

④ 미래 세계 단일 통화의 탄생을 위한 기반을 다졌다.

세계 단일 통화의 탄생은 순서에 따라 점진적인 과정을 필연적으로 거쳐야 한다. 단번에 이루어질 수 있는 일이 아니다. 이 과정의 첫 단추는 성공적이고 성숙한 몇 개의 지역 통화 연합이다. 이 통화 연합의 기치 아래 있는 지역 통화는 발행 시스템과 감독제도와 상관없이 점점 더 완벽해질 수 있다. 지역 통화 연합의 성공과 축적된 경험이 바탕이 된다면 세계 단일 통화의 탄생에 가속도가 붙을 수 있고, 이 단일 통화를 받아들이고 인정하는 데 드는 시간을 줄일 수 있다. 사람들은 이미 단일 통화를 사용하는 데 적응되었기 때문이다. 차이가 있다면 세계 통화의 적용 범위가 지역 통화보다 훨씬 넓다는 것뿐이다. 이는 수십억 명의 사람이 하룻밤 사이에 아무런 준비도 안 된 상태에서 갑작스럽게 세계 단일 통화를 받아들이는 것보다 훨씬 안정적이고 효율적인 과정이다. 새로운 사물이 등장하기까지는 적응 시간이 필요한데, 하물며 세계 단일 통화는 인류의 삶과 복지에 관한 것이기에 더 단계적인 접근이 요구된다. 그래서 지역 통화 연합의 탄생과 발전은 미래 세계 단일 통화의 전제 조건이자 예행연습이고, 위대한 세계 통화 사업에 주력하는 모든 이의 높은 관심과 노력을 이끌어내야 한다.

다음으로 통화 연합의 부정적 역할은 아래와 같다.

① 통화 연합의 회원국은 기존의 독립적 통화정책을 상실한다.

국가 주권의 원칙은 현행 국제법의 기본 원칙이다. 특히 재정과 화폐 주권은 국가 주권 중 가장 핵심적인 부분이라 할 수 있다. 독립적인 나라라면 누구나 재정과 금융 주권을 쉽게 양도할 리 없고, 이를 양도한다는 것은 국가 주권의 부재와 상실을 의미한다. 하지만 통화 연합의 회원국들은 재정과 금융 주권을 기꺼이 양도하는 고통을 감수해야 하는 한편, 이 주권은 자국과 전혀 상관없고 통제조차 할 수 없는 기관이 장악하도록 용인해야 한다. 이것은 비할 수 없이 힘든 과정이며 엄청난 위험을 감수해야 한다. 그런 의미에서 지역 통화 연합과 세계 통화 사업에 주력하는 사람들에게 이것은 엄청난 도전이 아닐 수 없다.

② 통화 연합의 회원국은 자체 내부 통화위기를 해결할 권한을 상실한다.

국내 경제 위기로 야기되는 통화위기는 주로 재정정책에 의존해 대비한다. 그러나 통화 연합은 각국 정부의 모든 채무에 대해 엄격한 제한을 두고 있고, 연합의 통합 재정정책도 각 회원국의 위기 대처의 손발을 속박하고 있다. 이 문제를 해결하기 위해서는 탈국가 차원의 재정 협조 또는 어떤 재정 연방주의의 이전 지급제도가 필요하다. 따라서 통화 연합의 위기 대처와 긴급 상황 처리에 관한 메커니즘과 능력이 건전하고 완벽해야 한다. 그렇지 않으면 통화 연합은 언제라도 심각한 위기에 노출되어 생존까지 위협받을 수 있다.

돈의 탄생

③ 통화 연합 내부의 정치적 위기가 시시각각 연합의 생존을 위협한다.

자국의 재정과 금융 주권을 양도한 후 연합의 각 회원국은 일정 시기 동안 정치적 주권의 일부, 심지어 전부를 계속해서 양도해야 한다. 이것은 재정과 금융 주권을 양도하는 것보다 더 민감하고 어려운 문제다. 연합의 각 회원국 입장에서 볼 때 이것은 통화 연합의 부정적 측면이기도 하다. 그러나 각 회원국이 계속 자신들의 정치적 주권을 쥐게된다면 이 연합은 절대 지속될 수 없다. 통일된 정부의 통화 연합이 없다면 불안정과 불확실성을 피하기 어렵기 때문이다. 따라서 통화 연합의 최종 목표는 바로 정치적인 통일을 실현하는 것이다. 그렇지 않으면이 통화 연합은 장기적인 안정을 기대하기 힘들고 오래 지속될 수도 없다. 따라서 통화 연합의 출범과 동시에 연합 내부의 정치적 안정을 유지하는 것이야말로 통화 연합의 존폐가 걸린 관건이 아닐 수 없다.

기존의 연맹

오늘날 세계에는 유럽연합과 유로 외에도 각종 형태의 통화 연합과 통합 화폐가 존재한다. 그중 가장 유명한 동맹으로 다음 두 가지를들 수 있다.

① 아랍통화기금

아랍통화기금(Arab Monetary Fund , AMF)은 아랍 이슬람 국가의 국제수지 균형을 맞춰 아랍의 경제통합을 촉진하는 지역적 금융기관이다. 이 조직은 1975년 2월 바그다드에서 열린 아랍 각국의 중앙은행 총재 전체 회의와 제7차 아랍경제통일위원회 중앙은행총재회의에서 통과시킨 결의에 따라 1977년 4월 아랍에미리트의 수도 아부다비에서 공식 출범했다. 회원국은 아랍국가연합에 소속된 22개국이다. 원래 이집트 카이로에 본부를 두었지만 1979년 4월 이집트가 이스라엘과 평화조약을 체결하면서 회원 자격을 동결당한 뒤 아부다비로 이전했다. 이 기금의 취지는 다음과 같다.

- 아랍국가연합 회원국 중 국제수지에 어려움을 겪고 있는 나라를 지원한다.
- 재정 상태가 적자인 나라에 우대 차관을 제공한다.
- 모든 회원국의 경제 및 사회 균형 발전을 지원한다.
- 아랍 국가의 통화 교환을 위한 가격 가이드라인을 제공하고, 각국 사이의 통화 교환의 장애를 제거할 수 있도록 협조한다.
- 아랍 국가의 통화 협력을 위한 방안을 제시하고, 아랍 국가의 경제통합을 실현하며, 회원국의 경제 발전을 가속화한다.
- 회원국을 위해 대외투자 자문과 건의를 제공하고, 각종 투자의 가치와 부가가치를 보장한다.
- 아랍 금융시장의 발전을 추진한다.
- 결제 화폐인 아랍 디나르를 사용해 아랍 국가의 화폐 통합 가능성을 검토한다.
- 회원국의 금융·경제에 문제가 생겼을 때 협력하고, 전체 회원국의 이익을 보장하며, 문제 해결 방안을 제시한다.
- 회원국 간 지불 방식의 다양성을 확대하고 회원국 간 무역 거래를 촉진한다.

이 조직의 최고 권력 기구는 이사회다. 이사회는 각 회원국별로 이사 두 명씩 파견해 구성된다. 이사회 산하에 있는 집행이사회는 일상 업무를 담당한다. 총재는 집행이사회 의장이며, 임기는 5년이다. 총재는 신용 대출과 투자 방침을 제정하기 위해 대출위원회와 투자위원회를 설립하고 운영하며, 집행이사회에 신용 대출과 투자에 관한 구체적 방안을 제출한다.

1983년 4월 기금의 승인 확정 자본은 2억 8,800만 아랍 디나르(1아 랍 디나르=3특별인출권)에서 6억 디나르로 증가했고, 5,260주로 나누면 주당 5만 아랍 디나르에 해당된다. 자금은 회원국의 중단기 대출에 주로 사용된다. 회원국들은 국제수지의 균형을 맞추기 위해 실제 납부액의 75퍼센트를 대출받을 권리가 있다. 예를 들어 국제수지에 위기가 닥치면 차입금 액수를 100퍼센트까지 올릴 수 있다. 어떤 회원국이든 1년 동안 받을 수 있는 대출 총액은 실제 납부한 자본의 두 배다. 대출금은 3년 안에 상환해야 하고, 금리는 통일된 우대금리에 따라 3~7퍼센트로 계산한다.

최근 몇 년 동안 이 기금은 국제통화기금과 세계은행은 물론 유럽 연합 중앙은행, 연준과도 긴밀한 협력 관계를 유지하고 있다.

기금의 업무 활동은 다음과 같다.

· 국제수지가 적자인 회원국에 중단기 대출을 제공하고 그 대출에 대한 보증을 선다. 회원국은 국제수지 적자를 메우기 위해 납입 금의 75퍼센트 또는 전액을 인출할 수 있다. 그러나 대출금은 3년 이내에 상환해야 한다. 이 밖에도 회원국은 기금으로부터 다른 항목도 대출받을 수 있지만 1년 동안 그 한도액이 납입 자금의 두 배를 넘으면 안 되며, 어떤 경우에도 대출 잔액이 그 납입금의 세 배를 넘으면 안 된다. 일반 대출은 5년 이내에 상환해야 하고, 연기한다 해도 7년 이내에 상환해야 한다. 대출 이자는 특허 받은 통합 금리로 계산하며, 기한이 길어질수록 금리가 높아진다.
· 회원국 간의 금융통화정책을 조율하고, 회원국의 경제 상황에 관한 의견을 교환하며, 문제점을 협의해 해결한다.
· 회원국이 예치한 자금을 관리한다.

· 회원국 금융기관에 기술 지원을 제공한다. 예를 들어 은행 법규의 제정, 통화 플랜과 환율 개혁 방안의 안정, 금융 경제와 관련된 통계자료의 수집 및 처리를 돕는다.

이 조직은 현재 세계적으로 비교적 정상적으로 운영되고 있고, 통화 연합의 성격을 지닌 국제 기금이라고 할 수 있다.

② 서아프리카통화연합

서아프리카통화연합(Union Monetaire Ouest Africaine, UMOA)은 1962년 5월 12일에 설립되었다. 당시 아프리카 서부의 세네갈, 니제르, 베냉, 코트디부아르, 부르키나파소, 말리, 모리타니 등 7개국이 참가했고, 1963년 11월 토고가 이 리그에 합류했다.

서아프리카통화연합의 회원국은 원래 프랑스의 영지 또는 식민지로 프랑스의 일부분이었다. 이 국가들이 독립 전후로 일정 기간에 사용한 화폐는 '프랑스령 아프리카 프랑'이었다. 1962년 11월 1일 서아프리카통화연합이 '서아프리카 국가 중앙은행'을 설립했고, 회원국의 공동 중앙으로 삼았다. 그 본점은 세네갈 수도 다카르에 두고 각 회원국에 대행 기관을 설치했다. 본점에서는 통화정책을 수립하고 외환 보유고를 관리하며 공통의 화폐인 아프리카 금융 공동체 프랑(F CFA—e Franc de la Communauté Financièe Africaine)을 발행한다. 현재 서아프리카통화연합은 1994년 1월 10일에 성립된 서아프리카 경제통화 연합이다.

서아프리카통화연합의 근본 취지는 회원국의 경제 발전에 도움이 되는 안정적인 금융 환경을 조성하는 것이다. 조직의 기본 역할은 다음과 같다.

· 통합 통화, 즉 아프리카 금융 공동체 프랑을 만든다.
· 공동의 중앙은행, 즉 화폐 발행을 책임지는 서아프리카 국가 중앙

돈의 탄생

은행(BCEAO—Banque Centrale des Etats de l'Afrique de l'Ouest)을 설립한다.

- 통일된 감독 기구, 즉 은행 위원회를 설립한다.
- 공동의 은행정책을 수립하고 집행한다.

조직 기구는 다음과 같다.

- 정상 회의: 최고 권력 기구이며, 집행 의장은 회원국 국가 원수들이 교대로 맡는다.
- 장관 회의.
- 연합 위원회: 연합 상설 지도 기구이며, 각 회원국에서 한 명씩 추천한 위원들로 구성된다. 임기는 4년이고 중도 파면할 수 없으며 연임도 가능하다. 제1기 위원회는 1995년 1월 30일에 발족했다.
- 연합 법원: 1995년 1월 27일 정식 출범했고, 연합의 사법 감독 기관을 위해 각 회원국에서 한 명씩 추천해 구성되며 임기는 6년이다. 베냉 출신의 이브 예후에시(Yves Yehouessi)가 초대 법원장을 맡았다.

〈연합 조약〉에 따라 감사원, 의회 위원회, 비즈니스 중재소, 전문가 사무실 등 상설 기구도 설치되었다.

연합 산하에는 두 개의 은행이 있다.

- 서아프리카 국가 중앙은행: 다카르에 설립되었고, 아프리카 금융 공동체 프랑을 발행한다.
- 서아프리카 개발은행: 토고 수도 로메에 설립되었다.

이외에도 중남미지역준비기금(Fondo Latinoamericano de Reservas,

FLAR)이 2016년 7월 25일 베네수엘라 중앙은행에 4억 8,250만 달러의 3년 만기 차관을 제공하기로 합의했다고 발표했다. 7월 30일 중남미지역준비기금은 에콰도르에 6억 1,700만 달러의 3년 만기 차관을 제공한다고 발표했고, 1년의 유예기간을 포함하고 있는 이 차관이 에콰도르 정부를 돕는 데 쓰일 것이라고 밝혔다. 중남미지역준비기금은 2012년에도 에콰도르에 약 5억 1,400만 달러의 차관을 제공한 적이 있었다.

이들 지역 간 통화 연합과 통화의 출범은 세계 단일 통화의 미래를 위해 견실한 기반을 다지며 소중한 경험을 제공하는 데 일조했다. 호주와 뉴질랜드가 긴밀한 경제 관계 협정을 체결한 지 20주년이 되던 2003년에 뉴질랜드 재무장관은 뉴질랜드 오클랜드 상공회의소 회장에게 호주가 뉴질랜드와의 공동 통화 사용을 적극 추진하고 있다고 밝혔다. 그는 유럽 12개국이 이미 유로를 사용하고 있으니 두 나라도 공동 통화를 사용해야 마땅하다고 주장했다. 또한 그는 현재 두 나라 통화 정책과 공식 금리 수준이 비슷하고, 경제 주기가 대체적으로 일치하며, 경제 무역 관계도 상당히 밀접하기 때문에 양국이 공동 통화를 사용해 화폐 통합 연맹을 세울 필요가 있다고 제안했다. 그러나 지금까지도 실질적인 진전을 이루지는 못하고 있다.

하지만 금융 폭풍에 맞서고 역내 금융과 경제의 안정을 도모하기 위해 일정 지역 안에 통화 연합을 구축하는 것은 세계 각 지역 발전을 위해 이미 필연적인 추세가 되었다.

아시아 공통 통화의 탄생

1997년 금융 위기가 휘몰아치면서 아시아 각국에 유례없는 환율 폭풍이 일어났고, 아시아 금융시장을 파멸로 이끌어갔다. 아시아 각국은 그때의 충격을 생생히 기억하고 있다.

경제가 발전하면서 아시아 각국에 수출을 선도하는 경제모델이 보편적으로 도입되고 있고, 이런 이유로 국제무역의 위험을 피하기 위해 환율 시장의 안정이 절실히 필요해졌다. 아시아 연합의 환율메커니즘이 부족한 상황에서 각국은 마지막 보루로 IMF에 의존했다. 그러나 1997년부터 1998년까지 이어진 금융 위기를 거치면서 IMF '구조'의 본질은 뼈아픈 기억으로 그들의 가슴 깊이 박히게 되었다. 당시 구미가 주도하는 IMF 구조 메커니즘은 발등에 떨어진 불을 끄는 것이 아니라 도리어 아시아의 자산을 약탈해가는 것과 같았다.

IMF는 한국, 태국, 인도네시아를 지원하면서 엄격한 조건을 제시했다. 첫 번째 조건은 긴축재정 정책의 시행이다. 공공 지출을 삭감하고, 세수를 늘려 수지 균형을 맞추고, 통화팽창을 5퍼센트 이하로 억제하고, 경상 적자가 1퍼센트를 넘지 않아야 한다. 두 번째 조건은 금융시장의 정비 및 개방이다. 외환과 자본의 유입과 유출을 제한하는 금리정책을 철회하고, 문제가 있는 금융기관을 가능한 한 빨리 정리하며, 은행 및 금융시장을 개방해야 한다. 세 번째 조건은 무역 자유화다. 무역 보조금을 폐지하고, 수입제한 보호 조치를 철회하고, 수입 절차를 개선해 투명도를 높인다. 넷째, 기업의 감독 관리 및 구조다. 기업 대차대조표의 투명도를 높이고, 은행 관리 및 대출 결정에 대한 정부의 간여를 차단하고, 기업을 살리기 위한 정부의 보조금 및 세수 혜택을 금지하고, 주식자본 대비 기업 채무 비율을 낮춘다. 이런 조치는 지원을 받는 나라의 대내 긴축과 대외 개방을 강요하고, 그들의 권익을 희생해 위기를 벗어나도록 강요했다. 또한 무역, 자본의 자유화, 정부의 경제 개입 능력의 약화는 국제 자본이 다른 나라의 경제를 통제할 수 있는 여건을 만들어주었다. 당시 한국인은 미국이 IMF를 통해 한국 경제를 통제하려 든다고 주장했다. 말레이시아의 마하티르 총리는 미국이 IMF 차관을 이용해 경제 식민주의를 실천하려 든다고 직접적으로 비난하기도 했다. 심지어 미국은 경제적 지원을 틈타 아시아 지역에서 군사적·전략적 이익을 거둬들이고 있었다. 1998년 1월 초 짧은 일정으로 아시아 순방길에 오른 윌리엄 코언 미 국방장관은 아시아 지역 안에서 미국의 역할과 비중을 강화하기를 원했다.

금융 위기 속에서 뼈아픈 교훈을 얻은 아시아 각국은 아시아통화기금(Asian Monetary Fund , AMF) 설립의 중요성을 앞다투어 제기하기 시작했다. 물론 이 제안은 곧바로 IMF와 미국 재무부의 반대에 부딪혔다. 2008년 금융 쓰나미의 발발과 2011년 유럽 채무 위기는 AMF의 필요성과 절박성을 다시 한번 부각시켰다.

AMF의 설립 구상은 1997년 아시아 금융 위기가 닥쳤을 때 일본 정부에서 처음 내놓았다. 그러나 구상안을 내놓기 무섭게 미국의 반대에 부딪혔다. AMF와 IMF가 기능적인 면에서 서로 겹쳤기 때문이다. 미국은 융자 조건이 IMF보다 덜 까다로울 경우 IMF에 타격이 클 것을 우려했다. 또한 미국의 입장에서 볼 때 일본의 이런 제안은 아시아 금융 주도권에 대한 일종의 도전이었다.

1997년 9월 14일 늦은 밤에 당시 일본 재무장관 에이스케 사카키바라(Eisuke Sakakibara)는 로렌스 서머스(Lawrence Summers) 미국 재무장관의 전화 한 통을 받았다. 상대방은 분노에 찬 목소리로 "나는 당신이 내 친구라고 생각했소."라고 말하며 미국이 AMF에 전적으로 반대한다는 입장을 분명히 드러냈다. 에이스키는 두 사람이 오랫동안 교류해오면서 로렌스 장관이 그렇게까지 화를 내는 걸 처음 봤다며 그때를 회상했다. 미국 외에도 당시 중국 역시 아시아 버전의 IMF에 부정적인 입장을 보였다.

미국은 왜 AMF 설립을 반대하는 것일까? 아시아는 줄곧 미국의 주요 경제 파트너였고, 달러는 아시아에서 매우 중요한 지위를 차지하고 있었다. 달러는 수많은 나라의 고정 통화일 뿐 아니라 무역, 투자, 금융 거래를 위해 중요한 기축통화이자 준비 통화라고 할 수 있다. 그렇기 때문에 미국은 아시아 지역에서 협력 메커니즘을 갖춘 기구의 등장을 꺼려 하는 것이다. 또한 미국과 유럽의 헤지펀드들이 태국 통화 및 다른 나라의 통화를 공격해 자금을 빼돌리는 바람에 금융 위기를 야기했고, 그들은 아시아 시장에서 이익을 거둬들일 수 있었다. 그렇다 보니 미국이 주도하는 IMF가 또 다른 경쟁 상대를 아시아에서 보고 싶어 할 리 없었다. 따라서 이 시기에 기금을 만들어 미국과 맞선다면 자연히 미국의 거센 반대에 부딪힐 수밖에 없다. 게다가 아시아 내부적으로 볼 때 일본이 앞장서는 한 분명 다른 아시아 국가와 평등한 협력 관계를 모색할 리 없었다. 그러나 상황은 결코 이렇게 마무리되지 않았다. 동남아시아국가연합(ASEAN) 10개국과 한중일 3국(10+3)이 2000년에 〈치앙마이 이니셔티브(Chiang Mai Initiative, CMI)⁴³에 관한 협의를 달성했다. 그들은 1997년 외환 위기의 비극을 재연하지 않기 위해 이 지역 범위 안에서 쌍방 통화 스와프 네트워크를 구축하기로 했다.

2003년 당시 원자바오(溫家寶) 중국 총리는 제7차 '10+3' 정상회담에서 '치앙마이 이니셔티브 다자화(Chiang Mai Initiative Multilateralization, CMIM)'를 처음 제기했다. 그는 〈치앙마이 이니셔티브〉의 추진 과정에서 비교적 느슨해진 쌍방 통화 스와프 메커니즘을 다자간 자금 지원 메커니즘으로 통합하자고 제안해 각국 정상들의 적극적인 호응을 얻어내는 데 성공했다.

---

43 2007년 5월 5일 '아세안과 한중일 재무장관 회의(약칭 10+3)'가 일본 교토 국제회의 컨벤션 홀에서 열렸고, 동아시아 지역의 거시적 경제 상황과 동아시아 재원 협력 강화에 관한 의제를 집중 논의했다. 지역 금융 안정을 강화하기 위해 '10+3' 재무장관회의가 2000년 태국 치앙마이에서 열렸고, 〈치앙마이 이니셔티브〉를 달성했다. 〈치앙마이 이니셔티브〉에 근거해 관련국은 각자 '공동 외환 준비 기금'에 일정 금액의 외환 보유액을 투입할 수 있고, 이렇게 해서 어떤 나라의 외화 자금이 부족할 때 다른 나라가 위기를 완화하는 데 도움을 줄 수 있다. 〈치앙마이 이니셔티브〉는 아세안 스와프(ASA)의 수량과 금액을 확대하고, 한중일 및 아세안과의 양자 스와프 협정을 추진했다. 그 결과 아세안 스와프 메커니즘은 실질적인 진전을 이루었다. 지금까지 〈치앙마이 이니셔티브〉는 아시아 화폐 금융 협력 방면으로 가장 중요한 제도적 성과를 거두었으며, 금융 위기에 대비하고 지역 통화 협력을 추진하는 데 중요한 역할을 했다.

2010년 3월 CMIM이 발효되었다. 2014년 CMIM의 자금 규모는 1,200억 달러에서 2,400억 달러로 증가했고, IMF 대출 규모와의 분리 비율은 20퍼센트에서 30퍼센트로 높아졌다.

글로벌 금융 위기와 유럽 국가 채무 위기 속에서 '10+3' 재무장관 회담은 독자적인 지역 경제 감시 기구를 만들자고 제안했고, 이후 '아세안한중일거시경제연구소(ASEAN+3 Macroeconomic Research Office, AMRO)'가 만들어졌다.

2011년 4월에 설립된 AMRO는 지역 다자간 경제 감시 기구로 경제 보고서 작성을 포함해 리스크 조기 발견에 주력하고 있다. 아울러 위기가 지속되는 동안에도 AMRO는 CMIM의 의사 결정을 위한 정책 조언을 제공하고, 지원 자금의 사용 상황을 모니터링한다. AMRO 본부 건물은 싱가포르 중심부에 자리 잡고 있고, 우뚝 솟은 빌딩이 바다를 향해 있다. 두 지역의 경제 대국인 중국과 일본이 모두 이 기구에서 중요한 역할을 담당하고 있다. 자체 관리하는 지역 외환 준비고의 출자 분배액 중에서 중국과 일본이 각각 384억 달러, 한국이 192억 달러를 출자해 총액 중 각자 32퍼센트, 32퍼센트, 16퍼센트를 점한다. 나머지 20퍼센트는 아세안이 출자하고 있다. 대부분의 자금은 일본의 정부개발원조(ODA)에서 오기 때문에 일본 측은 당연히 일본 사람이 AMRO 의장이 될 것이라고 확신했다. 하지만 중국 측의 입장은 전혀 달랐다. 최종적으로 쌍방은 제1차 3년의 임기 중 첫해는 웨이번화(魏本華) 중국 국가외환관리국 부국장이 의장직을 맡고, 다음 해에는 일본 재무성 관리 요이치 네모토(Yoichi Nemoto)가 인계받는 데 동의했다.

현재 CMIM과 AMRO를 AMF로 바꾸자는 목소리가 점점 더 높아지고 있다. 그들은 각국이 기금을 위해 외환 보유금을 제공하고, IMF와의 연계를 축소하거나 끊어내고, AMRO 모니터링 능력을 대폭 강화하고, AMRO를 CMIM 사무국 기능을 갖춘 국제기구로 개편하고, CMIM 회원국을 호주, 인도, 뉴질랜드로 확대하자고 제안했다.

돈의 탄생

2016년 2월 22일 태국 푸켓에서 열린 '아세안과 한중일(10+3) 재무 장관 특별 회의'에서 투기성 통화 공격에 대한 아시아의 대응 능력을 강화하기 위해 조성 중인 역내외 외환 준비 기금 규모를 50퍼센트 확대해 1,200억 달러까지 늘리기로 결정했다. 하지만 이 외환 보유액을 언제 조달할지 구체적인 기한을 정하지는 않았다. 23일 기자와 만난 중국 상무부 국제경제무역협력연구원의 부연구원 메이신위(梅新育)는 아시아 외환 준비 기금이 바로 실제 아시아통화기금이라고 여겼다. 단기적으로 보면 이 기금의 건립은 '10+3' 회원국의 경제와 통화의 안정성을 지키는 데 도움이 된다. 장기적으로 보면 이것은 아시아가 구미 시장에 의존하던 관행에서 벗어나 스스로 성장하는 경제모델로 나아가는 역사적 한 걸음이라고 할 수 있다.

또한 이번 재무장관 특별 회의는 역내 외환 보유 기금이 가동되기에 앞서 과도 조치라고 할 수 있는 각국 양자 간 통화 스와프 협정이 여전히 유효하며, 그 수와 규모가 확대될 것이라고 밝혔다. 사실상 아시아 각국은 앞다투어 새로운 스와프 협의를 확대하거나 체결하고 있었다. 2월 21일 일본과 인도네시아는 기존 60억 달러의 양자 간 협의 규모를 120억 달러까지 늘렸고, 중국과 말레이시아도 2월에 800억 위안화의 통화 스와프 협의를 체결했다. 투기성 통화 공격에 맞서는 의미에서 볼 때 지역 외환 보유 기금은 양자 간 통화 스와프 협의보다 투입이 적어 시장을 안정시키는 가성비가 더 높다. 그러나 현재는 상호 대체가 아니라 상호 보완의 역할을 하고 있다. 국제통화협력은 아래로부터 위까지 다섯 단계로 나뉜다. 즉, 국제 융자 협력, 외환시장에 대한 공동 개입, 거시적인 경제정책의 조정, 연합 환율 메커니즘과 통합 통화다. 그러나 이 양자 간 통화 스와프와 지역 외환 보유 기금은 여전히 각각 1단계와 2단계에 머물러 있고, 국제통화 협력 방면으로도 여전히 낮은 단계에 속해 있다.

그렇다면 앞으로 등장할 아시아통화기금은 도대체 누가 주도해야 할까? 유럽연합처럼 주요 국가가 공동으로 번갈아가며 주도하는 방식을 고민해볼 필요가 있다. 중국에 본부를 두고 있는 이 조직의 임무는 아시아 지역 통화 환율과 각국 무역 상황을 모니터링하고, 기술과 자금을 지원하고, 아시아와 글로벌 금융 질서의 안정을 보장하는 것이다.

2014년 중국이 발기하고 주도하는 아시아인프라투자은행(Asian Infrastructure Investment Bank, AIIB)이 정식으로 설립되었고, 2015년 3월에는 영국, 프랑스, 독일, 이탈리아, 스위스, 룩셈부르크 등 전통적인 유럽 경제와 금융 강국이 연이어 가입했다. 특히 영국의 가입은 미국에게 더 큰 실망을 안겼고, 여러 차례 저지했지만 별다른 효과를 거두지 못했다. 2016년 8월 31일 빌 모노(Bill Morneau) 캐나다 재무장관은 베이징에서 캐나다가 아시아인프라투자은행에 정식으로 가입 신청을 하겠다고 발표했다. 캐나다는 AIIB에 가입하는 최초의 북미 국가이자 영국, 독일, 호주, 한국 등의 가입에 이은 또 하나의 미국 동맹국이다. 2016년 9월 30일은 1차 가입 신청 마감일이었다. 기존의 57개 원년 멤버와 캐나다 외에도 24개국이 가입을 기다리고 있고, 이들은 동유럽, 북아프리카, 중앙아프리카공화국, 라틴아메리카 지역의 국가들이다. 이로써 AIIB의 설립이 이미 유럽 선진국의 인정을 받았다는 것을 알 수 있다. 중국 위안화는 2016년 10월 1일 IMF가 주도하는 SDR의 통화 바스켓에도 정식 가입했고, IMF와 아시아개발은행(Asian Development Bank, ADB)에서도 적지 않은 지분을 가지고 있어 중국이 미래 아시아 버전 통화기금의 주도국 중 하나가 되는 것은 당연했다.

그러나 이 조직은 중국 혼자 꾸려가는 곳이 아니며 일본과 한국도 이 조직의 중요한 멤버다. 중국과 일본은 프랑스와 독일이 두 나라의 관계를 처리하는 과정에서 보여준 성공적인 노하우를 벤치마킹할 필요가 있다. 프랑스와 독일은 1890년 프로이센-프랑스전쟁이 끝난 뒤부터 원수가 되었고, 그 후 두 차례의 세계대전을 또 거치면서 양국의 관계는 양립할 수 없는 지경에 이르게 되었다. 그러나 역사의 수레바퀴

돈의 탄생

는 1950년 초반까지 굴러가면서 세계 정치 지형의 큰 지각변동(주로 동서독 분열과 동서 냉전의 시작)과 더불어 양국은 모두 각자의 딜레마에 빠져들었다. 독일은 산업의 부상을 위한 동력(석탄과 철강)이 부족했고, 프랑스는 독일의 재도약 가능성에 두려운 마음을 가지고 있었다. 양국은 현명하게 함께 손을 잡고 유럽은 물론 세계 정치 및 경제 지형의 흐름에 영향을 미치는 '유럽석탄철강공동체(European Coal Steel Community, ECSC)'를 만들었다. 그 후 60여 년의 역사적 과정을 거치면서 양국은 더 이상 적이 아닌 우방국이 되었고, 지금은 유럽연합과 유럽통화연맹의 하늘을 함께 지탱하는 든든한 기둥이 되었다. 만약 그들이 미국의 간섭에서 벗어나고, 러시아와 다시 손을 잡을 수 있다면 독일, 프랑스, 러시아가 장차 지구의 절반에 해당하는 유럽은 물론 아시아 서부와 아프리카 북부를 장악할 수 있을 것이다.

아시아의 중국과 일본을 되돌아보면 역사적으로 하나로 이어진 이웃 나라라고 할 수 있다. 일본은 19세기 말부터 해를 거듭하는 전쟁과 대립을 이어 가며 양립할 수 없는 지경까지 갔다. 양국이 공동의 이익을 위해 점점 거리를 좁혀가던 결정적 시기에 중국에서 발생한 일련의 정치적 사건이 또다시 두 나라의 사이를 벌려놓았다. 21세기에 들어선 뒤에도 두 나라의 통화로 직접 결제하는 문제를 논의하려는 시점에 댜오위다오(釣魚島, 센카쿠제도) 영유권 문제가 발생했다. 양국 관계에 전기가 마련될 뻔한 시기에 다시 남해(南海) 충돌과 한반도 긴장 국면이 관계 개선을 가로막았다. 일본은 줄곧 주변 상황 때문에 발목이 잡혔고, 중국도 일본과 얽힌 매듭을 풀 길이 없었다. 이런 식으로 중국과 일본은 서로 손 잡을 수 있는 기회를 하나하나 잃어갔다.

명실상부한 AMF를 만들려면 중·일 양국이 공개적으로 협력하고 손을 잡는 것이 관건이고, 그런 날이 오지 않으면 아시아의 어떤 연합과 연맹도 결코 실현될 수 없다.

여기서 분명히 짚고 넘어갈 점은 일본이 1980년대 말부터 1990년대 초에 국제금융계 거물들의 무자비한 핵폭탄급 공격을 받았다 해도 일본의 경제 회복 능력만큼은 막강했다는 것이다. 설사 일본 경제가 1980년대 말에 정점을 찍은 다음 내리막길을 걸었다 해도 지금까지 일본은 여전히 부유한 선진국 대열에 서 있다. 2015년 일본 GDP 총량은 약 4조 8,000억 달러로 세계 3위의 자리를 굳건히 지켰다. 해외 순자산은 339조 3,000억 엔(3조 100억 달러)으로 세계 1위를 달리고 있다. 개인 금융자산도 약 1,700조 엔(15조 1,000억 달러)으로 세계 1위다. 외환 보유액을 살펴보면 2006년까지 일본은 세계 1위를 줄곧 유지해왔고, 2006년 이후 중국에게 그 자리를 빼앗겨 2위 자리로 밀려났다. 2015년 9월에는 1조 2,300억 달러를 기록했다. 또한 일본은 반년 동안 소비 수요를 맞출 수 있는 석유를 비축하고 있다. 대량의 니켈, 크롬, 몰리브덴, 텅스텐, 코발트, 바나듐, 인듐, 망간, 백금 등의 금속 및 희토류와 같은 전략적 물자도 보유하고 있다. 실제로 이것은 물자로 전환된 외환 보유이자 전략적 의미를 담고 있다.

2015년 1사분기부터 2016년 1사분기까지 일본의 실업률은 최고 3.6퍼센트, 최저 3.1퍼센트를 기록했고, 2016년 3월에는 3.3퍼센트였다. 같은 기간 중 미국의 실업률은 4.9퍼센트에서 5.7퍼센트 사이를 오갔다. 유럽의 실업률은 10.2퍼센트에서 11.2퍼센트 정도였다. 그중 2015년 10월과 12월에 일본 실업률이 20년 만에 최저치인 3.1퍼센트를 기록했다. 일본의 낮은 실업률은 세계적으로도 매우 보기 드문 현상이었다. 국제경제협력조직이 조사한 34개 회원국의 실업률 순위에 따르면, 한국 실업률이 일본보다 약간 낮을 뿐 다른 33개 국가의 취업 상황이 모두 일본만 못했다. 실업률이 가장 높은 국가는 그리스, 남아프리카, 스페인, 포르투갈, 슬로바키아 순으로 나타났다. 최근 몇 년 동안 일본에서 잘 나가던 스타 기업들이 연이어 내리막길을 걷다가 결국 누군가에게 인수되는 수순을 밟고 있다. 폭스콘이 샤프를 인수했고, 메이디가 도시바의 백색가전 업무를 인수했다. 해외 기업이 왕년에 잘 나갔지만 지는 해가 되어버린 일본의 기업들을 인수하는 이유는 그들이 가진 브랜드 가치와 대량의 특허를 높이 평가했기 때문이다. 이것만 봐도 일본 경제가 여전히 저력을 가지고 있다는 것을 알 수 있다.

이런 이유로 2016년 상반기 달러가 약세를 보일 때 국제 투자자들이 위험을 피하기 위해 엔화를 구매하러 대거 몰려들었고, 이것은 엔화를 대폭 평가절상하는 촉진제 역할을 했다. 엔화는 달러의 뒤를 이어 세계 2위 통화 자리를 지켰고, 달러 대비 엔의 평가절상은 달러당 100엔 돌파의 가능성을 높였다.

일본 언론 보도에 따르면 일본 후생 노동성이 2016년 4월 28일 발표한 3월분 '유효구인배율'이 1.30배였다. 이것은 구직자 100명당 130개의 일자리가 있다는 의미이며, 2월분보다 0.02퍼센트 포인트가 상승했다. 도쿄의 '유효구인배율'은 1.95배다. 다시 말해서 구직자 100명 앞에 195개의 일자리가 펼쳐져 있는 셈이다.

현재 일본의 연간 경제성장률은 1.2퍼센트에 달해 2014년을 제외한 역대 잠재 성장률을 훌쩍 뛰어넘었다. 실업률은 2.8퍼센트에 불과해 22년 만에 최저점을 찍었다. 도쿄의 모든 상점과 식당에는 '구인' 광고가 붙어 있고, 많은 가게가 노동력을 절감하기 위해 24시간 영업을 취소하고 있다. 일본 최대 물류 회사인 야마토 운수(Yamato Transport)는 27년 만에 처음으로 가격을 인상하고, 자체 물류망이 감당할 수 있는 수준까지 운송량을 낮췄다. 고용주들의 고민은 비용을 삭감하는 것이 아니라 어떻게 하면 직원을 고용하고 붙잡아둘지에 초점이 맞춰졌다.

이런 문제들 어디에도 경제적으로 어려운 기미는 보이지 않는다.

보아하니 일본은 이미 경제 회복 단계로 들어섰고 심지어 번영의 단계를 향해 걸어가고 있다.

우리는 일본이 의도적으로 만든 허상에 절대 현혹되어서는 안 된다. 일본은 대외적으로 '앓는 소리' 전략을 늘 애용해왔다. 이것은 일본의 국민성 자체가 과시하지 않고 실속을 챙기는 성향을 가지고 있기 때문이다. 일본은 '앓는 소리'가 자신들에게 더 유리한 장점을 많이 가지고 있다고 여긴다. 그들은 가진 것을 과시하지 않고 안으로 실속을 챙기는 과정에서 자신을 더 잘 보호하면서 경제 발전에 몰두해왔다. 더구나 이런 방식은 정치·군사 방면으로도 별다른 문젯거리를 야기할 리 없었다.

따라서 아시아 공통 통화를 만드는 과정에서 일본은 무시하기 힘든 중요한 힘을 가지고 있다. 일본의 지지와 참여를 잃으면 아시아 공통 통화는 현실화되기 힘들다. 일본은 여전히 아시아의 부유한 선진국 자리를 굳건히 지키고 있는 나라이기 때문이다. 그들은 이미 대형 항공모함을 만들 수 있는 능력을 가지고 있고, 그 기술력 또한 미국에 결코 뒤지지 않는다. 다만 제2차세계대전의 패전국인 일본은 미국의 거대한 그림자를 벗어나기 힘들다. 미국의 기분을 상하게 하는 순간 바로 끔찍한 대가를 치를 수밖에 없다. 1980년대에 금융 위기를 통해 일본은 이미 그 어떤 순간에도 미국을 상대로 '노우(No)'라고 말하거나 미국의 패권에 도전장을 내밀어서도 안 된다는 뼈아픈 교훈을 얻었다.

AMF을 설립하기 위해서는 먼저 반드시 아시아 환율 메커니즘을 구축해야 한다. 이것의 주요 목적은 각국 환율을 메커니즘의 틀 안으로 안정시키고, 이를 위해 공동의 준비 기금을 설립하는 것이다. 이 단계는 이미 완수했다. 두 번째 단계는 아시아 통화 체계를 설립하는 것이다. 그 전제 조건은 아시아 공동체를 구성하는 것이고, 아시아 각국이 관세, 보조금, 농업, 자본, 인력의 이동 방면으로 공감대를 형성하는 것이다. 그런 다음 아시아통합통화단위(Asian Currency Unit , ACU)를 만들고, 이를 아시아 지역 내 무역 결제의 통화 단위로 삼아야 한다. ACU는 바로 미래 아시아 공통 통화 탄생의 기초이자 전제 조건이다. 세 번째 단계는 각국 통화와 ACU 간의 환율을 고정하고, 조건과 환경이 허락할 때 ACU를 아시아 공통 통화의 통화 기준으로 삼아야 한다. 이때 부분 조건이 성숙한 국가가 자국의 통화와 아시아 공통 통화의 교환을

돈의 탄생

선도할 수 있다. 이 단계를 거치고 나면 AMF는 아시아 중앙은행으로 전환된다. 이 시간표를 구체적으로 제시할 수는 없지만 아시아 공통 통화가 아시아 지평선 위로 떠오를 날이 머지않았고, 대략 2025년 전후로 전망하고 있다.

미래 아시아 통화의 명칭은 현재 아시아 각국의 통화 명칭과 전혀 다른 '아시안 달러'가 가장 적합하다. 이런 명칭은 화폐의 지역성을 드러내면서 아시아의 단결과 협력을 구현하는 데 도움이 된다.

아시아의 문제는 역사 속에 있다.

06

불사조 화폐

다시 떠오르는 태양

인류가 존재한 뒤부터 조물주가 인류에게 통 크게 선사하고 지금까지도 인류와 함께하게 만든 물질은 바로 금이다. 인류의 기나긴 역사 속에서 금은 사회의 발전 과정에서 없어서는 안 될 일부분이다. 인류가 발전하는 여정을 따라서 금도 파란만장한 '인생'을 거쳐 왔다.

① 황실의 애용품

인간이 금을 발견하고 사용하기 시작한 이후로 무려 1만 년의 시간이 지났다. 금은 인류가 발견한 첫 번째 금속일 것이다. 그때 사람들은 간석기를 이용해 채취한 천연 금으로 다양한 모양의 공물과 기물을 만들었다. 가공하는 과정에서 사람들은 금 특유의 아름다운 색채, 희소성, 뛰어난 가소성, 안정성, 장기 보관에 유리한 특징을 파악하게 되었다. 이로 말미암아 금은 빠른 시간 내에 그 가치를 인정받은 귀한 물건이 될 수 있었다. 금은 인류가 장식재로 사용한 최초의 귀금속이기도 하다. 중국에서 금에 대한 인식은 3,000여 년 전 상나라 시대부터 시작되었다. 당시 장인들은 귀금속으로 장식품을 만들어 귀족들을 만족시켰다. 비록 당시 제조 공정이 지극히 단순하기는 했지만 금 장식품의 화려하고 아름다운 색채와 질감은 사람들의 마음을 사로잡기에 충분했다. 기원전 23세기 수메르의 수도 라가시의 통치자 구데아(Gudea)가 닌기르수(Ningirsu) 신전을 세우고 장식하기 위해 멜루하 산간 지역에서 금모래와 구리, 각종 수목을 운반했다.

역사상 최초로 대규모 채굴을 통해 금을 사용한 민족은 이집트인이다. 지금으로부터 6,400년~4,000년 전 이집트인들은 약 750톤의 금을 채굴했는데, 이 금은 거의 모두 파라오의 재산이 되었다. 그중 황실 무덤을 장식하는 데 가장 많은 금이 사용되었고, 나머지는 신전과 황실 궁전을 꾸미는 데 쓰였다. 고대 이집트 문자에서 황금은 '만질 수 없는 태양'이라는 뜻을 지니고 있고, 라틴어로는 '눈부신 황혼'이라는 의미를 담고 있다. 이집트 몇몇 왕조의 무덤에서 정교하고 아름다운 황금 장식품이 발견되었다. 고대 페니키아의 도시인 비블로스에서도 금으로 만든 구슬이 발견된 적이 있었다. 기원전 16세기 고대 이집트 신왕국 시대의 젊은 파라오 투탕카멘의 묘에서도 이중 금관과 금으로 만든 의자, 가면, 왕관, 사자, 날개 달린 뱀, 패검 등이 나왔다.

500년 전 남아메리카에 살았던 잉카인들도 금과 은을 각각 '태양의 땀'과 '달의 눈물'로 보았다. 당시 잉카인은 스페인의 수많은 탐험가들이 이 번쩍이는 금속을 제사와 신전 장식에 사용하는 것이 아니라 계산 단위로 쓸 수 있는 금화와 은화로 주조하는 것을 이해할 수 없었다. 그들은 자신들이 알지 못하는 또 다른 문명 세계에서 금이 이미 목숨 걸고서라도 손에 넣으려 하는 매혹적인 부의 원천이라는 사실을 알지 못했다. 고대 중국에서 금이 처음 발견되었을 때 화폐로 사용하는 경우는 극히 드물었다. 주요 용도도 건축물과 사람을 치장하는 데 쓰는 장식품일 뿐이었다. 9세기까지만 해도 중국인은 금을 이용해 10여 종의 장식 공예를 발전시켰다. 14세기에 들어선 뒤 금은 장식은 선이 부드럽고 매끄러워졌고, 그 안에 상서로운 축복의 의미를 담기 시작했다. 17세기에 접어들면서 중국 금속 장인들은 꽃, 새, 곤충, 물고기 등 동식물에 담긴 의미를 더해 축복을 전했다. 지금까지도 중국인들의 눈에 황금은 부의 상징일 뿐 아니라 희소성이 있는 아름다운 장식품이다.

이처럼 금은 처음부터 화폐로 사용된 것이 아니라 일종의 상품으로 거래되었다. 금은 희소성이 있고, 고온과 마모에 강하고, 분할이 쉽지 않고, 녹슬지 않는 등 다른 금속이 가지고 있지 않은 수많은 장점이 있는데, 이런 점이 금의 가치를 높였다. 더구나 황금은 고대 이집트와 로마를 만든 일등공신이기도 하다.

② 타고난 화폐

인류 사회가 발전하면서 원시 경제 시대는 상품경제 시대로 점차 이동하게 되었다. 인류가 다른 상품의 가치를 가늠할 수 있는 등가물 역할의 물질을 필요로 할 때 금은 거래의 매개체인 화폐가 되어 역사의 무대에 등장했다. 인류가 일반 등가물로 사용했던 모든 상품 중에서 금은 다른 물질이 가질 수 없는 천연의 속성을 지니고 있었고, 이것은 인류에게 최상의 선택이 될 만한 조건이었다. 기원전 700년 전에 소아시아 지역에서 금과 백은을 합쳐 만든 화폐가 유통되었는데, 이것을 호박금이라고 불렀다. 시대가 발전하면서 알렉산드로스대왕은 금화를 이용해 유례없이 강성했던 알렉산드로스제국을 건설했다. 이때 금화에는 신의 두상이 조각되었고, 훗날에는 국왕의 두상으로 대체되었다. 이런 현상은 화폐의 역사적 단계에서 일대 전환점이라 할 수 있다. 이때부터 국가권력이 화폐를 뒷받침하고 동시에 사용했기 때문이다.

알렉산드로스대왕 이후로 몇 세기 동안 로마 군단은 귀중한 금속을 대량으로 강탈해 금화를 주조하기 시작했다. 뒤이어 기원전 50년에 로마제국이 금화를 발행했고, 금화에 카이사르의 초상을 새겨 넣었다. 그 후 카이사르의 후계자 아우구스투스가 개선한 금화는 몇 세기에 걸쳐 최고의 화폐로 사용되었다. 하지만 로마의 역대 황제들이 끊임없이 화폐 가치를 떨어뜨리면서 신용이 급격히 낮아졌고, 상품을 생산하는 것보다 상품에 대한 투기가 더 횡행했다. 투기와 도박으로 인한 부패와 소동이 시간이 지날수록 로마제국 전체에 빠르게 잠식해 들어갔다. 로마제국의 쇠락을 초래한 원인은 다양하겠지만 화폐의 지속적인 가치 하락과 동방으로의 금 유입 증가가 가장 결정적인 요인이라 할 수 있다. 그러나 군사적 영역뿐 아니라 경제와 화폐 방면으로 뛰어난 재능을 갖춘 콘스탄티누스대제는 동로마제국을 세운 뒤 곧바로 솔리두스 금화, 즉 비잔티움 금화를 주조해 동로마제국을 새로운 발전 단계로 진입시켰다. 바로 이 금화가 동로마제국을 1,000년 동안 이어지게 해주었다. 훗날 솔리두스 금화는 세계의 기본 화폐단위가 되었다. 비잔티움제국이 솔리두스 금화의 금 함량을 엄격히 유지해온 지난 800년 동안 제국은 외세에 점령당한 적이 단 한 번도 없었다. 그 이유는 비잔티움제국이 금을 기반으로 한 경제 조직과 금융 기구를 만들었기 때문이다. 그러나 비잔티움 황제 미하일 4세(1034년~1041년 재위)가 금 함유량을 낮추면서 비잔티움 금화는 더 이상 안정적인 화폐로 간주되지 않았다. 동로마제국이 1,000년 가까이 구축해온 비잔티움 금화에 대한 신뢰가 무너지자 동로마제국은 점차 빈껍데기로 전락했고, 이전의 부와 영광을 잃고 말았다. 결국 동로마제국은 1453년 오스만튀르크인의 손에 멸망하고 말았다.

　뒤를 이어 세워진 아랍제국은 비잔티움제국의 금융제도를 계승하고, 금화를 주요 화폐로 삼아 영토를 한때 바그다드에서 바르셀로나까지 확장했다. 그사이 그들이 세운 문명은 아우구스투스 시절의 로마 문명과 맞먹었다. 아랍제국이 유통했던 화폐는 디나르 금화였다. 고대 그리스 문명을 더할 나위 없이 숭배했던 아랍제국의 통치자들은 그리스인을 본보기로 삼아 완벽한 화폐제도를 만들었다. 디나르 금화는 약

450년 동안 유통되었고, 이를 통해 인류 역사상 찬란했던 아랍 문명이 만들어질 수 있었다. 반면 그 시기 유럽은 고대 그리스와 로마의 문명을 포기하고 무지하고 절망적인 심연 속으로 빠져들었다. 아랍 문명의 쇠퇴는 화폐나 경제제도 때문이 아니라 종교 파벌 간의 격렬한 충돌 때문에 일어났다. 유럽의 암흑시대에 종지부를 찍게 된 계기는 이탈리아 도시 문명의 출현이었다. 이탈리아의 도시국가들이 만든 문명 가운데 가장 두드러질 뿐 아니라 유럽의 부흥에 결정적인 역할을 한 것은 이들이 만든 화폐제도였다.

피렌체공화국이 1252년에 프롤린 금화를 주조한 후, 이 금화가 실질적으로 금본위제를 만드는 데 일조했다. 1280년 베네치아공화국도 프롤린 금화의 무게 및 가치가 동등한 두캇(Ducat) 금화를 주조했다. 이 두 종류의 금화는 이탈리아 북부의 모든 도시와 유럽의 다른 광범위한 지역에서 두루 사용되었다. 이렇게 금화가 발행되고 사용되면서 르네상스도 유럽에서 꽃을 피우기 시작했다. 만약 신뢰할 수 있는 화폐제도가 만들어지지 않았다면 유럽은 암흑시대에서 빠져나와 새로운 여정을 향해 나아갈 수 없었을 것이다. 금화의 사용은 르네상스 시대를 위한 경제·사회적 토대를 마련해주었고, 인류도 금을 본위로 하는 화폐제도를 통해 더 고차원적인 문명 발전 단계로 올라설 수 있었다. 15세기부터 시작된 세계 발전의 방향과 판도를 바꾼 대항해 운동은 세계 통화 체계의 혁명적인 변혁과 발전을 위한 기반이 되었다.

1492년 콜럼버스가 아메리카대륙을 발견한 뒤 유럽의 식민지 개척자들이 아메리카로 넘어왔고, 그들은 아메리카의 풍부한 금과 백은 자원을 약탈하기 시작했다. 아즈텍과 잉카 사람들에게 단지 종교적 의미밖에 없었던 금과 은이 유럽으로 흘러들어가 왕과 왕후에게 바쳐졌다. 한 세기에 걸친 광란의 약탈을 통해 유럽의 침략자들은 잔인한 방식으로 아메리카대륙의 성숙하고 풍성한 황금 문화를 파괴시켰다. 그리고 유럽 식민주의자들의 약탈은 세계 금본위제의 확립을 위해 길을 열어

주는 여건을 조성했다.

③ 금본위제

1066년 잉글랜드를 정복한 노르만족은 곧바로 잉글랜드의 화폐제도 개혁에 착수해 파운드, 실링, 펜스 등 화폐단위를 만들고 금속을 화폐본위로 삼는 제도를 확립했다. 당시 1파운드는 1파운드 무게의 순은으로 교환할 수 있었다. 은본위제는 1377년이 되어서야 금본위제로 대체되었다. 복본위제도 안에서 화폐의 뒷받침이 된 것은 은과 금이었고, 금이 통화의 본위가 되었다. 복본위제도가 한동안 지속된 후 영국은 그것을 금본위제로 다시 대체하기로 결정했다.

영국은 백은 외에도 황금을 가지고 있었는데, 황금은 통화의 본위가 되었다. 금을 화폐로 사용한 영국의 역사는 1644년으로 거슬러 올라간다. 영국은 그해부터 시작해서 20세기 초 제1차세계대전이 발발할 때까지 거의 250년 동안 금을 화폐로 사용했다. 잉글랜드 은행이 설립되기 전까지 영국 사회에서 유통된 화폐는 주로 은화와 금화였다. 1694년 잉글랜드 은행은 종이 화폐인 파운드를 발행하기 시작했다. 그러나 그 당시 파운드는 아직 진정한 의미의 화폐가 아니라 단지 종이로 만들어진 돈에 불과했다. 당시 유통되던 것은 금이었고, 파운드는 금을 기록하는 단위일 뿐 그 자체로는 아무런 가치도 없었다. 파운드 지폐 한 장에 어떤 숫자도 바꿔서 인쇄할 수 있었다. 1717년 잉글랜드 은행은 1온스의 금 가격을 3파운드 17실링 10.5펜스로 공식 확정했다. 금본위제를 시행한 후 영국의 물가지수는 시종 낮은 폭의 변동을 유지했고, 이로써 금본위제가 물가 안정과 경제에 미치는 효과도 입증되었다.

영국의 금본위제는 대영제국의 번영을 위해 역사에 길이 남을 공훈을 세웠다. 영국이 완벽한 통화 체계를 갖추지 못했다면 절대 이렇게 빛나는 역사를 만들 수 없었을 것이다. 통계에 따르면, 1900년까지 모든 공업화 국가를 포함해 대략 50개국이 금본위제를 시행했다. 이들 국가의 금본위제 시행은 국제회의나 비밀 회담을 통해 제정한 협의나 공약이 아니며, 위대한 인물이나 어느 집단의 천재적 발상도 아니었다. 금본위제의 확립은 황금의 타고난 내재적 응집력과 역량 그리고 금의 본질과 장점을 알아본 인류의 자연스러운 선택에 따른 것이었다. 영국이 금본위제를 확립하는 과정에서 영국 정부가 처음부터 두 손 들어 환영했던 것은 아니다. 영국은 초반에 반대하다가 금본위제가 어느 정도 무르익은 1816년이 되어서야 〈금본위제도 법안〉을 통과시켜 법률의 형태로 금을 화폐본위로 삼도록 승인했다.

영국이 금본위제를 채택한 뒤부터 미국과 유럽의 국가들도 앞다투어 영국을 모방했다.

미국이 부상하는 과정에서 금본위제는 미국에서도 마찬가지로 강력한 역할을 발휘했다.

1789년 미국 헌법은 제1장 제10절에 독립된 각 주가 채무를 상환할 때 금이나 은을 법정화폐로 사용할 수 있으며, 그 외의 다른 것은 화폐를 대신할 수 없다고 명시했다.

1792년 4월 2일 미국 의회는 법정통화인 금화와 은화를 대량 생산할 수 있도록 미국 조폐소를 설립할 것을 요구하는 〈주화 법안〉을 통과시켰다. 법률 규정에 따라 당시 미국의 법정화폐는 금과 백은이었고, 19.3달러를 1온스의 금과 교환할 수 있도록 규정했다.

1900년 3월 14일 미국 의회가 〈금본위 법안〉을 통과시켰다. 이 법안에 근거해 미국 재무부는 15억 달러의 금 보유고를 만들어 미국 달러 지폐나 재무부 발행 지폐를 회수하는 데 썼다. 그리고 이 지폐는 금을 태환할 때만 사용했다. 미국은 1834년부터 1862년까지, 1879년부터 1913년까지 두 시기에 걸쳐 금본위제를 시행했다. 그동안 미국 상품의 가격은 안정되었고, 소비자 물가도 대체적으로 큰 변동 폭이 없었다. 1800년에 미국의 도매가격 지수는 102.2에 달했고, 1913년에는 80.7로 하락했다. 1879년부터 1913년까지 34년 동안 미국의 소비 물가 변동은

17퍼센트에 불과했고, 평균 통화팽창률은 0에 가까웠으며, 매년 평균 물가 변동은 1.3퍼센트였다. 제1차세계대전이 끝난 뒤 이 수치는 5~6퍼센트를 유지하고 있고, 1970년대 달러와 금을 인위적으로 철저히 분리시킨 다음부터 평균 물가 변동률은 6퍼센트로 나타났다.

1816년 영국에서 금본위제 법안을 반포하고 금본위제가 시행된 뒤부터 금이 세계 통화로 전화되는 속도가 빨라졌다. 독일이 1871년 금본위제를 선언한 데 이어 덴마크, 스웨덴, 노르웨이 등도 1873년 금본위제를 연이어 시행했다. 19세가 말이 되자 각 자본주의국가에서 이미 금본위제를 보편적으로 시행했다.

금본위제가 시행된 19세기 초부터 20세기 초까지 100년의 시간 동안 세계 통화는 기본적으로 모두 안정 단계에 접어들었다.

- 프랑스 프랑: 1814년~1914년 100년간 안정 단계
- 네덜란드 굴덴: 1816년~1914년 98년간 안정 단계
- 파운드 실링: 1821년~1914년 93년간 안정 단계
- 스위스 프랑: 1850년~1936년 86년간 안정 단계
- 벨기에 프랑: 1832년~1914년 82년간 안정 단계
- 스웨덴 크로나: 1873년~1931년 58년간 안정 단계
- 독일 마르크: 1875년~1914년 39년간 안정 단계
- 이탈리아 리라: 1883년~1914년 31년간 안정 단계

19세기부터 20세기 초까지 자본주의 세계에서 금본위제는 각국의 통화 기준이었다. 제1차세계대전이 발발하기 전까지 세계 59개국이 금본위제를 시행했다. 나라마다 사정이 다르다 보니 금본위제를 시행한 시기도 달랐다. 그 기간이 100년에 이르는 나라가 있는가 하면, 몇십 년에 불과한 나라도 있었다. 금본위제는 대체로 1920년까지 지속되었다. 이 제도는 자본주의 각국을 100년 사이에 급부상시켰다. 당시 서

방세계 엘리트 집단의 눈에 비친 금본위제는 부를 증가시키고 자유 사회와 정치·경제적 민주제도를 수립하는 강력한 무기였다. 금본위제는 교환 매개체로 쓰였을 뿐 아니라 국제무역과 국제통화 자금 시장에 필요한 국제 기준을 만족시켰다. 그것은 서방세계가 자신의 문명을 세계 구석구석까지 전달하는 데 사용한 매개체이자 수단이었다. 금본위제는 그 영향력이 미치는 곳의 낙후, 미신, 편견을 무너뜨리고 새로운 생명과 행복의 씨앗을 뿌려 전대미문의 부를 창출했다. 요컨대 금의 사용과 금본위제의 확립 없이 자본주의 세계가 100년 안에 전례 없는 발전을 이루는 것은 불가능했다. 또한 금과 금본위는 각국이 연합해 공동체를 결성하기 위한 전제 조건이기도 했다. 만약 이런 공동체가 없다면 세계 각국은 평화적으로 상호 이익을 위한 협력을 달성하기 힘들다. 그래서 금본위제는 한때 세계사의 흐름을 바꾼 일등 공신으로 여겨졌다.

금본위 시대에 파운드와 달러의 구매력은 100년 동안 기본적인 안정을 유지해왔다. 1644년에 사용하던 1파운드로 250년이 지난 1914년에 동일한 양의 소고기를 살 수 있고, 1800년에 사용하던 1달러로 1939년에 비슷한 양의 빵을 살 수 있다. 그러나 1971년 달러와 금의 연계를 끊어내고 40년이 지난 2011년이 되자 1달러의 구매력은 1971년 이전의 10분의 1에 불과했다.

그러나 금본위제를 모든 사람이 수용하기를 원한 것은 아니었다. 일부 학자와 금본위제의 충성 지지자들의 눈에 행복, 평화, 자유 그리고 민주적 발전을 의도적으로 저해하는 사람은 모두 금본위제를 반대하는 것처럼 보였다. 그들은 민족주의자, 간섭주의자, 확장주의자 그리고 일부 국가의 정부가 금본위제를 반대한다고 생각했다. 민족주의자들은 세계시장의 연결고리를 끊고 국내에서 가능한 자급자족의 상태를 유지하고자 했다. 간섭주의자들은 금본위제를 가격과 임금 수준을 통제하는 주요 장애물로 간주했다. 확장주의자들은 신용의 확장만이 모든 것을 해결할 수 있는 만능 약이라고 여겼다. 일부 국가의 정부는 금본위제가 정부 권력의 행사를 제한한다고 판단했다. 그들은 금본위제의 속박이 없으면 지폐 발행과 통화팽창을 통해 부를 창출할 수 있다고 여긴 것이다. 이들이 당당하게 금본위제에 반대하는 이유는 금의 매장량과 금의 총량에 한계가 있기 때문이다. 이런 제한된 금 저장량과 채굴량에 의지해 화폐 수요량이 급증하며 빠르고 다채롭게 발전하는 현대사회의 수요를 만족시킬 수 없다고 본 것이다. 이 때문에 금과 금본위제는 100년 동안 포위 공격과 추격을 당하다 결국 역사의 뒤안길로 사라지게 되었다. 그리고 오늘날 세계인들은 이 세상을 풍요롭게 만들고, 수백 년 동안 안정적으로 발전시키는 데 일조해온 금과 금본위제를 이미 망각한 듯하다. 사실 금이 세계의 주요 통화가 되고, 금본위제가 엄격히 시행되었던 시기에 사람들은 심각한 통화팽창이 인류에게 가져다주는 재난과 고통을 전혀 겪어본 적이 없다. 그래서 금과 금본위제는 인류의 경제생활과 금융 질서의 안정을 지켜준 일등 공신으로 여겨지기도 했다.

그러나 20세기에 들어선 다음 금화와 금본위제는 빠른 속도로 사람들에게 버림받았다. 1914년 제1차세계대전이 발발한 지 몇 주 만에 금본위제는 치명적인 타격을 입었다. 몇몇 참전국들이 하룻밤 사이에 금본위제를 버린 것이다. 그들은 지폐 발행 총량을 제한했던 금본위제에서 벗어나 적자재정을 감수하며 무제한으로 화폐를 발행해 전쟁 자금을 조달하기 시작했다. 만약 금본위제를 포기하지 않았다면 제1차세계대전이 기껏해야 몇 개월밖에 지속되지 못했을 것이라는 지적도 나왔다. 금본위제 안에서 각국은 지폐의 대량 인쇄를 통해 거액의 전쟁 자금을 결코 조달할 수 없기 때문이다. 그런 의미에서 금과 금본위제는 전쟁의 발생과 규모를 제한하는 중요한 무기인 셈이다. 이 말을 증명이라도 하듯 금본위제가 버림받은 후 제1차세계대전은 무려 4년 동안 이어지며 수천 명의 목숨을 앗아갔다. 전쟁 과정에서 각국 정부는 금본위제의 폐지로 얻을 수 있는 엄청난 이점을 깨달아나갔다. 즉, 정부는 지폐를 무한정 발행해 국민의 부를 더 많이 수탈하고, 정부의 목적을 달성하는 데 활용할 수 있었다. 그래서 금본위제가 버림받은 것을 인류 역사상 가장 큰 슬픔이라고 표현하는 학자도 있다. 인류가 금본위제를 포기한 100년 동안 화폐가 주인 없는 상태에 놓여 있었기 때문이다.

이로써 화폐본위제도 마찬가지로 인류 운명에 똑같이 영향을 미쳤다는 사실을 알 수 있다.

④ 버림받은 존재

제1차세계대전이 끝난 후 1922년에 열린 제네바회의에서 금환본위제가 탄생했다. 이 제도를 바탕으로 달러와 파운드는 금과 마찬가지로 비축 통화로 사용할 수 있었다. 하지만 금본위제가 회복된 것은 아니었다. 새로운 통화제도가 탄생한 후 각국의 통화 준비금은 두 차례 계산을 거치게 된다. 첫 번째는 통화 발행국에서 하고, 두 번째는 이 통화를 준비금으로 삼는 채권국에서 한다. 이렇게 하면 통화를 비축하고 있는 국가에 확실히 이점을 가져다줄 수 있다. 다른 나라가 비축 통화를 신뢰하기만 하면 국제수지 차액 적자를 통제하는 동시에 손실을 입지 않을 수 있다. 그러나 이런 믿음과 균형은 비축 통화가 평가절하하지 않을 것이라는 전제 조건이 뒷받침되어야 한다. 일단 이런 비축 통화를 쥐고 있는 나라가 의도적으로 비축 통화의 가치를 평가절하시키면 이 비축 통화의 기존 가치가 불확실해질 수밖에 없다. 화폐는 금처럼 안정될 수 없기 때문이다. 사실 이 비축 통화는 이미 평가절하했고, 그 속도가 갈수록 빨라지고 있다. 이것도 사람들이 제1차세계대전 후에 발생한 역대 경제 위기의 책임을 금본위제 폐지로 미루는 중요한 원인 중 하나다. 사실 금본위제를 폐지한 다음부터 인류는 경제 위기에서 벗어나지 못하고 있고, 심지어 이런 위기가 갈수록 심각해지는 추세다.

한 가지 부인할 수 없는 사실은 1930년대부터 인류는 금을 향해 선전포고를 하며 금을 국제 화폐 체계에서 완전히 밀어내버리겠다고 맹세했다. 이 전쟁의 포문을 열고 참전한 주력군이 바로 미국이다.

1933년 3월 11일 루스벨트 대통령은 경제 안정을 명분으로 은행의 금 환전을 금지하는 행정 법령을 발표했다. 한 달도 안 된 4월 5일에는 미국 국민들이 정부에 모든 금을 상납해야 하며, 정부가 1온스당 20.67달러로 금을 매입하겠다고 또 발표했다. 희귀한 금화와 금 장신구외의 금을 소지한 사람은 10년 징역형과 25만 달러의 벌금에 처했다. 비록 루스벨트가 이것을 국가 비상사태에 따른 임시 조치일 뿐이라고 말했지만, 이 법안은 1974년이 되어서야 폐지되었다. 1934년 1월에 〈금 보유 법안〉이 또 통과되었고, 금값이 1온스당 35달러로 확정되었다. 그러나 이때만 해도 미국인들은 금을 교환할 권리가 없었다. 국민들은 법에 따라 금을 상납한 지 얼마 안 돼 자신이 저축한 돈의 절반이 사라지는 것을 속절없이 눈 뜨고 지켜봐야 했다. 미국 정부는 민간 소유의 금을 모두 회수했고, 민간과 금의 관계를 끊어버렸다. 이렇게 함으로써 금과 화폐의 관계를 끊어내는 첫걸음을 떼었다.

1944년 영미 두 나라의 공조 속에서 미국은 유엔 창설을 계획하고 있는 44개국 정부 대표를 미국 브레튼우즈로 초청해 회의를 개최하고, '금본위제' 붕괴 후의 두 번째 국제통화체제인 '브레튼우즈 협약'을 체결했다. 사실 이 협약의 본질은 달러 중심의 국제통화제도를 만드는 것이다. 이를 위해 달러와 금의 연동 관계를 끊고 기타 회원국의 통화를 달러와 연계시키는 원칙을 세웠다. 이때부터 달러는 국제통화체제의 중심에 서서 세계 통화의 역할을 했다. 이것은 사실상 새로운 금환본위제다. 브레튼우즈체제는 금값과 달러의 신용을 밀접하게 연관시켰다. 1960년대 베트남전쟁의 여파로 미국 재정 적자가 커지고, 국제수지는 극도로 악화되었으며, 달러의 신용도 큰 타격을 입었다. 각국 정부가 앞다투어 달러를 투매하며 금을 사재기하는 바람에 결국 금값의 폭등을 초래했다. 금값의 폭등을 억제하기 위해 미국은 영국, 스위스, 프랑스, 서독, 이탈리아, 네덜란드, 벨기에 등 8개국과 연합해 1961년 10월

'골드 풀(Gold Pool)'을 만들었고, 잉글랜드 은행이 골드 풀의 대행 기관을 맡아 런던 시장의 금 시세를 유지했다. 1960년대 후반 베트남전쟁 및 미국 경제의 지속적인 악화로 달러 위기가 다시 폭발했다. 이때 미국은 금의 공시지가를 유지할 능력이 없었다. 미국은 골드 풀 회원국과 협의를 거쳐 금을 달러 공시지가로 시장에 더 이상 공급하지 않기로 결정했다. 시장의 금값은 자유롭게 변동되었지만 각국 정부가 여전히 공시지가로 계산하면서 금의 이중가격제가 시작되었다.

1971년 5월 세 번째 달러 위기가 터지면서 서방 외환시장에 대량의 달러 투매와 금 사재기 붐이 일어났다. 1971년 8월 미국 정부는 외국 정부나 중앙은행이 미국에서 달러로 금을 태환하지 못하게 하고 달러와 금의 교환 창구를 폐쇄했다. 1973년 3월 초 달러의 평가절하로 유럽에서 달러 투매와 금 사재기 붐이 다시 야기되었고, 서유럽과 일본 외환시장은 어쩔 수 없이 17일 동안 문을 닫았다. 긴급 협의 끝에 서방 국가들은 고정환율제를 포기하고 변동환율제를 시행하기로 협의했다. 이로써 브레튼우즈체제는 완전히 붕괴되었고, 황금을 화폐에서 제외시키는 개혁이 시작되었다. 금은 국제통화체제에서 철저히 퇴출당했다.

이런 식으로 미국은 1930년대 대공황 시기를 이용해 금본위제 폐지의 첫걸음을 내디뎠다. 제2차세계대전 중이던 1944년에는 브레튼우즈체제를 통해 구축된 달러 태환 체계로 금 태환 체계를 대체해 금본위제를 폐지하는 두 번째 단계를 완성했다. 그리고 1971년 달러와 금 사이에 남아 있던 마지막 끈을 끊어내고 금본위제와 금을 국제통화체제에서 퇴출시키는 마지막 단계를 완수했다. 이로써 금은 국제통화체제에서 완전히 물러나게 되었다.

브레튼우즈체제의 붕괴로 생긴 국제통화체제의 공백을 메우기 위해 1976년 1월 IMF는 〈자메이카협정〉을 달성하고, 〈국제통화기금협정〉을 수정했다. 〈자메이카협정〉은 금과 관련된 이전의 모든 규정을 폐지하고 다음과 같은 내용을 선포했다.

- 금을 화폐가치의 기준으로 삼지 않는다.
- 금의 관가를 폐지해, 회원국은 금시장에서 시장가격에 따라 자유롭게 금을 매매할 수 있다.
- IMF에 반드시 금으로 지불해야 하는 규정을 폐지한다.
- IMF에 6분의 1의 금을 매각하고, 그 이윤은 저소득 국가 우대 대출 기금을 세우는 데 사용한다.
- 국제 보유 자산이었던 금의 지위를 특별인출권으로 대체한다.

1978년 4월 1일 IMF는 새로 수정한 〈국제통화기금협정〉을 비준해 통과시켰고, 금은 마침내 유통화폐의 기능을 상실했다.

달러와 금

이쯤 되면 아마도 독자의 머릿속에 한 가지 의문이 생길 것이다. 미국은 왜 위기가 닥칠 때마다 금과 함께하지 못하고 막대한 시간과 정력을 들여가며 금을 역사의 쓰레기통 속에 쓸어 담으려 하는 것일까?

2008년 금융 위기 전까지만 해도 이 문제를 고민하는 사람은 극히 드물었다. 그러나 2008년 세계를 휩쓴 금융 위기는 국제 엘리트들과 금융계 인사들을 깊은 고민에 빠뜨리기 시작했다.

사람들은 아주 심각한 문제 한 가지를 발견한 듯했다. 1970년대 미국이 〈브레튼우즈협정〉을 일방적으로 파기한 뒤부터 전 세계를 휩쓴 금융 위기가 갈수록 심각해졌다. 매번 금융 위기가 닥칠 때마다 세계 각국이 총력전을 펼치고 있지만 위기를 타개하기 위한 조치의 효과는 미미했고, 매번 위기의 강도는 점점 심해졌다. 세계적인 규모의 금융 위기는 세계 주요 경제권을 피할 수 없는 쇠락의 길로 끌고 들어갔다. 2008년에 발생한 금융 위기는 과거의 오일쇼크나 금융 위기와 달리 점점 더 세계화되는 특징을 보여주었다. 이런 금융 위기는 빠르게 전 세계로 퍼져나가기 때문에 더 이상 한 국가나 대륙의 일이 아니다. 물론 이것은 경제 글로벌화 추세와 밀접한 관련이 있다. 20세기 말부터 각국 간의 경제 교류와 의존성이 갈수록 뚜렷해지고 있고, 어떤 국가도 글로벌 경제의 영향력에서 벗어날 수 없다. 2008년 발 금융 위기의 본질과 원인을 금융의 관점에서 이해하려면 관건이 되는 두 가지 개념을 먼저 알아둘 필요가 있다. 현재 가동 중인 국제금융통화체제와 경제 글로벌화에 관한 문제다.

국제금융통화체제는 1944년에 만들어진 브레튼우즈체제의 금본위를 바탕으로 달러의 세계 통화 지위를 확립했다. 그러나 미국이 달러를 남발하면서 달러 위기를 초래했고, 1971년 닉슨 대통령은 달러와 금의 연계를 끊겠다고 선언했다. 이것은 실질적으로 미국의 파산을 선포한 것이나 다름없다. 브레튼우즈체제가 와해되면서 달러는 세계 통화의 지위와 기반을 잃었다. 이때부터 미국의 중앙은행으로 불리는 연준은 오로지 미국의 자체 이익에 따라 통화 정책을 수립하고 화폐를 발행했다. 특히 금본위제의 속박에서 벗어난 뒤 연준은 세계에서 유일무이한 세계 통화 발행권을 활용해 달러를 남발하며 전 세계인의 부를 약탈해갔다.

경제 글로벌화는 원래 세계경제 운용의 효율성을 높이는 데 도움이 되는 긍정적 발전 추세라고 할 수 있다. 글로벌화를 통해 세계 각국은 각자의 장점에 따라 분업을 하고, 선진국은 저부가가치의 노동집약적산업을 개발도상국으로 이전시킬 수 있다. 이런 경제 글로벌화가 합리적이고 공평한 국제금융통화체제를 기반으로 한다면 세계 각국은 각자의 강점에 따라 분업을 하고, 세계경제의 전반적인 운행 효율을 높이는 역할을 할 수 있다. 그 궁극적인 효과는 세계경제 발전의 촉진으로 나타나야 한다. 그러나 국제금융통화체제가 불합리하면 경제의 세계화는 개발도상국과 가난한 나라를 상대로 하는 선진국(특히 미국)의 약탈과 함정으로 바뀔 수 있다. 금본위제의 굴레에서 벗어난 미국은 세계 중심 통화인 달러를 끊임없이 초과 발행하고 있고, 달러는 절대다수 국가의 국제무역에서 결제 수단으로 사용되고 있기 때문이다. 달러의 초과 발행은 이들 국가에서 생산한 제품의 가치를 떨어뜨릴 수밖에 없다. 가격이 갈수록 떨어지면 이들 국가는 자신이 생산한 제품에 상응하는 가치와 부를 돌려받을 수 없다. 이런 상황에서 최대 수익을 거두는 나라는 달러의 발행국인 미국이다.

그래서 1997년 아시아 금융 위기가 발발한 이후 많은 국가가 현행 국제통화체제의 개혁을 요구했지만 흐지부지되고 말았다. 게다가 미국이 막대한 재정 적자를 계속 이어 가는 와중에도 달러는 여전히 강세였다. 그동안 정직한 노동에 의지해 제품을 생산해온 아시아 국가들은 아시아 금융 위기가 발생했을 때 어떤 방식으로도 위기를 벗어날 수 없었다. 그 이유를 따져보자면 관건은 국제 화폐 발행권이다. 만약 당시 태국이 국제 화폐 발행권을 쥐고 있었다면 1997년 태국의 금융 위기도 일어나지 않았을 것이다. 오늘날 미국이 계속되는 심각한 금융 위기에도 불구하고 철옹성처럼 굳건히 버텨내고, 미국이 일으킨 금융 위기를 제때 다른 지역이나 나라로 전가할 수 있었던 것도 따지고 보면 그들이 세계 통화 발행권을 쥐고 있었기 때문이다. 미국은 위기 속에서도 유럽 각국의 중앙은행에 상한선 없는 달러를 제공했고, 그 덕분에 구미 주요 국가들은 시련을 견뎌낼 수 있었다. 반면에 아시아 국가들은 위기의 압박 속에서 허덕일 수밖에 없었다. 이것이 바로 세계 통화 시스템을 장악한 자의 최대 강점이자 무기였다.

만약 세계 통화 체계가 1971년 이전처럼 여전히 금본위제를 근간으로 세워졌다고 가정하면 상황은 어떻게 변했을까? 다시 말해서 달러와 금이 연동되고 각국 통화와 달러가 연동되어 있다면 2008년의 금융 위기 속에서 가장 먼저 파산을 선언한 나라는 아시아 신흥 공업 국가들이 아니라 당연히 미국이 되었을 것이다. 그 이치는 간단하다. 아시아 국가들이 채무 위기에 빠진 가장 근본적인 원인은 자국의 통화를 국제 지불통화로 삼을 수 없기 때문이다. 이런 상황에서 달러를 빌리지 못하면 순식간에 파산할 수밖에 없다. 하지만 미국은 세계 통화의 지위를 가지고 있기 때문에 빚을 지면 달러를 발행해 갚을 수 있다. 달러를 얼마나 발행할지는 온전히 미국의 결정에 달려 있고, 아무런 담보나 구속도 필요하지 않다. 그러나 달러가 세계 통화의 지위를 잃게 되면 상황은 달라진다. 이렇게 될 경우 다른 나라가 달러가 아닌 금만 인정하게 되므로 달러를 남발한 미국은 당장 파산을 선언해야 한다. 당시 미국의 국채 규모는 11조 달러 정도였다. 금값을 1그램당 25달러, 즉 1톤당 2,500만 달러로 계산하면 미국 국채의 총량은 금 44만 톤에 상당한다. 미국의 금 보유량은 고작 1만여 톤이고, 세계의 총 금 보유량도 10만여 톤뿐이었다. 설사 이 금을 모두 미국에게 가져다준다 해도 미국의 채무를 갚을 길이 없다. 그때가 되면 미국은 파산을 피할 도리가 없다.

　이것만 봐도 아시아 금융 위기가 발생한 후 국제통화체제를 개혁해야 한다는 목소리가 나올 때마다 미국이 왜 그렇게 이례적인 태도로 격하게 대응했는지 미루어 짐작할 수 있다. 일단 달러의 세계 통화 지위가 위협받고 심지어 달러가 폐기된다면 미국에 유례없는 재앙이 초래될 것이고, 미국은 이 점을 정확히 간파하고 있었다. 그래서 몇 차례에 걸쳐 실시된 양적 완화 정책은 바로 미국이 이미 필사적으로 달러를 초과 발행하고, 세계 중심 통화의 지위에 기대 찍어낸 달러들을 미국 내에 남겨두지 않아야 통화팽창과 금융 위기의 재앙에서 벗어날 수 있다는 것을 명확히 알고 있다는 반증이라고 할 수 있다. 미국 통화의 본질은 바로 일종의 통화 현상으로 통화 발행량이 지나치게 많을 때에만 통화팽창과 금융 위기의 흉악한 면모가 비로소 드러나기 때문이다. 즉, 미국 국내에 달러가 많아지면 미국의 슈퍼 통화팽창으로 이어진다. 따라서 달러를 전 세계에 초과 발행하는 것이야말로 미국의 최우선 임무라고 할 수 있다.

그동안 미국은 달러를 무기로 개발도상국 중 경제 위기 때문에 달러 수요가 많을 수밖에 없는 나라를 노려 저부가가치의 높은 에너지와 자원이 소모되는 노동집약적산업을 계속해서 이전해왔다. 그 결과 가난에서 벗어나 부자 나라가 되고 싶은 개발도상국에게 일을 시키고, 미국은 달러와 기술, 설계 방면의 일을 수출하는 구도가 만들어졌다. 이 과정에서 미국은 달러를 찍어내는 데는 큰 비용이 들지 않지만, 그 효용 가치를 높이기 위해 무조건 퍼주기 식의 지원을 지양하는 원칙을 고수했다. 일례로 미국은 입찰 국가들 중 제품 생산을 위해 최저가를 제시한 나라를 선택해 각국의 경쟁을 부추겼다. 1950년대부터 1970년대까지 일본은 미국을 위해 적잖은 일을 해왔지만, 시간이 지나면서 동남아의 신흥 경제국들에게 그 지분 중 일부를 잠식당했다. 그 후 중국도 그 대열에 합류하면서 위안화의 평가절하를 수단으로 삼아 동남아와 경쟁하기 시작했다. 위안화가 평가절하되어야 미국이 중국 자산을 헐값에 매입할 수 있는 조건을 창출할 수 있기 때문이다.

　　미국은 이들 국가에서 생산한 값싼 상품 덕분에 필사적으로 달러를 찍어낼 수 있었고, 이 돈은 대부분 미국을 위해 상품을 생산하는 국가로 흘러들어가 미국 내에 통화팽창을 야기하지 않았다. 그러나 미국이 계속 달러를 찍어내 그 돈이 그들을 위해 일하는 국가들로 들어가 생산 활동이 이루어지면서 그들의 주머니에도 피땀 어린 돈이 차곡차곡 쌓여갔다. 이것조차 용납할 수 없었던 미국은 〈플라자협정〉을 맺어 일본 경제를 추락시켰고, 일본은 미국에서 고가로 매입한 부동산을 다시 저가로 팔 수밖에 없었다. 이때부터 일본은 미국에 더 이상 반기를 들 수 없을 때까지 무려 10여 년 동안 경기 침체기를 겪었다. 동남아의 신흥 경제국들도 그동안 힘들게 번 돈을 미국이 조작한 1997년 아시아 금융 위기에 휩쓸려 모두 빼앗기고 말았다. 중국은 이 기회를 놓치지 않고 그동안 신흥 경제국들이 해온 미국의 일을 거의 도맡아 처리하면서 미국 상점에서 80퍼센트 이상이 상품을 '메이드 인 차이나'로 채웠다. 중국은 이렇게 벌어들인 달러로 무역 흑자를 내며 보잉기, 인텔의 칩, 마이크로소프트의 윈도즈(Windows)를 비싼 가격에 사들였다. 반면에 미국은 달러를 더 많이 발행해야 하기 때문에 무역 적자가 날 수밖에 없다. 이렇게 하지 않으면 남아도는 달러가 다시 미국으로 흘러들어와 통화팽창으로 이어진다.

여기서 한 가지 의문점이 생긴다. 미국은 왜 이렇게 해야만 하는 것일까? 이런 방식은 다른 나라만 부자로 만들어주는 것이 아닐까? 하지만 곰곰이 따지고 보면 여기에 알려지지 않은 비밀이 하나 숨겨져 있다. 세계 중심 통화로서 달러가 그 발행 액수와 주기를 정할 때 기준으로 삼는 것은 미국의 금 보유량이나 GDP, 수출입액이 아니라 미국이 매년 발행하는 국채의 수량이다. 다시 말해서 매년 미국이 전 세계에 얼마의 국채를 발행하느냐에 따라 달러 발행량이 정해지는 것이다. 달러와 미국 국채는 시종일관 하나로 묶여 있다. 만약 미국의 국채를 사들이는 나라가 없다면 달러는 발행되지 않는다. 그러나 세계 각국이 달러를 벌어들인 뒤 더 좋은 예치 장소나 투자처를 찾지 못해 그 외화를 다시 국내로 들여올 경우 심각한 통화팽창이 야기될 수 있다. 일반적인 국내시장 안에서 거액의 외화 자본을 감당할 수 없기 때문이다. 이것이 바로 각 나라, 특히 개발도상국이 외화를 벌어들인 뒤 매년 미국의 국채를 구입하려고 하는 근본 이유라 할 수 있다. 이들 가운데 일본처럼 정치·군사·경제적으로 미국에 의존도가 높은 선진국도 적지 않다.

미국이 달러와 국채를 하나로 묶어두려는 것은 주로 세 가지 목적이 있기 때문이다. 첫째, 세계 중심 통화로서 달러가 가지는 장점을 이용해 세계 금융과 경제를 미국과 떼려야 뗄 수 없게 만들기 위해서다. 즉, 미국 입장에서 보면 세계 어느 나라도 미국 경제를 중심으로 하는 전차에 올라타지 못하면 글로벌 경제에서 살아남을 수 없게 만들어야 한다. 둘째, 이런 관계를 통해 달러의 발행권과 세계 통화 금융정책의 제정권을 단단히 움켜쥐기 위해서다. 한마디로 이는 발언권을 장악하

　　　　　　　돈의 탄생

는 것과도 같다. 미국이 정한 금융과 경제 정책 및 규칙을 따라야 비로소 미국의 경제적 지원과 원조를 받을 수 있기 때문이다. 미국은 이미 세계경제 정책과 규칙의 제정권과 발언권을 장악하고 있는 만큼, 가능한 한 빨리 빈곤의 그늘에서 벗어나고 싶은 나라들은 미국과 달러의 보살핌을 받아야 그 꿈을 실현할 수 있다. 반대로 미국이 정한 규칙을 무시하고 자국에 유리한 규칙을 만들고자 하는 나라가 있다면 그 나라는 미국의 경제와 금융, 나아가 정치와 군사의 압박에 시달리게 될 것이다. 셋째, 미국이 달러를 발행하는 비밀을 가능한 한 오래도록 꼭꼭 숨겨 프롤레타리아가 미국과 달러의 본질을 쉽게 이해하지 못하도록 만들기 위해서다.

이런 방식 외에도 미국은 석유 가격을 통제해 세계 중심 통화의 지위를 유지하고 있다. 달러로 계산되는 석유는 미국과 달러가 세계를 재패하는 데 강력한 무기가 된다. 때로는 원유, 식량, 유색 금속의 가격을 대폭 끌어올려 세계 중심 통화로서의 달러 공급량도 큰 폭으로 증가시킬 수 있다. 세계에서 달러를 많이 필요로 하면 달러 발행량도 자연히 늘어난다. 또한 미국은 자체 발명한 각종 파생 상품을 이용해 시기적절한 순간에 글로벌 금융 위기를 촉발시키기도 한다. 이 모든 것이 미국이 달러로 천하를 제패할 때 사용하는 일련의 무기들이다. 이런 이유로 어느 정도 때가 되면 한 차례씩 금융 위기가 발생하는 게 이상할 것도 없어 보인다. 특히 1971년 미국이 브레튼우즈체제를 일방적으로 파기한 뒤 이 위기가 갈수록 잦아지고 피해의 강도도 점점 심해지고 있다.

그래서 미국의 집권층은 1971년 이후 금과 달러는 이미 양립할 수 없고, 통화본위의 성질을 가지고 있는 금이 존재하면 달러는 없는 것이라고 보고 있다. 세계 각국이 달러를 신뢰하지 않는 상황에서 미국이 달러를 초과 발행하게 되면 결국 통화팽창으로 이어질 수밖에 없다. 미국도 이 점을 명확히 간파하고 있다. 미국이 이런 상황을 미연에 방지하기 위해 선택할 수 있는 가장 좋은 방법은 바로 부채다. 미국은 자국의 부채나 돈이 부족한 것을 걱정한 적이 없다. 돈이 모자라면 국채를 발행해 해외에서 빚을 내면 그만이다. 미국은 이 부채를 갚을 여력이 전혀 없다. 조금이라도 갚을 생각이 있다면 통화팽창에 의존해야 한다. 통화팽창으로 채무를 줄이거나 심지어 아예 없앨 수도 있기 때문이다. 예를 들어 오늘 1조 달러를 빌리고 몇 년 후에 100배 넘게 통화팽창이 되었다면 통화가치, 즉 구매력을 놓고 봤을 때 100억 달러만 갚으면 된다. 만약 짐바브웨(Zimbabwe)에서 극단적인 통화팽창이 벌어진다면 단한 푼도 갚을 필요가 없어진다.

이는 미국이 수십 년에 걸쳐 금본위제와 국제 중심 통화로서 금의 지위를 폐지한 가장 근본적인 원인이자 전략적 의도라 할 수 있다. 한마디로 미국은 달러의 자유를 실현하고 싶어 했다. 중국을 비롯한 개발도상국들이 공정하고 공평하고 세계 발전의 방향과 추세에 부합하는 새로운 국제금융 질서를 구축하기 위해 주력하는 이유도 바로 여기에 있다.

그렇다면 버림받은 화폐로 불리는 금이 정말 역사의 요람 속에서 깊이 잠들어 있는 것일까? 바꿔 말해서, 미국과 달러가 아무리 막강하다 해도 금이 정말 이런 이유로 세계에서 완전히 사라질 수 있을까?

다시 깨어나는 금과 은

세계금협회(World Gold Council)의 통계에 따르면, 2009년까지 지구 상에서 인류가 채굴한 금의 총량은 163만 톤에 달한다. 그중 장신구에 사용한 양이 8만 3,600톤, 각국이 공식적으로 보유한 양이 2만 6,700톤, 개인이 투자한 양이 2만 7,300톤, 공업 등 기타 용도로 쓰인 양이 1만 9,700톤, 통계에 잡히지 않는 곳에 쓰인 양이 3,700톤이다. 이 데이터의 진실성은 줄곧 의심을 받아왔다. 각국이 공식적으로 발표한 금 보유량

에 대한 신뢰성이 없기 때문이
다. 일부 국가는 자신의 이익
을 위해 실제 금 보유량을 숨
기고 있는 실정이다. 하물며
공식 집계에 잡히지 않은 민간
보유의 금이 어느 정도인지 명
확히 알 길이 없다. 어찌됐든
한 가지 확실한 사실은 금은
영원히 사라질 리 없다는 것이다.

▶ 황금

금의 비화폐화가 금을 자유롭게 소유하고 매매하는 상품으로 만들
었고, 금시장의 발전을 위해 길을 열어주는 역할을 했다. 이때부터 금
은 화폐 속성의 주도적 단계에서 상품 속성의 단계로 발전하기 시작했
고, 다른 일반 상품과 마찬가지로 자유롭게 국제시장에서 거래될 수 있
는 상품이 되었다. 그러나 세계 주요국들의 금에 대한 입장 변화만 살
펴봐도 브레튼우즈체제가 붕괴된 후 금이 더 이상 보유 통화의 역할을
하지 못한 채 점차 상품으로 전락했다는 의구심이 드는 것도 사실이다.
그러나 지금까지도 세계 주요 국가들은 금을 화폐 체계에서 완전히 떼
어내지 못하고 있고, 금은 여전히 달러를 대신해 그들의 부를 비축하는
수단으로 쓰이고 있다. IMF가 제공한 데이터에 따르면, 미국의 금 보
유량은 1949년 2만 1,828.2톤에서 1980년 8,221.2톤으로 계속 줄어들다
가 유지세로 돌아섰고, 20년 만에 아주 약간 하락한 뒤 2001년 8,149톤
을 기록했다. 동시에 프랑스의 금 보유량은 하락하기는커녕 계속 상승
했다. 프랑스의 금 보유량은 1952년 517.2톤에서 1971년 3,130.9톤으로
급증했다. 독일과 이탈리아의 금 보유량도 1980년에 각각 2,960.5톤과
2,073.7톤에서 2001년 3,456.6톤과 2,451톤으로 증가했다.

2006년 12월 27일 세계금협회가 발표한 세계 각국 및 국제조직의
금 보유량에 관한 통계 수치에 따르면 미국이 8,133.5톤으로 가장 많았

고, 독일이 3,423톤으로 그 뒤를 이었다. 국제통화기금은 3,217.3톤, 프랑스 2,748톤, 이탈리아 2,451.8톤, 스위스 1,290.1톤, 일본 765.2톤이었다. 현재 금 보유량을 비교해보면 미국 8,133톤, 독일 3,377톤, 이탈리아 2,451톤, 프랑스 2,435톤, 중국 1,842톤이다. 그러나 여기서 말하는 미국의 금 보유량은 연준이 보유한 수량만 가리킬 뿐이며, 미국이 실제 통제하는 IMF와 세계은행의 금 보유량은 포함되어 있지 않다. 하물며 이 수치는 10여 년 전의 수치와 거의 비슷해 신뢰도를 의심하지 않을 수 없다. 중국의 실제 금 보유량은 이보다 훨씬 많을 것으로 관측되고 있다. 2016년 1월부터 5월까지 금값이 22퍼센트 가까이 오르면서 세계 최대 금 생산 및 소비국이었던 중국은 2016년 5월 금 보유를 위한 구매를 중단했다. 2016년 3월과 4월에 중국은 금 구매량을 약 9톤씩 줄였다. 그리고 지금까지 중국 정부는 5~6년마다 한 번씩 금 보유량을 발표하고 있고, 국제 시장은 중국이 IMF에 실제 금 보유량을 속였다고 의혹을 제기하기에 이르렀다. 중국의 실제 금 보유량은 공식 발표한 수치보다 두세 배 많을 것이라는 분석이 설득력을 얻고 있기도 하다. 심지어 중국의 금 보유량은 세계 최대 금 보유국인 미국을 이미 뛰어넘었다는 관측도 나오고 있다.

중국이 금을 사들이는 목적은 '비(非)달러화'와 부의 비축 수단을 다양화하려는 데 있다. 또한 중국은 금 보유를 향후 국가의 경제 상황을 개선하는 수단으로 보고 있다. 전문적인 분석에 따르면, 중국 중앙은행이 금을 너무 많이 사들이면 유동자금을 점용하게 되고 일정 기간에 실질적인 수익이 나지 않기 때문에 바람직하지 않다는 지적도 나오고 있다. 중국이 2016년 하반기 이후 금 매입을 중단한 주요 원인이 단순히 금값 상승만은 아닌 이유가 여기에 있다. 현재 전 세계 실제 상황을 살펴보면 연간 금 생산량이 2,500톤 정도이며, 금 생산국들이 모두 대부분의 금을 사재기하고 있어 세계 금시장에서 실물 거래에 쓰이는 금은 500톤을 넘지 않는다.

이것만 봐도 금이 화폐 시스템에서 버림받았다 해도 세계 각국의 금고에는 여전히 번쩍이는 금이 잔뜩 쌓여 있다는 것을 알 수 있다. 금은 불안정한 시기에 가장 안정적이고 믿을 만한 공인된 기준이다. 금값의 발전 과정을 돌아봐도 지금까지 금이 존재하는 가치와 힘을 충분히 엿볼 수 있다.

1300년부터 세계 금값은 기적과도 같은 여정을 걸어왔다. 1300년부터 1918년까지 금값은 온스당 1파운드가 안 되는 가격에서 4.25파운드로 계속 상승했다. 1919년부터 1971년까지 파운드를 기준으로 한 금값은 온스당 4.25파운드에서 12.5파운드로 올랐고, 달러를 기준으로 한 금값은 온스당 20.67달러에서 35달러로 올랐다. 1971년부터 1980년까지 온스당 금값은 41.17달러에서 614.61달러로 계속 상승했고, 그중 1980년 6월 21일 역사상 최고치인 870달러를 기록했다. 1981년부터 2001년까지를 살펴보면 1981년 초 온스당 593.84달러에서 272.67달러로 하락했고, 2001년 '9·11 테러 사건' 이후부터 금값은 다시 지속적으로 상승해 2001년 8월 온스당 272.39달러에서 2006년 상반기 590.69달러로 올랐다.

인류 역사상 가장 광풍을 몰고 온 금값 재평가는 1971년부터 1980년 사이에 발생했다. 이 10년 동안 국제 시장의 연간 평균 금값은 온스당 36.07달러에서 614.61달러로 폭등했고, 누적 상승폭이 1803.94퍼센트를 기록했다. 월 평균 금값은 1971년 1월 온스당 37.88달러에서 1980년 1월 677.97달러로 급상승했고, 그해 6월 21일 역사상 최고치인 870달러를 기록했다. 최대 상승폭은 무려 2,317퍼센트였다. 연준의 금리 인상 전망의 정확도가 떨어지면서 금은 2016년 큰 폭으로 오른 뒤 5월에 심하게 요동치다가 단기간에 1,300선에서 1,200선 이하로 떨어졌다. 그러나 2016년 전체로 놓고 보면 17퍼센트 상승했다. 2020년까지 국제 금값은 1,290달러에서 1,315달러 사이를 맴돌 것으로 보인다. 물론 이 가격을 유지하기 위한 전제 조건은 2020년까지 2008년과 같은 금융 위기나 세계 안보를 위협하는 큰 전쟁이 일어나서는 안 된다. 그렇지 않으면 금값이 천정부지로 치솟을 가능성이 높다. 실제로 정부와 프롤레타리아 계층의 머릿속에는 여전히 금을 재난과 위험에 대비하는 가장 유용한 무기로 생각하는 경향이 깊이 잠재되어 있다. 따지고 보면 지금까지 금의 가치는 한 번도 과소평가된 적이 없다.

현실적으로 볼 때 금의 비화폐화의 진행 과정은 금을 화폐 영역에서 완전히 퇴출시키는 것으로 해결될 문제가 아니다. 금의 화폐 기능은 여전히 존재하기 때문이다.

- 여전히 다양한 법정 액면가의 금화가 발행·유통되고 있다.
- 금값의 변화가 여전히 통화를 가늠하는 유효한 수단이고, 경제 운용 상태를 평가하는 기준이다.
- 금은 여전히 중요한 자산 보유 수단이다. 지금까지도 각국 중앙은행 외환 보유고에 쌓여 있는 금의 총량이 3만 톤을 넘고, 이 양은 수천 년 동안 인류의 총 금 생산량 중 약 20퍼센트를 차지한다. 여기에 개인이 보유한 금괴 2.22만 톤까지 합치면 세계 금 총량 중 무려 35.7퍼센트를 점한다.
- 특별인출권의 추진 속도가 예상보다 느린 탓에 현재 금은 여전히 국제적으로 유통되는 달러, 유로, 파운드, 엔의 뒤를 이어 다섯 번째 경화의 역할을 하고 있다.
- 현재 금시장은 여전히 글로벌하게 거래의 활기를 띠고 있고, 24시간 세계 각지에서 쉬지 않고 금이 거래되고 있다.
- 금은 쉽게 현금으로 바꿀 수 있고, 어떤 종류의 화폐로도 태환이 빠르게 이루어진다. 금, 화폐, 외환 3자 간의 편리한 교환관계가 형성되어 있기 때문이다. 이는 금이 가진 화폐 기능의 두드러진 특징이다.

금의 비달러화 과정이 금의 전통적인 화폐 기능을 다소 약화시켰지만, 동시에 새로운 금 투자 상품의 발전을 위해 기회를 제공함으로써 세계적으로 증가 추세에 있는 금 파생 상품을 만드는 데 일조했다. 이런 파생 상품은 금융자산 투자 상품으로 금 투자 수익을 보장하고, 시장 리스크를 피하기 위해 만들어졌다. 현재 국제 금시장 거래 상황으로 볼 때 금 투자에 사용되는 거래 대상물은 실제 금이 아니라 주로 파생 상품이다. 실제로 금괴를 대상물로 하는 금 투자량은 시장 총거래량 중 3퍼센트 정도에 불과하고, 90퍼센트 이상이 금 금융 파생 상품 거래다. 금 금융 파생 상품의 거래는 금시장의 거래 규모를 몇십 배로 확대했고, 오늘날 금시장은 금이 화폐가 아니라는 조건 속에서도 여전히 금융의 속성으로 시장을 주도하고 있다. 그러나 이 거대한 국제 금시장을 만들고 유지하는 기반은 여전히 역사적으로 오랜 기간에 유통화폐로 받아들여져온 불사조 '금'이다.

이것만 봐도 금은 여전히 평범한 상품이 아니며, 그 가격 변화는 언제나 금의 화폐 속성을 고스란히 드러내주는 잣대라고 할 수 있다.

1973년 브레튼우즈체제가 와해된 뒤 얼마 되지 않아 은이 다시 인기를 끌기 시작했다. 1970년대부터 1980년대까지 미국 텍사스주에 사는 헌트 형제가 은 투기 광풍을 불러일으켰다. 그들은 은을 전자 산업과 광학 산업의 주원료로 여겼고, 전자 산업이 빠르게 발전하면서 은의 가격도 상승할 여지가 충분하다고 판단했다. 그래서 두 사람은 은의 선물 가격을 조작하기 시작했다. 두 달이 되지 않아 은값이 6.70달러까지 올라갔다. 1979년 헌트 형제는 사우디아라비아 황실과 손잡고 1억 2,000만 온스의 은 현물과 5,000만 온스의 선물을 통제했고, 같은 기간 세계 은 거래량도 온스당 50.35달러로 역사상 최고치를 기록했다. 1년 전보다 무려 여덟 배가 넘게 가격이 뛴 셈이다. 은시장을 계속 독점하기 위해서 헌트 형제는 연간 19퍼센트의 금리도 불사하고 돈을 빌려 은을 매입했다. 당시 그들은 은시장의 유일한 구매자였다. 그러나 헌트 형제가 예상하지 못한 부분이 하나 있었다. 은값 급등으로 서민들이 집에 있는 은 식기까지 내다 팔면서 은 공급이 순식간에 크게 증가한 것이다. 1980년 3월이 되자 은 공급량이 폭발적으로 증가하면서 온스당 40달러로 가격이 떨어졌고, 그 후로도 계속 추락세를 보였다. 헌터 형제는 어쩔 수 없이 가지고 있는 은을 팔아 빚을 갚아야 했다. 이런 식으로 은값이 곤두박질치자 헌트 형제는 결국 1987년에 파산을 선언하고 말았다.

은 거품이 꺼지고 나자 사람들은 은처럼 '불안정한 금속'이 인류에게 미치는 해악을 다시 한번 깨닫게 되었다. 그런데 1990년대 말에 주식의 신 워런 버핏(Warren Buffett)이 다시 은 투기 열풍을 불러일으켰다. 1999년 초 워런 버핏은 당시 불붙은 'IT 거품'에 휩쓸리지 않고 1억 3,000만 온스의 백은을 싼값에 사들였고, 은값이 온스당 7.81달러로 오를 때까지 매입을 멈추지 않았다. 2000년 후반 들어 국제금융시장에서 금값이 대폭 하락하고 은값도 다소 하락세를 보였다. 하지만 버핏은 은 매입을 이어나갔다. 그사이 심지어 20퍼센트에 가까운 적자를 보기도 했지만 버핏은 아랑곳하지 않았다. 은값이 온스당 5달러에서 15달러로 점차 오르자 2006년 5월과 6월에 버핏은 가지고 있던 모든 은을 높은 가격으로 팔았다. 그렇게 8년을 버틴 덕에 버핏은 헌트 형제의 전철을 밟지 않게 되었고, 도리어 은시장에서 주식시장 못지않은 이익을 거둬들이며 투자의 귀재다운 면모를 보여주었다.

그렇다면 버핏은 왜 아무도 거들떠보지 않던 은시장을 겨냥한 것일까? 그것은 은 자체에 내포되어 있는 가치 때문이었다.

은은 전자, 전기, 감광 재료, 의약 화공, 소독 항균, 환경보호 등의 영역에서 이미 광범위하게 응용되고 있었다. 사람들의 일상생활에 없어서는 안 될 컴퓨터, 냉장고, 에어컨, 사진 감광 재료, 의료용 거즈, 의료용 시트, 의료용 소독 장비, 은그릇, 은수저, 은주전자, 은쟁반, 저탄소 소재 등에도 모두 은이 사용되고 있다. 은은 갈수록 중요한 공업용

소재로 주목받고 있었다. 그래
서 일각에서는 은값이 앞으로
10배 이상 오르고, 심지어 은
값이 금값을 뛰어넘을 것이라
는 예측도 나오고 있다. 그만
큼 은의 잠재력을 높이 평가하
고 있는 것이다. 그런 날이 오
면 금과 은은 다시 함께 부의

▶ 백은

대명사가 되고, 금은본위제가 현재의 달러본위제를 대신하게 될지도
모른다.

금과 은이 다시 깨어나고 있다.

그리고 다시 깨어난 금과 은은 인류를 위해 새롭게 더 큰 공헌을
하게 될 것이다.

왕의 귀환

오늘날 세계에서는 금과 은을 세계적인 금융 위기를 피할 수 있는
피난처이자 강력한 무기로 인식하는 경향이 점점 더 강해지고 있다. 이
런 인식은 2008년 금융 위기를 겪으면서부터 시작되었다. 달러가 금을
제압하고 금본위제에서 벗어난 지 37년(1971년~2008년)이 지난 후 달러
발행국인 미국은 자신이 만든 2008년 금융 위기에서 벗어나기 위해 달
러를 남발하며 금융 파생 상품의 혁신에 광적으로 매달렸고, 이로 말미
암아 금값이 강한 압박을 받았다.

이때 국제사회에서 달러의 독주 시대가 막을 내리고 유로가 달러
의 아성에 도전하기 시작했다는 것은 논쟁의 여지가 없는 사실이었
다. 그렇다면 누가 이들의 패권 다툼을 심판하고 끝낼 것인가? 그 역할

을 할 존재는 금밖에 없었다. 이런 이유로 금값이 올라갔고, 이때 달러의 채무 위기도 갈수록 심각해졌다. 만약 두 강자의 패권 싸움에서 누구도 살아남지 못한다면 금은 금융 위기에서 벗어날 수 있는 유일한 피난처가 될 것이다. 이것은 왕의 귀환을 알리는 신호탄이자 조건이라고 할 수 있다. 다시 말해서 세계적으로 더 심각한 금융 위기가 발생하고, 심지어 이것이 정치·군사적 위기로 번져야만 금은 비로소 다시 화폐의 왕이 될 수 있다. 다만 이렇게 되면 전통적인 금본위제도를 시행해야 할까? 이 문제에 관해 세계적으로 한때 격론이 벌어졌고, 금본위제의 부활이 아니라 금은쌍본위제의 부활을 주장하는 목소리가 가장 컸다. 인류가 금속본위제에서 벗어난 지 불과 40년이 지났을 뿐이고, 이 시간은 역사의 긴 강에서 손가락을 튕길 정도의 아주 짧은 순간에 불과하다. 지금 금속본위제를 부활시키는 것이 허황되고 터무니없는 것만은 아니다. 역사의 기회를 제대로 잡기만 한다면 금은쌍본위제의 귀환도 머지않은 장래에 얼마든지 가능하다.

현재 세계의 금 매장량은 약 16만 톤이고, 그것이 가지고 있는 영구적인 자연 화폐의 속성과 기능은 절대 바뀌지 않는다. 금은 여전히 통화나 신용이 심각한 타격을 받지 않도록 차단해주는 안전밸브다. 수천 년의 문명사 속에서 인류가 이 지구상에서 채굴한 백은의 총량은 모두 합쳐 143만 톤이고, 온스로 환산하면 459억 온스 정도다. 그러나 은의 소모량 역시 놀랍기는 마찬가지다. 1990년대 전성기에는 세계 사진 업계에서 매년 6,000~6,500톤 정도(약 2억 온스)의 은을 소모했다. 현재 매년 각종 전기 산업에서 사용하는 은의 양이 약 3,000톤이다. 미국 조폐국의 보고에 따르면, 1943년부터 1954년까지 인류가 생산한 은 가운데 적어도 3분의 1이 세계에서 사라졌다. 1954년부터 시작된 공업의 대량 소비로 은의 소실이 더 빨라졌다.

1940년 세계의 금 매장량은 10억 온스, 은 매장량은 100억 온스다. 그러나 2009년이 되자 세계 금 매장량은 50억 온스인 반면, 은 매장량은 10억 온스에 불과했다. 현재 금과 은의 매장량에 이미 변화가 발생했지만, 가격 대비로 볼 때 아직은 완벽한 회귀라고 할 수 없다. 하지만 장기적인 관점에서 보면 이런 회귀가 가능하다. 지금 은은 이미 화폐의 기능을 거의 잃었고, 주로 산업용 금속의 역할을 하고 있다. 은의 화학적·물리적 특징 덕분에 공업 생산에 광범위하게 응용되고 있기 때문이다. 이제 사람들의 관심은 산업 분야에서 은을 대체할 금속을 찾아낼 수 있느냐에 쏠리고 있다. 은 대체품을 발견하는 사람이 나타난다면 그는 인류를 위해 큰 공헌을 한 인물로 영원히 기록될 것이다.

금은본위제를 채택하려는 이유는 금의 매장량과 채굴량이 갈수록 제한되면서 날로 확장되는 세계경제의 발전 규모를 충족시켜주지 못하고 있기 때문이다. 단일한 금본위제는 이미 본위화폐의 기능을 홀로 감당할 수 없고, 그 파트너인 은과 함께 본위화폐의 역할을 맡는 것이 가장 이상적이다. 아울러 현재 매우 중요한 전략적 자원으로 인정받고 있는, '산업의 비타민'이라 불리는 희토류(rare earth)도 금은과 함께 미래의 세계화폐가 될 수 있다. 그렇게 되면 중국 같은 희토류 대국은 막대한 이익을 얻을 뿐 아니라 세계 단일 통화의 최대 승자 중 하나가 될 수 있다. 금은과 희토류는 국가의 금융 방어막을 구축하고 세계 단일 통화를 창설하기 위한 초석이자 기본 요소다.

바젤대 교수였던 피터 베른홀츠(Peter Bernholz)는 20세기를 악성 통화팽창의 시대라고 규정했고, 아울러 19세기에 통화팽창이 상대적으로 낮은 주요 원인을 복본위제의 실시와 뒤이은 금본위제의 실시에서 찾았다. 금본위제가 시행되면 유통되는 화폐를 고정환율로 금은과 바꿀 수 있게 함으로써 정부가 마음대로 화폐를 발행하는 권력을 제한할 수 있기 때문이다. 다시 말해서 화폐의 확장이 금과 은의 한정된 매장량 때문에 제한받게 되는 것이다. 그래서 어떤 학자는 더 이상 통화 조작을 하지 않아야 통화팽창률을 낮출 수 있다고 지적하기도 했다. 또한 금은 우리 개인의 자유를 위해 절대 없어서는 안 될 관건이자 화폐제도의 결정적 요소라 할 수 있고, 이런 이유로 금본위제를 반드시 부활시켜야 한다고 지적했다.

포브스 미디어 그룹의 회장이자 CEO이며 세계적인 경제 저널 『포브스』의 발행인 스티브 포브스(Steve Forbes)와 저널리스트 엘리자베스 아메스(Elizabeth Ames)가 공동 저술한 『자본주의는 어떻게 우리를 구할 것인가?(How Capitalism Will Save Us?)』에서 두 사람은 금본위제를 반대하는 일곱 가지 주장을 하나하나 분석하고 반박했다. 그들은 세상에 완벽한 제도는 없지만, 금에 내재된 합리성과 안정성이야말로 지금 우리에게 닥친 시장 파동과 연쇄 위기를 끝낼 수 있는 유일한 희망이라고 봤다. 나아가 그들은 연준 개혁안을 제시했다. 그 내용을 살펴보면 연준의 권력을 약화시키고, 인위적으로 낮은 세율을 설정하지 않고, 은행에 대한 과도한 관리·감독을 중단하는 것이 주요 골자다. 또한 그들은 오바마 케어를 폐지하고, 단일세제를 시행하고, 연준을 개혁하는 것이 미국 경제와 사회의 건강을 회복하고, 미국의 진정한 발전을 위해 첫 단추를 끼는 것에 불과하다는 입장을 분명히 했다.

어쩌면 그들의 제안은 매우 현실적인 해법일 수도 있다. 그러나 필자는 이런 제안이 미국의 향후 개혁의 초점이자 착안점이 될 수는 없다고 본다. 미국은 이미 되돌릴 수 없는 길을 가고 있고, 기존의 노선을 따르는 것 외에는 달리 방도가 없기 때문이다. 여기서 멈추면 그 결과는 상상조차 할 수 없고, 이미 활시위를 떠난 화살을 거둬들일 수도 없는 노릇이다. 달러가 패권을 잃게 되면 한 푼의 가치도 없는 화폐로 전락하게 될 것이다. 달러로 금을 대체해 세계에서 유일한 통화로 만드는 것만이 미국의 패권을 지탱할 수 있는 유일한 길이다. 만약 금본위제가 부활하면 달러는 금의 속박을 받게 되고, 더 이상 세계 통화의 자리를 지킬 수 없다. 달러의 패권이 무너지면 미국의 패권도 흔들리거나 심지어 붕괴될 수 있다. 미국의 입장에서 볼 때 그야말로 거대한 재앙이 아닐 수 없다. 물론 미국은 이런 날이 올 때까지 가만히 두고만 보지 않을 것이다. 미국은 언제라도 다양한 무기를 꺼내 들고 자신의 패권 지위를 지켜낼 수 있다. 누구도 자신의 패주 자리를 순순히 내놓고 역사의 무대에서 기꺼이 사라지기를 원하지 않는다. 미국도 예외는 아니다.

미국이나 세계 어떤 나라를 막론하고 늘 위기에 대한 대비책을 마련해두고 자신의 운명을 주도적으로 이끌어나가는 것이야말로 패권을 지키고 강성한 나라로 나아가는 데 가장 필요한 조건이다. 타인에게 의지하고 자신의 운명을 남의 손에 맡기는 것이야말로 모든 국가의 금기사항이다. 미국이 이렇게 할 리 없을 것이고, 다른 어떤 나라도 이렇게 해서는 안 된다!

07

결론

　세계 통화는 민감한 글로벌 정치 이슈다. 향후 세계 통화의 형태와 기본 메커니즘은 여러 가지 가능성을 가지고 있다. 그중 하나는 이미 SDR '바스켓'에 가입해 있는 달러, 유로, 파운드, 엔, 위안화 등 현존하는 세계 통용 화폐와 각국의 금은 보유량을 본위로 하는 새로운 세계 단일 통화다. 이것은 비교적 보수적인 가설에 해당한다. 그 발행량이 여전히 현재 세계에서 유통되고 있는 각종 화폐의 총발행량을 기준으로 해야 하고, 발행권과 감독권은 세계중앙은행에 속해야 하기 때문이다. 세계 단일 통화의 정치적 기반은 세계 정부와 세계 회의이고, 사용 대상은 지구상에 사는 모든 사람이다. 그 형태는 첨단 위조 방지 기술이 들어간 특수 소재로 만든 액면가 표시 화폐 및 간편한 전자화폐, 디지털 화폐 등으로 다양하게 존재할 수 있다. 누구나 세계중앙은행과 기타 법정 기관에서 발행하는 세계 통화가 있으면 세계 어느 곳에서든 자유롭게 결제할 수 있다. 그 과정에서 환율을 고민할 필요도 없다. 게다가 디지털 화폐를 사용하면 현금이나 카드가 없어 낭패를 볼 일도 생기지 않는다.

또 다른 가능성은 비교적 급진전인 생각에 해당한다. 즉, 향후 세계 단일 통화는 지금 사용하는 종이돈의 형태와 전혀 다르며, 전자화폐와 니지털 화폐가 화폐의 기본 형태가 될 것이다. 이런 화폐 형태를 사용하면 손에 들고 있는 특수 소재로 만든 범용 카드를 단말기에 대거나 자신의 고유 번호를 입력해 결제할 수 있다. 그때가 되면 상점에 계산대가 사라지고, 상품 단말기에 직접 숫자만 입력해 넣거나 지문 인식을 하면 모든 계산이 끝난다.

그러나 설사 이렇다 해도 금과 은은 여전히 세계 통화의 무대에서 사라지지 않는다. 금은이 세계 통화의 중심축인 본위 역할을 맡고 있기 때문이다. 다만 이 중심축에 금만 있는 것이 아니라 그 파트너인 은도 포함되어 있을 뿐이다.

공업과 수공업이 필요로 하는 일정 수량의 금과 은 외에 세계에서 비축하고 있는 금은은 모두 세계중앙은행 금고에 모여 있다. 이것이야 말로 세계 단일 통화의 수호신이다. 세계 단일 통화가 통화팽창의 위기를 겪을 때 세계중앙은행은 즉각 금은을 사용해 이미 방출된 세계 단일 통화를 구매하거나 회수해 사람들이 보유하고 있는 통화량을 감축하고, 위기가 지나가면 금은을 다시 화폐로 회수한다.

맺음말

화폐란 무엇인가?

1

화폐의 정의와 그 본질에 관하여 지난 수천 년 동안 논쟁이 이어져 왔다. 아리스토텔레스는 화폐 윤리에 관해 전문적으로 논술한 최초의 인물이다. 그는 화폐가 사람에게 속하는 인위적 존재이며, 자연에서 발생한 것이 아니라 사람의 습관, 협의 또는 국가의 입법을 통해 만들어진 것이라 여겼다.

그래서 아리스토텔레스는 법률에 근거해 화폐를 폐지할 수 있도록 화폐의 가치를 법으로 규정할 수 있다고 보았다. 이런 관점은 화폐 명목론과 화폐 국정론의 전신이자 시초가 되었다. 그는 거래의 필요성 때문에 화폐가 생겨났고, 물물교환의 불편함을 해소하고자 일종의 상품을 교환 매체로 삼을 수밖에 없다고 여겼다. 그는 화폐에 대한 고찰을 통해 거래는 자연스럽게 발생하는 것이고, 생산이 발전하면서 교환의 내용과 범위가 끊임없이 증가하거나 확대한다고 보았다. 이런 간단한

돈의 탄생

물물교환은 생활과 발전의 수요를 따라잡지 못했고, 결국 화폐의 탄생으로 이어졌다. 운송과 구매의 과정에서 사람들은 유용하면서도 휴대하기 편리한 모종의 물건을 등가물, 즉 부족한 물건을 구매하는 매개물로 삼기를 원했다. 이런 과정을 거쳐 철, 은 및 이와 유사한 금속이 요구조건에 부합한다는 사실을 깨닫게 되었다. 이런 식으로 다른 물건의 가치를 대신 나타낼 수 있는 금속이 화폐다. 또한 아리스토텔레스는 화폐의 이중 속성, 즉 사용가치와 교환가치에 주목했다. 화폐는 가치의 공통 척도이자 교환의 매개체라고 할 수 있었다.

애덤 스미스의 이론 체계에 등장하는 몇 가지 기본적인 개념과 관점은 서로 밀접하게 연계되어 있고, 화폐 개념을 해석하는 근간이기도 하다.

첫째, 국민의 부는 가치의 부가 아니라 물질적 부를 가리킨다. 애덤 스미스는 한 나라 국민의 노동이 그들이 소비하는 모든 생활필수품과 소비재를 공급하는 원천이라고 여겼다. 이런 생필품과 소비재는 두 가지로 나뉜다. 하나는 본국에서 생산되는 직접 생산물이고, 또 하나는 이 재화를 이용해 국외에서 사들여오는 물건이다. 다시 말해서 국민의 부는 바로 자국의 국민이 직접 생산하는 것과 국외에서 들여오는 생필품과 소비재의 조합이라 할 수 있다. 그러므로 국민의 부는 물질적 제품만을 가리킬 뿐 가치와는 상관없다.

둘째, 노동을 통해 만들어내는 것은 재화이지 상품이 아니다. 그는 국민의 부가 물질적 부를 가리키는 이상, 생산은 자연히 물질적 재화의 생산을 가리킨다고 여겼다. 이런 생산의 목적 자체는 사람들의 의식주를 충족시키는 데 있고, 그 후 여분의 재화를 교환에 사용하게 되면서 그 재화가 비로소 상품이 된다. 교환한 물건이 여분의 재화라면 그 재화의 생산은 상품이 아닌 재화를 생산한 것이다. 인류 초기의 개별 생산단계에서 생산의 목적은 개인의 사용과 소비에 그쳤다. 이런 생산은 상품의 생산이 될 수 없다. 인류가 비교적 높은 단계인 사회화 생산단계로 접어들면서 생활수준의 향상과 더불어 생산량도 늘어났다. 이때부터 인류의 생산 목적은 개인의 소비를 충족시키는 것을 뛰어넘어 더 많은 가치를 얻기 위한 생산으로 전환되었다.

셋째, 교환은 상품이 아닌 재화 간에 이루어지는 행위를 가리킨다. 애덤 스미스는 교환에 사용되는 것이 여분의 재화라면 그 교환은 재화의 교환 또는 물물교환이라고 여겼다. 그래서 소비 재화와 교환 재화를 구분하기 위해서 교환에 사용되는 물건을 '상품'이라 부르고, 소비에 사용되는 물건을 '재화'라고 불렀다. 사람들은 소비하고 남은 재화를 서로 교환하고, 상대방이 가진 여분의 재화를 얻었다. 상대방에게 얻은 여분의 재화는 소비로 이어지고, 더 이상 교환에 사용되지 않으면 상품의 개념도 사라진다. 인류 초기 개별 생산단계에서 진행된 교환은 각자 가지고 있던 여분의 재화를 교환하는 것이기 때문에 상품의 교환이라고 할 수 없다. 그러나 사회화 생산단계가 되면서 생산자는 재화에 포함된 가치를 얻고자 했고, 상품의 생산이 재화의 교환이 아닌 상품의 교환으로 이어졌다.

넷째, 화폐가 바로 재화 교환의 매개물이고, 이는 소나 조개껍질과 같은 물질 재화다. 애덤 스미스는 일정 액수의 화폐는 금괴로 가치가 환산될 뿐 아니라 이것으로 바꿀 수 있는 재화를 암시한다고 여겼다. 그래서 이 경우 일정 액수의 화폐가 표시하는 부나 소득은 이 두 가지 가치와 동시에 같을 수 없고, 둘 중 하나만 같을 수 있다. 그러나 이때 부나 소득과 같다기보다 가치가 같은 것이고, 화폐와 같다기보다 화폐가치와 같다고 말하는 편이 낫다. 금은화폐는 기타 모든 상품과 마찬가지로 교환하는 제품 또는 상품이라고 볼 수 있다. 따라서 화폐와 기타 모든 상품의 교환은 개체화 생산단계에서 제품과 제품의 교환 또는 물물교환으로 표현되고, 사회화 생산단계에서 순수한 가치 교환으로 나타난다.

다섯째, 금은화폐의 교환가치(혹은 가격)는 노동이 결정한다. 애덤 스미스는 금은화폐의 가격이 기본적으로 불변한다고 생각했다. 금은화폐를 대표하는 지폐도 마찬가지다. 그래서 금은화폐는 어떤 상품이든 구매할 수 있고, 그 어떤 상품으로도 금은화폐를 구매할 수 있다. 이것이 상품 교환의 실질적 내용이며, 이른바 시장경제의 핵심 내용이다. 인류 초기의 개별 생산단계에는 금은화폐 가격의 안정성 때문에 잉여 재화를 상품처럼 교환하면 자유롭고 평등한 교환 상태를 유지할 수 있었다. 이것은 개체화 생산단계와 완벽하게 조화를 이루었다. 그러나 사회화 생산단계에서 금은화폐의 가격이 안정적이지 않고, 특히 지폐가 금본위에서 이탈할 경우 지폐의 가격은 그 발행량에 따라 달라진다. 발행량이 많아질수록 지폐는 평가절하하고 물가는 상승하게 된다.

애덤 스미스는 화폐를 제품 재화의 매개체이자, 소나 조개껍질과 마찬가지로 물질 재화라고 여겼다. 따라서 화폐와 기타 모든 상품의 교환은 개발 생산단계에서 재화와 재화의 교환 또는 물물교환의 형식으로 이루어지고, 사회화 생산단계에서는 순수하게 가치 교환으로 표현된다.

영국의 철학자 존 로크(John Locke, 1632년~1704년)는 「금리 인하 및 화폐 가치 제고의 결과를 논하다」라는 글에서 화폐의 성질을 논하며 이렇게 말했다. "금은은 내구성이 강하고 희소성이 있고 위조가 어렵다. 그래서 사람들은 그것에 상상의 가치를 부여해 공동의 보증물로 만드는 데 합의하고, 교환할 때 이 금속을 사용하면 동등한 가치의 다른 물건으로 바꿀 수 있도록 했다. 그 결과 다음과 같은 인식이 점차 형성되었다. 즉, 금은의 내재적 가치가 공동의 교환 매개물로 적합하며, 이 내재적 가치는 사람들이 거래에서 주고받는 수량에 불과하다. 또한 금은은 화폐로서 다른 가치가 없고 원하는 것을 얻을 수 있는 보증에 불과하며, 단지 그 수량에 따라 원하는 것을 손에 넣을 뿐이다." 이런 내용을 통해 로크의 화폐에 관한 인식을 다음과 같은 정리할 수 있다.

첫째, 화폐의 화폐로서의 가치는 사람들의 상상과 주관적 의식의 결과물이다.

둘째, 화폐 가치에 대한 상상은 사람들의 공통된 생각에서 나온 것으로 일종의 계약의 결과라고 할 수 있다.

셋째, 화폐의 가치에 대한 공통의 상상이 화폐에 교환 매개체로서의 가치를 부여했다.

로크는 화폐 금속론과 화폐 명목론을 동시에 주장하는 학자였다. 화폐 금속론은 화폐를 귀금속 상품으로 간주하고, 노동 산물로서의 가치는 노동과 토지가 공동으로 결정한다는 것이다. 화폐 명목론은 화폐를 하나의 부호로 간주한다. 즉, 그 자체로는 아무 가치가 없고, 화폐로서의 가치는 집단 상상의 결과물이라고 보는 것이다.

화폐 성질에 관한 로크의 생각은 고전 경제학 시대에 중대한 영향을 미쳤고, 반대와 찬성의 의견이 팽팽히 맞섰다. 반대하는 쪽의 대표적 인물로는 파리에서 금융 폭동을 일으킨 스코틀랜드 출신 존 로(John Law , 1671년~1729년)를 들 수 있다. 그는 1705년에 『화폐와 교역론(*Money and Trade: Considered with a Proposal for Supplying the Nation with Money*)』이라는 책을 출간했다. 이 책의 핵심 내용은 토지를 담보로 한 지폐 은행의 건립이었다. 그도 존 로크가 쓴 「금리 인하 및 화폐 가치 제고의 결과를 논하다」라는 글을 읽은 적이 있었다. 화폐의 성질을 토론할 때 존 로가 이런 말을 했다. "존 로크 선생께서는 사람들이 은에 가상의 가치를 부여하는 데 동의했다고 말씀하셨습니다. 은이 화폐로 삼기에 적합한 여러 가지 특징을 가지고 있기 때문이지요. 하지만 저는 각기 다른 나라들이 어떻게 모종의 물건(예를 들어 은)에 가상의 가치를 부여해 동일하지 않은 상품의 가치를 표시하는 데 사용하도록 동의할 수 있다는 건지 상상이 되지 않습니다. 또한 과연 어떤 나라가 교환한 물건과 가치가 다른 이런 매개물을 받아들일 수 있는지, 이 가상의 가치가 어떻게 계속 유지될 수 있는지 이해가 잘 되지 않습니다."

실제로 존 로는 천재적인 화폐제도의 설계자로 지폐제도의 구축에 관한 상상력이 남다른 인물이기도 했다. 다만 그는 화폐의 채무 약속 수단에 대한 확신이 없었다. 그 역시 한 사람의 상상이 대상물에 화폐의 가치를 부여하지 못하면 이런 개인의 상상은 망상에 지나지 않는다는 것을 분명히 알고 있었다. 이런 상상이 집단의 공감을 얻고 계약의 형식으로 구체화되어야만 비로소 현실이 될 수 있다.

화폐 성질에 관한 로크의 생각에 찬성하는 사람도 적지 않았다. 아일랜드 경제·금융학자 리샤르 캉티용(Richard Cantillon)은 그의 저서 『일반 상업 소론(Essai sur la Nature du Commerce en General)』에서 로크의 생각에 관해 논했다. "존 로크는 사람들의 약속이 금은에 가치를 부여한 것이라 생각했고, 이는 의심의 여지가 없는 사실이다. 왜냐하면 금은은 절대적으로 필요한 것이 아니기 때문이다. 사람들 간의 이런 약속이 레이스, 린넨, 실크, 구리 및 기타 금속에 매일 가치를 부여하고 있는 것이다. 설사 이런 물건이 없다 해도 인간은 생존할 수 있다. 하지만 그렇다고 해서 금은이 단지 상상의 가치만 지닌 물건이라고 쉽게 결론 내려서는 절대 안 된다. 금은은 이것을 생산할 때 사용하는 땅이나 노동과 정비례의 가치를 지니고 있다. 다른 상품이나 가공되지 않은 제품들처럼 그것에 부여된 가치와 서로 비슷한 생산 비용을 지불해야 비로소 금은을 생산할 수 있다. 캉티용은 로크의 화폐 성질에 관한 두 가지 이론이 결코 모순되지 않는다고 여겼다. 그는 로크의 생각에 전적으로 동조했다. 그 역시 화폐의 상품으로서의 가치는 노동과 토지를 통해 결정되고, 화폐의 화폐로서의 가치는 사람들의 집단 상상을 통해 부여되는 집단 지향성의 산물이라고 보았다.

리샤르 캉티용뿐 아니라 프랑스의 사상가 몽테스키외도 화폐로서의 가치가 사람들의 집단 상상을 통해 부여된다는 이론에 동의했다. 몽테스키외가 보기에 화폐는 교환을 위해 만들어낸 수단일 뿐 부를 의미하지 않으며, 화폐의 가치는 표기성과 의제성에 있고 사람의 상상을 통해 부여되는 것이었다. 금과 은은 그 자체만 보면 아무런 쓸모가 없지만, 그것이 부가 되는 이유는 사람들이 부의 표시로 사용하기 때문이다. 몽테스키외의 이런 판단은 로크의 사상과 판박이었다.

이외에 화폐의 정의를 둘러싼 관점도 다양했다. 몇 가지 예를 들면 첫째, 화폐는 사람들이 보편적으로 받아들이는 상품 가치와 채무 청산을 위해 지불하는 물품이다. 둘째, 화폐는 교환 매개물로서 가치, 저장, 가격 기준과 지불 연기 기준을 충당하는 물품이다. 셋째, 화폐는 이자를 지불할 필요가 없는 유동자산이다. 넷째, 화폐는 귀금속이자 부를 의미한다. 화폐의 실체는 반드시 귀금속으로 만들어져야 하고, 금은만이 국가의 진정한 부의 역할을 할 수 있다. 다섯째, 화폐는 반드시 실질 가치가 있어야 하고, 이 가치는 금속 가치가 결정한다. 최신 화폐 이론에 따르면, 화폐는 소유자와 시장의 교환권에 관한 계약이고 근본적으로 소유자가 서로 주고받는 약속이다. 이 이론의 추종자들은 모든 경제학적 실천을 통해 이미 검증되었고, 몇백 년 동안 이어져온 통화 본질을 둘러싼 논쟁의 종지부를 찍었다고 주장하고 있다. 이런 관점을 주장하는 논리적 근거와 증명 과정은 다음과 같다.

시장이 물물교환 단계에 있을 때 교환의 발생 여부는 교환 쌍방의 공급과 수요의 상호 보완성에 달려 있다. 그러나 상호 보완성이 늘 존재하는 것은 아니다. 갑에게 A 재화는 있는데 B 재화가 부족하고, 을에게 B 재화는 있는데 D 재화가 부족하다고 가정해보자. 이때 어떤 한 장소에 갑을 쌍방만 있다면 갑을 사이에 교환이 이루어질 수 없다. 같은 장소에 병이 나타났고, 그의 손에 D 재화는 있는데 A 재화가 부족하다면 상황이 달라진다. 갑, 을, 병 3자 사이에는 모종의 약속을 전제로 쌍방 교환의 형식으로 거래가 이루어질 수 있다. 이 약속은 바로 을과 병이 A와 D를 맞바꾸고, 갑과 을이 B와 A를 교환하는 것이다. 물론 A는 을이 최종적으로 얻고자 하는 D가 아니다. 하지만 이때 D가 교환 매개체 역할을 할 수 있다. 즉 을은 병에게 A를 주고, 병에게서 자신이 원하는 재화 D를 가져올 수 있다. 이 사례의 역할을 좀 더 확장해 갑을 구입

돈의 탄생

자, 을을 판매자, 병을 시장이라고 하면 A는 통화의 역할을 맡게 된다. 즉, 갑과 을이 A와 B를 교환하고, 을은 이렇게 얻은 A를 이용해 병이 가지고 있는 D와 교환한다. 교환의 범위를 더 확장할 경우 교환 쌍방의 공급과 수요가 일치해야 할 필요성이 점점 낮아진다. 만약 시장의 규모가 커진다면 제삼자가 존재할 가능성도 커진다. 제삼자는 교환 당사자에게 필요한 물품을 공급해 수요를 만족시키는 역할을 한다. 이 제삼자가 바로 시장이다. 시장은 모든 교환 당사자를 포괄하는 총체적인 시스템이다. 그래서 을과 교환에 참여하는 대상 사이에 공통의 약속이 생긴다. 만약 갑의 재화 A가 어디서 왔는지 추적해본다면 두 가지 가능성이 존재한다. 그것은 교환을 통한 소득이거나 자체 생산된 것이다. 그렇다면 갑은 통화의 생산자, 즉 통화의 발행자가 된다. A는 갑이 필요로 하는 것을 교환하는 데 쓰일 수 있다. 만약 교환 소득, 즉 갑이 정에게서 교환을 통해 A를 얻었다면 을은 시장에서 온 제삼자가 되고, 갑과 을 사이에도 A를 이용해 필요한 것으로 교환할 수 있다는 공통의 약속이 생긴다. 교환자와 시장 사이에 모 재화를 기타 재화로 교환할 수 있는 권한 부여를 약정하기만 하면 교환은 늘 진행될 수 있다.

만약 병이 존재하지 않는다면 시장에 을이 필요로 하는 D가 존재할 리 없다. 그렇다면 을이 갑과의 교환을 통해 A를 손에 넣는다 해도 D를 얻을 수 없으니 갑을 사이의 교환도 아무런 의미가 없다. 결국 모든 교환이 중단될 수밖에 없다. 을의 입장에서 볼 때 그가 가진 재화 B를 갑이 필요로 하는 동시에 그가 필요로 하는 재화 D도 시장에서 얻을 수 있어야 한다. 이때 을은 갑도 시장의 일부분으로 간주한다. 이렇게 갑을, 을병, 병갑 사이의 한 방향 매칭이 개체와 시장으로 귀납될 때 갑과 시장 병(을 포함) 사이의 쌍방향 매칭, 을과 시장 병(갑 포함) 사이의 쌍방향 매칭으로 나타난다. 이것이 바로 물물교환이 이루어질 수 있는 기본 조건이다. 이 때문에 화폐의 역할은 공급과 수요의 한 방향 매칭을 시장을 통해 쌍방향 매칭을 실현하고, 나아가 시장의 모든 교환 당사자의 공급과 수요 전환을 가능하게 만드는 데 있다. 시장에 모든 것을 맡기는 동시에 필요한 것을 요구하는 것이야말로 교환의 전제 조건이다. 소유와 수요의 전환은 두 개의 재화를 매매하는 독립적 과정과 절차를 통해 발생한다. 그렇다면 화폐는 바로 이 과정에서 필요한 약속이다.

필자는 앞서 말한 화폐에 관한 정의가 사실 화폐의 기능을 설명하는 것에 불과하다고 생각한다. 화폐의 기능에 관한 정의를 살펴보면, 첫째, 화폐는 상품에 대한 지불과 채무 상환에 사용된다. 둘째, 교환 매개체이자 가치, 저장, 가격 기준과 지불유예 기준이며, 공공 순자산으로서 유동자산의 역할을 한다. 셋째, 화폐는 부(富)다. 넷째, 화폐는 반드시 실질적 가치가 있어야 한다. 또한 위에서 설명한 갑을병정 간의 거래 과정은 각 측의 참여와 거래의 과정에 불과하고, 화폐는 시장에서 거래 각 측이 필요한 재화를 얻기 위해 거래할 때 중개 또는 매개 역할을 할 뿐이다. 그리고 화폐를 소유자와 시장의 교환권에 관한 계약으로 정의하고 있다. 하지만 이것도 실제로 화폐의 기능 중 하나일 뿐이다. 즉, 제품 소유자와 시장 소비자 사이에 일어나는 상품 교환 과정에서 일종의 계약 역할을 하는 것이다. 우리는 이런 계약을 하는 목적이 생산한 재화의 소유자와 시장 소비자 사이에 순조로운 교환 행위를 보장하기 위한 것이고, 시장에서 진행되는 이 모든 거래 행위는 계약으로부터 시작된다는 것을 분명히 알아야 한다. 만약 계약이 없다면 그 어떤 시장 거래도 진행될 수 없다. 따라서 화폐를 소유자와 시장의 교환권에 관한 계약으로 정의하는 것은 소유자 상호 간의 약속일 뿐이며, 실질적으로 화폐의 정의를 내린 것은 아니라고 할 수 있다.

어쨌든 필자는 화폐의 탄생과 특징에 관한 토론을 통해 우리가 화폐에 관한 기본적인 정의(함의)를 내릴 수 있다고 본다. 화폐는 교환 매개체, 가치척도, 지불유예 척도 또는 부의 저장 수단 등의 기능을 담당할 수 있는 모든 물품을 가리킨다. 다만 인류에게 가장 중요한 화폐의 조건은 귀금속이나 부가 아니라 바로 신뢰라고 할 수 있다. 이 신뢰는 화폐 자체에서 오는 기본적인 기능이기도 하지만 완벽한 사회적 신뢰 시스템이 뒷받침되어야 한다. 이런 신뢰 시스템이 없다면 화폐는 존재할 수 없다. 오늘날의 사회에서 화폐 배후에는 결코 무시할 수 없는, 심지어 가장 중요한 특징 또는 속성이 숨어 있다. 그것은 바로 국가권력이다. 국가와 정권, 조직의 권력 및 국력이야말로 화폐가 신뢰를 얻을 수 있는 기초이자 근원이다. 화폐에 내포된 의미를 자세히 이해하려면 화폐의 본질에 관해 좀 더 접근해볼 필요가 있다.

2

화폐가 도대체 무엇인지 좀 더 알아보기 위해서는 화폐의 본질에 더 가까이 접근해볼 필요가 있다. 화폐의 본질을 전면적으로 이해하려면 먼저 화폐의 개념과 특징을 검토하는 것 외에도 그 '본질'에 내포된 철학적 의미와 현실적 의미를 명확히 파악해야 한다.

'본질'에 관한 기본적인 해석은 네 가지로 나눌 수 있다. 첫째, 사물에 늘 존재하는 불변의 형체를 가리킨다. 둘째, 사물의 근본적인 성질을 가리킨다. 셋째, 어떤 사물을 다른 사물과 구별하는 기본적인 특징을 가리킨다. 넷째, 사물이 존재하는 근거를 가리킨다. '본질'의 유의어는 실질, 성질, 본체, 본색 등이 있고, 반대어는 현상, 표상, 표면 등이 있다. 일반적으로 본질은 본래의 형체, 사물 자체의 고유한 근본 속성을 가리킨다. 사물의 '본질'에 관한 이해와 연구는 사물의 구체적인 형상이나 표상에서 벗어나게 만들어주며, 이 사물이 전체에 미치는 역할과 운영 규칙을 이해하고 세계를 변화시키는 혁신적 행보를 이끌어내도록 도움을 줄 수 있다. 예를 들어, 사람들은 의자의 본질을 앉아서 휴식을 취할 수 있는 사물이라고 생각한다. 그렇다면 사람들은 그 나무 자재와 전통적 구조에서 벗어나 얼음 의자, 과일 의자, 풍선 의자 등 다양한 형태의 의자를 만들어낼 수 있다. 또한 사람들은 동물의 본질이 세포로 만들어진 생명체라는 것을 알고 있고, 그렇다면 우리는 모든 동물이 세포 조합을 통해 일반적인 규칙을 도출해낼 수 있다. 그런 의미에서 본질은 한 사물 자체의 존재·발생·발전의 규칙을 내포하고 있다. 한마디로 본질은 사물 자체의 고유한 근본적 속성이다.

'본질'에 대한 이해를 통해 볼 때, 화폐는 두 가지 속성을 모두 갖추고 있어야 한다. 우선 화폐는 내재적 가치를 가질 필요가 없다. 화폐가 가치를 갖는 이유는 우리 사회가 그것에 가치를 부여하기 때문이다. 또한 화폐는 화학 성분에 변화가 없어야 하고, 휴대가 간편하고, 독성이 없어야 하고, 어느 정도 희소성이 있어야 한다. 이 두 가지 특성을 동시에 갖춘 물질만이 비로소 화폐가 될 수 있다.

중국의 전통적인 화폐 이론에 따르면, 화폐의 본질은 상품 또는 일반 등가물이다. 반면, 서방 경제학자들은 화폐의 본질을 보편적으로 받아들일 수 있는 물질이어야 한다고 여겼다. 중국의 전통적인 통화 이론과 서방 경제학은 통화의 본질과 관련해 인식의 편차를 보인다. 전자의 이론은 금속화폐 경제에만 적용되고 신용화폐 경제에는 적용되지 않는다. 그리고 후자의 이론은 화폐의 표면적 특징만 논할 뿐 그 본질에 깊이 다가가고 있지 않다. 그들은 화폐의 본질이 신용이고, 이런 관념을 이용해 각종 화폐 형식의 내재적 특징을 비교적 잘 설명할 수 있을 것이라 여겼다. 위의 관점에 동의하는 학자 가운데는 여기서 한 발 더 나아가 화폐의 발전 과정에서 그 신용 구조는 결국 화폐의 보편적 수용 능력에 대한 신뢰로 수렴되기 때문에 화폐의 본질은 신용이고, 그것은 화폐 발전의 전 과정을 관통한다고 보았다. 이 과정에서 초래되는 거래 비용의 감소와 화폐 신용 위험의 증가는 통화 발전의 두 가지 본질적 규칙이며, 통화의 변천과 진화의 과정을 함께 결정짓는다. 또 어떤 학자는 화폐가 채권과 채무의 양도 및 상환에 기원한다고 여기기도 한다. 모든 주권 국가는 그 국민에게 일정한 세금을 부여하고 조세 납부에 사용할 화폐단위를 정할 능력을 가지고 있는데, 이 조세 제도가 국가 주권 화폐에 대한 대중의 수요를 창출한다. 주권 화폐는 한 나라의 부채라 할 수 있고, 국민이 소유한 화폐의 수요는 국가가 이 화폐로 지급하는 채무를 접수하기로 약속했기 때문에 생겨난다.

중국의 일반 교과서를 보면 화폐의 본질은 일반 등가물이고, 화폐는 일반 등가물로서 특수 상품이라고 정의한다. 이 이론은 마르크스가 화폐 기원 문제를 분석하면서 얻은 결론이다. 그 함의를 들여다보면 크게 두 가지로 정리할 수 있다. 첫째, 화폐는 상품의 속성을 가지고 있다. 마르크스는 화폐의 전신이 아주 평범한 상품이었고, 이것이 교환 과정에서 점차 일반 등가물로 발전한다고 보고 있다. 마르크스는 금이 화폐의 최고 단계이며, 금 자체가 이미 충분히 가치 있는 상품이라고 간주하고 있다. 그러므로 상품 교환에서 화폐의 역할을 담당하는 어떤 물건이든 우선 그것은 상품이고, 일반 상품과 마찬가지로 가치와 사용가치를 가지고 있다. 이런 식으로 일반 상품과의 공통성이 없다면 화폐는 상품과 교환할 수 있는 기반을 갖출 수 없다. 둘째, 화폐는 일반 상품과 본질적인 차이가 있다. 화폐는 상품이지만 일반 상품이 아닌 특수 상품이기도 하다. 그 특수성은 가치 자체가 아니라 가치를 사용하는 방면에 있다고 할 수 있다.

화폐가 일반 등가물의 역할을 할 때 두 가지 기본적인 특징을 보인다. 첫째, 화폐는 모든 상품의 가치를 나타낼 수 있다. 둘째, 화폐는 모든 상품과 직접 교환할 수 있는 능력을 가지고 있다. 두 가지의 차이는 일반 상품의 의미는 교환을 통해 사람들의 생산 또는 생활 방면의 특수 수요를 만족시키는 데 있고, 화폐의 의미는 모든 상품의 가치를 나타내는 재료로 상품 교환 서비스를 제공하는 것이다. 따라서 무엇을 화폐로 삼든 일반 등가물로서의 본질은 결코 바뀌지 않을 것이다. 그렇지 않으면 그것은 화폐라고 부를 수 없다.

그러나 필자는 화폐의 본질이 일반 등가물이라는 논점은 화폐의 본질적 속성에 깊이 파고들었다기보다 화폐의 특징과 기능에 대한 정의일 뿐이라고 생각한다. 다시 말해서 화폐의 기능이나 역할은 일반 등 가물에 상당한다는 것이다. 우리가 화폐의 본질적 속성을 제대로 이해하기 위해서는 화폐의 표면적 특징을 통해 화폐에 대한 인식과 사용에 숨겨진 심리적 요인까지 심층적으로 파고들어야 한다. 그래야만 화폐의 본질을 제대로 밝힐 수 있다. 필자가 보기에 화폐 자체는 신용이자 인류의 신앙이다.

역사 속에서 인류는 수많은 상품을 화폐로 사용해왔다. 이 책에서 언급했던 돌 화폐와 관련해 수많은 논의를 거쳐 최종적으로 얻은 결론은 이렇다. 야프(Yap)섬[44]의 돌 화폐는 돈이 아니라 배후의 신용 기록이자 이 기록에 근거한 청산 구조 시스템이다. 돌 화폐는 장부 기재에 쓰이는 표면적 특징이다. 화폐는 신용 기록이자 신용 청산 시스템이며, 통화는 그 시스템을 대표할 뿐이다.

북위 9도에 위치한 태평양의 한 군도에 야프라는 섬이 있었다. 1860년대 독일의 무역 회사 고드프로이(Godeffroy)가 이 섬에 상사를 세우기 전까지 이 섬은 바깥세상에 거의 알려져 있지 않았다. 그 전까지 이곳은 그야말로 무릉도원과 다름없었다. 일찍이 1730년대 가톨릭 선교사들이 이곳에서 선교 활동을 하며 현지 주술사의 심기를 건드렸고, 결국 주민들의 손에 모두 죽임을 당하고 말았다. 그 후 반세기 가까이 이 고요한 섬을 방해하는 외지인은 단 한 명도 없었다.

1869년 독일의 고드프로이 무역 회사가 이 섬에 상사를 세웠고 사업은 날로 번창했다. 독일인의 이런 성과는 스페인 사람들의 관심을 불러일으켰다. 그들은 1885년 야프섬에 대한 소유권을 주장하며 행정 기

---

44 야프섬의 옛 이름은 구압(Guap)이다. 야프섬은 태평양 서부의 캐롤라인제도 중 하나이고 미크로네시아 연방에 속한다. 가갈토밀섬, 마프섬, 루뭉섬, 야프섬 네 개가 서로 가깝게 위치해 있고 산호초로만 연결되어 있으며, 그중 가장 큰 섬이 야프섬이다. 야프섬은 구릉으로 이루어져 있고 숲이 우거져 있다. 해안 대부분이 산호초로 둘러싸여 있는 야프섬의 총면적은 100.2제곱킬로미터이며, 가장 높은 산은 타비월(Tabiwol)산으로 높이가 173미터에 달한다.

돈의 탄생

구를 만들고 관리권을 행사하기 위해 지방장관을 파견했다. 결국 야프섬의 귀속 문제는 국제 소송으로 번졌고, 교황에게 결정권이 넘어갔다. 교황은 스페인이 정치적으로 이 섬을 통제할 수 있지만 독일이 전체 상업 무역권을 행사한다고 판결을 내렸다. 그러나 1898년 미국과 스페인 사이에 전쟁[45]이 일어났고, 1899년 스페인은 330만 달러를 받고 야프섬을 독일에 팔아버렸다.

야프섬이 본격적으로 세상 사람들의 관심을 받기까지 가장 큰 역할을 한 사람은 미국의 모험가 윌리엄 헨리 퍼니스 2세(William Henry Furness II)였다. 그는 1903년 이 섬에서 두 달 동안 살았고, 1910년 현지 자연환경과 사회구조에 관해 상세히 기록한 보고서를 발표했다. 이 보고서에서 저자는 야프섬 특유의 카스트제도, 주민들의 일상생활은 물론 섬의 다채로운 가무와 종교 활동을 자세하게 소개했다. 하지만 퍼니스 2세가 가장 놀란 부분은 야프섬이 자체 화폐 시스템을 가지고 있다는 것이었다.

섬 안에는 물고기, 코코넛, 해삼 세 종류의 제품만 있을 뿐 농작물이나 수공업 제품이 존재하지 않았다. 따라서 외지 사람들과 교환할 수 있는 상품은 생선, 코코넛, 해삼 세 가지뿐이었다. 그런데 이렇게 독립적이고 단순하고 자연스러운 경제 시스템 안에 고도로 발달한 독창적인 화폐 시스템이 존재했다. 이 시스템의 핵심은 바로 페이(Fei)라고 부르는 화폐였는데, 이 페이가 현지 화폐 체계를 구축했다.

'페이'는 크고 두툼한 석륜, 즉 돌 바퀴의 일종으로 직경이 1피트에서 12피트까지 다양했다. 이 석륜 중에는 직경이 4미터, 무게가 5톤에 달하는 것도 있었다. 석륜 중간에 구멍이 있고, 구멍의 크기는 운반할

---

45 미국-스페인 전쟁(Spanish-American War)이다. 1898년 미국은 스페인령 쿠바, 푸에르토리코 그리고 필리핀을 차지하기 위해 전쟁을 벌였다. 1898년 8월 13일 미국 육·해군이 합동 공격을 하자 마닐라 성안의 스페인 군대가 상징적으로 저항하다가 휴전을 선언했다.

때 굵은 막대기를 꽂을 수 있을 정도였다. 이 석륜들은 이 섬에서 300해리 떨어진 팔라우군도에 있는 바벨투아푸섬에서 채굴한 뒤 공정을 거쳐 카누로 야프섬까지 운반되었다.

이런 화폐의 가치는 주로 크기에 따라 결정된다. 석륜의 크기가 커질수록 가치가 높아지고, 크기가 작아질수록 가치도 상대적으로 낮아진다. 그러나 크기와 함께 석륜의 결과 질감, 색도 가치 결정에 영향을 주었다. 일반적으로 결이 선명하고, 질감이 매끄럽고, 하얀색을 띠는 석륜일수록 가치가 높았다.

비록 '페이'라 불리는 이 석륜이 화폐의 역할을 했지만 섬의 주민들이 평소 이 화폐를 사용하기 위해 옮기는 일은 극히 드물었다. 첫째, 이 석륜이 지나치게 무겁고 육중해 운반 자체가 쉽지 않았다. 둘째, 이 석륜의 교환가치가 전혀 높지 않았다. 예를 들어 장정 네 명이 간신히 옮길 수 있는 석륜 하나의 가치가 고작 돼지 한 마리 값어치밖에 되지 않았다. 셋째, 이곳에서 평소 진행되는 거래 방식이 채무 사이의 상쇄이지 즉각 장부상의 자금을 청산하는 것이 아니기 때문이다. 장부상의 금액은 일반적으로 차후의 거래에서 재전환된다. 다시 말해, 이 석륜은 다음 거래에서 채무자와 채권자 사이의 장부상 금액의 결산 근거가 될 수 있다. 빚을 청산할 때가 되어도 페이를 운반할 필요가 거의 없다. 소유자 입장에서 볼 때 이 화폐는 현실적으로 소유할 필요가 없기 때문이다. 거래가 끝난 뒤 원래 주인으로부터 운반해 와야 하는 화폐는 여전히 그곳에 남아 있고, 심지어 석륜에는 거래에 필요한 어떠한 표기도 할 필요가 없다. 그들은 이 돌을 가만히 놔둔 채 단지 소유권이 바뀌었다는 사실을 서로 인정하는 것으로 거래를 끝냈다.

섬에서 한 집안의 부를 가늠하는 기준은 페이의 소유량이 아니라 그 집안의 평판이었다. 평판은 사람들의 입소문을 통해 공개적으로 인정받았다는 의미이기도 했다. 이런 평판과 신용이 뒷받침된다면 그 집안의 것이라고 알려진 페이의 존재를 실제로 본 사람이 없다 해도, 심지어 이 페이가 이미 오래 전에 바다 밑에 가라앉아 있다 해도 거래 가치에 전혀 영향을 미치지 않았다. 이 섬에서 다음과 같은 상황이 벌어진 적도 있었다. 당시 섬을 통치했던 독일인이 현지 주민에게 벌금을 징수할 때 '페이' 표면에 검은색 십자가를 그려 해당 페이를 정부가 이미 벌금으로 징수했다는 것을 표시했다. 그러자 페이의 소유자는 뜻밖에도 이 방법을 매우 존중하며 의무를 이행했다. 그런 뒤 그는 독일인에게 주인이 이미 의무를 이행해 해당 석륜이 다시 주인에게 돌아갔다는 것을 알리기 위해 석륜에 그려 넣은 십자가를 지워달라고 요청했다. 그들에게 페이는 자신의 부를 상징하는 신용과도 같은 존재였기 때문이다. 일례로 한 나라가 부유하다고 소문이 도는 것은 그 나라의 국고에 금은보화가 산처럼 쌓여 있기 때문이다. 비록 사람들은 그 나라의 금은보화를 직접 눈으로 보거나 만져본 적이 없다. 그런데도 사람들은 그 사실을 철석같이 믿으며 앞다투어 이 나라의 국채와 주식, 기타 자산을 사들이려 한다. 이것이 바로 신용이다.

존 메이너드 케인스(John Maynard Keynes)는 퍼니스의 『돌 화폐의 섬(The Island of Stone Money)』을 읽고 난 뒤 야프섬의 돌 화폐가 현대 화폐 시스템에 굉장히 중요하고 보편적인 가르침을 준다며 감탄했다.

『화폐 경제학(Money Mischief: Episodes Monetary History)』의 저자 밀턴 프리드먼(Milton Friedman)도 야프섬의 돌 화폐는 우리 문명사회의 금과 전혀 다를 바 없다고 말했다. 우리가 금을 가장 실질적이고 합리적인 가치로 여기는 이상 야프섬 주민들이 그들의 돌 화폐를 바라보는 관점과 다르지 않기 때문이다. 1932년 프랑스 은행이 미국에 달러를 팔아 금으로 맞바꾼 뒤 뉴욕 연방은행에 그 금을 보관하고 회계장부에 기록할 것을 요구했다. 연방은행은 그 요청에 맞춰 금을 금고에서 꺼내 다른 금고로 옮겨 보관한 뒤 그 안에 보관하고 있는 금이 프랑스 재산이라고 표시해두었다. 이것은 야프섬의 신용화폐제도와 전혀 다르지 않은 시스템이다.

우리는 야프섬의 돌 화폐로부터 몇 가지 교훈을 얻을 수 있다.

첫째, 야프섬에는 화폐를 만드는 데 필요한 석회암 재질의 돌이 존재하지 않는다. 그렇지 않았다면 이 섬은 화폐 범람 및 통화팽창 위기를 감당할 방도가 없었을 것이다.

둘째, 석륜을 제작하기 위해서는 기술이 필요했고, 누구나 할 수 있는 일이 아니었다. 그렇지 않았다면 그 희소성을 체현하기 힘들었을 것이다. 이런 돌 화폐를 만드는 사람은 위험을 감수하며 상당한 노동력을 쏟아부어야 비로소 돌을 채굴하고 가공해 석륜을 만들어낼 수 있다. 이런 과정이 없었다면 누구도 석륜의 가치를 인정하지 않았을 것이다. 석륜을 만드는 데 필요한 전문 기술은 함부로 배울 수 있는 것이 아니기 때문에 석륜의 가치도 인정받을 수밖에 없었다.

셋째, 야프섬에는 현찰이나 은행이 존재하지 않았고, 화폐는 오로지 채석공이 전문적으로 만들어냈다.

넷째, 이 원시적 신용 시스템은 자연 상태의 소규모 경제에만 적합하다. 다시 말해서 야프섬의 신용 시스템은 두 가지 전제 조건이 필요하다. 하나는 섬이 자연경제 상태여야 하고, 거래가 보편적이지 않으며, 화폐의 회전 속도가 비교적 느려야 한다. 실제로도 그곳 현지 주민들은 평생 거래 횟수가 다섯 손가락 안에 꼽을 정도였다. 이런 상황이 아니었다면 돌 화폐가 오늘은 갑에서 을, 내일은 을에서 병, 모래는 병에서 정,…… 이런 식으로 끊임없이 돌고 돌며 혼란을 야기했을지 모른다. 또 다른 전제 조건은 반드시 소규모 경제체여야 한다는 점이다. 이 경제체 안에서는 소유권의 공시 비용이 낮다. 거래가 한 번 이루어지면 섬사람들 전체가 돌 화폐의 소유권이 누구에게 있는지 자연스럽게 알게 되므로 별도로 공시를 할 필요가 없다. 만약 돌 화폐 소유권 귀속에 조금이라도 문제가 생기면 마치 독일인이 돌 화폐에 검은 십자가를 그린 것처럼 계속 지불수단으로 삼을 수 없게 된다. 누구라도 불명확한 화폐나 상품을 거래하고 싶어 하지 않기 때문이다.

영국의 펠릭스 마틴(Felix Martin)은 『돈(Money: The Unauthorised Biography)』에서 화폐를 신용 기록 및 신용 청산으로 만들어진 시스템이라고 말하며 신용의 문제를 제기했다.

3

여기서 특별히 짚고 넘어가야 할 점은 화폐의 본질이 신용 또는 신앙이지만 그렇다고 해서 화폐가 신용이나 신앙에 기인한다는 의미는 아니라는 것이다. 화폐 기원의 논리에서 볼 때, 물물교환은 화폐 기원의 전제 조건이었고, 물물교환에 존재하는 불편함과 문제점이 비로소 화폐의 탄생을 재촉했다. 비록 화폐의 본질적 속성은 화폐가 막 탄생했을 때부터 자연스럽게 존재했지만, 그렇다고 해서 화폐의 본질적 속성 때문에 화폐가 탄생한 것은 아니다. 이것은 완전히 별개의 문제다. 국가 통화 이론은 화폐의 개념을 근본적으로 바꿔, 국가 신용은 전통적으로 말하는 금은을 대신해 화폐 발생의 기초이자 본위가 되었다. 화폐의 본질은 실질적으로 국가 본위의 기초 위에 세워진 일종의 일반 등가물이다.

인류가 화폐를 사용하는 과정에서 화폐 자체의 본질적 속성도 점차 모습을 드러냈다. 화폐가 처음 탄생했을 때만 해도 인류의 화폐 사용은 시도와 탐색 단계에 머물며 단지 거래 과정에서 편리함을 체험하는 것에 그쳤다. 심지어 화폐가 탄생할 무렵 물물교환과 화폐 사용을 병행했고, 그 과정에서 경험을 축적하며 화폐에 대한 신뢰도와 신용 체계를 구축해나갔다. 화폐 형태가 점차 고정되고 화폐제도가 확립되면서 비로소 화폐의 본질적 속성도 차츰 모습을 드러냈다. 그러므로 우리는 화폐의 기원과 탄생의 과정 및 화폐의 본질적 속성을 혼동해 화폐의 본질을 화폐 기원의 원인과 과정으로 간주해서는 안 된다. 화폐는 법률 등 기타 사회현상과 마찬가지로 인류 사회가 일정 단계로 발전한 다음에 나타난 산물이지 터무니없이 갑자기 생겨난 것은 아니다. 어떤 사회적 현상도 그 자체로 고유한 본질적 속성과 특징을 가지고 있지만, 그것으로 이 사물의 기원을 논할 수는 없다. 이는 마치 인간이 자연적 속성과 사회적 속성을 가지고 있다고 해서 이 이중적 속성 때문에 인간이 탄생하거나 기원했다고 인정할 수 없는 것과도 같다. 기원은 사물이 생기는 근원을 가리킨다. 사물의 본질적 속성이 사물의 탄생 근원과 같다고 보는 것은 그야말로 터무니없고 비과학적인 논리가 아닐 수 없다. 사물이 생겨나야 비로소 본질적 속성이 드러난다. 만약 사물 자체가 아예 존재하지 않는다면 본질적 속성에 관한 질문 자체도 성립될 수 없다. 이것은 가장 기본적인 논리에 해당하는 문제다. 따라서 화폐 탄생의 기원과 화폐의 본질적 속성을 동일시해서도 안 되고, 심지어 화폐의 본질적 속성인 신용을 화폐 기원의 근거로 삼아서도 안 된다.

그러나 우리는 제품, 이윤, 화폐가 유기적으로 순환할 때 사회의 부가 증가한다는 경제 이론을 명확히 인식해야 한다. 다만, 화폐는 부와 같지 않다. 화폐는 단지 부를 형성하는 수단일 뿐이며, 건강한 화폐 순환은 부를 형성하지만 악성 화폐의 광풍은 부를 송두리째 집어삼켜 버린다. 만약 상업의 이윤이 없어지고 제품의 흐름마저 멈춘 채 오로지 화폐만 폭주한다면, 그것은 사회 전체의 재앙이 될 것이다. 그 결과 사회의 부는 권력층에 더 집중되고, 노동에 의지해 성실하게 살아온 민중은 오랜 세월 쌓아온 재산을 순식간에 날리고 빈털터리로 전락할 수밖에 없다.

화폐는 곧 정치고, 심지어 채권, 주식, 화폐 위기가 유발하는 금융 위기는 더더욱 정치의 연속이다.

4

화폐 개념을 전반적으로 이해하려면 화폐의 본질적 속성을 명확히 파악해야 할 뿐만 아니라 화폐의 주요 특징을 감안해 접근할 필요가 있다. 필자가 보기에 화폐는 적어도 다음과 같은 몇 가지 특징을 가지고 있다.

1. 화폐는 일종의 상품이다.

앞에서 언급한 화폐의 기원에 대한 분석으로부터 우리는 화폐의 전신은 일반 상품이었고, 그것이 교환 과정에서 일반 상품과 교환하는 데 사용되는 일반 등가물로 점차 발전했다는 사실을 알 수 있었다. 상품 교환에서 화폐의 역할을 할 수 있으려면 먼저 그것이 상품이어야 하고, 일반 상품과 마찬가지로 가치와 사용가치, 즉 교환가치를 가지고 있어야 한다. 화폐와 일반 상품 사이에 이런 공통점이 없다면 화폐는 상품과 교환할 수 있는 기본 조건을 갖추지 못한 것과 같다. 따라서 화폐는 일종의 상품이다.

2. 화폐는 일종의 특수한 상품이다.

화폐는 상품이지만 일반 상품이 아니라 특수 상품이다. 우선 화폐는 상품에서 분리되어 나왔다. 사람들 사이에 진행된 최초의 상품 교환은 물건과 물건의 직접적인 교환이었다. 그러나 상품 교환의 범위가 날로 확대되면서 그 종류도 점차 많아졌다. 교환 과정에서 발생하는 문제점과 번거로움을 해결하기 위해서 화폐는 결국 상품에서 분리되어 나왔다. 화폐가 상품으로부터 분리된 후 전체 상품 세계는 크게 두 부분으로 분열되었다. 하나는 각양각색의 상품이 다양한 사용가치의 형태로 등장했다. 또 하나는 바로 화폐다. 화폐는 상품 가치를 대변하는 존재로 나타나 상품을 선별하고 구매하는 데 사용된다. 물건과 물건의 직접 교환 과정에서 사고파는 쌍방 행위는 동시에 진행되고, 그사이에 매개체는 필요하지 않다. 화폐가 출현한 이후 매매 쌍방의 행위는 서로 다른 행위가 되었고, 시간과 공간으로부터 자유로워졌다.

이것은 두 가지 결과를 낳았다. 그중 하나는 상품의 직접 교환에서 시간과 공간의 제약을 깼다. 다시 말해서 물물교환이 성사될 수 있는 전제 조건, 즉 거래 쌍방이 동시에 상대방의 상품을 원해야만 한다는 한계를 극복했다. 이것은 상품 교환에 존재하는 문제와 장애를 극복한 것이고, 상품 교환의 순조로운 진행과 발전에 유리한 조건을 만들었다. 그러나 이런 교환 방식은 또 하나의 결과로 새로운 갈등을 불러왔다. 바로 매매 쌍방 행위에 괴리가 생기는 것이다. 상품 소유자는 여기서 상품을 팔 수 있고, 나중에 또 저기 가서 다른 상품을 살 수 있다. 오늘은 상품을 팔 수 있고, 내일은 상품을 살 수도 있다. 그 결과 어떤 판매자의 상품은 팔리지 않는 상황이 필연적으로 초래된다. 그래서 화폐는 상품에서 분리되어 나왔고, 일반 상품이 가지고 있지 않은 특징을 지니고 있다.

둘째, 화폐는 비록 일반 등가물의 역할을 하는 상품이지만 일반 등가물과는 또 다르다. 화폐와 일반 등가물은 서로 차이가 있다. 주된 차이점을 보면 일반 등가물은 고정되어 있지 않고 지역이나 구역마다 다를 수 있다. 그러나 일반 등가물로서의 화폐는 상대적으로 고정되어 있다. 예를 들어, 중국 상나라 시대에는 조개가 상대적으로 고정된 일반 등가물의 역할을 했다. 일반 등가물은 상대적으로 고정되어야만 비로소 화폐로 인정받아 다른 모든 상품과 교환될 수 있다. 화폐(고정 등가물)가 탄생하기 전에는 한 종류의 상품은 다른 한 종류의 상품과 서로 교환되거나, 심지어 몇 가지 종류의 상품으로 바꿀 수 있었다. 그러다가 화폐가 탄생한 다음부터 모든 상품은 화폐로 교환이 가능해졌다. 이때의 화폐는 자체 가치를 실현했으며, 상품 교환 과정에서 편리하고 유용한 수단으로 등극했다. 그래서 화폐가 비록 일반 등가물의 상품이지만 일반 등가물과는 다르다는 것이다.

셋째, 화폐는 고정된 일반 등가물로서 상품 생산자들 사이에 일종의 사회적 관계를 드러냈다. 화폐는 고정된 일반 등가물의 역할을 하기 때문에 그것을 이용해 모든 상품을 구매할 수 있다. 화폐의 이런 기능은 자연스럽게 부의 상징으로 인식되기 시작했다. 즉, 상품 생산자 또

돈의 탄생

는 상품 소비자가 화폐를 얼마나 가지고 있느냐에 따라 그 부가 결정되었다. 상품 생산자가 자신이 생산한 제품을 화폐로 전환할 수 있느냐는 그가 경영하는 사업의 운명과 직결된다고 할 수 있다. 그래서 모든 상품 생산자는 자신의 상품을 화폐로 바꾸기 위해 방법을 강구해야 한다. 그래야 자신이 생산한 상품과 교환한 화폐를 가지고 재생산이나 생활에 필요한 다른 제품을 구입해 재생산의 지속과 확대를 추진할 수 있다. 그리고 인류의 역사가 사회 전반에 걸쳐 화폐 숭배의 광풍을 불러일으킬 정도로 발전할 때 부에 관한 이런 관념의 변화는 사람들의 사회관계와 생활 패턴을 직접적으로 변화시킬 것이다. 훗날 국가가 출현한 뒤에 한 국가의 1년 국민총생산과 국민소득의 많고 적음은 그 나라가 보유하고 있는 화폐(주로 금과 은)의 많고 적음을 드러내는 척도였는데, 이것을 통해 그 나라의 경제력과 부의 정도를 알 수 있었다. 한 기업이 보유한 제품의 생산 차익을 알 수 있는 화폐성 결제도 생산 규모와 경제 효익이 어떤지 직접적으로 보여준다. 그래서 화폐가 출현한 뒤부터 인류의 화폐에 대한 추구는 인류의 본능을 고스란히 반영하고 있다. 인류가 지구상에 존재한 이래로 인류는 단 두 가지 일을 해왔다. 하나는 부를 창출하는 것이고, 또 하나는 창출한 부를 분배하는 것이었다. 그리고 화폐는 인류가 창출하고 분배해온 부를 가늠하는 기준이 되었다. 이 때문에 화폐가 탄생한 이래, 특히 국가 통화제도가 만들어지면서 화폐 및 그 제도는 인류의 경제활동을 조절하고 계산하는 수단이 되었다. 그래서 화폐는 상품 생산자 사이의 사회관계, 상품 생산자와 상품 구매자 사이의 사회관계를 직접적으로 보여준다.

마지막으로 우리는 하나의 결론에 도달할 수 있다. 바로 화폐의 특수성은 그 가치가 아니라 사용가치에 있다는 것이다.

화폐는 일반 등가물의 역할을 할 때 두 가지 특징을 지닌다.

첫째, 화폐는 모든 상품의 가치를 표현할 수 있다.

화폐가 출현한 뒤에 상품 세계는 양극으로 분열되었다. 하나는 특수 상품인 화폐이고, 다른 하나는 모든 일반 상품이다. 일반 상품은 각종 다양한 사용가치의 형태를 보여주는 반면에 화폐는 이 상품들의 가치를 나타내는 척도로 나타난다. 이렇게 되면 일반 상품은 화폐와의 비교를 통해서만 그 자체의 가치를 비로소 드러낼 수 있다.

둘째, 화폐는 모든 상품과 직접 교환할 수 있는 힘을 가지고 있다.

화폐는 모든 상품의 가치와 사회적 부를 대변하기 때문에 누가 화폐를 점유했느냐에 따라 가치와 부의 향방이 결정된다. 실제 교환에서 화폐는 직접적 교환의 성질을 지니고 있다. 일반 등가물은 상품 교환 과정에서 화폐의 본질적 속성을 부여하며, 그것과 화폐를 제조하고 구성하는 재료에 가치와 사용가치가 있는지 여부는 전혀 관계가 없다. 일반 상품의 의미는 교환을 통해 사람들의 생산 또는 생활 방면의 수요를 만족시키는 데 있다. 그러나 화폐의 의미는 일반 상품을 교환하는 수단으로서 상품 교환 서비스에 있다. 이것이 화폐와 일반 상품의 본질적 차이다. 바로 화폐는 모든 상품과 직접 교환할 수 있는 능력을 가지고 있고, 그 과정에서 다른 수단이나 물질에 의존할 필요가 없다는 것이다. 이것이 화폐의 특수성이 화폐의 가치 방면이 아니라 그 사용가치 방면에 있다고 말하는 근본적인 이유다.

화폐가 일종의 상품이기는 하지만 이는 특수 상품에 해당된다. 어떤 물질이나 형식으로 그 역할을 맡든 화폐의 일반 등가물로서의 본성은 영원히 변할 리 없다. 그렇지 않다면 그것은 결코 화폐가 아니다. 비록 그것이 다른 모든 상품과 마찬가지로 가치와 사용가치를 가지고 있지만, 근본적인 특징은 그 자체의 가치가 아니라 사용가치로 드러난다. 그리고 이 사용가치는 곧 교환가치를 의미한다. 대다수 화폐의 형태 자체에는 실제적인 가치가 없고, 심지어 누구도 보거나 만질 수 없다. 예를 들어 지폐를 비롯해 훗날 인류가 발명한 디지털 화폐, 전자화폐 등이 여기에 해당된다. 그리고 화폐의 사용가치는 가치척도, 유통수단, 지불수단, 저장 수단과 세계 통화와 같은 화폐의 기본 기능으로 확대되었다. 이 다섯 가지 기능 중에서 가치척도와 유통수단은 화폐의 기본 기능이라 할 수 있다. 또 다른 세 가지 기능은 이 두 가지를 기반으로 파생된 것이다. 화폐가 구체적인 경제활동에서 어떤 기능을 담당하든 화폐의 본질은 다른 무엇도 아닌 일반 등가물이다.

3. 화폐는 부의 상징이다.

앞에서 언급한 것처럼 화폐는 고정적으로 일반 등가물의 역할을 해왔고, 그것으로 모든 상품을 구입할 수 있기 때문에 자연스럽게 부의 상징이 되었다. 상품 생산자 또는 상품 소비자가 화폐를 얼마나 보유하고 있느냐에 따라 빈부가 결정되었다. 한 나라와 기업도 예외가 아니다. 그래서 화폐가 생긴 이래로 인류가 화폐를 추구하는 것은 본질적으로 부에 대한 추구이기도 하다. 화폐는 자연히 부의 상징이자 인류가 부를 가늠하는 기준이 되었다.

4. 국가가 출현한 뒤부터 화폐는 권력의 상징이 되었다.

국가가 출현하기 이전의 원시적 화폐(일반 등가물) 형태는 자연스러운 선택의 특징을 보여준다. 즉, 사람들이 인정하는 일반 등가물은 인류의 장기간 경제활동에서 스스로 선택한 결과이고, 상품 교환의 매개체일 뿐 고정불변하거나 누군가가 강제적으로 통일·발행하고 관리·감독하는 것이 아니었다. 지역과 시기에 따라 조개나 구리처럼 재질과 종류가 각기 다른 일반 등가물이다. 수천 년의 기나긴 시간을 거쳐 오면서 화폐는 단지 상품의 교환 매개체로서 그 특징·기능·역할만 보여주었다. 그러나 국가가 출현한 뒤부터 화폐는 국가권력의 통제를 받는 금융 수단이 되었다. 일부 국가는 법률의 형식으로 화폐를 확정했다.

가령, 지금으로부터 약 4,000년 전에 만들어진 고대 바빌론의 함무라비법전에는 채무자가 손해배상에 사용할 수 있는 유일한 화폐로 백은을 명확히 규정해놓았다. 현대사회에 들어서면서 각국은 국가가 화폐의 발행자이자 화폐제도의 제정자이고 화폐 운영의 관리·감독자라고 헌법에 명문화했다. 예를 들어, 미국 헌법 제1조 제8항 제5절과 제6절에는 연방의회가 화폐를 주조하고, 화폐 가치를 조절하고, 외화 가치를 산정하고, 도량형 표준을 제정할 권한을 갖고, 연방 증권과 화폐의 위조를 금지한다고 명시해놓았다.

물론 현재 일부 서방 시장경제 국가들 가운데 화폐를 발행하고 조절하는 기능을 정부나 의회가 행사하지 않는 곳도 있다. 예컨대, 1948년 전쟁에서 패한 독일은 미국 감독하에서 화폐개혁 운동을 전개했다. 미국은 독일이 세 가지 법안, 즉 통화 법안, 발행 법안, 태환 법안을 제정하도록 도왔다. 독일은 통화 법안을 통해 도이치마르크(DM, Deutsche Mark)의 법정화폐 지위를 구축해 제국마르크(RM, Reichsmark)를 대신하도록 했다. 또한 발행 법안을 통해 서독연방은행(Bank Deutscher)의 중앙은행 지위를 확고히 다졌다. 그 결과 이 은행은 1957년 이후 독일연방은행(Bundesbank)으로 바뀌었다. 태환 법안은 신구 마르크의 태환 비율 및 그 집행 세부 사항을 해결했다. 당시 서독의 중앙정부가 아직 구성되지 않은 상태였기 때문에 이때부터 독일의 중앙은행은 자연스럽게 정부에서 독립된 법률적 지위를 갖게 되었다. 다시 말해서 중앙은행이 정부의 관여와 지휘를 받지 않았고, 정부가 중앙은행에 무엇을 명령할 수 있는 권한 자체가 없었다.

그러나 독일 중앙은행처럼 독립적인 은행이라 해도 그들이 화폐를 발행·조절·관리하는 기능은 본질적으로 여전히 국가권력의 연장선상에 있었다. 국가권력이 뒷받침되지 않는다면 어떤 나라의 중앙은행도 국가 금융이나 경제 발전과 관련해 결정적인 역할을 담당할 권력을 행사할 수 없다. 당대 사회에서 어떤 권력의 행사도 국가와 정부의 역량을 벗어날 수 없다. 유로처럼 유럽중앙은행이 발행하고 유럽연합을 대표하는 통일 화폐라 할지라도 유럽 연맹과 유럽 각국 정부의 정치적 배경이 없다면 그것을 보편적으로 발행하는 것 자체가 불가능하다. 동양의 전통 사회 및 서방의 고대 로마 사회와 중세 봉건사회에서 화폐와 관련된 모든 권력은 국가, 정부, 군주, 제왕에게 속해 있었고, 다른 누구도 국가의 흥망성쇠와 관련된 화폐의 발행·관리·감독 영역에 발을 들여놓을 수 없었다. 중국은 서한 시대 중반부터 화폐를 주조·발행·관리하는 권한을 국가에서 모두 회수했고, 그 권한이 지금까지도 이어지고 있다. 국가가 출현한 뒤부터 화폐는 국가권력을 상징하는 뚜렷한 특징을 가감 없이 보여주었다고 할 수 있다. 이처럼 국가의 통치 집단은 금융이야말로 당대 사회를 장악하는 열쇠라는 것을 잘 알고 있었다.

한 나라의 금융을 장악한다는 것은 그 나라의 운명을 손에 쥔다는 것과 같다.

금융의 핵심은 바로 화폐다!

후기

화폐는 탄생한 그 순간부터 개인, 기업, 국가 등 모든 역량이 벌이는 각축전의 중심이 될 운명을 타고났다. 화폐는 인간의 본성을 시험하는 동시에 대국의 운명을 장악하고 있다. 로마제국은 화폐 때문에 강성해졌고, 대영제국은 파운드의 번영으로 '해가 지지 않는 나라'가 되었다. 미국은 달러의 패권을 발판 삼아 세계를 제패했고, 유럽은 유로화를 통해 협력과 연대의 길을 향해 걸어가고 있다. 스페인은 금과 은의 화폐적 성질에 관한 편파적 인식 때문에 재앙을 겪었고, 네덜란드는 통화 정책의 실패로 부진의 늪에 빠졌고, 프랑스제국은 화폐의 주술에 걸려 쇠락했고, 소련은 미국과의 화폐 전쟁에서 패해 무너져 내렸고, 일본은 엔화의 평가절상에 떠밀려 가라앉았고, 아르헨티나는 화폐의 약화로 쇠락했고,…….

화폐는 곧 인간의 본성을 보여주는 거울과도 같아서 인간 영혼의 모든 면을 반영할 수 있다. 또한 화폐는 양날의 검과 같아서 한 나라를 부강하게도 하지만 순식간에 몰락시킬 수도 있다.

화폐는 인류가 지구상에 마지막으로 존재하는 그 순간까지 계속될

돈의 탄생

인류의 영원한 화두다!

　이 책은 2015년 8월부터 쓰기 시작해, 필자가 『법치의 역정(法治的 歷程)』(가제)을 마무리지은 뒤에 저술한 첫 번째 저서다. 재정 및 경제와 관련된 전문 학술 서적 『회사의 역정(公司的歷程)』(가제)과 『중국의 비즈니스 로드(華夏商路)』(가제)에 이은 시리즈물이다. 이 세 권의 책은 인류가 부를 향해 걸어온 가시덤불과도 같은 길을 묘사하고 있다. 『회사의 역정』은 세계적인 관점에서 상업 조직의 발전 경로를 서술하는 데 중점을 두었고, 『중국의 비즈니스 로드』는 5,000년 역사 동안 중국 상인과 상업이 걸어온 파란만장한 길을 집중 조명했다. 필자는 화폐의 과거와 미래에 관한 이 책을 통해 여러분이 정치와 경제의 윤활제이자 기준이 되는 화폐의 역할을 좀 더 깊이 있게 이해하고 인식하는 계기가 되기를 바란다.

　옛것을 알아야 현재를 바로 이해하고 올바른 미래를 열어갈 수 있다고 했다. 이는 필자가 세 권의 책을 집필하게 된 초심이기도 하다.

참고문헌

1. 중문 고전 문헌

《国语·周语下》。

《史记·平准书》。

《文献通考·钱币二》。

《李觏集·富国策第十》。

《大学衍义补·铜之币上》。

《宋史》卷一八一《食货志下三·会子》。

《宋史》卷二八八《范坦传》。

《宋史》卷三二七《王安石传》。

《明史·郑和传》列传第一九二。

《明史》卷八一《食货志五·钱钞》。

《明太祖实录》卷三〇、 九八、 一三一、 二〇五、 二一一、 二一六、 二三四、

二五一。

2. 중문 저서

齐涛主编:《世界通史教程》, 山东大学出版社2000年版。

张艳玲、 隆仁主编:《世界通史》第一卷, 中国致公出版社2001年版。

张艳玲、 隆仁主编:《世界通史》第二卷, 中国致公出版社2001年版。

张艳玲、 隆仁主编:《世界通史》第四卷, 中国致公出版社2001年版。

张艳玲、 隆仁主编:《世界通史》第五卷, 中国致公出版社2001年版。

张艳玲、 隆仁主编:《世界通史》第九卷, 中国致公出版社2001年版。

陆庭恩、 宁骚、 赵淑惠编著:《非洲的过去和现在》, 北京师范大学出版社1989年版。

吕思勉:《先秦史》, 上海古籍出版社1982年版。

叶世昌:《中国金融通史》(第一卷), 中国金融出版社2002年版。

张国辉:《中国金融通史》(第二卷), 中国金融出版社2003年版。

杜恂诚:《中国金融通史》(第三卷), 中国金融出版社2002年版。

洪霞管:《中国金融通史》(第四卷), 中国金融出版社2008年版。

吴慧主编:《中国商业通史》(第一卷至第四卷), 中国财政经济出版社2008年版。

苗延波:《公司的历程》, 知识产权出版社2012年版。

苗延波:《华夏商路》, 知识产权出版社2014年版。

苗延波:《法治的历程》, 新华出版社2016年版。

宋鸿兵:《货币战争》, 中信出版社2007年版。

宋鸿兵:《货币战争2——金权天下》, 中华工商联合出版社2009年版。

宋鸿兵:《货币战争4——战国时代》, 长江文艺出版社2012年版。

中国社会科学院考古研究所:《殷墟妇好墓》, 文物出版社1980年版。

漆侠:《宋代经济史》, 中华书局2009年版。

永谊:《白银秘史——东西方货币战争史》, 重庆出版社2011年版。

《陕西省志·金融志》,陕西人民出版社1994年版。

萧国亮、 随福民编著:《世界经济史》, 北京大学出版社2007年版。

李存茂、 李九江:《战神鹰犬——化工业巨头杜邦公司解读》, 中国方正出版社2005年版。

徐向梅：《俄罗斯银行制度转轨研究》，中国金融出版社2005年版。

高德步：《世界经济通史》下卷，高等教育出版社2005年版。

宗良、 李建军等：《人民币国际化理论与前景》，中国金融出版社2011年版。

雷思海：《大对决——即将爆发的中美货币战争》，北京大学出版社2013年版。

马骁、 李秀婷、 陈文魁编著：《货币》，红旗出版社2012年版。

国安、 综计：《无烟的战争》，时事出版社1998年版。

3. 번역판 외국어 저서

【德】弗里德里希·冯·恩格斯：《家庭、私有制和国家的起源》，载《马克思恩格斯选集》第四卷，人民出版社1972年版。

【德】卡尔·马克思：《政治经济学批判》，人民出版社1976年版。

【美】彼得·L.伯恩斯坦：《黄金简史》，黄磊译，上海财经大学出版社2008年版。

【英】埃里克·洛尔：《经济思想史》，商务印书馆1981年版。

【美】约瑟夫·熊彼得：《经济分析史》第1卷，朱泱、 李宏译，商务印书馆2001年版。

【俄】阿甫基耶夫：《古代东方史》，王以铸译，上海书店出版社2007年版。

【英】赫·乔韦·尔斯：《世界史纲》(上卷)，吴文藻等译，广西师范大学出版社2001年版。

【美】俾耳德、巴格力：《美国史》，魏野畴译，2013年版。

【美】巴里·埃森格林：《嚣张的特权——美元的兴衰和货币的未来》，陈召强译，中信出版社2011年版。

【美】亚当·拉伯：《巴塞尔之塔》，蔡相、 刘丽娜译，机械工业出版社2014年版。

【英】尼尔·弗格森：《货币崛起》，高诚译，中信出版社2012年第2版。

【美】罗伊·史密斯：《纸金》，张伟译，中信出版社2012年版。

【美】约翰·S·戈登：《伟大的博弈——华尔街金融帝国的崛起》，祁斌译，中信出版社2011版。

【美】默里·罗斯巴德：《美国大萧条》，谢华育译，世纪出版集团上海人民出版社2009年版。

【美】米尔顿·弗里德曼、 安娜·J.施瓦茨:《美国货币史》,巴曙松、 王劲松等译, 北京大学出版社2009年版。

【美】彼得·德鲁克:《公司的概念》, 慕凤丽译, 机械工业出版社2011年版。

【美】本·斯泰尔:《布雷顿森林货币战——美元如何统治世界》, 符荆捷、 陈盈译, 机械工业出版社2014年版。

【瑞士】费尔南德·利普斯:《货币战争——黄金篇》, 马晓棠译, 中信出版社2009年版。

【俄】盖达尔:《帝国的消亡:当代俄罗斯的教训》, 王尊贤译, 社会科学文献出版社2008年版。

【法】雨果:《雨果全集》(游记卷), 程曾厚译, 人民文学出版社2002年版。

【法】雨果:《雨果全集》(散文卷), 程曾厚译, 人民文学出版社2002年版。

【法】雨果:《雨果全集》(政治卷), 程曾厚译, 人民文学出版社2002年版。

【法】雨果:《雨果全集》(诗歌卷上), 程曾厚译, 人民文学出版社2002年版。

【美】约翰·冯·奥弗特维尔德:《欧元的终结?!——欧盟不确定的未来》, 贾拥民译, 华夏出版社2012年版。

【英】戴维·马什:《欧元的故事——一个新全球货币的激荡岁月》, 向松祚、 宋姗姗译, 机械工业出版社2012年版。

【德】迪特尔·拉夫:《德意志史——从古老帝国到第二共和国》, 波恩国际出版社1985年版。

【英】约翰·洛克:《论降低利息及提高货币价值的后果》, 徐世谷译, 商务印书馆1962年版。

【苏格兰】约翰·罗:《论货币和贸易——兼向国家供应货币的建议》, 朱泱译, 商务印书馆1986年版。

【爱尔兰】理查德·坎蒂隆:《商业性质概论》, 余永定、 徐寿冠译, 商务印书馆1986年版。

【法】孟德斯鸠:《波斯人信札》, 梁守锵译, 商务印书馆2006年版。

【美】史蒂夫·福布斯、 伊丽莎白·埃姆斯:《美国的难题》, 马睿译, 中信出版社2016年版。

【英】菲利克斯·马汀:《货币野史》, 邓峰译, 中信出版社2015年版。

【美】龙多·卡梅伦、 拉里·尼尔:《世界经济简史——从旧石器时代到20世纪末》(第四版), 潘宁等译, 上海译文出版社2009年版。

4. 영문 저서

Theodor Hommsen, The history of Rome, Vol1, JM Deat and Sons Ltd, 1920.

Brian Johnson, The Politics of Money, New York, McGrawHill, 1970.

Carroll Quigley, Tragedy and Hope: A History of The World in Our Time, The Macmillan Company, New York, 1966.

Alesina,A., and F. Giavazzi, eds. 2010, Europe and Euro, Chicago: University of Chicago press.

Billstein, Reinhold, Karola Fings, Anita, Kugler, and Nicholas Levis. Working for the Enemy: Ford, General Motors and Forced Labor During the Second World War. Oxford, New York: Berghahn Books, 2004.

James, Harold. Making the European Monetary Union, Harvard University Press, 2012.

George F. Kennan, George F. Kennan Memoirs 1925—1950, Pantheon Books, New York, 1967.

Tuner, Henry Ashby Jr. German Big Business and the Rise of Hitler, New York: Oxford University Press, 1985.

Eckes, Alfred E., Jr. 1975. A Search for Solvency: Bretten Woods and the International Monetary System, 1941—1971, Austin: University of Texas Press.

Michael Burgan, The Attack on Pearl Harbor: U.S. Entry into World War II, Benchmark Books, 2011.

Michael Burgan, The Korean War: An Interactive Modern History Adventure, You Choose Books, 2014.

돈의 탄생

5. 중국어와 외국어로 기록된 간행물

蒋国维:《亚洲农耕起源初探》, 载《贵州大学学报》(社科版) 1994年第4期。

陆凯旋:《论货币本质》, 载《金融理论与实践》2002年第2期。

王玉峰、 刘利红:《论货币的本质是信用——从货币演变史中抽象货币的本质和演变规律》, 载《贵州财经学院学报》2003年第6期。

刘新华、 线文:《货币的本质:主流与非主流之争》, 载《经济社会体制比较》2010年第6期。

【瑞】马库斯鲁·泽尔:《货币联盟需要更多的稳定性》, 载1992年12月5日德国《世界报》。

Steil Benn, "The End of National Currency", Foreign Affairs, May/June 2007。

"Chiny i zloto, czyli niekończąca się opowieść", 载2017年5月1日波兰 "Rzeczpospolita"(波兰《共和国报》)。《安倍经济学悄然取得成功》, 英国《金融时报》 2017年5月12日 社评。

蒙代尔:《推广世界货币只能在危机的时候来做成》, 载2008年11月13日《第一财经日报》。

6. 중문 학위 논문

丛金龙:《论纳粹德国的经济发展(1933—1938)》, 内蒙古大学2011年硕士学位论文。

7. 인터넷

Atak na Pearl Harbor, 载http://sciaga.pl/tekst/94760-95-atak_na_pearl_harbor。

李尚勇:《纸货币的基本性质及未来货币》, 载财经网博客, 2015-02-27 16:54:10。

《人民币加入SDR货币篮子成为第三大权重货币》, 载金投网www.cngold.org。

中国人民银行发布《2016年人民币国际化报告》, 载http://www.yinhang123.net/guonacaijing/202179.html。

《2015年人民币国际化十大里程碑事件》, 载http://forex.hexun.com/2016-01-14/181810924.html。

《人民币国际化报告2016成为全球第三大货币》, 载金投网http://m.cngold.org。

《汇改一周年人民币贬值近8%, 市场化国际化任重道远》, 载汇通网8月10日讯。

《对话蒙代尔: 国际货币体系改革》, 载http://www.sifl.org.cn/show.asp?id=1643。

2009年3月中国《第一财经日报》对世界单一货币协会主席庞帕斯的专访。 载http://www.sina.com.cn, 2009年03月30日。

Project Syndicate:《统一全球货币可行吗?》, 载新浪财经2015年11月20日08:06。

《中国人均碳排放首次超过欧盟 占全球总量近3成》, 载网易环球网, http://world.163.com/14/0922/08/A6NUUT43000140QQ.html。

阿拉伯货币基金组织网站, 网址: http://www.amf.org.ae/vEnglish。

《亚洲货币基金组织何时诞生》, 载新浪财经, http://finance.sina.com.cn/economist/jingjiguancha/20070908/02183958866.shtml。

袁蓉君:《亚洲货币基金呼之欲出》, 载http://www.huaxintrust.com/newsshow1.asp?nid=971。

돈의 탄생

돈의 기원부터 비트코인까지 5,000년 화폐의 역사

1판 1쇄 발행 2021년 3월 18일

발행인 박명곤
사업총괄 박지성
기획편집 채대광, 김준원, 박일귀, 이은빈, 김수연
디자인 구경표, 한승주
마케팅 박연주, 유진선, 이호, 김수연
재무 김영은
펴낸곳 (주)현대지성
출판등록 제406-2014-000124호
전화 070-7791-2136 **팩스** 031-944-9820
주소 경기도 파주시 회동길 37-20
홈페이지 www.hdjisung.com **이메일** main@hdjisung.com
제작처 영신사 월드페이퍼

ⓒ 현대지성 2021

> **"지성과 감성을 채워주는 책"**
> 현대지성은 여러분의 의견 하나하나를 소중히 받고 있습니다.
> 원고 투고, 오탈자 제보, 제휴 제안은 main@hdjisung.com으로 보내 주세요.

현대지성 홈페이지